刑事辩护的多维理念与实现路径

冀祥德 主编
王学强　李丰收 副主编

当代中国出版社
Contemporary China Publishing House

图书在版编目(CIP)数据

刑事辩护的多维理念与实现路径／冀祥德主编． --北京：当代中国出版社，2022.10
ISBN 978－7－5154－1194－1

Ⅰ．①刑… Ⅱ．①冀… Ⅲ．①刑事诉讼—辩护—研究—中国 Ⅳ．①D925.215.04

中国版本图书馆 CIP 数据核字(2022)第 113957 号

出 版 人	冀祥德
责任编辑	刘文科　沈秋彤
责任校对	康　莹
印刷监制	刘艳平
装帧设计	马　帅　鲁　娟
出版发行	当代中国出版社有限责任公司
地　　址	北京市地安门西大街旌勇里 8 号
网　　址	http://www.ddzg.net
邮政编码	100009
编 辑 部	(010)66572744
市 场 部	(010)66572281　66572157
印　　刷	北京中科印刷有限公司
开　　本	720 毫米×1020 毫米　1/16
印　　张	32.75 印张　1 插页　564 千字
版　　次	2022 年 10 月第 1 版
印　　次	2022 年 10 月第 1 次印刷
定　　价	128.00 元

版权所有,翻版必究；如有印装质量问题,请拨打(010)66572159 联系出版部调换。

出 版 说 明

党的十八大以来,中国特色社会主义进入新时代,中国特色社会主义法治建设进入新时代。习近平总书记多次强调,要"努力让人民群众在每一个司法案件中感受到公平正义"。刑事诉讼制度是中国特色社会主义法治的重要组成部分。任何一个国家在设计其刑事诉讼结构时,都不得不在惩罚犯罪与保障人权、实体公正与程序公正的价值目标间进行选择。刑辩律师作为刑事诉讼中的辩方主体之一,在解决法律服务资源不平衡不充分问题,满足群众需求、维护群众权益等方面,肩负着不可替代的重要职责,被追诉人的合法权利能否得到保障,关键在于刑辩律师能否尽心竭力。刑辩律师执业的过程,是体现人民利益、反映人民愿望、维护人民权益、增进人民福祉的过程。

自 2018 年《刑事诉讼法》修正后,我国的刑事诉讼制度得到了重大发展,其中以认罪认罚从宽制度最为典型。该制度旨在实现有效惩治犯罪、强化人权司法保障、提升诉讼效率、促进社会和谐。律师如何善用这个制度以更大限度保障当事人的合法权益,是一个值得深入思考的问题。同时,随着中国进入企业刑事合规新时代,合规风险已经成为企业风险管理的重中之重。强化企业合规管理,不仅有助于企业化解合规风险,还有利于帮助企业完善其管理体系。律师如何在这个过程中发挥自己的才智,开拓新的业务领域,也是一个值得深入讨论的问题。

当代中国出版社以"关注当代、阅读中国"为理念,为理论界、实务界奉献优秀的著作。为了帮助律师把握新机遇、应对新挑战,出版反映当代中国律师理论研究、实践总结的优秀法治题材图书,被写入《当代中国出版社发展规划(2021—2025年)》。本着为当代中国法治建设贡献知识、为广大律师搭建相互交流平台的初心,当代中国出版社、中国社会科学院法学研究所、北京长阅律师事务所共同举办首届当代中国刑事辩护高级论坛,来自各界的专家学者、法律实务工作者借本届论坛在相互交流的过程中共同成长。

为汇集论坛成果,自征稿启事发出以来,我们收到了上百篇优秀论文,经过专家评审多次优中择优,筛选了部分文章,并经我社法治编辑部编辑后,出版了首部刑事辩护系列的精品论文集——《刑事辩护的多维理念与实现路径》。本书分为"认罪认罚从宽制度与刑事辩护""企业刑事合规的理论与实践""刑事法前沿问题研究""刑事辩护案例评析"四个主题,作者不仅包括该领域的教授、专家,还有控辩审领域的从业人员。通过汇总专家学者、实务工作者在理论研究、经验研判、案例分析等领域的智慧和经验,我们为广大读者奉上了一部理论与实践相结合的优秀作品,以期为当代中国的刑事法治建设做出自己的贡献。

当代中国出版社法治编辑部

目 录

第一编　认罪认罚从宽制度与刑事辩护

控辩协商,还是认罪认罚？ ……………………………… 冀祥德　刘晨琦　003
认罪认罚从宽制度与有效刑事辩护 ………………………………… 李丰收　024
认罪认罚从宽制度刑法化研究 ……………………………………… 马　成　032
论企业合规不起诉的适用条件
　　——以《关于建立涉案企业合规第三方监督评估机制的指导意见(试行)》
　　　为基础 ……………………………………………… 谢安平　刘　琦　045
控辩实质性协商视角下认罪认罚被追诉人辩护权研究 …… 李晓丽　李　昶　054
认罪认罚从宽制度背景下值班律师制度的思考
　　——以 36748 篇裁判文书为研究样本 ……………… 陈建华　陈敏敏　064
认罪认罚从宽制度对律师刑事辩护的影响 ………………………… 马　磊　077
认罪认罚量刑建议指导意见及同录规定的争议评注与刑诉法教义学
　　解释 …………………………………………………………… 郝　赟　086
认罪认罚从宽制度之辩护实务探讨 ………………………………… 李小萌　117
预防与纠正冤假错案研究
　　——认罪认罚制度下冤假错案的防范 ……………………… 刘钟歆　126
认罪认罚从宽制度路径思考 ………………………………………… 马浩然　137
论被追诉人认罪认罚撤回的程序应对 ……………………………… 陈义龙　144
刑事辩护视域中认罪认罚从宽制度的三个转向 …………… 刘潇雨　廖　群　152
认罪认罚制度下法律援助辩护有效性实证研究 …………………… 吴庆棒　163
反思与优化:认罪认罚从宽制度中的检律关系 …………………… 吴　琼　186

认罪认罚从宽制度中证明标准的探究 ……………………… 郑鸿举　197

第二编　企业刑事合规的理论与实践

论企业合规中刑事律师执业活动的三个维度 ……………… 王学强　209
论企业合规出罪的证明责任分配 ………………… 王景龙　张超杰　220
合规视域中企业附条件不起诉制度建构 ………… 陈　磊　徐晓丹　234
检察机关企业合规改革实践的思考 ………………………… 王俊学　243
刑事合规不起诉的路径探讨
　　——从《关于建立涉案企业合规第三方监督评估机制的指导意见(试行)》
　　说起 ………………………………………………………… 骆慧超　252
刑事政策激励之企业合规 ………………………… 郭慧民　陈鹏鹏　260
企业合规改革背景下刑辩律师业务转型路径研究 ………… 万柯岩　274
律师参与合规不起诉试点的探索及建议 ………… 朱　艇　孙小迪　蒋　莹　283
寻求有效率的合规体系
　　——社会科学对企业合规的建议 ……………………… 盛嘉骏　295
侦查阶段开展刑事合规的探析
　　——合规全流程的新篇章 ……………………………… 洪　涛　309
论企业法律、合规、内控、风险管理协同融合工作开展
　　——以刑事合规为切入点 ……………………………… 杨云天　323
企业合规不起诉适用对象研究 ……………………………… 刘培智　338

第三编　刑事法前沿问题研究

律师对待真相的执业伦理分析 …………………… 黄文伟　庄国钦　349
论"共生"趋势下黑社会性质组织经济特征的规范理解 …… 陈　冉　庄建利　361
刑事诉讼中的技术性证据审查与质证
　　——以电子数据及电子数据鉴定意见为例 ……………… 张　寅　372
刑事强制医疗审批的证据问题研究
　　——以强制医疗申请被驳回案件为视角 ………… 向　静　刘于禾　379
认罪认罚从宽制度中的辩护证据问题研究
　　——以400例样本案例分析展开 ………………………… 李江艳　400

量刑协商中的对抗式协商 ……………………………………… 吴国章 412
我国刑法中的"野生动物" …………………………………… 霍文韬 421
论不作为犯罪中先行行为的范围界定 ………………………… 王　然 428
共同犯罪量刑相对失衡的纾解进路研究 ……………………… 李建军 438
审查起诉讯问律师在场制度建构
　　——以认罪分流为逻辑基点 ……………………………… 刘文轩 448
锚定叙事理论下刑事冤假错案的成因及预防 ………………… 刘　璐 470
论我国刑事法律援助辩护准入制度
　　——以《中华人民共和国法律援助法》的实施为背景 …… 贾紫涵 480

第四编　刑事辩护案例评析

二十八年法与情
　　——我代理王某某案的日日夜夜 ………………………… 许小平 493
"社会型"刑事案件辩护策略浅议
　　——以A市"6·24"案件的成功辩护为例 ……………… 宋振江 498
非法经营罪冤案回顾、司法现状与错案遏制 ………………… 李　耀 507

第一编

认罪认罚从宽制度与刑事辩护

控辩协商，还是认罪认罚？

冀祥德[*]　刘晨琦[**]

从 2014 年认罪认罚从宽制度开始试点到 2018 年认罪认罚从宽制度入法，再到如今实践层面的广泛适用，认罪认罚从宽制度对我国刑事司法改革，尤其是刑事诉讼制度变革产生了巨大作用和影响，可谓我国刑事司法体制改革中最有影响力的制度建构之一。关于该项制度的制度文本和司法实践是否符合制度建构的初衷、制度的运行和不断完善是否符合刑事诉讼规律，法学界、法律实务界对相关一系列问题见仁见智，肯定者有之，批评声同在。笔者认为，对当下的认罪认罚从宽制度，亟须从以下十大关系加以关注。

一、认罪认罚从宽制度与辩诉交易的关系

认罪认罚从宽制度诞生以来，不少研究者将其与域外的辩诉交易制度[①]进行比较，多数的声音是"我国的认罪认罚从宽制度不同于美国的辩诉交易制度"。这一说法没有错误，但并不准确。不仅中国的认罪认罚从宽制度不同于美国的辩诉交易，德国刑事诉讼中的协商也不同于美国的辩诉交易，俄罗斯刑事诉讼法典中规定的认罪交易与美国辩诉交易亦有诸多差异。一项制度在任何一个国家生存和发展的过程中，都会有一些差异。在进行制度比较的过程中，既要看到横向的差异性，又要关注到事物在发展规律上的同源性。

---

[*] 冀祥德，法学博士，中国社会科学院法学研究所研究员，中国社会科学院大学法学院教授，当代中国出版社总编辑，当代中国音像电子出版社社长。

[**] 刘晨琦，法学博士，中国社会科学院法学研究所助理研究员。

[①] 辩诉交易制度虽起源于美国，但是在目前世界刑事诉讼制度中它并不是美国所独有的制度，以辩诉交易的基本原理为理论支撑和制度架构的法律规定和实践规范在英国、加拿大等英美法系国家和德国、法国等大陆法系国家，以及意大利、日本等混合主义国家都有所体现，在俄罗斯刑事诉讼法典中，也有借鉴辩诉交易制度的内容。参见冀祥德：《建立中国控辩协商制度研究》，北京大学出版社 2006 年版，第 16—34 页。

(一)认罪认罚从宽制度与辩诉交易制度的共通之处

第一,两项制度的产生背景有共通之处。辩诉交易制度产生于工业革命之后。急剧上升的犯罪案件数量与有限增长的司法资源之间的紧张关系,造就了刑事诉讼对控制司法成本和提高司法效率的要求。因此,辩诉交易制度不同于其他一些制度如非法证据排除制度、沉默权制度等,它不是国家通过成文法或者判例强制性地推行,而是顺应社会发展的需要,自发地悄然而生,辩诉交易的诞生旨在通过提升诉讼效率,解决司法成本与司法资源的矛盾问题。显然,我国的认罪认罚从宽制度也具备这一特点。在我国近年的司法改革过程中,在确保司法公正的前提之下,对于一部分案件采用简化快速处理的方式,或者是采用司法合作的方法,大大地解决了案多人少、积案久拖不决的问题,认罪认罚从宽制度正是在这样一种司法生态下应运而生的。

第二,两项制度所依据的基本原理具有共通性,即"协商",既不是一方对另一方的胁迫,也不是一方对另一方的屈从。

第三,两项制度的价值追求具有共通性。二者所追求的价值目标都指向对以公正为前提的效率的追求,如果司法成本得不到控制或减少、司法效率得不到提高,确立这类制度是没有意义的。

第四,两项制度的参与主体具有共通性。认罪认罚从宽制度和辩诉交易制度都是控辩双方之间进行的,控方与辩方进行司法合作并取得刑罚的减让,在这个过程中,最关键也是最能发挥作用的参与主体是控方与辩方。

(二)认罪认罚从宽制度与辩诉交易制度的差异

认罪认罚从宽制度和辩诉交易制度之间着实存在很大的差异,尤其是中国的认罪认罚从宽制度与美国的辩诉交易相比较,主要的差异体现在适用范围、对被追诉人认罪悔罪的追求以及对司法公正追求的程度。

在适用范围上,美国的辩诉交易制度可以就定罪和量刑进行协商,而我国的认罪认罚从宽制度只能就量刑轻重进行协商,是不能就罪名与罪数进行协商的,这是两项制度最显著的区别。基于这一区别,在对正义和个案的司法公正的坚守上,我国的认罪认罚从宽制度亦远远超过美国的辩诉交易制度。后者在定罪协商的过程中,控方可以将指控的罪名由较重的罪名降为其所掌握的证据所支持的较轻罪名的控诉,即在罪名上的减让;或者在被告人犯数罪的情况下,控方仅指控其中之一或其中的几种罪行,即在罪数上的减让。① 这两种指控交易(charge bargain)大大地增加了为追求交易的成功不惜去牺牲个案的司法公正的可能。② 此外,不同于辩诉交易制度只注重被追诉人对指控的犯罪事实的外在承认,我国的认罪认罚从宽制度还追求被追诉人后悔、悔恨自己的犯罪行为并具有改恶从善的意愿的效果,即认罚不仅是一种口头表示,还要将真诚悔罪的态度体现在认罚的具体行为之中。③ 从比较法的视角看,我国的认罪认罚从宽制度设计最大的亮点,就是对司法公正的追求度更高,更强调在维护司法公正的前提下提高诉讼效率。

在世界范围内,协商性司法的制度发展是一个从无到有、从少到多、从英美法到大陆法再到中国法的这样一个过程和规律。基于前文的分析,应当正确地认识认罪认罚从宽制度与辩诉交易的关系,不仅要厘清二者的不同,而且不能简单地以一句"认罪认罚从宽制度不等于美国的辩诉交易制度"而将认罪认罚从宽制度完全排除在"协商性司法"的范畴之外。

二、限权(力)与扩权(利)的关系

从人类社会开始用诉讼的方式来解决刑事纠纷开始,世界刑事诉讼经历了四次革命:第一次革命是司法权与行政权的分离,司法权从行政权中独立出来,成为一项专事纠纷解决的权力;第二次革命是审判权与控诉权从司法权中分离;第三次革命是控诉权与辩护权的对等,辩方权利从无到有、从少到多、从弱到强,同时控方权力不断被限缩,二者在对抗时在权力(利)武装和权利(力)保护上逐渐趋于平等;第四次革命是控辩关系以对抗为主转向以合作为主,在辩诉交易等控辩协商的诉讼形式产生后,控辩关系由对抗转向合作的情形大量出现。控辩协商制度的基本原理在多个国家和地区的法治实践和立法规定中得以确认之后,控辩关系将以合作为主,以对抗为辅。世界刑事诉讼的四次革命充分体现了权力制衡的理念,其中既有国家权力之间的相互制衡,也有权利扩张及其对权力的制约。④

司法改革这些年来,尽管出台了多项制度、采取了多项改革措施,但是仍然会出现通过行政权或司法权干预案件办理的情况;公、检、法三机关在对待辩护律师

---

① 参见冀祥德:《建立中国控辩协商制度研究》,北京大学出版社2006年版,第7—15页。
② 如美国司法实践中,法庭对辩诉交易的确认阶段,法官主要对辩诉协议的文本进行形式审查,并不围绕证据等事实问题进行实质性的法庭调查。参见李本森:《我国刑事速裁程序研究——与美、德刑事案件快速审理程序之比较》,载《环球法律评论》2015年第2期。
③ 参见闫召华:《认罪认罚后"反悔"的保障与规制》,载《中国刑事法杂志》2021年第4期。
④ 参见冀祥德:《控辩平等论》,法律出版社2018年版,第75—80页。

的态度上趋同,亦是基于三机关的同质、同向性;在权力属性上都属于公权力,具有同质性;在任务目标上,自它们诞生的那一刻起就是围绕打击和惩罚犯罪运行的,具有同向性。究其根源,司法权脱胎于行政权,它天然地具有"权力"的特征。法国启蒙思想家、社会学家孟德斯鸠曾指出,"有权力的人们使用权力一直到遇到有界限的地方才会休止""从事物的性质来说,要想防止滥用权力,就必须做到以权力来约束权力"①。国家权力的源泉是公民权利,对国家权力予以限制是为了更好地保护公民的权利;同时,基于权力的无限扩张性,必须对其加以限制。习近平总书记在谈到深化司法体制改革时,专门强调要"加强权力制约和监督""确保执法司法各环节、全过程在有效制约监督下进行"。②

而扩权在这里指的是辩护权的扩张,这是保护公民权利的应有之义。在刑事诉讼中,保护公民权利的内涵不仅包括保护普通公民的权利、被害人的权利,还包括保障被追诉人的权利。刑事诉讼的全过程充满了对被害人权利的保护,而当强大的国家机器采用各种手段对犯罪嫌疑人个体展开侦查和控诉的时候,便需要对被追诉人的权利予以保护。司法权要从行政权中剥离出来,目的就是更好地保障被追诉人的人权。在现代刑事诉讼中,保证被追诉方与指控一方在诉讼地位与权利(力)上平等武装,在诉讼机会、诉讼态度、诉讼条件和诉讼标准上获得平等保护,才能实现控辩双方的平等对抗和平等合作。平等武装和平等保护的关键就是赋予被追诉人辩护权。而只有当同属于司法权的控诉权与审判权分离,才有了辩护权发展的空间和可能。由此可见,辩护权与公、检、法三机关的权力是异质、逆向的,它的存在从来不是为了打击犯罪,辩护权自产生那天起就具有私权利的属性,它不是一项天然的权利,而是基于保障被追诉人人权的目的而生出的一项权利。当然,扩张辩护权并不意味着遏制控诉权的发展。例如,科技的进步带动着侦控手段的不断强大,证据科学的发展推动刑事证明理论和司法实践的发展,都是控诉权发展的体现,权力在技术上的发展与权能上的限缩并不冲突。

从制衡理论来看世界刑事诉讼发展的历史,就是公权力不断被限缩、辩护权不断扩张的过程。因此,我们需要在世界刑事诉讼四次革命的大背景下,检视我国认

---

① [法]孟德斯鸠:《论法的精神》(上册),张雁深译,商务印书馆1985年版,第154页。
② "健全执法权、监察权、司法权运行机制,加强权力制约和监督。要加快构建系统完备、规范高效的执法司法制约监督体系,加强对立法权、执法权、监察权、司法权的监督,健全纪检监察机关、公安机关、检察机关、审判机关、司法行政机关各司其职,侦查权、检察权、审判权、执行权相互制约的体制机制,确保执法司法各环节、全过程在有效制约监督下进行。"参见习近平:《坚持走中国特色社会主义法治道路,更好推进中国特色社会主义法治体系建设》,载《求是》2022年第4期。

罪认罚从宽制度的设计和运行是否符合权力制衡理论的规律。

三、以审判为中心与以检察为主导关系

中共十八届四中全会作出了中共中央关于全面推进依法治国若干重大问题的决定，确立"以审判为中心"的诉讼制度改革为本轮司法改革的主要内容，其根本目标是进一步促进刑事司法公正，正如习近平总书记多次提出的要求，"努力让人民群众在每一项法律制度、每一个执法决定、每一宗司法案件中都感受到公平正义"。认罪认罚从宽制度正是在贯彻落实中共十八届四中全会的精神，深化司法体制改革的背景下应运而生。

但是近年来，在实务界乃至学界对于认罪认罚从宽制度的讨论中，"以审判为中心"的讨论少了，而以检察为"主导"的提法备受关注。最高人民检察院在这几年的司法改革中推出了很多项符合法治精神、遵循司法规律的措施和指导意见，成果显著。特别是在职务犯罪侦查权转隶之后，检察权的行使给司法改革增加了一道靓丽的风景线，其推进司法改革的成效有目共睹。例如2021年12月新出台的《人民检察院办理认罪认罚案件开展量刑建议工作的指导意见》（以下简称《意见》），在此前"两高三部"《关于适用认罪认罚从宽制度的指导意见》的基础上进一步细化，对于保障辩护权的行使作了许多具有进步意义的规定。但是，《意见》第37条规定："人民法院违反刑事诉讼法第二百零一条第二款规定，未告知人民检察院调整量刑建议而直接作出判决的，人民检察院一般应当以违反法定程序为由依法提出抗诉。"从权力的生成来源来看，在效力位阶较低的类司法解释的规范性文件中规定检察机关抗诉权，是否涉及对审判权的侵犯？与此同时，法院方面对上述"一般应当抗诉"的规定也有不同意见。于是，对于《意见》第37条的讨论再次将"以审判为中心"与以检察为"主导"的关系问题推到风口浪尖。检察机关自身对"主导者"的定位自然不会推辞，很多学者也在提"检察主导"，这令许多人尤其是实务界人士对诉讼制度改革的方向也产生了疑问：究竟是后者已经代替了前者，还是两者共生并存，或者是"此一时彼一时"，抑或是其他的关系？这是一个不容回避的问题。要探析二者的关系，首先需要弄清"以审判为中心"的诉讼制度改革的深刻含义和以检察为"主导"的提法的底层逻辑。

（一）"以审判为中心"的深刻内涵

首先，此处所说的"中心"，是指审判在刑事诉讼中本应具有的决定性的作用，因此这种表述只是一种形容，而非日常意义中的"可以被围绕的中心"。从我国诉

讼制度改革的角度来看,讲以审判为改革的"重心"可能更为贴切;另外,此次改革所针对的主要是以往刑事诉讼中常见的"以侦查为中心"所产生的问题,相应地,提出"以审判为中心"旨在矫正过去的错误观念。

"以审判为中心"的诉讼制度改革追求符合司法公正程序的方法得到公正的裁判结果,既有对实体公正的要求,也有程序公正的要求;既有对案件司法公正的"质"的追求,也期待公正案件的"量"的提升。比如,我们需要摒弃以往将审判者和控方视为"同盟"的观念,确立审判的权威性和独立性;改变以往在刑事诉讼中侦查机关"做饭"—检察机关"端饭"—审判机关"吃饭"这样的流水线作业,强化庭审实质化;控方的权力被显著地限缩,尤其是侦查权,并需要接受更多司法性的监督、审查以及审判;与此同时,推进刑事辩护律师在诉讼全过程的全覆盖,不仅体现在覆盖面上,更体现在案件的有效辩护律上。因此,"以审判为中心"的着力点在于,不仅要改革刑事诉讼的重心,加强对刑事诉讼权利主体的保障,转变刑事诉讼方式,而且重构各主体之间的关系。①

(二)以检察为"主导"的底层逻辑

在认罪认罚从宽案件的诉讼程序中,检察机关的"主导"地位凸显,无论是法律规定、制度特色抑或司法实践中,参与主体的比重仿佛都侧重于检察机关。具体表现为,不仅认罪协商的过程由检察官主导,他们还负责提前介入侦查或调查,为有关犯罪嫌疑人安排值班律师,决定认罪协商的启动、提出量刑建议,主导在律师见证下犯罪嫌疑人认罪认罚具结书的签署,对于律师提出对量刑建议不同意见的保留,以及法院对量刑建议的"一般应当"采纳,乃至将法院"未告知人民检察院调整量刑建议而直接作出判决的"认定为其"违反刑事诉讼的规定"而"一般应当抗诉"……诸如此类的规定,足见检察机关的强势和检察量刑建议权对法院裁判权施加的强大的制约力。因而在司法实践中,检察院"主导"的观念也很容易深入人心。相对于辩方而言,检察院又是公权力主体,加之现有的认罪协商程序赋予辩方的权力有限,由此便导致在认罪协商程序中,检察院成了"主导者"。

另外,笔者注意到,以检察为"主导"这一提法与"检察机关是刑事错案的第一

---

① 参见王敏远等:《重构诉讼体制——以审判为中心的诉讼制度改革》,中国政法大学出版社2016年版,第1—15页。

责任人"这一观点密切相关。① 而事实是,侦查程序、审查起诉程序、审判程序都是刑事诉讼的重要环节,就保证刑事案件的质量而言,公、检、法、律都是责任主体,只有职能的不同,没有主次之分。不可否认,在新一轮司法改革中,检察机关正在发挥着越来越重要的作用,具体到控辩协商、侦查监督(如羁押必要性审查、逮捕听证等)、公益诉讼等需要检察机关发挥重要职能、担负重要责任的诉讼活动中,检察机关对自身提出"第一责任人"的期许和要求是勇于担当的体现,但在理论和实践中,都不能将"责任主体"和"主导者"相混淆。

(三)二者关系的探析与进路

"以审判为中心"的诉讼制度改革是一项系统工程,它牵涉到整个刑事司法体制、影响每一个刑事诉讼的阶段和整个诉讼程序。"以审判为中心"和以检察为"主导"关系的讨论,表面上看是在认罪认罚从宽制度乃至更大范围内讨论"谁说了算"的问题,实质上是提醒我们重新思考"以审判为中心"的诉讼制度改革的初衷和方向,是基于刑事诉讼无罪推定原则、程序法定原则、直接言词原则等基本理念来确立"为什么是法院说了算"的问题。因此,二者并非同一层次的价值追求:"以审判为中心"是我国司法改革当中任何一项制度完善的基本遵循和努力方向,以检察机关为"第一责任人"的各项诉讼活动在"以审判为中心"的前提下展开。

笔者不提倡以检察为"主导"的说法。结合认罪认罚从宽案件中检察机关"一般应当"确定刑量刑建议,和"一般应当"为法院采纳,以及《意见》第37条检察机关"一般应当以违反法定程序为由依法提出抗诉"、第39条"应当依法提出抗诉",不仅难免令法院过分将自由裁量权让渡于检察机关,不再追求必要的实质化庭审,威胁到审判权的终局性、权威性和主体完整性,而且不利于确保辩方认罪协商的自愿性和合法性、反悔权和上诉权等诉讼权利。这不符合"以审判为中心"的诉讼制度改革的内在要求。

无论如何,检察机关在认罪认罚从宽程序中的主体地位,都应当放在与辩方平等的位置;其可以主动、积极地推进认罪协商的进程乃至结果,但不是"主导";而定

---

① 追根溯源,《检察机关是刑事错案的第一责任人》一文的作者娄凤才(也是一名基层人民检察官)并未提出以检察为"主导"的观点,最高人民检察院官网在编辑转发其文章的按语时指出"检察机关是作为指控、证明刑事犯罪的主导者",号召大家要"履行好在刑事诉讼中的'主导责任'"。随后原作者的解读文章《正确解读"检察机关是刑事错案的第一责任人"》再次被最高人民检察院官网转发,作者在其中仅使用了"检察机关是作为指控、证明刑事犯罪的主导者"的提法。参见最高人民检察院网,https://www.spp.gov.cn/spp/llyj/202003/t20200311_456239.shtml、https://www.spp.gov.cn/spp/zdgz/202003/t20200314_456420.shtml,2022年2月10日访问。

罪量刑的决定权始终应当掌握在审判主体手中。就现阶段而言,检察"主导"只是在认罪认罚从宽制度的协商程序中的一种角色分配,是我国刑事诉讼制度改革过程中应对司法超负荷的一种暂时模式选择,通过严格限制该制度适用的案件范围,严格区分事实与法律、不在法律中明确规定检察建议对法院的刚性约束力,从而将该模式对"以审判为中心"可能的影响降到最小。①

刑事诉讼各项制度的建立和完善,应当坚持"以审判为中心"这一个方向不动摇,令法律的执行者和法治的影响者对司法改革的总体进路有准确的期待和清晰的认知。认罪认罚从宽制度的每一个环节的制度设计,不仅要基于其制度本身的目标需求去设计,而且应当放到中国新一轮司法体制改革的大框架下去考量,尤其应当放到中共中央关于全面推进依法治国若干重大问题的决定中,放到习近平总书记关于建设中国特色社会主义法治体系的重大视角,来检视制度的设计和运行。

四、认罪认罚从宽与控辩协商的关系

一个制度名称的确立,不仅供法律人称呼和使用,而且面向普通群众和面向世界传递了很多信息。"认罪认罚从宽"的制度名称设计,对法律人而言,显然没有达到理想的目标;对不谙其中法理的老百姓来讲,这个名称不利于法治理念的普及;对不了解我国国情、文化及制度具体内容的域外人士而言,这个名称不利于最大程度地传递我国司法改革的积极成果。

"认罪认罚从宽"其实是一个高度缩略的概念,其中略去了双方主体。"认罪认罚"的主体是被追诉人,作出"从宽"处理的主体是司法机关。从字面上理解,司法机关视被追诉人认罪认罚的情况以决定是否对之从宽处理。这同时又是一个单向度的概念,从话语体系上看,认罪认罚从宽与"坦白从宽、抗拒从严"属于同样的逻辑,带有一定的威慑性。无论是概念界定,还是语言逻辑,认罪认罚从宽的定义都不能体现出该制度本质上控辩双方协商的一项制度,不但忽略了作为辩方重要组成部分和刑事诉讼主体的辩护律师,而且也未体现出认罪认罚和从宽都是基于双方协商合意的结果。

笔者认为,"控辩协商"才是认罪认罚从宽制度的应有之义。从世界刑事诉讼的四次革命的发展演进来看,控辩协商正是第四次革命即控辩双方由对抗转向合作的核心内容。它是在确保公正的前提下追求效率的一种司法合作。这个制度的

---

① 参见闫召华:《检察主导:认罪认罚从宽程序模式的构建》,载《现代法学》2020年第4期。

适用场景,应当是在相关配套措施完善的前提下,被追诉人基于自由意志选择的结果。简而言之,被追诉人在享有沉默权、证据知悉权、律师帮助权的基础上,其既可以选择拒不认罪以最大限度追求司法公正的结果,也可以选择通过认罪认罚、协助司法机关提高效率减少成本来换取量刑的减让。反观我们现在的认罪认罚从宽制度,缺乏这样的配套制度。① 正如有学者指出,目前我国认罪认罚量刑建议生成机制为检察机关单方主导下的量刑协商模式,存在控辩信息不对称和资源不对等的潜在风险,应当逐步向控辩双方平等协商模式过渡。②

"名不正,则言不顺。"认罪认罚从宽制度的核心关键就是控辩双方平等协商。"控辩协商"这一制度名称才代表了一个法治的、平等的、理性的刑事诉讼制度。

五、司法合作与被动接受的关系

制度名称和制度实质是形式与内容的对应关系。就制度实质而言,作为协商主体的控辩双方应当是平等的,这种程序选择权应当是双向度的,具体体现为两个方面:一是被追诉人以认罪认罚换取从宽;二是控方以从宽换取认罪认罚。这两者应当是相辅相成的共生关系。而不是只有司法机关以给予从宽处理为条件要求被追诉人先认罪认罚。作为一个认罪协商程序,它所追求的不仅对被追诉人认罪认罚的促成和确认,还有对被追诉人从宽利益的确定和兑现。③ 如果控辩地位不平等,所谓的合作就极易演变成控方提出要求、辩方被迫屈从,从宽利益在一定程度上被让渡。

域外有学者曾批评其本土的辩诉交易制度,将控辩双方的关系比作"猫和老鼠":猫已经捉住老鼠,还要让老鼠选择自己要采用哪一种死法,以此视为猫与老鼠的"平等协商",而实际上老鼠已经严重处于弱势地位,甚至奄奄一息,无法作出与其真实意思相符的选择,在这种情况下,老鼠无论怎么选,结果都是被动屈从而已。这一比喻值得我们深思。选择认罪协商的路径,正义的主要损失者是被追诉人,而效率提高的主要受益者则是社会。被追诉人本身便处于不利的地位,不仅缺乏必要的法律知识,通常还失去了人身自由,容易受环境的影响作出不符合自己意志的决定。为了追求刑罚的减让,已经让渡了一部分程序公正和可能的实体公正,若再

---

① 参见冀祥德:《借鉴域外经验,建立控辩协商制度——兼与陈国庆先生商榷》,载《环球法律评论》2007年第4期。
② 卞建林、钱程:《认罪认罚从宽制度下量刑建议生成机制研究》,载《云南社会科学》2022年第1期。
③ 参见闫召华:《论认罪认罚案件量刑建议的裁判制约力》,载《中国刑事法杂志》2020年第1期。

不能保证控辩的平等地位,如何保障认罪认罚的真实性、自愿性和合法性?如何维护司法的公正?所谓"简程序不减权利",诉讼程序的简化,不意味着协商关系的异化、辩方权利的弱化及庭审过程的虚化。

习近平总书记在中共中央政治局第三十五次集体学习中发表重要讲话,再次强调要"让人民群众在每一项法律制度,每一个执法决定,每一宗司法案件中都要感受到公平正义"。我们应当对照检省,在认罪认罚从宽制度从建立到实施的几年间,被追诉人及其辩护人是否获得了司法合作的真实体验,还是在有些时候体会到的是不得不屈从于有关机关。在具体的案件办理中,司法机关及有关办案机关是否让人民群众感受到公平正义,感受到平等协商。

认罪认罚从宽制度究竟是司法合作,还是控方单向度的主导、令辩方服从甚至屈从,其深层次的原因在于法治思维抑或人治思维的选择。对制度实质的探讨,也是在思考我国的认罪认罚从宽制度应当向何处去的问题。

六、具结悔过书与控辩协议的关系

经过世界视野、制衡理论、司法改革、制度名称和制度实质这些宏观视角的分析,接下来进入程序设计和运行的微观层面的探讨。

在具体的制度运行中,应当关注认罪认罚具结悔过书与控辩协议的关系。根据目前认罪认罚从宽制度的程序设计,认罪认罚从宽制度以被追诉人签署具结悔过书作为控辩合意达成的标志。但是,认罪认罚从宽制度的核心是协商,控辩双方在协商之后的产物,不应当是被追诉人应控方要求所作的单方面的具结悔过书,而是体现双方合意结果的控辩协议。具结悔过书,是被追诉人向控方做的关于自愿认罪认罚以请求从宽处理的保证和忏悔;而控辩协议,则是控方基于被追诉人的认罪认罚具结悔过书,经过与辩方合意所作的给予从宽量刑建议的具体承诺。目前的程序设计缺少控辩协议这一环节。对此,应当将控辩协议作为认罪认罚从宽制度的组成部分,而辩方签署具结悔过书则属于控辩协议达成的基础和前置程序。这样一来,控辩协商的过程就变得非常清晰:经过充分的沟通交流,控方要求辩方签署具结悔过书,辩方请求控方对其考虑从宽处理,双方达成合意后签订一个控辩协议。对于此控辩协议,控辩双方都有违反协议的责任后果,同时也都有反悔协议的权利,以及相应的程序选择。必须强调,被追诉人在控辩协商中应当享有充分的自由选择权。如果检察官违反协议或者法庭拒绝接受协议,被告人可以撤回认罪,此前所作有罪供述归于无效。① 只有这样,辩方的从宽利益才有保证,其异议途径才能像控方一样畅通,认罪认罚的"自愿性"才能得到切实保障。

值得思考的是,这样一个具结悔过书和控辩协议并存的协商程序,对量刑沟通的平等性和公开性有更高的要求,由谁来主导合适?根据控辩平等原则的要求,作为负责案件批准或决定逮捕和提起公诉的控方,不能同时担任协商程序的主导者。为了保证协商由控辩双方自由且不受干涉地进行,考察域外的制度设计,通常由一个处于消极、中立地位的专职主持协商程序的法官,来主导整个协商过程。② 在我国目前没有这样一类法官的设置,结合各职能主体的角色定位,以及案多人少的司法资源现状,是否要设立专门的法官或检察官来介入协商程序,或者不设其他主体介入,如何确保控辩双方的平等协商?这也呼应了前述对"以审判为中心"与以检察为"主导"关系问题的讨论。

从恢复性司法的角度来说,达成控辩协议比只是令被追诉人签署具结悔过书,更有利于实现被追诉人真诚认罪、悔罪,有利于做实后续的教育转化工作,同时有利于节约司法资源、提高司法效率。既然认罪认罚从宽制度中控辩关系的定位是由对抗转向合作,合作的前提是双方平等,合作的表现形式之一便是双方达成协议。如前所述,目前认罪认罚从宽案件的诸多司法实践中,被追诉人与司法机关的关系不是合作而是屈从,所谓的"协商"中被追诉人地位极其卑微,即便具结悔过书中体现了控方的量刑建议,因其对控方不具有约束力,导致辩方对控方作出的给予从宽处理的意思表示缺乏信赖和安全感,甚至是怀疑和提防的心态,对控方而言,反而增加了前期虚假认罪认罚和后期反悔、上诉的风险。即便在后续阶段还有反悔和上诉的机会,对被追诉人及其家属而言或将面临更多未知的风险,比如更长时间的人身自由限制、更严厉的刑罚判决等,整个认罪协商过程对被追诉方是一场极其煎熬的心理折磨,经历了这样一种"司法合作"之后,对最终的判决结果,被追诉人或心存侥幸,或心有余悸;而对控方而言,始终也要担心辩方反悔、上诉所导致其工作的卷土重来。反过来,如果事先签订了控辩协议,被追诉人对控方越信任、对结果越有预期,其认罪认罚的自愿性越高,悔罪越诚恳,配合司法机关推进诉讼程序的意愿越强,进而可能带来上诉率的下降、繁冗诉讼程序的减少,同时也更有利于被追诉人正确认识这项制度的价值,将来更好地回归社会。

---

① 参见冀祥德:《被告人认罪案件程序改革的基本方向》,载《人民检察》2008 年第 14 期。
② 参见冀祥德:《辩诉交易中国化的理论与现实考量》,载陈兴良主编:《刑事法评论》(第 20 卷),北京大学出版社 2007 年版。

七、应当从宽与可以从宽的关系

对认罪认罚从宽案件的"从宽"的裁判考量,可以从以下三个方面去理解,并在制度设计和实践运行中加以推进。

(一)"应当从宽"而非"可以从宽"

认罪认罚"从宽",是指应当从宽,而非可以从宽。这里主要是从基本原则和程序分流的意义上讲的。①《刑事诉讼法》第 15 条将"认罪认罚从宽原则"作为我国刑事诉讼的一项基本原则,也就意味着,认罪认罚从宽既是司法机关的职权,也是司法机关的责任。此处的"应当从宽"有三层含义:第一,在一般情况下,只要被追诉人认罪认罚,专门机关就应当依法适用认罪认罚从宽制度;第二,在决定适用认罪认罚从宽制度后,专门机关除非发现不宜适用或不宜继续适用认罪认罚从宽制度的新情况,否则不能任意反悔,终止认罪认罚从宽制度的适用;第三,在控辩双方达成认罪认罚从宽合意的前提下,司法机关在量刑建议和裁判考量上,不应再无故变更对被追诉人予以从宽处理的决定,特别是法院更不能在控方的量刑建议之上作出处罚。

在控辩双方达成前述控辩协议的前提下,对于审判主体来说,如果认为检察机关的量刑建议无明显不当,便是接受了控辩协议的内容,那么将直接依据该协议作出判决;如果经审理,审判主体拒绝接受该协议,则应当建议控辩双方重新进行协商,或者将案件转入普通程序审理。但是,审判主体只能够拒绝或者接受协议,而不可自行改变协议内容,其判决也应当体现协议的内容而不能超越之,特别是不能在控方的量刑建议之上作出处罚。②

(二)从宽的含义

在从宽的含义上,从宽不仅是追求实体法上从轻、减轻或免除刑罚处罚的效果,还应有程序法上的独立意义,如变更强制措施适用、减少审前羁押时间、减少诉讼时间、调整行刑方式等。

笔者注意到,最高人民检察院就全国人大常委会对其《关于检察机关适用认罪

---

① 此处区别于"两高三部"《关于适用认罪认罚从宽制度的指导意见》中对从宽的解读,该文件中的"可以从宽",是指对犯罪性质和危害后果特别严重、犯罪手段特别残忍、社会影响特别恶劣的犯罪嫌疑人、被告人,即便其认罪认罚,司法机关也可以依法不予从宽处罚。此处的"可以"仅指司法机关对于虽认罪认罚尚不足以从宽或不适宜适用该制度的特殊情况的自由裁量权。

② 参见冀祥德:《被告人认罪案件程序改革的基本方向》,载《人民检察》2008 年第 14 期。

认罚从宽制度情况的报告》的审议意见提出的28条贯彻落实意见中已经体现了上述的部分主张,例如对认罪认罚的轻罪案件,一般应当依法从简从宽办理,依法能不捕的不捕,能不诉的不诉;能适用缓刑的,依法提出适用缓刑量刑建议。不仅如此,即便是需要逮捕的案件,把羁押时间从4个月减少到3个月,也是一种从宽的体现。即便是被判处死刑立即执行的案件,在执行死刑前对被执行人的人性化对待以及行刑方式的人性化选择,都是程序意义上从宽的体现。司法实践中,实体法上和程序法上的从宽可以同时体现在同一个案件的处理中。

(三)从宽的幅度

在从宽的幅度上,不限于从轻处罚,还应当包括减轻或者免除处罚。在目前认罪认罚从宽案件的司法实践中,无论是检察官的量刑建议,还是最后的裁判结果,多数是从轻处罚,而减轻和免除处罚的情况用得很少。

对此,2021年年底刚出台的《意见》中,对于量刑建议的精确度、均衡性作了进一步的规定,针对实践中反映的拟建议适用管制、缓刑所涉及的调查评估难问题,《意见》修改"可以"为"一般应当"委托调查评估,必要时可自行调查评估,为法院判处管制、缓刑提供更充分的基础。而且在确保充分听取律师意见问题上,《意见》设置专章对检察机关听取意见的人员、内容、地点、方式、程序等作了细化。

笔者认为,一方面,应当进一步完善和细化法律和司法解释对量刑建议实体和程序的规定,可以参照上述《意见》中对量刑建议"不当从宽"的详细列举,确立可以建议"减轻或者免除处罚"的案件范围或列举有关情形,对于实践中较大幅度的从宽处理建议给予指导性意见;同时,通过类案推送制度、指导性案例和典型案例制度,充分发挥司法大数据和人工智能、智慧司法的技术优势,对各类从宽的情况提供实证经验和辅助参考,并鼓励检察官充分运用自由裁量权,为司法实践提供有关"减轻或者免除处罚"真实鲜活的案例素材。另一方面,完善控辩协商的程序设计和保障律师辩护权的制度规定,实现律师辩护意见对认罪协商活动的实质影响。制度设计不断完善,还需要在实践运行层面加以落实。

八、反悔权与抗诉权的关系

在认罪认罚从宽制度当中,出现了一个新的权利内容——反悔权。[①] 之所以探

[①] 与域外国家和地区的辩诉交易制度或认罪协商制度主要追求对于指控事实的外在承认相比,我国的认罪认罚从宽制度不仅追求认罪认罚的真实性,还追求认罪悔罪的真诚性。这种制度下的"反悔",其内容更加丰富、多元。

讨被追诉人的反悔权和检察机关抗诉权的关系,主要是源于检察机关针对被告人反悔后上诉而提起同步抗诉(有学者称为"跟进式抗诉")的问题引发争议。反悔权与抗诉权的关系应当从诉讼原理角度加以审视。

第一,需要辨清反悔权和上诉权、抗诉权的关系。首先,"反悔"不是一项被法律赋予的权利,它实质上是基于人之"自愿性"认识的一个无法忽视的事实,对于事实理应尊重。因此可以说,反悔权是被追诉人在认罪认罚从宽程序中的"自然权利",不应被剥夺。而上诉权则不同,刑事上诉权是刑事诉讼法规定赋予被追诉人在有限时间内通过特定方式实现司法救济的法律权利。抗诉权是法律赋予检察机关对法院的审判活动进行法律监督的一项权力。其次,控辩双方的反悔权都是针对控辩协议的,至于反悔的原因,辩方主要在是否认罪和量刑幅度上,控方主要在是否从宽和从宽幅度上。而上诉权和抗诉权是另外一对概念,二者都是针对法院裁判的,即对裁判的实体、程序错误以及裁判结果提出异议的权利(力)。需要注意的是,辩方的反悔权与上诉权既有联系又有分别。反悔不一定上诉,上诉也未必是基于反悔。在一审结果出来以前,辩方随时有权反悔,但不存在上诉权,其反悔权应当尊重和保护。一审结果出来之后,被告人的反悔权应当加以限制地保障,以防止其被滥用。

第二,检察院"跟进式抗诉"的问题凸显。基于以上分析,检察院对法院采纳其量刑建议而被告人上诉的情况进行抗诉,其抗诉不再是针对法院的裁判结果,而是作为上诉的对抗机制而存在,这在一定程度上违背了上诉不加刑原则,对辩方的上诉权造成威胁甚至是剥夺。检察院是为了规避被告人反悔上诉所带来繁冗的二审程序、提高诉讼效率,滥用法律监督权对上诉进行"围追堵截",既不符合以审判为中心的基本精神,也不符合认罪认罚从宽制度"恢复性司法"的内在目标。何况认罪认罚从宽案件中的上诉可能是基于反悔的上诉,也可能不是基于反悔的上诉,在司法解释中规定对具体理由的上诉进行抗诉不具有可操作性。只有保障上诉权,才是防范错误认罪认罚、避免冤假错案、保障认罪认罚自愿性的重要机制,也是检验悔罪真诚度及这项制度实施效果的重要标尺。对于技术性上诉,应当完善现有法律规定的漏洞、消弭技术性上诉动因存在之客观基础;对于反悔型上诉或者误解型上诉,检察机关应当着力于前期的释法说理、充分协商、引导被追诉人自愿真诚悔罪,对于幅度型量刑建议,应当就庭审有采纳高线量刑的可能作详细解释,减少误解①。至于是否"因被告人反悔不再认罪认罚致从宽量刑明显不当",基于案件已经进入新的阶段,应当交由二审程序由法院裁判认定。无论如何,都不能用报复性抗诉的方式对抗被告人的上诉权。对于"表演式认罪认罚",后又滥用上诉权进行恶意反悔的,检察院应当行使抗诉权。②

第三,理论上控方也享有反悔权。在控辩合意达成时,控辩双方签署的应当是约束双方主体的控辩协议,而非被追诉人单方面出具的具结悔过书。既然是控辩协议,作为协议缔造主体之一的控方也有反悔权。但是,控方的反悔权必须受到严格限制,与"应当从宽"相呼应,在决定适用认罪认罚从宽制度后,检察机关除非发现不宜继续适用认罪认罚从宽制度的特殊情形,否则不能任意反悔、终止认罪认罚从宽制度的适用,也不能在没有合理根据及听取意见的情况下,任意调整业已获得被追诉人认同并成为其合理预期的从宽利益。③

第四,检察机关以法院"违反刑事诉讼程序"为由提起抗诉的依据是否充分?《意见》第 37 条所描述的法院未经告知检察院调整量刑建议便直接作出裁判,虽然这一行为是否属于刑事诉讼法上规定的"违反刑事诉讼程序"的行为缺乏明确的依据、存在很大争议,但是检察机关仍在其规范性文件中赋予其自身以此为据的"一般应当抗诉"的权力,表面上看是检察机关所作的司法解释过于牵强、缺乏上位法的支撑,实质上是认罪认罚从宽制度设计的缺陷所致。如果解决了控方反悔权救济制度缺位的问题,此处便不再需要抗诉权的存在。在控辩平等协商的制度设计中,控方也有反悔权,法院对控辩协议只能接受或拒绝,不能在其基础上任意改动后判决,即要么退回重新协商,要么转换为普通程序。④ 再回到现有的制度场景下,检察机关如果能够以法院未告知量刑调整而直接判决为由抗诉,那么是否也应当保障被告人基于此提出的反悔上诉权?这些问题值得进一步探讨。

总之,要从制度构建与发展的长远视角看被追诉人的反悔权与检察机关的抗诉权,基于不同的权力(利)生成来源和不同的功能,尤其是不同的权力(利)硬度,检察机关在行使抗诉权时应当对被追诉人的反悔权予以一定程度的宽容。

---

① 根据目前司法解释性文件的规定,对于法院采纳量刑建议后,被告人仅因量刑过重为由提出上诉的情况中,认定为因被告人反悔不再认罪认罚致从宽量刑明显不当的,应当抗诉。在这条规定中,仅因量刑过重为由提出上诉,未必是基于反悔,而是还有这样一种可能,即检察院做幅度刑量刑建议的案件,被告人认罪无罪,只是认为法院的判决结果可以更轻。这种情况存在讨论的空间,笔者认为这不是滥用上诉权,甚至不属于反悔型上诉。只有当"被告人反悔不再认罪认罚"才可能导致从宽量刑过轻。

② 参见闫召华:《认罪认罚后"反悔"的保障与规制》,载《中国刑事法杂志》2021 年第 4 期。
③ 参见闫召华:《认罪认罚后"反悔"的保障与规制》,载《中国刑事法杂志》2021 年第 4 期。
④ 参见冀祥德:《被告人认罪案件程序改革的基本方向》,载《人民检察》2008 年第 14 期。

九、公检法三机关与公检法律四主体的关系

从诉讼规律的视角考察司法实践中对法律职业共同体的认识和定位,是"公检法"三机关,还是"公检法律"四主体,对于全面准确落实认罪认罚从宽制度、保障司法的公正有深刻影响。

(一)从"公检法"三机关到"公检法律"四主体

我国《宪法》第140条和《刑事诉讼法》第7条都规定了公检法三机关"分工负责,互相配合,互相制约"的原则,且几经修法,这项原则仍一直沿用至今。在1979年《刑事诉讼法》确立以前,司法与行政、控诉与审判等各个机关的权力界分不清,公检法三机关联合办案、职能不分,甚至有时政法委统一指挥三机关办案的情况屡见不鲜。因此在《宪法》和相关法律中规定三机关应当要分工负责、互相配合、互相制约,有其特定的历史原因,也发挥了巨大的积极作用,避免了"下去一把抓、回来再分家"。但是随着社会的发展与法治理念的不断进步,公检法三机关的职责分工已经非常清晰,相互之间的配合也已经形成了默契,此时再以《宪法》和相关法律规定的形式专门强调"分工"就显得十分多余,强调"配合"就容易给司法实践中的"法外配合"留有空间,而再去强调已经在具体的制度和法律规范中形成的"制约",也容易让人曲解。此外,如果在一部刑事诉讼法典涉及刑事诉讼各方主体的活动中,总强调公检法三方而将辩方孤立于外,不仅会产生歧义、令人曲解,同时也不利于确立和发挥辩护权在刑事诉讼活动中应有的作用。因此,在法律规范的层面,公检法三机关"分工负责,互相配合,互相制约"的原则性规定,已经完成其历史使命。笔者注意到,习近平总书记指出,要"健全纪检监察机关、公安机关、检察机关、审判机关、司法行政机关各司其职,侦查权、检察权、审判权、执行权相互制约的体制机制,确保执法司法各环节、全过程在有效制约监督下进行"。由此可见,新时代党中央对于司法改革关注的重点,是各有关机关如何更好地"各司其职""相互制约",而非如何配合。[①]

随着人权保障理念的深化,我国刑事程序法治也得到前所未有的发展,辩护权在刑事诉讼中的内容不断丰富,辩护权发挥作用的程序阶段从审判阶段陆续提前到审查起诉阶段、侦查阶段,刑事诉讼中对于被追诉人权利的保障也更受司法机关

---

① 参见习近平:《坚持走中国特色社会主义法治道路,更好推进中国特色社会主义法治体系建设》,载《求是》2022年第4期。

和广大群众的重视。正如田文昌律师所言:"一个高效、廉洁的政府虽然可以体恤民情,造福于百姓,却不可直接代表公民个人去与自身的权利抗衡,只有律师才可以起到这种作用。司法机关公正裁判的基础,是兼听则明和权利的制约,而律师制度正是维系这个基础的有效保障。"① 司法机关包括公安机关(以及现在的监察调查机关),必须改变过去长期以来形成的那种律师参与刑事诉讼会给侦查、起诉或审判工作造成困难困扰的观念,树立律师参与诉讼是为了保障被追诉人的合法权益、保障程序公正的现代法治观念,各级司法人员都要贯彻在刑事诉讼中平等、善意地对待辩护律师,与辩护律师并肩携手,共同推动我国法治建设的进程。② 如果说法制是社会制度木桶中最短的木板,那么在法制的木桶中,刑事辩护则是其最短的那块木板。现代刑事诉讼结构中,辩护人已成为不可或缺的一方主体。公检法律是推进刑事法治进程不可或缺的四个车轮,缺乏辩护律师参与的刑事司法制度,永远不可能驶入现代法治的轨道。

我们在构建和改革每一项刑事诉讼制度时,都要从公检法律四主体的关系出发。

(二)认罪认罚从宽制度中四主体关系的优化路径

中共十八届四中全会提出推进以审判为中心的诉讼制度改革,主要针对的就是以往刑事诉讼实践中"以侦查为中心"的问题,包括"口供中心主义""侦查笔录中心主义""以羁押为常态、非羁押为例外"等问题。如果公检法三机关不配合、制约不足的问题不解决,律师的作用就得不到有效发挥,侦查失控、制约失灵、控辩失衡的问题就依然存在。具体到认罪认罚从宽制度,一方面,要优化各主体之间的关系尤其是控辩关系、控审关系,保障量刑建议的最终采纳是在控辩双方合意的前提下,法院的自由裁量权得以充分发挥的结果;另一方面,在刑事诉讼程序中,强化律师与公检法等司法主体的平等地位,通过保障律师辩护权实现对司法权的有效制衡,维护案件的公平正义。

1.优化各司法主体的关系

认罪认罚从宽案件的重心由审判阶段向审前阶段倾斜,制度规定对于检察机关的量刑建议,法院一般应当采纳;检察机关内部还有"量刑建议采纳率"等考核指标。在这种特殊的程序设计中,控审关系受配合制约原则的影响更大,法院审判主

---

① 田文昌:《关于律师职责定位的深层思考》,载《中美"律师辩护职能与司法公正"研讨会论文集》,第397页。
② 参见冀祥德:《公、检、法、律四轮缺一不可》,载《中国律师》2007年第9期。

体的地位进一步弱化。在实践中,法院不采纳检察机关量刑建议的案例仍在少数①。这也反映出检察强势主导、审判主体弱化的现状正加剧了控审过度合作的风险。如前所述,检察机关在认罪协商的过程中扮演着重要的角色,但这并不意味着检察机关"主导"诉讼程序,其量刑建议权不应对裁判权形成实质约束力。必须在制度和理念上推进以审判为中心,扶正控审关系,强化法院的审判主体地位,避免法院为配合检察机关而一味地采纳其不合理的量刑建议。在同监察机关进行调查和审查起诉的衔接时,还要注意控制好检察机关提前介入的度,既不能过度提前介入从而对案件形成先入为主的印象,也不能鉴于监察机关管辖的案件而不介入,检察机关法律监督职能的发挥就显得尤为重要。最后,控辩关系也需要优化,这很大程度上有赖于加强和保障律师的辩护权。

2. 值班律师"辩护人化"是必由之路

值班律师制度是实现刑事案件律师辩护全覆盖的重要举措,其作为认罪认罚从宽制度的重要保障,在立法规定和司法实践运用中仍有诸多改进空间。检视目前的法律规定,值班律师的主动会见权②、阅卷权③和调查取证权都受到诸多限制。实践中,委托律师有机会主动介入案件,而值班律师只能等待被安排。无论是值班律师的辩护空间还是值班律师自身的辩护水平,较之委托律师都有巨大的差距。尤其是当值班律师对量刑建议提出异议而未被采纳时,尽管法律规定检察机关应当记录在案并附卷,但是只要值班律师确认犯罪嫌疑人本人认罪认罚的自愿性,便仍要在具结书上面签字④,这样的规定使值班律师的异议形同虚设,值班律师的"见证人化"进一步拉大了值班律师和委托律师在辩护效果上的差距⑤。这便导致了没有能力委托辩护律师的被追诉人在诉讼程序中的辩护权远远弱于有能力委托律师

---

① 根据最高人民检察院第一检察厅负责人对外公布的数据,2020 年以来,认罪认罚从宽案件中检察机关的量刑建议采纳率近 95%。
② 如 2018 年《刑事诉讼法》第 36 条第 2 款规定:"人民法院、人民检察院、看守所应当告知犯罪嫌疑人、被告人有权约见值班律师,并为犯罪嫌疑人、被告人约见值班律师提供便利。"仅在 2020 年"两高三部"《法律援助值班律师工作办法》(以下简称《值班律师工作办法》)这样的规范性文件第 6 条第 3 款中补充规定,"值班律师办理案件时,可以应犯罪嫌疑人、被告人的约见进行会见,也可以经办案机关允许主动会见"。
③ 如 2021 年最高人民法院《关于适用〈中华人民共和国刑事诉讼法〉的解释》第 53 条、《人民检察院刑事诉讼规则》第 269 条第 2 款、《值班律师工作办法》第 6 条第 3 款、《关于适用认罪认罚从宽制度的指导意见》第 12 条第 2 款等文件中均只使用了"查阅"一词,未见"摘抄、复制"的文字规定。
④ 参见《值班律师工作办法》第 8 条第 2 款、第 10 条第 2 款。
⑤ 最高人民检察院在 2020 年年底就十三届全国人大常委会对检察院适用认罪认罚从宽制度情况报告的审议意见提出的贯彻落实意见中指出,认罪认罚案件签署具结书时,犯罪嫌疑人有辩护人的,应当由辩护人在场见证具结,严禁绕开辩护人,安排值班律师代为具结见证。这从一个侧面也折射出值班律师与委托律师在辩护权利上的差距。

的被追诉人,造成了实质上的不平等。而实际上,这种差距通过值班律师的"辩护人化"是可以弥合的。

3.保障委托律师在认罪认罚从宽案件中的有效辩护权

要保证认罪认罚从宽案件的质量,必须确立以律师为代表的辩方在认罪认罚从宽案件中重要的主体地位,这里的律师既包括值班律师和其他法律援助律师,也包括被追诉人委托的律师。被追诉人及其家属提出委托律师进行辩护的情况下,办案机关应当尊重被追诉人及其家属的意愿,既不能以已经安排值班律师或其他法律援助律师为其提供法律帮助为由,拒绝让委托律师进入诉讼程序;也不能由于担心委托律师对量刑建议提出异议,换由值班律师代为见证完成具结书的签署①等,应当及时、充分地保障委托律师行使有效辩护权。

十、"简者更简"与"繁者更繁"的关系

无论是我国的认罪认罚从宽制度,还是域外的辩诉交易制度、认罪协商制度,其制度构建的目的都是刑事诉讼程序的"简者更简"。而中国刑事诉讼制度未来发展方向应当是"简者更简"与"繁者更繁",即被追诉人作有罪答辩的,通过简化审前与审判程序的诸多环节,以此提高司法的效率,并减少司法的成本;将节省下来的宝贵司法资源用于那些被追诉人作无罪答辩的需要采用普通程序审理的案件。其中,赋予被追诉人及其辩护人全面的实体与程序的权利保障,构建更加符合正当程序要求的普通程序,实现"繁者越繁"。我国目前的认罪认罚从宽制度,是中国"以审判为中心"的刑事诉讼制度改革中迈出了"简者更简"的第一步,而对以庭审实质化为核心的"繁者更繁"的改革,目前尚缺乏足够的重视。

"简者更简"与"繁者更繁"的关系,如同西方刑事司法制度中辩诉交易、沉默权、证据开示三者的关系一样,是刑事诉讼的孪生制度②。被追诉人认罪认罚的前提,是在保障被追诉人享有自由沉默权、有效辩护权、完全的证据知悉权的基础上,对案件有充分的了解,使其拥有自愿、明智、理性地选择的条件。因此,"简者更简"的制度设计只有在"繁者更繁"的制度保障下,才能发挥更积极的效果。笔者认为,我国未来的刑事诉讼制度应当增加一个"繁者更繁"的制度设计,并在司法实践中

---

① 基于上述值班律师辩护权法律规定的有限性,办案机关当中滋生了绕开委托律师,安排值班律师代为见证的问题。

② 参见冀祥德:《证据开示·沉默权·辩诉交易关系论——兼评中国司法改革若干问题》,载《政法论坛》2006年第3期。

开展试点,总结经验,在下一次的刑事诉讼法修改中,除了完善认罪认罚从宽制度,应当对我国刑事诉讼程序作如下重构①:

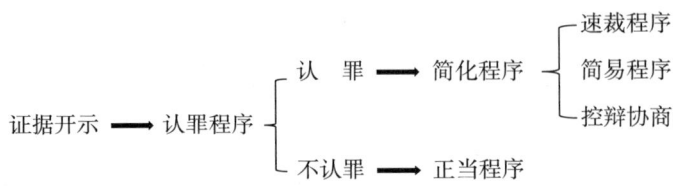

图1　刑事诉讼程序流程图

在有效的证据开示或律师完全的阅卷权、沉默权制度实现的前提下,在刑事诉讼中增加一个独立的问罪程序。证据开示制度是刑事诉讼公正和效率的重要保障,是问罪程序设置的基础。问罪程序是刑事案件程序分流的"漏斗",案件经过问罪程序得以迅速分流:被追诉人作有罪答辩的,进入速裁程序、简易程序、控辩协商程序,简化庭前准备与庭审程序等诸多环节,做到"简者更简";被追诉人选择作无罪答辩的,进入重新设计的普通程序(图1中暂称为"正当程序")。在大量的案件通过速裁程序、简易程序或控辩协商程序得到快速的解决,诉讼效率明显提高的前提下,整个司法系统的资源便能够支持起对少数案件进行烦琐、复杂的审判。因此,重新设计的我国普通程序的发展目标是逐步构建控辩平等,加强庭审对抗,规范证据规则,赋予被追诉人及其辩护人更多的实体与程序的权利保障,以最大程度实现程序正义,即"繁者更繁"。"简者更简"与"繁者更繁"如同我国刑事司法制度改革中的"鸟之两翼""车之两轮",必须兼顾,不可偏废任何一方。

结　语

党的十八大以来,我们的司法改革不断在中国的历史文化传统中汲取智慧,构建中国独有的制度,形成有中国特色的方案。我国目前认罪认罚从宽制度要不断完善,必须遵循中国刑事诉讼制度未来发展的十大转向,即从一元价值转变为多元价值,从权力本位转变为权利本位,从打击犯罪转变为控制犯罪,从有罪推定转变为无罪推定,从侦查中心转变为审判中心,从控辩对抗转变为控辩合作,从重实体轻程序转变为实体与程序并重,从重定罪轻量刑转变为定罪与量刑并重,从公检法"三车轮"转变为公检法律"四车轮",特别是从借鉴西方转变为立足中国。我们应

---

① 参见冀祥德:《被告人认罪案件程序改革的基本方向》,载《人民检察》2008年第14期。

当以习近平法治思想为指导,站在世界刑事诉讼四次革命的纵深视角,站在用中国制度解决中国问题的现实维度,探索既符合世界刑事诉讼制度发展规律又合乎刑事诉讼基本原理的有中国特色的控辩协商制度。

认罪认罚从宽制度与有效刑事辩护

李丰收*

认罪认罚从宽制度是我国坦白从宽、宽严相济刑事政策的制度化和规范化发展,适用认罪认罚从宽制度,有利于准确、及时惩罚犯罪,推进刑事案件繁简分流、节约司法资源、化解社会矛盾,通过司法强化人权保障,推进我国法治体系和治理能力的现代化。

刑事案件认罪认罚从宽制度作为一项集实体法和程序法于一体的综合性法律制度,在实施的过程中面临具体实践操作规定和相应救济机制的设置还不够完善的问题,导致在认罪认罚的刑事案件中,一旦犯罪嫌疑人或者被告人认罪认罚,其后果是犯罪嫌疑人或者被告人就会丧失无罪辩护的机会,也会失去法律正当程序保护的权利。因此,如何通过认罪认罚从宽制度确保无罪的人不会虚假认罪从而形成冤假错案、有罪的人能够自愿如实认罪从而获得从宽处罚,是我们所有从事刑事辩护的法律人都应该思考和关注的。

一、认罪认罚从宽制度概述

2016年9月,第十二届全国人大常委会第二十二次会议通过《关于授权最高人民法院、最高人民检察院在部分地区开展刑事案件认罪认罚从宽制度试点工作的决定》,授权最高人民法院、最高人民检察院在北京等18个地区开展刑事案件认罪认罚从宽制度试点工作。同年11月,"两高三部"联合印发了《关于在部分地区开展刑事案件认罪认罚从宽制度试点工作的办法》,试点工作正式启动。该试点工作推行以来的数据显示,刑事案件认罪认罚从宽试点工作的推行产生了极大的效应,

---

* 李丰收,北京长阅律师事务所监事会主任、高级合伙人。襄阳市第十七届人大代表、湖北省律协第八届刑委会委员、襄阳仲裁委员会仲裁员、湘潭大学法学院研究生实务导师。

刑事案件的认罪认罚率逐年升高。2018年10月，修正后的《刑事诉讼法》将"认罪认罚从宽"正式确立为刑事诉讼的重要原则。

在近几年刑事案件全覆盖和全国范围内扫黑除恶的背景环境中，认罪认罚从宽制度的实施全面提升了办案效率，缓解了司法机关人少案多的巨大压力。

二、认罪认罚从宽制度的内涵

刑事案件认罪认罚从宽制度是基于犯罪嫌疑人或被告人自愿认罪认罚而设立的，但实践中存在办案人员一味地追求认罪认罚办案率，而忽略犯罪嫌疑人、被告人权益的保障的现象，因此，如何通过有效刑事辩护防止形成冤假错案，辩护律师作为控辩审中的辩护方所发挥的作用至关重要。

我国《刑事诉讼法》第15条规定："犯罪嫌疑人、被告人自愿如实供述自己的罪行，承认指控的犯罪事实，愿意接受处罚的，可以依法从宽处理。"因此，我们将从认罪、认罚、从宽三个方面解读认罪认罚从宽制度的内涵。认罪，是指犯罪嫌疑人、被告人自愿如实供述自己的罪行，对指控的主要犯罪事实和罪名没有异议。认罚，是指犯罪嫌疑人、被告人真诚悔罪，自愿接受处罚，在侦查阶段、审查起诉阶段、审判阶段，自愿接受公安、监察等侦查机关的处理，认可检察机关的量刑建议，并且签署认罪认罚具结书，在法院庭审时当庭自愿认罪并接受刑罚处罚。从宽，既包括实体上从宽处罚也包括程序上从简处理。认罪、认罚、从宽是认罪认罚从宽制度的重要组成部分，只有犯罪嫌疑人、被告人认罪、认罚才有可能进行从宽处理，从宽是认罪、认罚的法律效果。

三、认罪认罚从宽制度的现状及存在的问题

认罪认罚从宽制度实施以来，在刑事案件实体上和程序上都取得了明显的成就：一方面提高了刑事案件诉讼效率、促进了司法资源的合理配置；另一方面准确、及时地惩罚了犯罪、化解了社会矛盾，贯彻落实了坦白从宽、宽严相济的刑事政策，促使刑事案件的处理达到法律效果与社会效果的统一。

当前我国的认罪认罚从宽制度仅停留在"两高三部"《关于适用认罪认罚从宽制度的指导意见》和《刑事诉讼法》之原则性规定层面，具体实践操作的规定还不够具体明确，许多细节问题未能规定明确，尤其缺乏可具操作性的量刑指南。程序上适用简易程序、审判程序、控辩协商程序的构建不够细化，认罪认罚案件犯罪嫌疑人、被告人的参与权、撤销权等权利保障机制不够健全，在实体上认罪认罚的认定和从宽的适用不够明确。实践中,各地司法机关的做法也不尽一致,容易出现同案不同判的非公正后果。当前亟须出台统一规范性文件对认罪认罚从宽制度中的遗漏和缺陷进行明确与补正,达到全国范围内统一理解与适用,从而确保刑事司法公正,最大程度地保障被告人的各项权利。在认罪认罚从宽制度中现存以下问题,应当从立法层面进行明确与补正,从而保证犯罪嫌疑人、被告人的合法权益。

(一)犯罪嫌疑人、被告人认罪认罚的自主决定权和参与权问题

《刑事诉讼法》第15条规定:"犯罪嫌疑人、被告人自愿如实供述自己的罪行,承认指控的犯罪事实,愿意接受处罚的,可以依法从宽处理。"第162条第2款规定:"犯罪嫌疑人自愿认罪的,应当记录在案,随案移送,并在起诉意见书中写明有关情况。"

对于被告人认罪认罚自愿性保障问题,各界对此均持肯定态度。但是在实践中,通常是由检察院单方作出量刑建议,仅告知犯罪嫌疑人、被告人量刑建议的结果。在个别案件中,办案人员出于各种考虑,"劝导"犯罪嫌疑人认罪认罚,对当事人施加隐形甚至直接的压力,甚至一定程度上采取"逼迫"或"要挟"的手段。

笔者曾听闻在一起认罪认罚案件中,承办检察官打电话告知律师说,"量刑结果出来了,刑期最后就这么多,你问问被告人是否接受,接受就签具结悔过书,不接受就算了,法院判轻了我们要抗诉的"。在另外一起共同犯罪案件中,有部分被告人没有签署认罪认罚,法官在庭审中一再追问这些被告人是否认罪认罚,并一再宣称不认罪认罚的不利后果,最终所有被告人集体认罪认罚。

由此可见,为了保障犯罪嫌疑人、被告人的自愿自主决定权,避免量刑建议从"双方协商"沦为"单方决定",侦查、审查起诉和审判三阶段的办案人员应严格保持中立,法律应规定办案人员不得以任何方式对犯罪嫌疑人是否认罪认罚施加压力,从而保证其认罪认罚的真实性与自愿性。

(二)犯罪嫌疑人、被告人认罪认罚时间的选择权和量刑建议的抗辩权问题

若被告人在侦查及审查起诉阶段未认罪认罚,但在一审庭审中以及二审审理过程中自愿认罪认罚的,能否再适用认罪认罚从宽制度,没有明确的规定。立法层面应当允许被告人在一审或二审判决之前的任何时间点认罪认罚,并做相应的程序衔接设计,比如规定法院中止审理,由检察院按程序补充提出量刑建议等。

《刑事诉讼法》第174条规定,在审查起诉阶段,犯罪嫌疑人"同意量刑建议和程序适用的,应当在辩护人或者值班律师在场的情况下签署认罪认罚具结书"。第201条第2款规定,在审判阶段,"被告人、辩护人对量刑建议提出异议的,人民检察

院可以调整量刑建议"。由此，不难看出该规定过于笼统模糊，《刑事诉讼法》第174条规定，犯罪嫌疑人在审查起诉阶段必须"同意量刑建议"，而第201条又明确规定被告人、辩护人在审判阶段可以对量刑建议"提出异议"，两个法条之间似有矛盾，如何理解？同时，《刑事诉讼法》第201条第2款规定，"人民检察院不调整量刑建议或者调整量刑建议后仍然明显不当的，人民法院应当依法作出判决"，但法条并未写明人民法院在依法作出判决时，是否仍然适用认罪认罚从宽制度。

根据《刑事诉讼法》第12条"未经人民法院依法判决，对任何人都不得确定有罪"的规定，即使犯罪嫌疑人、被告人作出了认罪认罚决定，签署了认罪认罚具结书，但是未经人民法院依法判决，也不能确定其有罪，其享有否认或者撤销之前认罪认罚的决定。实践中，犯罪嫌疑人、被告人一旦行使该项权利，之前的认罪认罚决定和签署的认罪认罚具结书也归于无效。

部分犯罪嫌疑人、被告人，由于自身法律常识的缺失，又未充分了解认罪认罚的法律后果，并且对侦查机关和检察机关存在畏惧感，在无罪的情况下，作出认罪认罚决定，签署认罪认罚具结书。

笔者认为，立法层面应当保障对检察院量刑建议的抗辩权，建议增加规定：人民法院经审理认为量刑建议明显不当的，应当建议人民检察院调整量刑建议。是"应当"而不是"可以"，控辩双方对量刑过重有争议的，人民法院仍然适用认罪认罚从宽制度依法作出判决。

(三)被告人认罪认罚的情况下，辩护律师如何独立行使罪轻、无罪辩护权的问题

被告人认罪认罚的情况下，辩护人如果做无罪辩护，案件还能否继续按认罪认罚从宽制度审理？

《刑事诉讼法》第15条规定，犯罪嫌疑人、被告人自愿如实供述自己的罪行，承认指控的犯罪事实，愿意接受处罚的，可以依法从宽处理。这里并没有规定以"辩护人不做无罪辩护的"为前提条件。但是，各地的实施细则大多对该问题持否定态度，规定"辩护人做无罪辩护的"案件不进入认罪认罚从宽程序，不适用认罪认罚从宽制度。因此实践中辩护人做无罪辩护的情况下，案件基本上都不再适用认罪认罚从宽制度。这种规定从根本上剥夺了辩护人独立行使罪轻、无罪辩护的权利。

既然《刑事诉讼法》没有要求辩护人也要像认罪认罚的被告人那样认可指控的犯罪事实，并且《刑事诉讼法》要求法院在审理认罪认罚案件时仍然要审查被告人是否构成犯罪，那么就应当允许辩护人对案件的定性及量刑发表意见，包括做无罪

辩护。否则,法院庭审将仅剩下审查被告人认罪认罚的自愿性和控方量刑建议的合理性,人民法院的庭审实质化则流于空谈,各类案件的实体问题审查在检察院审查起诉阶段就已宣告结束。

从确保庭审实质化、维护审判中心主义角度出发,保障辩护律师的独立行使罪轻、无罪辩护权,才能更好地履行辩护职责,帮助法院查明案件真实情况,防止冤假错案的发生。

四、认罪认罚从宽制度中值班律师的有效辩护作用

(一)值班律师制度的起源

值班律师制度最早起源于英国等西方国家,旨在为刑事诉讼程序中的犯罪嫌疑人、被告人提供即时初步的法律服务,以其覆盖面广、高效快捷等特点很好地体现了保障司法人权的刑事司法理念。2006年,司法部法律援助中心提出"探索建立法律援助值班律师试点项目",并于2006年7月1日在河南省焦作市修武县法律援助中心正式启动。

2014年8月22日,"两高三部"联合发布了《关于在部分地区开展刑事案件速裁程序试点工作的办法》,该办法第4条明确规定,建立法律援助值班律师制度,法律援助机构在人民法院、看守所派驻法律援助值班律师。犯罪嫌疑人、被告人申请提供法律援助的,应当为其指派法律援助值班律师。2015年6月29日,中共中央办公厅、国务院办公厅印发了《关于完善法律援助制度的意见》,该意见明确提出建立法律援助值班律师制度,法律援助机构在法院、看守所派驻法律援助值班律师。

2016年11月16日,"两高三部"联合发布《关于在部分地区开展刑事案件认罪认罚从宽制度试点工作的办法》,规定法律援助机构可以根据人民法院、看守所实际工作需要,通过设立法律援助工作站派驻值班律师、及时安排值班律师等形式提供法律帮助;犯罪嫌疑人、被告人自愿认罪认罚,没有辩护人的,人民法院、人民检察院、公安机关应当通知值班律师为其提供法律咨询、程序选择、申请变更强制措施等法律帮助。

2017年8月28日,"两高三部"联合下发《关于开展法律援助值班律师工作的意见》,该意见进一步明确和完善了"律师值班制度",对值班律师的运营模式,对工作站的建设、值班律师的选任、值班方式、工作要求、监督管理、协作配合等方面作出了明确规定,同时确立了值班律师在认罪认罚从宽制度改革试点中的职能作用。

（二）值班律师"见证人"化的尴尬地位

《刑事诉讼法》第36条第1款规定，法律援助机构可以在人民法院、看守所等场所派驻值班律师。犯罪嫌疑人、被告人没有委托辩护人，且法律援助机构没有指派律师为其提供辩护的，由值班律师为犯罪嫌疑人、被告人提供法律咨询、程序选择建议、申请变更强制措施、对案件处理提出意见等法律帮助。根据上述规定，值班律师介入的前提是犯罪嫌疑人、被告人没有委托辩护人，如果犯罪嫌疑人、被告人或者其近亲属委托了辩护人的，上述工作职责应由其辩护人履行，值班律师不宜介入。

值班律师没有阅卷、调查取证的权利，无法以辩护律师的身份参与案件协商过程，无法真实、全面地了解案件情况，也就无法就案件提出具有针对性、实质性的法律意见。现阶段值班律师经费保障不够、执业律师职业道德、执业水平参差不齐等问题存在，律师作为自由职业者，没有财政经费也没有工资，需要靠自己执业来养家糊口，而值班律师补贴过低导致其无法提高工作积极性、责任心，也不愿意花更多的时间为认罪认罚的犯罪嫌疑人、被告人研究案件，实践中值班律师大多为青年律师，较低的补贴使得资深律师参与较少，从而影响案件的整体服务质量。

实践中，值班律师不乏流于形式的情形存在，值班律师沦为"配合参与者"和"见证人"的角色，值班律师作用"见证人"化模糊了值班律师的角色定位。

（三）充分发挥值班律师功能，防止冤假错案产生

从我国刑事诉讼控辩审的三方格局来分析，刑事辩护律师的功能定性应当最终落脚在"辩"上面，因值班律师不提供出庭服务，所以失去了法庭上"辩"的重要环节。虽然值班律师的见证功能不会影响其功能发挥，但是值班律师的见证功能容易被过度解读，成为"认罪认罚见证律师"，从而成为协助司法机关促进认罪认罚制度推进的工具。由于值班律师服务质量的高低好坏没有具体的标准和监管机制，而司法机关的监管更多的是注重执业律师是否违反律师职业道德和执业纪律方面，难以对服务质量进行有效监管，也就无法保障值班律师能够在认罪认罚案件中尽职尽责。

我国现阶段的刑事案件全覆盖制度中，如何能在指派的法律援助律师和聘请的出庭辩护律师中，更好地发挥值班律师在认罪认罚从宽制度中的作用，立法机关有必要对值班律师的辩护地位和职责、工作流程、经费保障等予以明确和完善，值班律师不应沦为参与者、见证者的角色，而应当是提供全面有效的法律帮助或辩护工作。

五、认罪认罚从宽制度中实现预防和纠正冤假错案的途径

（一）认罪认罚从宽案件中，辩护律师的会见、阅卷和取证的"三大难"问题依然存在

刑事案件的办理中，特别是现在扫黑除恶、监察制度下，侦查中心主义依然存在，律师会见仍然存在不允许和不及时安排等问题，直接影响了广大刑事辩护律师权益的行使。

根据现行《刑事诉讼法》的规定，犯罪嫌疑人在律师无法介入、自身法律知识欠缺的情况下，在侦查阶段认罪认罚，同意检察院提出的量刑建议，签署认罪认罚具结书，就无法保证犯罪嫌疑人、被告人所作出的认罪认罚决定的真实性和自愿性，也就无法保障公正与效率。

侦查阶段是证据形成的时期，辩护律师无法及时会见在押的犯罪嫌疑人，无法掌握对犯罪嫌疑人有利的事实和证据。《刑事诉讼法》规定律师只能在审查起诉阶段查阅、摘抄、复制案件证据材料，因此，侦查阶段律师几乎断绝了调查取证的途径。由于侦查阶段信息的不平衡不对称，因此侦查人员与辩护律师在案件客观情况上容易产生冲突，律师的辩护意见难以被采纳。

实践中，犯罪嫌疑人一旦认罪认罚就会丧失无罪辩护的机会，也会失去法律正当程序保护的权利。犯罪嫌疑人、被告人已经作出认罪认罚决定的，律师再行介入，也就丧失了在侦查阶段实现有效辩护的机会，导致律师成为了案件的"见证者"，未能发挥辩护律师的实际作用，也就无法实现有效辩护。这与该制度的设计初衷和我国实体正义与程序正义并重的法治理念相违背。

（二）发挥"值班律师"的"辩"的作用，构建强有力的辩护机制

充分利用值班律师制度设立的立法本意，使值班律师能够实质性地参与认罪认罚案件之中，将值班律师制度发展成为强制辩护制度，保证律师有效参与认罪认罚的全程。

第一，立法赋予值班律师阅卷、会见和调查取证的权利。明确值班律师的功能定位，通过立法赋予值班律师阅卷、会见和调查取证的权利，使值班律师能够全面、客观地了解案件情况，从而针对案件事实，依照法律规定与司法机关协商，提出具有建设性、实质性的辩护意见。

第二，立法赋予值班律师出庭的权利。值班律师以辩护人的身份参与认罪认罚案件的全过程有利于诉讼构造的平衡，监督司法机关办理认罪认罚案件，形成控

辩审三方的相互配合、互相制约的局面,值班律师参与认罪认罚案件的全过程,为犯罪嫌疑人、被告人提供专业的法律帮助,更好地实现认罪认罚从宽制度的立法宗旨和预期目标。

(三)提前介入案件,行使律师辩护权利

辩护律师应提前介入认罪认罚案件,使认罪认罚的协商过程不至于被侦查机关所主导。辩护律师的提前介入能够对侦查机关的讯问形成监督作用,对侦查机关侦查讯问的规范化起到促进作用,确保认罪认罚案件所获得的口供的合法性,保证犯罪嫌疑人、被告人所作出的认罪认罚决定是出于其真实意愿。在我国现阶段员额检察官、员额法官办案负责制下,辩护律师一定要重视和加强与办案机关的沟通交流,及时在侦查阶段提出取保候审申请、羁押非必要性听证申请,书面提交要求侦查机关撤销案件、不予批捕、不予起诉等的申请,帮助侦查机关、审查起诉机关、审判机关掌握犯罪嫌疑人、被告人罪轻、无罪的案件事实,在法律的框架下尽最大可能保护犯罪嫌疑人、被告人的合法权益,从而起到预防和纠正冤假错案的作用。

结　语

当前我国越来越多的刑事案件犯罪嫌疑人、被告人出于能够从宽处罚的目的选择认罪认罚,但是由于该项制度不够健全和完善,犯罪嫌疑人、被告人认罪认罚的真实性和自愿性,以及律师的及时介入和有效辩护就显得尤为重要。为确保认罪认罚案件的公正与效率,必须加强落实有效辩护,提高刑事案件的办案效率,合理分配司法资源,确保无罪的人不会虚假认罪形成冤假错案,有罪的人能够自愿如实认罪获得从宽处罚。

认罪认罚从宽制度刑法化研究

马 成[*]

一、问题的提出

认罪认罚从宽制度固然于诉讼分流,节约司法资源,提高诉讼效率方面卓有功勋,但该制度的本质在于对犯罪人的实体权利供给,归根结底是刑罚待遇的从宽处置。遗憾的是,理论上主要关注认罪认罚从宽制度与《刑事诉讼法》的衔接,而对于认罪认罚从宽制度的实体意义重视不足,这或许与该制度只规定在《监察法》和《刑事诉讼法》中有关。

应当认为,认罪认罚从宽制度兼具程序性和实体性的双重特征,其不仅是一个程序规则,更是一项对犯罪行为人的刑罚从宽待遇。[①] 而根据罪刑法定主义的要求,刑法是定罪量刑的唯一依据,虽然《刑事诉讼法》对"认罪认罚从宽"作出了程序性的规定,但是,最终是否从宽必须要有刑事实体法上的依据。而在现行《刑法》中并无形式上的"认罪认罚从宽"的文字表述,该制度的内容散见于《刑法》各项法定和酌定的量刑情节之中,无法作出规范化的判断。

因此,对于认罪认罚从宽的刑法地位,理论上存在不同的观点。

第一类观点为非独立量刑情节说。例如,石经海教授认为,认罪认罚从宽虽非既有量刑制度的重申,但也不能作为独立的量刑情节对待。原因在于,认罪认罚从宽制度是《刑法》规定的自首、坦白、立功等法定和酌定的量刑情节的综合体现,如果将其作为单独的量刑情节处置,则无法准确厘清认罪认罚从宽与既有量刑制度

---

[*] 马成,北京大成(深圳)律师事务所高级合伙人,大成中国区刑委会副主任,大成刑辩学院副院长,第十一届深圳市律协金融犯罪辩护专委会主任,第十届深圳市律协刑委会副主任,中国政法大学法律硕士学院兼职导师,北京大学、清华大学、北京师范大学法学院兼职导师。

① 谭世贵、陶永强:《实体法视野下认罪认罚从宽制度的完善》,载《人民法治》2017年第1期。

之间的区别,势必导致适用上的混乱。① 王飞教授认为,从制度上来看,认罪认罚从宽更多具有的是政策意义;从内容上来看,仍没有跳出刑事法律的现有内涵,将其认定为现有刑事法律相关内容的重申可能比较合适。②

第二类观点为独立量刑情节说。持这种观点的学者多认为《刑法》应当积极回应认罪认罚从宽制度,增设相应的立法规定。如樊崇义教授认为,认罪认罚从宽是在自首、坦白从宽之外给予犯罪行为人更大的刑罚优惠,刺激犯罪行为人悔罪、认罪的积极性,降低人身危险性,帮助行为人早日回归社会,因此应当将认罪认罚从宽作为一项独立的量刑情节;③周光权教授认为,《刑法》应当关注认罪认罚从宽的实体权利供给,增加相应的立法规定,完善《刑法》配套措施,积极推进认罪认罚从宽制度在刑事司法领域的利好发展。④

笔者认为,认罪认罚从宽兼具实体和程序的双重价值,其内容只规定在《监察法》和《刑事诉讼法》之中,容易给人留下程序法研究超前而刑事实体法滞后的不良观感,因此,《刑法》应当积极回应认罪认罚从宽制度,认真考量认罪认罚从宽的《刑法》属性,并进而论述从宽的原则、幅度,适时增加相应的法律规定,构建认罪认罚从宽的新刑法规范;认罪认罚从宽也并非既有制度的简单重申,而是在司法体制改革背景下,在原有量刑情节基础之上的有利突破。

二、认罪认罚从宽应当作为独立、法定的量刑情节

认罪认罚从宽制度兼具实体和程序的双重特征,公正是首要价值,功利或曰效率价值只是其辅助价值。⑤ 认罪认罚从宽制度的程序性功能具有辅助性,其落脚点仍在于刑事实体法上的从宽待遇,要想实现认罪认罚从宽的实体权利保障,《刑法》的规定不可缺位。因此,笔者认为,为贯彻执行认罪认罚从宽的制度目标,保障犯罪人、被告人的实体权利,应当将其作为独立、法定的量刑情节,并予以《刑法》总则化。

(一)认罪认罚从宽的独立性

认罪认罚从宽应当作为一个独立的量刑情节。判断认罪认罚从宽是否应当作

---

① 石经海:《〈监察法〉与〈刑法〉衔接实施的基点、问题与路径》,载《现代法学》2020年第1期。
② 王飞:《论认罪认罚协商机制的构建——对认罪认罚从宽制度试点中的问题的检讨与反思》,载《政治与法律》2018年第9期。
③ 樊崇义:《认罪认罚从宽与自首坦白》,载《人民法治》2019年第1期。
④ 周光权:《论〈刑法〉与认罪认罚从宽制度的衔接》,载《清华法学》2019年第3期。
⑤ 黄祥青:《〈刑法〉视野中的公正与效率价值论析》,载《上海市政法管理干部学院学报》2001年第4期。

为独立的量刑情节,关键在于澄清其与既有《刑法》量刑情节之间的关系。从概念本身出发,认罪认罚与自首、坦白具有内容上的相似性和交叉性,但又与自首、坦白不完全相同。

1."认罪"的内容广于自首、坦白

根据《刑法》第 67 条的规定,自首分为一般自首和特别自首,一般自首表现为"自动投案 + 如实供述自己罪行"的行为逻辑,特别自首则表现为"被动归案 + 如实供述司法机关尚未掌握的本人其他罪行"的行为构造,而坦白仅指"被动归案 + 如实供述自己的罪行"。有学者认为,"认罪"就应当和坦白一样,理解为"如实供述自己的罪行",是对自己犯罪客观事实的供认,对于"认罪"应当按照字面解读,不应该强加字面含义之外的其他内容。①

应当认为,这种解读有限制适用认罪认罚从宽制度的嫌疑。首先,从文义解释角度,"认罪"可以理解为对犯罪事实的承认,包括主动承认和被动接受。可以发现,就概念所及的范围而言,比"如实供述自己的罪行"要广,"如实供述自己的罪行"仅指主动承认型认罪。当然,将"如实供述自己的罪行"理解为"认罪"的范围不会存在语意上的障碍。其次,根据《刑事诉讼法》第 15 条的规定:"犯罪嫌疑人、被告人自愿如实供述自己的罪行,承认指控的犯罪事实,愿意接受处罚的,可以依法从宽处理。"

由此可知,《刑事诉讼法》对于"认罪"的规定也包含了"主动供述"和"被动承认"两种情形,自愿如实供述自己的罪行意为"主动供述";承认指控的犯罪事实则可以理解为"被动接受"。因此,将"认罪"仅理解为自首、坦白中的"如实供述自己的罪行"缺乏解释论和法律上的依据。

2."认罚"是自首、坦白所不具备的内容

"认罚",是指接受、同意刑罚处罚。"认罚"的前提是"认罪",并包含了"认罪"之外的内容,其中包括对犯罪性质、罪名、刑期、刑罚执行方式等的认可和接受,因为不同的罪名、犯罪性质所对应的刑罚也不相同,认可、接受量刑建议必须对犯罪的性质有所认知,而自首、坦白只要求如实供述犯罪事实,并不要求对犯罪性质有所了解,对此,最高人民法院在 2004 年印发的《关于被告人对行为性质的辩解是否影响自首成立问题的批复》中规定,"被告人对行为性质的辩解不影响自首的成立"。换言之,认罪认罚得以从宽的条件是:犯罪人、被告人主动供述或者被动承认

---

① 黄京平:《认罪认罚从宽制度的若干实体法问题》,载《中国法学》2017 年第 5 期。

(比如证据确实充分,无法逃避而承认所犯罪行)犯罪事实,在了解犯罪性质、刑罚效果之后,表示接受、认可起诉意见书、量刑建议或者审判机关的初步定罪量刑结论。

由此可见,认罪认罚从宽的价值既体现在诉讼分流、节约司法资源等效率层面,认罪认罚不仅包含自首、坦白等认罪情节在内,还包含积极赔偿损失、刑事和解等认罚程序,是犯罪人对快速审理程序和量刑建议的选择,"认"是自首、坦白所无法评价的内容,也体现在对犯罪人实体权利供给的层面,给犯罪人以实体上的量刑优惠,真正促进该制度的推行、适用。认罪认罚从宽有其独立存在的现实基础,具有现有《刑法》规定所无法涵盖的独立价值,将认罪认罚从宽作为独立的量刑情节能够彰显其制度意义。认罪认罚可能与既有的量刑情节存在部分交叉,但绝对不是既有制度的简单重申,而是在原有量刑情节之上的补充、深化,是司法体制改革背景下的制度创新,因此应当承认其在《刑法》体系中独立的法律地位。

(二)认罪认罚从宽的法定性

认罪认罚从宽应当作为法定量刑情节,予以《刑法》总则化。近些年来,随着刑法修正案的不断出台,刑事案件入罪门槛降低,"案多人少"已成各地法院办理刑事案件通病,认罪认罚从宽制度的出台,对缓解目前司法资源紧张、提高司法效率、优化资源配置而言意义非凡,这是认罪认罚从宽制度的显性化优势。有学者曾指出,认罪认罚从宽案件要兼具实体价值和程序价值,加速认罪认罚刑事案件的处理的同时,必须受到实体公正的约束。然而,程序价值的实现离不开实体法的支撑,"从宽"不仅是指"从宽、从速、从简",更重要的是对犯罪人实体权利的宽宥和包容。[①]只有犯罪人真真切切地感受到该制度的优势,愿意出让自己的程序权利,才能实现认罪认罚从宽的制度初衷,缓解司法压力,优化司法资源。试想一下,如果犯罪人无法从该制度中获得实体权利减免或者减免的效果不够明显,那么至少会产生以下两种不良后果:第一,久而久之,认罪认罚从宽制度流于形式,犯罪人对该制度充满质疑,坚决不认罪认罚;第二,依靠认罪认罚从宽制度适用了快速、简易的程序,但是"案结事未了"。犯罪人没有感受到出让程序权利换来的实体效果,其人生危险性尚未消减,犯罪人的人格将更加难以改造,社会对立面仍然存在。在犯罪人刑满后继续犯罪,认罪认罚从宽制度的程序优化功能恐怕也难以保障。因此,将认罪认罚从宽《刑法》总则化是贯彻司法体制改革目标、促进该制度程序价值实现的不

---

① 程龙:《误区与正道:认罪认罚从宽的实体法定位》,载《甘肃政法学院学报》2020年第1期。

二举措。

笔者认为,将认罪认罚从宽作为法定量刑情节,至少还有以下几个理由。

1.现有《刑法》规定无法满足认罪认罚从宽的制度要求

首先,"认罪、悔罪"历来就是酌定从宽的量刑情节,但从宽的幅度极其有限,并且是否从宽、如何从宽、从宽的幅度并未形成规范化的要求。

其次,《刑法》第36条规定:"由于犯罪行为而使被害人遭受经济损失的,对犯罪分子除依法给予刑事处罚外,并应根据情况判处赔偿经济损失。承担民事赔偿责任的犯罪分子,同时被判处罚金,其财产不足以全部支付的,或者被判处没收财产的,应当先承担对被害人的民事赔偿责任。"可见,《刑法》并未将"积极赔偿损失"作为量刑从宽的依据,对于普通刑事犯罪,"积极赔偿损失"可能无法从宽,完全依赖于法官个人的综合素质和自由裁量权的行使,有碍于犯罪人积极赔偿损失,修护破坏社会关系,提高司法效率的积极性。此外,虽然在贪污贿赂罪中,将"认罪、悔罪、积极退赃"作为一项特别从宽制度,一度被认为是"认罪认罚从宽"在《刑法》中的体现。但是,特别从宽制度仅限于贪污罪、受贿罪、行贿罪与介绍贿赂罪四种犯罪,适用范围过于狭窄,有违刑法面前人人平等的原则,因此也受到了理论界的诟病。如张远煌教授认为,《刑法》关于行贿罪、受贿罪等行为的特别从宽规定应当适用于所有腐败犯罪行为,不能搞特殊化,应当一视同仁,维护立法公正和人人平等的原则。[①] 周光权教授也认为,刑法上的"优惠"应当具有平等性,不能只让贪污贿赂者享有,贪污贿赂犯罪不是典型的财产犯罪,将类似的规定放在此处,容易落下"官官相护"的口实,并且这种立法方式违背《刑法》第5条人人平等原则。[②] 职务犯罪因其案件性质的特殊性,确实更加依赖犯罪人的认罪认罚,但是这不足以支撑该优惠制度只能由以上四类犯罪者享有的结论。贪污罪与挪用公款罪、私分国有资产罪在性质上相同,受贿罪与利用影响力受贿也不存在本质差别,而《刑法》对于这些犯罪的从宽处置确有选择性,实在令人难以接受。

综上所述,可以看出,各项与认罪认罚从宽类似的规定散见于《刑法》之中,其或多或少与认罪认罚从宽制度的初衷都存在出入,无法彻底实现"简化程序、节约资源、保障权利"的制度要求。

---

① 张远煌、彭德才:《贪污贿赂犯罪特别从宽处罚制度价值分析——以司法机关办案数据为基础》,载《河南大学学报(社会科学版)》2017年第1期。
② 周光权:《〈刑法修正案(九)〉(草案)的若干争议问题》,载《法学杂志》2015年第5期。

2. 明确审判机关定罪量刑的依据

在1997年《刑法》修订时,我国就确定了制定一部统一刑法典的原则,无论是定罪还是量刑,是从宽处置还是从严处置,都必须要有刑事实体法上的依据,在《刑法》中都需有所反应,受既有《刑法》规定的限制。① 单纯依据《监察法》或者《刑事诉讼法》中认罪认罚从宽的规定无法确定从宽的幅度和原则,也不能突破从轻处罚的界限,如果缺少实体法上的依据,认罪认罚从宽的幅度将十分有限。因此,如果没有实体法上的依据,司法实践中,面对有些案件,审判人员只能在判决的合理性和合法性之间做出抉择,有些审判人员为了判决的合理性,不得不尝试突破量刑底线,径行作出符合民众感情的判决结论。

我国《刑法》分则规定犯罪兼具定性和定量的特点,除规定本罪构成要件外,还会规定具体的刑罚种类和幅度。有些犯罪,包括职务犯罪、经济犯罪和一些财产犯罪,规定的法定刑较高。对于这类犯罪的被告人而言,如果没有自首、立功等法定量刑情节,又缺乏认罪认罚从宽的一般性条款,适用缓刑和减轻、免除处罚的可能性非常小。但是,不可否认,在这类案件中,一律否定减轻或免除处罚的立法做法,于判决结论而言不甚合理。

明确规定认罪认罚的刑法依据,可以免去司法人员自行解释刑法之苦和"钻漏洞"之嫌。例如,恶意透支型信用卡诈骗罪属于常见的财产性犯罪,依照法定刑幅度,应当属于重罪。虽然司法实践中恶意透支信用卡的行为频发,但是及时还清款项、认罪悔罪的案例也不在少数,对于这类情形,司法实践存在从轻处罚、减轻处罚、免除处罚三种做法,其中从轻处罚是符合法律规定的,但是,为了使判决结果看上去比较能够让人接受,有些法官会选择采用减轻处罚和免除处罚的做法。从量刑上来看,恶意透支数额巨大的应当判处5年以上有期徒刑,并处罚金,倘若没有其他法定从宽情节,仅归还透支金额,认罪悔罪,至多也只能放宽至5年有期徒刑,这种结论是违背普通民众的基本法感情的,所以很多司法人员甘冒"打擦边球"的风险,作出减轻或者免除处罚的判决结果。譬如,在(2017)闽0921刑初447号判决中,被告人雷绍妹恶意透支信用卡数额巨大,但是法院鉴于其态度良好,案发后已偿还发卡行全部透支款本息,综合本案情节,判处被告人雷绍妹犯信用卡诈骗罪,免予刑事处罚。

---

① 王汉斌:《关于〈中华人民共和国刑法〉(修订草案)的说明》,1997年3月6日在第八届全国人民代表大会第五次会议上的讲话。

与此类似，如果另一个人同样恶意透支信用卡，数额与认罪认罚者相同，都是刚达到数额巨大的量刑起点，但是拒不归还透支金额或者无法归还，对于这种情形，司法机关通常也只能判处5年有期徒刑的基准刑，对比而言，前者量刑（已经归还全部透支金额的情形）无疑是存在疑问的。

尽管2018年《关于办理妨害信用卡管理刑事案件具体应用法律若干问题的解释》对上述量刑作出了重新修正，规定全部归还透支金额的可以不予起诉或者免予处分，但是这种做法只是问题出现之后的局部修改，治标不治本，如果将认罪认罚从宽的内容在《刑法》总则中予以明确，诸多由于认罪认罚从宽缺乏刑事实体法上的依据而导致量刑不合理的情形便能够得到最大限度的控制，审判人员也能够光明正大地适用认罪认罚从宽的刑法依据。

3. 保障犯罪人、被告人的实体权利

认罪认罚从宽应当是一个协商的程序，即由监察机关或者检察机关提出认罪认罚从宽的量刑建议，在值班律师或者辩护人在场的情况下，与被调查人或者犯罪人、被告人协商，告知量刑建议的由来，以及因认罪认罚而从宽的幅度。但是，在司法实践当中，这种理应协商处理程序，容易异置为由司法机关主导，带有浓厚职权主义特点的告知程序，相对人只能作出同意或者不同意的决定，并无质疑量刑建议的权利和依据。司法机关掌握绝对的主动权，协商痕迹不够明显。[①] 这样一来，认罪认罚从宽制度的贯彻落实会存在一定的障碍，面对量刑建议，犯罪人不知道讨价还价的空间在哪里，就会质疑量刑建议的合理性：是真正实行了从宽待遇，还是单纯为了快速结案而抛出的橄榄枝？如果不能让犯罪人明确感受到刑事实体权利上的从宽待遇，认罪认罚从宽制度便很难执行下去。量刑是否已经考虑从宽只能听凭司法机关的一面之词，而找不到明确的实体法上的依据，只会为本就不平衡的控辩地位，增加控诉方的砝码。因此，只有将认罪认罚从宽制度在《刑法》总则中予以规定，才能使被追诉人武装起来与司法机关平等对抗。如果《刑法》中有认罪认罚从宽的明确规定，被追诉人即便身陷囹圄依然有为自己权利争取的筹码，可以将具体的《刑法》规定作为武器，要求司法机关依法行事，了解"量刑菜单"，如认罪认罚应该达到的大致从宽幅度、认罪认罚与否的差别等，使被调查人、被追诉人或被告人能够尽量获得认罪认罚从宽的公开信息，真正能够享受到《监察法》和《刑事诉讼

---

① 曾亚：《认罪认罚从宽制度中的控辩平衡问题研究》，载《中国刑事法杂志》2018年第3期。

法》中新增认罪认罚从宽制度的实体权利优惠。①

三、认罪认罚从宽制度的类型和原则

目前,对于认罪认罚从宽制度的规定只存在于《刑事诉讼法》和《监察法》之中,在刑事实体法中仍然处于空白地位,无法为该制度的有效落实提供实体法上的依据,可能会阻碍认罪认罚从宽制度的上层目标的实现。虽然,认罪认罚从宽制度作为独立、法定的量刑情节有理论上的可行性和司法实践中的迫切性,但是,认罪认罚从宽应当如何作为《刑法》上的量刑情节发挥作用尚需进一步的讨论。换言之,认罪认罚从宽作为法定的量刑情节,在《刑法》总则中加以规定,具体应该如何从宽、从宽的类型为何、应当遵循何种从宽的原则还需更深层次的研究。而且,这些问题也是亟须解决的问题,因为只有明确从宽的类型和原则,犯罪人才能知道认罪认罚和不认罪认罚对应的法律后果,才能真正信任、依靠这个制度来保障自己的实体权利,认罪认罚从宽制度分流诉讼、优化资源的程序价值才能实现,这是一个闭环式的逻辑条件,缺一不可。因此,认罪认罚从宽应当作为独立、法定的量刑情节并尽快明确从宽的类型和原则。

(一)认罪认罚从宽之"从宽处罚"类型

对于认罪认罚从宽的类型,理论上有不同的观点。主要分歧在于认罪认罚之"从宽"是否包括减轻处罚的情形。例如谭世贵教授认为,从宽处罚应当包括从轻处罚、减轻处罚、免除处罚和行政处分以及行政处罚等内容,认罪认罚从宽应当作广义理解,包括实体判决上的从宽和程序上的从简;②陈卫东教授认为,认罪认罚从宽应当包括从轻处罚和减轻处罚;③还有的学者认为,认罪认罚从宽制度中的从宽处罚只包括从轻处罚,不包括减轻处罚和免除处罚,原因在于,根据《刑法》第63条的规定,减轻处罚有严格的条件限制,要么存在法定减轻处罚的情节,要么案件存在特殊情况并经最高人民法院核准减轻处罚,而在认罪认罚案件中,认罪认罚既非法定减轻情节,也非案件特殊情况,所以无法直接适用减轻处罚的法律规定。④ 笔者认为,认罪认罚制度当中的从宽幅度应当包括从轻、减轻和免除处罚,其中从轻

---

① 孙长永:《认罪认罚从宽制度的基本内涵》,载《中国法学》2019年第3期。
② 谭世贵:《实体法与程序法双重视角下的认罪认罚从宽制度研究》,载《法学杂志》2016年第8期。
③ 陈卫东:《认罪认罚从宽制度研究》,载《中国法学》2016年第2期。
④ 山东省高级人民法院刑三庭课题组、傅国庆:《关于完善刑事诉讼中认罪认罚从宽制度的调研报告》,载《山东审判》2016年第3期。

处罚是原则,减轻、免除处罚是例外,理由如下。

1. 我国的认罪认罚从宽是有限制、有条件地从宽,与国外的辩诉交易制度存在差别

辩诉交易制度为协商式交易程序,与我国由公安、监察、司法机关引导的职权式认罪认罚从宽程序有一定的差别。辩诉交易制度可以针对罪数、罪名、刑期与犯罪人做无限度的协商,犯罪人通常能够因辩诉交易获得巨大的量刑减让,检察官为了节约司法资源,通常也会尽量与犯罪人谈判和交易,就有关案件的许多事项"讨价还价",在此过程中,检察官可能就定罪和量刑的问题做出重大让步。[①] 但是,在我们国家,面对司法制度改革的浪潮,如何避免认罪认罚从宽协商程序的异化,避免花钱买刑、权钱交易,始终是人们关注的重点,人民对国家机关的监督、质疑是我们党始终保持廉洁的优良传统。因此,认罪认罚中的从宽适用要限制幅度,恪守罪责刑相适应原则,不可以动辄减轻、免除处罚,认罪认罚从宽处罚必须在法律规定的框架内进行。

2. 认罪认罚影响预防刑,预防刑于责任刑而言,仅具有调节作用,[②]认罪认罚从宽原则上为从轻处罚

影响责任刑的事实包括行为人的犯罪事实和责任事实。犯罪事实包括:危害行为、危害结果、行为方式、行为计划等;责任事实主要指与定罪无关的犯罪人的年龄、精神状态、故意形态、违法性认识的可能性等。预防刑与犯罪人人身危险性相关,危险性大的预防必要性大,通常由犯罪人的悔罪态度、是否为惯犯、累犯、有无前科等因素决定。从刑事司法角度而言,主动认罪认罚的犯罪人,已经表现出犯罪人格和人身危险性消减,预防犯罪的可能性不大,预防刑较轻,应当在责任刑之下从轻处罚。此外,要寻求认罪认罚减轻处罚和免除处罚的合理依据,必须强调"认罚"在该制度中的独立价值,才能摆脱以往始终围绕"悔罪、认罪"来确定量刑的桎梏,[③] "认罚"极大地节约了司法资源,提高了诉讼效率,是影响犯罪人预防刑之外的其他正当价值,从这个角度视情形给予认罪认罚的犯罪人以减轻或者免除处罚的待遇具有合理性。这种做法在我国《刑法》中也有先例。例如,自首应当也是影响预防刑的情节,其对责任刑只有调节作用,而不能改变责任刑。不同的法定刑幅度对应不同的责任刑,减轻处罚意味着适用下一个法定刑幅度,是对责任刑的改变,

---

① 宋冰编:《读本:美国与德国的司法制度及司法程序》,中国政法大学出版社 1998 年版,第 395 页。
② 张明楷:《责任刑与预防刑》,北京大学出版社 2015 年版,第 126—127 页。
③ 李仲民:《认罪认罚从宽制度的〈刑法〉衔接探讨》,载《重庆大学学报(社会科学版)》2020 年第 6 期。

而我国《刑法》有关自首的规定中设置了减轻处罚的梯次,说明其也考虑了除预防性外的其他正当价值。

3. 确定减轻处罚和免除处罚的量刑梯次是司法实践的需要

例如,某国家公务人员谭某某收受他人贿赂1400余万元,成立受贿罪。因谭某某具有认罪认罚的量刑情节,且无其他任何从宽处罚情节,法院最终判处谭某某11年有期徒刑。① 假设存在这样一种情况,国家工作人员王某犯受贿罪,受贿金额300万元,刚达到数额巨大的量刑起点,王某除认罪认罚外,无其他量刑情节,在这种情况下,如果否定认罪认罚从宽包含"减轻处罚和免除处罚的功能",考虑王某的量刑优惠后,至多也只能判处10年有期徒刑,这种结论势必引起人们的质疑,即认罪认罚与否似乎与量刑轻重无关,犯罪人无法从该制度中感受到量刑优惠,认罪认罚从宽的制度优势就会荡然无存,最终束之高阁。

4. 认罪认罚从宽当然不包括行政处罚和行政处分的情形

从宽的前提是认罪认罚,认罚的前提是认罪。因此,认罪是该制度中先决条件。而我们通常所称的认罪,一般是指具有社会危害性、刑事违法性以及刑法可罚性的行为,犯罪应当属于刑法上的概念,与一般违法行为所涉及的行政处罚和行政处分关联不大。

(二)认罪认罚从宽之"从宽处罚"的原则

认罪认罚从宽之"从宽",是应当从宽处罚抑或可以从宽处罚,《监察法》和《刑事诉讼法》对此都语焉不详,未尽其意。对于这个问题,理论上有不同的观点。

一是得减原则,即认罪认罚从宽为可以型量刑情节,既可以从宽处罚也可以不从宽处罚,应当视具体案情而论。如有的学者指出,认罪认罚从宽应当审慎,在改革试点地区决不能搞"一刀切",实行一律从宽的做法。对于罪行十分恶劣、手段特别残忍、法益侵害性极大的犯罪行为,其认罪认罚不应当从宽,须严惩不贷。② 与此同时,得减原则似乎也得到了上位法的支持,如《全国人民代表大会常务委员会关于授权最高人民法院、最高人民检察院在部分地区开展刑事案件认罪认罚从宽制度试点工作的决定》中明确规定,对犯罪嫌疑人、刑事被告人自愿如实供述自己的罪行,对指控的犯罪事实没有异议,同意人民检察院量刑建议并签署认罪认罚具结书的案件,可以依法从宽处理。只要犯罪嫌疑人、刑事被告人满足法律关于认罪认

---

① 北京市第三中级人民法院(2019)京03刑初66号刑事判决书。
② 王亦君:《18个城市试点刑事案件认罪认罚从宽制度》,载《中国青年报》2016年9月5日。

罚从宽条件的,可以从宽处罚。

二是必减原则,即认罪认罚为应当型量刑情节,只要行为人符合认罪认罚的条件,就应当从宽处罚。必减原则为理论界所推崇。[1] 如有的学者认为,认罪认罚从宽应当上升为法定从宽处罚情节,对于满足条件的犯罪人、被告人应当从宽处罚,法官在判处认罪认罚从宽的案件时,必须适用该情节,并在裁判结果中予以反映。[2]

笔者认为,应当将认罪认罚从宽作为应当型量刑情节,采取必减原则具有合理性,理由如下。

1. 得减原则给予司法机关极大的自由裁量权,容易滋生腐败

首先,从语义上分析,"可以从宽"蕴含着可能性和盖然性,即徘徊在可为、可不为之间的不确定状态,对于犯罪人、被告人认罪认罚是否从宽完全依赖于司法人员的个人素质,然而,我国现代化法治体系尚未形成,法治化队伍仍在发展,司法人员素质、能力参差不齐,对于相同认罪认罚的案件,是否从宽处罚的认识不可能统一,因此,可能导致同案不同判的不良司法效果,逐渐丧失公众对于认罪认罚从宽制度的信赖利益。

其次,法官自由裁量权过大,为权力寻租、利益输送留下空间。机械执行法律是职权主义诉讼结构的通病,为了避免机械执行法律,通常会加大法官的自由裁量权。然而,刑事案件认罪认罚从宽制度的实行,法官的自由裁量权得到扩大,如何平衡机械执法与滥用权力,司法腐败的问题显得十分重要。权力具有自我扩张和膨胀的特点,法官权力越大,越有可能被滥用。

最后,得减原则不利于保障犯罪人、被告人的权利。采取弹性极大的可以型量刑情节的做法,在加大司法人员自由裁量权的同时,也会在一定程度上削弱犯罪人、被告人争取自己量刑减让的筹码。控辩地位不平等是刑事案件审理由来已久的问题,犯罪人、被告人通常处于弱势地位,如果在认罪认罚制度改革的趋势之下,仍然倾斜于司法机关一方,继续削弱犯罪人、被告人争取权利的机会,犯罪人、被告人的合法利益就越来越会处于一种模棱两可的状态。[3]

---

[1] 彭文华:《〈刑法〉视野下认罪认罚从宽制度的理解与运用》,载《上海政法学院学报》(法治论丛)2018年第6期。

[2] 左卫民、吕国凡:《完善被告人认罪认罚从宽处理制度的若干思考》,载《理论视野》2015年第4期;刘伟琦:《认罪认罚从宽制度的刑事实体法构建——兼与周光权教授商榷》,载《河北法学》2020年第8期。

[3] 张庆旭:《对刑法中"可以"的思考》,载《燕山大学学报(哲学社会科学版)》2003年第1期。

2. 虽然相关法律明确表明认罪认罚"可以"从宽处罚,但仍然为《刑法》中确定认罪认罚从宽的必减原则留有余地

首先,"可以"并非一律为授权型量刑情节,根据语境的不同,《刑法》中的"可以"具有不同的含义。有学者曾指出,我国《刑法》中的"可以"有多重含义,至少有"原则上要""原则上不要""授权性规定""应当"四种解读,具体属于哪一种含义,必须结合立法意图以及条文背后的逻辑具体分析。① 试举一例说明,根据我国《刑法》第 48 条第 1 款的规定,"死刑只适用于罪行极其严重的犯罪分子。对于应当判处死刑的犯罪分子,如果不是必须立即执行的,可以判处死刑同时宣告缓期二年执行"。死刑立即执行的适用应当慎重,对于死刑犯,若不是必须执行死立执的,可以判处死缓。此处的"可以"便不能只理解为授权型规定,而应当理解为,对于不是必须执行死立执的罪犯,"应当"判处死缓。由此可见,此处的"可以"须理解为"应当",这种解读是符合条文要求的,否则该条文后半段的内容就没有意义。

其次,法律规定中的"可以"往往是带有立法倾向性的意见,即只要不存在特殊情况,理解为"应当"没有法律上的障碍。换言之,犯罪人、被告人认罪认罚,原则上应当从宽处罚,如果不从宽处罚,必须存在特殊的事由,给出合理的说明。从这个角度而言,将认罪认罚量刑情节在刑法总则中加以规定时,确定应当从宽的原则与决定本身的含义并不矛盾。

3. "应当"从宽处罚并不会放纵犯罪

对于罪行十分恶劣、手段特别残忍、法益侵害性极大的犯罪行为,犯罪分子认罪认罚不应当从宽,须严惩不贷,进而否定认罪认罚从宽应为必减原则的观点混淆了应当从宽与依法严惩之间的关系。

详言之,对于社会危害性十分严重,人身危险性极大的犯罪分子,即使从轻处罚也不会改变基准刑,也能够实现罪责刑相适应原则和依法严惩的目的。认罪认罚从宽应当采取必减原则是指应当从轻处罚,而非应当减轻、免除处罚。例如,甲犯故意杀人罪,同时具备手段极其恶劣等特殊加重情节,归案之后除认罪认罚外无其他从宽情节,针对这种情形,即使甲具有认罪认罚的事实,考虑应当从轻的情节,也不足以抵销其特殊从重的情节,综合考量之后,对甲仍应当判处死刑立即执行。然而,对甲最终判处死刑立即执行是因为考虑应当从宽情节之后的综合决定,只是因为该从宽情节无法抵销甲的加重情节,并不是因为甲罪行极其恶劣而直接不考

---

① 张波:《论刑法总则中"可以"的不同含义》,载《中共云南省党委党校学报》2008 年第 1 期。

虑认罪认罚从宽处罚的结论。所以，在此类案件中，即便考虑了甲认罪认罚应当从轻的情节，也不会造成所谓不能依法严惩的后果。此外，无论是重罪还是轻罪，在适用量刑方面应该一律平等，不能因为是重罪，就不从宽处罚。正确的理解应该是，对于具有特殊加重情节的重罪，在考虑应当从轻之后，因为从宽力度不够，所以并不能改变犯罪的基准刑，"认罪认罚不足以从轻处罚"应当理解为不足以影响宣告刑，而不是不应当从轻处罚。虽然在这种情况下，认罪认罚作为应当性情节似乎作用不大，其判决结论也可能与上述论者的观点一致，但是这种理解是符合罪责刑相适应原则的，也能积极促进认罪认罚从宽制度的理性回归，在司法实践中得以贯彻。

结　语

卢梭曾言，立法者在一切方面都是国家中的非凡人物。一个真正良好的制度不仅要保证其自身内容的合理性和本身逻辑的自洽性，还要考虑到与其他规范之间的协调。认罪认罚从宽制度运行多年，已经有了比较丰富的实践基础，在诉讼分流、节约司法资源、提高诉讼效率方面有了突出的成绩，然而，认罪认罚从宽制度不仅是一项程序规则，更有独特的实体价值，"落脚点"仍在于"从宽"，其与现行《刑法》规定的既有从宽情节并不相同，有独立性、法定性的法理基础，应当作为独立、法定的量刑情节，并采取必减主义，构建以从轻处罚为原则，减轻处罚、免除处罚为例外的新《刑法》规范。

如此，不仅能够实现认罪认罚从宽的制度意义、激发制度优势，也能让行为人在认罪认罚案件中感受到真真切切的刑罚优惠，掌握"量刑菜单"，让他们愿意适用、主动适用、积极适用认罪认罚从宽制度，最大限度地发挥制度价值。

论企业合规不起诉的适用条件

——以《关于建立涉案企业合规第三方监督评估机制的指导意见(试行)》为基础

谢安平* 刘 琦**

随着我国涉企犯罪治理理念的革新,以及一系列民营企业刑事司法保护政策的相继出台,企业合规不起诉蔚然成风。在经历两轮改革试点后,2022年4月涉案企业合规改革工作正式在全国检察机关中全面铺开。与此同时,围绕合规不起诉议题的讨论,已在刑事法学界形成争鸣之势。其中,涉及制度适用的基础门槛问题,即对于合规不起诉适用条件的讨论,不仅关乎检察机关起诉裁量权的适用能否符合社会期待,同时也是刑事辩护律师在开展相关业务时可否有效提出适用申请所面临的关键问题。目前,最高人民检察院在结合各地方试点基础上,联合九部门发布《关于建立涉案企业合规第三方监督评估机制的指导意见(试行)》(以下简称《指导意见》)。《指导意见》中的相关规定为理解和把握合规适用条件提供了规范性依据。虽然所涉内容是第三方监管机制的适用范围问题,但实际上也划定了合规考察制度的适用范围①,牵涉合规不起诉的应用。《指导意见》对于适用条件的规定主要集中于第3、4、5条,涉及了犯罪性质和罪行轻重程度、认罪认罚情况、企业经营状况等方面。然而,现阶段对《指导意见》所述条件的争议颇多,在企业刑事司法保护政策亟待法治化、《刑事诉讼法》需要补充修改以使企业合规不起诉于法有据的当下,应深化对适用条件问题的讨论。对此,本文将以《指导意见》的规定为基础,从认罪认罚条件、犯罪性质和罪行轻重程度条件以及包括企业经营状况要素在

---

* 谢安平,北京工商大学法学院教授。
** 刘琦,北京工商大学法学院硕士研究生。
① 参见李奋飞:《论企业合规考察的适用条件》,载《法学论坛》2021年第6期。

内的其他公共利益条件三个方面展开，以回应各方关切。

一、合规不起诉适用条件之认罪认罚条件

在试点过程中，多数检察机关将认罪认罚确立为合规考察程序启动的先决条件之一，《指导意见》第4条第1项中也明确规定"涉案企业、个人认罪认罚"。应用企业合规不起诉是否必然需要企业认罪认罚，笔者持肯定意见，但尚需在论证"认罪认罚"要素植入合规不起诉正当性的基础上回应现存争议，并尝试对涉罪企业认罪认罚的标准进行探讨。

（一）企业认罪认罚引入合规不起诉的正当性

合规不起诉的开启以企业认罪认罚为必要条件，原因如下。第一，"认罪认罚"可被视作贯彻企业犯罪治理中宽严相济刑事政策的前提基础，以维护制度设计的公平性。合规不起诉的本土化过程以宽严相济的刑事司法政策为指导。一方面，依法"能不捕的不捕、能不诉的不诉、能不判实刑的就提出适用缓刑的建议"，是我国民营企业刑事司法保护政策的核心要求。另一方面，在合规改革试点全面铺开之际，最高人民检察院强调合规改革"不能办凑数案"①。涉企犯罪治理中的"宽严相济"表明，企业若想获得从轻处罚甚至出罪激励，需要以一定的成本代价来换取，"认罪认罚"恰好在我国现行《刑事诉讼法》的基础上可以作为企业追求刑事激励的有效媒介。我国认罪认罚从宽制度运转的本质为只有存在"认罪认罚"，才有"从宽"。②"认罪认罚从宽"与涉罪企业程序出罪的运行逻辑存在契合，故应将"认罪认罚"作为企业犯罪落实宽严相济刑事政策中从宽治理的抓手。并且，涉企犯罪治理不仅需要企业填补经营管理制度中的瑕疵漏洞，还应体现在法益修复等多重维度中。单一的内控机制完善尚不足以回应在规范层面适用不起诉的公平性问题，需要"认罪认罚"中的多重价值内涵以维系合规不起诉的公平性，避免制度因法律供给不足而遭受社会公众的质疑。第二，要求企业认罪认罚有助于打破当前涉企犯罪治理的瓶颈，提升治理质效。有学者将实务困境归纳为"调查难、侦破难、起诉难、定罪难"③，特别是随着信息技术的蓬勃发展，企业网络犯罪案件在激增的同时，亦给侦办工作增添不小难度。要求企业在刑事追诉中主动配合调查，披露内部不

---

① 参见《涉案企业合规改革试点全面推开！这次部署会释放哪些重要信号？》，载微信公众号"最高人民检察院"，https://mp.weixin.qq.com/s/3jTZM51Y65kPzW4MZJXMyA，2022年4月23日访问。
② 参见李玉华：《以合规为核心的企业认罪认罚从宽制度》，载《浙江工商大学学报》2021年第1期。
③ 参见赵恒：《涉罪企业认罪认罚从宽制度研究》，载《法学》2020年第4期。

法行为,有助于降低企业犯罪的办案难度,提高诉讼效率。第三,域外法国家规定起诉企业应考虑的因素与我国《刑事诉讼法》中认罪认罚的内涵具有相通之处。作为最早将"审前转处协议"制度适用到企业犯罪案件中的美国,"霍尔德备忘录"和后续完善过程中提出的"菲利普备忘录"中,均提及检察官起诉企业时应考虑以下因素:企业及时、自愿地披露不法行为,愿意配合调查;企业需要实施一定的补救措施。认罪认罚从宽制度中对"认罚"的考察应当结合退赃退赔、赔偿损失、赔礼道歉等因素,并且否定暗中串供、干扰证人作证、毁灭、伪造证据或者隐匿、转移财产等行为可以进行从宽处遇;相当于认可被追诉主体需要积极配合调查,与办案机关展开合作并进行补救挽损。刑事法层面对于"认罪认罚"的理解与把握,在一定程度上与域外法国家的普遍做法有相通之处。因此,我国在合理借鉴域外法国家"审前转处协议"制度有益经验、结合本土实践情况打造"合规不起诉"的当下,将企业认罪认罚引入制度设计中,无疑是使对接难度降低、司法成本花费减少的选择。

(二)对质疑的回应

一些实务界专家质疑适用合规不起诉是否必然要求涉案企业认罪认罚,理由如下。有些犯罪是否成立在审查起诉阶段是有争议的,涉案企业可能一方面不接受认罪认罚并申辩无罪,另一方面也愿意接受合规整改;故无论其是否先行认罪,只要合规整改达到预期效果,就可以对先前犯罪予以不起诉。[①] 上述观点忽视了合规不起诉中检察裁量权的行使基础。通过引导合规建设教育矫正犯罪企业并对其进行刑事激励,本质上是我国检察机关裁量权为顺应发展需要而进行的重新配置。无论是在域外法国家的审前转处程序中,还是在我国的改革试点中,检察官的公诉裁量均对底线的证据条件有所要求。[②] 目前合规不起诉试点采用的两种常见模式"相对不起诉+检察建议"和"附条件不起诉",检察裁量权的行使均需要以符合起诉条件为前提。企业行为如果在证据层面或实体法层面被评价为无罪,固然应要求其针对问题进行合规整改,但此涉及的是检察机关在无涉自由裁量权基础上作出证据不足不起诉或法定不起诉后,延伸检察职能,向那些因内部管理不健全而存在涉罪隐患的企业制发合规检察建议的问题。此处的企业刑事合规,并非作出合规不起诉决定所要求的规定动作。因此,上述质疑是对合规不起诉中检察裁量权行使基础的忽视。

---

① 参见朱勇辉:《刑事合规的"可为"与"不可为"》,载微信公众号"尚权刑辩",https://mp.weixin.qq.com/s/hJ713GIS36d2qw8d_z71bQ,2022年4月23日访问。

② 参见李奋飞:《论企业合规考察的适用条件》,载《法学论坛》2021年第6期。

(三)涉罪企业认罪认罚的成立标准

在侧重于规制自然人犯罪的认罪认罚从宽制度中,对"认罪"的成立标准,法学研究和前期试点存在"认事说""认事+认罪说""认事+认罪+认罪名说"三种观点①,其对"认罪"的要求依次递增。企业的"认罪",应当以"认事+认罪+认罪名说"的最高标准要求,原因如下。首先,"认罪说"和"认事+认罪说"的存在,均考虑到了犯罪嫌疑人作为非法律专业领域的主体,具有认知的局限性。对"认罪"的标准设定过高,阻碍了司法人权保障目标的实现,笔者对此深以为然。但企业作为一个资源相对完善、信息获取渠道相对广泛的诉讼主体,具备理性认知的条件;并且内部法务人员和在涉案后聘请的专门律师团队,可以针对违法违规事项为其作出详细的法律评估。因此,企业的"认罪"标准设定应当不同于自然人主体。其次,对企业适用合规不起诉的核心在于促进其合规经营,而合规计划的重中之重又在于有效落实,并非仅将"纸面合规"作为与公权力机关讨价还价的筹码。"认事+认罪+认罪名说"反映了涉罪企业真诚悔罪的态度。倘若企业在合规不起诉的开启阶段就不愿意真诚反思自身犯罪行为,对事实或行为性质的承认有所保留,那么其后续较大可能也不是源于真诚悔罪态度而选择合规整改,合规方案因缺乏有效执行而就此沦为"纸面计划"。

"认罚"成立标准的设置,可以适当参考域外法国家已规定的要素。根据"菲利普备忘",检察官在决定是否起诉企业时应考虑以下因素:第一,企业及时、自愿地披露不法行为,愿意合作配合调查;第二,企业的补救措施包括努力实施有效的企业合规计划(或改善现有合规计划),代之以管理举措,处罚或者解雇违法者,给予赔偿,并与执法机构合作。②《指导意见》第 4 条第 2 项所述"涉案企业能够正常生产经营,承诺建立或者完善企业合规制度,具备启动第三方机制的基本条件",实际上可以被企业"认罚"的内涵所覆盖。具体而言,企业犯罪"认罚"标准的设置,应当在涉罪企业真诚悔罪,愿意接受处罚的基础上,综合考察其是否主动配合展开调查、是否自愿承诺建立并完善合规内控机制、是否对相关责任人员实施内部惩戒、是否愿意对受损法益展开合理修复。

---

① 参见孙长永:《认罪认罚从宽制度的基本内涵》,载《中国法学》2019 年第 3 期。
② 参见万方:《企业合规刑事化的发展及启示》,载《中国刑事法杂志》2019 年第 2 期。

二、合规不起诉适用条件之犯罪性质和罪行轻重程度条件

(一)现有规范及学界主张的简述

罪之轻重问题于一国刑事实体、程序法中的诸多事项具有重大意义,但我国目前尚无明文规定罪之轻重的概念、划分对象和划分标准。合规不起诉对罪之轻重条件的讨论,现有规定和学界争议主要围绕犯罪性质①轻重和罪行轻重两个维度进行。

第一,犯罪性质轻重。《指导意见》第 5 条采取"负面列举"模式,列出了五类不适用企业合规试点及第三方机制的情形,即个人为进行违法犯罪活动而设立公司、企业;公司、企业设立后以实施犯罪为主要活动;公司、企业人员盗用单位名义实施犯罪;涉嫌危害国家安全犯罪、恐怖活动犯罪;其他不宜适用的"兜底"情形。对于前三种情形,依据现有规范,本身并不以单位犯罪论处或依照刑法有关自然人犯罪的规定定罪处罚,因此排除适用合规不起诉自不待言。关于犯罪性质的规定明确指出了涉危、涉恐类犯罪,但针对"其他不宜适用的情形",有实务界人士表示,涉众类或者其他对社会公共秩序有严重危害的犯罪能否开启不起诉存疑,典型是非法吸收公众存款罪②;有学者也提出了"造成重大人员伤亡的不适用附条件不起诉"的立法建议。③

第二,罪行轻重。《指导意见》没有对适用条件中反映罪行轻重的法定最高刑幅度予以明确界定,但此问题在学界产生热议。有观点认为,基于刑法秩序维护功能和实质正义实现的考量,企业适用不起诉只能限定在轻罪案件中④;另有学者在此基础上,提出了 3 年以下有期徒刑的刑罚限定条件⑤。然而,部分学者认为企业合规不起诉适用的案件范围不应仅限于 3 年以下轻罪⑥。综上可见,对于罪行轻重条件的讨论可谓见仁见智,此问题在日后程序法修改时必将需要深化论证。

---

① 罪名可以看作犯罪性质的外在体现形式,故本文将犯罪性质与罪名等同视之。
② 参见王显峰、王柚又:《刑事辩护视角下企业合规的实用价值与应用路径——以企业合规改革为背景》,载微信公众号"大成辩护人",https://mp.weixin.qq.com/s/5JPxNWpUD6VIaVNeTkImZA,2022 年 4 月 24 日访问。
③ 参见李奋飞:《"单位刑事案件诉讼程序"立法建议条文设计与论证》,载《中国刑事法杂志》2022 年第 2 期。
④ 参见李会彬:《刑事合规制度与我国刑法的衔接问题研究》,载《北方法学》2022 年第 1 期。
⑤ 参见李勇:《企业附条件不起诉的立法建议》,载《中国刑事法杂志》2021 年第 2 期。
⑥ 参见李玉华:《企业合规不起诉制度的适用对象》,载《法学论坛》2021 年第 6 期。

(二) 评析和立法展望

1. 尚待细化对罪名限定"兜底"情形的论证

在合规不起诉适用条件的立法环节,有必要保留目前"负面列举"式的规定以对某些罪名排除不起诉适用。但值得注意的是,面对专家学者提出罪名限制的不同主张,未来立法中尚待对"其他不宜适用情形"的细化释明问题进行谨慎论证。以可能遭遇排除适用的涉众型经济犯罪中典型的非法吸收公众存款罪为例,该罪中"非法性"的认定,因具有开放性而为其滋生为"口袋罪"提供了温床;加之受到诸多宏观政策层面对非法集资行为坚决禁止和取缔态度的影响,某些司法机关在定罪量刑过程中无视罪名打击半径的固定长度,导致该罪名在适用环节呈现扩大化倾向①。目前,为适应经济社会发展现状,《刑法修正案(十一)》将积极退赃退赔规定为法定从轻、减轻处罚情节,故"一刀切"地对该罪名排除适用合规不起诉缺乏合理性。

2. 实体法完善基础上附条件扩张不起诉裁量权

基于维护以罪刑法定原则为核心的刑法秩序以及我国检察机关在公诉问题上的自由裁量权受到严格约束等因素的考量,笔者赞同原则上应将合规不起诉的罪行轻重条件上限设定为法定最高刑"三年有期徒刑";但在符合特殊条件情况下,可以在后续立法过程中适度扩张检察机关的不起诉裁量权,前提是对刑事实体法进行完善。

目前,学界在通过刑法教义学探讨刑事合规问题时大多主张从单位固有要素中寻找处罚依据,以"组织体刑事责任论"为基础独立考察企业的刑事责任归责问题。"组织体刑事责任论"旨在说明决策者意志、企业固有制度文化均能影响企业主观意志。因此,在"组织体刑事责任论"框架下对我国传统以自然人为适用对象的现行刑法进行整合,企业犯罪依旧可以分为故意、过失两种类型。判断企业故意过错的根据存在于两个方面:其一,当决策事项集权程度较高时,企业决策者或经其授权的人存在鼓励、教唆、纵容、默许违法犯罪的意志可以体现出企业的主观故意;其二,当企业没有直接作出违法决策,但结合其他客观证据可以证明其自身存在鼓励、教唆、纵容、默许违法行为的政策倾向或企业文化时,亦呈现出故意过错形态。然而,当内部人员在业务活动中引起了法益侵害结果,如果企业不具备故意犯罪意志,只是因疏于管理致使危害结果发生,其仅存在监督过失的过错。我国已针

---

① 参见王新:《非法吸收公众存款罪的规范适用》,载《法学》2019年第5期。

对特定领域设置了企业管理过失类犯罪,但仅局限在个罪中讨论。据此,应增设企业管理过失的犯罪①,这类犯罪也是后文所述扩张检察裁量权所主要涵摄的范围。由于刑法对企业管理过失犯罪的规制尚未完全铺开,导致司法实践中某些办案人员简单地把自然人行为归结为企业行为,忽视了对于企业自身主观意志的准确考察,从而要求企业在故意层面承担刑事责任。不能否认,倘若企业涉罪仅因疏于健全监管机制,甚至其本身已经强调合规建设,只是存在瑕疵没有精准预防刑事风险或者没有将规范落实到位,此时企业的可谴责性较低,显然应给予其区别于故意犯罪形态的刑法评价。因此,我国在推动刑事合规改革过程中,一个关键环节即是填补目前企业管理过失犯罪尚未全面展开的缺失。

针对因监管过失所造成的企业犯罪案件,在刑法分设多个刑罚档次的基础上,可以适当扩张检察裁量权,将适用范围调整到"直接责任人可能被判处十年有期徒刑以下刑罚"的企业犯罪;检察机关综合个案实际情况,对企业适用附条件不起诉进行程序出罪。实际上,在这类犯罪中对不起诉裁量权行使的罪行轻重上限适当上调,并不等于放弃应报理念下的罪刑均衡。起诉便宜原则的发展使得检察官通过分担法官的审判任务得以调整职能;针对犯罪事实明确的案件,犯罪人的事后表现影响罪责判断之时,可以以审判程序外的制裁措施代替审判程序对案件作个别化考量。② 换言之,合规不起诉中以合规为核心的非刑罚制裁可以发挥与定罪量刑同样的制裁效果,而非刑罚制裁却额外产生了对犯罪主体去标签化的效益,故有必要秉持谦抑主义,鼓励附条件不起诉等多元化刑事制裁方式的适用。因此,在因监管过失所致的企业犯罪案件中,将合规不起诉的罪行轻重条件扩延至"十年有期徒刑"上限,由于合规整改同样可以发挥实质的制裁效果,因此不必过于担心对此类案件不诉会引发罪刑法定原则的危机。

三、合规不起诉适用条件之公共利益条件

公共利益是检察机关在审查起诉环节进行公诉裁量时所应衡量的内容。我国立法尚未明确将公共利益作为公诉裁量的依据,但并不意味着在合规不起诉适用问题上无须对其进行考察。首先,衡量公共利益是检察机关行使公诉裁量权的基础。公诉是为弥补弹劾式诉讼中私人难以有效追究犯罪的弊端而产生的,其性质

---

① 参见孙国祥:《刑事合规的刑法教义学思考》,载《东方法学》2020年第5期。
② 参见刘学敏:《检察机关附条件不起诉裁量权运用之探讨》,载《中国法学》2014年第6期。

是反映公共利益的诉讼。检察机关是在世界范围内开启法治化时代、明确控审分离原则前提下,代表国家和社会整体利益而追诉犯罪的机关。因此,检察机关对公诉案件的裁量必须考察公共利益,当存在追诉的公共利益时,就应对嫌疑人提起公诉,当不存在追诉犯罪的公共利益时,则不提起公诉。① 其次,公共利益衡量是实施合规不起诉的必要逻辑起点。审查起诉需要解决当构成公共利益的诸多要素之间出现冲突时如何进行法益平衡的问题。犯罪行为对国家、社会秩序造成的危害固然是评判是否提起公诉的核心要素,但涉企犯罪区别于自然人犯罪的是,企业一旦被科处刑罚,较大概率将产生不可逆的"水波效应"。因此,在涉企犯罪治理过程中,不得不考虑起诉将对企业正常经营活动和社会整体经济发展可能产生的负面影响。在诸多影响公共利益的因素中进行价值优先性的排序与价值平衡,将更需要体现对企业进行刑事司法保护的案件裁量不起诉,与当今涉企犯罪治理理念的转变相契合,是对合规不起诉基础运行逻辑的反映。在公共利益层面讨论合规不起诉的适用条件,本质上就是讨论个案中企业是否"值得挽救"、对其转向是否符合公共利益甚至是否可以增进社会福祉。综合《指导意见》和最高人民检察院印发的两批共10个企业合规典型案例的情况,衡量公共利益的因素大致可归纳为企业经营状况和发展前景、企业社会贡献度、责任人员认罪悔罪情况和社会综合评价四个方面。以下将聚焦于其中有所争议的问题并提出合理建议。

第一,完善企业经营状况和发展前景方面的评估。此项内容是判断企业是否"值得挽救"的最直接体现,《指导意见》中"涉案企业能够正常生产经营"的表述,是底线性要求。其中,企业涉案时的经营规模是最为基础的评估对象。值得注意的是,典型案例特别是第二批案例中,特别关注了中小企业甚至小微企业的合规试点工作的推进情况,这在一定程度上回应了对中小微企业缺乏合规组织和资源条件以及即使勉强合规也形同虚设的质疑。企业的规模固然是评估可否开启合规不起诉的重要内容,但切忌固化衡量标准。中小微企业有合规经营、健康发展的内在需求和外在期待②,只要其具有主动接受合规整改的意愿,并具备维持正常生产经营的底线要求,检察机关就应给予积极回应,而非仅在规模一项要素中就宣告涉罪企业不具备合规整改资质。当然,对中小微企业需遵循个别化原则开展合规整改工作,确保"因案明规",验收审查标准可视情况有所降低。

---

① 参见李玉萍:《论公诉裁量中的公共利益衡量》,载《政法论丛》2005 年第 1 期。
② 参见李玉华:《企业合规不起诉制度的适用对象》,载《法学论坛》2021 年第 6 期。

第二，责任人员认罪悔罪情况不应作为评估过程中的参考内容。《指导意见》的相关规定，不仅要求涉案企业认罪认罚，也要求个人认罪认罚；对企业最终作出合规不起诉决定的几个典型案例，大多载明了责任人员的认罪认罚情况，甚至有部分检察机关一并就企业家的一贯表现进行考察。然而，企业合规不起诉的启动是否应以责任人员的认罪认罚为考察内容之一，笔者对此有所质疑，原因如下。其一，考察责任人员的认罪认罚情况，是企业独立责任贯彻不彻底的体现。包括合规不起诉在内的企业刑事合规激励制度，刑法的教义学基础是在区分企业责任与个人责任的基础上，独立考察企业的刑事归责问题。企业通过合规计划体现出自身守法经营的主观意志，从而实现实体出罪、程序出罪或从宽量刑的目的。这是企业打造自身合法意志并逐步与自然人违法犯罪意志相分割的过程，甚至西方国家以此为基础在企业合规问题上普遍坚持"放过企业、严惩个人"的理念。合规不起诉既然是通过合规整改考察企业自身主观意志中是否植入了合法经营理念，对其是否进行转向处遇，理论上与责任人员的态度无涉。作为一项以企业为适用对象的制度，将自然人事后态度视作其中的关键考察要素，显然方枘圆凿。其二，在部分案件中，考察责任人员的认罪认罚情况，也无益于合规不起诉中公共利益的衡量。典型案例中，大部分涉及的是企业内部集权程度较高，企业家意志与组织体意志相契合，由企业家直接作出故意犯罪决定的情况。这也反映出了我国部分企业"人企合一"的现实。虽然应然层面要求企业意志与自然人意志的彻底分离，但上述案件中企业家对企业具备较大控制权，在企业家较高概率会成为被追诉人的前提下，其事后态度会对企业能否建立并执行有效合规计划造成实质影响。因此，在企业家主导的故意犯罪案件中，自然人的认罪认罚对合规不起诉的考察适用尚且具有一定意义，可以理解为一种在我国国情下的无奈之举。然而，企业犯罪还包括企业制度文化所体现出犯罪意志而造成违法行为发生的故意犯罪，以及前文已述可以在刑法层面完善的企业监管过失的犯罪。对于这两种犯罪而言，具体实施违法行为的关联人员的认罪认罚，对企业自身变革规章制度、弥补管理上的瑕疵漏洞并无太多实际意义；相反，关联人员还可能面临组织体内部的惩戒。综合上述原因，在未来进一步完善刑事合规基础理论的前提下，衡量公共利益条件时不应包含对个人认罪认罚情况的考察。

控辩实质性协商视角下认罪认罚被追诉人辩护权研究

李晓丽* 李 昶**

认罪认罚从宽制度的确立标志着我国刑事诉讼中的控辩关系由传统的对抗为主、合作为辅迈向合作为主、对抗为辅的新阶段。① 认罪认罚从宽制度的本质应是通过控辩双方之间就量刑问题进行实质性协商之后，取得被追诉人的"认罪认罚"，进而对案件进行"从宽"处理，提高诉讼效率。而要实现控辩实质性协商，必须保障控辩双方在刑事诉讼全过程的平等，尤其是在适用认罪认罚从宽制度关键的审前阶段。而控辩平等的直接表现即充分保障辩护权的有效行使。这也是以效率为价值倾向的认罪认罚从宽制度必须坚守的公正底线之一。自2016年试点改革以来，认罪认罚从宽制度改革在取得了较为突出成效的同时，仍备受争议。究其主因，是制度设计未实现控辩协商的本质，反而呈现出由控方强势主导、辩方被动接受的这一具有中国特色的"职权主义"色彩，控辩双方关于量刑问题的协商形式化问题突出，控辩实质性协商远未实现。

一、控辩实质性协商对认罪认罚被追诉人辩护权的特殊要求

认罪认罚从宽制度的适用，应通过控辩双方之间就量刑问题进行协商实现。与传统的控辩对抗不同，控辩协商的有效进行要求辩方在辩护技能之上具备对是否"认罪认罚"作出合理权衡的专业能力。而绝大多数被追诉人法律水平有限，并不具备合理权衡的专业知识储备，且被追诉人的人身自由又经常受到限制，加之控

---

* 李晓丽，北京联合大学应用文理学院法律系讲师，中国社科院研究生院诉讼法学博士。
** 李昶，北京联合大学应用文理学院法律硕士生。
① 冀祥德：《从控辩关系看我国刑事诉讼制度的演进发展》，载《中国刑事法杂志》2022年第1期。

辩实质性协商要求辩方在刑事法律专业性基础上具备同强大的公诉机关进行量刑谈判的能力，若想通过被追诉人本人实现这一项高难度工作难上加难。所以控辩实质性协商的视角下，辩护权的行使主要指辩护律师行使辩护权。与传统诉讼模式相比，认罪认罚从宽制度对辩护律师行使辩护权提出了新的要求。

(一) 辩护权行使方式的协商化

在传统的"控辩对抗，法官居中裁判"的诉讼模式下，控辩双方"针锋相对"。对抗式辩护可以使案件事实越辩越明，对罪名和量刑进行充分的辩论交流，使法官在双方辩论中查清案件事实，依法居中裁判。而在认罪认罚案件中，被追诉人与检察机关一改以往的"相互敌对态度"，为了更高效地实现司法公正而"化干戈为玉帛"。控辩双方通过协商对犯罪事实、指控罪名、量刑建议等问题达成一致意见。因此，对抗式辩护色彩被大大削弱。从本质上来看，认罪认罚从宽是一种协商式刑事司法，亦是一种合作式刑事司法[①]。在认罪认罚的案件中，控辩双方的关系从"对抗式"转化为"协商式"。

行使协商化的辩护权，要求律师充分了解认罪认罚从宽制度，加深对控辩协商的认同感，增强认罪认罚制度下行使辩护权的基本知识与谈判协商技能。审前阶段，不存在控辩双方对抗的平台。[②] 在此阶段，律师若对辩护权行使的协商化没有明确认识，则会抛开沟通、协商、平等交涉的方式，产生说服对方接受自己观点的错误想法。辩护权行使协商化要求律师摒弃以往公式化、千篇一律的辩护程式，增强控辩协商语境下的语言表达能力、临场反应能力与权衡利弊的技能。在精通普通程序审理案件的辩护技能的基础上，为认罪认罚案件辩护的律师还需接受对控辩实质性协商专业知识和专业技能的考核。

(二) 辩护权行使阶段的全程化

在传统对抗式诉讼模式下，辩护律师发挥作用的阶段主要在审判阶段。其只能寄希望于能在庭审上通过与控方进行充分辩论，行使有效辩护权，为被追诉人争取最有利的结果。对抗式诉讼模式限制了律师在审前发挥更大的作用。在侦查阶段，辩护律师的功能是为犯罪嫌疑人提供法律帮助，其并不享有完整的辩护权。辩护律师只能向犯罪嫌疑人、被告人了解案件有关情况，不能向侦查机关了解案件情况与有关证据。只有案件移送审查起诉后，辩护律师才可以向犯罪嫌疑人、被告人

---

① 李奋飞：《论"交涉性辩护"——以认罪认罚从宽为切入镜像》，载《法学论坛》2019年第4期。
② 李奋飞：《论"唯庭审主义"之辩护模式》，载《中国法学》2019年第1期。

核实有关证据。但审查起诉阶段辩护律师行使阅卷权会重重受阻,辩护律师不能掌握侦查机关侦查到的案件情况。根据律师在侦查阶段了解证据的能力与在审查起诉阶段行使收集证据权的能力,辩方掌握的证据不值得一提。

而控辩实质性协商需要辩护律师全程发挥作用,尤其是侦查阶段和审查起诉阶段。辩护律师有效地全程参与和及时指导,是被告人获得有效辩护进而实现控辩实质性协商的基本保障,辩护权行使出现全程化趋势。① 建立侦查阶段讯问时律师的在场权,尤其是侦查机关第一次讯问时律师的在场权,一方面,辩护律师能避免被追诉人做出对己方不利的供述,增加控辩协商的筹码;另一方面,监督侦查机关依法侦查,避免刑讯逼供。辩护律师行使阅卷权是了解控方在协商中拥有筹码的重要方式之一。所以审前阶段保障律师有效行使阅卷权是辩护权行使全程化的重中之重。律师全程参与,势必会更了解有关定罪量刑的事实和证据,使辩方在双方协商过程中处于有利地位,提高为被追诉人求得更大限度从宽结果的可能性。

二、认罪认罚被追诉人辩护权之现状考察

(一)审前阶段阅卷权难以有效行使

侦查阶段,法律未明确规定辩护律师享有"阅卷权",辩护律师不具有向侦查机关了解涉及案件的事实与证据的权利。只有在案件审查起诉之后,辩护律师才可通过检察院对案件材料进行查阅、摘抄和复制。从立案到审查起诉之日,侦查机关逐步查清案件事实,取得相关证据。这个过程中侦查机关作为行使公权力的一方,难免会忽略对犯罪嫌疑人有利的案件事实。在案件事实逐渐明朗的过程中,某些前期认定证据在后期也可能被忽略。在侦查阶段,由于律师不享有"阅卷权",一方面会导致律师对案情发展走势不具有体系性的认识,另一方面也使律师不能对侦查阶段产生的证据有全面的了解。侦查阶段的所谓辩护"黄金 37 天",在实践中往往因为辩护律师未能获悉案件有关情况而难以展开,更会因此导致审查起诉阶段控辩双方的协商地位更加悬殊。②

审查起诉阶段,法律明确规定律师享有阅卷权,但程序保障不到位。认罪认罚案件虽然对事实认定与定罪量刑问题争议较少,在 3 个工作日内一般可以完成阅卷,但这并不代表所有案件事实一定简短清晰,尤其是涉及连续犯或集合犯等。若

---

① 陈瑞华:《认罪认罚从宽制度的若干争议问题》,载《中国法学》2017 年第 1 期。
② 王敏远、胡铭、陶加培:《我国近年来刑事辩护制度实施报告》,载《法律适用》2022 年第 1 期。

案卷数量庞大,3 个工作日内未必能完成阅卷。在我国法律对认罪认罚案件中,对律师的阅卷权保障不到位,若出现辩护律师不能有效完成阅卷或辩护律师行使阅卷权受阻的情形,则辩护律师不能对案件事实有清晰认知,势必会导致量刑协商中处于不利地位。

(二)讯问时的律师在场权缺失

犯罪嫌疑人法律水平有限,若无律师在场提供帮助,其很可能在第一次被讯问时就做出了"自愿认罪"等不利于后续控辩协商的供述。有研究表明,我国侦查阶段律师辩护率比审判阶段还低。① 然而,侦查阶段初次讯问犯罪嫌疑人时的认罪率却在 70% 以上,侦查终结时的认罪率甚至超过了 90%。② 侦查机关告知义务落实不到位,导致一些犯罪嫌疑人未请律师或者不敢请律师。犯罪嫌疑人也很少申请值班律师,一些犯罪嫌疑人、被告人甚至不知晓可以申请值班律师或者不敢行使这一权利。③

在侦查阶段,由于律师不在场,辩护律师对犯罪嫌疑人作何供述,侦查机关核查了什么证据等与定罪量刑有关的信息无从得知,其给犯罪嫌疑人提供法律帮助的机会更是寥寥无几。若遇侦查机关威逼利诱、刑讯逼供,由于犯罪嫌疑人判断能力不足,再加上若无律师在场把握,无疑会放纵侦查机关的非法行为。侦查机关讯问时,律师在场权的缺失,直接导致辩方从一开始就处于劣势地位,放大了审查起诉阶段控方的原本就强势的协商地位。

(三)值班律师功能异化

为了弥补我国刑事司法实践委托辩护的不足,值班律师制度已被正式确立。在认罪认罚制度下,被追诉人更需要有控辩协商经验的专业律师提供辩护。然而,当前的值班律师制度仍无法满足控辩实质性协商的要求,值班律师功能仍异化为"见证人"而非认罪认罚被追诉人权利的有效维护者。

我国当前《刑事诉讼法》对值班律师的定位仅是被追诉人的法律帮助者。虽然相关立法强调了司法机关应为值班律师会见和了解案情提供便利。但在司法实践中,值班律师的主要作用大多在于程序性事项的告知与见证。④ 值班律师仅在被追诉人签署认罪认罚具结书时起到见证人的作用。值班律师一般不阅卷、不独立会

---

① 顾永忠:《刑事辩护制度改革实证研究》,载《中国刑事法杂志》2019 年第 5 期。
② 闫召华:《口供中心主义评析》,载《证据科学》2013 年第 4 期。
③ 闵春雷:《认罪认罚案件中的有效辩护》,载《当代法学》2017 年第 4 期。
④ 周新:《值班律师参与认罪认罚案件的实践性反思》,载《法学论坛》2019 年第 4 期。

见、不出庭也无须承担辩护人的义务。① 大多数值班律师为"志愿者",如果仅通过指定安排的方式为被追诉人提供强制法律帮助,其薪资报酬也难以糊口。即便法律赋予值班律师与辩护律师同样的辩护权,即从职业伦理的角度来讲,值班律师的确需同委托辩护律师一样提供同样积极称职的辩护,恐怕也只是纸上谈兵。

(四)控方主导地位过于强势

控辩实质性协商的基础是控辩双方地位平等。检察院一直作为追诉犯罪的机关,行使"优越"的公权力。反观被追诉人,虽有律师帮助,但在公权力面前仍然是"班门弄斧"。在认罪认罚从宽制度的适用中,检察机关的确主导案件认罪认罚的适用,但若想改变原来的"官家主义"或"超职权主义"的强势地位并非易事。

除传统原因外,控辩协商的程序不完善并且保障力度不够导致协商程序不公平、辩方阅卷权行使困难导致双方信息不对称、控辩双方协商能力存在差距等原因,都会使得控方主导地位过于强势。在量刑建议制订方面,辩方劣势地位更加明显,其意见得不到控方重视,更不用说被采纳或者对量刑建议产生积极影响。一般情况下,控方会制定好量刑建议,被追诉人对此往往只能被动地接受,或者不适用认罪认罚从宽程序。② "城下之盟"的出现,体现了控辩双方地位悬殊。若在庭审时,被告人突然改变主意,不同意之前"被动同意"的量刑建议,案件可能视情况转换为普通程序重新审理。检察官利用强势地位行此举,背离了认罪认罚从宽制度提高效率的目的,也与公正司法的基本原则相悖。

三、认罪认罚被追诉人辩护权之完善建议

(一)诉讼全程的阅卷权的保障

控辩实质化协商,要求辩方有效行使阅卷权。只有通过阅卷,充分掌握与量刑有关的事实和证据,辩护人或值班律师才能为被追诉人与控方进行量刑协商,提供实质性帮助。③ 除了保障辩护律师的原有的阅卷权,构建侦查阶段律师的阅卷权与被追诉人的阅卷权也是重点。一方面,在侦查阶段,赋予律师向侦查机关要求查阅卷宗与相关证据的权利,有利于辩护律师发现对被追诉人有利的案件事实和证据,增强后续控辩协商中的协商能力;另一方面,构建被追诉人在事实层面的阅卷权,有助于提高辩方的协商地位。有观点认为,即使辩护律师将其阅卷获悉的信息告

---

① 王中义、甘权仕:《认罪认罚案件中法律帮助权实质化问题研究》,载《法律适用》2018 年第 3 期。
② 李奋飞:《论"交涉性辩护"——以认罪认罚从宽为切入镜像》,载《法学论坛》2019 年第 4 期。
③ 顾永忠:《量刑协商须以控辩平等为基础》,载《人民检察》2020 年第 16 期。

知被追诉人,其法律效果也较为模糊。① 在价值评价层面,因被追诉人法律水平有限,将此种信息向其告知或构件价值评价层面的被追诉人阅卷权的确收效甚微。但在事实认定层面,没有人比被追诉人更清楚发生了什么。事实层面被追诉人阅卷权的构建,可以使辩护律师在控辩协商中占据更有利的地位。

控辩双方具有天然的对抗性。若要控方为辩方提供方便,一方面需要将是否提供方便作为考核控方的标准,将"阅卷率"作为考察检察机关的标准之一,会增强检察机关为辩护律师提供阅卷条件的动力;另一方面赋予辩方在控方拒绝提供方便时申请救济的权利。我国《刑事诉讼法》规定律师可以因公检法机关阻碍其依法行使诉权向检察院提出申诉、控告,这种权利救济机制在实践中并未得到有效保障。② 若遇检察机关工作人员阻碍辩护律师行使阅卷权或直接剥夺辩护律师阅卷权的场合,因现阶段未建立司法令状主义的审批机制,辩护律师可直接向法院申请救济,或在庭审时提出检察机关存在违法阻碍或剥夺阅卷权的行为。法官应当审查辩护律师是否有效行使了阅卷权。③

(二)逐步确立侦查机关讯问时的律师在场权

人都有趋利避害的本能,侦查机关更愿意在辩护律师缺席的情况下进行讯问,检察官也更愿意在辩护律师不在场的情况下进行协商,但不利于认罪认罚案件中控辩实质性协商,有违公平公正的司法价值。应当以认罪认罚从宽制度的完善为契机,逐步建立辩护律师在侦查机关讯问被追诉人时的在场权。律师在场权能够实现对侦查机关的讯问行为的有效监督,减少刑讯逼供等违法行为。更为重要的是,辩护律师在场才能切实改变辩方在控辩协商的中的弱势地位,实现控辩双方的实质性协商。一方面,应落实律师在场权的行使规则,确立控方讯问前的权利告知义务,为律师参与讯问程序提供必要的准备时间,探索保障律师在讯问时发表辩护意见机会的程序规则;另一方面,应将律师是否在场作为审查认罪认罚自愿性的重要内容之一。

(三)建立认罪认罚案件律师准入制度

控辩协商是一项专业性极强的工作。若为认罪认罚被追诉人辩护的律师能力

---

① 陈卫东、安娜:《认罪认罚从宽制度下律师的地位与作用——以三个诉讼阶段为研究视角》,载《浙江工商大学学报》2020年第6期。
② 段贞锋、岳梦晓:《"以审判为中心"背景下有效辩护机制构建研究》,载《广西社会科学》2019年第4期。
③ 司法令状主义的审批机制,是指通过确保一种中立司法官员(可以称为"预审法官"或者"侦查法官")的参与,可以处理那些涉及限制剥夺公民基本权利的事项的问题。详见陈瑞华:《刑事辩护的几个理论问题》,载《当代法学》2012年第1期。

有限,则会在控辩协商中处于劣势地位。只因辩护律师协商能力不足而导致对被追诉人从宽处罚程度不足的后果也只能由被追诉人自己承担。故应建立认罪认罚案件律师准入制度。

(四)区分认罪认罚案件的辩护律师

为认罪认罚案件辩护的律师应当与为非认罪认罚案件辩护的律师相区别。一些法治发达的国家建立了刑事辩护准入制度。一方面规定了出席法庭辩护的只能是律师,另一方面规定了不同水平的律师代理不同级别的案件。如英国的律师分为出庭律师和初级律师。① 在我国,适用认罪认罚制度的案件与非认罪认罚案件存在较大差别。在价值上,认罪认罚从宽制度要求辩方与控方平等协商,提高司法效率;在非认罪认罚的案件中,要求律师据理力争,维护司法公正。在程序上,认罪认罚适用速裁程序的案件,辩护律师应当在接受委托或指派之日起3个工作日内会见犯罪嫌疑人、被告人;非认罪认罚案件,需辩护律师持律师职业资格证、律师事务所证明和委托书或者法律援助公函要求会见在押的犯罪嫌疑人、被告人。在交涉主体上,认罪认罚案件律师主要与检察官交涉,在审查起诉阶段起主要作用;非认罪认罚案件,律师主要与法官交涉,审判阶段起珠澳作用。因两类案件在实体和程序上都存在较大差别,因此应当区分两类律师,主要为非从事认罪认罚案件的辩护律师不应当担任认罪认罚案件中的辩护人。

即便是专门为认罪认罚案件提供辩护的律师也应当根据经验作出区分。具有控辩协商经验的律师能够提供有更有效的辩护,有助于被追诉人获得最大的从宽结果。辩护人的素质和服务质量的高低是犯罪嫌疑人、被告人能否获得有效帮助的关键。② 具有丰富控辩协商经验律师高水平辩护人可以为罪行较严重的认罪认罚被追诉人提供辩护。控辩协商经验不足的辩护人只能为法定刑较轻的认罪认罚被追诉人提供辩护。

若要实现控辩实质性协商,除考虑增强辩方协商能力外,作为行使公权力的强大控方也应当承担更多的义务。一方面强化检察机关控诉义务的客观性。作为认罪认罚案件全流程的主导者,若控方追诉不能保持客观性,则控辩双方平等难以实现,控辩实质性协商也无从谈起。检察机关的职责是追诉犯罪,在办案过程中难免会有忽略对辩方有利的证据和事实的倾向。这并不意味着检察机关要超越控方立

---

① 冀祥德:《刑事辩护准入制度与有效辩护及普遍辩护》,载《清华法学》2012年第4期。
② 杨飞、冯博:《如何构建辩护律师参与下的认罪认罚从宽制度》,载《人民检察》2017年第16期。

场并扮演中立角色,但的确要求控方客观履行告知义务、听取辩方关于认罪认罚从宽的实质性意见的义务。① 控方履行"听取义务"的前提是辩方有权利、有途径表达意见。另一方面强化检察机关应保障辩方行使辩护权的义务。控方要保障辩方表达意见的权利,完善辩方表达意见的途径。因行使辩护权是提出关于有关定罪和量刑实质性意见的前提,故控方也要承担不非法干涉辩方行使阅卷权、会见权、收集证据权等辩护权的义务。作为控辩协商的一方,不应当要求检察官"司法官化"。② 但其的确应当保持客观立场,保障辩方行使辩护权,承担更多义务,尽力避免给辩方留下利用公权力"仗势欺人"的印象。

(五)设立刑事诉讼保险制度

值班律师为被追诉人与检察机关进行控辩协商的效果较差,有《刑事诉讼法》将其功能定位在提供法律帮助的原因,更重要的原因是值班律师带有公益性质,作为值班律师其承担的风险、付出的努力与获得的报酬不成正比,值班律师尽心尽职地提供法律帮助的积极性较弱。虽然《法律援助值班律师工作办法》规定司法行政机关、财政部门与法律援助机构都有支付值班律师法律帮助补贴的职责,并且规定了为认罪认罚案件的被追诉人提供法律帮助的补贴标准,由各地结合本地实际情况按件或按工作日计算。但有实务部人员指出,值班律师一个上午的补贴只有300元。③ 一般情况下,值班律师每天的补贴在100—200元,发达城市可达500元。④ 社会律师刑事辩护的收入与值班律师提供法律帮助的补贴相差悬殊。即便为了追求维护公平正义的理想,值班律师作为有血有肉的人也得过活。

建立适合我国国情的诉讼成本转嫁制度,可以增加值班律师提供法律帮助获得的收入,从而提高值班律师为被追诉人与检察机关进行协商的积极性。诉讼保险可以捍卫弱者和无防卫能力的人,让他们接近争议和法律,为每个人提供可能的法律协助。⑤ 通过刑事诉讼保险制度,将原本由司法行政机关、财政部门与法律援助机构支付的诉讼成本转嫁给诉讼外的第三者商业主体。通过保险商业的运行,一方面值班律师提供法律帮助的报酬得到保障,另一方面分担国家财政压力,弥补

---

① 王敏远、胡铭、陶加培:《我国近年来刑事辩护制度实施报告》,载《法律适用》2022年第1期。
② 李奋飞:《论"交涉性辩护"——以认罪认罚从宽作为切入镜像》,载《法学论坛》2019年第4期。
③ 韩旭:《认罪认罚从宽制度中的值班律师——现状考察、制度局限以及法律帮助全覆盖》,载《政法学刊》2018年第2期。
④ 闵春雷:《认罪认罚案件中的有效辩护》,载《当代法学》2017年第4期。
⑤ 文华良:《诉讼保险的历史沿革及发展研究》,载《中国保险》2019年第3期。

国家对法律援助律师补贴的财政预算的不足。德国建立了诉讼保险制度①,约一半以上的德国人口都参加了诉讼保险,其行业收入位居欧洲首位。② 尽管刑事诉讼保险制度有助于实现控辩实质性协商,但诉讼保险制度的移植并非易事。需要不断汲取其他国家的有益经验,结合我国国情,才能建立适合我国的刑事诉讼保险制度。

(六)将控辩是否进行实质性协商列为庭审重点

作为庭审阶段的主导者,法官应当保持中立、被动、公正的地位,并止步于审判阶段。在认罪认罚案件起诉到法院后,法院庭审的重点应当是审查控辩协商的真实性、有效性、合法性。控辩实质性协商以辩方有效行使辩护权为前提。若辩护律师提出侦查机关或检察机关限制辩护律师行使辩护权的人员、时间、地点、方式、内容等相关线索,甚至提供了录音或录像,法院应当对此进行严格审查。若查明如是,应当对相应的人员应当进行处罚。若危害了司法公正,则法院应当视情况转为适用普通程序,对此认罪认罚案件以庭审实质化方式进行审判并确保被告人及其辩护人的辩护权。③

法院作为司法公正的最后一道防线,即便控辩双方对事实、罪名、量刑达成了一致意见,法院依然可以在审判阶段进行实质性审查。由于提出量刑建议是公诉权的范畴,量刑裁判则是审判权的范畴④,因此法院不必对量刑建议"言听计从"。若存在控辩协商形式化、过程化,法院应当有效行使审判权。同时,法院也不应当认为量刑建议是对审判权的"削弱",从而为了炫耀审判权威而故意拖延审判,为难检察机关。

结　语

莫诺·卡佩莱迪指出:"一种真正现代的司法裁判制度的基本特征之一必须是,司法能有效地为所有人接近,而不仅仅是在理论上对于所有人可以接近。"⑤"被告人有权获得辩护"是我国《宪法》赋予公民的基本权利。由于现行法律规定的认

---

① 诉讼保险制度,又称为法律诉讼费用险,是指投保人通过购买确定险种(诉讼险),从而使自己在与他人发生诉讼时,由保险人通过保险理赔的方式向投保人支付诉讼费用的保险制度。详见郑若颖:《我国诉讼保险制度构建探析》,载《行政与法》2014年第2期。
② 郑若颖:《我国诉讼保险制度构建探析》,载《行政与法》2014年第2期。
③ 顾永忠:《刑事辩护制度改革实证研究》,载《中国刑事法杂志》2019年第5期。
④ 顾永忠:《量刑协商须以控辩平等为基础》,载《人民检察》2020年第16期。
⑤ [意]莫诺·卡佩莱迪等:《当事人基本程序保障权与未来的民事诉讼》,徐昕译,法律出版社2000年版,第400页。

罪认罚从宽制度操作性较差,导致该基本权利不能实际有效地接近所有人,必然会导致一些被追诉人仅仅获得形式上的辩护。

控辩实质性协商使辩护权行使产生协商化、全程化的趋势,对认罪认罚被追诉人辩护权的保障。第一,保障辩护律师在刑事诉讼的全过程享有阅卷权,可有效解决"一难",使辩护律师对案件的事实和证据有全面清晰的认知。第二,侦查机关讯问时律师在场权的构建,可在一定程度上缓解"侦查中心主义"的遗留痼疾。第三,设立认罪认罚案件律师的准入制度,提高辩护律师的控辩协商的专业水平与辩护能力,使认罪认罚被追诉人获得更有效的实质性辩护。第四,强化检察机关的义务,平衡控方的强势协商地位。第五,法院庭审应当审查控辩协商的实质性,守住最后一道防线。

认罪认罚从宽制度背景下值班律师制度的思考

——以 36748 篇裁判文书为研究样本

陈建华[*] 陈敏敏[**]

引 言

目前,我国刑事辩护权保障率实际上总体偏低,认罪认罚从宽案件中对被追诉人辩护权的保障严重缺乏。为了弥补人权保障不足的缺陷,2018 年我国《刑事诉讼法》新增第 36 条、第 173 条以及第 174 条,正式确立了值班律师制度。但是由于相关条文规定得过于粗糙,因此使该项制度在司法实践中面临着较大难度的考验。

值班律师制度是以为被追诉人提供临时性加应急性的法律救济为初衷而设立的制度,从公开性和自愿性两个角度对认罪认罚从宽案件予以一定的保障,进而促进认罪认罚从宽制度在我国的有效实施。笔者通过在律师事务所的实习经历以及对大数据进行分析得知,值班律师在实践中大多只起到见证签署认罪认罚具结书的作用,至于其他相关的职能作用在司法实践中并未完全发挥出来。笔者认为,值班律师制度是一项值得深入贯彻执行的制度,尽管现阶段存在许多不足,但其实用性和有益性是毋庸置疑的。

此前,已经有部分学者对值班律师制度展开了分析研究。例如,汪海燕教授通过对实践中出现的问题进行分析,结合我国相关法律规定,对完善该项制度提出了具体建议;[①]樊崇义教授从该项制度发挥的作用以及值班律师参与认罪认罚案件的现状与问题等方面进行论证,结合典型案例,进行实证分析;[②]顾永忠教授则是结合

---

[*] 陈建华,任职于湖南省郴州市中级人民法院。
[**] 陈敏敏,任职于湘南学院。
① 汪海燕:《三重悖离:认罪认罚从宽程序中值班律师制度的困境》,载《法学杂志》2019 年第 12 期。
② 樊崇义:《值班律师制度的本土叙事:回顾、定位与完善》,载《法学杂志》2018 年第 9 期。

我国多年律师发展历程,分析律师覆盖率,针对值班律师的法律定位,展开说明了值班律师的定性问题。① 随着实践中相关问题越来越多,相关部门逐步出台指导意见,对值班律师制度的具体规范进一步进行了细化。

本文从认罪认罚从宽制度大框架下对值班律师制度进行研究,在现有公开案件中随机抽取一定数量的案例,通过对案件以及数据进行分析。针对案例所反映出来的问题,从问题成因入手,探求我国值班律师制度的完善之策。

一、值班律师制度的运行现状

笔者在中国裁判文书网上以"值班律师制度"为关键词进行搜索,共截取了2017年1月至2021年1月的36748份裁判文书,并随机选择了其中的74份进行阅读。在通过对相关法律文书分析该项制度发展过程的同时,整合和分类相关数据,展现出值班律师制度在司法实践中所处的现状,分析如下。

表1 关于值班律师制度的规范性文件

出台时间	规范性文件
2014年8月	最高人民法院、最高人民检察院、公安部、司法部《关于在部分地区开展刑事案件速裁程序试点工作的办法》
2015年11月	中共中央办公厅、国务院办公厅《关于完善法律援助制度的意见》
2016年11月	最高人民法院、最高人民检察院、公安部、国家安全部、司法部《关于在部分地区开展刑事案件认罪认罚从宽制度试点工作的办法》
2017年2月	最高人民法院《关于全面推进以审判为中心的刑事诉讼制度改革的实施意见》
2017年8月	最高人民法院、最高人民检察院、公安部、国家安全部、司法部《关于开展法律援助值班律师工作的意见》
2017年10月	最高人民法院、司法部《关于开展刑事案件律师辩护全覆盖试点工作的办法》
2018年10月	全国人大《中华人民共和国刑事诉讼法(2018年修正)》
2019年11月	最高人民法院、最高人民检察院、公安部、国家安全部、司法部《关于适用认罪认罚从宽制度的指导意见》
2020年8月	最高人民法院、最高人民检察院、公安部、国家安全部、司法部《法律援助值班律师工作办法》

---

① 顾永忠、肖沛权:《完善认罪认罚从宽制度的亲历观察与思考、建议——基于福清市等地刑事速裁程序中认罪认罚从宽制度的调研》,载《法治研究》2017年第1期。

(一)统计文件历程

值班律师制度从提出试点法案到刑事诉讼法的正式确立再到正式颁布相关的指导意见,共持续近10年的时间(见表1)。在此期间有关部门不断作出更加积极、翔实的规定,以期推动完善值班律师制度在我国的良性发展。虽然该项制度在我国目前还不够成熟、存在非常多的困难和问题亟待解决,但根据表1,无论是司法的改革者还是立法的决策者,都很重视刑事诉讼中被追诉人到底是否获得了有效的法律救济,这对于我国刑事辩护制度的完善具有重要意义。值班律师为被追诉人提供法律帮助,以此维护被追诉人辩护权的有效实现,提高了我国刑事辩护权的使用率以及覆盖率。

(二)统计年份数量

如图1所示,值班律师制度已经在2018年《刑事诉讼法》中得到进一步确立,这使得值班律师制度适用案件数量猛增,并出现逐年递增的情况。这一现象表示值班律师制度在实践中适用率越来越高,也表明其实用性不断增强。值班律师制度是在认定罪行的从宽制度中,律师进行有效辩护的保障性服务制度。主要对象是轻微刑事案件的被诉人员,值班律师的参与加快了程序推进速度,既节省了时间,又提高了辩护率。值班律师制度的不断完善、司法实践的不断加强,促进了各地实践经验的积累并出台了相关指导意见,指导意见进一步强调这一制度细节方面的处理,使这一制度的可行性大大提高。

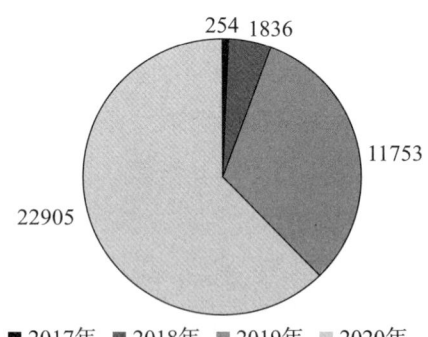

图1 全国各级法院总判决中值班律师参与数量(单位:件)①

(三)统计地区数量

如图2所示,在东部沿海地区值班律师制度的适用率大大超越中部地区和西部

---

① 本文中的图表数据来源于中国裁判文书网。

地区,这表明经济发展在一定程度上会影响值班律师制度的适用。经济发展速度快的地区有足够的财政为值班律师制度在当地的发展提供资金支撑,并且由于发达地区交通方便,通信技术发达,信息交流快,这更加使得值班律师制度在东部地区的落地生根的速度加快,有利于值班律师制度的发展。值班律师制度在认罪认罚从宽制度中对于律师角色进行填补起到不可或缺的作用,有利于提高我国刑事辩护率。[①] 由于经费不足可能吸引不到足够多、足够优秀的法律从业者执业,因此可能会导致值班律师过于年轻化、不够敬业、良莠不齐等问题出现,无法实现有效的法律帮助,不利于我国刑事辩护率的有效提高。以上情况表明经济支持对值班律师制度在我国的发展有着重要作用,故应当加大对经济落后地区的值班律师经济补贴,以促进区域间的统筹发展。

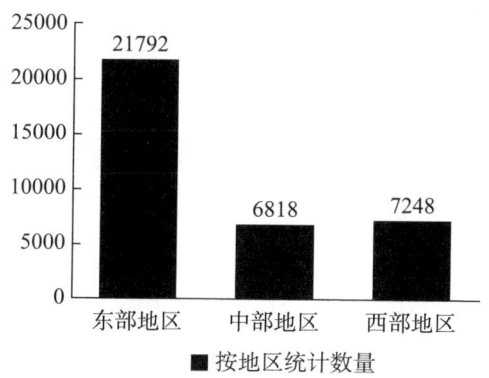

图 2　按三个地区统计值班律师的适用数量(单位:件)

(四)统计法院数量

如图 3 所示,值班律师制度大都适用于基层法院审理的案件,而中级人民法院和高级人民法院对值班律师制度的案件适用数量几乎可以忽略。这是因为大多数案件都属于轻微刑事案件,基本上都是由基层法院进行审理,所以基层法院适用值班律师制度的占比非常大。基层法院大多案件面向的都是面向普通人民群众,他们可能会出于支付不起律师费等原因的考虑而选择自行辩护,但是值班律师的参与能够充分保障其合法权益防止受到侵害。在国内乃至全球范围内,法律援助的政府责任理念已被广泛认同。政府发动了针对公民个人的刑事追责,使公民个人

---

① 戴萍、黎立:《认罪认罚从宽制度的理论与实践》,载国家检察官学院、中国人民大学法学院、国家检察官学院:《第十三届国家高级检察官论坛论文集》,中国检察出版社 2017 年版,第 78 页。

的人身、财产处于危险状态。因此,政府有责任保障诉讼程序的正当性以及诉讼结果的公正性。① 值班律师制度的大量适用也会产生相关问题,比如值班律师制度在基层法院适用之后,如果被追诉人上诉,那么值班律师制度是否真正发挥了职能作用,是否达到了应该达到的目的。这些问题都值得我们深思,笔者也会在下文将对该问题的思考予以阐述。

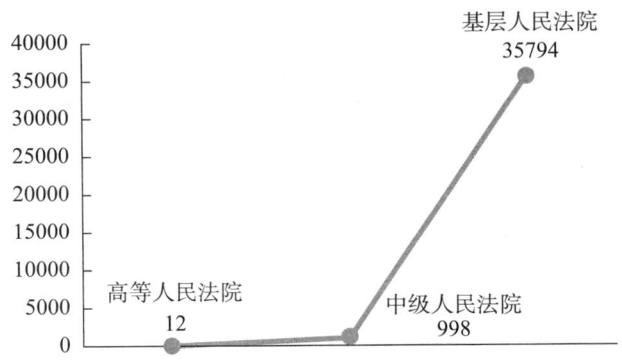

图3　全国三级人民法院判决中值班律师适用数量(单位:件)

(五)统计类型数量

图4所示的是笔者研读的74份判决书中值班律师参与案件的终裁情况,根据图4所示,值班律师参与的案件大多都是一审判决即生效,除了极少数进行了上诉,大部分被追诉人都未进行上诉。而在笔者了解到的上诉案件中,有一位上诉人进行上诉的理由是认为值班律师与检察机关的量刑协商没有达到自己想要的量刑结果,认为值班律师就是检察机关的人,根本没有为自己提供有用的法律建议。这从侧面反映了被追诉人对值班律师缺乏信任感,被追诉人不愿向值班律师吐露自己的心声,不相信值班律师会为他们保守秘密。这就会导致值班律师不知晓或不熟悉相关案件事实,无法有效帮助被追诉人。如何消除这种不信任感,并告诉被追诉人应该相信值班律师,使律师与被追诉人之间建立起一座相互信任的桥梁。这正是本文要解决的问题之一。

---

① Ellery E. Cuff, *Public Defender System: The Los Angeles Story*, Minn. L. Rev, 1960(45).

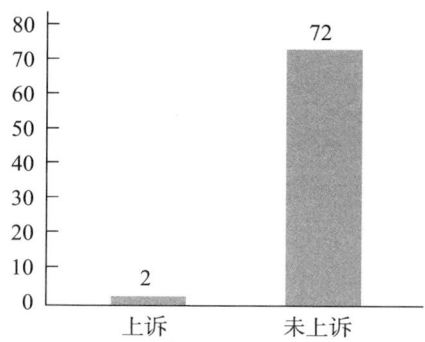

图 4　值班律师参与上诉的案件情况（单位：件）

二、值班律师制度运行中的问题

值班律师制度在我国已经进行了多年试点，在试点过程中值班律师制度存在的一些问题逐渐显露。陈卫东教授指出，认罪认罚从宽制度的落实保障值班律师制度的运行，在兼顾公平和效率的情况下，仅追求公平而放弃效率已不仅无法满足社会发展的需要，也会违背程序公正的意愿。① 因此，本文从司法实践中值班律师制度的现状出发，发现了四个方面的问题。下面笔者将针对值班律师制度产生的问题进行展开论述。

（一）法律条文规定不完善

值班律师制度是舶来品，要将其与我国具体国情相结合，才能使其在我国各地生根发芽。目前，该项制度在我国处于实践阶段，相关立法还不够完善，主要有法条规定模糊以及法条规定过于碎片化两方面的问题。

首先，法条规定过于模糊。在政策推行、司法改革的大背景下，值班律师制度有可能会成为地方追求司法建设政绩的一个工具，重形式而轻内容。与值班律师制度相关的法条主要是基本的、程序化以及赋权性的，制度整体风格显得太过于简略和粗糙、缺乏具体权利义务的内容构建，都有可能会直接导致法律的可操作性大大降低，现实控制能力羸弱。从内容上看，我国《刑事诉讼法》相关条文其实更多地只是为该项制度的发展指明方向，但许多细节方面的担心还不够明确。法条规定过于模糊会导致许多不良后果，比如值班律师对自身权责的不确定性增加。而且关于值班律师在履行职责的过程中因为过错而导致被追诉人程序或者是实体利益

---

① 陈卫东：《认罪认罚从宽制度研究》，载《中国法学》2016 年第 2 期。

受到损害,值班律师应否担责、如何担责、担何种责,都缺乏清晰可预见的责任分配程式。①

其次,法条规定呈现形式过于碎片化,与值班律师制度相关的法条零散地分布在不同的法律文件中。值班律师制度在《刑事诉讼法》中被简单规定,只有少数的几个条文对此进行描述,其他关于值班律师制度的规定散落在相关法律文件中,内容过于笼统、简单,无法满足实践需求。② 各处条款规定呈现出碎片化特点,而这仅靠实际行动所探索出来的改革效果是难以继续加强和深化的。即使有些看似已经有比较多的立法进行严格规定,但相关内容仍然会显得有些过于简单,对值班律师制度的界限、职责范围、运行机制以及权力配置等有关问题也规定得较为简单,导致我们对该项制度所能发挥作用的预期没有达到。最终可能导致该制度在实践中适用不佳甚至形同虚设。③ 因此,亟须层面高、覆盖广、内容完整的规范化解释予以系统性、整体性的释明。

(二)值班律师机制不健全

司法实践中值班律师制度配套机制的不健全,会在客观上制约该项制度的长远发展。律师是值班律师制度落实的关键所在,但在司法实践中,由于律师数量不足,造成值班律师人数严重不足以及分布不均匀的不良后果。截至2019年年底,全国共有律师事务所3.2万所、执业律师47.3万多人,④我国的律师缺口仍然较大,这导致值班律师数量也远远不够。值班律师资源从发达的地方到不那么发达的地方再到贫困地方逐渐减少,从省一级到市一级再到县一级逐渐减少。

配套机制的不健全甚至是缺乏导致值班律师工作缺乏动力。只有将值班律师的保障机制落实到位,才能让值班律师无后顾之忧地对被追诉人进行有效高效的法律帮助,而不是让帮助流于形式,更不是让值班律师走一个过场。比如,由于值班律师的补贴比较低,工资福利待遇不高,进而直接导致值班律师对此项工作缺乏主动性,甚至对于在偏远贫困地区的值班律师而言,有时候在路上的支出就远远超过了补贴,因此,许多有多年工作经验的资深律师不愿意担任值班律师。由于年轻律师缺乏经验或者工作年限较短,可能会并不能非常好地发挥自己的专业优势,从而可能会出现被追诉人合法权益无法得到实质保障。如果值班律师资历不够、职

---

① 王迎龙:《值班律师制度研究:实然分析与应然发展》,载《法学杂志》2018年第7期。
② 王迎龙:《刑事诉讼中的值班律师制度》,载《学习时报》2018年12月11日。
③ 顾永忠:《追根溯源:再论值班律师的应然定位》,载《法学杂志》2018年第9期。
④ 该数据来源于司法部官网。

业道德不高,很可能在为被追诉人解答疑惑的时候,恶意夸大对量刑结果的猜测。值班律师在奖惩考核方面没有具体的标准和细则,监管方面也存在严重不足,这会导致值班律师缺乏责任感。再有就是值班律师专业能力以及素质水平参差不齐,如果不能进行有效筛选和组织相关培训,就可能将给被追诉人造成非常不好的后果,不利于该项制度的良性发展。

(三)值班律师定位不明确

律师的实质性参与是认罪认罚从宽案件的正当性基础,是保障被追诉人的诉讼权利能够有效合法行使以及案件能否获得公正审判的前提条件。[1] 如果不将值班律师的定位予以明晰化,就会导致值班律师职能范围不够明确,进而造成值班律师无法将对被追诉人的法律帮助落到实质处的不利后果,导致其对被追诉人的帮助流于形式,这与值班律师制度的设立初衷是相违背的,如果只是形式上提高律师参与率、提高刑事全覆盖,那么值班律师制度终将沦为形式。

学界对值班律师到底是属于辩护律师还是属于辩护人产生了较大争议。第一种观点认为值班律师是法律帮助者,[2]只是为被追诉人提供特殊的法律援助,保障被追诉人权利不受侵害,并且只是被随机分配给被追诉人,没有完整的辩护人的诉讼权利。第二种观点认为与辩护律师相比,值班律师的主要职责是为当事人提供法律帮助,[3]其行使的是律师的帮助权而非辩护权。第三种观点认为值班律师并没有与被追诉人签订委托代理合同,可以视为准辩护人,[4]并赋予阅卷等权利。第四种观点认为值班律师是辩护人或者说值班律师应当转变为辩护人,[5]只有这样才能保证值班律师在认罪认罚从宽案件中发挥其保障作用。

实践中,值班律师作为司法机关的见证人而存在,虚化的法律帮助权并不具备辩护权所应能发挥的对抗功能、发现事实功能、风险防范功能。[6] 目前,我国在相关法律法规中并未明文规定值班律师的相关职能和权利,这就直接导致了在司法实践中,值班律师进行法律帮助时出现形式大于实质、法律帮助的功能要弱于见证的功能等情况。在研读的74份文书中,笔者发现90%以上的值班律师仅仅只是起到了参与和见证被追诉人签署具结书的作用。但值班律师的身份不仅是见证人,还

---

[1] 魏虹、许野:《论认罪认罚程序中律师的实质性参与》,载《政法学刊》2019年第2期。
[2] 孔冠颖:《认罪认罚自愿性判断标准及其保障》,载《国家检察官学院学报》2017年第1期。
[3] 熊秋红:《审判中心视野下的律师有效辩护》,载《当代法学》2017年第6期。
[4] 姚莉:《认罪认罚程序中值班律师的角色与功能》,载《法商研究》2017年第6期。
[5] 侯东亮、李艳飞:《浅谈值班律师的定位与发展》,载《国家检察官学院学报》2018年第6期。
[6] 王迎龙:《刑事诉讼中的值班律师制度》,载《学习时报》2018年12月11日。

应该是被追诉人的参谋人以及司法公正的推进人。见证职能只是值班律师诸多职能中的其中一项,值班律师到底有没有认真地了解案件事实以及证据获取情况、有没有真正保护到被追诉人的合法权益,这些都有待考证。

(四)司法程序衔接不顺畅

实践中,由于法律援助机构会在不同的诉讼阶段设立辩护律师,而值班律师并不全程介入,只是负责某个诉讼阶段的法律帮助,可能会导致在各个诉讼阶段值班律师工作衔接得不畅通,而造成衔接不畅通的原因主要是相关机关衔接机制中缺乏沟通渠道。在具体司法实践中,值班律师提供的法律帮助服务不够深入,只是一些表层或者说是一些很表面上的东西,[①]在服务完成后,就自行宣告帮助行为自动完成。对于一些被追诉人而言,如果值班律师草率结束工作后就离去,则会造成现实刑事辩护开展空缺的严重后果,也会再次导致被追诉人没有辩护人帮助、合法权益受到侵害无法行使的尴尬境地。值班律师制度体系中的衔接问题主要体现在以下两个方面。

第一,值班律师与辩护律师在工作衔接等事情上存在较大不足。值班律师的最大优势在于能够提供及时有效的法律帮助。而对人身自由受限制的被追诉人来讲,值班律师也充分满足了其对法律救济的急切需求。值班律师为被追诉人提供帮助的时间是在庭审外,而如果想要对诉讼过程中被追诉人的合法权益予以保障,还必须有能履行辩护职能的律师加入,于是就出现了值班律师与其他律师之间需要进行相互衔接合作的特殊需求。但现今值班律师与辩护律师之间仍然处于一种相对隔离的状态,这可能会导致值班律师不能及时地与辩护律师沟通和交流,造成值班律师案前搜集和分析出的相关信息不能有效传递给辩护律师,导致辩护律师又需要重新了解案件情况,造成司法资源的浪费。

第二,不同阶段的值班律师之间也会存在衔接度不足的情况。被追诉人在不同的阶段所接受提供帮助的值班律师可能是不同的,比如在看守所提供法律帮助的值班律师与在检察机关提供法律帮助的律师不一定是同一个值班律师,这可能会造成值班律师工作上的重复,甚至无形中增加许多不需要的工作量。更进一步地说,如果不同阶段的值班律师对案件提出不同意见,甚至意见完全相左,可能会造成被追诉人不知所措的不良后果,导致被追诉人无法对值班律师提出的意见进行分析以及取舍,进而影响被追诉人对值班律师的信任感。除此之外,各机关之间

---

① 李刚:《打造"三方在场"具结书签署机制》,载《检察日报》2019年2月18日。

也存在一些衔接不当的问题,值班律师主要是在看守所与检察院等地方开展工作,但是却受法援机构的管理与监督,两个机构之间若是不能加强沟通与协作,对提高值班律师的工作效率无疑是非常不利的。

三、值班律师制度完善的对策

前述内容对值班律师制度运行的问题进行了分析。目前,只有对症下药才能找到解决问题的好办法。下面,笔者将针对上文提出的四个问题一一提出对策。

(一)探索完善立法规定

值班律师制度在立法体系层面的加强,可以从根本上解决值班律师制度的理论问题,为值班律师制度提供基础性、钢架性的支撑。回溯立法目的,加强立法体系建设,不仅能够更好地贯彻值班律师制度,也能更好地保护被追诉人的合法利益,能发挥该项制度的最大功能。我国值班律师制度从起步到发展仅仅经过了短短几年时间,就连法律援助事业在我国也不过发展了短短十几年时间。在一个法治社会中,一项制度想要在全国范围内有效构建起来,必须要有相应的法律保障,不然不可能实现。而且,立法是人民遵纪守法的前提条件,是法律制度建立完善的基础,一项制度如果没有立法方面的完善规定,在我国是无法成功构建的。

首先,法律规定模糊部分,会导致值班律师制度实施的不规范化,不利于该项制度的落地生根。因此,应当尽量细化相关规定,让司法实践机关可以依据相关规定规范行为。比如细化阅卷权、会见权的相关规定。我国应当在吸收域外其他国家先进经验的基础上,将各地有益经验吸收为法律法规,摒弃有害做法,再结合具体国情,对值班律师制度在我国法律体系上的不足进行填补。其次,对于该项制度过于分散,规定在不同法律法规当中的情况,笔者认为,随着各项制度不断探索和完善,应当将其整合成一部专门的法律或者法规,这有利于该项制度在中国更好地发展,也能使该项制度更加规范。专门的法律法规能够为值班律师制度在司法实践中起到引领示范的作用,能够帮助值班律师制度更好地发挥其价值和作用,加快法治进程的发展,保障被追诉人的合法权益。

(二)完善值班律师机制

为了更好地发挥值班律师的作用,笔者认为,值班律师在得到法律赋予的相关权利后,有必要对相关配套机制进行进一步的完善,因为可能只有这样才能将认罪认罚从宽案件中辩护权的行使落到实处,使辩护有实效。

首先,相关保障机制的完整与建立肯定是必不可少的。笔者认为,如果想要有效提高法律帮助的质量,就应当提高值班律师的工作福利,这样对调动值班律师工作的积极性有着极大的促进作用。由于关于值班律师的工作规范还尚不明确,因此可以以律协为首,牵头其他机构一起制订值班律师的工作细则,这样可以对值班律师的工作起到指引作用。此外,还可以建立值班律师评价制度,完善评价内容搜集工作,保证值班律师行使职能的公正性,并以此为基础对值班律师进行分类评级。

其次,应当建立和完善监管机制。司法行政机关要将值班律师的工作纳入目标责任和工作绩效考核体系,加强监督管理,制定规章制度,完善奖惩机制。一方面,要建立专业对口的人才库。建立人才库首先要将值班律师的个人基本情况、执业年限、工作经验以及所在的专业范围等相关信息全面入库,然后对值班律师进行筛选和考核工作,这样可以保证值班律师具备较高的业务水平和职业素养。另一方面,还要重视值班律师的人才培养工作的进行,及时进行岗位职责、服务要素、工作纪律等各个方面的培训,这样有利于帮助值班律师迅速熟悉工作流程以及工作内容等,保证值班律师人才管理制度在正确的轨道上顺利发展。

(三)明晰值班律师定位

首先,必须要明确对于值班律师的定位,而值班律师的定位问题也是一个在两界都备受争议和关注的问题。由于立法的不明确性,因此该问题一直被争论不休。域外值班律师制度属于法律援助,但一项制度的具体实施应当要从该国具体国情出发,引进值班律师制度的主要原因是我国刑事全覆盖率过低,较多被追诉人无法得到有效辩护。而且从目前立法上看,我国值班律师虽然名为"值班律师",但实际上做的却是辩护律师的工作。笔者赞同值班律师是辩护人的观点,我国诉讼程序采取的是实体与程序并重的辩护理念,程序辩护应被认为是辩护的应有之义。如果律师能够有效地直接参与到宽容的程序供认和处罚之中,那么被追诉人将获得实际的法律帮助,在保护被追诉人法律诉讼权利的同时促进了监督权的依法行使。因此,值班律师制度应当更加符合我国当前的国情,确定值班律师为辩护人是该项制度落实到位的最佳理论选择,这样才能够更好地保障被追诉人的合法权益。[1]

其次,在认罪认罚从宽案件司法实践中,值班律师更需要详细地了解案件情况,这样才能使其作出更加准确的判断,以此保障案件的高效审理,进而使案件得到公正的判决。为达到上述效果,应当赋予值班律师以下权利。(1)查阅案卷的权利。值班律师要想深入细致地了解案件情况,至少应当要有查阅案件的权利,其中

---

[1] 刘振会:《"认罪认罚从宽"试点的规范与完善》,载《人民法院报》2018年4月13日。

还包括复制案卷、摘抄案卷的权利。（2）申请变更强制程序权。在司法实践中,有时办案机关为了绩效考核而特意提高批捕率或者审前羁押率,这可能会导致羁押必要性被忽略问题的出现。为了避免此种情况的出现,赋予值班律师申请变更申请羁押权利,能够有效地避免审前羁押异化为变相处罚。（3）帮助被追诉人进行量刑协商和程序选择的权利。这有利于程序公正的推进,也属于值班律师职能的内在应该有的意义。（4）会见被羁押的被追诉人的权利。这有利于值班律师与被追诉人可以进行面对面的沟通和交流,减少信息传递的不安全性,也有利于加强彼此之间的信任感。（5）调查和获取证据的权利。该项权利主要是为了防止因刑讯逼供而导致被追诉人被迫认罪的不利证词以及发现非法证据的提出和核实的权利。

（四）有效衔接司法程序

当被追诉人在没有律师帮助的情况下直面指控者时,势必无法保证审判公正的实现。① 在值班律师工作完成、被追诉人另行委托辩护律师的情况下,由于不同主体间的身份变化会对案件的判断产生差异,因此需要形成规范的口头以及书面的信息对接机制。通过加强沟通的方式更好地进行工作上的衔接,这不仅能够进一步健全值班律师之间的衔接沟通机制,而且有利于被追诉人获得连续且稳定的法律帮助。现今律师之间的信息沟通渠道尚未完全打通,而为了有效防止因信息不通而导致被追诉人的合法权益得不到实质性的保障,应该打通沟通的渠道。

首先,应当加强值班律师和辩护律师之间的交流与合作。比如在被追诉人有指定辩护律师或者委托辩护律师后,要求值班律师必须与指定辩护律师或者委托辩护律师进行工作上的交接,要将其在工作过程中自己所得到的有关信息交给指定辩护律师或者委托辩护律师,只有这样,才能发挥出值班律师最早了解案件的优势,而且这在一定程度上也能够缓解后续的辩护律师工作上的压力。最好是能开辟直接面对面的沟通渠道,因为面对面交流更能直接解决问题,提高工作效率。在实践中也有部分地区探索值班律师向辩护人的转任机制,这样可以保障法律保障的连续性。由被追诉人对相应的法律援助机构进行申请,然后由相关法援机构进行指派,指派值班律师为其提供帮助和救济,这种模式取得了一定成效并一定程度上实现了制度之间的有效衔接。

其次,对于不同阶段的值班律师的衔接工作也应当进行完善。如形成工作经历,让前一阶段先了解到案件情况的值班律师与后一阶段参与进来的值班律师进

---

① ［美］彼得·德恩里科、邓子滨编著:《法的门前》,北京大学出版社2012年版,第261页。

行沟通和交流,了解前一阶段的值班律师所获取到的信息和关于案件情况的相关意见或建议,加强沟通交流,尽量减少同一案件中的不同意见或建议的发生以及尽可能减少冲突意见的产生,如果后一阶段值班律师有不同的意见或建议,前一阶段的值班律师可以对意见或者建议予以解释。最好是尽量保持值班律师的同一性或者尽量能够由被追诉人自行选择值班律师,这有利于被追诉人对值班律师的认同感和信任感。而对于管理机构之间的问题和工作场所的问题,法援机构应当坚持独立的地位,不依附于侦查机关或者检察机关。但两机关应当加强沟通和交流,以期尽量为值班律师执业提供便利。

结　语

值班律师制度是舶来品,该项制度为我国认罪认罚从宽制度的实施提供了保障,对推动我国法律的发展起到了巨大助力作用。值班律师制度在一定程度上能够保障被追诉人的合法权益,保障认罪认罚从宽制度的平稳进行,能够节约司法资源,对刑事辩护全覆盖发挥了重要作用,也对我国司法改革具有重要意义。值班律师制度不是产生于中国本土,根据行文分析,该项制度在司法实践过程中还存在较多的问题,这就导致该项制度无法体现和发挥其应有的社会价值。因此,该项制度在我国的构建和具体实施还需要进行不断的探索以及完善。本文从四个层面对该项制度产生问题的原因进行分析,并一一提出对策,希望在未来司法实践中能对该制度进行不断完善,发挥其更大的效能。

认罪认罚从宽制度对律师刑事辩护的影响

马 磊[*]

引 言

《刑事诉讼法》于1979年制定,作为新中国第一部刑事诉讼法典,首次较为系统地规定了刑事诉讼的基本制度,开启了当代中国刑事诉讼法治化历史进程的"闸门"。1996年3月17日,第八届全国人民代表大会第四次会议对《刑事诉讼法》进行了首次修正。该修正主要是学习借鉴英美国家的经验,引入了抗辩式的庭审模式,确立重罪治理体系,强调对抗、当庭质证,强调以审判为中心、庭审实质化。

随着我国犯罪态势的变化,尤其是大量轻微犯罪案件的涌现,过分强调庭审中心主义必然造成司法资源的浪费。于是,为了分流消化掉大量不具对抗性质的案件,优化司法资源的配置,认罪认罚从宽制度应运而生。该制度自2016年开始改革试点,历经2年试点总结,2018年10月26日第十三届全国人民代表大会常务委员会第六次会议对《刑事诉讼法》进行了第三次修正,在法律中引入了轻罪治理体系,强调控辩协商、理性对话,鼓励以合作的方式、非对抗的方式处理刑事案件,认罪认罚从宽制度也终于被正式写入《刑事诉讼法》,成为一项新的刑事司法制度。

根据最高人民法院、最高人民检察院、公安部等五部门联合发布的《关于适用认罪认罚从宽制度的指导意见》(以下简称《指导意见》),设立认罪认罚从宽制度主要是为了推动刑事案件繁简分流、节约司法资源、化解社会矛盾。

可以这样说,2018年《刑事诉讼法》确立的认罪认罚从宽制度,对我国的刑事诉讼模式、刑事诉讼重心等诉讼格局产生了重大而深远的影响。而刑事辩护作为现代刑事诉讼的一个基础性制度,随着认罪认罚从宽制度的确立和推行,也必将迎来

---

[*] 马磊,全国律师协会及北京律师协会会员,北京市京师律师事务所合伙人律师、资本市场部内核委员会委员、全国刑事专业委员会委员,主要业务领域包括刑事辩护、资本市场投融资法律服务、民商事争议解决等。

新的机遇和挑战。

一、认罪认罚从宽制度对刑事辩护理念的影响

（一）认罪认罚从宽制度在一定程度上改变了以职权主义及控辩对抗式为主的刑事诉讼模式

与传统的民商事诉讼中普遍采用的"当事人主义"不同，在认罪认罚从宽制度推行前，我国的刑事诉讼中更偏重"职权主义"模式，公安机关、检察院、法院"一条龙"办案，"流水线"作业，犯罪嫌疑人、被告人在刑事诉讼中处于被追诉人的立场和角色，主体色彩较弱，这样虽然保证了刑事诉讼的效率和打击犯罪的力度，但也在一定程度上提高了冤假错案的发生概率。

1996年，《刑事诉讼法》第一次修订后，我国学习借鉴英美国家的经验，在刑事诉讼中引入了抗辩式的庭审模式，进行了以审判为中心的诉讼制度改革，强调庭审实质化，希望通过检察机关与辩护人双方平等对抗、法院居中裁判的经典三角诉讼结构，为被追诉人保留一条通过对抗、抗争制衡检察机关强迫认罪的可能性，进而可以有效地保障被告人的诉讼权利。该制度的确立也催生了一批"死磕派"辩护律师，虽然庭审过程比以前"精彩"了，但对被告人实体处理结果的作用仍然有限。认罪认罚从宽制度，在一定程度上增加了被追诉人一方对刑事案件实体处理结果的话语权以及对刑事诉讼程序的选择权，提升了被追诉人一方的诉讼主体地位，相应地，也在一定程度上削弱了传统刑事诉讼中的"职权主义"模式。

同时，与抗辩式庭审模式导致的公诉机关与辩护人的对抗式关系不同，在认罪认罚这种新型诉讼模式下，控辩双方的"合作"也逐渐变得可能。对于认罪认罚的案件，首先从法律层面给予从宽处理的承诺，并通过司法解释等规范性文件规定了一系列措施保障整个合作过程的自愿性、真实性、合法性。犯罪嫌疑人、被告人可以在任何诉讼阶段提出认罪认罚，不受罪名和法定刑的限制。同时为了保障国家"承诺"能够贯彻到底，不致因为司法裁判人员的不同看法而改变，法律还对法院的裁量权作出了限制。据统计，现有超过半数的被追诉人选择适用认罪认罚从宽制度，这表明合作式已经逐步取代对抗式成为我国刑事诉讼的主流。

（二）律师的辩护理念的相应调整

可以说，认罪认罚从宽制度真正从法律层面为被追诉人增加了从轻处罚的选择机会。而作为辩护人的律师在处理与公诉机关的关系时，也应当从之前的一切为庭审"对抗"做准备的单一思维逐步转变为"对抗或者合作"的开放式思维。律师应当根据自己的专业知识,通过阅卷审查核实证据,通过与被追诉人沟通,通过申请公诉机关听取律师意见并跟办案人员协商等方式,从最大限度维护被追诉人合法权益的角度,帮助其选择是否认罪认罚。

1. 何种案件律师应当建议被追诉人认罪认罚

如果律师在侦查阶段就已经发现案件事实清楚、证据充分,并且罪名定性没有争议的,那么就应该尽早建议被追诉人同意适用认罪认罚,从而为后续和检察机关量刑协商铺垫好基础,争取最有利的条件。在审查起诉阶段,律师通过阅卷及与检察机关的办案人员沟通,对于检察机关提出的犯罪事实、犯罪罪名、量刑建议均无争议的案件,律师应当建议被追诉人认罪认罚,从而争取最大限度地从宽处理。

2. 何种案件律师不宜建议被追诉人适用认罪认罚

并非所有的案件都能认罪认罚,对于不宜适用的,律师有义务协助被追诉人权衡利弊,并提出合理化建议。实践中,有个别律师将认罪认罚作为案件辩护的唯一目标,这是消极辩护,是不尽职辩护的表现,完全与有效辩护的理念背道而驰。笔者认为,不宜建议被追诉人适用认罪认罚的案件主要分为以下三种情形。

(1)律师通过分析现有证据,认为被追诉人的行为确实不构成犯罪或者不应当追究刑事责任的案件,不能因为受到检察机关的从宽诱惑或是量刑胁迫,就放弃应有的无罪辩护。在这种情况下,律师作为辩护人,在专业判断的基础上,应当向被追诉人提出不同意适用认罪认罚的建议,并为其争取更为有利的处理结果。

(2)对于事实不清、证据存疑、案件定性尚存在争议、此罪彼罪尚未厘清、重大法定情节尚有争议的案件,律师应结合专业经验和办案经验,为被追诉人对案件作全面综合的分析,在充分保障被追诉人对案件事实认定、法律适用、裁判结果知情权的基础上,由其自行选择是否认罪认罚。

(3)检察机关提出的"从宽量刑建议"并未体现从宽,甚至过重的案件,遇到这类情况,律师应当争取和检察机关的办案人员沟通,说服检察官,从而达成真正从宽的量刑建议;如果沟通无果,律师则需根据自己的专业经验判断,仍然认为检察机关给予的"从宽量刑建议"较不认罪认罚没有明显区别甚至更重时,则应当果断建议当事人不签署认罪认罚具结书,并将量刑问题交还给法院裁判。

二、认罪认罚从宽制度对刑事辩护工作重心的影响

（一）认罪认罚从宽制度导致刑事诉讼案件的程序重心向审前程序转移

1996年，《刑事诉讼法》第一次修订后，强调对抗、当庭质证，强调以审判为中心、庭审实质化。该法第12条规定，"未经人民法院依法判决，对任何人都不得确定有罪"。因此，原则上，所有刑事案件都需要通过法庭公开对抗的庭审方式予以处理。在传统以庭审为中心的诉讼格局下，庭审是控辩双方的主战场，公安等侦查机关的调查取证、检察机关的补充完善证据都是为了在法庭上更好地指控犯罪，与之相对应，被追诉人及辩护律师在开庭前的会见、阅卷、调查核实证据等工作也都是为庭审做准备，一切概因"裁判结果产生于法庭"。

众所周知，在认罪认罚从宽制度确立前，我国检察机关的量刑建议改革试点便已启动，但是，这种量刑建议仅仅是作为检察机关求刑权的一部分，是检察机关对案件量刑的一种建议和判断，在实践中对法院这种审判机关基本上是不具有任何法律约束力的。更有甚者，笔者见过在某些个别极端情况下，法官为彰显其审判机关的独特地位，故意突破检察官的量刑建议进行判决。

相较于认罪认罚从宽制度确立前检察机关的量刑建议，二者诉讼属性发生了实质性的变化。《刑事诉讼法》第201条第1款赋予检察机关对认罪认罚案件的量刑建议人民法院"一般应当采纳"的拘束力，究其根源，是由于此"量刑建议"已非彼"量刑建议"，检察机关的此"量刑建议"必须建立在控辩协商的基础上。同时，该条第2款赋予了被告人、辩护人"对量刑建议提出异议"的权利，由此可知，如果检察机关提出量刑建议的过程中没有控辩协商、没有辩护方的参与，那么检察机关的量刑建议就不是立法所要求的认罪认罚案件的"量刑建议"，当然也不应该产生法律拘束力。

因此，在认罪认罚从宽制度下，刑事诉讼的控辩双方的关系由庭审对抗转变为在检察机关审查起诉阶段的相对合作协商，在该阶段控辩双方达成合意的量刑建议甚至可以基本确定案件的处理结果，由此导致该类案件的诉讼重心前移。

（二）律师辩护工作重心的相应调整

如前所述，对于认罪认罚案件来讲，在审查起诉阶段整个案件的定罪量刑结果实际已经基本定型，因此，律师需要改变以往将辩护工作重心放在法院审判阶段的传统思维，在前述刑事辩护理念转变的背景下，意识到认罪认罚案件的辩护工作重心必须前移到审查起诉阶段。有效辩护的重点不再仅是在审判阶段说服法官，在

审查起诉阶段说服检察官同等重要甚至更加重要。

随着辩护工作重心的前移调整,对于刑事辩护案件,当案件移送审查起诉后,律师应尽早安排阅卷和会见被追诉人,如通过上述工作,律师判断案件属于可适用认罪认罚的案件,则应当在与被追诉人协商一致的情况下尽早向检察机关提交适用认罪认罚的书面法律意见,全面梳理案件中对被追诉人有利的辩护观点,并明确提出辩方的量刑意见和依据。这样,一方面可以相对掌握认罪认罚的主动权,争取在检察机关作出量刑建议之前,影响到检察机关的量刑建议,并给检察机关的量刑建议提供决策参考;另一方面也可以为后续和检察机关开展量刑协商预留充分的时间,防止因为时间仓促导致无法与检察机关进行充分有效的量刑协商。

三、认罪认罚从宽制度对刑事辩护工作的新要求

随着认罪认罚从宽制度的建立及刑事辩护工作重心的前移,律师的刑事辩护工作也迎来了新的工作内容,面临着新的要求与挑战,其中最重要的两点便是与检察机关的量刑协商以及认罪认罚具结书的签署。

(一)量刑协商

因为认罪认罚的最终目的是帮助被追诉人获得从宽处理,那么认罪认罚案件辩护工作重心前移之后,律师能否达成有效辩护,量刑协商则成为重心中的重心。

根据笔者的实际工作经验,在量刑协商过程中,检察机关作为提起公诉对被追诉人求刑的主体以及最终提出量刑建议的主体,给人一种既是运动员又是裁判员的主体身份混同感。实践中量刑协商的主导权实际仍然掌握在检察机关手中,检察人员单方提出意见,要求被追诉人及其辩护律师同意的情况时有发生。这种现象既与检察人员不想协商、不会协商有关,同时也跟辩护律师自身的被动性有关。辩护律师要想有效说服检察机关,必须化被动为主动,设法增加协商的筹码和话语权。辩护律师不应被动等待检察机关来通知自己签署被追诉人的认罪认罚具结书,要和检察机关主动沟通、充分沟通、有效沟通。检察机关在案件审查起诉工作中要听取辩护人的意见,既是《刑事诉讼法》第 173 条的明文规定,也是《人民检察院刑事诉讼规则》对检察机关的办案要求。因此,辩护律师应当在对案件有详细了解及专业判断的基础上,主动要求向检察机关发表辩护意见并开展量刑协商,而且随着我国检察机关工作人员素质及办案水平的提高,律师应尽可能地要求面谈协商,与检察人员面对面的交谈是最有利于双方充分表达意见的沟通方

式,对于确实无法实现的再采用电话沟通并提交书面意见。

律师应当意识到,和检察官进行量刑协商在某种意义上就是将原来审判阶段控辩双方在法庭上辩论对抗的过程提前到了审查起诉阶段。因此,律师在量刑协商过程中,要敢于对检察机关的意见有所质疑,不被动附和检察机关观点,保留不同观点,坚持己方观点。如果通过协商未能达成一致的,也不要轻易放弃,继续寻找检察机关观点的漏洞,争取多次协商机会,并在每次协商过程中能提出新的论据来支撑自己的观点。

如果辩护律师与检察机关经过协商,仍对量刑建议存在较大分歧,那么对于辩护律师而言,最理性的做法是尽可能建议检察机关采用幅度刑量刑方式取代确定刑量刑建议,在后续审判阶段再争取在幅度刑内从宽量刑。

(二)认罪认罚具结书

在实践中,认罪认罚一般以被追诉人签署认罪认罚具结书为主要标志。而根据《刑事诉讼法》第174条的规定,认罪认罚具结书需在辩护人或者值班律师在场的情况下签署。辩护律师作为负有特定职责的诉讼主体,在被追诉人签署认罪认罚具结书时,应协助其进行严格把关。

第一,认罪认罚具结书的签署首先要以被追诉人的自愿为前提,正如笔者之前反复强调的,认罪认罚的启动一定是建立在被追诉人自身意愿的基础之上,而非检察人员或辩护律师的一厢情愿,否则也必将违背认罪认罚从宽制度的立法本意。如果由于被追诉人对于犯罪事实、涉及罪名或是量刑建议乃至适用程序建议中任何一项的不认可,导致其非自愿签署认罪认罚具结书,就会造成该具结书丧失法律效力,案件也相应地不应适用认罪认罚从宽制度。

第二,认罪认罚具结书上检察机关对起诉的罪名、适用程序建议、量刑建议均会有明确表述,而被追诉人可能只关注量刑建议,对于具结书上的其他内容概不关心,此时辩护律师必须充分体现自己的专业性,因为量刑建议虽然重要,但其一定是建立在犯罪事实清楚且适用法律正确的基础之上,辩护律师与检察人员、审判人员作为法律职业共同体,各方通过自己的工作共同还原案件事实,为被追诉人争取到与罪责刑相适应且最有利的判决结果才是辩护律师的职责所在,因此,辩护律师应保证被追诉人在签署认罪认罚具结书时对案件有全面、清晰的认识,使其充分了解自己为何获刑。

四、避免对认罪认罚从宽制度的认识误区

（一）律师要注意区分作为诉讼制度的认罪认罚从宽制度和作为刑事司法政策或量刑情节意义上的认罪认罚

现在很多人在讨论认罪认罚从宽制度时，往往将之与刑事司法政策或量刑情节意义上的认罪认罚混为一谈，尤其是一些只关注实体处理结果的辩护律师。《刑事诉讼法》第15条规定，"犯罪嫌疑人、被告人自愿如实供述自己的罪行，承认指控的犯罪事实，愿意接受处罚的，可以依法从宽处理"。这与《刑法》第67条第3款中规定的犯罪嫌疑人"如实供述自己罪行的，可以从轻处罚"遥相呼应。在此，认罪认罚与自首一样，作为量刑情节之一，可以适用于所有案件。在司法实践当中，如果没有前期在审查起诉阶段控辩协商的基础，被告人未在审查起诉阶段签署认罪认罚具结书，仅在当庭表示认罪认罚时，法院直接将其作为量刑情节判决即可，此时的认罪认罚只具有实体法上的量刑意义，并不具有诉讼制度上法律意义。

认罪认罚从宽制度并非单纯的量刑情节，而是一套具有内在运作机理的诉讼制度。具体而言，刑事诉讼法意义上的认罪认罚从宽制度，其内在运作机理是：在审查起诉阶段，由控辩双方协商一致，并形成认罪认罚具结书和记载具体量刑建议的起诉书作为双方一致意见的载体；在审判阶段，人民法院通过"审查认罪认罚的自愿性和认罪认罚具结书内容的真实性、合法性"，依次就本案是否属于认罪认罚案件、量刑是否明显不当作出判断，如不存在上述问题，则应参照《刑事诉讼法》第201条"人民法院依法作出判决时，一般应当采纳人民检察院指控的罪名和量刑建议"的规定。在此意义上，认罪认罚从宽制度是建立在控辩协商、控审合意基础上的一种新型刑事诉讼制度，其后面还包含相应的适用简易程序或速裁程序审理，推动刑事案件繁简分流，优化司法资源配置，提升诉讼效率等其他法律意义。

（二）律师要消除只要被追诉人认罪认罚，检察机关就会主动给予从宽量刑建议的思维

如前所述，认罪认罚从宽制度作为一种新型刑事诉讼制度，是建立在审查起诉阶段控辩协商的基础之上的，从宽的量刑建议不是检察机关主动给的，必须要通过律师的有效辩护争取。而在与检察机关量刑协商前，辩护律师应将相关辅助工作提前完成或做好准备，例如在侵害公民人身权利犯罪案件中取得被害一方谅解，或在经济犯罪案件中积极退赃退赔，都能显著提高获得从宽量刑的可能，为量刑协商中争取有利条件增加"筹码"。

(三)律师要谨记,签署认罪认罚具结书并不意味着辩护工作的结束

辩护律师在认罪认罚案件的法庭审理过程中应该如何开展辩护,在实践中是存在较大争议的。有的律师认为,既然已经签署了认罪认罚具结书,法院开庭审理不过是走程序而已,辩护律师在庭审时不应当也不能发表和认罪认罚具结书结论不同的辩护观点。另有律师则认为,《刑事诉讼法》第201条第2款规定,法院审理过程中出现"经审理认为量刑建议明显不当,或者被告人、辩护人对量刑建议提出异议的,人民检察院可以调整量刑建议。人民检察院不调整量刑建议或者调整量刑建议后仍然明显不当的,人民法院应当依法作出判决"。这说明辩护律师在庭审过程中是可以对认罪认罚具结书中的量刑建议提出异议并发表不同的辩护意见的。而笔者认为,实践中对于在庭审中是否可以发表与认罪认罚具结书不同的辩护意见,应当区分案件所适用的审判程序。如果案件适用速裁程序,则说明本身被追诉人的犯罪事实不复杂,犯罪情节不严重,刑事处罚也相应不会太重,在这种情况下,又经历了前面审查起诉阶段的控辩协商,如无必要就不建议再在法庭上发表过多不同意见了。

对于适用简易程序甚至普通程序审理的案件,根据《指导意见》第46、47条的规定,对适用简易程序以及普通程序审理的认罪认罚案件,法庭辩论可以主要围绕有争议的问题进行。因此,笔者的意见是,对于这类虽然适用认罪认罚从宽程序审理的案件,如果辩护律师认为案件在犯罪事实、证据完整性、罪名定性、量刑情节上仍有争议和辩护空间,则完全可以在让被追诉人继续认可适用认罪认罚从宽制度的前提下,围绕相关争议问题充分发表与认罪认罚具结书不同的辩护意见。尤其是对于存在较大争议的案件以及检察机关作出幅度刑量刑建议的案件,辩护律师通过加强庭审辩护,提出争议观点意见,不但能充分维护被追诉人的合法权利,也可能为被追诉人争取到更为有利的从宽量刑结果。

(四)律师可以提醒被追诉人签署认罪认罚具结书后并非无权"反悔"

认罪认罚具结书的签署既然是建立在被追诉人充分自愿的基础上,那么就应当允许被追诉人有"反悔"的自由,没有反悔权,就不存在真正的自愿。反悔权、上诉权都是被追诉人的权利,因此,虽然案件适用了认罪认罚从宽制度,但如果在认罪认罚具结书签署后,相关情况发生了重大变更,被追诉人有充分理由的情况下当然有权对认罪认罚具结书予以反悔,而辩护律师也应当尊重被追诉人的选择和态度,甚至为其提出无罪辩护。但是这种情况毕竟是特例,一旦发生,辩护律师必须与被追诉人进行充分的沟通交流,告知如此选择的利弊后果,特别是可能为其带来

的不利后果。

结　语

认罪认罚从宽制度作为一项新的刑事诉讼制度,诞生的时间仍然较短,仍然需要更多实践的检验、更长时间的考验以及继续被完善。笔者认为,要确保这一制度发挥其预想的积极作用,离不开人民法院、检察机关、辩护律师三方的共同有效参与和正确履职。对人民法院而言,要继续坚守刑事诉讼中审判的中心的地位,敢于正确运用裁判权,守好最后一道关,从而保障案件定罪量刑的最终公正;对检察机关而言,应当切实保障被追诉人自愿认罪认罚,保障控辩双方量刑协商的平等性、公正性;对于辩护律师而言,则要从切实保障被追诉人合法权利出发,充分运用自身的专业知识,协助被追诉人把好自愿认罪认罚关,避免错误认罪认罚的发生。

认罪认罚量刑建议指导意见及同录规定的争议评注与刑诉法教义学解释

郝赟[*]

最高人民检察院于2021年12月相继发布《人民检察院办理认罪认罚案件听取意见同步录音录像规定》(以下简称《同录规定》)、《人民检察院办理认罪认罚案件开展量刑建议工作的指导意见》(以下简称《量刑建议指导意见》)。其中,《量刑建议指导意见》分别就认罪认罚案件中检察机关提出量刑建议的原则、适用条件、量刑证据的审查、量刑建议的提出、听取意见、量刑建议的调整、量刑监督等事项进行了全流程规定,《同录规定》则就认罪认罚案件中检察机关听取意见同步录音录像的适用条件以及同录文件的制作、管理、调取等具体操作进行了详细规定。

《量刑建议指导意见》与《同录规定》对于当前规范办理认罪认罚案件、保障当事人及诉讼参与人权利具有突出价值,亮点颇多,有关解读文章已总结翔实,此不赘述。

然而,凡普适性、概括性规范,常有裁量性、解释性空间,《量刑建议指导意见》与《同录规定》亦是。本文从认罪认罚办案实践出发,商榷该两份重要文件面对纷繁复杂的刑事司法现实可能发生的若干争议:其一,不认罪认罚对量刑建议的反向拘束力不明;其二,被害方意见及调解、和解协议对适用认罪认罚从宽的影响存疑;其三,委托辩护与指定辩护冲突的场合当事人自决权的实质保障缺位;其四,远程视频见证对办案机关义务性规范属性不清导致辩方权利主张困难;其五,同录文件查阅对办案机关义务性规范属性不清导致辩方权利主张困难;其六,量刑建议工作听取被害方意见的程序保障缺位;其七,辩护人作无罪辩护对适用认罪认罚从宽的

---

[*] 郝赟,中国社会科学院大学法学院博士研究生。

影响不清；其八，对办案人员量刑建议外承诺导致的当事人反悔上诉提出抗诉的正当性存疑。

本文所评注的问题在认罪认罚办案实践中或者已经明确显现，或者已具现实发生之虞，仅为制度发展建言献策，或有争议，有待研究；如有不妥，抛砖引玉。

一、不认罪认罚对量刑建议的反向拘束力不明

关于认罪认罚在量刑协商中对量刑建议的拘束力，《量刑建议指导意见》第4、12、13条要求检察机关提出的认罪认罚量刑建议应当实现精准化。其中，第4条总体规定："办理认罪认罚案件，人民检察院一般应当提出确定刑量刑建议。对新类型、不常见犯罪案件，量刑情节复杂的重罪案件等，也可以提出幅度刑量刑建议，但应当严格控制所提量刑建议的幅度。"第12条对确定刑量刑建议的适用具体规定："出确定刑量刑建议应当明确主刑适用刑种、刑期和是否适用缓刑。建议判处拘役的，一般应当提出确定刑量刑建议。建议判处附加刑的，应当提出附加刑的类型。建议判处罚金刑的，应当以犯罪情节为根据，综合考虑犯罪嫌疑人缴纳罚金的能力提出确定的数额。建议适用缓刑的，应当明确提出。"第13条对幅度刑量刑建议的适用具体规定："除有减轻处罚情节外，幅度刑量刑建议应当在法定量刑幅度内提出，不得兼跨两种以上主刑。建议判处有期徒刑的，一般应当提出相对明确的量刑幅度。建议判处六个月以上不满一年有期徒刑的，幅度一般不超过二个月；建议判处一年以上不满三年有期徒刑的，幅度一般不超过六个月；建议判处三年以上不满十年有期徒刑的，幅度一般不超过一年；建议判处十年以上有期徒刑的，幅度一般不超过二年。建议判处管制的，幅度一般不超过三个月。"

关于认罪认罚在决定作出后对量刑建议的拘束力，《量刑建议指导意见》第30条明确："对于认罪认罚案件，犯罪嫌疑人签署具结书后，没有新的事实和证据，且犯罪嫌疑人未反悔的，人民检察院不得撤销具结书、变更量刑建议。除发现犯罪嫌疑人认罪悔罪不真实、认罪认罚后又反悔或者不履行具结书中需要履行的赔偿损失、退赃退赔等情形外，不得提出加重犯罪嫌疑人刑罚的量刑建议。"也就是说，除了认罪认罚量刑建议根据丧失或发生变化的场合，当事人对认罪认罚具结书的签署将约束量刑协商中已确定的认罪认罚量刑建议不得发生不利变更

前述两个侧面共同构成认罪认罚对量刑建议的可谓正向拘束力，包括量刑协商中与决定作出后两个阶段的要求。然而，实践中还一体两面地存在不认罪认罚对量刑建议的反向拘束力的问题。为促成当事人认罪认罚，检察机关在量刑协商

过程中不但向当事人提出对其认罪认罚适用的量刑建议,还经常同时提出对当事人不认罪认罚适用的量刑建议,由此为当事人形成可供比较权衡的预期依据。关于当事人不认罪认罚是否同样应当对所适用的量刑建议具有前述两个侧面的拘束力,《量刑建议指导意见》并未直接提及。

一方面,关于不认罪认罚在量刑协商中对量刑建议的反向拘束力,检察机关在量刑协商中向当事人提出的对其不认罪认罚适用的量刑建议亦应当适度明确。《量刑建议指导意见》第4、12、13条对认罪认罚适用的量刑建议作出了具体的精准化规定,系为避免认罪认罚量刑建议幅度过宽导致当事人无以形成对于权衡是否认罪认罚具有充分可参考性的量刑预期。但事实上,对不认罪认罚适用的量刑建议同样具有此种效果:当事人借以权衡是否认罪认罚的量刑预期系由对其认罪认罚与不认罪认罚分别适用的两个量刑建议相对比而来,只有正向与反向的两个量刑建议均实现适度明确,当事人才能形成具有充分参考权衡价值的量刑预期,其由此作出的认罪认罚与否的决定才可能真正实现真实性、自愿性。

虽然检察机关对不认罪认罚适用的量刑建议对法院而言并不具有《刑事诉讼法》第201条所规定的"一般应当采纳"的拘束力,故不认罪认罚量刑建议的明确性可能也未必需要与认罪认罚量刑建议达到同等的精准度。但我国刑事司法的现实是量刑建议对法院普遍地构成重要参考,而不限于认罪认罚案件。况且,若允许检察机关在量刑协商中仅精准化认罪认罚的轻的量刑建议,又同时向当事人提出一个适用于不认罪认罚的重的且上升空间宽泛的量刑建议以供对比,则当事人因慑于不认罪认罚所可能导致的具体上升幅度不确定的严重刑罚后果而被迫接受"认罪认罚"的可能性大大增加:此种"认罪认罚"的决定系出于对不认罪认罚的重大量刑风险或者说刑罚严重程度之不确定性的担忧与恐惧,其客观上具有明显的被胁迫属性,显然不同于当事人基于对认罪认罚与不认罪认罚分别适用的相对明确、稳定的轻、重量刑预期而权衡作出的认罪认罚选择,事实上系妨害当事人意愿之形成的真实性、自愿性,歪曲了认罪认罚制度的机能。

另一方面,对不认罪认罚在决定作出后对量刑建议的反向拘束力,应当明确。除了不认罪认罚量刑建议根据丧失或发生变化的场合,检察机关在量刑协商中提出的不认罪认罚量刑建议亦不得发生不利变更。实践中,部分检察机关或承办人员在量刑协商不成、当事人作出不认罪认罚决定后,没有新的事实与证据等,却径行加重不认罪认罚量刑建议直接起诉。此种做法与在当事人签署认罪认罚具结书后恣意加重认罪认罚量刑建议的做法事实上别无二致,均系严重损及司法公信力的司法不诚信行为。这使得当事人在量刑协商中从检察机关处获得的较轻的不认罪认罚量刑预期失真,基于此种不真实量刑预期而作出的不认罪认罚、作无罪或罪轻辩护的决定也由此失据,当事人反而要非自愿地承担超出预期的更大的量刑风险,这实系严重妨害当事人基于真实条件作有效权衡的诉讼权利;尤其在某些片面追求认罪认罚适用率的语境下,此种做法更是难免带有"不认罪认罚从重"或者"抗拒从严"的"报复"色彩之虞。

当然,关于前述不认罪认罚对量刑建议的反向拘束力之两个侧面的关系,量刑协商中的反向拘束力(不认罪认罚量刑建议得以规范地、明确地形成与提出)系决定作出后的反向拘束力(不认罪认罚量刑建议非有根据丧失或发生变化者不得作不利变更)的合理性前提。事实上,在量刑建议精准化、规范化改革的宏观背景与具体指引下,既然检察机关在量刑协商中有能力精准化认罪认罚量刑建议,那么要求其同时负责任地形成与提出规范化的、适度明确的不认罪认罚量刑建议,并以此为基础在当事人不认罪认罚决定作出后对不认罪认罚量刑建议予以维持(除非基于新的事实与证据等),便没有理由被认为是合理性、可行性不足。恰恰相反,在承认认罪认罚在量刑协商中与决定作出后对量刑建议具有正向拘束力的同时,肯定不认罪认罚在该两个阶段对量刑建议具有反向拘束力,才能全面、周延地保障当事人权衡决定之根据的有效性以及相应的当事人意愿之形成的真实性、自愿性。

二、被害方意见及调解、和解协议对适用认罪认罚从宽的影响存疑

《量刑建议指导意见》第9条第1、2款规定:"人民检察院办理认罪认罚案件提出量刑建议,应当听取被害人及其诉讼代理人的意见,并将犯罪嫌疑人是否与被害方达成调解协议、和解协议或者赔偿被害方损失,取得被害方谅解,是否自愿承担公益损害修复及赔偿责任等,作为从宽处罚的重要考虑因素。犯罪嫌疑人自愿认罪并且有赔偿意愿,但被害方拒绝接受赔偿或者赔偿请求明显不合理,未能达成调解或者和解协议的,可以综合考量赔偿情况及全案情节对犯罪嫌疑人予以适当从宽,但罪行极其严重、情节极其恶劣的除外。"此前,2019年10月"两高三部"《关于适用认罪认罚从宽制度的指导意见》(以下简称《认罪认罚指导意见》)第18条作过类似规定:"被害方异议的处理。被害人及其诉讼代理人不同意对认罪认罚的犯罪嫌疑人、被告人从宽处理的,不影响认罪认罚从宽制度的适用。犯罪嫌疑人、被告人认罪认罚,但没有退赃退赔、赔偿损失,未能与被害方达成调解或者和解协议的,从宽时应当予以酌减。犯罪嫌疑人、被告人自愿认罪并且愿意积极赔偿损失,但由

于被害方赔偿请求明显不合理,未能达成调解或者和解协议的,一般不影响对犯罪嫌疑人、被告人从宽处理。"

《量刑建议指导意见》第9条在《认罪认罚指导意见》第18条的基础上,重申调解、和解协议的达成虽系从宽处罚的重要考虑因素,但并非对犯罪嫌疑人适用认罪认罚从宽的必要条件,同时进一步明确罪行极其严重、情节极其恶劣者作为因被害方原因未达协议而一般不影响从宽的例外情况。然而,关于因被害方原因未达成调解、和解协议的一般法律后果(不考虑除外规定),该两个条文的表述间存在细微但重要的差别。

(一)可能的争议:两个条文的规范内容差异

《认罪认罚指导意见》第18条后段将因被害方原因未达成调解、和解协议的法律后果规定为"一般不影响对犯罪嫌疑人、被告人从宽处理"。对不影响从宽处理可能存在两种解释:其一,因被害方原因未达成协议的,完全不影响从宽处理,包括从宽幅度;其二,仍从宽处理,但影响从宽幅度(相比于达成协议者适用从宽幅度酌减)。不过,结合该条前、中段的表述整体理解,其语义倾向于前一种解释,即完全不影响从宽(幅度无须酌减),因被害方原因未达协议视为达成协议(除前述例外情况外)。

然而,《量刑建议指导意见》第9条则将该情形的一般法律后果规定为"可以综合考量赔偿情况及全案情节对犯罪嫌疑人予以适当从宽"。对可以予以适当从宽的含义,当然也可能作前述与《认罪认罚指导意见》第18条相同的两种理解。但从本条整体表述观察,其语义则倾向于类似(但不等同于)后一种理解,即因被害方原因未达协议的,仍可从宽处理,但需综合考量赔偿情况及全案情节以把握从宽的适当幅度:言下之意,从宽幅度可能保持,也可能(且或许更可能)酌减,甚至不排除综合考量后不再考虑从宽的可能。当然,这仅是对本条表意倾向性的理解,对于因被害方原因未达协议时从宽幅度是否一般应当小于达成协议者的问题,本条规定不可谓明确。

对比观察,在调解、和解协议的达成虽系从宽处罚的重要考虑因素,但并非适用从宽的决定因素的层面,该两份文件所表达的态度是一致的。但对于因被害方原因未达协议的场合对犯罪嫌疑人适用从宽的具体幅度把握,仅从用语表述观察,应当认为,《量刑建议指导意见》相较于《认罪认罚指导意见》而言或存在一定程度的审慎、收紧倾向。这一细微但重要的差异在纷繁复杂的认罪认罚办案实践中,可能在不同的规范适用者、解释者之间引发关于被害方意见对适用认罪认罚从宽幅度的具体影响的不同理解。

与此相关,《量刑建议指导意见》第 9 条仍未明确被害方赔偿请求明显不合理的判断标准,亦未明确犯罪嫌疑人罪行极其严重、情节极其恶劣的评价依据:是单纯的客观事实判断与客观经济衡量,抑或需同时综合考虑被害方的主观情感伤害与主观价值感受?此种主客观要素判断评价的差异,对于一些在被害方情感创伤、社会评价、人生影响等层面具有较高个别化特征或者说损害难以或不适于以某种社会一般印象进行衡量的刑事案件而言,影响尤甚,实践中容易引发争议。

(二)两种过度倾向:刑事司法目的维稳化与被害人主体性稀薄化

关于被害人当事人地位及其对刑事诉讼的影响,应当充分估计实践中存在的两种相反的过度倾向。

其一,防止被害方牟取暴利的不良风气。实践中长期存在刑事司法目的维稳化的问题。部分办案机关或办案人员为促成谅解、息事宁人,或者出于不当的考核与决策机制下规避自身职业风险的考虑,机械地以犯罪嫌疑人取得谅解(书)作为考察犯罪嫌疑人的认罪悔罪程度从而适用从宽的成果化、指标性凭据。只要犯罪嫌疑人未能取得被害人谅解,便不能坦然地对其认罪悔罪态度作充分正面评价从而对其较明显地适用从宽。与此相适应,实践中存在的对于被害方赔偿请求不加筛查、尽数推送,简单化地以被害方索赔意愿的满足与否评价犯罪嫌疑人的认罪悔罪态度等考察因素的做法,存在纵容、配合、积极促成,甚至以不同种类、程度的轻缓处理为条件威逼利诱犯罪嫌疑人以协助部分被害方明显不合理乃至不当牟取暴利的赔偿请求得到满足的现实问题。此种国家公权力受被害方私主体意志所左右的公器私用的不当做法,容易滋生部分被害方漫天要价的不良社会后果,导致原本正面的修复社会关系的司法效能侧面异化,专门机关由此沦为勒索谋利者的代理人。

其二,避免犯罪嫌疑人"花钱买刑"的错误导向。实践中也长期存在被害人主体性稀薄化的问题。部分办案机关或办案人员以刑事案件进入国家刑罚权领域为由,在不同程度上湮灭被害人主体性,或者出于对犯罪嫌疑人的人性司法而忽视对被害人的人性同理,在被害方赔偿请求是否系明显不合理以及犯罪嫌疑人是否系罪行极其严重、情节极其恶劣的判断上,或机械地基本依赖客观事实衡量而不甚顾及被害方的主观价值感受,产生有钱即可买刑的不良社会影响。

具言之,犯罪嫌疑人赔偿损失与取得被害人谅解作为内涵并不一致的两种从宽制度,各自具有其规范价值。赔偿损失一定程度上反映犯罪嫌疑人一侧的认罪悔罪意愿而考虑从宽,但其并不一定能够进一步实现被害人谅解从而完成社会关系的修复;被害人谅解则侧重于双方在被害人一侧达成的社会关系修复而考虑从宽,但其实现可能凭借契合被害人情感需求的多样方式,并不一定通过赔偿损失这一途径。

当然,赔偿损失一定程度上表明认罪悔罪态度,也经常作为取得谅解的方式之一,但这绝不意味着犯罪嫌疑人只要依照民事法律规定等价填平损失或者说价格公道地履行其本就应当履行的损害赔偿义务甚至外加适当补偿,便应理所当然地额外收获与取得被害人谅解者相当的从宽幅度(即未能实际取得谅解的视为取得谅解)。一方面,就制度目的而言,虽赔偿损失(反映认罪悔罪)但未取得谅解(未修复社会关系)者适用的从宽幅度一般应当小于达成协议者,即一般不应对未取得谅解的事实不予考虑,否则便是同一情节的重复评价。另一方面,就事理情理而言,具体刑事案件的致害后果经常是主观化、个别化的,可能难以或不适于以某种社会一般印象进行客观经济衡量。相应地,就被害方赔偿请求是否系明显不合理以及犯罪嫌疑人是否系罪行极其严重、情节极其恶劣的判断而言,只要被害方具有值得理解的理由而非出于勒索谋利,则被害方基于主观价值感受的意见应当具有重要性,即便被害方基于值得理解的理由而选择拒绝接受赔偿或者提出赔偿请求超过填平损失的限度。

三、委托辩护与指定辩护冲突的场合当事人自决权的实质保障缺位

《量刑建议指导意见》第 23 条规定:"对法律援助机构指派律师为犯罪嫌疑人提供辩护,犯罪嫌疑人的监护人、近亲属又代为委托辩护人的,应当听取犯罪嫌疑人的意见,由其确定辩护人人选。犯罪嫌疑人是未成年人的,应当听取其监护人意见。"此前,2021 年 1 月最高人民法院《关于适用〈中华人民共和国刑事诉讼法〉的解释》(以下简称《刑诉法解释》)第 51 条作过类似规定:"对法律援助机构指派律师为被告人提供辩护,被告人的监护人、近亲属又代为委托辩护人的,应当听取被告人的意见,由其确定辩护人人选。"

《量刑建议指导意见》第 23 条延续了《刑诉法解释》第 51 条的规定,再次明确委托辩护与指定辩护冲突的场合,当事人具有在二者间选择确定辩护人的自决权。然而,关于当事人自决权的具体行使,《量刑建议指导意见》仅仅从形式上规定由办案机关听取当事人意见,依旧未明确实质性的保障措施。这对于解决近年来实践中频频发生的委托辩护与指定辩护冲突的现实问题而言,很不充分,甚至可能是基本无效的。

（一）先要问题：作为指定辩护适用前提的"没有委托辩护人"之临界情形的理解争议

前述《刑诉法解释》第51条及《量刑建议指导意见》第23条均仅涉及指定辩护在先、代为委托辩护在后的场合当事人的自决权，但该规范的适用存在一个先要问题，即在先的指定辩护是否合法。实践中，部分办案机关或办案人员在近亲属已代为委托辩护人（但尚未经当事人确认）的情况下通知法律援助机构指派法援律师，此一代为委托辩护在先的场合是否可以再行适用指定辩护的问题引起重大争议，这也是《刑诉法解释》第51条及《量刑建议指导意见》第23条并未涉及的两种辩护逆序发生的情形。

关于指定辩护的适用前提，2014年12月最高人民检察院《关于依法保障律师执业权利的规定》（以下简称《最高检律师执业权利规定》）第4条中规定，"对于符合法律援助情形而没有委托辩护人或者诉讼代理人的，人民检察院应当及时告知当事人有权申请法律援助，并依照相关规定向法律援助机构转交申请材料"。2018年《刑事诉讼法》第35条第1款规定："犯罪嫌疑人、被告人因经济困难或者其他原因没有委托辩护人的，本人及其近亲属可以向法律援助机构提出申请。对符合法律援助条件的，法律援助机构应当指派律师为其提供辩护。"其后，2021年8月《法律援助法》第24条亦规定："刑事案件的犯罪嫌疑人、被告人因经济困难或者其他原因没有委托辩护人的，本人及其近亲属可以向法律援助机构申请法律援助。"由此，仅在没有委托辩护人的场合，才可能适用指定辩护。

然而，规范中存在空间导致实践中发生争议的问题在于，何谓"没有委托辩护人"？是否只有委托辩护权已终局地无瑕疵地确立的，才属于已经委托辩护人的情况，进而发生不适用指定辩护的法律效果？换言之，关于"没有委托辩护人"的临界情形，譬如前述在押当事人的近亲属代为委托辩护人但尚未经当事人确认的情形，是否因委托辩护权尚未终局地无瑕疵地成立而属于没有委托辩护人的情况，从而不发生与在押当事人的近亲属代为委托辩护人且已经当事人确认的场合相同的法律效果，因而仍可适用指定辩护？

就辩护权的本质与权源而言，辩护权系犯罪嫌疑人、被告人于刑事诉讼中维护自身合法权益的根本性自有人权，故对于辩护人的选择，当事人享有自决权，其他任何主体不可僭越代决，只能辅助行使。相应地，关于委托辩护的近亲属代行与当事人确认，《最高检律师执业权利规定》第3条第1款中规定，"犯罪嫌疑人的监护人、近亲属代为委托辩护律师的,应当由犯罪嫌疑人确认委托关系"。2017年9月中华全国律师协会《律师办理刑事案件规范》(以下简称《律协刑事案件规范》)第8条第1项中亦规定,"犯罪嫌疑人、被告人的近亲属、其他亲友或其所在单位代为委托的,须经犯罪嫌疑人、被告人确认"。由此可知,近亲属代为建立委托辩护关系的权源系当事人的自决权:近亲属代行当事人权利的委托辩护意思,只有经当事人确认,方能转化为当事人行使自决权的委托辩护意思,此时委托辩护权才无瑕疵地成立。

然而,从另一个侧面观察,在押当事人的近亲属代为委托辩护人的行为,实系辅助当事人行使权利的重要途径,即便尚未经当事人确认因而委托辩护权暂未终局地无瑕疵地成立,但此时确已进入当事人于羁押的现实条件下行使委托权、自决权的整体进程之中(先要阶段),且委托辩护权很可能通过会见得到当事人确认(当然,若当事人对在先委托律师不予确认而选择另行指派法援律师,则该选择在制度允许的范围内亦应被尊重,但当事人自决权的行使须得到实质保障,容后详述)。

与代为委托未经确认的场合相类似,存在另一种"没有委托辩护人"的临界情形,即在押当事人自行通过羁押场所及办案机关提出委托辩护意愿但尚未建立委托关系的(包括在押当事人提出具体拟委托辩护人人选但委托对象及所在律所尚未接到通知或已接到通知但尚未接受委托的,以及在押当事人仅提出委托辩护意愿而未提出具体拟委托辩护人人选且近亲属尚未接到代为委托通知或已接到通知但尚未代为委托的),此时委托辩护权亦尚未终局地无瑕疵地成立,故同样存在是否属于没有委托辩护人之情况的问题:是否由此不发生与当事人已自行委托辩护人的场合(包括未羁押当事人或在押当事人在未羁押时自行委托辩护人的,以及在押当事人通过羁押场所及办案机关提出具体拟委托辩护人人选且委托对象及所在律所已接受委托的)相同的法律效果,因而仍可适用指定辩护?显然,此种场合更是已经由当事人本人开启了行使委托权、自决权的进程,即使尚未建立委托关系。

《法律援助法》第27条规定:"人民法院、人民检察院、公安机关通知法律援助机构指派律师担任辩护人时,不得限制或者损害犯罪嫌疑人、被告人委托辩护人的权利。"应当认为,前述两种"没有委托辩护人"的临界情形确已进入当事人行使委托权、自决权的整体进程。换言之,虽未终局,但已开始委托辩护人,此时若允许办案机关以委托辩护权尚未终局成立为由通知法律援助机构指派法援律师,则事实上已是对当事人委托辩护人的权利在相反方向上施加了影响,实践中便容易发生限制、损害当事人委托权、自决权从而实质上违反《法律援助法》第27条等一系列保障当事人辩护权的法律规范的后果。

因此，对于作为指定辩护适用前提的"没有委托辩护人"，不应解释为没有终局地无瑕疵地确立委托辩护权，从而导致指定辩护的不当扩大适用。出于充分保障当事人委托权、自决权，避免指定辩护侵蚀委托辩护的规范目的，应当认为所谓"没有委托辩护人"，系指没有开始委托辩护人，亦即只要当事人已进入行使委托权、自决权的整体进程即以自行开启行权或近亲属辅助行权的方式开始行使委托权、自决权，就已经不属于"没有委托辩护人"的情形，因而不适用指定辩护。

(二) 争议核心：当事人自决权的实质保障措施缺位

近年来，实践中发生争议的案件(譬如劳某某涉嫌故意杀人、绑架、抢劫案，货拉拉司机周某某过失致人死亡案，女辅警许某敲诈勒索案等)中，办案机关对于其通知法律援助机构指派法援辩护律师、不允许近亲属代为委托的辩护人会见当事人所表示的理由，均在于当事人不接受近亲属代为委托辩护人(即对代为委托辩护人不予确认)而自愿选择法律援助辩护。这看起来在形式上也并未违反前述《刑诉法解释》第51条以及《量刑建议指导意见》第23条关于由办案机关听取当事人意见，由当事人确定辩护人人选的字面规定。然而，该类案件发生争议的其实并非办案机关不承认当事人自决权或者表示不听取当事人意见，而在于办案机关均仅自行单方面地向外传达当事人在羁押、讯问的封闭环境下行使自决权的所谓结论性意愿，而未能向近亲属及委托辩护人提供可回溯、可参与、可验证的途径(譬如向当事人近亲属及委托律师提供关于当事人有效行使自决权的具有说服力的说明与证明，允许委托律师会见当事人以参与当事人意见的形成、当面核实当事人意见的真实、有效，等等)以确保听取当事人意见的真实、有效，由此导致近亲属与委托辩护人乃至公众对办案机关或存在保障当事人选择委托辩护的自决权不力、以指定辩护妨害当事人行使委托权之虞的质疑与不信任，亦即形式上合乎规范的公权行为，是否系假借"合法"外衣而绕行、规避、违反规范的实质要求？

应当认为，前述公众所担忧的办案机关出于一定立场与目的，套用"听取当事人意见"的"合法"形式而故意限制、损害当事人委托权的情况的确不能排除，这类似于(但不等同于)"法律规避""法律欺诈"；当然，更一般的情况是办案机关确听取当事人意见，但由于程序的不甚规范以及一些客观的现实因素(容后详述)，办案机关难以总能理想地实现当事人权利的实质保障，即无意间导致类似于"法律规避""法律欺诈"的客观效果。

无论出于防范该二者中何种情况，为确保当事人自决意见的真实、有效，真正实现保障当事人自决权的规范目的,避免前述《刑诉法解释》第51条与《量刑建议指导意见》第23条形式上被遵守而实质上被架空,均不应仅仅照本宣科、机械僵化地执行"由办案机关听取当事人意见"的字面规定,而应当进一步以看得见的正当程序实现对办案机关公权力的实质的规范与监督,即以法解释或法创制的方式续造当事人自决权的实质保障措施,这也有助于增进公民、公众对刑事诉讼程序正义性的认同与信赖;否则,不受规范监督的权力、不受实质保障的权利,便导致违反保障当事人自决权的规范目的本身。

(三)实质保障措施:办案机关与委托律师的两个侧面

1.办案机关一侧的实质保障措施

首先,在听取当事人意见之前,为规范权力行为,保证当事人具备能够真实、有效地形成自决意见的认识基础,实质保障当事人自决权,办案机关应当向当事人妥当履行关于存在代为委托辩护人以及当事人有权选择确认委托辩护人的告知义务。

其一,若办案机关仅以询问当事人是否对当前法援律师满意、是否在接下来的诉讼程序中继续接受该法援律师的辩护、是否需要自行另行委托辩护律师等内容的方式,形式上完成对当事人意见的"听取",而并未告知当事人其近亲属已经代为委托辩护人,则该条件下当事人当然无法自行选择其并不知晓存在的代为委托辩护人,只能表现为对代为委托辩护人的"不予确认",其"自决意见"显然并非真实、有效。

其二,若办案机关仅告知当事人代为委托辩护人的存在,而并未明确告知其享有选择确认委托辩护人的权利,则当事人同样可能出于对自身权利的不了解、不敏感或者基于羁押状态下现实的拘束感、面对办案人员讯问时的紧张感、对强势的国家权力机关的震慑感而不知或不敢询问、了解乃至行使其委托权,该条件下形成的"自决意见"显然亦非真实、有效。

其三,若办案机关能够在履行前述告知义务的基础上进一步地向当事人妥当说明委托辩护与法援辩护的区别,则对于保障当事人自决意见的真实、有效形成便更加充分(当然,该项说明由委托辩护人进行更加妥当,容后详述)。然而,实践中不排除部分办案机关或办案人员出于一定立场与目的,以向当事人表示无须委托辩护人甚至威逼利诱其不要选择委托辩护人等方式(尤其在认罪认罚案件或者办案机关希望当事人认罪认罚的案件中),对当事人自决权在相反方向上施加不当影响。

其次,在听取当事人意见之时,为规范、监督权力行为,留痕可回溯、可验证的争议解决凭据,实质保障当事人自决权,办案机关应当全程制作笔录乃至同步录音录像。与此相关的是,《同录规定》第2条第1款规定:"人民检察院办理认罪认罚案件,对于检察官围绕量刑建议、程序适用等事项听取犯罪嫌疑人、被告人、辩护人或者值班律师意见、签署具结书活动,应当同步录音录像。"《同录规定》第4条进一步规定:"同步录音录像一般应当包含如下内容:(一)告知犯罪嫌疑人、被告人、辩护人或者值班律师对听取意见过程进行同步录音录像的情况;(二)告知犯罪嫌疑人、被告人诉讼权利义务和认罪认罚法律规定,释明认罪认罚的法律性质和法律后果的情况;(三)告知犯罪嫌疑人、被告人无正当理由反悔的法律后果的情况;(四)告知认定的犯罪事实、罪名、处理意见,提出的量刑建议、程序适用建议并进行说明的情况;(五)检察官听取犯罪嫌疑人、被告人、辩护人或者值班律师意见,犯罪嫌疑人、被告人听取辩护人或者值班律师意见的情况;(六)根据需要,开示证据的情况;(七)犯罪嫌疑人、被告人签署具结书及辩护人或者值班律师见证的情况;(八)其他需要录制的情况。"

由此,《同录规定》仅就认罪认罚案件中检察机关就量刑建议、程序适用等事项听取意见应当同步录音录像进行了直接规定,但并未明确涉及检察机关就委托辩护与指定辩护的冲突解决听取当事人意见的环节;而《量刑建议指导意见》第23条亦未对此进行明确。这对于实质性保障当事人自决权的行使、以看得见的正当程序实现对办案机关公权力的规范与监督而言,显然是不充分的。辩护权系犯罪嫌疑人、被告人于刑事诉讼中维护自身合法权益的根本性自有人权,即便在认罪认罚案件中,辩护权的价值也不应被湮灭;当事人选择辩护人的自决权具有至少不次于量刑建议、程序适用等事项的重要性,其甚至是量刑建议、程序适用等事项中有效保障当事人权利的前提。举轻以明重,对于办案机关就委托辩护与指定辩护的冲突解决听取当事人意见,同样甚至更加需要以同步录音录像的方式实现规范权力、保障权利的制度目的。

首先,制作笔录与同步录音录像应当完整、客观、全面地覆盖与反映当事人形成自决意见的全部环节及其中参与人员、交流内容,包括办案机关向当事人履行前述告知义务的全过程、当事人向办案机关询问了解权利的全过程以及当事人表达意见、办案机关听取意见的全过程等;笔录、同步录音录像应当保持完整、连续,不得选择性记录、录制,不得篡改、删改;环节多次进行的(包括办案机关在后述代为委托辩护人会见当事人之前与之后对环节进行反复的),应当分别制作笔录与同步录音录像。

其次,笔录、同步录音录像作为办案机关听取当事人意见、保障当事人自决权的证明材料,应当向有查阅需求的近亲属、辩护人以及其他有关机关提供查阅;同时,应当随案归档,建立存储与保管的合理制度。

最后,在听取当事人意见之后,办案机关应当向代为委托辩护人的近亲属以及委托辩护人妥当履行说明与证明的义务,包括但不限于前述提供笔录、录音录像的途径。这是以看得见的正当程序规范与监督办案机关公权力、保障当事人自决权、增进公民乃至公众对刑事诉讼程序正义性的认同与信赖的有效途径。

2. 委托律师一侧的实质保障措施

前述办案机关一侧的正当程序保障是必要的,但仍不充分。实践中,办案机关保障当事人权利的实际效果除受程序是否规范的影响外,还受制于一些现实因素。譬如,办案机关不同于辩护律师的工作性质、工作侧重、工作方式等,案多人少导致的现实工作效率压力,犯罪嫌疑人、被告人在刑事诉讼中(尤其羁押状态下)面对强势的国家权力机关往往难以避免地会有拘束感、紧张感、震慑感,以及由此导致的犯罪嫌疑人、被告人在比自由生活状态相对焦虑忧伤、迷茫懵懂、畏缩萎靡、瞻前顾后的非常状态下与办案机关沟通所容易发生的胆怯及易于妥协、将就与服从,等等。此外,还包括不能排除的部分办案机关或办案人员基于一定立场与目的而实施妨害当事人权利的行为。这一系列现实因素均导致办案机关难以总能单方面地理想地实现实质性保障当事人权利的制度目的,亦即办案机关不适于作为当事人权利的单方的、唯一的保障者。

由此,需要且应当引入委托律师一侧的实质保障,即明确近亲属代为委托的辩护律师享有会见权。这主要出于三个方面的考虑。

其一,在明确知晓、充分了解权利的基础上妥当形成自决意见,系当事人真正有效行使自决权的实质前提。因此,当事人自决意见的形成过程尤为重要。在办案机关能够且便于对当事人意见的形成施加各种影响或至少是客观上具有影响效果的现实条件下,应当允许代为委托的辩护律师会见当事人,实施适于实施、实施效果更佳的一系列行为。譬如当面向当事人显示存在、告知委托来源、提供充分的法律咨询并取得信任,解释委托辩护与法援辩护的区别,说明当事人享有选择确认委托辩护人的权利,等等。由此,以辩护人不同于办案机关的特定的工作性质、立场、角度充分参与当事人自决意见的形成过程,从而为当事人真实、有效的自决判断提供双方而非单方的、全面而非片面的素材根据,使其充分了解有关权利与事实,避免"偏听偏信",亦即以控辩参与的平等性与全面性保障当事人意见形成的有效性与妥当性。若控辩参与不平等,则难谓当事人权利保障的实质周延。

其二,难以否认的是,办案机关对当事人往往具有强势而难以抗拒的影响力,无论此种影响是正面的还是负面的。允许代为委托的辩护律师会见当事人,以特定的角色、角度介入以提供影响力,并通过平等、宽松的交流氛围,一定程度上疏解当事人在羁押、讯问的封闭环境下所感受到的前述现实压力、负担与情绪,以期尽量制衡办案机关的影响。这对于促进当事人恢复状态、理性思考、敢于表达、坦率行权,应当有所裨益。

其三,允许代为委托的辩护律师会见当事人,当面核实当事人意见的真实性与有效性,也是以看得见的正当程序规范与监督办案机关公权力的重要途径,有助于增进公民、公众对刑事诉讼程序正义性的认同与信赖。

(四)顾虑的消除:由刑诉法的规范价值目的出发

《刑诉法解释》第51条及《量刑建议指导意见》第23条一直未明确委托辩护与指定辩护冲突的场合当事人自决权的实质保障措施,如果不是出于疏忽,恐怕可能是因为实务中尚有争议因而有所顾虑、未予成熟。

其一,对办案机关的单方信任导致不需提供保障措施。前述对当事人自决权的实质保障措施均体现为对办案机关公权力行使的规范、监督或者干脆便是不信任。诚然,相当多的一线办案人员对此种不信任与监督不同程度地感到冤枉、没必要、不理解,认为其依法保障当事人权利,并无肆意滥权、违法用权,故并不需要对其权力作"多余"的规制,而应当保有其具体的灵活性与裁量性。但如前所述,出于一些现实的因素,办案机关或难以总能理想地实现保障当事人权利的规范目的。权力天然具有扩张而非自律的基因。刑事诉讼法规范的创制与解释围绕着限制公权力、保障私权利的价值取向与制度目的,其基本的预设前提便是对公权力的担忧与不信任,由此以对权力的规范与监督预防难以排除的负面可能。

其二,对委托律师的怀疑抗拒导致不愿提供保障措施。有观点指出,委托律师作为市场经济主体,若允许其会见当事人以当面陈述"竞争"辩护人资格,则其基于现实的经济利益目的、不同的专业水平与职业操守等,恐难保一定会为当事人带来客观、负责的法律咨询与正面影响。然而,道德风险是任何行业的存在与发展均无法杜绝的、不得不容许的风险。不能排除存在某些片面追求利益而罔顾职业操守的律师,同样也不能排除有部分出于一定立场与目的而漠视、妨害、侵害当事人权利的办案机关或办案人员。此种怀疑既适用于律师,也适用于办案人员。对双方均不应以偏概全、因噎废食。

其三,对诉讼效率的片面追求导致不便提供保障措施。权利保障与诉讼效率始终是刑事诉讼法规范的一对很大程度上存在张力的制度目的,二者难免发生价值冲突。但现代刑事诉讼制度区别于纠问式诉讼模式的根本特征便在于,承认犯罪嫌疑人、被告人在刑事诉讼中的主体性,并以控、辩、审的三角式诉讼结构保障其权利乃至人权,一改控审一体构造下仅将其作为发现事实的客体的野蛮理念。由此,权利保障系现代刑事诉讼制度的根本价值取向,其价值位阶高于诉讼效率。除非权利主体滥用诉讼权利妨害诉讼效率,否则不得以诉讼效率裹挟、克减权利保障。如此,方符合比例原则。就当事人自决权而言,一方面,为其提供前述实质保障措施实际上对办案机关、羁押场所的工作效率的影响十分有限,其对整体诉讼效率而言更是几乎没有影响;另一方面,若当事人自决选择委托辩护人,则刑事诉讼各环节中更可能由委托辩护人开展的实质性辩护工作,虽难免会一定程度上导致表见的、外观的"诉讼效率"降低(尤其在认罪认罚案件或者办案机关希望当事人认罪认罚的案件中),但这实属保障当事人权利的必要负担,"诉讼效率"应当为此让步,这恰恰体现了权利保障在刑事诉讼中的价值优位。进一步讲,保障当事人及其委托辩护人的诉讼权利,确保刑事诉讼质量,也是从实质层面提升诉讼效率。当然,若所谓的诉讼效率被错误解读为工作便利、轻松顺心或者说不被"添麻烦",从而沦为部分办案机关或办案人员"减负"、不作为甚至违法侵害当事人权利的借口,则显然更是刑事诉讼法规范所严厉打击的。

其四,对公众诉求的麻木漠视导致不屑提供保障措施。权力面对其实施对象,有时是傲慢的,这无须诡辩。但由此引发的公众对权力不受实质、有效的规范与监督的质疑,终会反过来损及权力本身。

总而言之,以上可能的顾虑对于为委托辩护与指定辩护冲突时当事人的自决权提供实质保障措施而言,均不能成立。

值得关注的是,在劳某某涉嫌故意杀人、绑架、抢劫案中,虽然办案机关直至劳某某提起上诉时,均以劳某某选择法援律师为由不允许近亲属代为委托的辩护人会见劳某某,但二审法院与看守所已于2021年11月重新允许近亲属代为委托的辩护人会见劳某某,由当事人本人在法律援助律师与代为委托律师之间做出选择。这或许能够反映出,刑事司法实践所经历的一次次标志性案件的重大公共争议,而言在某种程度上对于制度进步功不唐捐。

四、远程视频见证对办案机关义务性规范属性不清导致辩方权利主张困难

《量刑建议指导意见》第 27 条第 2 款规定:"犯罪嫌疑人有辩护人的,应当由辩护人在场见证具结并签字,不得绕开辩护人安排值班律师代为见证具结。辩护人确因客观原因无法到场的,可以通过远程视频方式见证具结。"该款明确,当事人认罪认罚的,辩护人(如果有)应当在场签字,且签字的意义仅为见证具结,即对当事人认罪认罚真实性、自愿性的见证,并不代表辩护人认可有罪定性与量刑建议。该款进一步规定,辩护人因客观原因无法到场的可以远程视频见证,办案机关不得绕开辩护人安排值班律师代为见证。然而,远程视频见证在实践中可能面临以下四方面争议,使得因故无法到场的辩护人主张远程视频见证的权利发生现实困难,须根据保障当事人认罪认罚真实性、自愿性的规范目的予以解释。

其一,所谓"辩护人……的,可以通过远程视频方式见证具结",应如何理解?依该规范的语词结构,应当认为其系对主语即辩护人的授权性规范,即授予符合该款规定场合的辩护人远程视频见证的权利,辩护人据此有权要求适用远程视频见证;辩护人的权利对应办案机关的义务,即该款同时是对办案机关的义务性规范,意味着办案机关有义务为前述辩护人提供远程视频见证的途径,不存在可以自行裁量以决定是否提供的选择空间。

然而,该款并未直接表述为"办案机关应当为辩护人提供远程视频见证",则实践中不排除部分办案机关或办案人员有意无意地将该规范的内容错误理解为对办案机关的授权性规范,即"办案机关可以为辩护人提供远程视频见证",由此认为是否为前述辩护人提供远程视频见证系办案机关可以自行裁量的选择,从而拒绝履行前述义务,导致辩护人主张权利困难。

其二,所谓"辩护人确因客观原因无法到场",应如何理解?实践中,辩护人可能因为办案时间冲突、疫情防控政策、在途时间不及、情况紧急等客观原因无法到场见证。结合该款前后段的语义关联,不难理解该款的规范目的在于切实保证辩护人能够亲自见证,禁止办案机关因辩护人无法到场而安排值班律师代行见证,故允许辩护人能在场见证的就在场见证,因故不能在场见证的便视频见证。换言之,该款旨在为辩护人解决见证困难,保障辩护人得通过远程视频的替代方式变通实现亲自见证的权利,而显非意在以所谓"客观原因"限制辩护人权利。这也是保障当事人认罪认罚真实性、自愿性的现实需要。由此,办案机关应当对因故无法到场的辩护人给予尽可能地理解并提供远程视频见证的便利,而非就所谓"客观原因"

大做限制性文章。

然而,实践中不排除部分办案机关或办案人员忽视该款对辩护人赋权、保权的规范目的,而将其错误理解为授予办案机关对辩护人所提客观原因的审查权、对所谓"客观原因"的解释权以及以认为客观原因不成立或不充分为由拒绝提供远程视频见证的权力。由此,因故无法到场的辩护人依该款享有的远程视频见证的权利便被矮化为需经办案机关审查批准的申请,该"客观原因"条款遂由对辩护人的授权性规范、对办案机关的义务性规范沦为对办案机关的授权性规范、对辩护人的限权性规范。此种理解很容易使得该款异化为部分办案机关或办案人员为自己"减负"、省麻烦、图轻松、不作为,甚至出于一定立场与目的而有意限制辩护人权利、侵害当事人权利的"合法"借口。通过"根据工作需要"地限制解释所谓"客观原因",使得办案机关对辩护人所提远程视频见证要求的准许与否流于恣意,甚至在部分办案机关处可能演变为一般不予准许,由此形式上遵守但实质上架空该规范,导致辩护人主张权利困难。

其三,所谓"不得绕开辩护人安排值班律师代为见证具结",应如何理解?是完全不允许办案机关安排值班律师替代辩护人进行见证,还是仅仅不允许办案机关未经辩护人同意而安排值班律师见证(即允许经辩护人同意而安排值班律师替代见证)?也就是说,是不得绕开辩护人见证,还是不得绕开辩护人安排?如前所述,结合该款前后段的语义关联,该款的规范目的在于切实保证辩护人能够以在场或远程视频方式亲自进行见证,因而应当理解为完全禁止办案机关安排值班律师代行见证,即便是经辩护人因故同意。这也是以辩护人对案件具体情况的了解以及对当事人认罪认罚利益的思考判断为基础,真正保障当事人认罪认罚真实性、自愿性的现实需要。

然而,法解释毕竟不如法条文那般明晃晃,尤其对于理论与实务均尚未习惯进行解释的刑事程序法而言,歧义空间更是在解释断绝处层出不穷。实践中,不排除部分办案机关或办案人员错误地采取前述后一种理解,认为取得辩护人同意便可以安排值班律师替代见证,并据此可以不向辩护人提供远程视频见证。尤其是辩护人因疫情防控政策等原因无法到场(防疫政策导致的辩护人无法出行以及羁押场所不允许辩护人进入等)进行见证的场合,部分办案机关会向辩护人表示可以在取得辩护人同意的情况下安排值班律师替代见证(可能后期安排辩护人在能到场时到场补签字),而现实中辩护人面对主导认罪认罚、掌握认罪认罚适用与否之大权的办案机关,考虑到不能因为自己的无法到场与不同意替代而妨碍当事人在适当的刑事诉讼阶段期限内获得认罪认罚利益,因而一般也只能选择同意。如此,了解案件具体情况并已具思考判断的辩护人迫于现实无奈而无法亲自见证,当事人的认罪认罚利益以及以此为基础的认罪认罚真实性、自愿性因而失据;即便办案机关在辩护人到场障碍消除后安排辩护人向当事人核实,也往往错过了以辩护人意见影响当事人意见之形成的最佳阶段,甚至可能流于形式。

其四,未明确辩护人无法到场且羁押场所或办案场所不提供或不能提供远程视频途径时如何以替代性的处理方式提供救济。一方面,办案机关可能因前述三个方面的错误理解而不向无法到场的辩护人提供远程视频途径;另一方面,由于新冠肺炎疫情的影响,尤为突出的辩护律师在会见权、与办案机关承办人员的沟通权利、2 名辩护人(如果有)共同出庭的权利等方面经常得不到保障,甚至被有意借故妨害的现实问题,以及刑事诉讼领域视频会见、视频开庭等解决对策所遭遇的整体上实施有限、效果参差、一言难尽的实践情况,恐怕我国众多羁押场所、办案场所提供远程视频途径的硬件能力着实很不乐观,远程视频见证难免发生现实困难。实践中,部分办案机关在该类场合存在要求甚至威逼利诱变更委托辩护人否则不予适用认罪认罚的情况,此种做法显然系严重侵害当事人合法权利。

与此相关的是,《量刑建议指导意见》第 22 条第 1 款规定:"办理认罪认罚案件,人民检察院应当依法保障犯罪嫌疑人获得有效法律帮助。犯罪嫌疑人要求委托辩护人的,应当充分保障其辩护权,严禁要求犯罪嫌疑人解除委托。"这显然是一个进步。但该款在明文层面所作的关于严禁办案机关要求当事人解除委托的一般性规定,实践中不排除被部分办案机关或办案人员错误解读为可以附有某些例外或但书条款(既然该款未明文规定为"严禁以任何理由要求犯罪嫌疑人解除委托"),譬如"严禁要求犯罪嫌疑人解除委托,但辩护人无法到场见证具结的除外",由此导致前述部分办案机关要求变更无法到场的辩护人的做法被错误地解释为"合法"。此种对该款限制性适用的理解与做法,系以实践"便利"为纲曲解软化、替代僭越法律规范,用以"变通"解决问题、规避机关义务,显然违背该款保障当事人及其辩护人权利的规范目的。但如前所述,未经合目的解释的程序法规范面对纷繁复杂的实践问题,很容易派生出某些便利机关取向的歧义。故实践中总是无法完全避免对刑事诉讼规范的机械、错误甚至恶意地解释与适用,尤其当司法正义为其他的某些立场与目的所玷污。

五、同录文件查阅对办案机关义务性规范属性不清导致辩方权利主张困难

《同录规定》第 12 条第 1 款规定:"同步录音录像文件是人民检察院办理认罪

认罚案件的工作资料,实行有条件调取使用。因人民法院、犯罪嫌疑人、被告人、辩护人或者值班律师对认罪认罚自愿性、真实性、合法性提出异议或者疑问等原因,需要查阅同步录音录像文件的,人民检察院可以出示,也可以将同步录音录像文件移送人民法院,必要时提请法庭播放。"该款明确了认罪认罚案件中检察机关听取意见同步录音录像文件的可查阅性。然而,查阅同录文件在实践中可能面临的以下三方面争议将导致辩方主张查阅同录文件的权利发生现实困难,因此须根据《同录规定》第1条所明确的同步录音录像的规范目的予以解释:"为规范人民检察院办理认罪认罚案件听取意见活动,依法保障犯罪嫌疑人、被告人诉讼权利,确保认罪认罚自愿性、真实性、合法性,根据法律和相关规定,结合办案实际,制定本规定。"由此,同录文件的制作、管理、查阅等均旨在确保认罪认罚的自愿性、真实性、合法性,保障当事人权利。

其一,"……的,人民检察院可以出示",应如何理解?是否意味着也可以不出示?由前后相邻两个条文的体系关联观察,《同录规定》第11条对同录文件的管理制度作出规定:"同步录音录像结束后,录制人员应当及时制作同步录音录像文件,交由案件承办人员办案使用,案件办结后由案件承办人员随案归档。同步录音录像文件的命名应当与全国检察业务应用系统内案件对应。各级人民检察院应当逐步建立同步录音录像文件管理系统,统一存储和保管同步录音录像文件。同步录音录像文件保存期限为十年。"紧接着,第12条第1款便规定了同录文件的"有条件调取使用"制度。不难理解,第12条第1款系考虑到同录文件作为规范与监督检察机关听取意见活动、保障当事人权利的重要工作资料,应当妥善保管,故规定同录文件须有条件地调取使用,不可随意调取,以防保管不善导致同录文件丢失或被修改等、进而妨害对认罪认罚真实性、自愿性的回溯性审查。言下之意,同录文件的有条件调取对检察机关而言,并非简单地、片面地授权,而是权责统一的职责性、义务性规范,即强调只有满足调取条件的方可调取,不满足条件的不可调取。

在了解该规范目的的基础上再对该款前后段间的语义关联进行理解,应当认为,该款后段所规定的同录文件"有条件调取使用"制度即所谓"……的,人民检察院可以出示"中的"可以"系表达"若……,则出示"的条件关系的语义,而非"既可以出示,也可以不出示"的选择性的、片面授权性的规范语义。换言之,对同录文件"有条件调取使用"制度的该部分规定所表达的规范含义为,若因法院或辩方提出异议或者疑问等原因需要查阅同录文件,则检察机关应当向提出异议或疑问的主体出示同录文件以供查阅,非此不可调取;亦即检察机关对于满足前述调取条件的情况,系应当调取,并不存在可以自行裁量以决定是否调取的选择空间。对该款作为义务性规范属性的理解,方可真正落实辩方查阅同录文件的权利,由此通过辩方对同录文件的回溯性审查,监督性地保障当事人认罪认罚的真实性、自愿性;否则,若实践中部分办案机关或办案人员将该款错误地理解为授予检察机关裁量权,则辩方的查阅权便被矮化为需经检察机关批准的申请,对检察机关权力行为的外部监督遂为检察机关的自我监督所过滤甚至阻断、虚置。对权力自觉性的单维度的信赖显然与保障当事人诉讼权利的刑诉法规范目的背道而驰。

其二,"因人民法院、犯罪嫌疑人、被告人、辩护人或者值班律师对认罪认罚自愿性、真实性、合法性提出异议或者疑问等原因,需要查阅同步录音录像文件",应如何理解?此处是否存在归属于检察机关的对于是否需要查阅同录文件的判断权、解释权?与前述问题同理,为避免对权力自我监督的单维信赖导致外部监督落空、权利保障不力,不应承认作为被监督对象的权力机关对外部监督的启动享有审批权、许可权,这当然也意味着检察机关对于法院与辩方的外部监督权的启动要件即"需要查阅同步录音录像文件"的成就与否不得具有判断权、解释权。此一判断只能归属于外部监督主体,即提出异议或者疑问的法院或辩方。换言之,只要法院或辩方认为需要通过查阅同录文件的方式审查认罪认罚自愿性、真实性、合法性,则检察机关便应当向其出示同录文件以供查阅。

其三,"人民检察院可以出示,也可以将同步录音录像文件移送人民法院,必要时提请法庭播放",应如何理解?是否意味着检察机关只要将同录文件移送法院、必要时提请法庭播放,便可借此替代向辩方另行出示同录文件?如前所述,赋予辩方查阅同录文件的权利系为监督检察机关公权、保障当事人私权。同录文件作为回溯性审查检察机关听取意见活动合法性的最为强有力的证明材料,其对于保障当事人认罪认罚真实性、自愿性的价值,并不逊于通常意义上的案卷证据对案件事实的证明价值,故同样应当保障辩方得于庭前对同录文件作充分查阅并形成意见,如此方能为辩方进行有效外部监督、保障当事人权利提供客观条件。

若允许检察机关以将同录文件移送法院、必要时提请法庭播放的方式替代向辩方另行提供查阅,那么辩方的审查会被大大压缩至庭审中的播放,所谓监督便不可谓切实充分,甚至可能流于形式。况且,当前刑事司法实践的众多现实条件导致认罪认罚案件(尤其是2020年新冠肺炎疫情以来)的庭审经常被不同程度地加速、简化推进,视听资料、同录文件在具体的庭审中究竟能够被允许如何播放甚至是否被允许播放,事实上存在很大变数。然而,庭审中视听资料在控、辩、审三方中不同主体的主导、提示、解读下选择全程或片段播放、连续或跳跃播放、一次或反复播放等不同的实际操作，其呈现的审查效果有异甚至可能相去甚远。由此，若因辩方提出异议或者疑问等原因需要查阅同录文件，则检察机关有权根据需要将同录文件移送法院、必要时提请法庭播放，但这并不阻却其向辩方出示同录文件以供查阅的义务。否则，就检察机关听取意见活动合法性的审查而言，三角式现代刑事诉讼结构便虚化了非权力的辩方一角，当事人权利保障恐不周延。

六、量刑建议工作听取被害方意见的程序保障缺位

《量刑建议指导意见》第2条第3项规定："客观公正。应当全面收集、审查有罪、无罪、罪轻、罪重、从宽、从严等证据，依法听取犯罪嫌疑人、被告人、辩护人或者值班律师、被害人及其诉讼代理人的意见，客观公正提出量刑建议。"第9条第1款亦规定："民检察院办理认罪认罚案件提出量刑建议，应当听取被害人及其诉讼代理人的意见，并将犯罪嫌疑人是否与被害方达成调解协议、和解协议或者赔偿被害方损失，取得被害方谅解，是否自愿承担公益损害修复及赔偿责任等，作为从宽处罚的重要考虑因素。"该两条概括规定了检察机关提出量刑建议应当兼听辩方与被害方的意见。

然而，《量刑建议指导意见》第四、五章对检察机关在提出与调整量刑建议的过程中听取意见的具体程序规定仅涉及听取辩方意见，《同录规定》全篇也仅针对听取辩方意见。两份重要文件均未规定听取被害方意见的具体程序操作，亦未明确听取被害方意见得参照适用听取辩方意见的有关规定。

此种规范上具体与概括间的不适配，意味着认罪认罚案件量刑建议工作听取被害方意见的明文要求仅停留在原则层面，尚未落地、实施乏力。实践中，程序之"脚"的缺位往往导致法律规范的实际落实效果不佳。纷繁复杂的司法现实下，被害方意见在听取程序以及程序中的被害方具体权利与办案机关具体义务不明的情况下，究竟能够在何种程度上被有效听取，也由此维系于办案机关或办案人员的超常的司法担当。毕竟，无程序保障的刚性约束、仅以柔性的法解释为据，则当前往往难以判定公权行为违法，对公权力自觉性的单维度的信赖显与保障被害方权利的规范目的相抵牾。

这涉及前述我国刑事司法实践中长期存在的被害人主体性稀薄的现实问题。虽然我国刑事诉讼中辩方相对于控方的弱势地位一直饱受诟病，但控方内部并非"铁板一块"，被害方相对于侦控机关也可能是弱势的。实践中，部分办案机关或办案人员以刑事案件进入国家刑罚权领域为由,不同程度上湮灭被害人的主体属性,对被害方诉讼权利保障不足甚至态度淡漠。然而,国家追诉模式的正当性来源在有被害人的犯罪中应当具有为被害人法益提供更充分保护的重要价值侧面。毕竟,对国家追诉权、刑罚权的行使事实上也是对被害人权利的代行与处分。若国家追诉权吸收之下的被害人权利的保障力度甚至弱于与民事诉讼相类似的弹劾式诉讼模式,则不可谓合比例。那种认为国家追诉权天然地在一切犯罪中具有超个人法益层面的优越性,且一旦介入权利保护便当然地具有实现更优保护效果的基因,从而可以超然于被害方权利而"冷峻"行使的见解与做法,实属权力的傲慢与自欺欺人。

由此,为真正落实前述认罪认罚案件量刑建议工作听取被害方意见的要求,切实保障被害方权利,应当根据需要参照听取辩方意见的程序规定,明确听取被害方意见的正当程序。否则,没有可供执行的程序保障,则被害方要求办案机关有效听取意见恐难免发生现实困难,意见听取在实际效果上也可能流于形式。

例如,参照《量刑建议指导意见》第四、五章对听取辩方意见的规定,人民检察院在听取被害人及其诉讼代理人的意见时,应当告知被害方享有的诉讼权利、认罪认罚从宽制度有关规定、拟认定的犯罪事实、涉嫌罪名、量刑情节以及拟提出的量刑建议及法律依据,听取被害方意见可以采取当面、远程视频等方式进行(参照第24条);应当充分说明量刑建议的理由和依据,被害方对量刑建议提出不同意见,或者提交影响量刑的证据材料,经审查认为意见合理的,应当采纳;相应地,调整量刑建议经审查认为意见不合理的,应当结合法律规定、全案情节、相似案件判决等作出解释、说明(参照第25条),必要时可以通过出示、宣读、播放等方式向被害方开示或部分开示影响定罪量刑的主要证据材料,说明证据证明的内容(参照第26条);听取意见过程中,被害方提供可能影响量刑的新的证据材料或者提出不同意见,需要审查、核实的,可以中止听取意见,经审查、核实并充分准备后可以继续听取意见(参照第28条);提起公诉后开庭前,被告人自愿认罪认罚的,人民检察院应当组织听取被害方意见(参照第29条);人民法院经审理,认为量刑建议明显不当或者认为被告人、辩护人对量刑建议的异议合理,建议人民检察院调整量刑建议的,人民检察院应当组织听取被害方意见(参照第32条第1款);开庭审理前或者休庭期间调整量刑建议的,应当重新听取被害方意见(参照第33条第1款)。

又如,关于《同录规定》对听取辩方意见实行同步录音录像的规定,由于同录的目的主要体现为对犯罪嫌疑人、被告人认罪认罚真实性、自愿性的保障,故同录要求无须同比例地精确适用于对被害方意见的听取。但在规范与监督检察机关听取意见活动的意义上，对于被害方围绕量刑建议发表重要意见或提供重要证据等场合，亦可根据需要、依职权或依申请地适用同步录音录像，从而有力地保障被害方权利。

七、辩护人作无罪辩护对适用认罪认罚从宽的影响不清

《量刑建议指导意见》第35条规定："告人认罪认罚而庭审中辩护人作无罪辩护的，人民检察院应当核实被告人认罪认罚的真实性、自愿性。被告人仍然认罪认罚的，可以继续适用认罪认罚从宽制度，被告人反悔不再认罪认罚的，按照本意见第三十四条的规定处理。"

该条明确在辩护人于庭审中作无罪辩护且被告人仍认罪认罚的场合，可以继续适用认罪认罚从宽制度。然而，由于该条仅规定对认罪认罚从宽系可以继续适用而非应当继续适用，且亦未明确继续适用认罪认罚从宽的具体内容即原量刑建议的从宽幅度可否变更，故对于辩护人作无罪辩护对适用认罪认罚从宽的具体影响（是否继续适用、是否酌减从宽幅度适用），该条实际上为办案机关保留了裁量权。正是由于该裁量权的具体行使规范并不明确（容后详述），故即便在《量刑建议指导意见》第35条项下，辩护人作无罪辩护对适用认罪认罚从宽的影响实际上仍不完全清晰。

无罪辩护是否影响、如何影响适用认罪认罚从宽的问题，不是只存在于本条直接涉及的庭审阶段，而是贯穿于决定是否适用以及如何适用认罪认罚从宽的审查起诉与审判阶段。

首先，检察机关在量刑协商阶段是否有权因辩护人作无罪辩护而不予适用或酌减从宽幅度后适用认罪认罚从宽？《量刑建议指导意见》对此无直接规定。因此，实践中部分检察机关或承办人员直接以辩护人作无罪辩护为由，或者间接以无罪辩护反映当事人认罪悔罪不真实、认罪认罚不彻底为由，不予适用或酌减从宽幅度后适用认罪认罚从宽的做法，其合法性争议仍被回避；即便以第35条对庭审阶段无罪辩护对适用认罪认罚从宽的影响之规定作类比，检察机关也据此保留了前述具体行使规范并不明确的裁量权，故合法性问题仍未得到切实回应。

其次，检察机关在庭审阶段是否有权因辩护人作无罪辩护而不予适用或酌减从宽幅度后适用认罪认罚从宽？《量刑建议指导意见》对此规定不明确。如前所述，第35条为检察机关保留了此种场合下的裁量权。与此相关，《量刑建议指导意见》第 30 条已对检察机关在当事人签署认罪认罚具结书后有权重新决定不予适用或酌减从宽幅度后适用认罪认罚从宽的具体适用情形作出限定，其中并未直接列举辩护人作无罪辩护的情形："对于认罪认罚案件，犯罪嫌疑人签署具结书后，没有新的事实和证据，且犯罪嫌疑人未反悔的，人民检察院不得撤销具结书、变更量刑建议。除发现犯罪嫌疑人认罪悔罪不真实、认罪认罚后又反悔或者不履行具结书中需要履行的赔偿损失、退赃退赔等情形外，不得提出加重犯罪嫌疑人刑罚的量刑建议。"问题在于，第 35 条规定的裁量权是否受到第 30 条所列举情形的限制，因而不得以辩护人当庭作无罪辩护为由径行予以行使？

需要说明的是，虽然《量刑建议指导意见》第 36 条中规定，"检察官应当在职责权限范围内调整量刑建议"，但这并不能理解为其承认第 35 条规定无罪辩护构成检察机关行使前述裁量权的事由。第 36 条对所谓"职责权限范围"作出解释，即"根据本意见第二十一条规定，属于检察官职责权限范围内的，可以由检察官调整量刑建议并向部门负责人报告备案；属于检察长或者检察委员会职责权限范围内的，应当由检察长或者检察委员会决定调整"。由此明确地将"职责权限范围"引致第 21 条的既有权限规定，而非在第 21 条以外创设或承认另外的权限。然而，第 21 条规定："检察官应当全面审查事实证据，准确认定案件性质，根据量刑情节拟定初步的量刑建议，并组织听取意见。案件具有下列情形之一的，检察官应当向部门负责人报告或者建议召开检察官联席会议讨论，确定量刑建议范围后再组织听取意见：（一）新类型、不常见犯罪；（二）案情重大、疑难、复杂的；（三）涉案犯罪嫌疑人人数众多的；（四）性侵未成年人的；（五）与同类案件或者关联案件处理结果明显不一致的；（六）其他认为有必要报告或讨论的。检察官应当按照有关规定在权限范围内提出量刑建议。案情重大、疑难、复杂的，量刑建议应当由检察长或者检察委员会讨论决定。"显然，第 21 条的规范内容主要系在检察机关内部进行权限分工，而真正关于第 36 条中规定的检察机关调整量刑建议的"职责权限范围"的规定，则又系引致规范，且引致所谓"有关规定"，并无实质限定。由此，第 36 条并不能解决第 35 条是否肯定无罪辩护构成检察机关行使前述裁量权的事由的问题。换言之，解决该问题的依据仍在于第 35 条与第 30 条的关系如何理解，而这一问题恰恰无法从文本中得到唯一解释。

具言之，第 30 条规定于第四章"听取意见"，第 35 条则规定于第五章"量刑建议的调整"。根据第四、五章各自章内的上下文以及两章间的关系，完全有空间认为第四章适用于检察机关向法院提出认罪认罚量刑建议之前的阶段（包括审查起诉阶段当事人认罪认罚、检察机关直接以认罪认罚量刑建议起诉的,以及起诉后当事人认罪认罚、检察机关撤回原不认罪认罚量刑建议、转而提出认罪认罚量刑建议的),故第30条系就检察机关第一次向法院提出的认罪认罚量刑建议作出规定,即检察机关在当事人签署认罪认罚具结书后,应当直接以具结书确定的量刑建议向法院提出,当且仅当发现新的事实和证据或者当事人认罪悔罪不真实、反悔或不履行具结书规定义务等情形时,才有权变更具结书确定的量刑建议后直接提出。而第五章则适用于审判阶段检察机关向法院提出认罪认罚量刑建议之后的阶段,故第35条系就检察机关调整第一次向法院提出的认罪认罚量刑建议后重新提出量刑建议作出规定,即若辩护人当庭作无罪辩护,则检察机关可以另行裁量决定是否变更量刑建议后重新向法院提出。由此,认为第30条对检察机关变更量刑建议之权力的适用条件的规定不构成对检察机关依据第35条具有的裁量权的限制,故检察机关有权仅以辩护人作无罪辩护为独立事由裁量决定不予适用或酌减从宽幅度后适用认罪认罚从宽的见解,的确可能从体系解释中找到根据。

退一步讲,即便不承认前述体系性的适用区分,认为第35条并非并列于或者说例外于第30条,即第35条规定的裁量权限于第30条规定的情形下行使,那么也完全有空间通过将第30条对检察机关变更量刑建议之权力的适用条件中"……等情形"的规定解释为表示不完全列举的"等外等",或者直接将无罪辩护解释为可以反映当事人认罪悔罪不真实、认罪认罚不彻底,从而使得无罪辩护被解释进第30条规定的适用条件。由此,无罪辩护的确可能借由第30条的通道,成为检察机关有权裁量决定不予适用或酌减从宽幅度后适用认罪认罚从宽的事由。这也是为什么主张以第35条中核实当事人认罪认罚意愿的结果作为区分检察机关是否得行使裁量权的规范标准的见解(意愿真实则继续适用,意愿不真实则不再适用)并不可行。该处理方案过于理想化,实践中,若辩护人当庭作无罪辩护,而当事人继续表示认罪认罚,则事实上无法有效判断此种局面究竟是源于当事人作策略性、投机性的虚假认罪认罚,还是辩护人在当事人真实认罪认罚意愿之外作独立辩护的结果;实践中部分存在的做法便是将无罪辩护解释为可以反映当事人认罪悔罪不真实、认罪认罚不彻底,而其合法性争议在前述文本中本质上仍被回避。

再退一步讲,即便既不承认第35条系授予检察机关以辩护人作无罪辩护为独立事由行使前述裁量权的权力,亦不认可无罪辩护能够被解释进第30条规定的适用条件从而借由第30条的通道触发该裁量权的行使,那么仍有空间认为《量刑建议指导意见》第32条第1款系授予检察机关在经法院建议调整量刑建议的场合具有独立于第30、35条的裁量权,即"人民法院经审理,认为量刑建议明显不当或者认为被告人、辩护人对量刑建议的异议合理,建议人民检察院调整量刑建议的,人民检察院应当认真审查,认为人民法院建议合理的,应当调整量刑建议,认为人民法院建议不当的,应当说明理由和依据"。一方面,关于法院是否有权直接以辩护人作无罪辩护为由,或者间接以无罪辩护反映当事人认罪悔罪不真实、认罪认罚不彻底为由,认为量刑建议明显不当从而建议检察机关调整量刑建议,该问题在逻辑上又一次循环回了前述未得到解决的裁量权行使规范的根本问题(只是权力主体由检察机关切换至法院);另一方面,关于第32条第1款与第30、35条的关系问题,亦即检察机关依据第32条第1款调整量刑建议的权力是否受到第30、35条的限制的问题,同样无法从文本中得到唯一解释。由此,无罪辩护仍有可能被认为系第32条第1款授权检察机关裁量决定不予适用或酌减从宽幅度后适用认罪认罚从宽的事由。

最后,法院在审判阶段是否有权因辩护人作无罪辩护而不予适用或酌减从宽幅度后适用认罪认罚从宽?《量刑建议指导意见》对此无直接规定。《刑事诉讼法》第201条第2款规定:"人民法院经审理认为量刑建议明显不当,或者被告人、辩护人对量刑建议提出异议的,人民检察院可以调整量刑建议。人民检察院不调整量刑建议或者调整量刑建议后仍然明显不当的,人民法院应当依法作出判决。"与前述法院在辩护人作无罪辩护的场合是否有权建议检察机关调整量刑建议的问题相同,法院依据该款后段不采纳量刑建议而依法作出判决时的权限问题,仍系前述未解决的裁量权行使规范的根本问题。由此,无罪辩护仍有空间被认为系法院有权裁量决定不予适用或酌减从宽幅度后适用认罪认罚从宽的事由。

此外,由于量刑过程的复杂性,量刑建议与量刑的形成往往裁量空间充分、不存在绝对精准化的问题,故对于确定最终的、具体的量刑建议或量刑,其真实考量因素完全可能借由对其他量刑因素的裁量性调节平衡而被模糊、遮蔽、掩盖地处理。由此,在量刑建议或量刑的形成中,办案机关若实质上决定不予适用或酌减从宽幅度后适用认罪认罚从宽、欲达成其效果,则事实上不必明晃晃地表述该决定的存在;即便明示该决定,也不必明晃晃地摆出辩护人作无罪辩护或者认为无罪辩护间接反映当事人认罪悔罪不真实、认罪认罚不彻底的理由。换言之,办案机关究竟有无适用(继续适用)以及有无酌减从宽幅度后适用(继续适用)认罪认罚从宽,在可见表述背后的实质层面,其判断其实难以言之凿凿。

综上所述,对于辩护人作无罪辩护对适用认罪认罚从宽的具体影响,《量刑建议指导意见》第 35 条或许仍未能完全解决实践中的认识分歧。

诚然，辩护人作无罪辩护是否应当影响以及应当如何影响认罪认罚从宽的适用，的确是一个两难的问题。我国认罪认罚从宽制度的本来目的与价值便在于解决繁简分流、提升诉讼效率、节约司法资源，而辩护人在当事人认罪认罚之外作无罪辩护事实上减损、抵牾该诉讼效应的实现，故认为在辩护人作无罪辩护的场合应当视情裁量决定不予适用或者酌减从宽幅度后适用认罪认罚从宽的见解与地方司法文件，的确符合认罪认罚从宽的制度逻辑与该逻辑下的比例原则。然而，承认无罪辩护对适用认罪认罚从宽的此种不利影响，便意味着限制甚至否定认罪认罚案件中辩护人的独立辩护权，这对于监督、保证认罪认罚案件的办案质量从而保障当事人权利而言，可能也确实难免消极影响，况且规范层面并不认可认罪认罚案件诉讼效率的提升可以一定程度上牺牲办案质量、损害权利保障为代价。

权利保障与诉讼效率始终是刑事诉讼法规范的一对很大程度上存在张力的制度目的。现代刑事诉讼制度原本已将权利保障确立为位阶高于诉讼效率的根本价值取向，但认罪认罚从宽制度事实上将诉讼效率提升至相当的价值高度。对于其限度，虽理论上不难界定，但实践中难以把握。概源于此，对于辩护人作无罪辩护对适用认罪认罚从宽的具体影响的问题，如前所述，《量刑建议指导意见》第 35 条事实上仍未给出能够完全解决认识分歧的明确结论。

八、对办案人员量刑建议外承诺导致的当事人反悔上诉提出抗诉的正当性存疑

《量刑建议指导意见》第 39 条规定："认罪认罚案件中，人民法院采纳人民检察院提出的量刑建议作出判决、裁定，被告人仅以量刑过重为由提出上诉，因被告人反悔不再认罪认罚致从宽量刑明显不当的，人民检察院应当依法提出抗诉。"该条明确检察机关应当对当事人仅反悔量刑且导致从宽量刑明显不当的上诉提出抗诉。然而，实践中，当事人反悔量刑的具体原因有异，对于由办案人员量刑建议外承诺导致的当事人反悔上诉，抗诉的适用存在正当性的疑问。

具言之，若当事人在签署认罪认罚具结书时确实接受具结书载明的量刑建议，或者虽对法院以建议量刑幅度内的较低刑罚量刑具有期待但该期待并无可归责于办案人员的确实根据（应视为当事人接受具结书载明的建议量刑幅度），则对当事人仅反悔量刑的上诉提出抗诉，的确具有符合认罪认罚从宽制度逻辑的正当性。此种对自身具结承诺的单纯违背表明当事人先前系策略性、投机性地虚假认罪认罚，同时导致认罪认罚从宽制度提升诉讼效率、节约司法资源的效应无法实现，故不应再获得认罪认罚从宽的量刑优惠。

然而,实践中,某些场合下当事人虽然为避免适用不认罪认罚的更高量刑建议而选择签署认罪认罚具结书,但其对于法院以建议量刑幅度内的较低刑罚量刑具有存在可归责于办案人员的确实根据的期待。例如,部分检察机关的承办人员为促成认罪认罚,向当事人或辩护人明示或暗示根据承办人员的判断法院基本会以建议量刑幅度内的较低刑罚量刑,或者明示或暗示其愿意在审前或庭审中向法院陈述理由争取以该较低刑罚量刑。又如,部分法院的承办人员为在审判阶段促成认罪认罚,向当事人或辩护人明示或暗示若当事人认罪悔罪态度良好等则可以建议量刑幅度内的较低刑罚量刑。此类场合,若法院最终因为各种原因实际以建议量刑幅度内的较高刑罚量刑、作出裁判,则当事人仅以量刑过重为由提出上诉的,该"反悔"并非真正的反悔,而是事实上源于办案人员在量刑建议之外向当事人作承诺,由此导致当事人对较轻缓的假想量刑裁判结果存在确有信赖根据的期待。若对此种不真正的"反悔"也机械僵化地适用《量刑建议指导意见》第39条规定的抗诉,则其正当性显有疑问。

关于前述当事人仅反悔量刑的上诉与检察机关对此提出抗诉的关系问题,《法制日报》(2020年8月1日更名为《法治日报》)曾于2020年刊登《认罪认罚从宽制度若干争议问题解析》。文中作者表示,检察机关提出抗诉的主要情形是检察机关提出精准量刑建议,法院采纳后被告人无正当理由或者仅以量刑过重为由上诉。对这种情形,我们认为原则上应当提出抗诉。因为对被告人从宽处理的重要原因之一,就是被告人认罪认罚,被害人也因此认同对其从宽包括从宽的幅度,适用这一制度,也给司法资源节约和司法效率提高带来好处。而被告人无正当理由上诉这一行为违背了具结,使得被告人的具结是一种"虚假认罚",甚至有可能因此给其再带来"不当得利",而且引起了本不必要的二审程序,浪费了司法资源,使得本已降低的司法成本无必要地变得高昂,也表明被告人不是发自内心的尊重司法机关的裁决,而是抱有一种投机、侥幸心理,不是真诚地悔罪悔过。从本质上讲,被告人无正当理由地上诉,既与立法创制认罪认罚从宽制度的初衷相悖,也不是司法机关积极实施这一制度所期待的诉讼效应,检察机关提出抗诉绝非仅仅为了加重少数上诉人的刑罚,而是通过抗诉的方式,使二审法院能有机会通过依法审判,适当加重被告人刑罚,促使被告人形成尊重认罪认罚具结和承诺的自觉,从而减少无谓的上诉和不必要的二审程序,助推认罪认罚从宽制度的良性运行。当然,对检察机关提出幅度刑量刑建议,法院在幅度中线或者上线量刑后,被告人上诉的则不宜抗诉。

显然，文中对于当事人仅反悔量刑的上诉，区分法院在建议量刑幅度中线以下还是以上量刑，分别有应当抗诉与不宜抗诉的区分思路，但没有为《量刑建议指导意见》第 39 条所采纳。诚然，以建议量刑幅度的中线这一纯粹的、客观的"量"作为区分仅反悔量刑的上诉是否应当引发抗诉的标准，着实存在形式化的问题。即便法院在建议量刑幅度中线以上量刑，若当事人真诚认罪认罚并确实接受具结书载明的量刑建议，则其亦应当受所签署具结书的约束而承担法院在整个建议量刑幅度内量刑的结果，其反悔量刑上诉的性质与影响并不与法院在建议量刑幅度中线以下量刑而当事人反悔量刑上诉的场合有所不同，因而在导致抗诉的问题上也没有理由作差别处理；问题的实质仍在于前述当事人对于法院以建议量刑幅度内的较低刑罚量刑是否具有存在可归责于办案人员的确实根据的期待，故实质的区分标准在于客观的法院量刑与当事人的此种存在确实根据的主观期待是否统一，且主观期待中所谓"建议量刑幅度内的较低刑罚"也显然并非笼统地指向建议量刑幅度的中线以下，而是对应于办案人员的具体的承诺。然而，相比于《量刑建议指导意见》第 39 条对当事人仅反悔量刑的上诉与检察机关对此提出抗诉的关系作"一刀切"的规定，前述文章所表达的区分思路明显更具有正当性。

结　语：法解释的软法性与法创制的依赖性——刑诉法教义学的实践挣扎

如前所述，凡普适性、概括性规范，常有裁量性、解释性空间。对于刑事诉讼规范缺乏明确规定或者规范意涵存在争议之处，应当从具体条文的规范目的乃至刑事诉讼法的核心价值（规范权力、保障权利）出发，对刑事诉讼规范的内容进行合目的的实质解释与填补扩充。否则，规范条文在实践中很容易沦为形式上被遵守而实质上被架空的一纸空文，即形式上合乎规范的公权行为，实际上绕行、规避、违反规范的实质要求（类似于但不等同于"法律规避""法律欺诈"）。

法律应当被善意地解释；而不能机械、错误甚至恶意地解释与适用法律。前述解释性续造符合刑事诉讼法教义学的方法论（教义学推得）与解释目标（违反自规范推得的教义学解释便导致实质违反规范本身）。由于刑事司法实践中待规范的程序问题与待评价的实体问题同样纷繁复杂，而程序规范在需适用的实践问题面前与实体规范同样甚至比实体规范更加显得有限，因而有必要从刑事诉讼法学的价值、目的、原则出发，论证其解释取向，充分运用文义、目的、体系等法律解释方法,通过法解释赋予有限的程序规范以不断适用于无限的实践问题的养分续造能力。不只是刑法、民法等实体法,程序法同样须被合目的地解释、填补与扩充。未经合目的解释的程序法规范遇到纷繁复杂的实践问题,便很容易派生出某些便利机关取向的歧义。

然而,必须承认的是,在我国当前刑事诉讼实践尚不能完全遵守刑事诉讼规范条文本身、尚不能完全杜绝违反明文规定情形的现实之下,试图以刑事诉讼法教义学的解释结论对条文本身进行填补与扩充,从而对当事人权利给予更高水平的保护,这的确需要专门机关更强大的司法担当。毕竟,法解释不是法律条文本身,其仅是一种裁量性的"软法",此种对法律规范的能动性适用需要司法官或者专门机关在明文规定以外独立作实质考量并在现实的考核与决策机制下自担"损益";司法实践早已习惯了诸多层级的规范文件一管到底,并由此对具有强制力或者说对专门机关职权违法判断具有底线功能的明文规定形成了强烈的依赖性。这也是当前部分刑事诉讼规范在规范权力、保障权利的实践效果上并不乐观的原因:若未以法创制的方式充分细化明文规定、完全排除争议空间,则期待以法解释的方式导向规范权力、保障权利的结论在实践中几乎类似于"轮盘赌"。

对专门机关"法无授权不可为"的要求,虽未必在限制公民权利的场合贯彻充分,但在保障公民权利的场合却着实常有体现。此种对法解释的淡漠以及对法创制的依赖,除了受前述现实因素的影响,还与我国刑事诉讼法学界长期以来重立法论、轻解释论的研究偏好有直接关系:在刑事诉讼法立法水平有限的相当长的历史阶段中,过分贫瘠的实体法土壤不甚可能孕育出刑事诉讼法解释学,以社科法学、实证法学等为研究方法的刑事诉讼法立法论研究(当然包括批判立法)对于推动立法进步功勋卓著;但这也导致理论与实务普遍认为,实体法主要是教义的、程序法主要是社科的,因而刑事诉讼法学无教义、刑事诉讼规范即条文(尽管部分研究刑事诉讼法的学者正在努力推动刑事诉讼法教义学研究,但尚非学界主流,在实务界也几乎没有波澜)。在刑事诉讼法核心价值与基本原则逐步确立、刑事诉讼规范爆发式增长的当下,没有繁荣的刑事诉讼法教义学、解释学研究,发达的刑事诉讼法学便无从谈起。

刑事诉讼法教义学不彰引发的刑事程序法被认为无解释空间的后果,一方面几乎必然弱化专门机关就刑事程序的法解释义务,导向一种司法担当不足的机械司法、"司法懒政",从而降低法律适用水平,甚至在司法正义为其他的某些立场与目的所玷污时导致刑事诉讼规范被恶意地解释与适用；另一方面也导致本可能也应当产生效果的法内解释层面的沟通因寄希望于超常的司法担当而式微，故沟通只能导向法外批评，遂只要未影响立法便几乎无效于司法说服，由此无必要地激化对立。法解释的软法性与法创制的依赖性的现实条件决定了，欲不断提升当事人权利的保障水平，须强化法解释与细化法创制两个侧面的相辅相成。

认罪认罚从宽制度之辩护实务探讨

李小萌[*]

根据2022年《最高人民检察院工作报告》，认罪认罚程序的适用率为85%、上诉率为3.5%，可见合理配置司法资源、提高办理刑事案件质量及效率的改革目的已基本实现，但并不意味着改革已然成功。本文将从辩护角度，探讨几个认罪认罚从宽制度在实务中有争议的问题，希望该项改革能够进一步深化及完善。

一、关于检察机关作出精准量刑建议

（一）量刑建议是否能够精准计算

最高人民检察院发布的《2021年全国检察机关主要办案数据》显示：已办理的审查起诉案件中，适用认罪认罚从宽制度审结人数占同期审结人数的85%以上；检察机关提出的确定刑量刑建议占提出总数的90%以上，法院采纳人数占同期提出量刑建议数的97%以上。这样的数据完全可以宣布认罪认罚从宽制度改革获得了全面胜利。如此高比例的确定刑量刑建议及法院采纳率，意味着大多数案件在不需要一审程序的前提下，检察机关就可以直接作出正确且各方信服的结论，这种超能力也令人惊叹。

"两高"修订并于2021年7月1日实施的《关于常见犯罪的量刑指导意见（试行）》（以下简称《量刑意见》）是计算刑期的重要文件，但《量刑意见》显然还不足以提供数学公式般的计算指引，原因如下。

一是如何确定起点刑存在矛盾规定，且起点刑的自由裁量空间巨大。《量刑意见》规定："在量刑过程中坚持以定性分析为主，在此基础上进行定量分析，依法确

---

[*] 李小萌，北京格韵律师事务所合伙人。

定量刑起点、基准刑和宣告刑",因此必然属于基本犯罪构成的犯罪预备、未遂、中止,以及行为人是否属于限制行为能力等,就应该在确定起点刑时予以考虑。但是《量刑意见》又明确地将上述情节规定在调节基准刑的步骤进行,那么在确定起点刑时又应该考虑什么呢?结合具体罪名,《量刑意见》规定故意伤害致一人轻伤的,在 2 年以下有期徒刑、拘役幅度内确定量刑起点。这是一个巨大的幅度,由于几乎所有法定、酌定情节都将在之后的步骤中考虑,因此,此时起点刑的确定几乎无所遵循。

二是调节基准刑涉及具体比例确定,存在巨大自由裁量空间。《量刑意见》中对常见量刑情节都规定了巨幅调节比例,如未遂犯可以比照既遂犯减少 50% 以下的基准刑,从犯可以减少 20%—50% 的基准刑,自首可以减少 40% 以下的基准刑,退赃退赔的可以减少 30% 以下的基准刑,认罪认罚的可以减少 30% 以下的基准刑,累犯应当增加基准刑的 10%—40% 等。一个案件可能有多个情节,对各情节的具体调节比例如何确定,恐怕不同的司法官员很难得出完全一致的结论。

三是《量刑意见》规定在确定宣告刑时,独任审判员或合议庭可以在上下 20% 的幅度内对调节结果进行调整。由于个案的情况各不相同,《量刑意见》的规定也必然会有所疏漏,在尽可能有法可依、规范量刑的前提下,赋予法官最终一定幅度自由裁量权显然是合理的,这也是量刑工作最终的一个变量。

由此可见,在每个环节都存在变量的情况下,检察官精准计算出法官心里那个量刑几乎是不可能的,最高人民检察院公布的确定刑量刑建议的高采纳率是令人吃惊的。量刑离不开司法官员一定的主观判断、价值判断,这一权力当然属于法官。检察官提出幅度刑建议,或提出确定刑建议但将其视为建议刑期上限,都是合理的,但片面追求极高的确定刑量刑建议采纳率是非理性的。量刑不是有公式可循的绝对数学计算,所以也就不存在真理意义上绝对准确的量刑点,在某个幅度内都是合法且恰当的,这项权力不应由法官大规模地让渡,更不应让检察机关这种刚性、没有余地的确定刑量刑建议破坏本就岌岌可危的控辩平衡。

(二)检察机关量刑建议调整程序亟须完善

"两高三部"《关于适用认罪认罚从宽制度的指导意见》(以下简称《指导意见》)第 41 条中规定了量刑建议的调整,"人民法院经审理,认为量刑建议明显不当,或者被告人、辩护人对量刑建议有异议且有理有据的,人民法院应当告知人民检察院,人民检察院可以调整量刑建议。人民法院认为调整后的量刑建议适当的,应当予以采纳;人民检察院不调整量刑建议或者调整后仍然明显不当的,人民法院应当依法作出判决"。

上述规定在实践中存在以下三个主要问题：一是当法院认为量刑建议不当时，是单独告知检察院还是在庭审程序中公开告知，是否同时说明认为不当的理由？二是开庭后检察院调整量刑建议，法院是否需要重新开庭，听取控辩双方意见？三是开庭时被告人羁押时间已经超过量刑建议时间的，检察机关是否要配合法院调整增加量刑建议？

关于第一个问题，《指导意见》第41条规定的就是量刑建议调整的程序，既然是审判阶段的程序，被告人及辩护人就当然有权知悉法院的告知情况及具体意见。但如果公开告知必然会涉及检察院的量刑建议如何"明显不当"，以及被告人、辩护人的意见如何"有理有据"，这会显得法院与检察院不那么"互相配合"，故法院只会私下与检察院沟通，进而以检察院自行变更的方式调整。但上述做法使《指导意见》第41条原有的价值追求丧失，原本充分公开的程序变为秘密沟通决策，原本清晰的程序启动主体变得模糊。

关于第二个问题，虽然《指导意见》没有明确，但显然应当重新开庭，或者索性在再次开庭期间签署新具结书、检察机关发表新的量刑建议并说明理由，同时听取被告人、辩护人的意见。量刑建议是重要的公诉意见，不可想象其不是在正式开庭环节发表并记入笔录的，也不可想象在公诉人发表完新的量刑建议后，合议庭不听取被告人、辩护人的意见并记入笔录，哪怕调整的量刑建议是变得更轻了。但实践中就是存在不重新开庭，这是对基本诉讼制度的践踏。

关于第三个问题，较为现实。疫情下看守所的严格管理以及线上开庭端口的有限、系统的不稳定都已经是常态，也都会成为法官及时安排开庭的障碍，事实上，在作出精准量刑建议时，检察官除了考虑事实、证据、法律规定本身，也必然会留下合理的送达起诉书、组织开庭及法官庭后研究的时间。但即便如此，对于大量轻罪案件，羁押时间超过量刑建议时间的问题仍然现实存在。面对此种状况，检察院、法院如何作为，反映着认罪认罚制度改革的成色。

《刑事诉讼法》第201条规定了适用认罪认罚从宽制度下的量刑建议对于法院判决的约束力，即以采纳为原则，改变要有法定的依据。对于尚未开庭的案件，法院没有判断是否可能要调整量刑建议的前提，是否应到期先行变更强制措施为取保候审？如果法院不变更，检察院是否应通过羁押必要性审查程序，建议法院变更？

如果两机关均不闻不问，也无视辩护人的申请，继续按照老规矩等待排期，则 n 个月的精准量刑建议要判 $n+x$ 个月才能实报实销了。怎么办？检察机关要重新签订具结书,调整量刑建议吗?如果被告人坚持第一次的具结书意见,不同意调整量刑建议,法院是否会以"人民法院经审理认为量刑建议明显不当"为由"技术性改判"羁押时间的刑期。如果法院如此判决,检察院要不要根据张军检察长在2021年1月13日认罪认罚从宽制度座谈会上,针对被告人无故反悔认罪认罚上诉的问题,提出的"原则上要予以抗诉",且"抗是为了不抗,抗一案警示一片"的讲话精神,针对法院无视检察机关适用认罪认罚制度作出的精准量刑建议的严肃法律效力,提出抗诉呢?看守所能不能提出人来开庭不是法官能协调的、线上开庭系统的问题不是法官能修复的、一审程序中变更被告人的强制措施有相应的内部程序不是法官个人能决定?但是如果这些困难就让检察机关适用认罪认罚程序作出的精准量刑建议成为废纸,也足以质疑检察院、法院这项改革的成色和诚意。

二、关于共同犯罪认罪认罚量刑建议告知问题

"两高三部"《指导意见》是以单独犯罪为规范对象的,对于共同犯罪中如何适用认罪认罚,仅在《指导意见》第2条有部分原则性的强调,即"特别是对于共同犯罪案件,主犯认罪认罚,从犯不认罪认罚的,人民法院、人民检察院应当注意两者之间的量刑平衡,防止因量刑失当严重偏离一般的司法认知"。除此之外,没有关于共同犯罪认罪认罚的规定。

规定的缺失会引发问题,仅以最简单的情况为例,共同犯罪全案犯罪嫌疑人均表示认罪认罚,在签署包含量刑建议的具结书时是否需要将同案的量刑建议告知犯罪嫌疑人及其辩护人?从制度的文本规定来看,确实没有要求检察机关履行这样的义务,实践中即使心态最为开放的检察官,愿意就认罪认罚、精准量刑建议与辩护人进行充分的沟通,通常也不会告知同案的精准量刑,或许是在缺乏明确规定的前提下,检察官担心这样的告知有职业风险。

但这带来的问题也通常使认罪认罚提高效率的目的难以实现。如何量刑受制于多种因素,但从犯罪嫌疑人、被告人角度来看,最直观的是同案量刑的比较。当他们单纯签署自己的具结书时,即使觉得建议刑期比预期重,但考虑到其他同案也都普遍获得较重的量刑建议,眼下只有签署才为更为有利也就只能接受。若起诉至法院后,发现比自己社会危险性高的同案普遍建议刑期却比自己低得多,或者获利远超自己的同案的量刑建议与自己相同时,庭审时不仅会在共同犯罪的作用、地位以及量刑建议合理性上做充分的辩护,而且会激发被告人更强烈的对抗心态。

那到底该不该告知同案的量刑建议呢?检察机关审查起诉结束前给犯罪嫌疑

人、辩护人签署的包含量刑建议的具结书是整个认罪认罚制度中最重要的环节,此时正式的起诉书尚未作出,但却要求被告人作出是否签署包含精准量刑建议的具结书,这实际上是不妥的。检察机关到底指控的事实是什么?相比于起诉意见书是否有调整?共同犯罪中各犯罪嫌疑人的地位、作用是如何认定的?最终指控的顺序是否有调整?既然是共同犯罪,就会认定一个完整的指控事实并作出处理方案,犯罪嫌疑人当然应该在对全部内容了解的前提下,作出是否签署自己认罪认罚具结书的决定。

其实检察机关即使以最功利的心态考虑,也应该提前明示同案刑期,避免不必要的对抗心态产生在一审开庭,不仅没有节约司法资源,而且增加了庭审对抗。此外,在审查起诉阶段,全面告知犯罪嫌疑人及其辩护人同案全部量刑建议,可以听到更多、更有针对性的辩护意见,可以尽早发现公诉方案中可能存在的量刑不协调问题,即使认为辩护意见没有道理,也可以更早地了解了辩护人的意见和理由,是有利于出庭支持公诉工作的。共同犯罪认罪认罚签署具结书时需要告知犯罪嫌疑人所有同案的量刑建议及其作出过程是认罪认罚制度的当然之义,否则遮掩住的不仅是同案的量刑建议,还包括公平正义感受。

三、关于认罪认罚后的上诉与抗诉

(一)认罪认罚后仅以量刑过重为由上诉,检察机关是否应当抗诉

最高人民检察院第一检察厅厅长苗生明在其 2020 年 2 月 20 日发表于《检察日报》的《认罪认罚后反悔的评价与处理》一文中给出了明确的观点:"特别是现阶段对检察机关提出精准量刑建议,法院采纳后被告人无正当理由上诉的,原则上应当提出抗诉",并解释其理由是:"根据契约精神,控辩双方均应当受协议内容的约束,有义务配合推动协议的履行。"

如果以契约精神来约束被告人,起码应当在签署认罪认罚具结书过程中有一定契约性质的权利,让犯罪嫌疑人意识到自己是在行使权利,也当然会有明确的义务约束。如果经常是临近起诉才电话通知辩护人去看守所签署认罪认罚具结书,且不告知具体量刑建议,到达现场后辩护人与犯罪嫌疑人同时获知精准量刑建议,但量刑建议作出过程不介绍、不交流,共同犯罪不告知同案量刑建议,甚至出面的只是检察官助理,对于现场马上确定签还是不签、不签一定获得更重的量刑建议等没有调整的权力。没有人在经历这样的过程后,内心会有契约精神的召唤。

在大面积适用精准量刑建议之前,合议庭作出最终定罪、量刑,至少经过了全

程的庭审,对于事实认定、法律适用等方面,控辩双方的焦点分歧意见已经进行过多轮交锋,以确保合议庭全面考量。审查起诉阶段虽有检察官听取辩护人意见,但仅限听取,鲜有交流。此外,对于最高人民法院《关于统一法律适用加强类案检索的指导意见(试行)》《关于完善统一法律适用标准工作机制的意见》等确保同案同判的文件,检察机关对其是否执行、执行如何体现在精准量刑建议决策过程中？精确量刑由谁主导,诉讼化的决策过程就应当出现在哪个环节。检察机关对于反悔型上诉的抗诉原则,是希望通过改革初期的坚定抗诉立规矩,这也是苗生明厅长文中强调的"特别是现阶段"。但恰恰是现阶段,分量极重的精准量刑建议由检察机关作出,但决策程序、各方诉讼参与人权利保障制度均未跟进,更应慎用抗诉应对反悔量刑的上诉。

以违反契约精神为由对反悔认罪认罚的被告人抗诉,逻辑上没有问题,但要确保其签署的确实是契约性质的文件。

(二) 对反悔认罚的被告人抗诉是否是滥用抗诉权力

最高人民检察院检察长张军的讲话及最高人民检察院官媒关于认罪认罚案件的宣传报道,在明确着这样一条规则:想实现延后判决生效的技术性上诉、想再碰碰二审运气的无正当理由上诉,均将被视为骗取认罪认罚优惠,检察机关将通过抗诉追求加重刑期,以引导其他被告人不要作无理上诉,节约司法资源。但这样的规则既不符合认罪认罚制度要求,也不符合法定抗诉标准,更是不正当地限制了被告人的上诉权利。

一是根据认罪认罚从宽制度,允许被告人在签署了包含指控罪名、精准量刑建议的具结书基础上,继续对量刑部分提出异议,不被视为反悔认罪认罚。《刑事诉讼法》第 201 条、"两高三部"《指导意见》第 39 条、第 41 条规定,只有当法院审理后认为被告人无罪或指控罪名不准确,以及被告人认罪认罚自愿性、真实性存在问题时,才可全面放弃认罪认罚程序适用。如果被告人、辩护人只是对量刑建议提出异议,法院需要做的是征求检察院是否调整量刑建议的意见,法院认为调整后适当的,应当予以采纳,如检察院不调整或者调整后仍明显不当的,法院应当依法作出判决。这样的规定,明确赋予了被告人在接受检察院提出的认罪认罚从宽方案前提下,有继续对量刑部分发表不同意见,且不会因此招致不利后果的辩护权利。上诉权是被告人辩护权的重要组成部分,在认罪认罚从宽制度下,被告人单纯以量刑过重为由提起上诉,根据上述规定确立的原则,不应视为对认罪认罚的反悔。

二是我国对于抗诉权行使有严格限制,目前针对认罪认罚量刑上诉的抗诉普遍不符合法定标准。《刑事诉讼法》第 228 条规定抗诉的标准是"判决、裁定确有错误",《人民检察院刑事诉讼规则》第 584 条列举了六种抗诉情形,目前主要依据"重罪轻判、轻罪重判,适用刑罚明显不当的"进行抗诉。最高人民检察院 2014 年《关于加强和改进刑事抗诉工作的意见》、2017 年《人民检察院刑事抗诉工作指引》均明确,量刑错误是指不具有法定量刑情节而超出法定刑幅度量刑、适用刑种错误等严重程度的错误导致量刑明显不当,且都明确具有法定从轻或者减轻处罚情节,量刑偏轻的或被告人认罪并积极赔偿损失,取得被害方谅解,量刑偏轻的等情况的一般不应当提出抗诉。即使认为被告人骗取了"认罚"部分的优惠,导致量刑明显不当。那么单纯"认罚"部分的量刑优惠到底是多少,是否有定量的既往案例予以支持,证明认罪与不认罪的量刑差距,或者根据"两高"《量刑意见》,清晰计算步骤,显示出由于错误认定认罚而给到的量刑优惠达到了上述文件规定的明显不当。如果只是依据检察机关所说的——如果不认罚将建议为更重的刑罚,而没有任何计算的说明、案例的支持,那么又如何避免"先涨价后打折"的伪优惠呢?而 2021 年 12 月 3 日最高人民检察院最新印发的《人民检察院办理认罪认罚案件开展量刑建议工作的指导意见》第 39 条规定,"因被告人反悔不再认罪认罚致从宽量刑明显不当的,人民检察院应当依法提出抗诉"。该条明确了针对认罪认罚案件被告人反悔上诉的,只有达到"量刑明显不当",检察院才应依法抗诉,这与前述以往的抗诉标准保持一致,充分证明针对认罪认罚上诉案件也不应随意抗诉。

三是我国对于被告人上诉权予以充分保障,对上诉理由未作任何限制。即使被告人以留所服刑或就想见见二审法官为由提出上诉,也是被告人的权利。权利意味着不应因行使而招致不利,否则就违反了《刑事诉讼法》第 226 条第 3 款规定的"对被告人的上诉权,不得以任何借口加以剥夺"。如果检法机关认为被告人普遍存在骗取认罚优惠的情况,且已经严重到影响整体公平公正,影响到二审检法机关的正常运转,完全可以做好调研,用数据向全国人大及其常委会作出说明,在立法层面寻求调整。

现实的问题很多,但问题不是突破认罪认罚从宽制度、突破抗诉制度、突破上诉不加刑制度的违法理由。

四、关于听取意见同步录音录像制度

2022 年 3 月 1 日,《人民检察院办理认罪认罚案件听取意见同步录音录像规定》(以下简称《规定》)正式开始实施,如果落实到位,其可能重塑检察机关办理认罪认罚案件的工作理念和方式。

首先,《规定》必然大幅度增加检察官的工作量,但工作量的增加与检察机关已经扩张的权力是相适应的。要想获得不容置疑的精准量刑建议权,就应该做好审查起诉阶段的协商,否则前面不解释、不说理、不回应,当被告人、辩护人在一审阶段看到更丰富的指控内容,对量刑建议有新的意见,又不惜突破抗诉的法定标准,以反悔具结书为由提出抗诉,就是标准的滥用权力。

其次,辩护人在检察机关听取意见过程中应详尽询问拟起诉的认定事实和处理意见,为进一步扩展辩护空间留有余地。《规定》第4条第4项要求同步录音录像应当包含"告知认定的犯罪事实、罪名、处理意见,提出的量刑建议、程序适用建议并进行说明的情况",但告知到何种程度并未明确,工作习惯上一般检察官也只做最有限信息告知或不告知。因此诸如下列问题,就有必要在同步录音录像过程中明确提出,并寻求检察官的回答:起诉书相比于起诉意见书是否有调整;共同犯罪其他同案犯罪嫌疑人的量刑建议是多少;辩护人在审查起诉阶段提交的辩护意见,检察官如何考虑、是否采纳;如果有多个犯罪事实及罪名的,类似自首、从犯、未遂等情节只对部分事实、罪名有效的,该有效部分范围是否有分歧;检察官的量刑建议的起点刑是如何确定的,某一个量刑情节的具体从宽或从重的百分比幅度是如何确定的,以及结合不同类型案件的特点,所应提出的一切问题,都应该争取检察官予以明确。只有这样,才可能对某一个精准量刑建议应不应该同意签署,给委托人提出专业意见。

当然,检察官可能不回答,对有些问题也可能以还需要汇报为由搪塞,在这种情况下签署的具结书,即使一审后被告人以量刑过重为由上诉,检察机关也不应抗诉。在信息不对等情况下签署的具结书就应该效力有限,不能成为绑架被告人意见的工具。如果检察官均予以明确回答,且确实相比于起诉意见书各种认定调整很大,辩护人要当场予以回应也是巨大的挑战,必要时应该建议再次安排对话,以供辩护人准备及与犯罪嫌疑人充分交流后再作决定。

最后,就目前工作流程而言,拟依托同步录音录像来避免"走形式甚至强迫认罪认罚等"问题不现实。目前,检察机关通常在审查起诉结束前联系辩护人签署认罪认罚相关文件,此时案件处理结果可能已经内部审批完毕,越是共同犯罪、重大案件、敏感案件,内部审批层级越高,办案检察官在约见辩护人签署文件时不可能做任何调整,犯罪嫌疑人、辩护人只有签和不签两个选择,不管怎么发表意见,都不可能实现调整的效果。犯罪嫌疑人及其辩护人对检察机关可能提出的精准量刑建议,没有发表意见的机会,即使有也明确地不会有效果,在程序上就不可能获得公正的感受,即使将签署具结书的过程予以同步录音录像,也不会增加公正的含量。

认罪认罚从宽制度的核心应该是协商,是检察机关、犯罪嫌疑人、辩护人达成一致意见,共同遵守以提高司法工作效率,促使被告人真诚认罪悔罪并最终获得从宽处理。而协商的本质应该是对话多方的意见是可调整的,如果检察机关的决策程序不做调整,依然在最后阶段内部已有不可调整的结论意见时才安排关于认罪认罚的对话,那么不管听取谁的意见都是没有意义的程序性装饰。

《人民检察院办理认罪认罚案件听取意见同步录音录像规定》依然是笼统的规定,但由于听取的是犯罪嫌疑人及其辩护人的意见,因此辩护律师如何参与该项工作,是可能以此为突破口倒逼检察机关重塑认罪认罚制度的理念及工作方法的。

无论认罪认罚适用率、精准量刑建议采纳率达到多高,现状依然是该项改革刚刚草率地拉开帷幕,每一个事关权利的程序都有进一步完善的空间,提升效率应在充分保障权利的前提下实现,而不应以无理、强硬、胁迫实现。

预防与纠正冤假错案研究
——认罪认罚制度下冤假错案的防范

刘钟歆[*]

认罪认罚制度从宽政策的制度化、规范化,可以充分体现实体上的从宽与程序上的从简,但证据认定的标准不能发生变化。美国的诉辩交易,是指"检察官和刑事被告人之间协商达成的协议,协议中被告人对较轻的指控或多项指控中的一项做有罪答辩,换取检察官一定让步,这些让步通常包括更宽大的量刑或者对部分指控的撤销"。辩诉交易的本质是被告人以放弃各项宪法权利为代价,与控方就指控和量刑等事项达成协议,并经法官审查和认可后,在不经历完整的庭审的情况下了结案件的一种刑事诉讼程序。

显然,认罪认罚案件仍应以案件"事实清楚、证据确实充分"为证明标准[①],与发端于英美法系的诉辩交易存在明显区别。但是在司法实践当中,是不是所有的认罪认罚案件都达到了事实清楚,证据确实、充分的标准?在检察主导认罪认罚的形势下,值班律师仅能做到见证犯罪嫌疑人(起诉后为被告人,以下统称为当事人)签署认罪认罚具结书的自愿性,很难探知案件具体细节。通常情况下,当事人对罪与非罪是不具备主观认知能力的,更对证据体系(证据链)的是否形成、是否完整没有概念,甚至可能被灌输只要认罪就可以从轻处罚,否则就被从重处罚的逻辑。这明显已经违背了认罪认罚从宽政策的初衷,更加违背了疑罪从无的基本原则、脱离了

---

[*] 刘钟歆,上海靖予霖(鄂尔多斯)律师事务所执行主任,专注刑事辩护,重点研究毒品犯罪、经济犯罪及死刑复核案件。

[①] 《人民检察院办理认罪认罚案件开展量刑建议工作的指导意见》第 3 条规定:"人民检察院对认罪认罚案件提出量刑建议,应当符合以下条件:(一)犯罪事实清楚,证据确实、充分;(二)提出量刑建议所依据的法定从重、从轻、减轻或者免除处罚等量刑情节已查清;(三)提出量刑建议所依据的酌定从重、从轻处罚等量刑情节已查清。"

有利于被告人原则。因此,笔者通过实践中的积累与对认罪认罚制度的理解,简要论述认罪认罚制度下冤假错案的防范研究。

一、认罪认罚案件的现状分析

事实清楚,证据确实、充分,是每一个刑事案件最终定论的统一标准,无论是有罪(含免处)案件还是无罪案件。存疑有利于被告人原则,是疑罪从无的具体延伸,试问有多少认罪认罚的案件既做到了疑罪从无,又做到了有利于被告人?通过第十三届全国人民代表大会第五次会议中最高人民检察院的报告中可见,去年(2021年)认罪认罚适用率超过85%、一审服判率达到96.5%,从源头减少了大量上诉、申诉案件。从数字本身来看,认罪认罚从宽制度的落实是值得肯定的,但是在这85%的适用率中,做到事实清楚,证据确实、充分的比例能否达到100%,笔者持怀疑态度。

笔者参与的认罪认罚见证以及亲办案件中,共计见证认罪认罚25次(包括以值班律师身份见证认罪认罚21次,在亲办案件中见证认罪认罚4次),其中个别案件中认罪认罚从宽制度的实施偏离了本意,趋向于的"诉辩强迫交易"。此外,通过律师界同仁反馈出对认罪认罚从宽制度实施过程中的态度和看法也充分证实很多情况下案件根本没有达到事实清楚,证据确实、充分的程度。

(一)检察官几乎完全主导认罪认罚,既做运动员又做裁判员,很难有量刑协商及证据分析的空间和条件

《刑事诉讼法》第173条第2款规定,犯罪嫌疑人认罪认罚的,人民检察院应当告知其享有的诉讼权利和认罪认罚的法律规定,听取犯罪嫌疑人、辩护人或者值班律师、被害人及其诉讼代理人的意见,并记录在案。明确了认罪认罚从宽制度启动的主体是人民检察院。由于这一条规定在《刑事诉讼法》提起公诉一章中,立法意图很明确,即认罪认罚从宽制度始于审查起诉阶段①。在原本控辩对抗的模式中检察官与辩护人,在认罪认罚的过程中同样应当是运动员,但认罪认罚的启动和决定性作用仍然属于检察官,故而检察官又是裁判员。基于这种主导性职能与控辩地位不平等的情况下,量刑协商的空间很小。

或许是由于检察官日常工作繁忙抑或是受目前的疫情因素影响,律师能够见到检察官的机会和时间很有限,很难阐明对认罪认罚的具体意见。如果提交书面意见,大多时候被检察官要求放到案管部门,律师几乎没有当面提出意见的机会。

---

① 曹东:《论检察机关在认罪认罚从宽制度中的主导作用》,载《中国刑事法杂志》2019年第3期。

个别检察官出于国家公诉人的职业权威或者受传统的重刑主义、侦查中心主义的影响,当然性地认为某个案件的当事人构成犯罪、象征性地给予量刑从宽已然是法外开恩,辩护律师很难与检察官有效地协商。

(二)值班律师只能见证签署具结书的过程,难以探知具体事实和证据

笔者以值班律师的身份在看守所、检察院值班时,见证待诉犯罪嫌疑人签署认罪认罚具结书共计17次,拒绝见证15次。以值班律师身份见证的17次中,有11次是建议实体刑、6次是缓刑建议,包含11次危险驾驶罪、3次盗窃罪、1次非法吸收公众存款罪、2次故意伤害罪。前述17次见证中,有2次是检察官提供了卷宗供笔者查阅,完成了见证;其余15次,虽未查阅卷宗,但充分听取了当事人本人的意见,而且鉴于当时在检察官未提供卷宗或者卷宗量大的因素,笔者给待诉犯罪嫌疑人做了见证笔录,笔录制作过程中,检察官深表不屑甚至不满。在拒绝见证的15次中,均因检察官不提供卷宗,甚至当事人本人不在场,要求笔者在见证人栏中签字,笔者当时严正拒绝。

通过以上的数据和情形来看,检察官在看守所提讯时,绝大多数是集中提讯多人,集中处理认罪认罚事宜,不带卷宗,我们暂且理解为没有时间和空间让值班律师阅卷,但是要求值班律师直接签字,明显是为完成认罪认罚工作的指标而机械性推动认罪认罚制度的落实。

(三)证据体系明显缺失,被告人因身陷囹圄又不具备罪与非罪的认知能力,不得不认罪认罚

从笔者以值班律师见证认罪认罚的情况来看,多数的待诉犯罪嫌疑人是处于被羁押状态的,而且多数情况下,犯罪嫌疑人表示"只要能出去、能回家过年、能缓刑、能实报实销,不要求别的",甚至要求值班律师赶快签字,对罪与非罪根本不在乎:管你证据是否确实充分,让我出去就行。所以,在普通公民的普通判断力和违法认知层面,何以知晓罪与非罪、缓刑、羁押等专业术语。我们作为法律人,尚且很多时候在控辩方面存在罪与非罪的争议,更不能苛求普通公民具备如此之法律素养。过于苛求普通公民完全具备相同认知,并且要认罪认罚,显然不是一个频率的问题。

然而,很多案件的证据可以说没有形成完整的证据体系,甚至这样所谓的证据体系还存在诸多合法性问题,但是当事人不懂。比如,非法经营(酒精膏)案当中,公安机关以行政案件登记保存了涉案酒精膏,但由于保存条件的问题直接进行了处理,并未对酒精膏进行提取、鉴定,案件关键的证据是否属于酒精、是否会产生危险性等问题全然失去了考量基础,这样的案件直接被批捕了,但当事人对证据的三

性、证据体系等全然不具有认知能力,只想早点签署具结书,快点出去。

因此,待诉嫌疑人就只能被牵着鼻子走,再加上检察官完全可以决定其量刑结果,如果不认罪认罚就会从重处罚,最后的结果就是很多案件的待诉犯罪嫌疑人不得不认罪认罚。

(四)审前羁押率居高不下,导致众多无罪案件无路可走

很多的刑事案件最初可能尚未达到立案标准,即便达到了立案标准的,但往往情节较轻或者事实不清,没有必要批准逮捕,但是公安机关出于执法风险防范等原因,绝大多数案件都会报捕,捕与不捕由检察机关决定;而报捕阶段证据体系都只处于雏形状态,可以说均是对当事人有不利指向的证据,更有甚于为了让立案不会被轻易撤销,在报捕时的证据移送的均是不利证据,而且提请批捕书也都具有很强的倾向性,这便导致检察官审查逮捕时难以考虑出罪理由和不批捕的理由。进而,一旦被批捕,在一般情况下案件只能有罪,如果无罪,检察官、办案民警即将面临严格的处理,所以往往导致检察官硬着头皮也要起诉,但对当事人来说,什么证据问题、定性问题,一概不关心,只要不再被羁押。最终以认罪认罚换取刑期的实报实销或者缓刑,完全背离无罪推定、证据裁判等原则,走向了诉辩强迫交易。

(五)捕诉合一制度间接促使认罪认罚制度偏离正轨

自捕诉合一制度施行以来,很多时候造成一种逢捕必诉的局面,因为一旦不起诉就意味着检察官自己办了错案、错捕了嫌疑人,这样必将促使检察官不得不硬着头皮将案件进行到底。在捕诉合一的模式下,检察官囿于前期案件审查过程中判断犯罪嫌疑人社会危险性形成的思维定式,影响在羁押必要性审查中的判断,除非是有明显的客观事实改变,诸如身体状况确实不适宜继续羁押或者案件事实、证据发生重大变化等,否则很难改变对社会危险性的既有判断。换言之,捕诉合一模式下,批捕的检察官就是未来出庭支持公诉的检察官,怎么会主动或者愿依申请启动羁押必要性审查、怎么会作出不起诉决定? 这是自己打脸,甚至是了断自己的公诉生涯。

就目前国家赔偿和司法责任追究的体系而言,赔偿主体和追责模式不够科学。根据《国家赔偿法》第21条的规定①,只要批捕,公安机关便不承担赔偿义务。但只

---

① 《国家赔偿法》第21条规定:"行使侦查、检察、审判职权的机关以及看守所、监狱管理机关及其工作人员在行使职权时侵犯公民、法人和其他组织的合法权益造成损害的,该机关为赔偿义务机关。对公民采取拘留措施,依照本法的规定应当给予国家赔偿的,作出拘留决定的机关为赔偿义务机关。对公民采取逮捕措施后决定撤销案件、不起诉或者判决宣告无罪的,作出逮捕决定的机关为赔偿义务机关。再审改判无罪的,作出原生效判决的人民法院为赔偿义务机关。二审改判无罪,以及二审发回重审后作无罪处理的,作出一审有罪判决的人民法院为赔偿义务机关。"

要批捕了，案件就很难停止，很多情况下只能起诉，哪怕是定罪免处也要起诉。当事人在被羁押状态下，只想早日回家，定罪免处、实报实销或者是缓刑，都可以接受。因此，捕诉合一的模式下，检察官既很难自己打脸，又很难不诉，最终所有的不利后果均由当事人来承担，往往促使认罪认罚制度在实施过程中偏离正轨。

我们关于其他问题和因素不再赘述，但是不难看出认罪认罚制度的实施偏离正轨不是单一因素所导致。一项新的制度实施必须伴随完备的协同机制，不能仅以适用率等单一指标来衡量认罪认罚制度实施的成果。同时，也更能反映出刑事诉讼的每一项制度改革都不是一个孤立的单元，应当将改革配套的措施和协同机制完善，方可保证实施成果的优良化。

（六）部分认罪认罚案件在审理过程中被动降低证明标准，形式审查代替了实质审查

首先，鉴于认罪认罚案件的审理程序已经被简化，被告人已经认罪认罚，很多法官对案件真实性的审查，都停留于形式审查。但部分被告人在一审宣判后以非自愿性、不清楚、被误导等为由提出上诉，这与审判阶段司法审查形式化倾向不无关系，一定程度上对司法公正、人权保障造成损害。

其次，根据《刑事诉讼法》第201条的规定①，认罪认罚案件中，公诉机关的量刑建议一般应当采纳。换言之，原则上必须采纳，这就在案件审理过程中促使法院不得不采纳，否则将迎来被抗诉的结果，接踵而来的就是考核、说明，甚至被纪委、监委约谈。

再次，现有的司法责任追究，虽然是终身制，但是轻罪重判、无罪判有罪的责任追究并未作为追责的重点，反而是重罪轻判等作为重点，这在政策和法律实施方面没有做到有机统一，导致很多司法人员心中坚持有罪、重罪的逻辑。

最后，认罪认罚案件，甚至自首、认罪认罚的案件也可能存在错案，也可能因证据体系不完整而被判无罪。实践中，绝大多数案件只要被告人认罪，几乎都被定罪，认罚的几乎都采纳了量刑建议。然而，检察机关依法承担证明被告人有罪的举证责任，应当提供确凿、充分的证据来证明被告人有罪。即使被告人认罪，但如果

---

① 《刑事诉讼法》第201条规定："对于认罪认罚案件，人民法院依法作出判决时，一般应当采纳人民检察院指控的罪名和量刑建议，但有下列情形的除外：（一）被告人的行为不构成犯罪或者不应当追究其刑事责任的；（二）被告人违背意愿认罪认罚的；（三）被告人否认指控的犯罪事实的；（四）起诉指控的罪名与审理认定的罪名不一致的；（五）其他可能影响公正审判的情形。人民法院经审理认为量刑建议明显不当，或者被告人、辩护人对量刑建议提出异议的，人民检察院可以调整量刑建议。人民检察院不调整量刑建议或者调整量刑建议后仍然明显不当的，人民法院应当依法作出判决。"

其有罪供述的真实性缺乏保障,在案证据未能达到确实、充分标准,也不能认定被告人有罪。

综上所述,认罪认罚量刑建议原则上必须采纳,促使"庭审形式化""证明标准降低""重判无责"等偏离证据裁判原则的现象。

二、如何防范认罪认罚案件冤假错案的发生

认罪认罚从宽制度不是"辩诉交易",须进行实质审查。认罪认罚从宽制度贯穿侦查、起诉、审判乃至执行等诉讼过程。我国的认罪认罚从宽制度不是美国等西方国家"辩诉交易"的翻版或中国化。因此,认罪认罚案件中,如何防范冤假错案的发生,需要全方位的政策协同,措施配合。

(一)将律师见证程序后移至庭审阶段,并充分保障值班律师阅卷权利、条件的基础上对认罪认罚案件进行见证

目前在《刑事诉讼法》及相关指导意见中,虽然明确了值班律师可以查阅案卷材料、了解案情等权利,但在值班律师几乎没有阅卷的可能。首先,检察官去看守所提审时很少带全部卷宗,尤其是卷宗较多的案件,不可能带上卷宗;其次,即使检察官带上卷宗,阅卷不是三五分钟的工作,阅览一本卷宗至少需要个把小时,更何况卷宗多的案件,提讯时间和阅卷等时间无法匹配,因此在客观上很难实现值班律师在看守所阅卷;再次,在很多检察官心中,律师只需要签字即可,无须了解案情,甚至对值班律师的权利持漠视态度;最后,即使值班律师在检察院值班,也很难实现阅卷工作,时间协调、办案人员等均是客观存在的限制。

值班律师在审查阶段进行认罪认罚见证形同虚设,建议将值班律师见证的时间后移。鉴于法律援助法的实施以及刑事辩护全覆盖的政策,在一审阶段律师本身就具备了充分的阅卷空间,在法庭辩论终结后启动认罪认罚见证,这样建立在事实清楚,证据确实充分的基础上。

因此,在我国认罪认罚从宽制度改革中,我们应当从"完善法律援助制度,扩大法律援助范围"的改革要求出发,从扩大传统法律援助的覆盖范围入手,为认罪认罚案件的犯罪嫌疑人、被告人提供更有效的法律帮助,并使之与值班律师制度形成一种相得益彰、互为补充的合理配置关系①。

---

① 吴宏耀:《我国值班律师制度的法律定位及其制度构建》,载《法学杂志》2018 年第 9 期。

(二)认罪认罚由律师提出建议或申请,检察机关启动

认罪认罚必须要体现当事人的自愿性,而实践中当事人是自愿还是妥协,相信很多律界同仁都有共鸣,"认罪认罚不?认罪认罚10年,不认的话15年……"当事人没办法不认。因此要在坚持证据裁判的基础上,充分保障自愿性。而当事人的自愿性源于对案件和证据的了解,必须要由律师为其提供全方位的解读。因此,确有必要认罪认罚的案件,应该由律师提出认罪认罚建议,在征得当事人同意的条件下,向检察机关提出认罪认罚的申请,进而由检察机关和律师进行量刑协商,就事实、定性、量刑等达成一致后,检察官启动认罪认罚。这样既可以保证认罪认罚的自愿性,也可以保证量刑协商的充分性,更可以保证认罪认罚案件的证明标准没有降低。

(三)认罪认罚具结书中要明确有律师个人意见或者另附独立于辩护意见的认罪认罚意见

在笔者亲办案件中,以事实清楚,证据确实、充分为前提,当事人认罪认罚的案件共计4件,均经历了3次以上的量刑协商,在证据和侦查程序出现严重瑕疵,甚至指控数额(泛指量刑情节)部分缺失的情形下,在检察官提出量刑建议后,经过控辩双方站在证据和程序存在问题的基础上多次进行充分的协商,最终实现精准量刑建议的认罪认罚具结。

现有认罪认罚具结书,都是格式文本,仅有律师对认罪认罚具结过程的意见表述,没有律师对认罪认罚案件的任何意见。然而,这样的见证就失去了实际意义,案件的证据是否确实、充分,事实是否完全清楚,都是无法排出合理性怀疑的状态。尤其值班律师几乎不可能探知到具体证据,案件事实也只能听检察官的描述,但这一描述永远都是停留在有罪论证的基础上进行的。认罪认罚具结过程的见证,不能流于形式,要给予律师充分提出意见的空间,方可保障见证过程的实质。具结书中要设置律师对案件事实、定性、证据、量刑等意见或者可以另附独立于辩护意见的认罪认罚意见,如果没有相关意见的反馈,就应视为无效的具结。在此基础上,方能保证认罪认罚见证过程不流于形式,而进一步保留实质。

(四)将认罪认罚案件指标作为常规化考核,不能强行推进适用率

认罪认罚从宽制度实施以来,一路高歌猛进、全线飘红。认罪认罚制度本来是一项人权保障和繁简分流等改革方针的具体化措施之一,但是过于强调适用率必定会造成生吞活剥、生搬硬套的局面,而忽略了制度本身的长久意义。更有甚于,在很多案件中认罪认罚已经成了办案的"杀手锏","认不认?不认就重判……"演化成强迫"诉辩交易"。因此,将认罪认罚适用率作为常规化考核势在必行。

2021年7月以来,最高人民检察院开始转向的羁押必要性审查专项行动,也必定将此作为考核指标之一。另外,检察官的考核内容不仅应当包含有罪指控率、批捕率,还应当将不起诉率、不批捕率、检察监督率、审前不羁押率等作为重要考核内容,这样将大大提升认罪认罚案件的实质化,更有利于防范冤假错案。

同时,将认罪认罚案件作为重点评查、复查内容,所有认罪认罚案件一律作为抽查的范围,重点评查证明标准及事实认定等方面,建立常态化的倒查机制。

(五)司法责任追究的模式改革

在实践中,只要案件被批捕,侦查机关的责任很小,都将责任落到了检察机关及承办人的头上,这样必将导致批捕必诉的固有思维模式,否则就是错案。面临责任追究,轻者处分,重者可能涉嫌渎职。侦查机关在提请批捕时,持绝对有罪论,否则其无法移送案件;在移送时也势必会将案件的有罪事实、证据凸显出来,否则就是侦查机关的错案。在这里笔者要为检察官说一句话:是这样的追责模式促使检察官不得不硬着头皮坚持起诉,坚持有罪推定的思维。

为此,如果能将错案追究、国家赔偿的模式改变为责任前置与责任分担的方式结合,必将促使这种局面的改观。一个案件如果没有批捕,侦查机关就承担错案责任;如果批捕后被判无罪,检察、侦查机关就要担责;如果被判无罪或者再审无罪的,所有办案机关就都要作为责任承担主体。形成立体化的责任追究模式,改变原有责任单一化的模式。

(六)强力推进少捕审诉审押政策,避免实报实销、定罪免处的无罪案件

居高不下的审前羁押率,促使逢捕必诉的办案思维形成,这与责任追究也息息相关。以往的办案思维中,只要可能判处3年以上有期徒刑的,或者有共同犯罪情形的,几乎都是不加以区别一律以不足以防止社会危险性、串供等理由批捕,但是有多少案件因证据、事实等问题可能无罪,又有多少案件可能会适用缓刑呢?取保候审中社会危险性如何评判,虽然《人民检察院刑事诉讼规则》中将批捕的各种情形作了细致的规定,但言外之意只要有"可能"导致任何一种情形的就应当批捕,而目前没有关于取保期间发生社会危害情形的统计数据。在取保期间,发生社会危险性行为的责任与社区矫正期间的责任相类同,一旦触碰即有被收监(收押)的可能,为此我们可以参照社区矫正期间再犯罪率,而我们目前矫正期间再犯罪率很低。根据最高人民检察院举行的"深化社区矫正法律监督,助力推进平安中国建设"新闻发布会,我国社区矫正期间再犯罪率较低,因为矫正人员很少有再犯或者

治安违法的情形,刑事未决案件当事人也同样少有发生社会危险性行为的后果。因此取保期间虽然存在发生社会危险性行为的可能,但实际发生率不会高,完全可以大胆尝试降低审前羁押率,全力推进少不申诉的刑事政策。

少捕的目标在于改变"构罪即捕"的惯性思维。少捕的实质标准必须回到逮捕的实质要件上来,坚持取保优先原则。很长一段时间以来,理论界和实务界没有重视"采取取保候审尚不足"的内涵,导致立法上的这个"良苦用心"未全面落实;落实少捕的首要标准就是坚持取保优先的原则,也就是"能不捕就不捕"。应将社会危险性理解为具体危险而非抽象危险;以往有的司法人员习惯于将社会危险性理解为抽象危险,这与"构罪即捕"惯性思维在性质上并无二致。不能将未赔偿和解、非本地居民简单等同于有社会危险性[1]。强制措施的适用上,要把犯罪嫌疑人、被告人认罪认罚作为其是否具有社会危险性的重要考虑因素,能不捕的就不捕或减少羁押;犯罪情节轻微,依法可不判处刑罚的,可不诉的就不诉;符合缓刑适用条件的,应依法判处缓刑,扩大非监禁刑的适用。

进入新时代,不放纵犯罪、不伤及无辜、罪责刑相适应必须是"三位一体",应当并重。在追诉理念上,法律的规定和检察机关一直强调的都是:罪与非罪存疑的,按无罪处理;轻罪重罪存疑的,按轻罪处理,这实际也是中华法系早已形成的慎刑思想:宁失不经,不伤无辜[2]。这样,降低了错捕案件发生,也必会降低错判案件的发生,不会间接促使检察官够罪即捕、逢捕必诉地推进案件,也不会导致以踢皮球的方式将案件最终推给法院来处理。最终,避免因错误羁押而导致的被强迫认罪认罚。

(七)认罪认罚量的刑建议在法庭辩论终结后提出,应由法院主导、确认认罪认罚是否适用

在目前的实践中,检察机关几乎都是在起诉前进行认罪认罚具结,此时辩护人的意见很难提出,被告人也无法对证据进行质证,为此在此阶段签署具结书缺乏事实清楚、证据确实、充分的必要前提,会虚置庭审查明事实真相的功能,导致不认罪被告人及其辩护人的发问权、对质权无法实现,难免出现冤假错案。因此,我们能否在检察阶段由律师将认罪认罚建议提出并与检察官充分协商,再经过法庭调查的充分质证,在法庭辩论终结后,签署认罪认罚具结书。这样就既保证了当事人的

---

[1] 李勇:《准确理解少捕慎诉慎押具体内涵标准》,载《检察日报》2022年3月29日。
[2] 张军:《关于检察工作的若干问题》,载《国家检察官学院学报》2019年第5期。

质证权和陈述权,也保证了每一个案件的证明标准。

首先,要为认罪认罚的当事人营造如实陈述的宽松气氛。无论是公诉人、还是法官,都不能动辄以"改变供述将影响你认罪认罚成立"为由,当庭威胁当事人,不让当事人如实陈述。相反,开庭就是为了查明事实真相,应当鼓励当事人如实回答问题、如实供述。

其次,保障不认罪被告人及其辩护人对认罪认罚被告人的发问权、对质权。认罪认罚的被告人,不能因为害怕影响到自己的认罪认罚认定,就拒绝接受不认罪被告人及其辩护人的发问和质证。对其他被告人及其辩护人的发问、对质,审判长应提示其应当如实回答,而非放任其保持沉默。

最后,对当庭如实陈述、协助法庭查明事实真相的被告人,不能因为其改变了部分审前供述,就轻易否定其认罪认罚的情节。如果其当庭陈述和其他证据相互印证,更符合客观事实的,不应取消其认罪认罚从宽的待遇。

没有证据就没有庭审,有什么样的证据就有什么样的庭审。起诉的是贪污罪,证据却只能认定为挪用公款罪,那就是一个挪用公款案件的庭审。检察官承担指控、证明犯罪的法定职责。狭义的指控、证明犯罪不是在批捕、审查起诉过程中,而是发生在审判环节的庭审中。检察官应承担指控、证明犯罪的主导责任。

通过《刑事审判参考》第127辑中的指导案例来看,一次性公布12个关于认罪认罚具体适用等问题的指导案例,试图通过这些指导案例,扭转法院在认罪认罚领域的被动局面和颓势。最高人民法院对认罪认罚案件的程序启动权、主导权、适用范围、审查权、量刑建议调整程序、检察院抗诉权、被告人上诉权、反悔权均作了重大调整。

因此,认罪认罚的主导、审查、量刑建议调整等等问题,应当由人民法院主导,回归庭审实质化。

结　语

作为党的十八届四中全会确立的重大司法改革举措,认罪认罚从宽制度,在2018年《刑事诉讼法》第一章"任务和基本原则"中被确定。这体现了党和国家对认罪认罚从宽制度的高度重视同时也是保障人权与保护法益有机统一的重要具体措施之一。在执行过程中,难免会遇到执行偏差的情况,及时修正势在必行。

认罪认罚从宽制度通过激励机制促进被追诉人与国家和解、与被害人和解,实质性地修复了被犯罪破坏的社会关系,能够有效化解罪犯再次犯罪或报复社会的风险；同时也会有效化解犯罪分子与被害人之间因矛盾没有化解而发生的相互侵害风险，并有助于减少刑事申诉信访现象，从而达到防范刑事案件处理所可能产生的"次生风险"①。因此，应当在坚持疑罪从无的基本原则、落实存疑有利于被告人原则的基础上，讨论认罪认罚从宽制度的适用。

作为法律人，我们任重而道远，要坚持法律精神，共同参与全面推进依法治国的伟大进程。

---

① 胡云腾：《正确把握认罪认罚从宽　保证严格公正高效司法》，载《人民法院报》2019 年 10 月 24 日。

认罪认罚从宽制度路径思考

马浩然[*]

一、认罪认罚从宽制度的历史沿革

（一）认罪认罚从宽制度的提出

2003年"两高一部"颁布《关于适用普通程序审理"被告人认罪案件"的若干意见（试行）》，其中第9条"人民法院对自愿认罪的被告人，酌情予以从轻处罚"的规定，第一次明确提出了"认罪"的概念。2012年修订的《刑事诉讼法》增设了公诉案件和解程序，为贯彻落实认罪从宽制度奠定了法律基础。2014年全国人大常委会授权"两高"在全国部分地区开展刑事案件速裁程序试点工作，进一步简化了认罪案件的相关诉讼程序。2014年，十八届四中全会通过《中共中央关于全面推进依法治国若干重大问题的决定》，提出要完善刑事诉讼中认罪认罚从宽制度。2016年7月22日，中央全面深化改革领导小组审议通过了《关于认罪认罚从宽制度改革试点方案》。2016年9月3日，全国人大常委会授权最高人民法院、最高人民检察院在北京、天津、上海等18个城市开展为期2年的试点。试点工作开展以来，该制度在依法及时惩治犯罪、强化人权保障、优化资源配置、推动繁简分流、提升诉讼质量效率、完善多层次刑事诉讼程序体系等方面发挥了重要作用。

（二）认罪认罚从宽制度立法确认

2018年10月26日，第十三届全国人民代表大会常务委员会第六次会议《关于修改〈中华人民共和国刑事诉讼法〉的决定》（第三次修正）系统地规定了认罪认罚从宽制度在侦查阶段、审查起诉阶段、审判阶段的适用及注意事项。2019年10月11日，最高人民法院、最高人民检察院、公安部、国家安全部、司法部印发《关于适用

---

[*] 马浩然，新疆同创律师事务所律师。

认罪认罚从宽制度的指导意见》,"两高三部"的意见对认罪认罚从宽制度的基本原则、适用范围和条件、从宽幅度、审前程序、量刑建议、审判程序、律师参与、当事人权益保障等作出了具体规定。2021 年 12 月 2 日,最高人民检察院印发《人民检察院办理认罪认罚案件听取意见同步录音录像规定》,明确人民检察院办理认罪认罚案件,对于检察官围绕量刑建议、程序适用等事项听取犯罪嫌疑人、被告人、辩护人或者值班律师意见、签署具结书的活动,应当同步录音录像。因为认罪认罚制度是检察院主导对检察院有更多的约束。

至此,认罪认罚通过前期的试点,在试点取得较为成功经验的基础上将认罪认罚制度通过立法写进《刑事诉讼法》,确立为我国刑事诉讼的一项基本制度,又在实施的过程中补充完善存在的问题。最高人民检察院 2021 年 12 月 2 日发布《人民检察院办理认罪认罚案件听取意见同步录音录像规定》就是为了解决实践中嫌疑人虽认罪认罚但对于认罪认罚的法律后果不甚清楚的情况。

二、认罪认罚从宽制度存在的问题

认罪认罚制度的确立,尤其是立法确立为一项刑事诉讼基本制度确实为那些真诚认罪悔罪的嫌疑人提供了从宽处罚的路径,但我们也不得不直面认罪认罚制度在实施过程中存在的一些问题。

(一)犯罪嫌疑人认罪认罚,辩护人作罪轻辩护法院却判了无罪

[案例1]

在某出售出入境证件案中,被告人张某为帮助外籍人员申请商务签证,以公司名义有偿出售办理商务签证所需商务邀请函。到案后,张某在侦查及审查起诉阶段都如实交代自己的行为,表示愿意接受处罚,自愿签署认罪认罚具结书,并与检察院就量刑建议达成有期徒刑 7 个月至 1 年的意见。张某的辩护律师也是作有罪辩护,请求法院从轻处罚。

但法院经审理认为,根据《关于办理妨害国(边)境管理刑事案件应用法律若干问题的解释》第 2 条的规定,"出境证件"包括护照或者代替护照使用的国际旅行证件,中华人民共和国海员证,中华人民共和国出入境通行证,中华人民共和国旅行证,中国公民往来香港、澳门、台湾地区证件,边境地区出入境通行证,签证、签注,出国(境)证明、名单,以及其他出境时需要查验的资料。出入境证件包括上述罗列的证件以及其他入境时需要查验的资料。显然张某出售的商务邀请函不属于出入境证件,其行为不构成出售出入境证件罪。最终,检察院以证据不足为由向法院申

请撤回了起诉。

[案例2]

被告人王某某因涉嫌非法经营罪被全椒县人民检察院提起公诉,并指控犯罪嫌疑人王某某从犯罪嫌疑人曹某某、李某某(另案处理)及烟草零售户左某某、刘某某、黄某某、王某某等人处购买大量卷烟,从河南省虞城县到全椒县以每条香烟加价10元的价格售卖给张某某,在全椒县襄河镇徐塘桥工业园内被全椒县烟草专卖局现场查获,其中包括芙蓉王(硬盒)85条、黄金叶(天叶)219条、黄金叶(乐途)40条、中华(硬盒)157条、苏烟(五星红杉树)13条、中华(软盒)160条、黄金叶(国色细支)11条、钻石(荷花)12条、黄金叶(天香细支)114条,共计811条卷烟,经安徽省烟草专卖局认证涉案卷烟价值508081.6元。以上卷烟经安徽省烟草质量监督检测站抽样检测均为真品卷烟。另查明,王某某曾多次贩卖各种品牌卷烟共计1000多条给张某某,价值50多万元,非法获利1万多元。犯罪嫌疑人曹某某,于2019年11月至2020年1月从河南省虞城县的多个烟酒超市内收购各类品牌卷烟500多条,卷烟价值13万余元,加价出售给王某某,从中获利3000余元。检察机关认为,王某某因违反国家烟草经营许可制度而涉嫌非法经营罪,遂向全椒县人民法院提起公诉。王某某对于检察机关指控无异议,自愿认罪认罚,并签署了认罪认罚具结书,本案由安徽省全椒县人民法院审理,认定被告人王某某犯非法经营罪,判处有期徒刑5年并处罚金2万元,退还违法所得1万元。

一审宣判后王某某不服,提起上诉,滁州市中级人民法院经审理认为原判认定部分事实不清、证据不足,裁定撤销一审判决,发回原一审法院重审。重审期间,检察机关以案件证据不足提请撤回起诉。

(二)犯罪嫌疑人认罪态度极好,检方作了较轻量刑建议法院却重判了

有时在法院定罪量刑不仅是看本案证据犯罪嫌疑人的认罪悔罪态度,更多的是要平衡法律效果、社会效果,尤其是在共同犯罪案件中更是如此。例如,在马某涉嫌组织卖淫罪一案中,辩护人在充分考虑全案在案证据、到案经过,并与犯罪嫌疑人充分沟通的基础上决定认罪认罚争取从宽处理,于是经过和检方的充分沟通,认定了马某构成自首,并出具了7—9年的量刑建议,但是法院在经过审理后,为平衡全案其他犯罪嫌疑人的量刑,最终判决马某10年6个月有期徒刑,马某不服上诉,二审维持原判。

认罪认罚制度和自首制度一样,本质上都是给犯罪嫌疑机会主动配合国家公权力机关,争取从宽处罚,节约司法资源。但是如果认罪认罚了而不按照认罪认罚

给予的量刑区间量刑,会导致这项制度失去"公信力",最后导致认罪认罚从宽制度成为纸面上的制度。

(三)犯罪嫌疑人认罪认罚后,又上诉检察院抗诉撤销认罪认罚法院重判

被告人官某某因犯盗窃罪,在法院对其适用认罪认罚从宽制度作出从宽处罚的一审判决后,又以量刑过重为由提起上诉,检察院认为其上诉导致一审判决对其具有认罪认罚从宽处罚情节的认定错误。于是,建阳区人民检察院依法提出抗诉,并得到上级检察院支持,最终二审法院对官某某改判加刑。

(四)犯罪嫌疑人以为还可以在认罪认罚从宽的量刑建议区间外争取更轻量刑

这个问题本质上就是犯罪嫌疑人急于表忠心、急于认罪认罚,却对认罪认罚的法律含义不清楚。所以才会出现检方问"某某某你是否认罪认罚",犯罪嫌疑人答"我认罪认罚";又问"那你对指控你某某某有没有异议",又答"我有异议,那不是我干的";再问"那你到底认不认罪认罚",再答"我认罪认罚"这样的对话。也会出现辩护人问"某某某一审中认罪认罚具结书是不是你自愿签署的",犯罪嫌疑人答"是我自愿签署的";又问"那你为什么要上诉呢,一审量刑也在检方量刑建议幅度内啊",又答"一审的量刑建议太重了,我以为认罪认罚了法院判的时候会在量刑建议以下判呢"这样的对话。

(五)检方称认罪认罚就调取自首的相关证据,不认罪认罚就不调取

这是发生在新疆维吾尔自治区某基层人民检察院办理的职务犯罪案件期间发生的事,辩护律师在介入后发现检方指控了犯罪嫌疑人涉嫌受贿罪和贪污罪,但是辩护人在阅卷及会见当事人后发现监委当时留置犯罪嫌疑人时只掌握了其涉嫌受贿罪的犯罪事实,贪污罪的犯罪事实是犯罪嫌疑人自己主动交代的,于是和检方沟通调取犯罪嫌疑人构成自首的证据以及监委的情况说明。但是检方却告诉辩护人检方已充分掌握了犯罪嫌疑人涉嫌受贿罪和贪污罪的犯罪事实,让辩护人给犯罪嫌疑人做工作认罪认罚,否则就不去调取犯罪嫌疑人构成自首的证据。虽然犯罪嫌疑人构成自首是个客观的事实,可以通过在案证据反映出来,但是检方却以"你认罪认罚我就给你认自首,在不认罪认罚的情况下是否构成自首就留着法庭上说吧"为由,不认定犯罪嫌疑人自首,并在不认定自首的前提下出具量刑建议。

(六)降低证据标准审判经不起历史考验

其实以上问题最核心的问题都是一个证据标准的问题,就是我们现在认罪认罚的这些案件的证据标准能不能经得起历史的考验,是不是有一些案件证据标准完全达不到证明案件事实清楚的程度,但都被定罪了。

其中有些是证据链本身有问题，检方以认罪认罚不再质疑证据本身就给你轻的量刑建议为"诱饵"，让犯罪嫌疑人、辩护人都对案件事实本身、证据本身不再提出异议，进而偷懒不去加强证据链本身，就以犯罪嫌疑人已认罪认罚为由降低证据标准。还有些是犯罪嫌疑人认罪态度确实非常好，无论是基于什么目的，但就是认罪态度非常好，在侦查机关掌握的犯罪事实的基础上，又主动交代了其他犯罪事实，并且自愿认罪认罚，因此侦查机关就以犯罪嫌疑人就其主动交代的犯罪事实已认罪认罚降低搜集证据的标准。

而这些都会存在一个共同的问题，就是其中有些所谓的认罪认罚可能是基于各种考虑作出的，并非自愿。如此一来，所谓指控的犯罪事实是否证据确实、充分就有待商榷，甚至有些案件我们把犯罪嫌疑人自愿认罪认罚的有罪供述拿走后会发现没有其他任何证据证实指控的事实，那这样的一种证据标准肯定是存在问题的，肯定是经不起历史的考验的。

三、认罪认罚从宽制度存在问题的原因分析

（一）启动主体错误

经过对认罪认罚从宽制度实施这么长时间以来存在的问题的分析，我认为目前认罪认罚从宽制度出现种种问题的根本原因是，认罪认罚制度启动主体错误。

目前，认罪认罚制度的启动主体是检察院或者法院，检察院给犯罪嫌疑人认罪认罚从宽量刑相当于是给犯罪嫌疑人的施舍：如果选择认罪认罚从宽就既要认罪刑又要认刑罚；如果选择不认罪认罚则就要加重对犯罪嫌疑人的量刑。双方完全是不平等的地位，没有协商的空间、余地，而律师在其中的作用也微乎其微。而这种不平等在审查起诉阶段就会又延伸出其他问题，比如权力寻租、懒政降低证据标准，更有甚者使本无罪者受到错误追究，比如有意模糊化告知认罪认罚的法律后果以积极寻求犯罪嫌疑人认罪认罚等。这些问题的核心就是检方在主导，以一种居高临下的姿态施舍犯罪嫌疑人；犯罪嫌疑人若不接受，就会被认定为认罪态度不好建议加重刑罚。

如果我们换种思路，把认罪认罚制度启动的主体改为被告人或辩护律师，那么问题将迎刃而解。检察院无须考虑犯罪嫌疑人是否认罪认罚，只要正常起诉量刑建议就好，而被告人或辩护律师可以把这当作自己争取正常量刑基础上的一个从宽处罚的机会。这么一来，启动认罪认罚的权利主体转移到被告人，被告人就有和公安、检察院、法院平等协商的地位条件，从而认罪认罚制度中出现的种种乱象也

就得以解决。

(二) 有罪推定思维

认罪认罚从宽制度存在的另一个根本性原因是，办案人员具有有罪推定思维。我们前述分析过认罪认罚制度存在的一个很大的共同问题就是其中有些所谓的认罪认罚可能是基于各种考虑作出的，并非自愿，如此一来，所谓指控的犯罪事实是否证据确实充分就有待商榷，甚至有些案件我们把犯罪嫌疑人自愿认罪认罚的有罪供述拿走后会发现没有其他任何证据证实指控的事实，那这样的一种证据标准肯定是存在问题的，肯定是经不起历史的考验的，而出现这些问题的根本原因就是办案人员的有罪推定思维。一开始就认定笃定犯罪嫌疑人是有罪的，所以只考虑给予轻的量刑，而根本不会去考虑犯罪嫌疑人本身有可能是无罪的，再加上对犯罪嫌疑人进行如果认罪认罚将给予从宽处理的诱导，犯罪嫌疑人基于从宽处理的诱惑而作出了认罪认罚，办案人员将更不可能去认定其无罪了，这样一个恶性循环就形成了，周而复始一遍遍加强，却从未有人质疑犯罪嫌疑人无罪。因此我们回过头来看那些在被告人认罪认罚辩护律师作罪轻辩护的情况下仍坚守底线认为被告人无罪的法官，真的伟大。

四、认罪认罚从宽制度解决问题的路径思考

(一) 从制度上改变认罪认罚的启动主体

正如前述分析，认罪认罚制度存在问题的根源就是启动主体错误，因此我们就要从根本上解决这个问题，从立法制度上改变启动主体，让检方不能依此"尚方宝剑"来引诱犯罪嫌疑人认罪认罚进而降低自己审查案件证据的标准，相反应当规定检方应当根据案件基本事实客观证据判断犯罪嫌疑人是否构成犯罪，并依据客观证据作出量刑建议，在此基础上犯罪嫌疑人可根据检方的指控、量刑建议结合自身情况的考虑最终决定是否再争取一个更为宽松的量刑。

当然这里还需要进行限制的一个情况是，检方在根据案件基本事实客观证据判断犯罪嫌疑人是否构成犯罪，并依据客观证据作出量刑建议时不得以犯罪嫌疑人未主动提出认罪认罚而认定其认罪态度不好加重量刑建议；法院在审判时也不得以犯罪嫌疑人未主动提出认罪认罚而认定其认罪态度不好加重量刑建议。如此一来，就是将认罪认罚从宽制度定性为犯罪嫌疑人可主动追求的一个对自己可从宽处理的机会，而不是办案机关给予的施舍。对于办案机关来讲，认罪认罚不再是其手中的"尚方宝剑"，而是应当回归案件基本事实，不降低证据标准，办好每一个案件,让人民群众在每一个司法案件中感受到公平正义,让每一个案件经得起历史的检验,毕竟对办案人员而言那只是一个案件,但对每一个案件的当事人而言那就是他们的人生。

(二)提升法治意识杜绝有罪推定

其实提升法治意识一个老生常谈的问题,但也是最根本的一个问题。我们回过头去看我们历史上发生的那些冤假错案,无论是呼格吉勒图案、聂树斌案、佘祥林案,还是张高平案,我们现在去看这些案件简直不可思议:当时怎么会被判有罪呢？但是他们不仅被判了有罪而且是重罪。造成这种现象的原因有很多,但我认为最为根本的一个原因就是办案人员的有罪推定思维,既已认定你有罪就只管往这方面去搜集、制造证据就好,不用再去考虑是否有可能无罪、是否有可能这事是别人干的。

我们现在看历史觉得不可思议,如果我们继续这种有罪推定的思维,继续这么降低证据标准、继续这么靠被告人认罪认罚判案,那么我们现在办理的这些案件又何尝不会成为后人评判我们时的不可思议呢。

论被追诉人认罪认罚撤回的程序应对

陈义龙*

一、引言

刑事法律政策的研究和刑事法律制度的建设应当以习近平法治思想为根本遵循,习近平法治思想的刑事法要义博大精深,其在"推进司法责任制,深化以审判为中心的刑事诉讼制度等改革"方面提出了系统的改革方案,其中,"全面落实认罪认罚从宽制度"被习近平总书记多次强调。① 被追诉人认罪认罚的撤回属于认罪认罚从宽制度中的关键一环,是指被追诉人基于争取从宽处罚的主观心理,在侦查阶段认罪坦白,被公安机关记录在案;在审查起诉阶段与检察官达成认罪认罚之合意,并签署认罪认罚具结书;在审判阶段当庭确认自愿签署认罪认罚具结书,然而被追诉人又于审判前、审判时或审判后对先前的认罪认罚予以反悔的权利。

笔者认为,被追诉人既然享有自愿作出认罪认罚的权利,在知晓撤回认罪认罚的法律后果且愿意承担撤回的法律责任的情况下,也应当保障对其先前认罪认罚予以反悔之权利。但是,关于被追诉人是否享有认罪认罚撤回权的问题上,并没有上升到《刑事诉讼法》立法层面,仅在2019年《关于适用认罪认罚从宽制度的指导意见》(以下简称《认罪认罚指导意见》)中以司法解释的形式予以明确,并设有"认罪认罚的反悔和撤回"章节。然而,认罪认罚撤回的程序应对及法律效果等诸多细节并没有涉及。

因此,司法实务与学术界在认罪认罚撤回权的认知方面始终存在争议。有学者认为,赋予被追诉人认罪认罚撤回权是保障被追诉人认罪认罚自愿性的必然要求,也是保证被追诉人认罪认罚自愿性的正当化根据和必要前提,应当尊重被追诉

---

* 陈义龙,江苏镜见兴律师事务所执业律师。
① 参见姚建龙:《习近平法治思想中的刑事法要义》,载《政治与法律》2021年第5期。

人认罪认罚后撤回的权利,①这是肯定说学者的观点。否定说则认为,被告人应受刑事合意的约束,不应任意撤回认罪认罚,必须坚决抵制反悔认罪认罚的行为。②

据统计,认罪认罚从宽制度在 2018 年 10 月 26 日以立法形式确立以来,"检察环节认罪认罚从宽制度适用率从2019 年 1 月的20.9%,提升到2020 年以来的85%以上",③量刑建议伴随着精准性的提高,法院采纳量刑建议的比例高达64.9%,有些地方甚至超过了80%。④ 由此可见,认罪认罚从宽制度的实施已经提高了一审案件诉讼效率,繁简分流、节省司法资源的立法目的已经达到,赋予被追诉人认罪认罚撤回权不但不影响整个一审程序效率,而且能促进公正审判。所以,笔者认为,应当折中看待被追诉人认罪认罚撤回权,在肯定被追诉人享有认罪认罚撤回权的基础上,要平衡司法的权威性和被追诉人认罪认罚撤回权的正当性,对于刑期较短,为了留所服刑而进行的技术性上诉,检察机关应当以抗诉回应,因为该类上诉违背了控辩双方的协议,浪费了司法资源,所以必须予以制止。对于发现存有利于被追诉人的新的证据和事实,或者量刑结果低于被追诉人的内心评估,从而致使被追诉人撤回认罪认罚的,二审法院应当依法受理。

二、赋予被追诉人认罪认罚撤回权的依据

肯定被追诉人认罪认罚撤回权的众多学者不约而同地认为,认罪认罚的自愿性与认罪认罚撤回权是相对应的,笔者亦赞同。但是,笔者认为,保障刑事诉讼正当程序,使案件趋于公正,是认罪认罚撤回权更深一层的法理凭借,具体如下。

(一)法理依据:贯彻刑事诉讼正当程序理念,保障公正审判

何为正当程序(due process)?《布莱克法律词典》中将其定位为:为了保护和行使在法庭公正审判之前通知公民进行公开听证等私人权利,根据既定的规则和原则进行的法律程序,也称为正当法律程序。⑤ 从反面理解,则是由于"并非一切法律程序都是正当的",需要构建符合"自然正义"的控制"公共行为"的法律制度。⑥

刑事诉讼正当程序映射在被追诉人认罪认罚制度中,一方面是指被追诉人为

---

① 肯定说的学者多数鉴于保障认罪认罚自愿性为法理基础。参见肖沛权:《论被追诉人认罪认罚的反悔权》,载《法商研究》2021 年第 4 期。汪海燕:《被追诉人认罪认罚的撤回》,载《法学研究》2020 年第 5 期。
② 参见秦宗文:《认罪认罚案件被追诉人反悔问题研究》,载《内蒙古社会科学》(汉文版)2019 年第 3 期。
③ 《认罪认罚从宽制度正式施行三周年:"化学反应"初显现》,载微信公众号"最高人民检察院",https://mp.weixin.qq.com/s/GttOu4wChb3EwBFB2Dd1XQ,2022 年 4 月 12 日访问。
④ 参见闫召华:《论认罪认罚案件量刑建议的裁判制约力》,载《中国刑事法杂志》2020 年第 1 期。
⑤ Bryan A. Garner(eds.), *Black's Law Dictionary*, West Press, 2009, p.575.
⑥ 参见张文显主编:《法理学》,高等教育出版社 2018 年版,第 264 页。

求取从宽处罚,与公安司法机关达成认罪认罚合意,从而实现提高诉讼效率、节约司法资源的目的;另一方面应体现为保障被追诉人认罪认罚的撤回权,因为认罪认罚案件中并不能完全保证量刑精准,亦不能保证出现新的证据、事实从而推翻一审的判决。此时,应赋予被追诉人在审判前(侦查与审查起诉阶段)、审判时(一审庭审阶段)和审判后(一审上诉阶段),均享有撤回认罪认罚的权利。

从认罪认罚涉及的制度层面考量,一审认罪认罚已经简化了案件审结程序,很大程度上提高了一审诉讼效率,也基本实现了认罪认罚立法初衷,更何况法律不应限制任意的被追诉人上诉的权利。如前文所述,被追诉人通过上诉撤回认罪认罚,并不影响一审刑事程序的进行,即使在一审审判前或审判时,部分被追诉人反悔认罪认罚,也不可否认大部分认罪认罚案件着实提高了一审办案效率。

反观被追诉人撤回认罪认罚的理由:一是客观上发现利己的新的证据和事实,即被告人认为"不构成犯罪、对事实有异议";二是主观上认为量刑结果低于被追诉人的内心评估,即被告人认为"具有其他量刑情节,量刑过重、请求适用缓刑"。[①] 换言之,犯罪嫌疑人、被告人撤回认罪认罚主观上并没有恶意消耗国家司法资源的目的,企求从宽处罚乃人之本性。作为行使国家刑罚权的检察院和法院,应当保持一定的谦抑性,即检察机关应当减少因被告人反悔认罪认罚上诉而提起抗诉,法院不能因被告人的反悔行为而对其进行加重处罚。如此,保障被追诉人认罪认罚撤回权不但没有浪费司法资源,反而利于保障被追诉人上诉之正当权利,实现惩罚与教育并存的刑法理念,因为"程序不仅具有保障实体正义实现的功能和作用,还具有使审判结果正当化,有助于消除当事人不满的功能与作用"。[②]

(二)法律依据:落实认罪认罚自愿合法原则,保障公正审判

何为自愿性?资源性是指不得强迫被追诉人认罪。刑事认罪认罚从宽制度的根基在于认罪认罚的自愿,若司法机关无法保证签署认罪认罚具结书的自愿合法性,这就好比换一种形式的刑讯逼供。当然,认罪认罚可以撤回是基于认罪认罚的自愿性,已被众多学者系统论及,笔者在此不再赘述。不过,认罪认罚撤回的法律依据在我国仍不够充分。换句话说,在没有立法依据的情况下,粗放型的司法解释所产生的法律效果并不能满足司法实践的需求。

---

① 参见陈速、邰桂艳、叶俊丽:《认罪认罚案件被告人上诉权应予保障》,载《人民检察》2021年第2期。
② 张卫平:《民事诉讼法》,中国人民大学出版社2011年版,第16页。

表 1　司法解释有关认罪认罚撤回的对比分析①

比较项 条文	《最高人民法院关于适用〈中华人民共和国刑事诉讼法〉的解释》第 358 条	《最高检规则》第 271、278 条	《认罪认罚指导意见》第 39 条
撤回主体	被告人	犯罪嫌疑人/人民检察院	被告人/人民法院
撤回事由	被告人反悔	违背犯罪嫌疑人真实意愿/犯罪嫌疑人反悔	违背被告人真实意愿/被告人反悔
撤回方式	依职权	依申请/依职权	依申请/依职权
撤回期限	一审判决前	移送审查起诉前	一审判决前

通过表 1 并结合司法解释可以看出,法院在庭审中应当对认罪认罚具结书内容的真实性与合法性进行审查核实。通过庭审发问的方式审查被告人有无受到刑讯逼供从而违背真实意愿认罪认罚;审查被告人的认知能力和精神状态是否正常;审查是否理解认罪认罚的性质和可能导致的法律后果;审查值班律师或辩护人是否与检察人员进行有效沟通,并现场见证了认罪认罚具结书的签署。此外,《认罪认罚指导意见》还明确规定被追诉人享有认罪认罚撤回权。另参照《刑事诉讼法》第 15 条的规定,认罪认罚自愿性包括自愿供述、自愿承认指控的犯罪事实以及自愿接受处罚。②

但是,《刑事诉讼法》立法条文中根本没有明确签署认罪认罚具结书后可以反悔以及反悔后的应对机制,认罪认罚撤回权的更多程序设计并没有上升至立法的高度。实践中,若被告人认罪认罚后又反悔的,会导致程序流转,需要按照普通程序对案件重新审理,先前因认罪认罚检察院提出的减轻量刑的建议不再予以考虑。然则,认罪认罚后撤回的主体、认罪认罚撤回前的有罪供述等问题并没有说明,这是今后立法必须考虑之因素。

总之,司法解释中对认罪认罚的撤回均有提及,核心在于审查被追诉人认罪认罚的自愿、合法性,认罪认罚自愿性与认罪认罚反悔性相印证,既然要求被追诉人自愿、合法地签署认罪认罚具结书,就应赋予被追诉人撤回之权利,依此保障自愿。

---

① 《刑事诉讼法》第 15 条、第 190 条等条款关于认罪认罚从宽制度的论述,均为认罪认罚具结书签订自愿、合法的审查,并无实质意义上认罪认罚撤回的规定,故立法上并没有规定被追诉人享有认罪认罚撤回权。
② 夏菲:《辩诉交易强迫认罪问题对认罪认罚从宽制度的警示》,载《东方法学》2021 年第 4 期。

三、被追诉人认罪认罚撤回权的程序应对

任何实体权利的实现必须有对应的程序予以保障,当前刑事诉讼立法并无认罪认罚撤回权明确规定,必须正式将其立法化,构建被追诉人认罪认罚撤回权制度。笔者结合我国刑事诉讼立法模式,就认罪认罚撤回权相关程序构造如下。

(一)认罪认罚撤回的主体及事由

可以确定的是,认罪认罚存在刑事协商的成分,例如,若被追诉人聘请的有辩护律师,签署认罪认罚具结书时要听取被追诉人及其辩护人的意见。但不可否认的是,检察机关仍主导着认罪认罚从宽制度从程序启动到结果确定的全过程,被追诉人只是有限地参与,职权性逻辑主导着认罪认罚合意的形成。①

因此,为避免弱化被追诉人刑事主体的地位,认罪认罚程序应当由依职权和依申请两种模式启动,而认罪认罚撤回权的主体应当包括被追诉人及其辩护人。因为被追诉人作为认罪坦白、签署认罪认罚具结书的主体,应当享有表达反悔并撤回认罪认罚的权利。被追诉人委托的辩护人在经过被追诉人的同意后,可以通过会见笔录等形式确认其真实意愿,代其向公安司法机关撤回认罪认罚。

何以放弃从宽处罚而撤回具结书?理由很明确,从客观上看,犯罪嫌疑人发现利己的新的证据和事实;从主观上看,量刑结果低于被追诉人的内心评估。同时,基于公安司法机关的胁迫等非法方式迫使被追诉人认罪认罚的,被追诉人自然可以撤回。具体撤回的法定事由归纳为以下几点:(1)认罪认罚具结书的签署非自愿;(2)认罪认罚依据的事实、证据客观上发生变化且利于被追诉人;(3)律师未提供有效辩护;(4)检察官不良误导。

(二)认罪认罚撤回的方式及期间

撤回的形式应以书面方式为原则,口头表达为例外。认罪认罚的撤回,对被追诉人而言,意味着可能承受不利的量刑后果;对公诉机关而言,其先前取得的犯罪嫌疑人、被告人的供述等证据可能需要重新取证,影响着诉讼进程。因此,应当通过书面申请的方式审慎对待认罪认罚撤回权的行使。在例外情况下,即被追诉人审判时当场提出撤回认罪认罚的,可以口头提出。此时,需要考虑的是,被追诉人可能基于刑讯逼供、非法证据排除等原因撤回,法院审判时以口头方式紧急提出未尝不可。

---

① 参见杜磊:《认罪认罚从宽制度适用中的职权性逻辑和协商性逻辑》,载《中国法学》2020 年第 4 期。

何时可以申请撤回认罪认罚？基于认罪认罚贯穿刑事诉讼全过程考量,认罪认罚撤回权的行使可以在审判前(侦查与审查起诉阶段)、审判时(一审开庭阶段)和审判后(一审上诉阶段)行使。

(三)认罪认罚撤回的效果及救济程序

审判前和审判时,被追诉人撤回认罪认罚,必然致使刑事诉讼程序流转,进入普通程序。审判后,被追诉人撤回认罪认罚,检察机关应当根据客观事实,决定是否予以抗诉。事实上,认罪认罚撤回后如何救济被追诉人存在争议。因为被追诉人在公安侦查阶段,极有可能基于认罪认罚而供述不利自己的证据,该类证据是否需要依法排除是一个法律问题。

笔者认为,犯罪嫌疑人起初为减轻刑罚而提供的不利自己的证据或言词,经过公安司法机关合法取得的,应当予以采信,犯罪嫌疑人遭遇暴力、胁迫等刑讯逼供的方式提供的不利自己的线索应当予以排除,因为合法取得的证据无论出于何种因素取得,均符合证据之要素。① 当然,已经签署的认罪认罚具结书撤回后,曾经的有罪供述仍可能作为对己不利的证据,从而会影响被追诉人签署认罪认罚具结书。

四、展望:认罪认罚从宽制度与传统刑事诉讼模式的衔接

我国当前仍然系职权主义诉讼模式,公安司法机关拥有非常高的话语权,只有实现控辩双方实质上的平等,才能签署公平的认罪认罚具结书。认罪认罚从宽制度的实施,对法官剧中裁判的"三角结构"产生了一定的挑战。

根据传统刑事诉讼模式,"线型诉讼构造"下控辩对抗仍以审判为中心,定罪量刑的权力配置在于法院。现如今,协商性诉讼模式下量刑权予以前置,认罪认罚案件中,法院"一般应当采纳人民检察院指控的罪名和量刑建议",如此,"法官感受到的是实体权力被挤压,抵触的是检察官自由裁量权的扩张侵害到了法官的独立审判,并表现为个别案件中法官对认罪认罚量刑建议的否定"。②

因此,法官居中审理案件,不仅要对检察官在认罪认罚案件中的量刑权予以规制,而且要充分考量达成诉讼合意后所产生的司法公信力后果。根据刑事诉讼理论,法官居间裁判首要是指法院居中审理案件,法院之内则需要独立且公正的法官。之所以要求法院和法官具备严格的独立性和中立性,是因为"司法机构的主要

---

① 参见康景文:《论认罪认罚从宽制度中认罪供述的撤回——以证据排除为视角》,载《河南大学学报(社会科学版)》2022年第2期。

② 胡铭:《认罪认罚案件中的量刑协商和量刑建议》,载《当代法学》2022年第2期。

作用不是利益代表,而是严格按照立法机构所制定的法律判案"。① 与此同时,"法官存在的理论基础,并不是法官比检察官、辩护人更能发现真实,而是更为中立"。②

归根结底,协商性辩护模式使得检察官在控辩审三方的作用更加突出,应当加强控辩审三方之间的沟通,保证检察官和法官就量刑建议是否修正能够及时提出。法官居间裁判是刑事诉讼构造模式的必然趋势,如何良好有效建立控辩审三方的沟通机制,是今后理论和实践必将深入的进路。

需要明确的是,无论是精确的量刑建议,还是具有幅度的量刑建议,本质上都属于检察机关的求刑权,该量刑建议是被追诉人及其辩护人与检察机关的"控辩合意",是控辩双方经过协商而达成的一致量刑意见。认罪认罚从宽制度实施以来,审查起诉阶段的控辩协商尤为关键,因为量刑的前置,使得审查起诉阶段的重要性与审判阶段相媲美。因此,"构建平等、公正、合理的控辩协商机制,实现控辩协商实质化就成为认罪认罚案件之程序正义的必然要求和根基所在"。③

不过,协商性辩护的具体规则并未细化,中国特色的量刑协商模式在实践中能否实现平等、理性的协商,是衡量量刑协商成果的重要标准。事与愿违的是,由于缺少配套的法律措施,司法实务中各地区检察机关的做法各行其是,控制协商被边缘化,控辩双方的商谈成为检察机关单方面的"职权宽恕"。④

凡事不可片面。笔者根据自身参与刑事辩护的经验来看,认罪认罚从宽制度的开展未免不是法律人的契机。认罪认罚从宽制度实施以来,审查起诉阶段已经截留众多轻罪案件,在刑事案件委托辩护率原本不高的情况下,无疑对刑事辩护律师造成巨大的心理压力。但是,反向来看,这更加促使法律人提升辩护技能,因为认罪认罚案件的协商,系公安司法机关与犯罪嫌疑人、被告人以及辩护人的协商,辩护人完全可以利用自己的法律技能就量刑进行精确计算,与检察机关"讨价还价"。

总的来说,"权利保障思想是习近平法治思想的重要组成部分,也是习近平法治思想的核心价值取向"。⑤ 被追诉人认罪认罚撤回权亟须予以保障,也应当予以保障,因为"被告人认罪认罚后提出反悔与接受认罪认罚在法律性质上并无不同,

---

① 原文的"司法机构"是指法院和检察院。本文认为,承担"判案"职能的是法院,此处的"司法机构"仅指法院。参见张千帆:《宪法学导论:原理与应用》,法律出版社 2014 年版,第 373 页。
② 邓子滨:《刑事诉讼原理》,北京大学出版社 2019 年版,第 143 页。
③ 刘泊宁:《我国控辩协商程序的规范进路:以认罪认罚案件为视角》,载《法学》2022 年第 2 期。
④ 参见陈卫东:《认罪认罚从宽制度的理论问题再探讨》,载《环球法律评论》2020 年第 2 期。
⑤ 杨春福:《习近平法治思想中的权利保障思想研究》,载《法治现代化研究》2021 年第 1 期。

均是其作为诉讼主体行使诉讼权利的表现"。① 认罪认罚撤回权的确立,不仅体现在认罪认罚从宽制度的细化,也伴随着我国刑事诉讼制度的全面改革,认罪认罚从宽制度的实施,在提高诉讼效率、实现繁简分流等反面发挥着重要作用。因此,需要不断完善刑事立法,固定认罪认罚撤回权的程序性价值。

---

① 潘金贵、王志坚:《认罪认罚后被告人反悔应对机制研究》,载《人民检察》2021年第4期。

刑事辩护视域中认罪认罚从宽制度的三个转向

刘潇雨* 廖 群**

一、问题的提出

认罪认罚从宽制度体现着检察官与被告人双方对以合意方式解决刑事案件的共同追求,合意的特性是认罪认罚从宽制度的深刻内涵。这一特点决定认罪认罚从宽制度的适用会加大对律师的依赖,主要体现在以下几个方面:增强被追诉人防御性能力,提升被追诉人主体性地位,弥合控辩双方力量鸿沟,进而保障被追诉人认罪认罚的自愿性;回应检察机关起诉裁量权、求刑权扩张之趋势①,遵循"平等武装"②原则,以此防止刑事诉讼构造控辩失衡;致力控辩双方平等对抗,确保协商结果彰显平等、理性价值,最大程度符合控辩双方利益,从而充分发挥制度优势。因而,发达的辩护制度是认罪认罚从宽制度正常运行和良性发展不可或缺的重要因素。随着认罪认罚从宽制度实践的深入,一个理论与实践抵牾的现象引人关注:一方面是刑事辩护制度在实施中面临诸多问题尚待厘清和解决,王敏远教授从六个

---

* 刘潇雨,中国社会科学院大学博士研究生、山东警察学院法律教研部助教。
** 廖群,湖南金州律师事务所律师。
① 在认罪认罚从宽制度中,检察机关起诉裁量权和求刑权扩张成为必然,这一点从《关于适用认罪认罚从宽制度的指导意见》(以下简称《认罪认罚从宽指导意见》)的规定清晰可见。《认罪认罚从宽指导意见》第30条规定不起诉的适用。完善起诉裁量权,充分发挥不起诉的审前分流和过滤作用,逐步扩大相对不起诉在认罪认罚案件中的适用。对认罪认罚后没有争议、不需要判处刑罚的轻微刑事案件,人民检察院可以依法作出不起诉决定。人民检察院应当加强对案件量刑的预判,对其中可能判处免刑的轻微刑事案件,可以依法作出不起诉决定。对认罪认罚后案件事实不清、证据不足的案件,应当依法作出不起诉决定。第33条规定量刑建议的提出。犯罪嫌疑人认罪认罚的,人民检察院应当就主刑、附加刑、是否适用缓刑等提出量刑建议。人民检察院提出量刑建议前,应当充分听取犯罪嫌疑人、辩护人或者值班律师的意见,尽量协商一致。
② 从本原意义上讲,平等武装意味着立法应当为控辩双方提供同等或者对等的攻防手段。这就要求法律赋予控辩双方同等或者对等的诉讼权利和义务,以使控辩双方能够真正平等、有效地参与诉讼促进纠纷的解决。冀祥德:《控辩平等之现代内涵解读》,载《政法论坛》2007年第6期。

方面梳理和概括了当前我国刑事辩护制度的现实问题①;另一方面是认罪认罚始终保持较高适用率,以长沙市检察机关为例,2021 年认罪认罚制度适用率一直稳定在 85% 以上,确定刑量刑建议提出率和量刑建议法院采纳率均在 90% 以上②。可能的原因之一是在我国目前这种公权力主导模式下,律师在认罪认罚从宽案件中刑事辩护、法律帮助作用发挥并不充分,难以与检察机关实现对抗基础上的协商,又遑论辩方行使拒绝的权利,这不仅背离认罪认罚从宽制度中"协商""合意"的本意,也给在我国本来就像冰雪路上行车一般的刑事辩护制度之发展带来更大的考验。因此,如何实现律师在认罪认罚从宽案件中刑事辩护和法律帮助的有效性,将成为更加现实的问题,而对这一问题的研究与回答,将极大推动我国认罪认罚从宽制度、刑事辩护制度的构建与完善。本文立足实践办案过程中呈现的辩护问题与困难,从刑事诉讼基本原理与规律中探求化解对策与思路。

二、三个转向:认罪认罚从宽制度中刑事辩护的困境与出路

制度的完善离不开对现状的审视和对问题的检讨,必须理性看待当下认罪认罚案件中刑事辩护的不足,冷静分析刑事辩护困境形成的原因,并在此基础上大胆预设其发展方向。

(一)从非抗辩式程序制度转向抗辩式诉讼程序

认罪认罚从宽制度的推行带来了辩护重心的前移和辩护重点的变化,审前非羁押性强制措施的适用、认罪程序选择与否、罪名认定、量刑幅度与种类、针对程序性违法行为进行的程序性辩护本应为律师在认罪认罚从宽案件中开展刑事辩护提供新的契机。但是,随着认罪认罚从宽制度的落实,实务中刑辩律师普遍感觉到辩护空间被不断压缩,角色功能被不断弱化③。以笔者办理的颜某某涉嫌销售假冒注册商标的商品罪一案为例,被告人颜某某因涉嫌销售假冒注册商标的商品罪于 2021 年 4 月 10 日被公安机关传唤到案,2021 年 4 月 7 日被刑事拘留,2021 年 4 月 21 日被执行逮捕,后羁押于湖南省某市看守所。该案于 2021 年 11 月 25 日在长沙

---

① 这六个方面的问题分别是:辩护律师与值班律师的分解、委托辩护律师与法援律师的冲突、辩护律师阅卷权与调查取证权的保障、庭前与庭审中的供述和辩解效力、认罪认罚制度中的刑事辩护、一体化办案机制与在线诉讼机制对刑事辩护的冲击。王敏远、胡铭、陶加培:《我国近年来刑事辩护制度实施报告》,载《法律适用》2022 年第 1 期。
② 《长检匠心:切实做优认罪认罚从宽制度》,载微信公众号"政法频道",2021 年 12 月 28 日访问。
③ 陈思宇:《论认罪认罚案件中有效辩护的缺位与补足》,载微信公众号"尚权刑辩",2021 年 11 月 17 日访问。

市某区人民法院进行宣判,被告人最终判处有期徒刑 1 年 6 个月,并处罚金人民币 5 万元。该案被告人无前科劣迹和犯罪记录,经公安机关传唤后主动投案,积极配合公安机关调查,如实供述主要犯罪事实,并自愿认罪认罚,社会危险性较低,且本案被告人涉嫌金额不大,可能刑期较低,故逮捕必要性较低①。根据《认罪认罚从宽指导意见》的规定和"少捕、慎诉、慎押"的刑事政策,律师本应就被告人颜某某可否适用非羁押性强制措施的问题享有辩护权利和相应的辩护空间,但是该案件办理过程中,颜某某被审查批捕阶段,办案机关没有通知辩护律师,也没有听取辩护律师的意见,反而是辩护律师逐个拨通案件承办民警和看守所民警的电话,才得知颜某某已被逮捕,而整个过程,辩护律师的意见无人问津,加之后续申请羁押听证更是难上加难,所以律师就审前羁押的辩护空间事实上极为有限。到了审查起诉阶段,笔者先是向检察机关递交了辩护意见,提出适用缓刑的建议,后与承办此案的检察官对案件事实、涉案数额等影响等罪量刑的相关情节进行沟通,但是整个过程更多地表现为检察官单方听取辩护律师意见,而对辩护意见少有反馈,双方缺乏实质性的互动和沟通,最终辩护律师的量刑建议未被检察官采纳,由此,即便审查起诉阶段是审前辩护的关键阶段,控辩双方仍旧无法进行较为充分的协商。

上述案例表明抗辩式诉讼程序的缺乏是限制认罪认罚案件中律师辩护权充分行使的原因之一,具体表现为以下几个方面。第一,逮捕听证程序、羁押听证程序适用率低。尽管 2021 年最高人民检察院印发的《人民检察院羁押听证办法》,明确了审查逮捕、审查延长侦查羁押期限以及羁押必要性审查三类案件,可以进行羁押听证,但是由于羁押听证适用条件较为苛刻②,各地适用羁押听证程序案件数量较少,在经济发展、司法资源相对落后的地区羁押听证程序的申请与适用更为困难③,甚至部分地区律师实践办案中从未了解、接触过羁押听证会、逮捕听证会。由于长期以来侦查机关"以押代侦"的侦查思路明显,加之控辩双方力量悬殊,若不经相对

---

① 2018 年《刑事诉讼法》的修正时沿袭了逮捕的"法律要件、证据要件、社会危险性要件"的三要件模式,并将"社会危险性要件"作为决定适用逮捕强制措施的关键条件。孙长永:《少捕慎诉慎押刑事司法政策与人身强制措施制度的完善》,载《中国刑事法杂志》2022 年第 2 期。为防止实践中出现"有社会危险性即捕"的倾向,越来越多的学者主张还需要从"相当性"的角度来审查逮捕必要性,即逮捕的适用必须与犯罪嫌疑人、被告人所犯罪行的轻重程度以及可能判处的刑罚基本相当、保持均衡。万毅:《解读逮捕制度三个关键词——"社会危险性""逮捕必要性"与"羁押必要性"》,载《中国刑事法杂志》2021 年第 4 期。

② 根据《人民检察院羁押听证办法》第 3 条的规定,只有符合法定的六类情形且同时具备"有必要当面听取各方意见"的案件才可以进行羁押听证。

③ 这一点从很多地区基层检察院网站上将本院举行审查逮捕听证会、羁押听证会作为新闻进行宣传即可得出。例如《罗山县检察院举行 2021 年首次审查逮捕案件公开听证会》,https://baijiahao.baidu.com/s? id = 1714691657173585458&wfr = spider&for = pc,2021 年 10 月 26 日访问。

透明、公开,具有准司法审查性质、体现控辩对抗特征的羁押听证程序对逮捕、羁押措施进行审查,辩护律师的辩护意见就无从呈递,检察机关听取、采纳辩护律师的意见更成为天方夜谭。第二,量刑协商程序单方控制性明显。根据《认罪认罚从宽指导意见》,犯罪嫌疑人认罪认罚的,人民检察院应当就法律规定的四类事项听取犯罪嫌疑人、辩护人或者值班律师的意见,记录在案并附卷。由于"协商"强调互动性、充分性、平等性和直接性[1],建立于控辩双方面对面互动,就犯罪嫌疑人定罪量刑问题进行"讨价还价"基础上的合意远胜于控辩互动缺位、检察机关反馈意见阙如的一纸书面意见,因而前述制度安排背离了"协商"本意。综上所述,我国非抗辩式程序制度设计将认罪认罚案件中律师辩护的生存空间挤压至十分稀薄的程度,亟待朝抗辩式诉讼程序转向。

"从非抗辩式程序制度转向抗辩式诉讼程序"不仅是基于认罪认罚案件辩护困境的反思,还具备刑事诉讼法理的正当性。控辩协商制度与抗辩式诉讼程序是紧密联系在一起的:在抗辩式诉讼中,控辩双方激烈对抗,努力寻求自己的诉讼利益,在此基础上进行协商时,双方都会竭尽全力争取以最少让步换取最大利益,博弈的结果是寻找到了平衡国家和被告人利益的黄金分割点,于是诉讼取得了双赢局面[2]。被追诉人认罪认罚后,从宽不仅具有实体法上的效果,而且具有程序法上的价值,而这些效果与价值的实现依托于以对抗为基础的协商,只有辩方享有表达意见、获得反馈、拒绝量刑建议的权利,控辩协商的目的与作用才能真正彰显,如果辩方只能表达与认可,那就无所谓"平等""自愿""合意"可言。因此,诚如冀祥德教授所言:"保证我国控辩协商制度公正性的关键因素是要建立抗辩式的诉讼程序,也就是说我们在构建控辩协商制度的同时,相关的抗辩式程序制度,比如审前羁押、证据规则等等,也应尽快建立并完善。"[3]

(二)从重视形式自愿性转向保障实质自愿性

犯罪嫌疑人、被告人认罪认罚的"自愿性"是认罪认罚从宽制度的生命线,也是认罪认罚从宽制度正当性根基。我国在认罪认罚从宽制度构建中高度重视自愿性保障,2018年《刑事诉讼法》在引入认罪认罚从宽制度时,增加了"自愿如实陈述"的表述。经过一段时间的制度规范与司法实践,从表面看,犯罪嫌疑人、被告人认罪认罚自愿性保障较为充分。特别是2021年12月2日颁布的《人民检察院办理认

---

[1] 韩旭:《认罪认罚从宽案件中有效法律帮助问题研究》,载《法学杂志》2021年第3期。
[2] 冀祥德:《建立中国控辩协商制度研究》,北京大学出版社2006年版,第125页。
[3] 冀祥德:《建立中国控辩协商制度研究》,北京大学出版社2006年版,第126页。

罪认罪认罚案件听取意见同步录音录像规定》（以下简称《同录规定》），明确了人民检察院办理认罪认罚案件，对于检察官围绕量刑建议、程序适用等事项听取犯罪嫌疑人、被告人、辩护人或者值班律师意见、签署具结书活动，应当同步录音录像。《同录规定》的颁布进一步纠正了实务中部分司法资源匮乏地区出现的检察机关在没有辩护律师、值班律师见证的情况下，与犯罪嫌疑人双方签署认罪认罚具结书，后由值班律师统一补签的异化现象，是提高认罪认罚案件办理质效，防止听取意见不规范、走形式甚至强迫认罪认罚等问题的重要举措。但是笔者在办案过程中逐渐发现了两种被追诉人并非完全自愿认罪认罚的情况，表现为犯罪嫌疑人在自身缺乏法律知识，又对认罪认罚的法律后果理解出现偏差的情况下签署了认罪认罚具结书。多数案件中检察机关仅向犯罪嫌疑人书面送达认罪认罚权利告知书，而不再告知认罪认罚后犯罪嫌疑人有关指控的限制最低刑罚要求、认罪认罚时被放弃的权利以及与案件有关的事实、量刑情节等内容，导致犯罪嫌疑人会对认罪认罚产生只有认罪认罚才会从轻处罚，不认罪认罚就会从重量刑的思想[1]；在律师意见与检察官意见相左时，犯罪嫌疑人倾向于认罪认罚，难以与辩护律师形成诉讼合力。部分案件中，辩护律师通过会见犯罪嫌疑人与之对案件进行了较为充分的沟通，并且双方形成了当前阶段暂不进行认罪认罚的辩护思路，而由于犯罪嫌疑人长期处于羁押状态，与案件承办民警、检察官接触较为频繁，受检察官以结果为导向的讯问与说服方式影响[2]，一些犯罪嫌疑人随后会产生认罪认罚的主观倾向。以上两种情况，虽然犯罪嫌疑人均是在认知能力和精神状态正常且无受到暴力、威胁、引诱的状态下认罪认罚，符合形式上的自愿性，但是他们所作出的认罪认罚选择并未建立在充分理解认罪认罚的法律后果以及充分知悉案件信息基础之上，而根据《认罪认罚从宽指导意见》第 12 条的规定可知，犯罪嫌疑人、被告人充分了解认罪认罚性质和法律后果是自愿性的前提和保证，因而当下认罪认罚从宽制度的完善重点应从重视形式自愿性转向保障以"信息平等"为核心的实质自愿性。

缩小控辩双方在获取案件信息方面的差距不仅是保证被追诉人在律师帮助下独立自主选择程序适用、形成诉讼合力的关键，也是认罪认罚从宽制度得以良性发

---

[1] 还有部分犯罪嫌疑人会产生只要认罪认罚，就有可能大幅降低自己的量刑幅度，甚至可能适用缓刑的想法。

[2] 检察机关办案多人少、受结案率考核等现实背景下，检察机关对犯罪嫌疑人的量刑建议缺乏说理，而习惯以结果为导向供犯罪嫌疑人在认罪与不认罪之中二选其一，很容易给犯罪嫌疑人造成认罪代表从轻，不认罪代表从重的主观印象，在此情况下，犯罪嫌疑人的选择主动性和自愿性受到极大压缩。

展的关键。从诉讼结构来看,认罪认罚从宽制度是在我国职权主义原则主导的刑事诉讼母系统内部开辟出一个新的、以控辩协商为支配性逻辑的子系统①。在非认罪认罚案件中,受职权主义逻辑影响,官方诉讼主体负有较为沉重的查明案件事实真相的责任,这种调查职责覆盖了部分辩护职能,在这种背景下,即便辩方无法实现有效辩护,多数案件也能够达到事实清楚、证据确实充分的程度。而在认罪认罚案件中,程序简化本身即带来了证据证明标准实质的降低②,官方诉讼主体在查明案件事实真相方面作用的削弱决定着被追诉人知悉权等基本诉讼权利、律师阅卷权等辩护律师的权利必须得到强化和保证,以此发挥辩方纠偏纠错、防范冤假错案之作用。从控辩协商的方式和效果来看,承担控诉职能的检察官在协商程序中事实上扮演了法官的角色③,但由于其中立性不足,所以律师只有在充分阅卷、调查取证、核实证据基础上,提出充足证据和理由,才能对检察官提出从宽的量刑建议产生积极效用。否则,控辩双方在"资讯平等"缺失的情况下所进行的协商,只能沦为一场不平等的徒具形式的游戏。

(三)从检察官主导认罪认罚转向法官主导认罪认罚

在认罪认罚从宽制度中,检察机关的主导地位不仅体现在审前阶段量刑建议的提出、具结书的签署、协商流程的掌控等方面④,还将这种主导性权力延伸至审判阶段,突出表现在《刑事诉讼法》第201条所规定的对于认罪认罚案件,人民法院依法作出判决时,除五种法定情形外,一般应当采纳人民检察院指控的罪名和量刑建议。该条的规定一方面造成实践中诉审矛盾上升,另一方面再次挤压律师辩护余地,律师在审判阶段辩护效果并不理想。以前述颜某某涉嫌销售假冒注册商标的商品罪一案为例,虽然颜某某最后在辩护律师的见证下与检察官签署了认罪认罚具结书,但是整个过程控辩协商并不充分。最高人民法院《关于适用〈中华人民共和国刑事诉讼法〉的解释》(以下简称《刑事诉讼法司法解释》)第278条⑤赋予了辩护律师在法庭上就被追诉人定罪与量刑进行无罪、罪轻辩护的权利,事实上,笔者也坚持在法庭上进行了无罪辩护,但受限于《刑事诉讼法》第201条的规定,辩护律

---

① 魏晓娜:《认罪认罚从宽制度中的诉辩关系》,载《中国刑事法杂志》2021年第6期。
② 孙远:《刑事证明标准层次性理论之适用问题研究——以〈刑事诉讼法〉第55条第2款之解释为视角》,载《法学家》2019年第5期。
③ 韩旭:《认罪认罚从宽案件中有效法律帮助问题研究》,载《法学杂志》2021年第3期。
④ 卞建林:《认罪认罚从宽制度下检察机关的主导责任》,载《人民检察》2019年第23期。
⑤ 《刑事诉讼法司法解释》第278条规定:"对被告人认罪的案件,在确认被告人了解起诉书指控的犯罪事实和罪名,自愿认罪且知悉认罪的法律后果后,法庭调查可以主要围绕量刑和其他有争议的问题进行。对被告人不认罪或者辩护人作无罪辩护的案件,法庭调查应当在查明定罪事实的基础上,查明有关量刑事实。"

师此时的辩护会面临来自检察机关、法官方面的压力，无罪辩护几乎不具有任何效果，这一点单从 2020 年最高人民检察院发布的"量刑建议采纳率高达近 95%"这一数据①就不难得知，且当检察机关提出确定型量刑建议时，律师的罪轻辩护也难以产生任何实质性效果。

可能的限制思路在于，检察机关所提出的量刑建议是控辩双方"合意"的体现，对于辩方来讲，具有遵守的义务；对于法院而言，具有尊重的职责。这一思路不无道理，但是该思路的成立具备两个基本的前提：其一是量刑建议（控辩协议）②必须体现控辩双方在平等武装基础上的平等合作，否则，由控方主导，何谈协商？其二是必须实现检察机关主导认罪认罚程序到法官主导认罪认罚程序的转变，只有这样才能真正实现控辩协商，强调辩方尊重义务和法院尊重职责才具备正当性基础。

在我国，只有坚持法官主导认罪认罚程序，辩方才能真正以诉讼主体的姿态，在充分行使辩护权基础上，实现与控方的平等协商。控辩协商发轫于当事人主义诉讼结构，辩方享有包括沉默权、律师讯问在场权、律师调查取证权等充足的防御性权利，且控方证据开示义务在很大程度上弥合了控辩双方信息量上的不对称，建立于平等武装和平等对抗之上的控辩协商更能彰显"契约"精神，也更符合"合意"本意。即便如此，在辩诉交易如此发达的美国，因为控方主导权越来越大，逐渐出现了强迫交易，并已成为美国辩诉交易制度中存在的最大问题③。而在我国辩方权利保障尚不完善，控辩地位尚不对等，被追诉人认罪认罚自愿性前提与刑事诉讼法法制"压制型法"特点矛盾尚存的背景下，更依赖于法官提前介入控辩协商程序，依托法官中立性特征来维持控辩两造平等的基本诉讼构造，为被控辩协商营造较为公正的环境，以及尊重法官在定罪量刑上的决定性作用，从而使律师的辩护空间得以延伸和扩展，以此弥合现阶段审前控辩协商性不足，压制型有余的理论和实践缺陷。

三、实现路径：增强控辩平等，建立控辩协商

控辩平等是认罪认罚从宽制度的基础，控辩协商是认罪认罚从宽制度的核

---

① 《最高检：量刑建议采纳率近 95%，认罪认罚从宽制度行稳致远》，载中国长安网，https://baijiahao.baidu.com/s?id=1717124120365812041&wfr=spider&for=pc，2021 年 11 月 22 日访问。

② 主张控辩双方的合意结果不应为量刑建议，而应为控辩协议。冀祥德：《从控辩关系演进看中国刑事诉讼法制四十年》，载微信公众号"尚权刑辩"，2020 年 11 月 20 日访问。

③ 《从控辩关系演进看中国刑事诉讼法制四十年》，载微信公众号"尚权刑辩"，2020 年 11 月 20 日访问。

心①。完善认罪认罚从宽制度,破解认罪认罚案件刑事辩护难题,关键在于增强控辩平等,建立控辩协商。

(一)诉讼化改造审前程序

现阶段应尽快诉讼化改造审前羁押措施:一是被追诉人被羁押后孤立无援的境地对其知晓有关案件信息、接受律师帮助、保持意志自由等方面都造成极大影响;二是被追诉人自愿认罪认罚代表其社会危险性降低,适用非羁押性强制措施是程序从宽的应有之义。事实上,随着2021年《人民检察院羁押听证办法》的颁布,各地陆续开展羁押听证司法实践,取得良好效果;2022年1—3月全国检察机关共批准和决定逮捕各类犯罪嫌疑人14.3万人,同比下降27.3%;不捕8.6万人,同比上升21.2%②。这说明,我国审前程序诉讼化改造进程平稳向好。接下来,应该从以下几个方面进一步完善羁押听证程序。首先,降低羁押听证门槛,扩大羁押听证范围。对《人民检察院羁押听证办法》第3条中的"有必要"作细化解释,秉持"应听尽听"原则,逐步实现法定六类案件的强制听证程序,防止决定主体自由裁量权过大,限制制度功能发挥。其次,要重点关注司法资源较为落后地区的羁押听证制度落实情况。有调查结果显示,2022年1—3月各地审前羁押率不平衡现象突出,诉前羁押率较高的地区与较低地区相差近35个百分点③。再次,控方对"逮捕必要性"和"羁押必要性"的主张必须提供具体且充分的证明,而不能仅停留在抽象的意义上,即控方必须提供能够证明犯罪嫌疑人具备社会危险性的具体证据,如以"有可能伪造、毁灭证据"为由主张逮捕,控方就必须提供证据证明犯罪嫌疑人可能伪造、毁灭什么证据,犯罪嫌疑人是否具有作出此种行为的条件等④。只有这样,辩方才能针对控方的举证进行质证,听证程序的对抗性也才能得以维持。最后,应逐渐从人民检察院组织开展的羁押听证程序过渡至由人民法院主持的羁押听证程序。《人民检察院羁押听证办法》确立了准司法审查性质的听证程序,但是组织听证机关及听证场所的不中立有违"平等保护"原则的要求,宜通过"两步走"构建中立司法审查模式。第一步,由人民检察院、人民法院联合出台司法解释,将检察院侦查

---

① 冀祥德、刘潇雨:《控辩平等视阈下的认罪认罚从宽制度》,载《警学研究》2022年第1期。
② 蒋安杰:《数据说话:少捕慎诉慎押刑事司法政策落实一年间》,载微信公众号"法治日报",2022年4月27日访问。
③ 蒋安杰:《数据说话:少捕慎诉慎押刑事司法政策落实一年间》,载微信公众号"法治日报",2022年4月27日访问。
④ 孙远:《为什么捕诉合一不可行?》,载微信公众号"中国政法大学国家法律援助研究院",2018年6月20日访问。

案件归法院进行逮捕听证;第二步,将检察院控诉职能和羁押听证职能有效划分,组建法官负责进行羁押必要性审查听证。

(二)扩张辩方案件知悉权

控辩双方对与案件有关的资讯信息平等方能保障辩方明知和明智,这是被追诉人自愿认罪认罚的前提。当前我国在辩方案件知悉权保障上还存有很多的不足,亟须进行相应制度构建。第一,建立证据开示制度,保障被追诉人案件知悉权。被追诉人本是控辩协商的适格主体,且是刑事审判后果的直接承受者,其有权知悉案件事实、证据、法律定性和影响定罪量刑的情节与信息。遗憾的是,控方有限的告知义务、辩护律师谨慎的证据核实权行使、速裁程序中控辩双方举证、质证环节的省略致使被追诉人案件知悉权极为有限。若再不向被追诉人进行证据开示,那么整个诉讼程序中被追诉人将没有机会知悉控方指控其犯罪的证据,相较于辩护律师,被追诉人在"事实"方面的优势无从凸显。《认罪认罚从宽指导意见》第29条关于人民检察院根据案件具体情况,探索证据开示制度的规定,为在我国构建证据开示制度提供法律依据,接下来宜从证据开示的时间、主体、程序、范围、例外情况等方面对证据开示制度做细化规定①,整个制度的构建应坚持"公诉机关拥有相对于被告方的天然优势地位,决定了它应当负有证据开示的主要责任"的指导思想。第二,应在刑事诉讼法层面明确规定讯问录音录像强制移送制度,保障辩护律师享有充分阅卷权。讯问录音录像不仅具有证明侦查机关侦查讯问行为合法的程序法价值,同时具有证明案件事实的实体法价值。记录犯罪嫌疑人供述与辩解的讯问录音录像其直观性、真实性都在笔录证据之上,理应纳入辩护律师阅卷范围。第三,强化控方告知义务,扩大控方告知内容,规定程序性法律后果,规范控方权力行使。除了《认罪认罚从宽指导意见》第26条规定的权利性事项,告知内容还应至少扩充至任何有关指控的限制最低刑罚要求、被追诉人因为重犯或惯犯而可能加重的刑罚、被告人选择认罪认罚将放弃的基本权利等,当控方违反上述义务时,应有相应程序性后果进行规制。

(三)强化法官程序控制

如前所述,法官主导认罪认罚程序对于控辩协商的实现具有重要意义。在这一点上,具有职权主义诉讼传统的意大利其改革思路可供我们借鉴和学习。在意

---

① 对于证据开示的具体构想,冀祥德教授对此作出了较为清晰的制度设计。冀祥德:《建立中国控辩协商制度研究》,北京大学出版社2006年版,第248—251页。

大利的辩诉交易中,从形式上来看,控辩双方任何量刑结果都必须通过开庭来作出,对控辩双方统一的辩诉交易法庭也要听取双方辩论[①]。虽然1996年修改《刑事诉讼法》时,吸收了大量当事人主义因素,但是职权主义仍旧是我国刑事诉讼结构的主要逻辑,所以强化法官程序控制是在兼顾我国国情基础上的现实选择,体现了对诉讼司法规律的尊重。除了上述逐步建立法官主持的羁押听证程序,还应该在以下几个方面加强法官程序控制。首先,法官主持证据开示制度。控辩双方在中立法官的主持下,履行法定的证据开示义务,法官有权督促控辩双方积极履行义务,并在任何一方不依法履行义务时,有权对其进行程序性制裁。其次,法官介入控辩双方量刑协商过程。强调法官介入量刑协商,并非代表承认法官庭外调查职能,而是强调法官应听取控辩双方就案件实体问题与程序问题的辩论过程,扭转目前检察机关单方听取辩方建议现状,维持控辩协商所需的平等对抗状态,经此过程所达成的控辩协议更具备程序上的正当性;同时,法官兼听则明,此举为审判阶段法官对控辩协议的采纳或拒绝,以及法官在拒绝控辩协议后根据案件事实所作的判决提供依据,凸显我国认罪认罚从宽制度"公正优先"之价值。最后,法官主导审判程序,法官有接受控辩协议的权力,也有不接受控辩协议的权力,法官享有基于事实与证据依法对案件定罪量刑的权力。

结　语

平衡繁重司法任务与有限司法资源的矛盾成为新时期我国司法改革聚焦的重点,如何"在公正和效率多重的排列组合中,寻求刑事诉讼价值追求的最佳组合"[②]也成为当下一个极为重要的时代课题。认罪认罚从宽制度是中国立法、司法、执法机关合力交出的富含中国智慧、体现中国特色的改革答卷[③],而刑事辩护其所彰显的刑事程序法治正义与认罪认罚从宽制度坚持公正优先的价值追求契合,这将在很大程度上决定着改革答卷的质量。同时,控辩协商理念所蕴含的"尊重作为权利主体的个人——尊重个人的自由,尊重个人的利益,尊重个人的平等"[④]理念意识反映至刑事司法领域首先体现在被追诉人主体性地位的肯定与保障,而律师的有效

---

① 此外,在意大利的辩诉交易中,法官享有广泛的权力,不仅体现在形式上,还体现在实质上,以及辩诉交易的各个阶段,具体可见冀祥德:《建立中国控辩协商制度研究》,北京大学出版社2006年版,第206—207页。
② 冀祥德:《建立中国控辩协商制度研究》,北京大学出版社2006年版,第77页。
③ 《认罪认罚从宽制度:实现公正高效司法的"中国方案"》,载正义网,https://baijiahao.baidu.com/s? id = 1680511152346633371&wfr = spider&for = pc,2020年10月14日访问。
④ 冀祥德:《建立中国控辩协商制度研究》,北京大学出版社2006年版,第76页。

帮助对于控辩双方形成形式平等与实质平等之意义不言而喻,因此,发达的刑事辩护制度既是认罪认罚从宽制度的要求,也是认罪认罚从宽制度未来能够顺畅运行,乃至蓬勃发展的前提。认罪认罚从宽制度的确立代表着我国控辩关系进入了以合作为主、对抗为辅的新阶段①,是世界刑事诉讼革命在中国的具体体现。正如日本学者田口守一所说,刑事诉讼的历史就是扩大辩护权的历史,现在我们已经迎来了系统化构建和完善刑事辩护制度最好的契机,那就是以认罪认罚制度为切入,以诉讼化改造审前程序为基础,以扩大辩方诉讼权利为重点,以强化法官程序控制为路径,以保证律师在协商案件中提供有效的刑事辩护和法律帮助为目标,最终实现控辩平等基础上进行控辩协商的良好愿景。此外,我们还应该看到,在我国,刑事辩护制度的系统化构建和完善非一日之功,除了倚赖于上述司法制度之建构,社会主义市场经济切实创造的社会财富、法治国家与政府积极承担的国家责任与政府责任、公民从对刑事辩护功能充满疑虑到积极主动与律师沟通,力求辩护合力态度之转变,以及律师自身职业素质与水平的提高都在不同程度上影响和推动着我国刑事辩护制度的发展。当下,我国已经进入中国特色社会主义新时代,经济实力、综合国力跃上新台阶,社会主义民主取得重大进展,法治中国建设步伐坚实有力,公民法治观念和信仰不断增强,我们相信,在新的时代与改革背景下,我们的刑事辩护制度也一定会朝着更加普遍、高效、理性的方向迈进。

---

① 冀祥德:《从控辩关系看我国刑事诉讼制度的演进发展》,载《中国刑事法杂志》2022 年第 1 期。

认罪认罚制度下法律援助辩护有效性实证研究

吴庆棒*

现代刑事诉讼中,法律援助制度的设置一定程度上解决了辩护条件或辩护能力匮乏的被追诉人获得法律帮助的实际问题,是被追诉人辩护权保障的应有之义,也是刑事辩护制度完备与否、有效与否的制度支撑,体现了国家追诉权力对效率与公正的手段保障价值。但在充分了解刑事法律援助制度意义与目标的同时,也要认识到我国刑事法律援助制度落实过程中所出现的诸多现实问题,尤其是随着认罪认罚制度的向深推进,法律援助缺乏有效性或法律援助有效性无法得以切实保障,受援人辩护权旁落或权利行使流于形式,从而直接影响认罪认罚从宽制度的贯彻落实以及司法裁判的权威和法律援助制度的应然功效。本文中笔者便以认罪认罚制度下法律援助辩护失效问题为切入点,展开以实践考察为基础、以提出问题的相应完善建议为目的的研究,以期解决认罪认罚与法律援助辩护实践的棘手难题。

一、刑事法律援助辩护有效性概述

(一)刑事辩护有效性内涵

作为一种理论概念的"有效辩护",刑事辩护属于来自美国的舶来品。[1] 当前我国关于有效辩护的内涵并未达成一致,并从不同视角给予了解读。例如,有的学者从辩护权保障的角度对此加以界定,即有效辩护的达成需要通过赋予辩护主体完整的权利以及确保其有能力胜任等形式规范;[2] 又如,有的学者认为有效辩护即为律师以维护委托人的合法权益为中心,忠于职守、兢兢业业地完成各项辩护活动,

---

* 吴庆棒,西南政法大学法学院博士研究生。
[1] 熊秋红:《有效辩护、无效辩护的国际标准和本土化思考》,载《中国刑事法杂志》2014年第6期。
[2] 陈瑞华:《有效辩护问题的再思考》,载《当代法学》2017年第6期。

促使办案机关接受或采纳其提出的正确的辩护意见或主张,从而作出有利于被追诉人的诉讼决定。① 笔者认为,考虑到有效辩护适用的全面性、实际性和目的性,故而应从广义层面对有效辩护概念作出认定,即为保障被追诉人辩护权的全面且充分,有关部分应在通过设立必要的辩护供给制度包括法律援助制度等基础上,设置保障辩护权享有和行使的便利条件以及相关辩护失效惩戒机制,以督促律师恪尽职守、兢兢业业地为被追诉人提供法律辩护服务,并产生正向、积极的辩护效果。

(二)刑事辩护有效性判断标准

关于有效辩护的标准,国内学者给出了不同的释明。通过对学界相关标准的理解,大致可根据辩护的有效性作用时间节点的不一,而将其划分为两种评判方法,即行为标准说和结果标准说。笔者认为,辩护有效性的判断仅仅依据行为标准或结果标准缺乏一定的全面性,将不同程度地影响辩护的实际效果,因此,笔者认为应综合行为标准和结果标准对刑事辩护行为展开评判,即综合程序辩护与实体辩护两种手段的运用对律师辩护的实际有效性进行考量。具体而言,一方面,需要对辩护律师辩护权如会见、阅卷等辩护行为进行指标性考核;另一方面,必须考察辩护程序上及实体上的有利结果(率),如取保候审率、无罪判决率、辩护意见采纳率、量刑协商幅度等,以判断辩护行为是否达到最大化被追诉人利益的目标和价值。当然,有效辩护的考察标准绝并非一成不变,也不仅限于此,还需要具体问题具体对待,如辩护过程中的公权力机关滥权阻碍、限制辩护权作用的发挥等。所以,具体辩护实践中应善于从正反两面指引律师进行有效辩护。

(三)认罪认罚案件中有效法律援助辩护重心

鉴于值班律师制度引入的制度背景以及值班律师法律帮助的灵活性、便捷性和公共性的特点,笔者认为值班律师应定位为一种"准辩护律师",其提供的法律帮助的性质也应为一种"准辩护行为",在目前我国的司法背景之下,如若完全将值班律师辩护人化,则将叠合法律援助制度,并最终瓦解值班律师制度。因此,本文所探讨的有效法律援助辩护既包括指定律师辩护也包括值班律师提供法律帮助型的"准辩护"。

而结合笔者前述有效辩护的内涵与标准,在认罚认罚案件中有效法律援助辩护的重心可突出表现在以下几个方面:第一,诉讼权利全面告知与认罪认罚程序详

---

① 顾永忠、李竺娉:《论刑事辩护的有效性及其实现条件——兼议"无效辩护"在我国的引入》,载《西部法学评论》2008 年第 1 期。

细讲解;第二,充分搜集、调取并准确把握涉案事实及证据情况;第三,以为受援人争取最大化量刑利益为目的而认真进行量刑协商;第四,在有被害人的案件,应积极协助受援人退赃、退赔,争取双方达成和解;第五,严谨对待并审慎帮助受援人进行认罪认罚程序选择;第六,在少捕、慎诉、慎押刑事司法政策下,律师借此应更加积极性开展程序性辩护,争取不捕、不押甚至不诉或及时终止程序。通过具象化认罪认罚案件的法律援助辩护主要内容,以为实践中法律援助辩护提供辩护指引和导向,从而辅助法律援助律师准确认识并开展法律援助辩护工作。

二、实践考察:认罪认罚从宽制度下法律援助辩护有效性保障现状

对于"认罪认罚从宽制度下法律援助辩护有效性"的研究,笔者拟采取综合定性与定量相结合的方式,并在资料搜集、实地走访的基础上选定了 C 市。为兼顾研究地域的平衡性,增强考察结果的说服力和公正性,另择取了在人口、经济、案件量、司法机关数量方面以及认罪认罚制度的开展与推行的典型性、代表性稍弱于 C 市的 A 省 B 市及各自辖区内部分办案机关,以此开展相关法律援助实践情况的实证调研,相关数据来源(包括问卷调查及办案数据)是在相应地区根据调研问卷发放、交流访谈和部分裁判文书资料的搜集所得,数据采集时间主要为 2021 年 3—8 月。

(一)值班律师法律帮助效果欠佳

1. 值班律师"见证人"化

被告人对于认罪认罚及法律后果的认知主要渠道来源于办案人员的告知、同仓狱友的交流、自行了解和值班律师(辩护律师)的帮助。如果有指定辩护人或委托辩护人,被告人对认罪认罚则会有相对更清晰的认知,但没有委托或指定辩护人时,则主要依赖值班律师的帮助。根据问卷调研结果(详见图1),目前值班律师"见证人"化的问题较为突出。另外,在认罪认罚实践中,值班律师主动提出会见被追诉人具有相当难度,往往只有在签署时认罪认罚具结书值班律师才会在检察机关安排下被动到场与被追诉人完成"初次会见",而且由于这种会见的时间很短,且此时的值班律师并不是被追诉人辩护律师,其并不一定能获得被追诉人信任,因此值班律师不易了解被追诉人真实意思表示和真实案件情况,那么此时提供的法律帮助若要实现有效便是空谈。此外,在笔者同曾参与值班工作的律师交流中获悉,对于该部分值班律师往往也认为其在认罪认罚案件中的真实作用无非"见证+背书",以满足制度适用的合法化并节约诉讼资源的目的。故而,从调查情况来看,值

班律师没能完全积极、充分地履行给予被追诉人法律咨询、程序选择建议等职责，值班律师的应然作用仍未到位，案件的有效参与度较低。

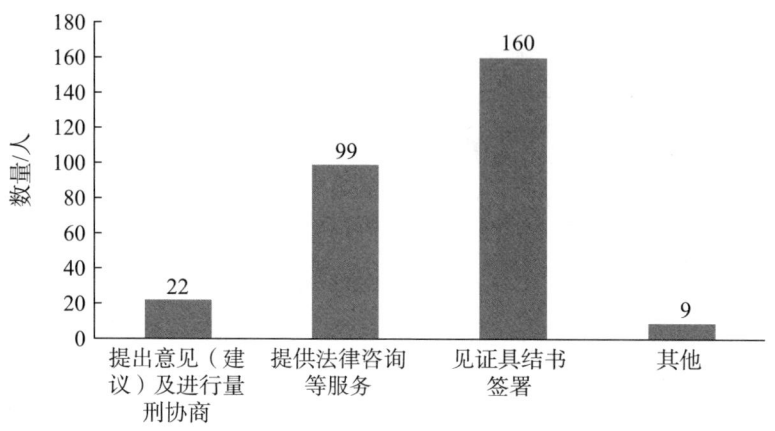

图 1　值班律师在认罪认罚案件中的实际作用

2. 高工作负荷下的流水线式值班

在 C 市和 B 市调研地区，笔者发现认罪认罚案件中值班律师一般是进行批量帮助。笔者在同多名值班律师的交流中了解到，有的值班律师整个上午或下午帮助的被告人数量高达 11 位，最少也有 4 位。那么不难发现和推断出在这种高负荷"值班"中时间紧迫催促值班律师们短则数分钟即可流水线式完成对被追诉人的帮助。而根据刑事律师的工作方式，值班律师如果想有效帮助，起码需要多次会见被告人并充分阅卷以了解案情，但此种形势下的"值班"，更多的是担任签署认罪认罚具结书的见证人的角色，甚至在有的案件中值班律师的在场见证即是与被追诉人的初次见面。所以，在这种状况下，即便法律已赋予值班律师会见权、阅卷权、调查取证权，值班律师也无法深度参与涉嫌犯罪的事实调查、非法证据排除、量刑建议协商、程序选择、申请变更强制措施等案件实质性问题，"值班"流于形式。

3. 值班工作衔接不畅

在值班律师资源受限的状况下，被追诉人在不同诉讼阶段由不同值班律师提供法律帮助，有利于相对优化值班律师资源分配，即值班律师可以在完成本次法律援助工作后尽快投身到下一个法律援助工作中，但笔者在调研中发现，这种"接力式"法律援助缺乏必需的诉讼衔接机制，严重影响法律援助工作的质量。一方面，下一阶段的值班律师无法了解上一阶段值班律师的工作情况和内容，如审判阶段值班律师缺乏对起诉阶段律师的值班工作内容，包括法律咨询情况、量刑合意的具体达成情况、提出的意见情况等的掌握,便只能从零开始重新提供法律帮助;另一方面,由于这种信息连贯性的缺失,加大了下一阶段值班律师本不必要的工作量,因而进一步加剧了值班律师资源的浪费。

尽管为保障值班工作的高效,《关于适用认罪认罚从宽制度的指导意见》(以下简称《指导意见》)第13条分羁押与未羁押两种情况明确了"法律帮助的衔接",但无论何种情况,均应倡导提供法律帮助值班律师的同一性,但由于规定的"可以"主义,某种程度上弱化了规定的执行力,而且最主要的是在值班律师资源仍然匮乏的状况下,这种"一以贯之"的值班模式似乎并不适应,无法真正实现值班律师法律援助的实质有效性。

(二)指定辩护服务未能尽职尽责

1. 侦查程序中指定辩护消极怠慢

侦查阶段指定辩护律师既已介入的案件,存在部分律师缺少充分的对抗和质疑而怠于履职的现象。第一,经常既不与受援人会见或会见次数少、缺乏实质性,也极少开展调查取证工作,在无法阅卷的情况下便很难把握案件的基本事实,以提交证明受援人无罪、罪轻的证据材料和辩护意见,或者为受援人递交办理取保候审意见材料、申请羁押必要性审查,抑或无法根据案件具体情况同受援人开展认罪认罚释法说理,致使受援人错失选择认罪认罚的最大从宽优惠。第二,对于侦讯过程中发生的非法取供行为,指定律师在了解情况后可及时向有关部门申诉、控告,进而形成对侦查机关的监督压力,迫使侦查机关依法办案,但因指定律师的消极辩护,受援人在无法见到亲友的情况下,可能无法有效地维护或救济自身受损利益。第三,在有受害人的案件当中,未同受害人积极联系促进双方的和解谈判,争取不批捕或者为之后的案件走向提供量刑铺垫。因而,法律援助案件除数量上亟待提升外,质量上也面临"无效辩护"或"形式辩护"的困境。

2. 控辩协商程序中指定辩护"变质变味"

辩护律师的责任即在于依据事实和法律,提出被追诉人无罪、罪轻或者减轻、免除其刑事责任的材料和意见。即便是被追诉人已选择认罪认罚的案件,也应深知认罪不等于有所认之罪或者不等于必然有罪。所以,基于保障案件真实、维护被追诉人认罪认罚自愿性或其他合法权益的考虑,辩护律师应当运用自身独立辩护权就案件本身的疑点向办案机关提出辩护意见,做罪轻或无罪辩护。然而实践中,无论是出于为前途事业的着想而"讨好"控方,还是因为自身专业素养、能力的不够,抑或是其他目的,有少数指定辩护律师扮演"控方律师"的角色,在案件办理过程中从情理角度反复劝说坚持不认罪或者虽认罪但对量刑建议有意见的当事人选择认罪认罚,而不去实质审查事实、证据并同当事人、承办检察官做深度沟通,以争取控方的不起诉或者利己量刑建议。正如在笔者和某位"现实派"律师(曾担任过指定律师)的访谈中,该律师向笔者坦言"律师要务实,要认清楚现实,公正是相对的,不是绝对的"。言下之意,一旦被追诉人选择向控方认罪认罚,其会尊重被追诉人的意愿,对于被追诉人认罪认罚自愿性的审查与把握,以及对案件的证据收集与分析的主动性、积极性便会降低,即便对认罪的真实性有异议也不再做令控方"反感"的无罪或罪轻辩护。上述"变质"了的辩护还能否最终确保案件办理的公正性、被追诉人认罪认罚的自愿性,不禁让人质疑,或者某种程度上,该种辩护也已成为"无效辩护"的代名词。①

3.庭审程序中指定辩护较之委托辩护质量平平

辩护质量往往可以从辩护的工作量方面进行考察,以外在的辩护行为推定和判断辩护的实际效果,即律师做的辩护工作内容越多,就越意味着其辩护的积极性和辩护的质量越高。在 B 市 W 县法院 2019—2020 年指定辩护与委托辩护认罪认罚案件中,笔者借助随机抽样的方法按年份和辩护类型均等抽取指定辩护与委托辩护各 18 件,总计 36 件(其中指定辩护案件中,律师共计 20 名;委托辩护案件中,律师共计 24 名)。通过对二者相关数据的直接对比来观察在认罪认罚案件中两类辩护律师的辩护实际效用,可以更直观地审视实践中指定法律援助辩护律师是否尽职尽责以及辩护有效与否。通过对搜集的卷宗材料包括庭审文字记录的翻阅,并对相关"评价指标"的计算、分析,可以得知在申请调查取证和申请证人出庭两方面,委托辩护律师与指定辩护律师的辩护工作均欠缺一定的积极性和实质性,但相比之下,指定辩护更不如人意,无人提出调查取证和申请证人出庭。在庭审举证方面和提出质证意见方面,二者相差较大,各自比例差距已超 1 倍。在提出辩护意见及类型方面,二者均倾向于提出量刑意见;但在定罪意见提出方面,委托辩护则明显较多;而在辩护意见采纳方面,尽管采纳率都很低,但指定辩护却比委托辩护比值大,不过这也恰是因为委托辩护涉及定罪意见较多、指定辩护更侧重于量刑意见所致(详见表 1)。因此,总体来看,认罪认罚案件中指定辩护律师较之委托辩护律师的表现欠佳,未能发挥辩护律师的有效辩护作用,无法对被追诉人的权益、认罪认罚的自愿性起到充分的保障效果。

---

① 陈瑞华:《有效辩护问题的再思考》,载《当代法学》2017 年第 6 期。

表 1　指定辩护与委托辩护之间相关数据对比　　　　（单位：人/%）

评价指标 \ 辩护类型	委托辩护		指定辩护	
申请调查取证	1/4.17		0	
举证	13/54.17		5/25.00	
申请证人出庭	2/8.33		0	
提出质证意见	11/45.83		4/20.00	
提出辩护意见及类型	定罪意见	量刑意见	定罪意见	量刑意见
	9/37.50	15/62.50	3/15.00	17/85.00
辩护意见采纳	3/12.5		4/20.00	

（三）法律帮助替代指定辩护、指定辩护排斥委托辩护

认罪认罚制度下法律援助有效性的实现除法律援助律师提高自身法律援助质效外，仍需要侦控审三方的配合、帮助与支持。一般认为，相对于值班律师，指定律师对被追诉人而言可以发挥更大的辩护作用。为了解检律人员对认罪认罚案件中法律援助律师应发挥何种作用的主观认知，笔者设计了相应的问卷，根据问卷调查结果（详见图2），检律双方在该方面的认识存在较大的差异。由此不难看出，检察人员在一定程度上对法律援助律师尤其是辩护律师深度介入认罪认罚案件具有排斥心理。并且在访谈中，多位检察人员也表示律师是办理认罪认罚案件过程中最不稳定的因素。主观认知外化于行，便不难理解实践中的认罪认罚法律援助案件出现了以值班为主，辩护为辅的做法，特别是在侦控阶段，办案机关一般都认为指定律师的介入可能会妨碍工作顺利开展，不利于诉讼的推进。因此，出于办案效率或者提高控诉成功率的考虑，对于可以通知指定律师介入的案件则从严解释或曲解"因经济困难或者其他原因"法律援助条件，选择通知值班律师提供法律帮助以替代指定律师辩护，极大地限制了受援人获得有效法律帮助权、损害了其应得辩护利益。

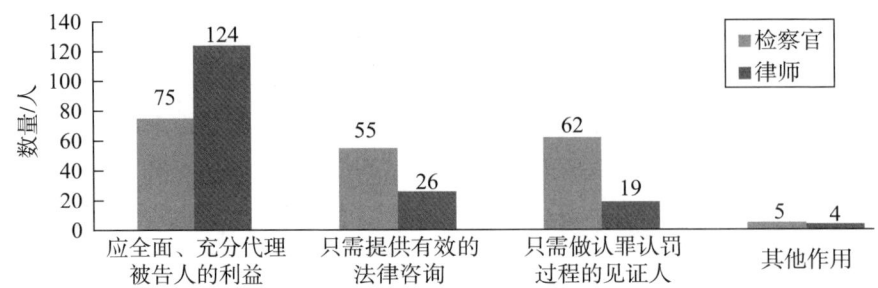

图2 认罪认罚案件法律援助律师应该发挥的作用

不仅如此,在对研究进行资料搜集以及同刑辩律师访谈的过程中,笔者也了解到实践中存在委托辩护与指定辩护发生"冲突"的情况,即被追诉人家属委托了辩护律师,但同时法院以被追诉人同意并确认了指定辩护为由拒绝委托律师对案件的参与和介入。比较知名的案例如杭州保姆纵火案、连云港女辅警敲诈勒索案以及长沙货拉拉案。而在被追诉人认罪认罚的案件中,法院采取这种过于积极地为被追诉人指定辩护人的做法的背后具体缘由我们不得而知,但毋庸置疑的是法院以指定辩护排斥委托辩护是对被追诉人辩护权的变相限制,而且根据对委托辩护与指定辩护之间实际效果的经验判断,也不经让人产生指定的辩护律师是法院的"托儿",认罪认罚是否真实自愿、指定辩护有效与否的担忧。

(四)公权力压制下的无效援助

1.不提供或不及时提供法律援助

为保障被追诉人在诉讼各阶段的有关权益、维护其应有利益,《刑事诉讼法》《指导意见》《法律援助值班律师工作办法》等均明文规定了被追诉人侦查阶段的法律帮助获得权,认罪案件亦是如此,并以此填补被追诉人法律相关知识的空缺,彰显其认罪并接受处罚的真实意愿。但在调研中笔者发现,虽然现阶段公安人员对于被追诉人委托辩护律师权享有的告知和委托意愿向家属的传达均较之以往有很大程度的改观,但在被追诉人未委托辩护律师的情况下,尤其是被追诉人涉嫌重罪时,存在部分公安人员为尽早在更为有利己方条件下获取有罪口供便于侦查而怠于告知被追诉人行使申请法律援助帮助、约见值班律师的权利,即便对于被追诉人业已提出的法律帮助请求,偶有公安办案人员以"我们已经通知法律援助机构(或通知值班律师),但这几天律师人手不够,需要等等"为由予以搪塞。

而且实践中也不乏案件进入审判程序后指定辩护才被提上日程的情况。根据《法律援助条例》和《关于刑事诉讼法律援助工作的规定》,法院指定辩护的时间是开庭 10 日前。从法院通知到法律援助机构指派,再到律所安排律师的全部指定辩护程序走完,开庭时间就所剩无多,甚至还有个别法院在开庭前一两天才通知指派律师的情况,所以在法律援助提供时间过晚的情形下,律师基本没有足够时间会见、阅卷、调查取证,因此,有效法律援助更是空谈。

2. 控辩协商的平等性、实质性有所欠缺

从制度价值和立法规定来看,控辩之间的平等协商是认罪认罚的关键要素。检察官不能只与被追诉人达成认罪协议,[1]还应与律师之间就指控犯罪成立与否、罪名认定问题、是否可作不起诉处理以及最后的量刑建议进行磋商。但根据笔者调研情况来看,控辩之间认罪认罚"零"协商的情况时有发生,甚至控方"光明正大"胁迫、诱使被追诉人认罪认罚的制度畸形适用情形也仍然存在。在认罪认罚实践中,量刑建议往往由检察机关自行决定,并且要求被追诉人全部承认指控的犯罪事实,不允许被追诉人就此提出任何所谓的"狡辩",否则就以"拒不认罪"处理,不再适用认罪认罚制度。不仅如此,有的检察人员为吸引被追诉人选择认罪认罚签署具结书,越权对不具备相应条件的被追诉人作出给予其非羁押强制措施的程序处理,或者是减刑、免刑甚至不起诉等实体处理的虚假承诺,而这类"虚假承诺"往往成为犯罪追诉机关引诱被追诉人放弃抵抗,转而配合犯罪追诉工作的常用手段之一。[2]因此,对于被追诉人而言,其在控辩协商中的可供选项仅为"重一点的刑罚"和"轻一点的刑罚"。而对待律师辩护人包括指定辩护律师,实践中很多检察官也采取强硬态度,惯常做法即为首先将认罪认罚的量刑建议告于被追诉人,然后直接以通知的形式告知律师辩护人,倘若辩护人就此提出异议,检察官则以被追诉人已经表示同意来"挟持"辩护人;如果不同意,那么就不再适用认罪认罚对被追诉人作出从宽处理,刑期可能会更重。处于这种境遇下的辩护人便不得不"服从"检察官意见。如在笔者同某位从业多年的专职律师访谈交流时,该律师无奈表示,"在曾代理的一起有组织犯罪案件中,对检察机关对当事人在组织中的地位和作用的认定以及量刑建议有异议,在尝试和检察机关沟通以帮助当事人作认罪认罚时,检察官明确表示要做认罪认罚必须以接受检察机关对当事人在组织中的地位和作用的认定以及认可检察机关的量刑建议为前提,不然就不做"。同时,调研还发现存在个别检察人员为稳定证据结构,便于后期顺利起诉,对于没有发生或证据不足的事

---

[1] [日]田口守一:《刑事诉讼法》(第 7 版),张凌、于秀峰译,法律出版社 2019 年版,第 217—218 页。
[2] 刘泊宁:《认罪认罚从宽制度中司法承诺之考察》,载《法学》2020 年第 12 期。

实可能以认罪认罚从宽为名,变相诱使或逼迫被追诉人认罪的案例。

3. 审判站位有失偏颇

法官在刑事诉讼中的定位本身就是站在"后方",让"前方"的控辩双方充分地发表观点后,再兼听控辩双方的意见,不偏不倚地居中裁判。如果法官在审判阶段认罪认罚中不能保持中立性,发表了倾向性意见,对被告人及其辩护人施加了不当影响,对被告人产生了心理强制,被告人及其辩护人权衡是否认罪认罚的天平就会立马发生倾斜,致使实质性、根本性损害被告人认罪认罚的自愿性。如某位受访法律援助律师向笔者阐述,在其办理的一起共同犯罪的案件中,全案的被告人均在审查起诉阶段签署了认罪认罚具结书,但其在会见和阅卷之后认为其代理的被告人涉嫌的犯罪事实有多处疑点,拟作无罪辩护。在没有开庭前,法官在询问辩护意见时,得知该位受访律师将作无罪辩护后,便拿出类似案件中判决有罪的判决书,明确让其放弃无罪辩护。同时,法官还在会见受访律师辩护的被告人时,告知被告人如果认罪认罚态度更为诚恳,将在检察官的量刑建议基础上给出更多的量刑优惠。笔者认为该法官的做法显然违背了法官中立性原则,阻碍了律师辩护的开展和当事人利益最大化的实现,客观上压制了有效法律援助价值的实现。

三、问题症结:认罪认罚制度下法律援助辩护失效诱因

(一)法律援助需求缺口大且律师经费保障不足

为针对性地分析法律援助律师在法律服务过程中的供求关系,以调研地区C市为例,在C市律师协会发布的C市律师行业2020年大数据中可以得知,截至2020年年末,全市"公职律师+法律援助律师"共1983人,占律师总人数的14.81%。而C市《律师行业社会责任报告(2020年度)》同时指出,2020年度于看守所和法检等法律援助工作站值班的律师共提供法律帮助2.67万次,指派法律援助律师为被追诉人提供法律援助共9000次,合计约为3.57万次。由此可知,在如此大的法律服务需求之下,既有法律援助律师规模恐难以满足。并且在访谈中,笔者也了解到许多法律援助指派律师可能手握多个案源,在接受法律援助指派的时段内其他案件也在同时办理,在时间有限的情况下,自然就压缩了律师对法律援助案件办理的精力。因此,法律援助服务市场的供求失衡现状须予以重视,并加以缓解。

同时,C市法律援助律师每件案子办案补贴按照诉讼阶段从侦查、起诉到审判原则上依次为900元、1300元、1800元不等。而且笔者从C市B区看守所受访值班

律师口中得知,值班律师一个上午值班补贴为 300 元,低于同地区《律师服务收费管理办法》规定的 2000—30000 元的标准。同样地,B 市法律援助律师每件案子办案补贴按照诉讼阶段从侦查、起诉到审判原则上依次为 700—1000 元、900—1300 元、1000—1600 元,见证认罪认罚具结书签署过程的值班律师每日补贴因地区和案件量不同而在 100—300 元,仍不及甚至远不及该地区《律师服务收费管理实施办法》规定的 1200—15000 元的标准。因此,以律师行业市场服务价为参考,难以让法律援助律师尤其值班律师感受到其劳动的"物有所值"。虽然值班律师被《指导意见》赋予了阅卷权和会见权,但因为援助经费不足、律师资源有限等,其收集证明被追诉人无罪或者是罪轻证据的动力也明显不够且分身乏术。

(二)法律援助律师辩护定位不准、专业素养不达标

认罪认罚制度的深入推进,已越来越呈现出程序重心已前移至审查起诉阶段[①]的态势,即从某种意义上讲,控辩双方量刑协商程序已逐渐成为制度的核心环节。[②]对辩护工作而言,有效辩护的开展应顺势而为,即应特别注意收集受援人相关罪轻甚至无罪的证据材料,控辩协商程序中积极提出辩护意见,为受援人争取更为有利的量刑建议。但令人遗憾的是,当前多数法律援助律师并未充分地认识到认罪认罚程序的此种特殊性且未及时调整诉讼中辩护的重心。

此外,由于经费保障并不充分且多数案件的法律援助准入门槛较低等,因此法律援助律师队伍呈现年轻化现状,许多经验丰富的刑辩律师并不愿意亲自费心费力地办理法律援助案件,而往往在接到案子之后便分给了自己的实习律师或者助理律师,这样既可以完成案件指标又给了年轻律师一次锻炼的机会。这种积累案源、提升自身素养的历练机会,对于刚入行的年轻律师来说是比较愿意承接的,这本无可厚非,但是如若从法律援助有效性角度考虑,正是因为这些年轻律师的专业素养不够、知识储备不足、诉讼技巧不熟等,即便其尽责、勤勉也可能造成某种程度的辩护失效的不利法律后果。

(三)法律援助案件质量监督与责任追究机制不健全

通过对法律援助案件实践观察可以发现,法律援助办案过程中存在部分律师会见、阅卷不细致、不认真,甚至有的法律援助律师私下向受援人及其家属索取办案费用,缺乏律师责任意识的情况。而目前关于法律援助案件的办案质量监督和

---

① 马静华、李科:《新刑事诉讼法背景下认罪认罚从宽的程序模式》,载《四川大学学报(哲学社会科学版)》2019 年第 2 期。
② 杨立新:《认罪认罚从宽制度理解与适用》,载《国家检察官学院学报》2019 年第 1 期。

相关失职律师责任追究机制并不健全,对于质量监督一般仅限于事后的案件材料的书面审查,无法实现对案件的实时动态监督,且案件质量评估标准不统一,随意性较大。① 同时,在监督主动性方面,法律援助机构多为通过听取公检法机关的意见反馈而非主动组织庭审旁听或随案调查等。此外,对于责任追究的程序、条件、后果等也同样是法律援助案件监督切实到位所面临的现实难点。

(四)公安司法人员法律援助辩护有效性保障理念滞后

法律援助制度的设立是为处于弱势地位的被追诉人抗衡国家公权力机关的犯罪追诉提供法律帮助服务,辩护权是法律援助的核心要素与基本实施支撑。在人权保障观念和无罪推定原则下,法律援助的开展,需要公安司法机关给予法律援助足够的重视。但在实践之中,除法律援助律师自身对法律援助辩护的保障观念较为薄弱外,公安司法机关的许多法律专业人员不但对认罪认罚制度的价值认知局限于"提升司法效率"或过分看重制度效率价值,未认识到该制度对程序价值、诉讼结构的重要作用,未充分重视制度对"合作协商式"司法的促进意义,而且对充分保障无委托辩护律师的被追诉人获得法律帮助也缺乏足够的重视,对法律援助律师辩护有效性的保障理念较为滞后,办案人员在这种认知支配下,不自主地会出现对程序公正和人权保障的忽视,对辩方辩护权和法律帮助权尊重的弱化致使限制或阻碍法律援助工作开展的办案不规范现象。

(五)获得法律帮助权规则设定模糊

认罪认罚从宽制度出台后,立法也相应落实了值班律师制度,并于看守所、法检机关设置了律师值班岗,从而以最大价值保障认罪认罚自愿性。但是应予以注意的是,立法非但未对侦查机关作出告知被追诉人有申请值班律师权利的强制性义务规定,这一点从实践中办案机关送递的《犯罪嫌疑人权利义务告知书》和《认罪认罚从宽告知书》中,对值班律师提供服务的内容差异便可见一斑。同时,尽管"两高三部"于2020年8月出台的《法律援助值班律师工作办法》第13条第2款规定了看守所应于入所时告知被追诉人享有值班律师约见权,但并未作出其可"何时"约见的规定,而且其他程序法中也并未对法检作出对被追诉人"何时"告知其有权"何时"约见值班律师的细致要求。更值得诟病的是,《指导意见》第10条第2款、《人民检察院刑事诉讼规则》第267条第2款甚至摒弃《刑事诉讼法》第36条之意而采

---

① 石贤平:《提升案件评估质量,满足人民法治需求——基于H省500个刑事法律援助案件质量评估的调查与思考》,载《黑龙江省政法管理干部学院学报》2018年第5期。

取将"自愿认罪认罚"作为值班律师或者法律援助律师通知的必须前提之一的本末倒置法,这不可避免地将直接导致侦查等办案机关享有操控诉讼中值班律师会否介入、介入程度的程序"权力"。

(六)侦查讯问律师介入权利规范阙如

根据调研情况,C 市公安机关办理的认罪认罚案件已从 2017 年的 1.3 万件增加至 2019 年的 2.4 万件,在全部刑事案件中的占比也从 2017 年的 54% 增加至 2019 年的 80.3%,2020 年的占比更是达到了 84%;B 市 2020 年的占比虽有所不及但也达到了 68.9%。因此,目前认罪认罚制度适用重心已呈现从起诉阶段向侦查阶段转移的前置化倾向,这就意味着实践应当更为着重地关注侦查程序中认罪认罚适用的正当性、律师辩护工作开展的有效性等问题。

而在我国侦查程序中,除部分案件的检察介入引导外,侦查环节几乎呈现一种"闭环"样态,虽然这在一定意义上促进了程序效率价值的彰显,但同时也相对性地阻碍了案件实体正义的实现和被追诉人权利的维护。认罪认罚制度的关键是诉讼资源配置的"控辩平衡"。① 但立法并未赋予侦查讯问律师在场权,那么被追诉人在这种程序封闭环境中被动接受侦查人员一次又一次快速而密集的讯问,则更容易出现感觉被孤立而产生焦虑的精神状态。如若侦查人员存在诱供、威胁等非法讯问方式,将很可能致使被追诉人不真实认罪,在这种"权力型"的司法现状下律师无法充分有效地参与其中,也无法发挥维护和支撑被追诉人认罪自愿性的实质作用,控辩平衡实难达成。当然,也有学者提出完善并强化侦查讯问时同步录音录像的规范适用,以平衡上述现实问题的观点,但笔者认为同步录音录像的适用有其自身的局限性,无论是扩大其适用范围还是加强适用监管都将带来诉讼烦琐化、成本提高化的弊端,特别是在认罪认罚制度持续推进多数认罪认罚始于侦查的当下仍然难以冲击和打破律师不在场而给被追诉人自愿性保证和辩护有效性保障所带来的壁垒。

四、优化路径:认罪认罚制度下法律援助辩护有效性实现的三档选择

(一)初阶:基础性提升法律援助辩护有效性

1. 完善法律援助律师选任、培训、选派、监督与奖惩机制

在选任方面,《法律援助法》对"极刑案件"规定了法援律师的"资格准入"

---

① 龙宗智:《完善认罪认罚从宽制度的关键是控辩平衡》,载《环球法律评论》2020 年第 2 期。

制度①,有利于一定程度上实现该类特定案件中的法律援助的有效性。但是规定范围仍非常狭窄,不具有普适性,难以保障选任及介入法律援助案件律师的质量,笔者认为,总体上可以灵活设置选任条件、拓宽选任渠道,采取政府购买法律服务、法律援助公职律师等途径选择有一定的相关办案量、突出业务专长、丰富社会阅历的律师进入法律援助队伍;在培训方面,应注意加强法律援助律师岗前及执业过程中职业道德、办案规范与要求、量刑协商与沟通等服务能力、业务能力的培训;在选派方面,法律援助机构应根据需提供的被追诉人数量并综合考虑律师的在办案件数决定律师指派的具体情况;在监督奖惩机制方面,可采取案卷检查、对受援人回访、建立侦检法评价机制、庭审旁听等监督手段。② 同时,对在法律援助案件评查中获得优秀表彰的法律援助律师可作出社会性宣传并给予一定的物质奖励,而对于消极办案、违规办案甚至严重侵害受援人正当权益的法律援助律师,一经发现,绝不容忍,并分情况给予纪律处罚、罚款或清除律师队伍。

2. 设置联合工作站、跨区域调配律师资源

针对法律援助律师尤其是值班律师供给不均、不足的实践现状,笔者认为在完善律师选任的基础上,目前各地区还应当根据具体情况依照"两高三部"《法律援助值班律师工作办法》创新设置的联合工作站、跨区域调配律师、电话网络值班与现场值班相结合等工作模式,积极协调相关部门确立统一的法律援助律师工作开展实施细则以解决律师"量"少的难题,如在跨区域调配方面,江苏省镇江市司法局与市律师协会联合发文,调配12家市直属律师所支持京口、润州、镇江新区3个律师资源缺乏的区开展值班律师工作。③ 通过调度的方式均衡化律师服务数量,打破地区法律援助律师供需失衡问题,最终为有效维护被追诉人的合法权益提供措施保障。

3. 适当提高法律援助补贴标准

一方面,地方财政应综合考虑实际财政收入和年度法律援助情况确定补贴标准涨幅;另一方面,中央财政可以设立专款专用的刑事法律援助经费,以贴补地方

---

① 《法律援助法》第26条规定:"对可能被判处无期徒刑、死刑的人,以及死刑复核案件的被告人,法律援助机构收到人民法院、人民检察院、公安机关通知后,应当指派具有三年以上相关执业经历的律师担任辩护人。"

② 陈光中、褚晓囡:《刑事辩护法律援助制度再探讨——以〈中华人民共和国法律援助法(草案)〉为背景》,载《中国政法大学学报》2021年第4期。

③ 《江苏建成305个驻看守所、法院、检察院法律援助工作站》,载微信公众号"司法部",2022年3月1日访问。

法律援助经费,尤其是偏远地区、经济发展落后地区。此外,正如有的学者所言,可以通过拓宽经费来源渠道解决法律援助经费紧张问题。① 笔者认为此方法较为可行,政府可以在逐步扩大法律援助财政投入的同时,通过宣传鼓励或者税收减免的措施引入个人、企业、社会团体如基金会对法律援助经费的支持,达到经费来源方式的多元化。

同时,可以看到的是《法律援助法》明确了法律援助补贴实行动态调整、免征增值税和个人所得税的进步性规定,但美中不足的是未形成办案补贴同办案质量挂钩、根据不同案件办理质量区分补贴发放标准给予差别补贴的制度,因此在提高补贴标准的原则下应建立补贴同办案质量互挂钩的激励机制,从而既能切实落实补贴发放的目的也能够正向激励律师的办案积极性,增强法律援助律师特别是值班律师值班履职的责任心。

4. 调适辩护定位,调整司法观念

对于法律援助律师而言,应在不断更新专业知识、提高辩护理念的前提下,根据认罪认罚制度的协商性本质调适辩护定位,针对确实构成犯罪的受援人,将法律援助工作的重心由审判前移至审前的侦查和量刑协商阶段,以最大化利益原则积极同侦控人员开展程序权益辩护和进行量刑协商,尤其是在少捕、慎诉、慎押刑事司法政策不断深化落实的背景之下,应充分利用政策的价值,尽量在审前即为受援人实现不捕、不诉、不押等最有利的"从宽"利益。对公安司法人员而言,须知受援人仅仅获得律师的形式帮助是不够的,必须要保障其获得有效辩护权利。② 公安司法办案人员应及时调整"重治罪、轻保护"的司法观念,牢固树立有效辩护理念。为此,一方面,需要落实并强化被追诉人申请法律援助帮助的告知义务和畅通辩护权利行使的途径;另一方面,实践中则应多为关注法律援助律师提出的程序和实体方面的辩护意见,主动同法律援助律师进行案件信息沟通。

(二)进阶:补充性提升法律援助辩护有效性

1. 有限允许侦查讯问的律师介入

1964 年,美国联邦最高法院即以判例的形式明确警察了讯问时的律师在场要求。③ 笔者认为,虽然目前我国侦查讯问程序中刑讯逼供等严重侵害被追诉人人身

---

① 樊崇义:《中国法律援助制度的建构与展望》,载《中国法律评论》2017 年第 6 期;胡铭、王廷婷:《法律援助的中国模式及其改革》,载《浙江大学学报(人文社会科学版)》2017 年第 2 期。
② 陈瑞华:《刑事诉讼中的有效辩护问题》,载《苏州大学学报(哲学社会科学版)》2014 年第 5 期。
③ 蒋丽华:《侦查程序中律师帮助权若干问题研究》,载《政法论坛》2003 年第 5 期。

权益的取供手段已较为罕见，但诱供、骗供、指供等不易审查的"隐蔽性"讯问方法却有卷土重来之势，尤其是在认罪认罚适用率急速攀升的当下，被追诉人在面对侦查人员强大的心理攻势时，很容易选择自证其罪。因此逐步允许侦查讯问中的律师介入。

（1）关于律师介入的律师类型。除委托辩护律师和指定法律援助律师以外，值班律师也应享有讯问在场权，在被追诉人无辩护律师的情况下，侦查人员应于讯问前及时通知或被追诉人及时申请值班律师介入讯问程序，值班律师也可在符合法律规定的情况下转为委托律师或指定法律援助律师。

（2）关于律师介入的案件范围。由于被追诉人法律意识以及侦查人员合法取供意识仍较为薄弱无法确保讯问过程的正当合规，以及我国刑事辩护全覆盖持续向前推进律师队伍日益壮大的现实，因此，应于全部刑事案件中实现讯问律师在场权。①

（3）关于律师介入的限制与例外。在程序的任何阶段律师均现场提供咨询和帮助②应为理想状态，但出于国家利益、公共利益保护对侦查的急切需求的考虑，对讯问律师的在场权应予以一定的限制，具体情形笔者认为可参考《刑事诉讼法》第39条第3款③对律师会见的限制规定，即"国和恐"案件应限制律师讯问的介入。此外，2020年公布施行的《公安机关办理刑事案件程序规定》第198条第1款第1项规定的"紧急情况下在现场进行讯问"的情形可成为侦查讯问律师在场权的例外，但对此侦查人员需作出书面说明呈递办案机关负责人，并告知有关律师，同时在紧急状况消失后，应及时于下次讯问时通知律师在场。

（4）关于律师讯问在场的权利与义务。讯问时律师在场理所当然享有讯问现场监督权，除此之外，还应有提供法律咨询权、讯问笔录无异议时的签字确认权等。相应地，也应承担不得干扰讯问、保守诉讼秘密、不得无故拒绝签字等的义务。

当然，积极落实"律师在场权"并不等于全然忽视甚至否认同步录音录像的程序价值，未来既要着力推进讯问律师在场制度建设，同时也应不断健全并规范化运用同步录音录像制度。因为，考虑到辩护实践现状以及律师个人的时间、精力，从

---

① 陈卫东、孟婕：《重新审视律师在场权：一种消极主义面向的可能性——以侦查讯问期间为研究节点》，载《法学论坛》2020年第3期。
② 施鹏鹏：《法律改革，走向新的程序平衡？》，中国政法大学出版社2013年版，第158页。
③ 《刑事诉讼法》第39条第3款规定："危害国家安全犯罪、恐怖活动犯罪案件，在侦查期间辩护律师会见在押的犯罪嫌疑人，应当经侦查机关许可。上述案件，侦查机关应当事先通知看守所。"

目前来看完全要求讯问时的律师在场不切实际,因此,在充分发挥讯问同步录音录像权利保障作用的基础上,律师(暂不包括值班律师)可以根据讯问时间和自身实际情况,而选择性地行使权利,即自由决定讯问在场与否,而为防止律师在场权被过分搁置,律师放弃讯问在场权的,应以书面形式向办案机关、所在律所出具合理的情况说明。所以,不难设想的是在未来制度设立、落实过程中侦查(监察)讯问实践中将阶段性地呈现出一种"录音录像为主、律师在场为辅"的情况,而这也将在各项司法改革持续推深做实、律师资源与服务不断优化强化的过程中得到缓解,最终实现同步录音录像与讯问律师在场对被追诉人口供真实性、自愿性齐头并进式的双轨制保障。

2. 完善获得法律帮助权规定

依笔者前文关于侦查讯问程序律师介入的观点阐述,那么在启动侦查程序时一般也应当告知被追诉人法律帮助获得权有关内容,因此,为完善和落实《指导意见》关于获得法律帮助权的规定。

一方面,需明确权利告知的义务规定。关于告知时间,笔者认为,除看守所应于被追诉人入所时告知有权在无辩护律师的情况下随时约见值班律师外,对于侦控机关而言,在案件处于侦查、审查逮捕程序时,侦控机关应于第一次讯问开始前或采取强制措施时及时书面告知被追诉人有权委托辩护律师、符合条件的可以申请法律援助或随时提出约见值班律师的申请;对于控审机关而言,在案件相应进入审查起诉、审判程序时,应自受理案件之日起 3 日内、讯问前书面通知被追诉人有权委托辩护律师或随时提出约见值班律师的申请,并在被追诉人选择认罪认罚进行量刑磋商前再次告知其享有法律帮助获得权,由被追诉人自主选择是否由辩护律师介入,无辩护律师的,司法机关应及时通知值班律师介入。同时,无论是侦查机关还是控审机关,均应及时审查被追诉人是否符合法律援助条件,如若符合应及时通知法律援助机构指派律师为其提供辩护;而关于告知的方式,由于权力行使规范化的原则,因此公权力机关应通过权利义务告知书等书面的形式加以告知,仅可在特殊情况下无法出具书面告知书时方可临时性口头告知,但事后需作出情况说明、补充相应材料并予以重新书面告知。

另一方面,由于《指导意见》第 10 条第 2 款①作出了对被追诉人获得有效法律

---

① 《指导意见》第 10 条第 2 款规定:"犯罪嫌疑人、被告人自愿认罪认罚,没有辩护人的,人民法院、人民检察院、公安机关(看守所)应当通知值班律师为其提供法律咨询、程序选择建议、申请变更强制措施等法律帮助。符合通知辩护条件的,应当依法通知法律援助机构指派律师为其提供辩护。"

帮助权舍本逐末的规定,因此应当及时调整值班律师介入案件的程序规定,废止自愿认罪认罚作为强制法律帮助的前置规定,即对于未委托律师也不符合法律援助条件的被追诉人,办案机关办案人员应通知值班律师介入案件为其提供必要的法律帮助。同时,立法也应适时扩大强制指定辩护覆盖面,①如将适用各类诉讼程序审理的无委托辩护人并可能判处 3 年有期徒刑以上刑罚的案件纳入其中,以更好地保障被追诉人获得律师帮助,增强法律援助的现实效果。

另外,值得注意的是,《法律援助法》虽然将死刑复核案件纳入法律援助受案范围,但却对此设置了限制条件,即"申请法律援助案件的死刑复核案件的被告人"。言下之意,"没有申请,就没有法律援助"。笔者认为,基于死刑复核案件的特殊性和法律援助的充分性考虑,未来法律完善时应当去除该种限制性条件,将"申请"改为"强制",即对于此类案件一律由办案机关直接通知法律援助机构指派律师介入辩护。而对于现有的规定,对于死刑复核案件的被告人如何切实获得法律帮助,可以参照笔者上文的程序见解,同时,一、二审刑辩律师在会见被告人时也应先予告知。

3. 保障值班律师权利顺畅行使

考虑到值班律师法律帮助的实践异化②的现实紧迫问题,笔者认为,保障值班律师权利顺畅行使,可以从以下几个层面着手解决。第一,完善值班律师阅卷权。由于立法上对于值班律师阅卷权作出了"只能查阅,无法摘抄、复制"的限制,在人的记忆能力有限的情况下,这种限制绝对性地阻碍了值班律师对案件情况的了解和掌握,抑制了其法律援助的有效性。因此,笔者建议应当赋予值班律师"摘抄、复制"案卷材料的权利。第二,公安司法机关应探索设立值班律师权利行使保障机制,积极协助、配合值班律师阅卷权、会见权包括调查取证权、核实证据权等核心权利的行使,而不得肆意设限。同时,还应赋予值班律师面对公安司法人员阻碍其依法行使法律援助权利时的申诉、控告等救济权。第三,探索值班工作衔接机制。在无法保障值班律师人手足够、不同诉讼阶段值班律师同一的情况下,应规定和规范上一阶段值班律师详细记录提供法律帮助的情况,如开展的具体工作明细、侦控阶段受援人的咨询内容以及各方参与人的提出的意见等以形成书面材料,对应阶段的办案机关应把该份书面材料附卷随同移送下一阶段,以供下一阶段值班律师提

---

① 刘奕君:《强制辩护制度之法解释学分析与本土化改革》,载《中国刑事法杂志》2021 年第 3 期。
② 汪海燕:《三重悖离:认罪认罚从宽程序中值班律师制度的困境》,载《法学杂志》2019 年第 12 期。

供法律帮助时参考。

（三）高阶：拔高性提升法律援助辩护有效性

1. 具体细化证据开示规则

法律援助辩护的有效展开，不仅需要律师自身专业能力的完备和办案态度的严谨，还需要外部环境的加持。而在认罪认罚制度下，"证据开示"可谓是律师准确、高效提供法律服务，增强辩护能力之必备。为减少从而排除目前实践中控辩之间较盛行的"强阅卷弱开示"案件信息交换机制对有效辩护形成的一定程度的妨害，应进一步地细化证据开示规则。具体如下。

（1）证据开示的主体。认罪认罚制度下证据开示由检察人员与律师包括法律援助律师为主开展自不待言，而被追诉人能否参与其中却需进一步明确。考虑到证据开示的主要目的是保障被追诉人的证据知悉权以促使其自愿地认罪认罚，并可从结果层面巩固律师辩护有效性，因此，被追诉人亦可成为证据开示主体。但由于被追诉人自身知识背景等的限制，其可在借助律师法律帮助及采取必要方式的基础上实现程序的有效参与权。

（2）证据开示的时间。对此，笔者认为从审查起诉伊始毋庸赘述，具体的时间节点则是关键。而为保障被追诉人在对认罪认罚充分知悉和控辩之间进行切实量刑协商的前提下签订具结书。因此，将证据开示的时间置于控辩双方签订认罪认罚具结书之前方可实现证据开示之目的。

（3）证据开示的范围及其限制。辩护的有效需要给予辩方倾斜性的保护，因此对于辩方而言，在证据开示制度下可仅明确辩方的开示证据为《刑事诉讼法》第42条规定的三类被追诉人无罪或不负刑责的证据种类，而对于控方而言，其向辩方开示的证据应为侦控收集的在案证据，即不仅应当包括不利于被追诉方的证据，还应当涵盖有利证据，但与案件无关的其他证据则不在开示范围之内。而且，在开示证人证言和被害人陈述等敏感型言词证据时，应当对某些证据细节如陈述人有关个人信息等采取相关技术性隐秘措施以保护陈述人的人身安全。同时，基于侦辩利益合理平衡的考虑，对于涉及国家利益，如国家安全和国家秘密，或者可能因证据开示而使秘密侦查手段发生泄露，或者其他可能妨碍侦查顺利进行的证据，可以向律师开示，但不得向被追诉人开示。①

---

① 李昌盛、李艳飞：《比较法视野下认罪认罚案件证据开示制度之构建》，载《河北法学》2021年第9期。

（4）证据开示的方式。证据开示应包括依职权和依申请两种启动方式①，以尽可能敦促并落实程序的运行。同时，考虑到证据开示可能带来的诉讼顺利性和证据安全性的问题，笔者认为，证据开示程序之中可以引入目前成熟的电子技术以辅助证据开示过程中的控辩双方对彼此证据的查阅、核实和复制。同样地，对于笔者前述相关敏感型证据言词证据，在适用电子技术进行证据开示时应作相应的保护处理。

（5）证据开示的权利救济。赋予权利更要保障权利能够真正行使，因而，权利的救济至关重要。在认罪认罚证据开示程序中，辩方认为控方未实际履行证据开示的义务或者自身权利受到不合法的侵犯的，可以在提出书面理由的前提下向同级法院申请再次进入证据开示程序，情况严重的可宣告具结书签署无效；若申请被驳回，则可以在同样条件下再次向上级法院提出申请。

（6）其他制度配套措施。首先，应设定无效证据开示或者未开展证据开示的情形下的控辩协商的结果无认罪认罚效力；其次，可依照笔者前文所述，进一步扩大辩护全覆盖的力度并提高法律援助律师、值班律师的办案津贴，保证证据开示程序中辩方阅卷的实质性；最后，应制订相关的惩戒制度，以遏制控辩人员于证据开示程序中的消极态度和失职行为。

2. 创新引入无效辩护制度

要想实现有效辩护，无效辩护制度必须推行。② 为更好地研究并适用"有效辩护"制度，笔者认为，在审视我国辩护现状并结合司法实际的基础上，以认罪认罚正当运行为契机创新性地引入美国无效辩护制度，同"有效辩护"形成"1+1>2"的辩护效果。

（1）无效辩护制度的适用范围。无效辩护制度应适用于所有辩护人参与的案件，对于仅有值班律师参与的案件，如若法律帮助缺失应然有效性，同样应允许无效辩护制度于其中发挥惩前毖后的作用。

（2）无效辩护制度之无效辩护的判断标准。美国联邦最高法院于1984年在Strickland v. Washington 一案中，对无效辩护的标准作出了权威的解释。③ 根据于此，美国"无效辩护"的标准采取"双重标准"模式，即"辩护有缺陷+该缺陷于辩

---

① 柴晓宇：《认罪协商中的信息偏在与法律矫正》，载《政法论坛》2022年第2期。
② 陈瑞华：《刑事辩护制度四十年来的回顾与展望》，载《政法论坛》2019年第6期。
③ ［美］约书亚·德雷斯勒、艾伦·C.迈克尔斯：《美国刑事诉讼法精解》（第一卷：刑事侦查），吴宏耀译，北京大学出版社2009年版。

不利"。但考虑到我国与美国诉讼结构的差异以及职权主义诉讼模式所引致的无效辩护的法外因素,我国并不可直接套用"双重标准",而应立足具体司法背景借鉴"双重标准"探索完善型标准。笔者认为,在无效辩护制度的初步探索阶段,为了具象化无效辩护判断标准以便于审查和认定,可以将标准设置为"责任清单 + '双重标准及例外'"。其中,责任清单包括致使辩护无效的法内外因素,即公权机关侵权(如限制阅卷)和辩护人失职(如值班律师怠于审查被追诉人认罪认罚的自愿性)。对于"责任清单",可由公、检、法、律四方依据法律规定联合出台有关无效辩护实施细则以尽可能地具体列明无效辩护行为。而对于"双重标准及例外",即为允许审查者在自由心证下对个案在"责任清单"的基础之上进行辩护是否构成缺陷,损害当事人权益并最终影响诉讼过程和结果的公正性的具体判断。

(3)无效辩护制度的程序适用。对于无效辩护程序的具体适用,美国的做法是被追诉人于随附审查程序①中申请无效辩护,这种程序通常被称为"诉中诉""审判中的审判"。② 从我国诉讼程序的设置来看,为保障被追诉人的救济充分性,被追诉人似乎可以通过上诉、申诉、审判监督程序主张无效辩护。但笔者认为,从无效辩护制度的功能和性质角度考虑,我国可以参照既有的"排非"程序引入美国无效辩护间接审查程序,确立专门审查程序,具体如下。第一,启动程序。无效辩护审查程序的启动主体既包括被追诉人也包括法检机关,而对于公权机关侵权型无效辩护,还应当包括权利受侵的辩护人。第二,证明程序。主张无效辩护的证明责任,美国判例的规定为被告人来承担。③ 这种做法无疑加重了本就处于法律弱势地位被追诉人的诉讼负担,因此在摒弃美国该种做法的情况下,笔者认为在公权机关侵权型无效辩护中,应由辩护人提出相关材料和情况说明进行程序申请,由公权机关负责人及具体侵权行为人予以辩解和阐释;在辩护人失职型无效辩护中,对于无效辩护的证明可适当减轻被追诉人的证明责任,即被追诉人仅负有提出符合"责任清单"列举的无效辩护行为并加以说明的初步责任,由辩护人承担辩护正当性、充分性的举证责任。而当无效辩护审查程序为法检机关所启动时,则由审查机关依法合规公正审查,各诉讼参与方予以配合即可。第三,认定程序。在被追诉人、辩护人、公权机关作出相关证明后,由法检人员在证据审查和各方意见听取的基础上依

---

① 随附审查程序是一种定罪后的救济程序,通常在与定罪法院不同的初审法院进行,当事人也可传唤证人和提出证据。
② John Sprack, *Emmins on Criminal Procedure*, London: Blackstone Press Limited, 2000, pp. 150 – 151.
③ 申飞飞:《美国无效辩护制度及其启示》,载《环球法律评论》2011 年第 5 期。

据判断标准进行审查。

（4）无效辩护的法律后果。同"排非"程序类似，无效辩护的法律后果也可为程序层面的相关制裁措施。具体而言，应宣告无效辩护行为后的程序、事实、结果无效，而在公权机关侵权型无效辩护中，还应给予侵权公职人员纪律或者民事、刑事处罚；在辩护人失职型无效辩护中，应对非律师辩护人处以警告、对律师辩护人以及值班律师处以警告或者罚金、职业纪律惩罚（如职业禁止）等。

3. 健全落实量刑协商机制

一方面，要明确量刑协商的程序启动、参与主体。为充分体现程序对权利的保障作用，量刑协商程序除可由控方启动外，立法还应明确被追诉人及其辩护人、值班律师作为程序申请启动和参与的主体地位。而为最大程度维护量刑协商效能，应明确辩护人和值班律师的主体顺位，①即在协商主体程序参与优先性方面，辩护律师优先于指定律师优先于值班律师，而为保证这种优先性的落实，应当修改《法律援助法》第27条②所规定的狭隘化的法律援助与委托辩护相冲突的解决机制，明确受援人及其近亲属自行委托辩护人或者诉讼代理人的应当终止法律援助③。

另一方面，应规范量刑建议协商、调整程序。不但量刑建议的协商过程应严格遵守基本"合意"规则，而且在签订具结书后，量刑建议也不可因任意一方意志而随意变更、调整，尤其是检察人员不应未得被追诉人许可而擅自变更甚至加重调整量刑建议。因此，笔者认为可以引入无效协商预防、管控及惩戒措施，以保证量刑协商的落实。

首先，应当完善协商过程的同步录音录像制度。于2022年3月1日生效的《人民检察院办理认罪认罚案件听取意见同步录音录像规定》（以下简称《规定》）在一定程度上明确了同步录音录像制度在认罪认罚案件听取意见、开展量刑协商过程中的地位与作用，为律师提供了辩护保障的程序性机制，为更好地督促量刑协商的公开公正及权利保障的充分性需在既有规定的基础上进一步明确以下几点。第一，同步录音录像的全案化。限制《规定》第2条第2款④中控方对同步录音录像适

---

① 陈实：《认罪认罚案件量刑建议的争议问题研究》，载《法商研究》2021年第4期。
② 《法律援助法》第27条规定："人民法院、人民检察院、公安机关通知法律援助机构指派律师担任辩护人时，不得限制或者损害犯罪嫌疑人、被告人委托辩护人的权利。"
③ 潘金贵：《刑事法律援助制度的发展与完善——兼评〈法律援助法〉相关条文》，载《法学杂志》2022年第2期。
④ 《规定》第2条第2款规定："听取意见同步录音录像不包括讯问过程，但是讯问与听取意见、签署具结书同时进行的，可以一并录制。"

用的可选择权,明确讯问与听取意见、签署具结书同时进行的,应一并录制,条件成熟时也应于全部讯问过程开展同步录音录像,包括侦查讯问阶段。第二,同步录音录像的自动化。更新录音录像设备及配套装置,确保实现对被讯问人从进入羁押场所或者检察机关办案区的提讯室或者专门听取意见室到核对讯问笔录、听取意见笔录、签字捺手印全过程的不间断录制,实现录音录像的全程自动化,而取消《规定》第9条同步录音录像的起始和结束完全由检察官宣布和掌控的过于权力化倾向的要求。第三,同步录音录像的证据化,即明确听取意见同步录音录像的证据属性,以确定适用非法证据排除规则及其法庭准入资格,进而也就意味着此类录音录像及与其相关的过程记录等材料必须随案移送且允许律师查阅与复制,尤其是在量刑协商过程中律师相关提出意见权受限甚至剥夺、被追诉人知情权保障不足等的情况下,作此要求将更有利于辩方实现对自身合法权益的有效救济,如庭审中讯问或者听取意见同步录音录像被依法排除,办案人员无法证明取供合法性和认罪认罚自愿性的,应当承担不利的法律后果。其次,除完善适用同步录音录像外,协商过程必须形成对意见、磋商过程、结果等详尽而有效的书面记录。再次,设置量刑协商考核制度,将量刑协商有效与否归入与办案人员绩效挂钩的工作内容审查考核的范围。最后,引入律师抗辩机制,即控方无效开展量刑协商工作时,律师有权拒绝见证、签署具结书,并可向上级检察机关提起申诉或者控告。同时,立法还应明令禁止控方单方面地调整量刑建议,并对该种情形设置量刑建议无效以及对相关检察人员纪律处分或刑事处罚的惩戒措施。此外,审判人员应注意审查量刑协商过程、具结过程的现场文字记录及同步录音录像,分析被追诉人、律师对量刑建议的有关意见和量刑建议提出的适当性、有效性,以切实保障被追诉人程序权益及认罪认罚的自愿性。

反思与优化：认罪认罚从宽制度中的检律关系

吴 琼*

一、问题的提出

2018年《刑事诉讼法》在前期试点的基础上，正式确立认罪认罚从宽制度，由此改变了我国刑事诉讼的整体格局，是"刑事司法领域的重大变革"。① 相较于"控辩平等对抗，法官消极中立"的传统诉讼模式，认罪认罚从宽制度引入"协商"因素，要求被追诉人自愿认罪认罚，并与辩护人就特定事项与检察官达成协议。② 协商阶段，检察官应听取被追诉人与辩护人或值班律师的意见，并提出相应的量刑建议。审判阶段，法院需要审查被告人认罪认罚的自愿性与真实性、具结书的真实性与合法性，一般应当采纳检察机关提出的量刑建议。由此可见，认罪认罚案件的关键在于审查起诉阶段，律师必须与检察官充分沟通，方能有效行使辩护权。值得注意的是，若从刑事诉讼整体视角看，检察官与律师分属控辩双方，诉讼地位平等；但从认罪认罚的视角看，检察机关是程序的主导者，决定案件走向。相较于非认罪认罚案件，律师与检察官的互动关系在认罪认罚案件中必然更为复杂，殊值探讨。

总体而言，认罪认罚从宽制度中的检律双方"对抗与协商共存"，一种新的检律关系正在形成。③ 然而，基于诉讼角色、诉讼地位和认识能力等差异，检察官与律师对于认罪认罚从宽制度的理解必然存在不同。④ 此种分歧也将作用于司法实践：无论是部分检察官的"一锤定音""我说了算"，还是部分辩护人的"突袭辩护"，抑或

---

* 吴琼，中国政法大学研究生。
① 参见吴宏耀：《认罪认罚从宽制度的体系化解读》，载《当代法学》2020年第4期。
② 参见陈卫东：《认罪认罚从宽制度研究》，载《中国法学》2016年第2期。
③ 参见樊崇义、常铮：《从对抗到协商——认罪认罚从宽制度下控辩关系的转型及功能发挥》，载《研究生法学》2020年第2期。
④ 参见顾永忠：《"和而不同"：检律关系构建逻辑起点》，载《检察日报》2019年11月25日。

是值班律师的"见证人化",都为认罪认罚从宽制度的有效运作带来挑战,无助于被追诉人的权利保障。可见,目前认罪认罚从宽制度中检律关系的内涵尚未厘清,仍待进一步优化。为此,本文首先讨论检律关系的应然面向,通过实证调研等方式阐述检律关系在认罪认罚案件中的挑战,进而探讨认罪认罚案件中新型检律关系的构建。

二、对抗、监督与合作:认罪认罚案件中检律关系的基本面向

认罪认罚从宽制度虽然引入"协商"因素,但若以此认为认罪认罚案件之中检律之间仅有合作而无对抗却有失偏颇。事实上,检察官与律师的立场天然存在差异,检察官秉持客观公正义务,追诉犯罪,确保法律的正确实施;辩护人则须实现被追诉人的利益最大化。二者诉求在认罪认罚案件中重合的必要条件是:第一,被追诉人的认罪认罚真实自愿;第二,案件事实已然达到法定证明标准,且量刑建议适当。① 控辩协商的过程,恰是寻求条件达成的过程。其间,检察官既是沟通者,也是程序的主导者;律师既需要尊重被追诉人意愿,也需要独立对适用罪名与量刑建议等发表意见。正是检律角色的"多重性",让检律关系随认罪认罚诉讼程序的推进呈现对抗、监督与合作的多重属性。

认罪认罚案件中的检律关系随诉讼程序的推进而发生转变。在被追诉人选择认罪认罚前,检察官与律师位于控辩双方,呈现对抗状态。律师需要结合案件事实、证据等情况,与被追诉人充分沟通,告知被追诉人认罪认罚的法律后果,并提出相应的制度适用建议。若律师认为被追诉人不构成犯罪或非自愿、理性、明智地认罪认罚,则检律合作的基础不存在。② 即使被追诉人仍旧认罪认罚,对抗仍将成为检律双方的"主旋律"。此时,值班律师应当向检察官和法官提出意见,辩护律师则可能在庭审中作无罪辩护或者罪轻辩护。③

当被追诉人自愿认罪认罚,且律师经阅卷、会见后认为被追诉人确实构成犯罪,检律关系即从对抗向监督转变,其中检察官是被监督者,律师是监督者。一方面,律师可以结合案件情况申请变更强制措施或建议不起诉,更有利于为被追诉人争取更为宽缓的处遇;另一方面,律师可以经由控辩协商程序实现有效监督。具言之,检察官在提出量刑建议前,应当充分听取律师的意见;当律师认为量刑建议中

---

① 参见顾永忠:《"和而不同":检律关系构建逻辑起点》,载《检察日报》2019 年 11 月 25 日。
② 参见李勇:《实践视角:检律协作"新题"与"新解"》,载《检察日报》2019 年 11 月 25 日。
③ 参见樊崇义:《认罪认罚从宽与无罪辩护》,载《人民法治》2019 年第 23 期。

的罪名与具体刑罚不适当时,也可以就认定罪名、量刑建议等向检察官提出意见。检察官听取意见后可调整量刑建议,控辩双方即达成一致,否则律师在审判阶段仍可能作罪轻辩护。总而言之,因被追诉人认罪认罚,检律关系在这一阶段的对抗性减弱。律师通过提出程序适用建议、参与控辩协商等方式,实现对检察官权力的监督,有助于贯彻落实"少捕慎诉慎押"的刑事政策。

经过充分协商后,在理论上检察官与被追诉人已就量刑建议中所载的量刑达成一致,检律关系的合作性开始充分显现。一方面,积极与被害人沟通,充分赔偿被害人,得到被害人谅解或与被害人和解是重要的从宽量刑情节,也是适用刑事速裁程序的条件之一。为促成被追诉人认罪认罚的"全面从宽",充分释放制度的社会效果,无论是检察官还是律师,均需要与被害方展开充分沟通,二者确有合作的必要。① 另一方面,被追诉人认罪认罚的情节是否能予以认定,量刑建议是否"明显不当"而需要调整,法院拥有最终裁判权。此时,律师需要与检察官共同"说服"法官采纳量刑建议。可以说,理想的认罪认罚案件中,随着协商程序的推进,检律关系的对抗性逐渐减弱,合作性逐渐加强。

三、信任的缺失:认罪认罚案件中检律关系的实践挑战

"刑事诉讼程序时刻经受着变化,也常常以偏离法律规定的方式在自己发生变化。"②认罪认罚案件中的检律关系存在对抗、监督与合作等多元特征,相关要素之间本身就有不协调的风险。因此,认罪认罚从宽制度的检律关系也在实践中发生变形,最为突出的问题则是检察官与律师之间的信任缺失,直接导致非理性的对抗与低质量的合作。

(一)认罪认罚案件中检律关系的实践样态

为详细了解认罪认罚案件中检律关系的实践情况,笔者面向检察官及辩护律师展开线上问卷调研,问卷采取"客观评价"与"主观问答"相结合的模式。③ 调研

---

① 参见王敏远、顾永忠、孙长永:《刑事诉讼法三人谈:认罪认罚从宽制度中的刑事辩护》,载《中国法律评论》2020年第1期。
② [德]约阿希姆·赫尔曼:《德国刑事诉讼法典》,李昌珂译,中国政法大学出版社1995年版,引言第3页。
③ 问卷设计结合《刑事诉讼法》《关于适用认罪认罚从宽制度的指导意见》的相关规定,并参考部分学术论文的调研、访谈结果设计题目,以考察办案检察官和辩护律师对认罪认罚及其中主要制度的评价,以及实践运作的情况。考虑到互联网调研问卷的特性,问卷形成"评价性认识"和"判断性认识"的二元结构,并采取量化式选择题的形式,最大程度反映被调研者对相关问题的认识,避免引导性题目带来的"先入为主"的影响。另外,问卷后附有相应的开放性题目,被调研者可以在封闭式问卷之外补充其观点或表达问卷以外的观点,开放性题目的结果作为分析问卷的重要参考。

历经 1 个月,其中有 5972 名检察官填写问卷,有效问卷数 5723 份;1748 名律师填写问卷,有效份数 1684 份。为确保调查问卷的信度,在设计与发放过程中严格遵守社会调查问卷相关规范,使用第三方问卷平台,严格确保问卷发放、回收、存储、分析全流程的匿名性、安全性和保密性。

调研显示,检察官与辩护律师就认罪认罚从宽制度的总体评价迥异。近七成(69.3%)的检察官对认罪认罚从宽制度的实施表示满意,而仅有不到三成(24.1%)的辩护律师持同样观点。相较而言,仅有 33.1% 的辩护律师满意或者非常满意认罪认罚从宽制度的实施。满意度指标大致能反映一类群体对于制度的设立或者运行现状的态度。从这个角度看,检察官总体上认可认罪认罚从宽制度及其实施,但辩护律师可能不认可认罪认罚从宽制度的构建,或者认为认罪认罚从宽制度的运行偏离其预期,甚至二者兼有。事实上,认罪认罚从宽制度无论是制度设计还是实践运作均以检察机关为主导。因此辩护律师的评价,很大程度上是对检察机关的评价。由此推知,认罪认罚案件中检律关系很可能出现偏离。

表1 检律双方对认罪认罚从宽制度的总体评价

检察官对认罪认罚从宽制度实施状况的总体评价		律师对认罪认罚从宽制度实施状况的总体评价	
选项	所占比例	选项	所占比例
非常不满意	2.34%	非常不满意	16.03%
不太满意	3.09%	不太满意	17.1%
一般	25.3%	一般	42.76%
满意	43.96%	满意	18.23%
非常满意	25.3%	非常满意	5.88%

相较于总体评价,以下的数据则可能更有助于说明检律双方的信任问题。一方面,在检察官就认罪认罚提出的 2987 条反馈意见中,有 331 条涉及辩护律师与值班律师,占比约为 11.1%。在上述反馈中,检察官就辩护律师的辩护策略、值班律师的地位及作用等有所质疑。如有检察官认为"嫌疑人认罪认罚,律师无罪辩护,成为律师的辩护手段""值班律师参与认罪认罚案件的积极性不高";另有检察官直接指出"律师独立辩护与认罪协商存在冲突"。可以说,在检察官的视角下,部分律师并未承担应有的角色,配合检察机关推进制度实施,而是采取消极或抵制的态度。

另一方面，辩护律师却表示辩护空间被较大限制。仅有 17.8% 的律师认为检察官提出量刑建议时进行了充分的协商；而有 72.5% 的辩护律师认为"认罪认罚从宽制度限制了辩护的空间"。同时，在律师提出的 976 条意见中，有 305 条涉及检察官。其中，大部分意见提及检律双方的地位差异以及控辩协商的问题。如有律师提出"制度无法保障检察官与律师平等协商，实践中检察官处于强势地位"；另有律师认为"量刑建议充分协商不够""阅卷权和阅卷时间缺乏保障"。

表 2　辩护律师对检律关系的认识

是否认为"在认罪认罚案件中，检察官提出量刑建议时进行了充分的沟通协商"		是否认为"认罪认罚制度限制了辩护的空间"	
选项	比例	选项	比例
非常不同意	28.03%	非常不同意	3.62%
不同意	31.47%	不太同意	9.09%
不确定	22.74%	不确定	14.79%
同意	12.65%	同意	31.47%
非常同意	5.11%	非常同意	41.03%

由此可见，实践中认罪认罚案件中检律双方的关系，并非完全按照"对抗—监督—合作"的理论预设，而是出现某种程度的偏离。检察官认为律师态度消极，甚至采取阻碍认罪认罚的辩护策略；而律师则认为检察官过于强势，辩护空间被压缩。二者在某种程度上"互不信任"，由此导致控辩双方的对抗不充分，监督形式化与合作的低质量化。

1. 检方视角：值班律师见证人化与"策略式"辩护

检察官视角下，辩护律师与值班律师不尽相同。就值班律师而言，检察官认为，值班律师的见证人化影响认罪认罚从宽制度的实施与程序的推进。首先，值班律师资源分配不均。① 其次，值班律师的履职意愿不强，未能实质性地参与控辩协商之中，无法有效保障被追诉人的权利，也未能对检察机关履职构成有效监督。此现象多被学界概括为"值班律师的见证人化"。② 检察官对辩护律师的不信任则更

---

① 调研中，多名检察官表示所在辖区内值班律师资源短缺，致使案件办理受阻，甚至有检察官表示"全县仅有一名值班律师"。

② 关于值班律师"见证人化"，学界已就该现象及原因进行相对深入的分析，如汪海燕：《三重悖离：认罪认罚从宽程序中值班律师制度的困境》，载《法学杂志》2019 年第 12 期；贾志强：《论"认罪认罚案件"中的有效辩护——以诉讼合意为视角》，载《政法论坛》2018 年第 2 期，等等。但从调研情况看，这一问题并未有所改善。

为明显。首先，检察官认为，部分辩护律师不理解认罪认罚从宽制度，认为该制度压缩辩护空间；或者态度消极，认为检察官没有协商的对价，进而态度消极。其次，检察官认为部分律师属于"骑墙式辩护"：律师作无罪辩护，被追诉人认罪认罚，甚至律师在审查起诉阶段签署认罪认罚具结书，在审判阶段却又作无罪辩护。① 此种做法导致无法判断被追诉人是否真诚悔罪，不仅未能有效提升司法效率，甚至让检察机关在审判阶段陷入被动。

2. 律师视角：压缩的辩护空间与"一锤定音"的检察官

相较而言，辩护律师则认为，认罪认罚从宽制度压缩了辩护空间，且大大地增加了检察官的权力，致使控辩双方更加不平等，难以有效协商。首先，辩护律师普遍认为，检察官在认罪认罚案件中的主导作用过于强势。② 一旦被追诉人表示不接受，要求从轻量刑，检察官很可能认为被追诉人"非真诚认罪悔罪"，不再适用认罪认罚从宽制度。另外，部分辩护律师对检察官提出精准量刑建议的能力表示质疑，认为检察官缺少专业的量刑训练，这进一步加深检律之间的不信任。其次，认罪认罚的控辩协商并不充分，有的检察官甚至不愿与辩护律师协商，听取意见也流于形式。部分辩护律师表示，有的检察官为尽快办结案件，不给律师充足的阅卷时间，也不会进行证据开示，致使律师即便愿意协商也缺乏基础，监督的作用难以实现。最后，认罪认罚从宽制度要求法院充分尊重量刑建议，庭审的对抗性相应下降。速裁程序与简易程序的适用，更令法庭调查、法庭辩论被简化甚至被略过，辩护律师的空间大大降低。即使辩护律师进行无罪辩护，检察官也可以当庭撤回缓刑的量刑建议，甚至撤回认罪认罚的意思表示；而法院也多配合检察机关，不愿律师发表不同的意见，影响诉讼效率。由此可见，在认罪认罚从宽制度中，律师的说服对象由法官转为检察官，而二者的诉讼立场天然对立，律师说服的难度相对增加，而审判程序约束检察官的作用有限，通过控辩协商程序监督量刑建议的提出也难以有效。

(二) 认罪认罚案件中检律信任缺失的原因

若仅从检律单方的视角看，双方的观点确实均系认罪认罚从宽制度亟待解决

---

① 参见韩旭：《认罪认罚从宽案件中的"骑墙式辩护"》，载《西南民族大学学报（人文社会科学版）》2022年第2期。

② 有律师在调查问卷中表示"量刑建议多为检察院的单方意见，非控辩双方协商结果""检察院建议量刑方面不透明，而且相对不如法院专业，基本检察院强势，没有协商空间"，类似的表述还有很多，共同指向的问题是辩护律师在量刑建议的形成过程中无法有效发挥监督的作用。

的问题。但若以此作为检律双方信任缺失的原因,可能流于表面。事实上,检律双方信任问题产生的关键在于二者对于认罪认罚从宽制度理解的根本性差异。检察官认为,认罪认罚从宽制度遵循职权性逻辑:认罪认罚和简化程序的适用由检察官启动,认罪认罚具结书也体现出"检察机关要求被追诉人先行认罪悔罪的强制性,具有较强的行政色彩"①。同时,认罪认罚案件同样要求达到法定证明标准,在部分事实清楚、证据确实充分的案件中,认罪认罚实际上是对被追诉人的"优待"。职权式逻辑下,检察机关主导程序进行,检察官可以听取辩护人的意见,但最终目的是确保被追诉人认罪认罚的自愿性和量刑建议的适当性,检察官不能也不应该通过协商与被追诉人"讨价还价"。事实上,《关于适用认罪认罚从宽制度的指导意见》中确立的"听取意见模式"正是认罪认罚从宽制度职权性逻辑的体现。② 从调研结果看,检察官也希望律师,尤其是值班律师发挥作用,但是希望律师仅成为"见证者"和"配合者",而不是"对抗者"。相较而言,辩护律师认为认罪认罚更应当遵循协商式逻辑。检察机关在提出量刑建议前,应与被追诉人及辩护人或值班律师充分沟通,在达成合意时方才签署认罪认罚具结书。虽然《刑事诉讼法》有意回避"协商"的表述,但《关于适用认罪认罚从宽制度的指导意见》第 33 条明确指出控辩双方应"尽量协商一致"。因此,律师多期待以完备的控辩协商来弥补认罪认罚带来的被追诉人诉讼权利克减、辩护空间压缩等问题。不过,我国刑事诉讼在"第三范式"尚未发展完全的情形下迈向第四范式,控辩双方力量差距明显。③ 律师对于控辩平等协商的期待自然难以实现。可见,检察官与律师对认罪认罚从宽制度的认知不同,致使二者之间的关系严重偏离理论预期。

事实上,检察官与律师对于认罪认罚的不同认知,根源于认罪认罚从宽制度作为"子系统"与刑事诉讼"母系统"之间的深刻矛盾。④ 一方面,认罪认罚从宽制度考虑到完全协商可能对现有司法制度和司法公正造成冲击,故采取"听取意见"的职权式协商模式,要求检察机关在查明事实后提出量刑建议,不能就罪名、罪数等进行协商,避免全面协商可能引发的司法公正危机;另一方面,该制度又要求被追诉人及辩护人配合,签署认罪认罚具结书,法院"一般应当"采纳量刑建议,实际上

---

① 杜磊:《认罪认罚从宽制度适用中的职权性逻辑和协商性逻辑》,载《中国法学》2020 年第 4 期。
② "所谓听取意见模式,就是以听取意见为基础的职权决定模式。"参见闫召华:《听取意见式司法的理性建构——以认罪认罚从宽制度为中心》,载《法制与社会发展》2019 年第 4 期。
③ 参见熊秋红:《比较法视野下的认罪认罚从宽制度——兼论刑事诉讼"第四范式"》,载《比较法研究》2019 年第 5 期。
④ 参见魏晓娜:《认罪认罚从宽制度中的诉辩关系》,载《中国刑事法杂志》2021 年第 6 期。

又属于协商式逻辑。① 两种逻辑相互交叠,又缺乏相应的边界,致使认罪认罚案件中检律关系之间形成张力。

除此之外,我国关于辩护人的独立地位未能形成共识。因此,当辩护人采取"骑墙式辩护"的策略时,各地法检机关的态度处理结果不一致。有的地区不允许被告人认罪认罚后,律师作无罪辩护,否则视为撤回认罪认罚;而有的地区则允许辩护人在被追诉人认罪认罚后发表不同意见,部分法院还可能据此调整量刑建议。检察官认为辩护人"出尔反尔",而辩护人则认为这是检察强势之下的无奈之举,这也加深了检律之间的不信任。

四、反思与优化:认罪认罚案件中检律协作的优化路径

理论中,认罪认罚案件中检律双方在对抗中合作,在合作中监督,共同目的是确保被追诉人的罪责刑相适应,实现法律效果与社会效果相统一。但实践中,由于检律双方对于认罪认罚从宽制度的认识不同,二者之间的关系偏离理论预设,甚至出现信任裂痕,这不但不利于将认罪认罚从宽制度推向深入,而且不利于司法共同体之间的信任建构。对此,应当有效管控检律双方的分歧,推动检律关系的良性互动。具言之,构建新型的检律协作关系,应树立"平等协商"的理念,检察官承担主导责任;妥善处理"骑墙式辩护"现象,为辩护权保留空间;并充分保障被追诉人的知情权和律师的执业权利,充分衔接法律援助与法律帮助。

(一)确立"平等协商"的理念

检律协作的关键,在于厘清认罪认罚从宽制度的适用核心。事实上,无论是"职权宽恕"还是"控辩协商",都难以完整反映我国的实践样态,二者之间也并不是"非此即彼"的关系。② 事实上,我国的认罪认罚从宽制度以职权逻辑为基础,要求检察机关承担主导责任,履行客观义务,确保案件达到"事实清楚,证据确实充分"的证明标准,以避免减损司法公正。然而,完全的职权逻辑下,被追诉人的认罪认罚只是一个量刑情节,诉讼权利的放弃、简化程序的适用、量刑建议的采纳等将可能缺失正当性基础。因此,即使是职权式的认罪认罚,也必须确保被追诉人认罪认罚的自愿性、明知性和明智性。显然,协商正是最好的工具。协商中,辩护律师可以发表意见,为认罪认罚的适用和量刑建议的质量"把关",这也实质性地降低被追

---

① 参见魏晓娜:《冲突与融合:认罪认罚从宽制度的本土化》,载《中外法学》2020年第5期。
② 参见陈文聪、李奋飞:《刑事控辩协商机制的确立与争议——认罪认罚从宽制度研究述评》,载《苏州大学学报(哲学社会科学版)》2020年第5期。

诉人屈从认罚、检察机关办理错案的风险。

因此，树立平等协商的理念，与不认罪案件中的"平等武装"具有同样的意义。①在认罪认罚从宽制度中，检察官在权力及资讯等方面优势明显。同时，检察机关承担认罪认罚案件的主导责任，因此检察官应当承担确保控辩双方平等协商的义务。具体而言，在坚持职权逻辑的基础上，充分激活"听取意见"机制。首先，应当贯彻落实"少捕慎诉慎押"刑事政策，对认罪认罚的轻罪被追诉人"以非羁押为原则，羁押为例外"，确保被追诉人与律师充分沟通；同时，为律师阅卷、会见提供支持，使律师在充分了解案情的基础上发表意见。其次，检察官在提出量刑建议前，应当与被追诉人及辩护律师沟通，了解辩方意见，特定情况时可以对部分证据进行开示，引导被追诉人和律师理性作出选择。检察官在提出量刑建议后，避免与律师或被追诉人"一对一"沟通，尽量在有律师在场的情况下与被追诉人协商。协商过程中，检察官应就量刑建议释法说理，律师提出意见后，检察机关听取后若不采纳，应向律师说明理由。当然，律师也应当转变观念，在审查起诉阶段更加积极主动地行使阅卷、会见权，充分地与检察官进行沟通，避免审查起诉消极却在审判阶段突然对抗的情形。

（二）妥善解决"骑墙式辩护"问题

构建新型检律关系，除了完善审查起诉阶段的控辩协商，还应当解决实践中普遍存在的"骑墙式辩护"问题。换言之，审判阶段的检律关系同样值得关注。首先应当明确的是，被追诉人认罪认罚后，辩护人可以进行无罪或罪轻辩护。第一，此种辩护存在现实需要。实践中，罪与非罪边界的模糊、被追诉人对公权力的恐惧与不安等，都有可能引发无辜者认罪的风险。此时，辩护人可以在审判阶段作无罪辩护，为被追诉人争取更好的结果。第二，辩护人具有相对独立的地位，不完全受被追诉人意思的约束，可以在维护被追诉人利益的基础上，发表与被追诉人不一致的意见。学界也多认为辩护人提出的不同意见，不会影响被追诉人自主认罪认罚的权利，还会有助于实现认罪认罚的有罪辩护。② 况且，在当前平等协商机制尚未完全构建的当下，"骑墙式辩护"某种程度上能够有效限制检察机关的权力，符合"以审判为中心"的理念。

但也必须看到，"骑墙式辩护"会加剧检律之间的冲突，不仅无助于司法资源的

---

① 参见李勇：《实践视角：检律协作"新题"与"新解"》，载《检察日报》2019年11月25日。
② 参见闫召华：《辩护冲突中的意见独立原则：以认罪认罚案件为中心》，载《法学家》2020年第5期。

节约,而且与认罪认罚从宽制度的初衷相背。因此,有必要对"骑墙式辩护"予以一定限制。首先,审查起诉阶段,应区分认罪认罚自愿性的见证与量刑建议的同意。对于坚持作无罪辩护的律师,应当允许其仅就被追诉人认罪认罚的自愿性和真实性签字,而不就量刑建议的内容签字。此种情况下,应当适用普通程序审理案件,以确保案件得到公正处理。其次,即使辩护人在审查起诉阶段未发表不同意见,却在审判阶段作无罪或罪轻辩护,检察官也不应认定被追诉人不再认罪认罚,进而撤回量刑建议或者当庭加重量刑建议,而是应当询问被告人的意愿。如果被告人表示愿意认罪认罚,但是辩护律师坚决作无罪辩护,被告人就可以解除委托关系。若被告人当庭不再认罪认罚,或者辩护意见指出案件存在《刑事诉讼法》第201条第1款规定的五种情形时,法院应当适用普通程序审理案件。当然,有效解决"骑墙式辩护",最为根本的还是加强控辩协商和法院的监督审查职责。

(三)完善法律帮助及与法律援助的衔接

检律关系中,除检察官与辩护律师的关系外,还包括检察官与值班律师的关系。值班律师的设置,能够保障被追诉人认罪认罚的自愿性,也能降低检察机关的办案风险。但实际上,值班律师资源分布不均衡,值班律师履职意愿不高,以及"见证人化"等问题,使检察官对值班律师不信任。在调研中更有"建议取消值班律师见证"等声音。同时,值班律师通常面临"案件多""收益低"与"职责大"的三重困境。因此,完善检察官与值班律师的协作关系,关键在于明确值班律师的地位,充分发挥值班律师作用,并与法律援助有效衔接。

首先,应当有效解决各地值班律师资源不均衡的问题。实践中,部分地区缺少值班律师,致使办案检察官陷入两难:若不适用认罪认罚,则未尊重被追诉人的意愿,且难以满足考核要求;若适用认罪认罚,则被追诉人权利难以有效保障,程序也存在瑕疵。对此,应当探索值班律师通过网络等方式远程值班,最低限度保障偏远地区被追诉人的权利。

其次,应当提高值班律师的办案补贴,建立有效的培训与考核机制,提升值班律师的履职意愿。上述问题解决后,可采取不同进路构建新型检律协作关系。第一,可以探索"值班律师辩护人化",将值班律师定位为"准辩护人",实质性参与控辩协商,并允许值班律师出庭发表意见。第二,将值班律师定位为"急诊医生",只提供基础的法律咨询、程序适用建议,保障被追诉人认罪认罚的真实性和自愿性。被追诉人认罪认罚后,由法律援助律师实质性参与协商,就实体问题与程序问题向检察机关提出意见。

结　语

认罪认罚从宽制度实施以来,检律关系正在转向"对抗中合作,合作中监督"的新模式。然而,因认罪认罚从宽制度中职权逻辑与协商逻辑交织,以及检律双方对于认罪认罚的认识不一,实践中检律关系的运作并不尽如人意,甚至双方互不信任:检察官认为值班律师消极履职,辩护律师"骑墙辩护";律师则认为检察官"一锤定音",辩护空间被高度压缩。此种状态既不利于被追诉人的权利保护,也不利于认罪认罚从宽制度的实施。而随着认罪认罚从宽制度的深入实施,构建新型检律协作关系势在必行。为此,应当明确认罪认罚遵循职权式逻辑,以协商作为部分正当性基础及监督方式。在此基础上,检察官应当具备大局意识和长远眼光,主动实现控辩协商的相对平等。律师也应当转变辩护策略,将精力更多地投入审查起诉阶段,与被追诉人及检察官充分沟通,尽量在协商中消弭争议。同时,法检机关应当适当容忍"骑墙式辩护",以充分的控辩协商和有效的审判程序化解之。最后,强化值班律师履职保障,并探索值班律师辩护人化或者完善法律帮助与法律援助的衔接,以此推动检察官与值班律师的良性互动。一言以蔽之,检律双方均需要转变思想观念、共同努力,方能真正构建适应时代发展的新型检律协作关系。

认罪认罚从宽制度中证明标准的探究

郑鸿举*

2014年中共中央《关于全面推进依法治国若干重大问题的决定》首次明确提出"完善刑事诉讼法中认罪认罚从宽制度"的改革任务,此后为建构认罪认罚从宽制度还陆续出台相关司法解释、法律文件。学者们对于当前法律法规构建的认罪认罚从宽制度的立法目的有一定程度上的分歧,这不仅使学界在讨论该制度时缺乏一个统一的基础前提,而且也使司法实践中无法根据立法目的进行制度的完善。

一、立法目的部分

学界已经作出诸多有关认罪认罚制度的立法目的的有价值的探索。比如,对认罪认罚从宽制度属性的界定时,不应该割裂实体性与程序性的双重属性。[①] 关于认罪认罚从宽制度的价值定位,有学者认为这一制度是刑法与刑事诉讼法宽严相济政策的相互呼应,[②]其主要目的在于简化并加速程序,提升诉讼效率,[③]实现最优化的司法资源配置。但是,在系统地梳理现有相关研究后笔者发现:目前的讨论以至于改革重心,仍将制度重点置于程序方面改革,与之相关的实体层面的改革不仅未受到足够的重视,且存在争议;刑事司法制度改革被视为为解放"以审判为中心"所带来的法官的巨大的压力的制度,缓解"案多人少"的现状,[④]甚至在价值上将认罪认罚基础上的从宽限定于程序的从简、从快,并提出应借鉴英美辩诉交易制度以

---

* 郑鸿举,中国社会科学院大学研究生。
① 陈卫东:《认罪认罚从宽制度研究》,载《中国法学》2016年第2期。
② 熊秋红:《认罪认罚从宽的理论审视与制度完善》,载《法学》2016年第10期。
③ 秦宗文:《认罪案件证明标准层次化研究——基于证明标准结构理论的分析》,载《当代法学》2019年第4期。
④ 谢澍:《认罪认罚从宽制度中的证明标准——推动程序简化之关键所在》,载《东方法学》2017年第5期。

及其协商程序。① 但是也有学者指出,认罪认罚从宽制度首要保护的利益是当事人的权利,效率仅是其附带的结果。②

笔者认为,认罪认罚从宽制度的首要目的是切实有效地保障被追诉人的实体权利。认罪认罚制度的目的是保障人权而非追求效率。刑事诉讼中惩罚犯罪与保障犯罪嫌疑人权利是一对在目前阶段难以调和的矛盾,固有的惩恶扬善的观念使公安机关或检察机关在调查的过程中积极追求认定犯罪嫌疑人的犯罪事实,但是在犯罪事实查明前真相又是隐藏在证据之后的,这就使得犯罪嫌疑人在刑事诉讼过程中处于被动的劣势地位,所以将二者并重在当下的情况下必然会导致一方目的较难实现。③ 刑事诉讼法将刑事诉讼的程序固定(规范化),通过稳定的可预期的方式框制刑罚权的运行,防止因过于严苛的刑罚权而侵害被追诉人的权利。刑事诉讼中国家公权力与私人权利直接对抗,这种对抗存在力量不对等的客观事实,所以按照国家预定设置程序行使权力有利于使得双方权利得到实现(结论前需要有论证),刑事诉讼法是被追诉人与国家对抗时的有力保障,可以有效地预防错判错罚。作为公民权利保障的最后一道防线,刑诉制度应当充分体现与保障人权的理念。如费因伯格所言:"所有的个人,作为实际的或潜在的要求者,都是高贵的受尊敬的对象……即使爱或怜悯、对较高权威的服从或者尊荣煊赫,皆不能替代这样的价值。"④ 如一些学者所述,认罪认罚从宽制度如果将第三种目的(效率目的)引入,作为认罪认罚从宽制度的首要目的,那么效率目的又会与保护人权的目的相冲突或相制约。作为刑事诉讼中的一种制度,应当服从或统一于刑事诉讼法整体的目的追求,以人权保障作为第一目的。所以认罪认罚制度仍应当以人权保障为第一目的,如果该制度不可以切实保障当事人的权利,那么它就不具有符合保持刑事诉讼制度整体性的合理性。

(一)认罪认罚制度主要是父爱式的权利保障

认罪认罚从宽制度中关于协商的成分很少,并不能体现协商性,也无法完全体现出契约性,更无平等性存在,这些制度特征与法律父爱主义制度具有更多的相似性。法律父爱主义模式下,在犯罪嫌疑人认罪认罚的基础上给予从宽的正当性的

---

① 魏晓娜:《完善认罪认罚从宽制度——中国语境下的关键词展开》,载《法学研究》2016 年第 4 期。
② 左卫民:《认罪认罚何以从宽:误区与正解——反思效率优先的改革主张》,载《法学研究》2017 年第 3 期。
③ 侯瑞雪:《新刑诉法人权保障存在的问题及出路》,载《理论月刊》2014 年第 5 期。
④ Joel Feinberg, *The Nature and Value of Rights*, Journal of Value Inquiry, 4, 1970.

原因在于犯罪嫌疑人的悔罪。被追诉人的悔罪行为可能产生还原犯罪的真实客观的动机和过程,以及提升公检机关办事效率和犯罪嫌疑人的真正悔过以至于自新改造。当被追诉人改过自新和公检机关提升效率时,该制度会收到比较好的社会效果,促进社会福利的最大化。国家以预先法定的量刑减让的方式,鼓励和奖励被追诉人认罪认罚的行为。① 该制度中父爱式主要体现在以下方面。首先,量刑是依据检察官的建议,且检察官的建议是依据法定的量刑幅度提出的,而非仅依据被追诉人与司法机关的协商确定量刑幅度。各地方高级人民法院颁发的刑事案件认罪认罚从宽制度试点工作量刑指引明确地规定了认罪认罚从宽的幅度,如天津市高级人民法院办公室在 2017 年的《关于开展刑事案件认罪认罚从宽制度试点工作的实施细则》中明确规定犯罪嫌疑人、被告人认罪,同意人民检察院提出的量刑建议并签署具结书的,在确保法律效果和社会效果的前提下,可以减少 15% 以下的基准刑。与辩诉交易中控辩双方在协商过程中可以对量刑有近乎市场化的交易不同的是,我国的量刑幅度是有明确法定的最高上限,这反映了在制定这项制度体现父爱式的人权关怀,阻止被追诉人因为认罪认罚损害自己的利益。其次,犯罪嫌疑人的悔罪是认罪认罚制度减刑的主要依据。在《关于适用认罪认罚从宽制度的指导意见》中明确指出"认罚"考察的重点是犯罪嫌疑人、被告人的悔罪态度与悔罪表现。正是因为刑罚的目的是惩罚与教育相结合,一般预防与特殊预防相结合,所以犯罪嫌疑人、被告人是否从宽取决于悔罪的态度与表现而不是双方协商的结果。法律父爱主义有以下特征。第一,其目的是增进或满足公民(或相对人)的福利、需要和利益,主要分为两种情形:一是阻止他自我伤害;二是增进其利益。第二,其措施必然是不同程度地限制相对人的自由或权利。第三,这种措施在客观上亦产生有利于公共利益的效果。② 合法的法律父爱主义在实际上是为了更好地保护公民的权利。③ 正是因为我国的认罪认罚从宽制度体现了父爱主义,在认罪认罚的情况下并不是仅依据被追诉人与追诉机关的协商就对被追诉人量刑,所以该制度的首要目的是保障人权。

(二)从制度设计的构造角度看,从宽是优待,也是制度的核心

认罪认罚制度的目的是激活坦白从宽的政策,达到宽严相济,以实现落实制

---

① 高童非:《契约模式抑或家长模式?——认罪认罚何以从宽的再反思》,载《中国刑事法杂志》2020 年第 2 期。
② 孙笑侠、郭春镇:《法律父爱主义在中国的适用》,载《中国社会科学》2006 年第 1 期。
③ 于雪:《略论法律家长主义》,吉林大学 2008 年硕士学位论文。

度、提升司法公信力的目的。坦白从宽政策在实践中一直存在一些问题。首先是诱供的手段被戏称为"坦白从宽,牢底坐穿";其次是因为没有客观的量刑幅度,法官的主观性较强,多基于法官经验作出决定,造成量刑幅度的不一致。① "坦白从宽,抗拒从严"一直以来饱受学界质疑,认为其对于犯罪嫌疑人、被告人的地位施加了枷锁般的限制。② 为什么国家需要将认罪认罚从宽制度这个人权保护的制度落实呢？落实认罪认罚从宽制度能够使"坦白从宽,牢底坐穿"的笑话成为过去式,从而从整体上提升我国司法的公信力。③ 认罪认罚从宽制度的出台将坦白从宽的政策通过更为具体的、具有可操作性的方式落实。一方面给予犯罪嫌疑人、被告人更为有效有利的地位,打破原先不利的局面,保障犯罪嫌疑人自愿性以及量刑结果的可预测性;另一方面又将量刑幅度法定化,限制司法机关的自由裁量权,预防同案不同判,落实司法公正的原则。

虽然认罪认罚从宽制度也提高了办案效率,但是提升效率只是附加目的。认罪认罚从宽制度中未提及效率,且我国审判程序已经足够经济。④ 首先,从语义的角度来看,该制度的称谓中并未体现"效率"一词,故不能简单地将效率强行与认罪认罚从宽捆绑。其次,认罪认罚之所以从宽,是因为认罪说明犯罪嫌疑人认识到犯罪的危害性等。因为认罚,所以犯罪嫌疑人有悔罪认过的可能,而不是简单地因为提升司法的效率提高而给予被追诉人量刑上的从宽。但是犯罪嫌疑人、被告人因为认罪认罚态度良好可以使案件进展迅速,所以自然提高了司法效率,节约了司法资源。效率作为认罪认罚从宽制度的附随结果,若将其作为制度的首要目的是本末倒置。并且我国长期以来刑事程序围绕打击犯罪展开,在程序展开过程中追求国家司法机关的权力运用的积极性、主动性以及无情且快速的打击,所以整个刑事程序有浓重的"纠问制"色彩,重打击而轻保护。⑤ 在这样的背景下,我国诉讼程序制度已经有相当的经济性以及效率性,现在我们不太需要也不太可能更大力度地提高诉讼程序的效率化,尤其是为追求办案效率而省略庭审机制,这样的改革措施更是不合时宜。

---

① 熊秋红:《认罪认罚从宽的理论审视与制度完善》,载《法学》2016 年第 10 期。
② 陈瑞华:《义务本位主义的刑事诉讼模式——论"坦白从宽、抗拒从严"政策的程序效应》,载《清华法学》2008 年第 1 期。
③ 左卫民:《认罪认罚何以从宽:误区与正解——反思效率优先的改革主张》,载《法学研究》2017 年第 3 期。
④ 左卫民:《刑事诉讼的经济分析》,载《法学研究》2005 年第 4 期。
⑤ 左卫民:《刑事诉讼的经济分析》,载《法学研究》2005 年第 4 期。

二、证明标准的诸学说

（一）证明标准降低说

部分学者认为，在认罪认罚的案件中可以降低证明标准，这样的学说可归纳为"证明标准降低说"。该说认为将"排除合理怀疑"这样的严格的证明标准适用于简易程序中是不合适的。在认罪认罚后，从宽作为协商的结果，其判决的基础是建立在合意的案件事实上作出的，其选择何种处理方式也是被告人与司法机关协商的结果。所以在认罪案件中，法官根据犯罪嫌疑人供述的事实以及部分证据即可终结审判程序，而不用达到"排除合理怀疑"这样的高证明标准。[①]

该学说的存在一些问题。首先，该标准不具有合理性。刑事诉讼的程序是为了保护当事人的权利，且是与人身自由密切联系的权利。适用"排除合理怀疑"这样的标准是为了更好地保护当事人的权利，对抗可能会因追求效率而肆意泛滥的公权力。如果降低定罪的标准，就违反了认罪认罚从宽制度的核心、首要目的。其次，该方法缺乏可操作性。究竟哪些怀疑是"合理怀疑"、是公诉机关可以不用严格的证明标准证明的？刑事案件中证明标准到底要达到什么程度才能够作出剥夺或是限制被追诉人权利的判决？哪些案件是可以适用降低标准？这些问题都是该学说难以界定的标准，所以很难有实际的操作价值，容易导致唯心主义怪圈。

（二）证明对象限定说

该学说认为，认罪认罚从宽制度的证明标准应当坚持法律事实与客观事实的辩证统一，无论在何阶段，都应当由公安机关以及司法机关对于基本事实进行实质性的审查。但是，坚持这样的证明标准并不意味着案件的所有事实都需要依据这样的证明标准进行证明。司法机关在认罪认罚从宽中的证明标准只要做到"基本事实、证据"确实、充分，就可以认为达到了《刑事诉讼法》要求的证明标准。其中，"基本事实"，是指能够影响被追诉人定罪量刑的主要犯罪事实和情节；"基本证据"，是指能够证明案件基本事实存在的证据。[②] 该说的创造性之处在于区分了基本事实与全部事实，基本证据和全部证据的概念，并认为认罪认罚案件的重心在证明基本事实、基本证据，只要达到这个标准就是达到《刑事诉讼法》中的"事实清楚，证据确实、充分"的标准。

[①] 谢登科:《论刑事简易程序中的证明标准》，载《当代法学》2015 年第 3 期。
[②] 陈光中、马康:《认罪认罚从宽制度若干重要问题探讨》，载《法学》2016 年第 8 期。

该说欠缺解释力的地方在于无法准确界定"基本事实"这一概念。有观点认为基本事实就是指影响定罪量刑的主要事实和情节。但实际上任何案件都不需要证明全部的客观事实,因为客观事实由于时间的一维性已经无法完全被复原、被证明,能够被证据证明的只有裁判事实。① 不是所有的证据都有证明力,不同证据由于客观原因有不同的证明力,因此没有法官能够通过证据的证明完全还原已经发生过的事实的全貌。实践中也不是所有案件的所有客观事实都得到证明,而是仅需证明"影响定罪量刑的主要事实和情节"。故该标准的设立仅能在解释学的角度上成立,与客观事实存在一定的差距,即本就无法完全证明全部事实。所以该证明标准实际上已经是刑诉法中的证明标准,而无关乎被追诉人是否认罪认罚。

(三)证明责任减轻说

有学者主张,在被追诉人主动认罪认罚的案件中,我国仍应当要求诉讼机关坚持"案件事实清楚,证据确实、充分"的标准。但是控方在证明犯罪嫌疑人、被告人应受刑事处罚的证明责任发生变化。其变化体现在减轻控方审查起诉、准备公诉活动、参与庭审举证、质证等方面的负担。② 该说可称为"证明责任减轻说"。

此学说关注的重点在于通过减轻控方的证明责任而达到所谓的提升诉讼效率的目的。但是根据《刑事诉讼法》第 51 条的规定,公诉案件中被告人有罪的举证责任由人民检察院承担。证明标准实质上就是《刑事诉讼法》对于证明责任承担者的证明活动的要求,即某种程度上证明标准就是证明责任,所以减轻控方的证明责任实质上就是降低证明标准。但按该说却主张在不降低证明标准的前提下降低证明责任,其本质上就是将同一概念分为两个不同的名称,从而使得该问题字面上的"两者"不产生矛盾。

(四)证明标准分类说

有些学者主张,由于现实中案件的复杂性要求有多样的印证标准与之相适应,所以强求统一的证明标准只会导致理论、立法与实践的关系紧张。为克服认罪认罚从宽制度实施中,效率与公正、幕后工作精简与统一证明标准的冲突,进一步提升司法的效率,实践应当根据犯罪种类、犯罪严重程度等因素,区别适用证明标准。③

---

① 赵承寿:《论司法裁判中的事实问题》,中国社会科学院研究生院 2002 年博士学位论文。
② 陈卫东:《认罪认罚从宽制度研究》,载《中国法学》2016 年第 2 期。
③ 秦宗文:《认罪案件证明标准层次化研究——基于证明标准结构理论的分析》,载《当代法学》2019 年第 4 期。

此种主张在理论上是较为完美的解决问题的方式,但是在实际操作中不具有可行性。首先,该说的出发点是认为认罪认罚从宽制度是为了提升诉讼效率。此处笔者就不再赘述认罪认罚从宽制度的目的以及核心。其次,如何按照不同类型的案件来制定不同的证明标准?若不事先类型化案件,那法官、检察官就需要在接触案件时进行分类以确定与之相适应的标准。该过程事实上已经是一个审判的过程,法官、检察官需要通过认定案件事实的方式进行更好地类型划分,做到同案同判。按此程序,已经违背该证明标准的初衷,降低诉讼的效率。若事先类型化案件,类型化案件最容易量化的客观标准即是按照刑期区分类型。但是随之而来将会面对这样的困境:分别判处刑期 1 年和刑期 13 个月的两个犯罪嫌疑人、被告人适用不同的证明标准。仅仅因为 1 个月的刑期差距就适用两个不同的证明标准,对于犯罪嫌疑人、被告人而言是非常不公平的。在能够无比精细划分证明标准的前提下若是将证明标准依据刑期进行无比精细的划分,那么各证明标准统一与否的区别就变得很小,适用统一标准岂不是更节省司法资源?当然,我们无法无比精细地划分证明标准。所以该说在实际上的可操作性并不强,即使做到,其司法成本也是极高的。

(五)证据自由证明说

该学说认为,目前的证明标准不能降低,在被追诉人的认罪认罚的情况下可以采用自由证明的标准。其中,自由证明在多方面凸显灵活性,有学者指出,自由证明是用某种证据经某种程序的证明;自由证明的证据是否在法庭出示,出示后用什么方式调查,由法院裁量。在适用中体现在以从宽的量刑来激励被追诉人供述事实,再由侦查机关、检察机关固定案件证据,查明案件事实。①

自由证明学说能够很好地体现《刑事诉讼法》的证明标准,在保障被追诉人的人权的同时还能兼顾刑事诉讼的效率。虽然本说在理论上可以很好地解决当前制度的问题,但是本说并未论证自由证明说在中国的可行性以及该说的理论基础。

三、证明标准应然探究

根据前述部分对于立法目的的论述可知,认罪认罚从宽制度的首要目的是保护犯罪嫌疑人、被告人的权利,落实"坦白从宽"的政策,提升司法公信力。那么认罪认罚从宽制度的证明标准也必然符合认罪认罚从宽制度的目的,以家长式的关

---

① 樊崇义、李思远:《认罪认罚从宽制度的理论反思与改革前瞻》,载《华东政法大学学报》2017 年第 4 期。

怀来保护被追诉人权利。根据已有的不同学说对于证明标准的认定，可以发现现有证明标准一般有两个问题：有些学说主张降低证明标准，这侵害了被追诉人的权利，破坏司法公正，并不可取；有些学说的问题在于仅有字面上的依据，缺乏实际操作的可能性。但证据自由证明说要求在被追诉人认罪认罚的前提下，可以根据被追诉人对案件事实的供述，由侦查机关和检察机关对这些证据进行固定，做到有的放矢。同时案件事实的证明标准还应当保持统一的证明标准，做到"案件事实清楚，证据确实、充分""排除合理怀疑"。

笔者认为，证据证明自由说是目前相对具有可操作性的证明标准，并且具备正当性。笔者在本文中尝试以中国的证明模式作为自由证明说的理论基础和实务基础，以控辩审三方平衡来论证自由证明说的可行性。

(一) 我国的刑事诉讼证明模式与证据自由证明说

证明模式，是指为实现诉讼证明目的而采取的基本方式。认罪认罚从宽制度作为我国刑事诉讼中的一种制度，其应该符合我国刑事诉讼的证明模式。对于认罪认罚从宽制度的证明标准应该立足于现有的诉讼证明模式，只有这样才能保持刑事诉讼制度整体的完整性、协调性。

我国刑事诉讼的证明模式是印证证明。印证证明模式中需要获得印证性直接证据，以此来对主张的事实进行证明。在我国刑事诉讼中尤其强调在案件事实，特别是在对关键事实的证明，需要证据间有直接且充分的相互支持。即使法官在某个或者某些证据中建立了确信，但是如果这些证据的相互印证性不高时，就不能因此作出判决。并且我国《刑事诉讼法》要求法官对证据判断、确信事实的标准需要达到普遍接受的标准。正是由于上述的特征导致了我国刑事诉讼中要求证据间相互印证程度高，亦即证明标准高。为实现印证的目的，司法机关有时会采取比较灵活的方式取证。①

在证据证明自由说证明模式下，侦查认罪认罚的案件时通过犯罪嫌疑人、被告人的供述来寻找证据、固定证据，保持与普通刑事诉讼程序相同的证明标准。首先，在审判时可以通过完整的、有证明力的证据，构建相对全面的案件事实使法官达到内心一般普遍的确信，同时公检固定的证据又具有客观性，证据的外部性与法官的内省性相结合，达到"案件事实清楚，证据确实、充分"的程度。其次，这样的证明模式也为被追诉人权利救济提供了基础。根据我国《刑事诉讼法》第236条的规

---

① 龙宗智：《印证与自由心证——我国刑事诉讼证明模式》，载《法学研究》2004年第2期。

定,二审是全面的书面审查,既包括法律审查又包括事实审查,因此对于案件在书面上要求具有高度的可重复的验证性。所以第一审案件在适用认罪认罚从宽制度审判时就应当保证案件事实的真实性,将完整的案件事实在书面上体现出来。案件事实如果采取较低的证明标准,无法在书面上具有高度的可验证性,被追诉人的救济途径就变得形同虚设。最后,如果降低证明标准,无法较为完全地、客观地复原案件事实,必然会使法官的主观因素影响案件事实的认定,不符合我国案件审判的传统。所以证据证明自由说这一不降低证明标准且又能在一定程度上提高诉讼效率的证明学说在中国是有理论和实务的基础的。

(二)控辩审三方平衡与证据自由证明说

中共十八届四中全会《决定》中所提出的"推进以审判为中心的诉讼制度改革"对于我国法治体系的建设有着极其深远的法治意义。在刑事诉讼制度中,控辩审三方是刑事诉讼的活动主体。为实现以审判为中心的诉讼制度就必须改变过去以侦查为中心的"铁三角"关系,改变传统关系中辩方的法律地位极低的现象。[1] 以审判为中心就是在遵循我国宪法规定的分工合作、相互配合、互相制约的前提下,法院的关于事实认定和法律适用的标准主导诉讼的各个阶段,以确保案件质量,防止错案错判。[2]

采用证据证明自由说是符合"以审判为中心"的改革目标。首先,该学说未降低证明标准,其在根本上保证了庭审对于事实查明、证据认定上决定性的作用。保持严格的证明标准可以使得法官在认定案件事实时时刻保持高度的专注,对证据证明的法律事实不仅要求有犯罪嫌疑人、被告人的口供,还要求侦查机关检察机关对于口供的客观证据的验证。在该学说下,法院对于案件事实的认定的标准在侦查、起诉阶段都起到了指导作用,维护了"以审判为中心"的改革目标。其次,在该学说下,提升了辩护方的诉讼地位。该学说中辩护主体包括犯罪嫌疑人、被告人及其辩护人或者值班律师,其中,被追诉人由于其口供对于案件事实的查明有决定性作用,所以其是认罪认罚从宽制度中核心的一方。被追诉人自愿供述是该制度的一大核心,制度的起点是被追诉人的自愿性。并且被追诉人以及辩护人的对于案件事实的陈述对于案件侦查而言是至关重要的。在此情况下,辩护方的诉讼地位得到提升。最后,侦查机关和检察机关的权力得到了限制。其证据的证明程度由

---

[1] 张保生:《审判中心与控辩平等》,载《法制与社会发展》2016 年第 3 期。
[2] 樊崇义:《"以审判为中心"的概念、目标和实现路径》,载《理论周刊》2015 年 1 月 14 日。

于需要保持"案件事实清楚,证据确实、充分",所以其侦查过程中的权力一方面受辩护方限制,另一方面受法院的限制。但与此同时,其量刑建议应当被法院采纳,控方的权力又得到了一定的加强,总体而言,三方的地位处于一个动态平衡的状态。

结　语

本文主要探究的是认罪认罚案件的证明标准,核心是保持高度统一的证明标准的前提下如何依据中国的客观实际来进行探讨。乍看之下,该学说有些不切实际,但是由于刑事诉讼中公权力与私权利的冲突过于直接以及激烈,因此对于刑罚的结果——散失自由而言,再高的标准也不为过。在普通的诉讼程序中尚且存在冤假错案,更何况一种以犯罪嫌疑人、被告人以自愿为基础的认罪认罚案件。对于丧失的自由而言,失去的时间不会再重来。如果仍然以建构简单地追求效率的认罪认罚从宽制度为目的,建立一套降低证明标准的学说,那么法官的主观性、控方的强势性等问题就变得更加无法解决,同时犯罪嫌疑人、辩护方劣势的地位也会被更加固化。

证据自由证明说只是根据笔者的观察所提出的一个解决的方案,是以保证刑事诉讼法的统一性,提升司法公信力,贯彻落实"以审判为中心"的制度改革为考量的一个建议。虽然公正的实现需要付出一定的代价,但是不能因为需要一定的代价使追求公正成为一种奢望。

同时,为了贯彻落实认罪认罚从宽制度的核心目的,司法机关、公安机关都应该时刻将人权保障置于首位,不仅在证明标准上需要达到"排除合理怀疑""案件事实清楚,证据确实、充分",而且需要构建相对应的救济制度,做到有权利就有保障,达到建设中国特色社会主义法治体系的目标。

第二编

企业刑事合规的理论与实践

论企业合规中刑事律师执业活动的三个维度

王学强[*]

在经济全球化背景下，企业合规经营，是企业增强核心竞争力、实现可持续发展，在市场竞争中占据有利位置的必然要求。企业建立健全合规管理体系、优化企业治理结构已经成为我国企业经营管理的主要发展趋势。

在中国，最初是金融行业引进了商业银行的合规风险管理指引，主要以巴塞尔文件体系为基础。巴塞尔文件体系，是指国际清算银行巴塞尔银行监管委员会自1975年至今所制定发布的一系列原则、协议、标准和建议的统称，是国际清算银行成员国的中央银行统一监管的有机文件体系，因此，称为巴塞尔文件体系（Basle Framework），也是国际金融界的规则，对所有从事国际业务的银行机构有重大影响。其实质是为了完善与补充单个国家对商业银行监管体制的不足，降低银行倒闭的风险与代价，是对成员国商业银行联合监管的最主要形式，并且具有很强的约束力。巴塞尔协议的价值得到了广泛的认同，在20世纪90年代成为一个世界性的标准，有超过100个国家将巴塞尔协议的框架运用于其本国的银行系统。[①]

2007年，原保监会也在此基础上发布了保险公司的合规管理指引。合规对证券领域来说也很重要，因为上市公司相对于购买股票的自然人有一个很天然的优势，所以在这个领域各种欺诈内幕交易等情况会比较多发。对于上市公司而言，可能75%的问题都与信息披露有关，比如上市公司没有规范地按照信息披露的各种标准要求进行披露，一些该披露的重大事项没有披露，这些行为事发之后证监会都要进行处罚。

---

[*] 王学强，北京长阅律师事务所主任、高级合伙人，中国管理科学研究院学术委员会智库专家。

[①] 《巴塞尔文件体系》，载股城网，http://baike.gucheng.com/Baike_Read_5265.html，2022年5月10日访问。

2018年,国资委发布《中央企业合规管理指引(试行)》(以下简称《央企合规指引》)(国资发法规〔2018〕106号),标志着国务院国资委从强调全面风险管理转变为强调合规管理工作,重心集中在央企对法律法规和规章制度的遵守和落实,以提高可操作性的方式促进管理措施的真正落实。中国大型国有企业的企业管理中,国资委对合规工作的重视是推动合规管理落实的重要力量。

《黄帝内经》有言:"上医治未病,中医治欲病,下医治已病。""上医"最早见于先秦散文《国语·晋语八》:"文子曰:'医及国家乎?'对曰:'上医医国,其次疾人,固医官也。'"大概意思是说:高明的大夫,首先要精通大的规律,能够治理国家;其次才能诊疗人的疾病或者处理更细微的事情,只有这样才能成为医生的管理者,亦官亦医。简简单单的一句话,道明了治国与医人在根本上是相通的,既要把握大的规律也要注重细节。

笔者认为,律师服务客户跟医生诊治病人的道理是相通的。能帮助客户解决法律问题或者"打官司"是基础的律师技能,能帮助客户避免即将发生的法律风险或者避免"打官司"是中阶的律师技能,能帮助客户化解法律风险于无形、远离"打官司"才是高阶的律师技能。

从检察官转行从事律师工作以来,我主要致力于刑事辩护,随着办理案件数量的增多,越来越意识到许多企业或企业家寻求专业刑事合规法律服务的时机太晚了,本来可以防患于未然的事情因为没有引起足够重视、因为没有一套行之有效的合规管理体系,而发展成很大的法律问题,遭受巨大的经济损失甚至面临刑事风险,使企业遭受灭顶之灾,甚至使企业家遭受牢狱之灾。让人不禁扼腕长叹!因此,如何帮助企业或企业家合规经营、合法经营,消弭法律风险于未然,成了我们的主攻方向。

在嫌疑人是企业的情况下,企业是否被定罪,决定企业的生死存亡,会改变股东、员工、客户、合作企业的生存状态,可以导致企业丧失特定经营许可资格也可以导致其失去贷款和参加招投标的资格、被吊销营业执照从而倒闭、破产。很多公司开始重视内部的法律风险防范问题,司法工作人员认识到"你办的不是案件,而是别人的人生"。司法机关认为不能出现'办理一个案件搞垮一个企业'的现象。①

---

① 陈瑞华:《企业合规不起诉改革的八大争议问题》,载《中国法律评论》2021年第4期。

一、企业合规与刑事合规

（一）什么是企业合规

企业合规，顾名思义，就是指企业的行为要合乎规矩。

2018年11月2日，国有资产监督管理委员会发布《央企合规指引》，其中第2条第2款规定："本指引所称合规，是指中央企业及其员工的经营管理行为符合法律法规、监管规定、行业准则和企业章程、规章制度以及国际条约、规则等要求。"2018年12月26日，国家发展和改革委员会等七部委联合发布《企业境外经营合规管理指引》（以下简称《境外经营合规指引》）其中第3条规定，本指引所称合规，是指企业及其员工的经营管理行为符合有关法律法规、国际条约、监管规定、行业准则、商业惯例、道德规范和企业依法制定的章程及规章制度等要求。

笔者认为，企业合规是"大合规"，是指企业及其员工的经营管理行为符合有关法律法规、国际条约、监管规定、行业准则、商业规则、商业惯例、道德规范和企业依法制定的章程及规章制度等要求。

（二）什么是企业刑事合规

什么是企业刑事合规这个问题，见仁见智。有人认为企业刑事合规是企业为避免自身刑事责任而对其从业人员的活动进行管理、规制以及由此形成对制度化安排与实践。① 有人认为所谓企业刑事合规，是指为避免因企业或企业员工行为给企业带来的刑事责任，国家通过刑事政策上的正向激励和责任归咎，推动企业以刑事法律的标准来识别、评估和预防企业的刑事风险，制订并实施遵守刑事法律的计划和措施。② 涉案企业刑事合规，是指牵涉刑事案件的企业合规制度。

伴随着2018年美国商务部对"中兴通讯事件"的处理，对中国企业来说，合规治理尤其是刑事合规已然迫在眉睫。本着挽救相关涉案企业、维护经济增长和社会稳定的理念，自2020年3月起，最高人民检察院在部分地区启动了对涉案企业依法不捕、不诉，提出从宽（缓刑）量刑建议的企业合规改革试点工作。通过检察建议的方式对涉案企业违法犯罪的原因进行分析，对所谓的生产、管理、经营活动当中的违法违规，生产经营管理活动当中的相关制度上的漏洞或者问题提出意见和建议，然后督促相关企业进行合规和整改。

---

① 周万里主编：《企业合规讲义》，中国法制出版社2022年版，第608页。
② 赵赤：《立足全球视野解读刑事合规内涵》，载《检察日报》2021年9月2日。

"企业刑事合规的范畴大于涉案企业刑事合规。"虽然最高人民检察院推动了"涉案企业刑事合规"工作,但并不意味着刑事合规仅适用于企业涉嫌犯罪以后。企业刑事合规也包括企业事前主动地构建一个识别和预防刑事风险的内部管理体系,事中、事后的刑事激励机制。

二、企业合规业务对律师的基本要求

2021年3月9日,人力资源社会保障部办公厅、市场监管总局办公厅、统计局办公室三部门发布《关于发布集成电路工程技术人员等职业信息的通知》,将企业合规师确定为新职业。该通知将企业合规师定义为:"从事企业合规建设、管理和监督工作,使企业及企业内部成员行为符合法律法规、监管要求、行业规定和道德规范的人员。"将企业合规师的主要工作任务概括为:"1.制定企业合规管理战略规划和管理计划;2.识别、评估合规风险与管理企业的合规义务;3.制定并实施企业内部合规管理制度和流程;4.开展企业合规咨询、合规调查,处理合规举报;5.监控企业合规管理体系运行有效性,开展评价、审计、优化等工作;6.处理与外部监管方、合作方相关的合规事务,向服务对象提供相关政策解读服务;7.开展企业合规培训、合规考核、合规宣传及合规文化建设。"

具体而言,企业合规师的执业活动体现在合规建设、合规管理及合规监督三大方面。依据"规"、适用"规"、制定"规"、落实"规",这是法律律师、注册会计师、注册税务师所擅长的。"合"与管理学有着天然的联系。[1] 企业合规师是复合型人才,为了适应合规管理工作,其不仅要拥有专业的能力,具备专业的知识,而且要具有特定的个性,即诚信、可靠、善于沟通、团队精神、坚韧及洞察力。[2] 同时,律师作为企业合规师应当注意以下几点。

(一)转变思维方式,从"产品思维"转变为"客户思维"

企业合规业务要求律师既要精通某一专业领域,更要善于通观全局。要求律师转变思路,从"产品思维"转变为"客户思维"。

宣传自己是"只办理某类业务的律师事务所""只办理某类业务的律师",体现的更多是产品思维,在客户眼里"只办理某类业务的律师事务所"不等于专业律师事务所、"只办理某类业务的律师"也不等于专业律师,有客户思维的律师才是专业

---

[1] 周万里主编:《企业合规讲义》,中国法制出版社2022年版,第244—250页。
[2] 参见胡国辉:《合规人才能力模型及培养》,载周万里主编:《合规学高等教育及其课程设计》,法律出版社2021年版。

的好律师。

客户思维，是以客户需求为中心，客户有什么问题要解决，我们想办法为客户解决问题，必须站在企业管理者的角度想客户之所未想，及客户之所未及，站在企业管理者的角度为客户提供全面的、有效的解决方案！为客户创造价值！

(二) 转变角色，从注重"治疗"转变为注重"康养"

从注重"治疗"转变为注重"康养"，即从注重法律案件的解决转变为注重合规，从办案律师转变为合规律师或者合规师。

"企业合规"是舶来品，律师既要深入研究涉外企业中的合规业务，也要致力于合规业务的本土化，特别是在行政监管、执法调查之前，必须注意根据我国法律、行政法规的特色，在行政监管与刑事立案之前探求合规管理的有效路径，帮助企业依法依规打造合规商业模式、改造原有商业模式，实现合法、合规经营，远离法律风险，将合规风险消弭在行政立案、刑事立案的大门之外，实现上医治未病的目标。

(三) 转变工作方式，从注重"个人能力"转变为注重"团队力量"

在经济全球化背景下催生的企业合规，要求律师参与者站在企业高层管理者的高度，从局部思维、个人奋斗，转变为到全局思维，集体战斗。倡导"合规就是生产力"，与不同专业的律师优势互补，团队合作，主导有效合规体系的建设，业务覆盖主要包括合规培训与宣传、合规尽职调查、合规内部调查、行政执法调查的应对、法律风险的诊断、商业模式的改造、刑事风险的预防与化解等。

三、企业合规管理中刑事律师执业的三个维度

鉴于刑事风险于刑事追诉后果的严重性，不论是对企业还是对涉事雇员而言通常都是灾难性的，因此，刑事合规自当是合规计划的重中之重。[①]

刑事律师通过办理大量的刑事案件，直接或间接积累了丰富的刑事风险防控经验，从而比其他人员更适合从事企业刑事合规工作。具体而言，刑事律师作为企业合规师的职业活动体现在如何"治未病"、如何"治欲病"、如何"治已病"三个方面。

(一) 企业合规管理中刑事律师如何"上医治未病"

1. 参与建设合规管理体系并协助企业落实，使之行之有效

企业通过组织体系及架构的设计，建立完整的、自上至下的合规管理组织，明

---

① 周万里主编：《企业合规讲义》，中国法制出版社2022年版，第600页。

确合规管理责任人员、分工,以及其具体职责。

合规管理组织权利应该来源于企业中的"一把手",比如企业 CEO 或者由董事会组建的合规委员会,或者由企业最高管理人员及其组织授权的相应部门。既要有完全覆盖、不留死角的合规体系,又要避免大而全、大而空的合规体系,打造一系列能接地气、行之有效的合规管理制度、合规培训制度、合规管理计划。合规是有组织、有计划的管理活动,也是动态改进、完善的循环过程。

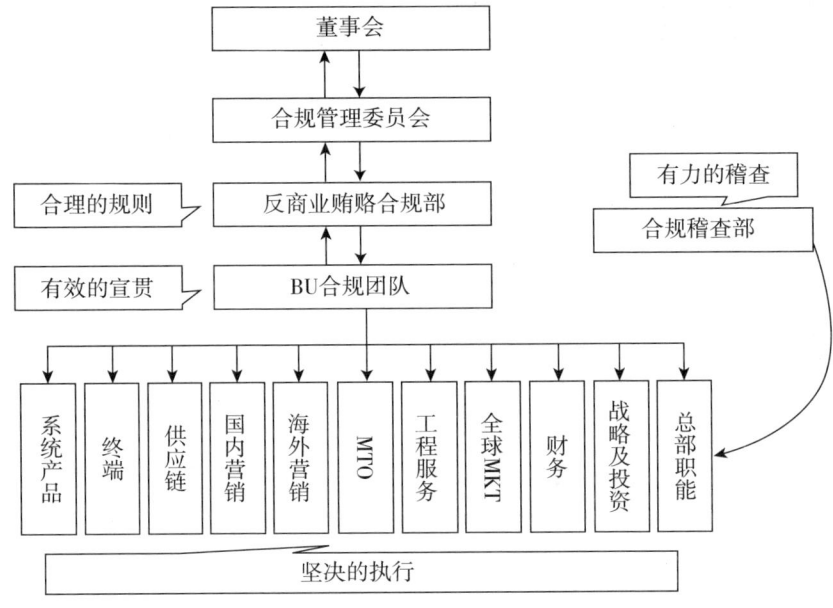

图 1　中兴公司反贿赂合规组织的具体架构

在建立全面的合规政策体系的同时,要根据企业性质、业务类型和主要风险,量身定制专项合规计划,例如环境保护合规计划、税收合规计划、反商业贿赂合规计划、反洗钱合规计划、大数据保护合规计划等。

刑事合规管理体系的层次高于刑事合规管理制度,它是以规范企业经营行为使其合乎刑事法律规范、防范刑事法律风险为目的,纵横交贯于企业合规管理制度、合规管理组织架构、合规管理运行与保障机制、合规文化与宣传等在内的一系列措施的之中。刑事律师要以全局思维参与建设合规管理体系并做好整个合规管理体系中的刑事部分。

2. 当好刑事法律顾问,做好体检与保健

刑事律师要深入企业,了解企业性质、行业规模、业务模式、组织架构、行政监管等信息;梳理该类企业常见的犯罪类型及其方式,建立企业刑事风险清单。梳理、整合相关的法律法规、司法解释、典型案例。认为企业商业模式有较大法律风险的要及时预警,需要改造商业模式的要及时进行合规化改造。

培育合规文化,护航企业发展。通过制订、发放合规手册、签订合规承诺书、召开日常合规会议、合规要求公告等方式,强化企业部门及人员安全、质量、诚信、守法和廉洁等意识,树立依法合规、守法诚信的价值观,筑牢合规经营的思想基础和文化基础。

近年来越来越多的大型企业或者上市公司会根据自身情况聘请不同专业的律师作为企业常年法律顾问,其中包括刑事法律顾问,平时法律顾问提供的服务主要包括参与企业经营发展战略的制定、日常的刑事法律问题咨询以及刑事法律风险的化解与刑事法律方面的培训等。同时做好特殊领域的刑事非诉业务,比如担任破产管理人团队的刑事律师、担任私募基金管理人合规建设的刑事律师。

(二)企业合规管理中刑事律师如何"中医治欲病"

1. 开展内部调查,做好"体检"精准查漏补缺

内部调查,是指企业内部尚未发生违规、违法行为,但发现员工涉嫌违规违法行为后,启动的专门调查活动。

企业启动内部调查的主要目的在于明确涉嫌违规违法的事实,识别违规违法责任人,对涉案人员作出相应处理,发现企业内部控制的漏洞和缺陷,并针对企业内控机制的漏洞和缺陷,进行现有合规体系的完善工作,帮助企业"防患于未然"。

2. 诊断法律风险,防控刑事法律风险

刑事法律风险的识别与防控主要是根据企业客户的需求对企业可能面临的特定的刑事风险进行核查、分析、评估,进而提出相应的法律意见。

律师要深入企业,听取客户陈述、了解客户需求,查阅企业相关资料,依据现有法律法规、行业规范以及企业内部章程,对企业的经营行为及相应的存档资料进行核查,整理其中涉及的刑事法律风险,系统客观评估企业涉及的刑事法律风险,出具基于现状的法律意见,比如改造商业模式等。

3. 指导企业应对外部监管

企业刑事合规的做法包括聘请律师、会计师等专业人员进行指导、制定相关的规章制度、进行专题座谈以及合规宣讲等措施,指导企业适应行政执法机关、第三方组织的日常监管、回访,依法应对突发行政执法检查、调查等外部监管。

(三)企业合规管理中刑事律师如何"下医治已病"

在企业面临刑事危机时,会非常紧迫。刑事律师可以帮助涉案企业应对刑事危机,比如刑事控告、刑事辩护、刑事合规整改等。

"涉案企业合规整改"源于最高人民检察院于2020年起主导推行的"涉案企业合规改革"制度。该制度是最高人民检察院落实"少捕、慎诉、慎押"刑事司法政策,护航民营企业健康合规发展的重要举措。对于符合适用条件的涉案企业经过整改且经评估合格后承办检察机关将对涉案企业及其涉案人员作出不予起诉决定或者向法院提出从宽处罚的量刑建议。

2021年6月3日,最高人民检察院、司法部、财政部等9个部门联合印发关于《关于建立涉案企业合规第三方监督评估机制的指导意见(试行)》(以下简称《意见》)。《意见》指出:"在依法推进企业合规改革试点工作中建立健全涉案企业合规第三方监督评估机制,有效惩治预防企业违法犯罪,服务保障经济社会高质量发展,助力推进国家治理体系和治理能力现代化。"三方监督评估机制的设立,对企业刑事合规体系建设提出了更高的要求。这就要求企业事先建立并完善企业合规制度,尤其是刑事合规制度,将刑事合规体系融入企业合规体系的整体构架中。具备制定专项或者多项合规计划的体系基础和人员基础,从内部治理结构、规章制度、人员管理等层面,预先形成完善的合规体系,以此达到启动第三方监督评估机制的基本条件,应对合规评估期内三方组织的评估和审核,为涉案企业精准有效适用三方监督评估机制,从容应对刑事风险和经营危机提供保障。

1. 作为涉案企业或者企业涉案人员的刑事律师

这个阶段的业务,主要是刑事代理或辩护,这其实是刑事律师的传统业务。刑事律师可以发挥专业技能,帮助企业应对刑事危机。刑事危机,是指企业或者企业员工因涉嫌犯罪被曝光或者被立案调查后企业所面临的危机。

作为涉案企业或者企业涉案人员的代理人代理刑事控告,要针对企业员工或者第三方合作单位涉嫌犯罪的事实,整理起草报案材料并向公安机关报案,并作为代理人代理企业参与后续的刑事诉讼。

律师作为企业的辩护人提供刑事辩护,要向企业了解案件事实,进行初步法律分析,预估企业可能面临的法律后果以及企业应采取的措施。配合侦查机关的调查收集有利证据,判断是否能切割员工个人犯罪与单位犯罪,是否能够弥补或者减轻已造成的损害,向侦查机关、检察机关、审判机关提供法律意见。

如果律师是涉案企业的辩护律师,那么在检察院审查起诉阶段,律师在介入到涉案企业的案件中时,应该具有敏锐性。首先需要做的就是判断涉案企业是否可以走刑事合规的途径。尽早发现自己承办的案件是否具有这样的条件。如果认为可以,就一定要在第一时间与承办检察官沟通,及时向检察机关提出涉案企业合规申请,启动合规整改,并让检察院采纳。

辩护人认为符合涉案企业合规条件时要力争说服检察院对该企业适用刑事合规。说服检察院主要从以下几个方面进行。

第一,表明涉案企业、个人认罪认罚,涉案企业适用第三方机制的强烈意愿和计划,具体如下:(1)涉案企业基本情况;(2)涉及犯罪基本情况;(3)自愿全面整改涉案的违法行为;(4)认真开展企业自查;(5)开展专项合规建设;(6)确定整改期限。

第二,证明涉案企业能够正常生产经营,承诺建立或者完善企业合规制度,具备启动第三方机制的基本条件,阐明企业的类型、实力。企业的潜力是涉案企业合规的关键,因此要向检察机关递交相关企业资质,包括但不限于企业注册资本、员工情况、交税情况、专利、荣誉,以此证明涉案企业具备做合规的相应资本。

第三,呈现合规整改后的良好效果。涉案企业合规需要让检察机关预见到为这家涉案企业实施刑事合规的法律效果、经济效果、政治效果、社会效果,包括但不限于不批捕、不起诉后企业的发展的蓝图、构想,是否准备上市,将来纳税的规模,解决就业人数等。同时,应当将检索到的与涉案企业情况相似的企业成功适用合规制度的案例提交给检察官。

2. 作为涉案企业的合规整改律师

企业开始适用刑事合规制度后应严格按照合规计划及承诺进行整改,确保企业合规整改措施落实,及时报告计划执行情况;考察期届满后,对于合规整改效果良好的企业及个人,经检察机关等有关部门进行公开听证后,才能相应获得撤销案件、不予起诉等从宽处理的"优惠"待遇。

涉案企业进行合规整改离不开会计师、律师、税务师等专业人员的指导。聘请律师进行合规整改专业指导不仅可以指导企业制订有效合规计划,还能够识别企业的内部重点法律风险并就相关防范措施提供专业法律意见,帮助涉案企业应对长期的外部监督和严格的"涉案企业合规整改"中检察院的监管、第三方组织的评估,刑事代理律师为了确保服务质量,在一部分专业度较高的案件中,也会另外委托其他领域的专业律师、注册税务师、注册会计师来帮助企业进行合规整改的情况。

律师既要指导企业做出合规承诺、提交合格的合规计划，又要指导企业进行合规整改，以达到预期的整改效果。

涉案企业提交的合规计划，主要围绕与企业涉嫌犯罪有密切联系的内容，包括：(1)企业内部治理结构、规章制度、人员管理等方面存在的问题，(2)制订可行的合规管理规范，(3)构建有效的合规组织体系；(4)健全合规风险防范报告机制，应对机制、合规奖惩和纪律处分程序；(5)弥补企业制度建设和监督管理漏洞，防止再次发生相同或者类似的违法犯罪。

审查合规计划应注意以下几点：(1)合规计划针对涉案企业预防和治理可能涉嫌的犯罪行为或者类似犯罪行为的时效性；(2)合规计划是否全面涵盖涉案企业在合规领域的薄弱环节和明显漏洞；(3)涉案企业完成合规计划的可能性以及合规计划本身的可操作性。

3. 担任第三方组织成员

根据《意见》第17条的规定，第三方组织组成人员主要有律师、注册会计师、注册税务师等中介组织人员。第三方组织成员在检察机关主导下，"在履行第三方监督评估职责期间不得违反规定接受可能有利益关系的业务；在履行第三方监督评估职责结束后一年以内，上述人员及其所在中介组织不得接受涉案企业、个人或者其他有利益关系的单位、人员的业务"。律师作为第三方监督评估组织成员，律师所在的律师事务所要回避，不能担任涉案企业的辩护人、合规整改人。

专业刑事律师在涉案企业合规中承担的是第三方组织监督评估人员的角色。应当要求涉案企业提交专项或者多项合规计划，对涉案企业合规计划的可行性、有效性与全面性进行审查，提出修改完善的意见建议，并根据案件具体情况和涉案企业承诺履行的期限，确定合规考察期限。

在合规考察期内，第三方组织可以走访调查涉案企业、询问涉案企业相关人员、查阅涉案企业文件、听取主管行政机关、行业协会或者上下游合作企业等方面相关人员的意见。要定期或者不定期地对涉案企业合规计划履行情况进行检查和评估，可以要求涉案企业定期书面报告合规计划的执行情况，同时抄送负责办理案件的人民检察院。第三方组织发现涉案企业或其人员尚未被办案机关掌握的犯罪事实或者新实施的犯罪行为，应当中止第三方监督评估程序，并向负责办理案件的人民检察院报告。

在合规考察期届满后，第三方组织应当对涉案企业的合规计划完成情况进行全面检查、评估和考核，并制作合规考察书面报告，报送负责选任第三方组织的第三方机制管委会和负责办理案件的人民检察院。人民检察院,应当将第三方组织合规考察书面报告、涉案企业合规计划、定期书面报告等合规材料,作为依法作出批准或者不批准逮捕、起诉或者不起诉以及是否变更强制措施等决定,提出量刑建议或者检察建议、检察意见的重要参考。

目前,我国企业合规改革试点工作取得显著成效。对于企业而言,刑事合规固然是政策红利,但"打铁必须自身硬",重点还是建立自身的合规体系,使得企业在发生刑事风险的情形下,能够给检察机关以及第三方组织以企业合规的印象,并尽最大努力争取合规不起诉制度的适用,从而减少企业的损失。

综上所述,在经济全球化背景下,国内企业合规业务方兴未艾,刑事律师要转变观念、创新思维、提升技能、加强合作,更深、更广地参与到企业合规管理中,共建合规文化,帮助企业创造价值,推动中国特色社会主义法治进程和社会经济健康发展。

论企业合规出罪的证明责任分配

王景龙[*]　张超杰[**]

如今,国际竞争与合作已经形成了国际经济大循环,随之而来的结果便是企业越来越处于风险不定的社会中,面对大量的担责危险以及洪流似的规范,企业经营合乎法律并非自然而然的事,如果缺乏组织上的管控措施,它几乎是不能实现的。[①]基于此,合规被视为降低刑事风险的一种方法,逐步走进人们的视野,成为当下企业亟须开展的管理机制改革和顺应全球化潮流的选择。然而在刑事合规如火如荼的探讨中,不仅欠缺从证明责任角度对其出罪正当性及促进刑事合规目的实现的进一步把握,也需要通过证明责任的分配将刑事合规激励机制融入司法实践。涉及证明责任分配的企业合规出罪模式有两种:一是主观过错免除模式,企业基于合规文件能够证明其不存在主观过错而推翻司法机关的过错推定;二是法定管理义务履行模式,企业基于合规文件能够证明其在经营过程中履行了法律所规定的管理义务而抗辩司法机关主张的不作为或过失。在这两种合规出罪模式中,针对不同的证明对象,控辩双方分别承担的行为责任及其对应的证明标准都有所区别,直接影响了最终结果责任的承担。

企业合规引入我国后,就证明责任的配置问题,部分学者基于诉讼便利原则和存疑有利于被告原则,认为被告企业就合规计划的证明仅承担初步证明责任,反对被告企业因无法证明合规具有有效性而承担结果责任;[②]也有部分学者将合规计划

---

[*]　王景龙,西安财经大学法学院副教授,硕士生导师,西南政法大学法学博士。研究方向为刑事诉讼法学与证据法学。

[**]　张超杰,西安财经大学一带一路与财经法治研究中心研究员。

[①]　[德]乌尔里希·齐白:《全球风险社会与信息社会中的刑法:二十一世纪刑法模式的转换》,周遵友、江溯等译,中国法制出版社2012年版,第236页。

[②]　参见吕子逸:《刑事合规案件中的证明责任分配与实现路径》,载《财经法学》2022年第1期。

的证明分为存在证明和有效证明,通过区分某一单位犯罪是否实施高风险犯罪以及实施犯罪行为的自然人是否为高层管理人员,来具体设置证明责任的分配。① 可以发现,我国在刑事合规的发展中,目前整体缺乏对合规进入审判程序的研究与讨论,尤其是结合证据法的探讨不足,将导致企业通过合规出罪时,法官对于被告企业是否承担行为责任与结果责任无法形成统一的认识,直接影响败诉结果的承担,极有可能导致同案不同判,降低企业合规建设的积极性,妨害我国的企业合规改革。

一、证明责任理论对于企业合规出罪的价值

合规改革作为企业现代化、全球化发展的重要趋势,想要成为我国企业的基本共识,势必要通过公权力的激励和引导,尤其在企业涉罪的情形下,必然离不开诉讼程序中证明责任的清晰分配。首先,在企业通过合规出罪的情况下,司法机关能否将合规作为企业的抗辩事由加以考虑,需要证明责任理论的进一步证成。其次,无论在何种模式下证明责任的承担都会对企业建立和落实合规计划有很大激励效果,也会促进企业合规出罪目的的实现。

（一）有助于企业合规出罪的正当性证成

企业刑事合规是否可以作为出罪事由,在英美法系国家似乎并不存在疑问,如英国和美国对此均有明确规定,即只要企业能够证明其在犯罪行为发生之前已经建立适当程序或充分程序,该程序本身若能够防止、规避企业犯罪,那么该企业就可以免予承担刑事责任。②

1. 学界对于企业合规出罪正当性的论证

在大陆法系司法实践中,法院一般不会因为企业建立合规体系而使其出罪。③ 对于此,学界对于企业合规出罪正当性的论述展开了讨论。例如,陈瑞华教授提出了"企业独立意志理论"和"有效监管理论",对合规出罪正当性作出犯罪论上的证成;范红旗教授通过"结构性疏忽"理论,论证企业可以通过证明其已经执行了旨在

---

① 参见林静:《刑事合规的模式及合规计划之证明》,载《法学家》2021 年第 3 期。
② 周振杰:《英国〈2010 年贿赂罪法〉评介》,载赵秉志主编:《刑法评论》(2012 年第 2 卷),法律出版社 2013 年版,第 312 页;[美]菲利普·韦勒:《有效的合规计划与企业刑事诉讼》,万方译,载《财经法学》2018 年第 3 期。
③ 陈瑞华:《企业合规基础理论》(第 2 版),法律出版社 2021 年版,第 100 页。

预防和监督犯罪的合规措施,进而免除刑事责任;①李本灿教授从刑罚目的出发,认为刑事合规符合积极一般预防理论,完全可以涵盖报应目的和预防目的;②叶良芳教授从刑罚效果出发,认为合规计划作为检察机关是否起诉企业的考察依据,帮助企业建立风险内控机制,与将企业定罪后施以刑罚的效果相同,具有出罪正当性。③又如,德国学者乌尔里希·齐白从规范正当化、不法、非难可能性以及进行追究的公共利益的角度,论证合规可以使企业刑事责任被免除。④

总之,大部分学者从实体法(即犯罪论和刑罚论)的角度对企业合规出罪的正当性进行了论证,但要完成出罪还需要程序法的配套完善方能实现,除了审查起诉阶段的合规不起诉制度,进入审判程序的企业通过事前合规出罪是否具有正当性,作为连接实体法和程序法的证据法不容忽视。比如,证明责任理论关系着哪一方承担举证责任、哪一方承担败诉风险,其对于刑事实体法的工具价值也是其正当性论证的一个重要视角。

2.证明责任理论对于企业合规出罪的正当性证成

合规出罪是否正当,在证明责任理论中表现为合规能否成为抗辩事由,如果合规可以作为抗辩事由而被企业提出,则其正当性不言而喻。抗辩事由分为积极抗辩事由和消极抗辩事由,而合规既可以是积极抗辩事由,也可以是消极抗辩事由。

(1)合规作为积极抗辩事由

在企业被公诉机关起诉,进入审判程序后,企业将合规作为证据来证明其与相关责任人员主观意志分割,对犯罪行为、危害结果不存在主观过错的情况下,合规便是一种积极抗辩事由。因为检法机关基于主客观相统一归责原则,在将企业归罪时必须认定其主观构成要件,然而除单位集体决策的犯罪外,单位的整体意志往往难以证明,基于此,司法解释明确规定只凭表见因素和利益因素即可认定为单位犯罪。⑤ 这为司法实践通过单位犯罪的基础事实推定企业具有主观过错提供法律

---

① 范红旗:《意大利法人犯罪制度及评析》,载赵秉志主编:《刑法论丛》(第15卷),法律出版社2008年版,第298页。
② 李本灿:《刑事合规制度的法理根基》,载《东方法学》2020年第5期。
③ 叶良芳:《美国法人审前转处协议制度的发展》,载《中国刑事法杂志》2014年第3期。
④ [德]乌尔里希·齐白:《全球风险社会与信息社会中的刑法:二十一世纪刑法模式的转换》,周遵友、江溯等译,中国法制出版社2012年版,第261页。
⑤ 最高人民法院、最高人民检察院、海关总署《关于办理走私刑事案件适用法律若干问题的意见》第18条中规定,具备下列特征的,可以认定为单位走私犯罪:(1)以单位的名义实施走私犯罪,即由单位集体研究决定,或者由单位的负责人或者被授权的其他人员决定、同意;(2)为单位谋取不正当利益或者违法所得大部分归单位所有。

依据,免除检察机关对企业主观方面的证明,进而完成控方的证明责任。例如,在辽宁荟华楼公司走私黄金一案中,法院在缺乏有力证据证明单位整体意志的情况下,仅因该公司监事主管黄金回收业务时实施了犯罪行为,便将该单位归罪。① 在此类案件中,控方基于企业相关责任人员的基础犯罪事实推定企业具有主观过错,进而完成控方证明责任,此时辩护方通过合规证明其不具有主观过错,便是一种"新主张",而"新主张"就是实质意义上的积极抗辩事由,此时企业应就该"新主张"承担证明责任。

(2)合规作为消极抗辩事由

在检察机关起诉企业未履行法律所规定的监督和管理义务且造成危害结果时,企业通过合规反驳检察机关对其不作为的主张,其中合规便是一种消极抗辩事由。因为企业的抗辩是其已经履行了特定义务,且该危害结果的发生与是否履行特定义务不存在因果关系。例如,在拒不履行网络安全管理义务罪中,网络提供者建立且执行了完善的合规计划,但由于其他因素仍导致用户信息泄露等危害结果发生。企业所抗辩的事实是检察机关通过司法证明完成证明责任的,而非通过事实推定完成证明责任的,且由于企业的抗辩有可能引起法官的合理怀疑,此时检察机关并未完成其证明责任,所以企业没有形成新的主张,关于企业是否履行了特定义务,仍由控方承担证明责任,企业所提出的合规声明只能作为消极抗辩事由的证据。

综上所述,合规可以作为抗辩事由被企业所提出,只要企业对合规存在进行证明且有效地证明达到一定的证明标准,足以推翻检察机关对于企业主观过错的推定或者成功反驳检察机关对于企业不作为的证明,便能达到出罪的目的。这样的结论自然能够印证合规出罪具有正当性。

(二)有助于企业合规出罪的目的实现

1. 企业合规出罪是合规激励机制

将合规纳入企业经营,其目的在于强化企业内部管理以避免犯罪。但由于我国大部分企业,尤其是民营企业,普遍缺乏设立、执行合规计划的积极性,所以国家通过刑事政策上的正向激励和责任追究,推动企业的合规建设。② 刑事合规由于体现着刑事政策的意义,因此与合规管理的目的有所区别。正如有学者提到的,单一

---

① 吉林省高级人民法院(2021)吉刑终181号刑事判决书。
② 孙国祥:《刑事合规的理念、机能和中国的构建》,载《中国刑事法杂志》2019年第2期。

的刑罚威慑很难在控制企业犯罪方面起到效果,①其预防功能也应被重视。刑事合规的目的、落脚点在于通过合规出罪机制、合规从宽机制、合规不起诉制度激励企业进行合规计划,确立主动实施犯罪预防与自我管理的预防理念和规制范式,②进而实现在单位犯罪领域的"国家义务下沉",实现国家与企业的合作治理。③ 而企业合规出罪是刑事合规的一个表现,其目的在于激励企业进行合规改革。

2. 证明责任理论有助于激励企业合规建设

根据理性经济人理念,人都是趋利避害的,对企业而言更是如此。只有执行合规计划的经济成本明显低于不执行合规计划的损失时,企业才会积极考虑进行合规管理。而证明责任理论在审判中的适用,可以让企业对是否积极开展合规建设、是否积极执行合规计划有一个清晰的利益衡量。

证明责任的本质和功能在于,当重要事实主张的真实性不能被查明之时,它是法官作出判决的最终考量,即对存疑事实主张承担证明责任的当事人一方被裁定承担不利结果的责任。④ 具体而言,在企业将合规作为证据来证明其与相关责任人员主观意志分割的情况下,由被告企业承担证明责任。在这种情形中,合规能否证明企业不存在犯罪故意或者过失,能否切断企业与关联人员的责任,都是不确定的,取决于司法人员的自由裁量。而自由裁量的基础便是证明标准,如果不能达到证明标准,便不能完成证明责任,法官就会让企业承担败诉风险。这样的结果定然是企业不想遭受的损失,可以倒逼企业追求合规的高证明标准,严格落实贯彻合规计划;在企业将合规作为证据证明其已经履行了法律所规定的监督和管理义务的情况下,控方承担入罪的行为责任,只要企业提出的合规抗辩达到一定的可信度,使得控方的入罪主张不能排除合理怀疑,无法完成证明责任,法官就会让控方承担败诉风险,即企业无法入罪。这样的结果必然是企业所追求的,提高合规的可信度自然是企业努力要达到的目标。

虽然实践中,法官有查明事实的职责,一般不适用证明责任理论判决某一方败诉,但对于企业主观方面的证明,法官很难达到内心确信,无论作出何种抉择法官内心都清楚自己有可能判断错误。所以,司法机关应当在合规不起诉激励机制的

---

① Sally S. Simpson, *Corporate Crime, Law and Social Control*, Cambridge University Press, 2002, p.154.
② 万方:《合规计划作为预防性法律规则的规制逻辑与实践进路》,载《政法论坛》2021 年第 6 期。
③ 李本灿:《刑事合规理念的国内法表达——以"中兴通讯事件"为切入点》,载《法律科学》(西北政法大学学报)2018 年第 6 期。
④ 魏虹主编:《证据法学》,中国政法大学出版社 2019 年版,第 227 页。

基础上,通过证明责任理论加以引导,激励企业主动自我管理、自我预防。

综上所述,为了不让自己败诉或者为了让控方承担败诉结果,有效的合规管理对于企业在涉罪之后的诉讼环节具有极大的积极意义,在刑罚的威慑之下,企业会毫不犹豫地选择建立和执行合规计划。所以,在审判环节适用证明责任理论,将最大程度上激励企业建设有效的合规管理体系,有助于企业合规出罪目的的实现。

二、主观过错免除模式下的证明责任分配

涉及证明责任分配的第一种企业合规出罪模式为主观过错免除模式[①],是指企业通过建立和实施有效合规计划,以证明自身对于关联人员所实施的犯罪行为不存在主观过错,从而免除其刑事责任的合规出罪模式。[②] 此模式在审判程序中包括两种出罪情形:一是企业未被起诉,只有相关责任人员被检察机关起诉,责任人员抗辩此案为单位犯罪以请求从宽处罚,企业提交合规文件以证明其与责任人员之间的责任切割;二是企业被起诉,企业同样以合规抗辩其与责任人员之间不存在主观意思联络。例如,假设 A 企业因其内部员工以单位名义,为单位利益向 B 企业某工作人员行贿,被检察机关以涉嫌对非国家工作人员行贿罪提起公诉,A 企业通过其合规制度、员工合规培训记录、员工合规考核成绩等合规事实来证明单位与员工主观意志相分离,即可达到出罪的目的。只有此类情形才是本文所讨论的,因为只有企业成为诉讼当事人才存在证明责任的配置问题。

(一)行为责任的分配

主观过错免除模式在庭审环节中如何运行,需要通过证明责任的分配来具体安排。关于行为责任由谁承担的问题,应当正确理解"谁主张,谁举证"的理念。其中,何为"主张",是需要明确的问题。原告向法院提出主张的目的是请求法官通过判决改变既存的某一争议事实的状态,而这一争议事实便是可推翻的推定事实。例如在民事诉讼中,原告起诉被告,主张被告归还某物,是想改变占有即所有的推定事实状态;在刑事诉讼中,控方起诉被告人,主张被告人构成犯罪,是想改变被告人无罪的推定事实状态。所以说,判断由哪一方承担行为责任,关键是看哪一方对既存的推定事实承担反驳的负担。

---

① 陈瑞华教授在《企业合规出罪的三种模式》和《企业合规不起诉改革的八大争议问题》两篇文章中,将企业合规出罪分为实体出罪和程序出罪,其中实体出罪包括主观过错免除模式及法定管理义务履行模式,本文将在此分类基础上对企业合规出罪中的证明责任分配进行讨论。

② 陈瑞华:《企业合规出罪的三种模式》,载《比较法研究》2021 年第 3 期。

1. 控方就入罪事实的证明承担行为责任

行为责任是当事人对所主张的事实负有提供证据证明的责任。在无罪推定的前提下,检察机关率先提出该企业有罪,意欲推翻企业无罪的推定,此时就应由检察机关承担证明企业构成犯罪的行为责任,同时也符合审判程序由控方移送起诉后才会开启的诉讼制度。控方就不同类型的单位犯罪完成证明责任存在不同的方式,对于单位集体决策实施犯罪的案件,控方通过司法证明的方式完成;但对于由企业关联人员决策实施犯罪的案件,如上文所假设,对于 A 企业构成对非国家工作人员行贿罪的证明,控方往往通过"司法证明加过错推定"的方式完成。

2. 被告企业就积极抗辩事由的证明承担行为责任

在主观过错免除模式下,企业具有独立意志是被告企业承担行为责任的前提。单位犯罪不可避免地会有自然人参与,但作为法律拟制组织主体,企业具有自己的整体意志和行为,不能简单地归结为任何个人的意志和行为,无关乎自然人所处的职位以及犯罪利益所属,因为高层员工犯罪也不能否定个别情况下自然人的行为并非公司行为。尤其在全球化的过程中,企业权力分化的伴随结果便是个体意义的弱化,单位刑事责任越来越表现为整体责任。[①] "雀巢案"向社会透露出这样的一个观点:当企业明令禁止员工实施某一违法犯罪行为,且对员工进行了专项合规培训时,该员工为了单位利益实施被禁止的行为,并不能归责于单位。[②] 该案侧面透露出我国司法实践是承认单位具有独立意志的。只有企业具有独立整体意志的观点被司法机关所认可,合规才能被作为证明企业不具有主观过错的证据,企业才能据此提出积极抗辩,承担对企业合规事实的行为责任。

企业具有独立意志这一前提成立,也并不意味着合规能够否定所有类型单位犯罪的主观过错。合规在哪些类型的单位犯罪中能够证明企业不存在主观过错,需要解决的就是企业意志的界定问题。在我国司法实践中,由单位集体决策的单位犯罪争议不大,可以认定企业具有犯罪的直接故意,此时合规并不能否定犯罪故意。因此合规对于企业主观过错的免除只存在于自然人以单位名义实施犯罪,且犯罪利益归属于单位的情形,符合了单位犯罪的表见因素、利益因素,司法机关无法证明企业具有直接故意,只能适用过错推定规则,推定其具有主观过错。[③] 以 A

---

① 参见何秉松主编:《法人犯罪与刑事责任》,中国法制出版社 1991 年版,第 485 页。
② 甘肃省兰州市城关区人民法院(2016)甘 0102 刑初 605 号刑事判决书。
③ 李冠煜:《单位犯罪处罚原理新论——以主观推定与客观归责之关联性构建为中心》,载《政治与法律》2015 年第 5 期。

企业涉嫌对非国家工作人员行贿罪为例,在审判环节中,检察机关在证明 A 企业单位犯罪的基础事实后,通过过错推定代替司法证明,完成其证明责任。由于推定事实的出现和存在,此时 A 企业以内部合规来证明单位与员工的主观意志相分离,不具有主观过错,是对过错推定的积极抗辩,应由 A 企业就其内部合规的事实承担行为责任。此外,根据证据便利原则,企业对于其自身的合规建设取证更为便利,如果将提出证据的责任加于控方,那么检察机关的证明压力会大幅度增加,不利于惩治企业犯罪。

明确了行为责任的承担主体,庭审过程就会顺利、有序地开展,各方诉讼参与人对于对方承担行为责任的事实无须进行举证,但可以积极提出对对方证据的合理怀疑,影响法官关于对方行为责任是否完成的内心评价,进而影响结果责任的承担。

(二)结果责任的承担

结果意义上的责任,是当犯罪构成要件事实处于"真伪不明"状态时指引法官如何作出裁判的裁判规则,其性质是应对要件事实真伪不明的法律技术或方法规范。[①] 在一般刑事审判程序中,由于只有控方承担证明责任,结果责任始终由控方承担,这一点毋庸置疑;但当刑事审判适用过错推定规则时,辩方是否承担结果责任是存在理论争议的。此外,仅讨论结果责任的承担主体并不具有现实意义,控辩双方想要避免使其证明对象陷入"真伪不明"的状态,离不开对控辩双方证明标准的界定。

1. 控方就入罪事实的证明承担结果责任

在刑事诉讼中,基于无罪推定原则,如果被告企业入罪事实最终处于"真伪不明"的状态,法官就将判决被告企业无罪。对于控方来说,这样的败诉风险在证明责任理论中被表述为:控方就入罪事实的证明承担结果责任。那么在主观过错免除模式下,控方如何避免结果责任的实现,或者说如何避免败诉风险转化为败诉结果,需要对入罪事实的证明标准进一步把握,避免使入罪事实陷入"真伪不明"。

对于入罪事实,我国法律中为其确立了较高的证明标准,即"案件事实清楚,证据确实、充分"。[②] 在主观过错免除模式中,案件事实清楚是指认定企业构成犯罪的有关事实和情节已经被法官认识清楚。而证据确实、充分的标准过于笼统,司法工

[①] 张云鹏:《刑事推定与无罪推定之契合》,载《法学》2013 年第 11 期。
[②] 《刑事诉讼法》第 200 条第 1 款第 1 项的规定,案件事实清楚,证据确实、充分,依据法律认定被告人有罪的,应当作出有罪判决。

作人员往往难以把握,同时也增加了证明标准的适用难度。正如有学者所称,无论对证明标准的内容如何进行描述,由于证明标准的主观性色彩,它只是人们心中一种共通的理解或认识。① 基于此,2012 年《刑事诉讼法》使用"排除合理怀疑"对"证据确实、充分"进行细化解释,增强了证明标准的可操作性,具体包括:定罪量刑的事实都有证据证明;据以定案的证据均经法定程序查证属实;综合全案证据,对所认定事实已排除合理怀疑。前两种解释其实是证据裁判原则的具体体现,也是案件事实清楚的要求。排除合理怀疑才是认定证据确实、充分最主要的标准。其实质要求在于,裁判者可能对犯罪事实的真实性达到了"确信无疑"的程度,但他仍然知道自己有犯错误的可能性。其并不等同于排除任何怀疑,并不要求公诉机关对于犯罪事实的证明达到百分之百的确定性。②

以 A 企业涉嫌对非国家工作人员行贿罪为例,控方对 A 企业入罪事实的证明分为两个阶段。第一阶段是对 A 企业犯罪基础事实的证明,此基础事实包括企业相关责任人员行贿事实、单位犯罪的表见因素和利益因素,控方的证明需要达到排除合理怀疑的程度,若控方未能完成此阶段的证明,则无法实现过错推定,缺乏主观犯罪构成要件,A 企业将直接被判无罪。第二阶段是对 A 企业积极抗辩的反驳,否定 A 企业合规的有效性,包括但不限于否定企业合规风险评估,证明 A 企业缺乏对禁止行贿的最高层关注、尽职调查、培训与沟通、监控与审查等机制,或者证明合规是 A 企业装饰性的、仅为获得刑事激励的手段。③ 对于此阶段的证明,有学者认为控方只要达到充分或者优势证据的程度即可。④ 但笔者认为,对积极抗辩的反驳仍属于控方承担证明责任的范畴,其证明责任尚未完成,如果仅达到优势证据的程度,便与"案件事实清楚,证据确实、充分"的法定证明标准相冲突,所以控方对于被告企业积极抗辩的反驳仍要达到法定证明标准。

如若控方对上述两阶段的证明不能够排除合理怀疑,未能达到"事实清楚,证据确实、充分"的法定证明标准,则被告企业入罪事实将最终陷入"真伪不明"的状态,最后由控方承担败诉结果。

---

① 王亚新:《对抗与判定——日本民事诉讼的基本结构》,清华大学出版社 2002 年版,第 214 页。
② 陈瑞华:《刑事证据法》(第 4 版),北京大学出版社 2021 年版,第 489 页。
③ See Kimberly D. Krawiec, *Cosmetic Compliance and the Failure of Negotiated Governance*, Washington University Law Review, vol. 81, 2003, p. 491.
④ 房保国:《论辩护方的证明责任》,载《政法论坛》2012 年第 6 期。

2. 被告企业就积极抗辩事由的证明承担结果责任

关于被告人是否就积极抗辩事由的证明承担结果责任,学界争议较大。持肯定观点的学者认为,行为责任、说服责任和结果责任是不可分割的,适用推定规则所转移的是完整的证明责任。① 但也有学者对此持否定态度,认为在证明责任转移的情况下,转移的只有主观的或者行为意义上的证明责任,客观证明责任或者结果意义上的证明责任始终固定于控方。② 其实,被告人是否就积极抗辩事由承担结果意义上的证明责任,应以该证明对象最终处于"真伪不明"时,被告人是否承担最终的不利后果为依据。在主观过错免除模式中,被告企业通过证明合规存在且有效,达到单位与关联人员意志相分离的目的,其是否就此积极抗辩事由的证明承担结果责任,应以合规事实最终处于"真伪不明"时,被告企业是否承担不利后果为考量。

在刑事审判适用过错推定规则时,被告企业对于过错推定的反驳能否成立将对案件的裁判结果起决定性、终局性的作用。以 A 企业涉嫌对非国家工作人员行贿罪为例,只有在控方完成对基础事实的证明后,才能适用推定规则免除其对 A 企业主观过错的证明,而基础事实包含了除犯罪主观构成要件以外的其他要件事实。当 A 企业对于其内部合规管控机制的证明未能使法官产生确信时,对于 A 企业的过错推定便没有被推翻,此时 A 企业构成犯罪的要件事实齐备,指控罪名自然会被判成立。可见,被告企业在合规事实处于"真伪不明"的状态时将承担败诉结果,这正体现了被告对积极抗辩事由的证明是承担结果责任的。

那么在主观过错免除模式中,被告企业如何避免结果责任的实现,需要对积极抗辩应达到的证明标准进行界定,从而避免使合规事实陷入"真伪不明"。不同于入罪标准,对于被告方积极抗辩所应达到的证明标准,我国法律并无规定。这对于控辩双方而言,均无法借助证明标准来预判对方的诉讼行为,也难以形成明确的应对策略;对于审判者而言,其无法以证明标准为依据来审查被告人证明责任是否完成,也会造成司法证明机制的混乱,甚至会带来法官自由裁量权的滥用。在具体设立被告人就积极抗辩事由的证明标准时,其程度应与入罪标准明显区分,主要原因是公诉机关的取证能力不仅有国家司法资源的保障,还有侦查机关的支持,而被告人、辩护律师取证难的问题始终客观存在,二者取证能力的实质区别决定了被告人

---

① 何家弘:《论推定规则适用中的证明责任和证明标准》,载《中外法学》2008 年第 6 期。
② 卞建林主编:《刑事证明理论》,中国人民公安大学出版社 2004 年版,第 229 页。

不应承担过重的证明责任,在证明标准的设置上也要予以倾斜,这样才能保证被告人与公诉机关平等对抗的可能。

根据学者统计,美国至少有 11 个州在实践中要求被告人对于积极抗辩事由的证明达到"优势证据"的程度。① 在我国学界关于被告人积极抗辩证明标准的论述中,"优势证据"说也是主要观点。② 但亦有学者主张刑事推定的反驳标准应与民事推定的反驳标准相区分,确立"合理怀疑"的反驳标准。③ 笔者赞同"优势证据"说,原因在于积极抗辩的证明标准应当与消极抗辩的反驳标准相区分,消极抗辩的反驳标准是引起法官合理怀疑,而积极抗辩其实是被告人提出了新的主张,需要被告人就新主张举证证明,自然应当以证明积极抗辩事由成立为目的,并非仅仅引起法官的合理怀疑。

具体而言,被告企业积极抗辩的证明对象是企业内部的合规事实。关键是对于合规有效性的证明,但并不需要达到很高的程度,因为既然企业内部已经发生了违法犯罪,那么证明合规计划并不具有实质有效性,这是很自然的结论。但对于主观过错免除模式来说,企业提交合规管理计划书等行为,并不是要证明其完全能够避免犯罪,而是要证明企业意志与自然人意志相脱离,单位不追求、不希望且积极避免犯罪结果的发生,即可由此达到出罪的目的。要证明该合规计划具有有效性,需要从事前、事后两个方面来证明:对于事前方面,企业需要证明其在关联人员犯罪行为发生前已经成立了独立、权威和拥有必要资源的专项合规组织体系,以及建立了合规奖励和惩戒机制,总之需要证明公司合规计划在有效运作;对于事后方面,企业需要证明其在关联人员犯罪行为发生后,积极配合公安司法机关侦查或调查,发挥合规管理体系的作用,弥补因关联人员犯罪行为导致的危害结果。

如若被告企业对于其内部合规管控机制的证明不能达到"优势证据"的程度,合规事实将陷入"真伪不明"的状态,被告企业的积极抗辩事由便不能成立,最终将由被告企业承担败诉结果。

---

① See Larry Laudan, *Truth, Error, and Criminal Law: An Essay in Legal Epistemology*, Cambridge: Cambridge University Press, 2006, p.111.
② 汪海燕、范培根:《论刑事证明标准层次性——从证明责任角度的思考》,载《政法论坛》2001 年第 5 期。房保国:《论辩护方的证明责任》,载《政法论坛》2012 年第 6 期。陈光中主编:《中华人民共和国刑事诉讼法再修改专家建议稿与论证》,中国法制出版社 2006 年版,第 327—329 页。
③ 宋英辉、何挺:《我国刑事推定规则之构建》,载《人民检察》2009 年第 9 期。

三、法定管理义务履行模式下的证明责任分配

法定管理义务履行模式,是指在法律确立"失职性犯罪"的情况下,企业通过建立或者实施合规管理体系来证明自己履行了法律规定的监督和管理义务,从而免除了自身的刑事责任,达成合规出罪的效果。① 英国的商业组织预防贿赂失职罪是此模式的典型罪名,而在我国,拒不履行信息网络安全管理义务罪被认为最符合此模式。举例来说,假设 B 企业为网络运营者,因其员工违规操作致使大量用户个人信息泄露,经监管部门提出改正措施后,B 企业员工仍存在违规操作并造成严重的危害结果。检察机关遂将 B 企业以拒不履行信息网络安全管理义务罪提起公诉。在审判程序中,B 企业证明其已经存在网络合规管理体系且有效实施,以此抗辩控方指控其失职,从而达到出罪的效果。除此之外,以单位犯罪为限的责任事故类犯罪也应是符合此模式的。

(一)证明责任分配的前提

不同于主观过错免除模式,法定管理义务履行模式的适用范围较窄,此模式涉及哪类罪名、包含哪类案件是探讨证明责任分配前需要明确的前提。法定管理义务履行模式的特征有三个:一是法律或行政法规为企业确立了特定的强制管理义务;二是此法定管理义务与企业内部合规管理义务具有重合或包容关系;三是如果企业因涉嫌此类失职类犯罪,并且企业建立了合规管理体系并已经具体落实,那么可以据此证明企业已经履行了法律所规定的合规管理义务,进而作为抗辩事由达到出罪目的。

在明确此出罪模式特征的基础上分析我国刑法所规定的一系列单位犯罪,最符合此模式的罪名是拒不履行信息网络安全管理义务罪。具体而言,此罪名的构成要件与法定管理义务履行模式的特征具有相似性:一是我国现行《网络安全法》确立了网络运营者的网络安全保护、个人信息保护、处置违法信息等义务;二是这些义务都应纳入网络运营者为预防、发现违法犯罪行为建立完善的内部机制,细化为员工行为准则,上升为企业章程;三是如果网络运营者建立了网络合规管理体系并具体落实,就可以证明自己履行了法律或行政法规所规定的网络安全管理义务,进而达到出罪的目的。此外,法定管理义务履行模式是否还包括其他单位犯罪,如以单位犯罪为限的责任事故类犯罪,有学者认为在这些犯罪中,合规计划被理解为

---

① 陈瑞华:《企业合规出罪的三种模式》,载《比较法研究》2021 年第 3 期。

公司履行注意义务的方式,是"精神""政策""组织结构"等概念的集中体现,可以起到排除犯罪性的作用。①

(二)行为责任的分配

同样基于无罪推定,检察机关主张企业构成犯罪,则应该就危害行为或者危害结果与被告企业的企业组织、企业文化、管理制度的缺陷存在因果关系承担行为责任。在"不合规即构罪"的模式下,检察机关的证明并没有很大难度,所以不存在新的事实推定,不产生新的主张,被告企业自然也不承担行为责任。以 B 企业涉嫌拒不履行信息网络安全管理义务罪为例,控方就 B 企业存在失职行为、用户个人信息泄露与 B 企业失职行为之间的因果关系等入罪事实承担行为责任。针对控方的指控,B 企业提供其内部业已存在且执行有效的网络合规管理证据,以此表明其已经尽到相应的注意义务和防范义务,进而引起法官的合理怀疑,达到出罪的目的,属于一种证明必要。其主要作用在于向法院提供证据调查之渠道或途径、信息。② 总之,被告企业提出这样的消极抗辩事由,是辩护权利的体现而不是承担证明责任的标志。

明确此模式下只有检察机关承担行为责任,对于检察机关来说,要将企业入罪,自然应排除企业具有有效的合规计划;对于被告企业来说,提高合规计划的可信度便是其主要的抗辩策略;对于法官来说,进一步明确了该案的争议焦点有助于庭审顺利进行。

(三)结果责任的承担

由于在法定管理义务履行模式下,被告企业不承担对任何证明对象的行为责任,更遑论承担结果责任,因此在此模式下,由控方就入罪事实的证明结果责任,即如果被告企业入罪事实最终处于"真伪不明"的状态时,法官将判决被告企业无罪,由控方承担败诉结果。

基于证明标准对最终败诉结果责任的直接影响,③控方就企业入罪事实的证明陷入"真伪不明"的状态,可以从正反两方面来把握。正面论述,即控方对于企业入罪事实的证明未达到"案件事实清楚,证据确实、充分"的法定证明标准。以 B 企业涉嫌拒不履行信息网络安全管理义务罪为例,如果控方无法反驳 B 企业通过网络合规管理体系已履行了对员工的监督管理职责,那么控方对于"B 企业具有失职行

---

① 李本灿:《刑事合规制度的法理根基》,载《东方法学》2020 年第 5 期。
② 黄永:《刑事证明责任概念的比较法分析》,载《政治与法律》2003 年第 6 期。
③ 陈瑞华:《刑事证据法》(第 4 版),北京大学出版社 2021 年版,第 484 页。

为"这一犯罪构成要件便无法达到法定证明标准,将承担败诉结果。反面论述,即被告企业的抗辩导致裁判者对控方的有罪证据体系产生合理怀疑,而控方无法排除此合理怀疑。同样以 B 企业涉嫌拒不履行信息网络安全管理义务罪为例,若 B 企业提出该员工系故意违反企业所设立的管理制度,从而导致用户个人信息泄露,则属于 B 企业合规管理体系所能预测范围之外的犯罪行为。如果控方无法排除此合理怀疑,便不能完成其就入罪事实的证明责任,将承担败诉后果。

此外,企业所要引起的合理怀疑可以借鉴美国《联邦量刑指南》所规定的有效合规措施,例如事前已制定防范风险的规范和程序、事中在管理方面已尽到合理注意义务以及事后发现犯罪及时应对和整改等。[①]

结　语

企业合规作为一种公司治理机制引进我国后,首先在刑事领域备受重视。在学者们对合规不起诉积极研究的学术环境下,本文注重解决进入审判程序后企业合规出罪的一系列问题,通过在不同出罪模式下的证明责任分配,得出被告企业在特定情形下应就其内部合规事实承担行为责任和相应的结果责任,为控辩双方明晰了自身的诉讼策略。在论述此问题应然层面之余,笔者希望审判人员能够对有可能通过合规出罪的企业予以释明,指引其正确抗辩,保障自身合法权益。

---

① U. S. Sentence Commission Guidelines Manual. § 8C2.1(b)(2018).

合规视域中企业附条件不起诉制度建构

陈 磊* 徐晓丹**

一、引言

伴随着经济快速发展和社会高速进步,经济活动引发的犯罪风险也陡增,且现代企业经营管理越发复杂,企业在生产经营中触犯刑事法律的可能性大幅度提高。在此种背景下,以预防法律风险,尤其是刑事法律风险的合规计划也成为了企业发展的"必需品而非选项"。① 对于企业而言,在刑事风险发生后的惩处远不及在风险出现前的识别和规避,对此合规计划可以发挥有效作用。

近年来,学术界和实务界对于引入企业刑事合规计划的呼声日益高涨,大型企业开始探索成立法律合规部门,但目前刑事合规计划运转中还存在一定的问题。首先是企业自行制订的合规计划的可行性与同我国法律制度的相容性不能有效保证;其次是刑事合规计划本身在刑事法体系尚没有明确位置,缺乏有效的刑事激励途径。② 因而笔者认为伴随着认罪认罚从宽制度的全面推开,检察机关积累了相当的恢复性与预防性司法经验;同时在长期司法实践中,检察机关对于附条件不起诉有足够深刻的认识。从理论上讲,企业刑事合规和认罪认罚从宽制度之间具有天然的司法理念、理论基础和实践导向的统一性,检察机关可以通过对认罪认罚从宽制度的深入挖掘和对附条件不起诉权的合理解读运用,探索检察引导的企业刑事合规制度、建立企业刑事犯罪附合规不起诉制度,使检察权更好地参与国家治理现

---

* 陈磊,河北省廊坊市安次区人民检察院三级检察官,最高人民检察院天津大学检察理论研究中心助理研究员,法律硕士,研究方向为刑事诉讼法学和检察理论。

** 徐晓丹,北京市易和律师事务所律师,法学硕士。

① See John J. Fons, *The case for compliance*: *Now It's a Necessity*, *Not an Option*, Business Law Today 13, no. 1(2003),26 - 29.

② 参见何为:《从国际制裁看合规管理》,载《中国外汇》2018年第17期。

代化进程,服务经济社会发展大局。

二、检察引导企业刑事合规不起诉的实践基础

"企业刑事合规不起诉制度"应当认定为对于涉嫌犯罪的企业在具备自愿认罪且有建立合规体系意愿的情况,企业针对犯罪发生的领域和事项,由检察机关引导提出企业合规计划或者合规方案,建立起切实可行的企业刑事合规体系,在对刑事合规计划的可行性进行分析后,检察机关对企业作出不起诉决定的制度。检察机关引导开展此项工作具有现实的实践基础。

(一)检察机关社会治理的延伸

检察机关作为国家的法律监督机关,不仅承担着追诉犯罪职能,还在积极探索检察权能向社会治理领域延伸,扩宽参与社会治理的新方式,紧紧围绕经济社会发展建设的重点要求,担负起推进国家治理体系和治理能力现代化的法律责任和历史使命。[①] 中共十九届四中全会提出健全支持民营经济、外商投资企业发展的法治环境,完善构建亲清政商关系的政策体系。最高人民检察院检察长张军强调要着力为民营经济发展贡献检察力量,用以规范、指导对于民营企业的司法保护。

工商企业在我国经济发展体系中的地位举足轻重,保障工商企业的平稳快速发展至关重要。企业或者经营者一旦被定罪,对企业的运行势必产生恶劣影响。因此,以检察机关为主导探索建立企业合规不起诉制度,将事后惩罚转变为事前预防,是在以一种新的方式回应社会期待,在履行法律监督职责的同时服务保障工商企业的发展。

通过对涉案企业开展刑事合规工作,以助力企业改善经营管理结构,发现公司治理的薄弱环节,提出改善方案,促进犯罪诱因和管理缺陷的消除。使检察机关成为促使企业治理结构改变的推动者,是对涉案企业的特殊预防,促进其从整体上改善营商环境,推动社会治理能力的创新升级。

(二)认罪认罚从宽制度的延展

2018 年,认罪认罚从宽制度被写入《刑事诉讼法》,该制度旨在促进繁简分流、实现公正效率相统一、推进国家治理体系与治理能力现代化。在企业涉法问题上,检察机关同样可以挖掘认罪认罚从宽制度的司法理念和精神内涵,发挥检察权在刑事诉讼中的主导作用,构建符合中国特色的刑事合规制度。认罪认罚从宽制度

---

① 参见潘云、杨春雨、季吉如:《检察视角下的企业刑事合规建设》,载《中国检察官》2020 年第 21 期。

和企业刑事合规之间有着天然的司法理念、理论基础和实践导向的统一性。

刑罚的目的之一是预防犯罪。近年来随着人们对刑事犯罪认识的不断深化以及社会对人权的重视,恢复性司法逐渐成为司法潮流。除了关注问题的解决以及犯罪后果的处理外,新的犯罪治理体系积极尝试在犯罪人与被害者之间建立一种对话关系,促使犯罪人主动承担责任,以此来化解深层次矛盾,并努力实现案件处理结果对未来的意义。[①] 在这一理念的指引下,从恢复性司法到刑事和解,从辩诉交易到认罪协商,和谐司法理念的落地无疑是推动社会治理的一次有益尝试。合规计划也是这变化中的一环,企业进行适时、恰当地自我管理,可以使国家的犯罪预防职能得以充分发挥,自身获得从宽处罚的处遇。

随着时代的进步,以"刑罚报复论"为主导的罪责刑相适应原则早已发展为打击与预防相统一、惩治与和谐相统一的形式。因此,量刑不仅是裁量责任刑,还要评估预防刑。认罪认罚的被告人,由于其自愿认罪并接受惩罚,主观上再次犯罪的可能性较小,相较于拒不认罪的被告人,其可能花费的犯罪预防成本大幅降低。同理,涉案企业因为建立并实施了有效的"合规计划",进而可以减轻甚至免除刑罚处罚。同时,为达成刑事责任减轻、免除这一激励结果,迫使企业积极制订合规计划,从制度合规逐步形成合规文化,进一步实现积极的一般预防。

具体而言,可以从企业是否建立完备的合规计划、是否积极配合司法调查两方面来考察企业的认罪认罚态度。对建立和实施了有效合规计划的涉案企业予以从宽处罚,可以直接从认罪认罚从宽制度工作中借鉴经验。

(三)附条件不起诉制度的发展

我国针对未成年人犯罪设立了附条件不起诉制度,该制度赋予检察机关一定的裁量权可以作出附条件不起诉的决定,即在一定的考验期内,当事人如果遵守约定的条件,将被决定不起诉;反之,基于考验期内保留的起诉权,对犯罪嫌疑人产生威慑,促使其规范自身行为换取最终不起诉的奖励结果;同时其遵守约定条件被宣告不起诉的结果又起到引导其他涉案未成年遵守约定的正面作用。实践表明,附条件不起诉制度的设立和实施的确对教育引导未成年人起到了至关重要的作用。

附条件不起诉制度是基于我国刑事司法实践而设置的,既有本土化根基,也与域外企业合规暂缓起诉制度的理念和运行思路高度契合。因此,在构建我国企业

---

① 参见赵恒:《认罪认罚与刑事和解的衔接适用研究》,载《环球法律评论》2019年第3期。

刑事合规不起诉制度时,完全可以将该制度纳入其中,打造附条件不起诉的"企业版"。① 首先,对于态度良好、配合调查、有悔过和补救意愿并具有合规意向的企业,可以通过签署合规监管协议对其进行约束,进而考虑附条件不起诉。对涉案企业实施附条件不起诉,"合规计划"是核心条件,而合规计划的"有效性"则是考验条件。检察机关与涉案企业就配合调查、如何补救、建立合规计划、接受合规监管、报告合规进展情况等达成协议,并设立一定的考验期,在考验期内进行跟踪考察。在考验期届满之前,检察机关认为涉案企业遵守合规监管协议,成功地推进合规计划实施的,就可以据此作出不起诉的决定。相反,涉案企业如不履行协议条款,检察机关将保留向法院提起公诉的权力。通过正向激励(决定不起诉)与反向惩罚(起诉定罪)的鲜明对比,帮助或强制企业重建合规体系,最终达到对企业违法犯罪起到预防和保护的作用。企业合规不起诉效果的实现也可以激励那些潜在的涉案企业,从而增加他们与检察机关合作的可能性。

三、检察引导刑事合规不起诉制度的实践进路

检察机关引导构建企业刑事合规计划具有两种模式,即"检察建议模式"和"附条件不起诉模式"。检察建议模式是检察机关在作出不起诉决定之后,向企业提出构建刑事合规机关的检察建议。但该模式具有一定问题,即在检察机关作出决定后,企业再行制订完善的合规计划,使得检察院对于合规计划的有效性和合规计划的落实程度缺乏明确监督。② 附条件不起诉模式,既与域外国家暂缓起诉协议制度的经验相符,也符合现行刑事诉讼法设定的制度框架,将合规机制引入公诉制度之中,使之具有了"附条件不起诉"的制度形式,且在附条件审查期限内给予企业制订刑事合规的时间,且在企业制订刑事合规计划之后有监督的能力。因此,制订具有我国基层司法实践活性的检察机关引导构建企业刑事合规计划应当在"附条件不起诉"制度的基础上完善签署合规协议后暂不起诉程序给予企业时间制订合规计划、引入合规计划听证程序以印证合规计划的有效性、建立在作出不起诉决定后的监管程序以确保合规计划落实。

(一)合规承诺协议与暂不起诉程序

对于在办案过程中经评估审查认为案件事实清楚,证据确实、充分的案件,在

---

① 参见陈瑞华:《企业合规制度的三个维度——比较法视野下的分析》,载《比较法研究》2019 年第 3 期。
② 参见李奋飞:《论企业合规检察建议》,载《中国刑事法杂志》2021 年第 1 期。

拟作出不起诉决定时,应该建立完善合规承诺协议和暂不起诉制度。所谓的合规承诺协议至少应当包括以下两个部分。第一部分是认罪认罚从宽制度相关文书,企业应当就案件情况与检察机关签署认罪认罚具结书,以证实涉案企业确实认罪认罚并自愿在合规考察期内接受检察机关监管。① 第二部分是签订合规承诺协议,框架性规定涉案企业在刑事合规不起诉考察期间和作出不起诉之后的监管期内应当履行的义务,包括但不限于配合公安、检察、税务、工商和审计等部门或者机构对企业必要的调查;采取及时补救措施对因犯罪导致的法益受损进行修复或者补偿,例如恢复生态等;建立切实可行的合规计划;设置合规监管人或视情况设置监管委员会,接受来自合规监管人或者监管委员会的监管;按期报告合规制定情况和落实情况。检察机关在与涉案企业签订签署该协议后,双方均应受协议效力约束,尽职尽责地落实协议各项要求,检察机关在签订上述协议后应当在考察企业和评估案情的基础上提出符合现实要求的暂不起诉期间,该期间给予涉案企业自查自纠并制订合规计划的时间,注明如果涉案企业顺利制订合规计划并能有效推进落实的,应当作出不起诉决定,并且约定在作出不起诉决定后转为行政处罚、必要的监督期间等事项。上述两部分文书确保了检察机关和涉案企业之间就推进企业刑事合规的共识,是双方开展刑事合规工作的基础。

企业合规纳入附条件不起诉制度的另一个问题是设置合理的暂不起诉期限。这一期限应当满足两个方面要求:一是对检察机关而言,在签订合规承诺协议后进入暂不起诉期限后刑事诉讼的审查起诉期间中止计算,待到作出附合规不起诉或者继续提起公诉决定后再行继续计算,这样能保证诉讼活动的正常进行;二是对涉案企业而言,应当在暂不起诉期间内企业按照自身实际和监管漏洞制定合规计划并试运行相关计划。为确保合规计划的有效性,真正发挥预防犯罪和促进经济发展的目的,暂不起诉期间应当依照不同的企业类型设置足够的时间跨度,因此在刑事诉讼法中应当依据不同情况设置不同的暂不起诉期限,或者设置最长时限。

(二)合规计划听证程序

在合规承诺的暂不起诉期间届满前一定时间,涉案企业应当及时提交合规计划和落实合规计划所需要的配套制度。企业提交的企业合规计划和配套制度文本应当满足以下要求:首先,企业合规计划应当由该企业的法务部门或者合规部门依法依规起草,对涉案情况和自查情况进行详细说明;其次,企业合规计划应当经企

---

① 参见赵恒:《认罪答辩视域下的刑事合规计划》,载《法学论坛》2020年第4期。

业董事会或者 2/3 以上表决权的股东表决通过,提交时应当附企业董事会或者股东大会表决情况文件;最后,企业提交合规计划之时应当将公司财报等必要证明公司运转情况的文件、公司注册情况等证明公司经营范围的文件、企业合规计划试运行阶段的情况报告一并提交。

检察机关为验证合规计划的有效性,可以就合规计划召开听证会,邀请工商、司法、行业协会、行业专家和法学专家等对合规计划进行会诊式把关听证,由审计人员等相关人员提出合规和企业发展是否持续的意见,企业实际经营者和合规主管在听证会过程中接受问询并答辩,听证会应重点围绕与企业涉嫌犯罪相关的制度建设等内容对合规计划及试运行情况进行评估,听证结论将作为检察机关认定企业合规是否合理的重要依据。

(三) 附合规不起诉后监管

在完成前述步骤之后,结合上述的听证结果和案件情况综合研判,检察机关可以就本案的处理情况作出三种决定:一是前述合规听证和对企业的评估中涉案企业表现的认罪悔罪态度好,有扶持的必要性和继续发展的动力,合规计划切实可行且该企业在试运行期内表现良好,确能避免再犯风险的,应依法作出不起诉决定,但该不起诉决定并非全案终局性决定,在作出不起诉决定之后约定合规考察期,考察期内相关问题将在下文展开;二是涉案企业认罪悔罪态度好,有扶持的必要性和继续发展的动力,但合规计划可行性不强或在试运行期内运行不畅,虽即企业再犯风险较小但现有合规计划无法避免再犯可能性,因此应当依法作出延长暂不起诉期间决定,要求涉案企业重新制订合规计划,再行听证程序和考察程序,但延长不起诉期间决定应以一次为宜,避免滥用制度以暂不起诉代替不起诉决定,使案件久拖不决;三是涉案企业认罪悔罪态度不良或缺乏扶持必要性和继续发展的动力,合规计划可行性不强或在试运行期内运行不畅,有再犯风险,对现有合规计划缺乏认识,应当依法提起公诉。[①]

以上笔者论述了在作出不起诉决定后应当继续对涉案企业进行一段时长的考察。其实,在企业创立之初多有一定的风险防控的意识,但是在运行过程中以种种理由被忽略,可以说刑事合规制度的核心在于刑事合规计划的具体落实。因而即便依据试运行情况和刑事合规计划的可行性作出了不起诉决定,仍应当动态、主动且持续地监测企业是否依据刑事合规计划运行。具体而言应从以下三个方面展

---

① 参见李玉华:《有效刑事合规的基本标准》,载《中国刑事法杂志》2021 年第 1 期。

开:其一,企业在考察期内应当就合规计划运行情况进行记录,对涉案领域情况应当进行具体说明,定期向检察机关及相应行政机关提交;其二,企业在考察期超越合规权限的企业经营管理行为和基于刑事合规所预防、发现、化解的刑事犯罪风险的数量和类型应当做记录及时报告;其三,企业刑事合规工作负责人和负责机构的变更,应当及时上报。

四、检察引导刑事合规不起诉制度的争议问题

当前,虽然就如何开展企业刑事合规不起诉制度,试点单位有了一定的共识,但是由于我国尚未修订《刑事诉讼法》,合规不起诉制度接入现有法体系仍存在一些问题,且在实践过程中对于检察引导刑事合规不起诉的认识和司法实践状态的不同,在试点过程中也存在一定争议。其中,检察机关是否独立承担引导刑事合规工作、适用刑事合规是否包括企业经营者等自然人犯罪、是否针对所有类型的企业一并适用企业刑事合规工作,如何设置合规计划考察期、司法与行政部门之间的衔接协调工作如何展开,都是需要提出完善意见的制度安排问题。

(一) 主体问题

依前文所述,企业刑事合规工作在提升犯罪治理能力、促进社会经济发展方面起到了重要作用,检察机关虽然作为主导方,但主导不代表包办,笔者认为应当打破以更加积极和开放的方式会同其他社会治理主体共同参与相关工作。习近平总书记在《人民日报》的刊文中指出:"集中力量办大事的显著优势,是在实践中形成并不断完善和发展的。我国国家制度和国家治理体系,我们党的性质宗旨、初心使命,推动形成集中力量办大事的显著优势。"讲求的是协调一切可以调动的力量和资源,推进事业发展。① 此外,在检察机关内部也应当打破部门限制,虽然企业刑事合规工作主要涉及刑事检察业务,但与民事、行政、公益等检察业务息息相关,检察机关多业务部门以模块化组成联合检察官办案组参与此项工作。

在我国法治语境下,应当协调部门合力共同推进刑事合规工作开展,对于环境污染、扰乱金融管理秩序、涉知识产权等案件,具体包括以下三个方面的内容:首先,可以尝试由检察机关与有关行政机关共同发布合规风险提醒,针对同类企业一并发布涉案风险提醒;其次,在对涉案企业作出不起诉决定后,应当与行政机关一道,以罚代刑,督促涉案企业整改;最后,省级以上检察机关可以定期与行政机关召

---

① 参见孙奎立:《"赋权"理论及其本土化社会工作实践制约因素分析》,载《东岳论丛》2015 年第 8 期。

开部门联席会,就各类别企业制定范本化合规管理标准和规范化文本。

在检察机关内部,以多部门介入刑事合规工作,是指在对企业适用刑事合规不起诉工作中不再单一地依靠刑事检察业务部门,取而代之的是民事检察业务部门、行政检察业务部门和公益诉讼检察业务部门与刑事检察业务部门一同参与,就案件中法律适用问题、侦查取证问题、民事行政问题和对社会利益影响等方面提出意见:民事检察部门的检察官对涉民事法律关系中专业化问题提出意见;行政检察部门负责对案件进行分析研判是否存在行政部门的履职缺失等;公益诉讼部门同步审查该企业是否涉及对公共权益的侵害,确定该案是否需要启动公益诉讼程序,进行必要的追诉或提出恢复性赔偿要求等。多部门联合工作模式,不是"一拥而上"式的监督模式,也不是"各管一摊"式工作模式,而是根据案件性质和影响范围等因素进行综合审慎的评估后,有针对性地对刑事合规工作的检察办案部门和检察官进行模块化编组的模式。所谓评估,是要对案件性质、法律关系、涉及领域等方面进行量化评估,对于其中涉及的检察监督领域进行提炼归纳,由需要参与的检察办案部门指定较为适宜办案的、专业素质强的检察官,由各部门指定的多名检察官组织检察官办案组对涉案企业开展刑事合规工作。

(二) 客体问题

域外国家在实施刑事合规工作中有一项明确的经验,即"要放过涉嫌犯罪的企业,就必须严惩负有责任的自然人"[1]。对涉案企业在制订合规计划之后对内部进行自查,要惩戒对犯罪应负责的员工或者高管。然而,在我国语境下,建立纯粹的单轨制合规计划,只对涉案企业予以不起诉的条件尚不成熟,我国企业特别是民营企业的第一代领导者,大多数中小型企业的法定代表人或者实际控制者、经营者往往就是企业的创始人,对于这些民营经济企业主的强制措施或者定罪,对企业将会造成严重影响。对于大型企业尤其是上市或者拟上市企业而言,对于经营者、控制者或者高管的定罪处罚也将导致对企业经营破坏性影响。因此就目前而言,我国的企业刑事合规计划应当秉持着双轨制发展较为适宜。

就目前而言,基于保护民营经济健康发展的需求,避免滥用合规计划脱罪,应当依据科学的指标对案件情况进行综合审慎的评估目的是根据评估分级情况,采取不同的工作策略和合规计划为企业提供精准高效的法律服务,实现政治效果、法律效果和社会效果的统一。要根据案情、涉案企业经营运转状态等情况变化,随时

---

[1] 参见李玉华:《我国企业合规的刑事诉讼激励》,载《比较法研究》2020年第1期。

对涉民营经济案件评估结果进行复评复核,对工作情况予以调整。具体而言,该评估机制应当至少包括以下两方面的指标。

其一是案件性质与社会影响指标。在本指标中评估案件涉及的基本性质主要是发案原因,如暴力引发案件、包含民事法律关系案件、生产销售产品类案件、污染环境类案件等。社会影响指标包括:是否引发官方媒体负面报道、是否引发网络负面舆论、是否引发职工集体上访或群体性事件、是否有职工大面积失业风险等,根据社会影响指标分别赋分,对于可能造成影响或已经造成较大影响的,参与办案的检察官办案组的规格越高,是更为审慎的工作。

其二是涉案企业与当事人指标。本指标中应当评估涉案企业的基本情况,包括:企业性质,包括个人独资企业、外资企业、合资企业、上市公司及其子公司等;企业主要经营领域,包括一般行业,科技创新型产业(互联网、物流、生物制药等)、关系国计民生的基础行业(水、电、能源等);税收贡献;重大研发或建设项目情况,主要评估重大研发或建设项目情况的有无和层级;经营状态及用工人员数量。该指标主要衡量涉案企业的经营和重要程度,一般情况下经营状况越好,涉及领域和贡献越重要的企业,越应当审慎对待,尽可能维持和保护该企业的正常运营状态。还应当评估案件当事人的基本情况,包括:一般工作人员;重大建设或重要项目工作人员、关键岗位或项目技术人员和工作人员;子公司(下属企业)负责人、高级管理人员、关键(技术)部门负责人;关键部门或技术研发负责人、财务总监、营销总监;企业实际控制人、总经理、董事、监事等高级管理人员。一般情况下上述分类中越靠后的人员重要程度越高,对于重要程度越高的当事人应当慎重提起公诉;对于符合规定的,应当尽量适用不起诉制度。

检察机关企业合规改革实践的思考

王俊学*

近年来,为促进企业依法依规经营、服务经济社会高质量发展、营造法治化营商环境,最高人民检察院开展了一系列企业合规改革试点工作,积极探索合规不批捕、合规不起诉、合规宽缓量刑建议等多种激励措施。但是,随着改革的不断深入和发展,企业合规改革实践中遇到了一些问题需要进一步厘清,对此,笔者站在检察实务工作者的角度,对改革中遇到的这些问题进行了阐述,提出了自己的一些观点和主张,希望能对促进企业合规改革实践有所帮助。

一、近年来检察机关开展企业合规改革的实践历程

（一）企业合规的基本概念

企业合规发源于美国司法等部门通过与企业达成和解、暂缓起诉等方式,督促企业建立并有效执行合规计划,以企业健全合规机制来换取司法等部门的从宽处理,从而避免行政或刑事处罚的"水波效应"[1],有效预防企业再度违法犯罪。根据国家发展改革委、外交部、商务部、人民银行、国资委、外汇局、全国工商共同制定的《企业境外经营合规管理指引》,所谓企业合规,是指企业及其员工的经营管理行为符合有关法律法规、国际条约、监管规定、行业准则、商业惯例、道德规范和企业依法制定的章程及规章制度等要求。合规风险,是指企业及其员工因不合规行为,引发法律责任、受到相关处罚、造成经济或声誉损失以及其他负面影响的可能性。合规管理,是指以有效防控合规风险为目的,以企业和员工经营管理行为为对象,开展包括制度制定、风险识别、合规审查、风险应对、责任追究、考核评价、合规培训等

---

* 王俊学,河北省邯郸市复兴区人民检察院检察长,复兴区法学会副会长,三级高级检察官。

[1] 叶良芳:《美国法人审前转处协议制度的发展》,载《中国刑事法杂志》2014年第3期。

有组织、有计划的管理活动。从上述概念可以看出,合规管理的目的是有效防控合规风险;合规管理的主体是企业及董事会、监事会、经理层、合规委员会、法律部门等;合规管理的对象是企业和员工经营管理行为;合规管理的依据或标准主要包括法律法规、监管规定、商业规则、行业准则、企业内部规章制度、对外合约、公序良俗、诚实信用等社会公德和商业道德等基本内容。①

（二）我国检察机关开展企业合规的实践探索

开展涉案企业合规改革试点,是检察机关全面贯彻习近平法治思想,充分发挥检察职能优势,更好地推动企业依法守规经营,服务经济社会高质量发展的一项重要制度创新,对发展完善中国检察制度、加强社会治理具有重大意义。为此,2020年3月,最高人民检察院开始在上海、江苏、山东、广东等省市的6个基层检察院开展企业合规改革试点,推动了企业合规本土化的快速发展。2021年3月,最高人民检察院经中央政法委同意,扩大试点范围,在北京、辽宁、上海、江苏、浙江、福建、山东、湖北、湖南、广东10个省份的27个市级检察院、165个基层检察院开展为期1年的第二期试点工作。数据显示,经过两期改革试点,10个试点省份检察机关共办理涉企业合规案件766件,其中适用第三方监督评估机制的案件有503件;部分非试点省份检察机关主动根据本地情况在试点文件框架内探索推进相关工作,办理合规案件共223件,其中适用第三方机制案件有98件,案件类型不断丰富,企业合规改革实践达到进一步拓展。② 在此背景下,2022年4月2日,最高人民检察院会同全国工商联专门召开全国检察机关企业合规改革试点部署工作会,深入总结2年来检察机关涉案企业合规改革试点工作情况,并对全面推开改革试点工作作出具体的安排部署。至此,检察机关企业合规改革实践在我国迈向了一个新征程。

二、检察机关企业合规改革实践中遇到的问题

1. 企业合规的激励制度是否与刑事法治原则相冲突

在企业合规改革试点工作中,争议较大的一个问题就是企业合规的激励制度是否与刑事法治原则相冲突？因为企业合规主要是通过完善制度和合规管理,促进企业合法合规经营,有效预防企业再次犯罪,并在制度设计上对企业实行责任承担和责任豁免相挂钩的一种激励制度。通过合规管理,对涉罪企业在程序和实体

---

① 龙玉忠:《国有企业合规管理体系建设探析》,载《国有资产管理》2021年第10期。
② 《涉案企业合规改革试点全面推开！这次部署会释放哪些重要信号？》,载最高人民检察院网,https://www.spp.gov.cn/zdgz/202204/t20220402_553256.shtml,2022年4月2日访问。

上作出宽缓的处理决定,比如作出从轻、减轻、不捕、不诉等处理。然而,我国的《刑法》和《刑事诉讼法》并没有对合规的激励制度作出明确的规定,这是产生争议和困惑的主要原因。

2.企业合规案件的适用范围如何确定

目前,对企业合规案件适用范围争议较大的问题主要集中在以下两点:一是企业合规案件是适用大型企业还是适用中小微企业;二是企业合规案件适用3年以下的轻微刑事案件争议不大,而对有可能判处3年以上有期徒刑的重大刑事案件是否适用企业合规存在较大的争议。从目前试点单位的实务操作来看,大多数检察机关都比较谨慎,对可能判处3年以下有期徒刑的企业犯罪案件,即企业轻微刑事案件才被纳入相对不起诉的合规考察范围,涉企犯罪人员可能被判处3年以上有期徒刑的单位犯罪,是否适用刑事合规存在较大争议。① 但是,单位犯罪案件一般涉案的数额巨大,案情重大,涉企犯罪人员在最高法定刑3年以下有期徒刑幅度的犯罪较少。这样,就限定了企业合规的适用范围,推行企业合规改革的意义也就显得无足轻重。

3.现阶段能否对涉罪企业附条件不起诉

试点单位对涉罪企业的合规监督,大都采取的是相对不起诉制度。但由于不起诉决定一经宣布便立即生效,如果不起诉决定宣告后,再发出相关的合规检察建议,即使涉罪企业未能认真对待合规检察建议,存在的合规管理漏洞并未被很好地堵上,检察机关也没有后续的制约手段。对此,理论界有些观点认为,检察机关应当积极探索附条件不起诉制度,积极推动我国企业合规刑事化发展。②

4.涉罪企业与承担责任的企业主管人员、直接责任人员能否分开处理

企业合规改革是否应该效仿美国等西方国家实行的"放过企业、严惩企业家"的做法?③ 在我国,单位犯罪以双罚制为主,个人的刑事责任是以单位构成犯罪并且追究刑事责任为前提,单位不构成犯罪、不承担刑事责任,当然不存在单位中的主管人员和直接责任人员作为个人承担刑事责任的问题。如此,在那些责任人可能被判处3年有期徒刑以上刑罚的重大单位犯罪案件中,当检察机关对那些直接责任人员提起公诉,并建议法院定罪判刑,这时候再对单位单独作出不起诉决定,就与上述观点产生了冲突。可见,传统单位犯罪理论要求责任追究必须以单位构成

---

① 孔国祥:《企业合规改革实践的观察与思考》,载《中国刑事法杂志》2021年第5期。
② 张迪:《刑事合规视野下企业缓起诉制度功能定位的反思与借鉴》,载《财经法学》2021年第5期。
③ 孙鹏:《关于刑事合规需要厘清的几个问题》,载《转型中的刑法思潮》2021年11月14日。

犯罪为前提,而合规不起诉改革却要追求在重大单位犯罪案件中放过企业,只单独追究直接责任人员的刑事责任,两者之间存在明显的矛盾。

5. 企业合规改革计划的实施由谁来监管

企业合规计划的制订似乎并不困难,难的是实施和监管。由此引发的疑问是,企业会不会以敷衍的合规计划换取从宽处理?承诺合规而不起诉,则其承诺如何落实,其合规整改措施如何评估,由谁来督促?对此,各地实践不一。有的试点单位强调发挥检察机关在企业合规中的主导作用,聘请专业人员监督、考察和评估企业合规情况;有的地方则成立由市场监管、环保、税务、应急管理部门的业务骨干以及相关专家组成的监督考察组进行考察;也有检察机关探索建立独立监管人制度,聘请律师事务所和会计师事务所等专业机构担任监管人,对合规监管企业进行合规培训,进行监督考察,出具评定意见。① 到底采用何种监管模式,需要进一步地评估。

6. 企业合规整改验收是否要有一个统一的标准

在企业合规司法实践中,标准问题是一个至关重要的问题。对涉案企业合规工作进行监督、指导、验收,评判合规整改是否合格?需要有一个确定的考察验收标准。但是,当前缺乏合规考察验收标准已经成为困扰各地检察机关改革的一大难题。

7. 为什么要进行刑事合规和行政合规衔接

为什么要进行刑事合规和行政合规衔接以及如何衔接?对于这些问题,从试点院的改革实践来看,他们的做法各不相同,专家学者的看法也因人而异。

8. 在现行的法律框架中我们如何突破诉讼期限的约束

按照当前《刑事诉讼法》的规定,检察机关审查起诉的期限一般只有 1 个月,这对于评估和监督涉案企业是否有效完成了合规整改根本不够用,甚至于企业制订合规整改方案的时间都难以保证。况且,合规考察制度的适用还会对诉讼效率产生较大的影响,原本可适用简易程序或速裁程序处理的部分企业轻微犯罪案件,因审查起诉阶段较长的合规考察期而使办案周期延长,甚至在实践中造成办案人员不得不借用延长审查起诉期限、退回补充侦查等手段变相获取办案时限,导致"案件比"上升。

---

① 邓根保等:《涉案企业合规第三方监督评估机制的建立与运行》,载《人民检察》2021 年第 20 期。

三、对检察机关企业合规改革实践的思考

(一)企业合规的激励制度具有正当性和公正性,更不会与刑事法治原则相冲突

企业合规从宽制度在美国实行了一百多年,在其他西方法治国家如英国、法国等也至少实行十几年了。① 企业合规的实质是预防违法犯罪,国家通过企业合规管理,使企业走上了法治化、正规化道路,维护了社会稳定和发展,国家对这些实行合规管理的企业给予一定的优惠和激励,包括在刑事司法中从宽处罚,这对企业来说具有一定的补偿性。实行企业合规,能够很好地保障人民群众的生命、健康和财产等权益,从而确保经济社会的可持续、高质量发展。同时,政府和相关司法部门等直接介入企业内部治理还可以充分发挥企业的自治功能,提升国家治理体系和治理能力的现代化水平,进一步优化营商环境。因此,检察机关探索试行涉案企业合规从宽制度,不仅给涉嫌犯罪的企业和企业家一个完善自身治理的体系,而且在使经济社会免受不必要冲击的同时,也使企业建立了违法犯罪预防机制。于民于国于法,它都是合理的、正当的。我们不能把涉案企业合规从宽简单地、甚至错误地理解为不惩罚。其实,不管是合规不起诉还是合规从宽量刑,它都不是不惩罚犯罪企业,而是要更有效地惩罚犯罪企业,实现在既惩罚犯罪的同时又加大了预防犯罪工作力度。

(二)涉案企业合规适用的案件类型

笔者认为,涉案企业合规适用的案件类型应包括公司、企业等市场主体在生产经营活动涉及的各类犯罪案件,既包括公司、企业等实施的单位犯罪案件,也包括单位的实际控制人、经营管理人员、关键技术人员等实施的与生产经营活动密切相关的犯罪案件。无论是民营企业还是国有企业,无论是中小微企业还是上市公司,无论是轻罪案件还是重罪案件,只要涉案企业认罪认罚,能够正常生产经营、承诺建立或者完善企业合规制度、具备启动第三方机制的基本条件,自愿适用的,都可以适用企业合规制度。但有一个问题需要说明,企业合规是对企业在刑事案件中所暴露出的合规问题进行考察,而不是对企业家、责任人进行考察。所以,企业合规案件类型一定是刑法中可以成立单位犯罪的案件,纯正的自然人犯罪不在范围之中,比如公司老板所实施危险驾驶、故意伤害等自然人犯罪,肯定不在企业合规

---

① 谢鹏程:《回应有关企业合规从宽制度改革的质疑》,载《转型中的刑法思潮》2021年11月2日。

的范围。当然,对于个人为进行违法犯罪活动而设立的公司、企业,公司、企业设立后以实施犯罪为主要活动,以及涉嫌危害国家安全犯罪、恐怖活动犯罪等情况的,也不应适用企业合规改革。此外,对于中小微企业和大型企业适用企业合规要有所不同。因为,在大型企业中,企业所有权和经营权得以分离,股东会、董事会、监事会分工明确,企业运作制度化、层级化程度较高,决策机制规范透明,而且拥有建立合规管理体系的充足资源,合规体系可以堵塞漏洞、消除犯罪隐患,有效发挥预防犯罪的作用。而中小微企业的董事长和总经理往往由1人兼任,董事、监事、高级管理层成员多为家族成员,董事会和监事会形同虚设,中小微企业经营模式简单,管理方式原始,既没有成熟的现代公司治理结构,也无法实现企业责任与员工和高管责任的分离,企业意志和高管意志高度重合,缺乏建立有效合规体系的基本条件,合规整改往往流于形式。所以,在适用企业合规中,对于中小微企业与大型企业要作出适当的区别对待。对于大型企业,可以适用较为全面有效的合规计划,要求建立合规宪章、合规政策、合规组织体系、防范体系、监控体系、应对体系等。而对于中小微企业,可以在确保合规计划行之有效的前提下,为其量身打造一套简便可行的合规整改方案。对于涉案企业责任人可能判处3年以上有期徒刑的涉企犯罪案件,以及重大疑难复杂案件,最好是由各省级检察院对上属案件进行认真落实、统一把关、逐案审核,全面综合评估涉案企业运行状况、责任人犯罪情节及认罪认罚情况等综合因素,确保企业合规案件办理积极稳妥、依法规范。

(三)在法律、相关司法解释没有明确规定的情况下,检察机关不宜对涉罪企业适用附条件不起诉处理

与相对不起诉不同,附条件不起诉是指检察机关对于较为重大的刑事案件,在对犯罪嫌疑人或涉案企业作出相对不起诉没有充分把握的情况下,设置一定时间的监督考察期,在考察期限内进行帮教、督促整改,完成行为模式或商业模式的改造,期满后经过考察验收认为达到犯罪预防效果的,才作出不起诉的决定。[①] 从概念中可以看出,对有些犯罪较重的涉案企业适用附条件不起诉具有合理性和可行性。当前,尽管一些地方在试点中也对涉罪企业实行了附条件不起诉。但是,在现行《刑事诉讼法》并不支持对涉罪企业附条件不起诉的情况下,这一做法还是超出了法治底线。为此,建议相关部门尽快出台企业合规附条件不起诉司法解释,或修改适用附条件不起诉的有关法律条款。

[①] 时延安:《单位刑事案件的附条件不起诉与企业治理理论探讨》,载《中国刑事法杂志》2020年第3期。

（四）涉罪企业与承担责任的企业主管人员、直接责任人员可以分开处理

建议对企业实行合规从宽处理，而对企业责任人应当依法处理的原因如下。第一，刑事合规是对企业的合规，而不是对责任人的合规。企业要制订并落实合规计划、进行合规改造、承担大额罚款等，而责任人却没有这些付出。第二，在企业犯罪中，责任人的责任大小和在查处中的表现都因人而异。如有的可能投案自首、认罪认罚，而有的可能对抗调查等。第三，如果对责任人和涉罪企业一并作出宽大处理，会使群众产生对企业合规的误解，认为企业合规就是"法外开恩"，从而破坏人民群众对法治的信仰。但是，考虑到中小微企业与其主要负责人在处理时往往较难分开，管理也不怎么规范，如采取批捕、起诉、羁押等强制措施，往往会导致企业停工停产，甚至破产倒闭。所以，对中小微企业的责任人处理时要与大型企业有所区别，对企业合规的中小微企业董事、经理等主要负责人，一般可以随企业作宽大处理。这既有利于挽救企业，又能够促使企业认真整改，促使企业合法合规经营。

（五）企业合规计划的监管应以建设好第三方监督评估机制管委会为基础，并且强化检察机关在第三方机制监管中的主导地位

伴随着涉案企业合规改革试点的全国推开，第三方监督评估机制管委会建设也将在全国范围展开。根据2021年6月3日最高人民检察院与全国工商联、中国贸促会以及司法部、财政部等多部委联合印发的《关于建立涉案企业合规第三方监督评估机制的指导意见（试行）》，由上述机关共同组建国家层面的涉案企业合规第三方监督评估机制管委会，负责研究制定第三方合规监管政策文件、合规监管人选任标准以及涉企犯罪合规考察标准，全国工商联负责承担管委会的日常工作，国务院国有资产监督管理委员会、财政部负责承担管委会中涉及国有企业的日常工作。[①] 与此同时，省、市、县（区）的检察机关和国资委、财政部门、工商联组建本地区的第三方机制管委会，负责组建本地区第三方机制专业人员库以及日常的选任、培训、考核、巡查、惩戒工作。在整个合规考察环节中，合规监管人的选任以及合规考察标准的确定由第三方机制管委会负责，作为合规监管人的第三方组织负责审查企业提交的合规整改方案、确定合规考察期，以及检查、评估、考核涉案企业的合规整改情况，并向第三方机制管委会和承办案件的检察机关提交合规考察报告，检察机关根据合规监管人出具的合规考察书面报告作出是否批捕、起诉、提出宽缓量刑

---

① 《涉案企业合规改革试点全面推开！这次部署会释放哪些重要信号？》，载最高人民检察院网，https://www.spp.gov.cn/zdgz/202204/t20220402_553256.shtml，2022年4月2日访问。

建议的决定。需要注意的是,案件进入第三方监督评估程序后,检察机关要切实负起主导责任,不能"一托了之"、做"甩手掌柜",必须落实第三方机制运行重点环节审查把关责任,对合规监管人组成名单、涉案企业合规计划、合规考察书面报告等进行审查并提出意见建议,切防"虚假整改""纸面合规"。此外,专业人员库能否建好、用好,直接关系第三方监督评估的实际效果。检察机关要抓紧完成省级、地市级专业人员库的组建工作,积极推动有条件的县级第三方机制管委会组建专业人员库,为第三方机制有效运行提供坚实人才保障。特别是要落实人员库分类组建要求,以适应办理不同类型企业合规案件的需要。关于建设第三方监督评估机制管委会的经费问题,可以采用涉案企业和地方财政共同承担的方式。考虑到大型企业与中小微企业的基础不同,建议大型企业合规相关经费由企业承担,中小微企业合规相关经费由财政承担。

(六)在企业合规试点工作中,不能搞"一刀切",涉案企业的合规整改验收标准应该因人而异、因事而异

当前,合规整改验收缺乏客观的标准,已经成为制约企业合规改革深入推进的一个重要因素。但是,由于制订合规整改验收标准是一项专业性极强的工作,基层检察机关可能难以胜任,所以,由省级或地市级检察院负责建立一系列专项合规整改与验收标准更为恰当。但无论如何,涉案企业的合规整改验收标准,应当因人而异、因事而异,以专项合规为重点,全面合规为目标,并针对与企业涉嫌犯罪有密切联系的企业内部治理结构、规章制度、人员管理等方面存在的问题,制定可行的专项合规管理规范,构建有效的合规组织体系,完善相关业务管理流程,健全合规风险防范报告机制,弥补企业制度建设和监督管理漏洞,从源头防止再次发生相同或类似违法犯罪。

(七)加强刑行合规衔接

刑行合规衔接有利于争取行政执法机关的协助和配合,更好地发挥现有行政监管合规机制的积极作用,引领更多企业依法规范经营。当前加强刑行合规衔接可以从以下三点着手。第一,刑行合规有效衔接要积极争取行政机关的有效参与。在党委的领导和支持下,检察机关应充分发挥主导作用,积极会商相关行政机关和行业协会共同研究解决工作中遇到的困难和问题,积极邀请人大代表、政协委员、人民监督员、新闻媒体参与相关行政执法、司法和合规考察活动,积极争取相关部门在机构、人员、经费上提供专门保障。第二,要加强行政执法与行政检察职能的融合。检察机关对适用企业合规考察制度作出不起诉决定的案件,认为应当给予

行政处罚的,应当提出检察建议,移送有关行政机关处理。同时,企业所实施的违法犯罪行为往往属于行政监管的范畴,行政机关已经作出处罚的,检察机关应当依法予以认定。第三,检察机关应深度应用"两法衔接"信息共享平台,完善与行政执法机关、公安机关、审判机关、司法行政机关执法司法信息共享制度,对行政材料和司法证据按照相关司法解释及时移送、相互认同。

(八)提高企业合规案件的诉讼效率,切实解决企业合规用时较长与诉讼期限相对不足的矛盾

对企业犯罪案件中负责的主管人员或其他直接责任人员被采取羁押强制措施的,除属于累犯或系缓刑、假释考验期内犯罪等不宜释放的情形外,应当对其办理取保候审手续,从而避免犯罪嫌疑人长期处于未决羁押状态。对确实不宜释放且对涉罪企业需要进行合规考察的,应将涉罪企业与上述责任人员分案处理,对后者先行起诉。故对于犯罪嫌疑人未被羁押的企业犯罪案件,因其不受法定审查起诉时间的限制,进而无必要通过退回补充侦查等手段获取办案时间,由此可避免"案件比"上升给检察机关及涉案当事人带来的不利影响。[1] 此外,还可以探索把启动合规整改的时间提前到侦查阶段,通过提前介入侦查来解决诉讼期限不足的问题。这不仅可以给检察机关赢得涉案企业合规的办案时间,还进一步充实了检察机关提前介入的内涵。[2]

---

[1] 叶伟忠:《检察环节构建涉罪企业合规考察制度的探讨》,载《人民检察》2021年第5期。
[2] 谢鹏程:《回应有关企业合规从宽制度改革的质疑》,载《转型中的刑法思潮》2021年11月2日。

刑事合规不起诉的路径探讨

——从《关于建立涉案企业合规第三方监督评估机制的指导意见(试行)》说起

骆慧超*

一、什么是刑事合规不起诉

2020年3月,最高人民检察院启动涉案违法犯罪依法不捕、不诉、不判处实刑的企业合规监管试点工作,刑事合规成为新时代检察机关积极拓展职能参与社会治理的新探索。所谓刑事合规,是指为避免因企业或企业员工相关行为给企业或企业主带来的刑事责任,国家通过刑事政策上的正向激励和责任归咎,推动企业以刑事法律的标准来识别、评估和预防公司的刑事风险,制订并实施遵守刑事法律的计划和措施。[①] 相应地,刑事合规不起诉,是指对于涉嫌轻微犯罪且可能被提起公诉的企业,检察机关若发现该涉案企业具有意愿建立合规体系,矫正自身违法犯罪行为的,检察机关可以责令该涉案企业在一定的考验期内,就其违法犯罪事实提出针对性的合规体系搭建计划,推动其企业合规体系的构建与执行,而后检察机关根据对该涉案企业合规计划的履行情况,作出不起诉等决定的制度。检察机关在依法作出不批准逮捕、不起诉决定或者根据认罪认罚从宽制度提出轻缓量刑建议等的同时,针对企业涉嫌的具体犯罪,结合办案实际,督促涉案企业作出合规承诺并积极落实整改,促进企业合规守法经营,减少和预防企业犯罪,实现司法办案政治效果、法律效果、社会效果的有机统一。

---

* 骆慧超,北京长阅律师事务所律师。
① 孙国祥:《刑事合规的理念、机能和中国的构建》,载《中国刑事法杂志》2019年第2期。

二、合规不起诉制度的背景和现状

2020年年初,最高人民检察院由理论研究所牵头,开始启动对我国企业刑事合规制度的探索。同年3月,最高人民检察院启动涉案违法犯罪依法不捕不诉、不判处实刑的企业合规监管试点工作,并确定上海市浦东新区、金山区检察院,广东省深圳市南山区、宝安区检察院,江苏省张家港市检察院以及山东省郯城县检察院6个基层检察院为试点单位。2021年4月,最高人民检察院发布《关于开展企业合规改革试点工作的方案》启动了第二期企业刑事合规不起诉改革试点,这标志着改革步入了新阶段。2021年6月3日,最高人民检察院、司法部、财政部等印发《关于建立涉案企业合规第三方监督评估机制的指导意见(试行)》的通知(以下简称《指导意见》)。

最高人民检察院2022年工作报告显示,2021年检察机关起诉破坏市场经济秩序犯罪13.4万人,同比基本持平。同时力防企业因案陷入困境,持续落实对企业负责人涉经营类犯罪依法能不捕的不捕、能不诉的不诉、能不判实刑的尽量提出适用缓刑建议等检察政策;涉企等单位犯罪不起诉率达38%,同比增加5.9个百分点。自2021年3月最高人民检察院部署开展第二期涉案企业合规改革试点至2021年12月底,10个试点省份共办理涉企业合规案件600余件,其中适用第三方监督评估机制案件300余件。一些非试点省份也在法律框架内不同程度地开展了涉案企业合规工作。

可见,自启动企业合规监管试点工作以来,相关报道不断进入业界及大众视野,合规不起诉制度经由最高人民检察院自上而下地持续推动,有了较为突出的发展。

三、合规不起诉制度的必要性

对企业来说,受到不起诉的处理,意味着该企业不必因其违法犯罪行为而被迫停止运营或破产,相关企业的主要负责人和直接负责人可以免除或减轻刑事处罚,同时企业员工也可以免于失业风险。更重要的是,合规不起诉制度为企业运营创造了一定的健康发展机制,促进了企业合规体系的建立和落实,为企业后续合规经营夯实了坚固的基础。具体而言,合规不起诉的必要性体现在以下三个方面。

第一,合规不起诉制度的实施可以使得涉罪企业焕然一新。合规不起诉制度允许构成犯罪的企业和高级管理人员以企业合规为交换争取从宽刑事处理,使检察机关能够对其作出相对不起诉等从宽处理的决定。合规不起诉制度作为出罪机制可以避免企业和高管被定罪判刑的后果,避免企业丧失主体资格,被吊销、注销或被迫停止经营。

第二,企业依照程序进行合规整改,可以逐步消除导致犯罪发生的管理漏洞和制度风险,从根本上改变既往经营模式。检察机关在对相关企业进行宽大刑事处理的同时,全面改造企业管理机制和经营模式,消除制度隐患和管理漏洞以及有可能出现的违法犯罪行为。实践中,检察机关通常责令企业提交合规承诺书,提出更具体的改进建议,督促建立合规审计、风险评估等合规管理机制。在检察机关的督促下,企业通过外聘专业合规监管人员,提出有针对性的合规监管计划,并与检察机关签订协议。上述企业在检察机关和合规监管人员的监督管理下接受合规监管评估,定期报送合规进度报告,逐步消除导致犯罪的管理漏洞和制度风险,改变原有的涉罪商业运营模式。

第三,企业可以通过合规建立有效的违法犯罪行为防范机制,建立及时识别刑事风险的制度,确保企业对未来可能出现的刑事风险及时采取必要的应对措施。在一定意义上,推进合规不起诉改革本身就属于检察机关参与社会管理所进行的制度探索。检察机关通过参与企业合规治理,推动企业形成防范刑事风险的制度意识,从根本上解决企业违法犯罪问题,这一改以往检察机关被动应对犯罪行为的传统办案模式,实现了从事后追责企业到事前积极参与企业治理的转变。

四、刑事合规不起诉程序的制度设计

(一)合规程序的启动

根据《指导意见》第 10 条的规定,人民检察院在办理涉企犯罪案件时,应当注意审查是否符合企业合规试点以及第三方机制的适用条件,并及时征询涉案企业、个人的意见。涉案企业、个人及其辩护人、诉讼代理人或者其他相关单位、人员提出适用企业合规试点以及第三方机制申请的,人民检察院应当依法受理并进行审查。

由此可见,检察院是合规程序启动的法定主体,其可以自行审查是否需要对相关企业开展刑事合规工作,启动刑事合规程序。同时,《指导意见》赋予了第三方社会主体提出启动合规建议的权利,即涉案企业、个人及其辩护人、诉讼代理人或者其他相关单位、人员提出适用企业合规试点以及第三方机制申请的,人民检察院应当依法受理并进行审查。但《指导意见》的不足之处在于,对人民检察院经审查认为不符合第三方机制适用条件的,仍然缺乏法律救济。笔者认为,检察机关认为不符合第三方机制适用条件的,应当提出具体明确的理由,对于不服上述决定的申请人,也应当赋予其向上一级检察院或其他上级监督管理机关提出复议或申诉的权利,由此达到企业权利保障和检察机关权力制约的平衡。

(二)合规计划的提交和审查

对于符合第三方机制适用条件的涉案企业,应提交专项或多项合规计划,并明确该计划的承诺完成时限。根据《指导意见》第11条的规定,第三方组织应当要求涉案企业提交专项或者多项合规计划,并明确合规计划的承诺完成时限。涉案企业提交的合规计划,主要围绕与企业涉嫌犯罪有密切联系的企业内部治理结构、规章制度、人员管理等方面存在的问题,制定可行的合规管理规范,构建有效的合规组织体系,健全合规风险防范报告机制,弥补企业制度建设和监督管理漏洞,防止再次发生相同或者类似的违法犯罪。

根据《指导意见》第12条的规定,第三方组织应当对涉案企业合规计划的可行性、有效性与全面性进行审查,提出修改完善的意见建议,并根据案件具体情况和涉案企业承诺履行的期限,确定合规考察期限。在合规考察期内,第三方组织可以定期或者不定期对涉案企业合规计划履行情况进行检查和评估,可以要求涉案企业定期书面报告合规计划的执行情况,同时抄送负责办理案件的人民检察院。第三方组织发现涉案企业或其人员尚未被办案机关掌握的犯罪事实或者新实施的犯罪行为,应当中止第三方监督评估程序,并向负责办理案件的人民检察院报告。

根据《指导意见》第13条的规定,第三方组织在合规考察期届满后,应当对涉案企业的合规计划完成情况进行全面检查、评估和考核,并制作合规考察书面报告,报送负责选任第三方组织的第三方机制管委会和负责办理案件的人民检察院。人民检察院应对合规考察书面报告进行审查,向第三方机制管委会提出意见建议,必要时开展调查核实工作。

由此可见,无论是涉案企业的合规计划、定期书面报告,还是第三方组织出具的合规考察书面报告,都是人民检察院作出最终决定的重要依据。其中,合规计划、定期书面报告可以对涉案企业在合规整改过程中的主观态度、客观整改过程以及影响最终合规效果的现实因素等进行全面展示,有利于检察院从整体上对涉案企业的合规整改工作作出评价;合规考察书面报告作为第三方组织依法出具的对涉案企业合规整改工作的最终评价材料,对检察院作出最终决定具有重要的参考意义。

(三)合规整改的结果适用

《指导意见》第 14 条第 1 款规定,人民检察院在办理涉企犯罪案件过程中,应当将第三方组织合规考察书面报告、涉案企业合规计划、定期书面报告等合规材料,作为依法作出批准或者不批准逮捕、起诉或者不起诉以及是否变更强制措施等决定,提出量刑建议或者检察建议、检察意见的重要参考。第 15 条规定,人民检察院对于拟作不批准逮捕、不起诉、变更强制措施等决定的涉企犯罪案件,可以根据《人民检察院审查案件听证工作规定》召开听证会,并邀请第三方组织组成人员到会发表意见。

根据案件具体情况,人民检察院对涉企犯罪案件作出的决定包括以下几个方面。(1)依法变更强制措施。检察院可根据合规整改情况,对涉案的个人作出是否批准逮捕的决定,或者变更其现行强制措施,如撤销逮捕决定变更为取保候审或监视居住。(2)作出不起诉决定在审查起诉阶段,检察院通过第三方机制发现涉案企业或人员符合《刑事诉讼法》第 177 条规定的法定不起诉或酌定不起诉的适用条件,可以依法作出不起诉的决定。(3)提出从宽的量刑建议。检察院经审查仍然决定起诉的,其在向法院提起公诉的同时,也可以根据涉案企业合规整改的情况,依照认罪认罚从宽程序,提出相应宽缓的量刑建议。(4)提出检察建议。检察院发现企业在预防违法犯罪方面制度不健全,存在违法犯罪隐患需要及时消除的,可以向涉案企业提出检察建议。检察建议既可以在企业合规考察期内提出,也可以在检察院决定不起诉的同时提出,甚至在法院判决生效后提出。(5)提出检察意见。检察院对涉案企业作出不起诉决定,并认为需要给予行政处罚、处分或者没收其违法所得的,应当结合合规材料,依法向有关主管机关提出检察意见。

五、第三方机制对企业合规的启示

当前阶段企业营商环境日趋复杂,在刑事合规大趋势下,企业应当加强合规意识,完善合规体系建设,适应时代发展的需求。

(一)加强企业自身合规建设

企业应根据自身业务与行业实际,全面梳理自身所面临的监管要求,以及由此可能引发的刑事风险点,从而对合规管理进行模块划分,按照内部治理结构、制度规范、合规审批流程、人员配置、岗位职责、财务管理、合规培训等不同模块建立契合企业实际并符合监管要求的企业合规制度与流程,在专业人士协助和监督下打造合法合规的企业管理体系。

通过建立、完善刑事合规制度,企业可以充分有效地预防犯罪,降低刑事风险。同时,具有完善的合规制度可以提高企业在涉刑情况下适用第三方机制的概率,并且帮助企业更好地对接相关监管方及第三方机制运行程序。同时,即便无法适用第三方机制,完善、合理的合规制度也可以为涉案企业、个人在刑事诉讼程序中切割、减免相关刑事责任。

(二)发挥企业积极性,主动进行合规整改

合规政策的发展和变化在对企业提出更高合规要求的同时,也为存在刑事风险的企业带来了整改机遇。《指导意见》从以下几个方面为涉案企业提供了合规整改的可行空间。

1. 涉案企业有权依申请启动第三方机制

根据《指导意见》第10条的规定,涉案企业、个人及其辩护人、诉讼代理人或者其他相关单位、人员均可提出适用企业合规试点以及第三方机制的申请。对此,涉案企业应充分利用法律赋予的权利,及时提交合规申请材料,与检察院进行充分有效沟通,争取尽快启动第三方机制。值得注意的是,合规申请的启动不限于审查起诉阶段。根据《指导意见》的精神,涉案企业可以在公安侦查阶段申请适用第三方机制,争取检察院提前介入,作出不予批捕、变更强制措施、宽大处理等有利的结果。

2. 涉案企业应充分重视合规计划、定期书面报告与合规考察书面报告的作用

上述文件是人民检察院决定最终处理结果的重要参考依据。其中,合规考察书面报告作为第三方组织在第三方机制程序中出具的最终评估材料,对案件走向具有重大影响。从最高人民检察院的工作报告来看,2021年检察机关共起诉破坏市场经济秩序犯罪13.4万人,而同期企业合规改革试点适用第三方监督评估机制案件仅有300余件。目前适用第三方机制的案件占比仍然极低,考虑到第三方机制组织及其成员的时间、精力在短时间内无法得到充分保证,涉案企业应积极寻求外部专业人士的帮助,制订客观、全面合规计划和定期书面报告,并与第三方机制组织充分沟通,使合规检查书面报告得以采信,以争取对企业最有利的结果。

3. 涉案企业参与合规过程中的权利救济

《指导意见》第16条规定,检察机关应当在第三方机制运行过程中,依法处理涉案企业、个人及其辩护人、诉讼代理人提出的申诉、控告或者相关申请、要求。在第三方机制运行过程中,企业或其涉案人员认为第三方机构或其成员行为不当或涉嫌犯罪的,可向负责选择该第三方机构的第三方机制管理委员会举报或提出异议,或向负责办理该案件的人民检察院提出申诉或控告。第三方机制管理委员会

和办案检察院还将对企业提出的相关申诉、控告、申请和要求进行审查和处理。涉案企业对第三方机构提交的合规考察书面报告有异议,或者对于第三方机构或其成员的行为适当性有异议时应及时提出。企业提出异议后,检察院决定公开听证的,涉案企业应当充分把握听证机会,提交专业有效的法律意见。

无论是企业日常的合规建设,还是企业涉案后第三方机制的运用,都离不开与监管部门的有效沟通。企业应当善于利用法律赋予的权利,以争取更宽宥的处理。

六、当前刑事合规制度的一些反思

以刑事合规保障企业健康稳定发展是我国推行合规试点改革的用意所在,刑事合规也将会成为行业和企业发展的核心需求。我们积极推行刑事合规的同时,也应注意到其可能存在的缺陷或弊端。

首先,刑事合规可能会产生滥用风险。在引入刑事合规机制时,首先要解决的问题是防止该制度被滥用。在当前保护民营企业的刑事政策的大背景外,极可能出现只要是在形式上符合适用条件的涉罪企业,就可以适用合规机制。这样一来,本应可以直接适用相对不起诉的案件,会在不必要的情况下,适用刑事合规程序进行考察,导致刑事合规的司法滥用。此外,在我国一些地区,由于地方保护主义的存在,刑事合规也有可能被滥用。企业给当地经济社会发展带来的种种贡献,促使当地司法机关在司法裁量范围内有意识偏袒,而企业合规自身具备的刑事激励机制,为其"偏袒"提供了合法外衣,由此是否会出现新的"合规性地方保护主义",这是我们需要注意的事情。企业合规是为了形式合法,还是为了真正帮助企业改过自新、预防犯罪、履行社会责任?答案无疑是后者。这就需要我们在进行合规监管时切实履行监管责任,避免上述情况的出现。

其次,刑事合规的适用可能会加重企业的负担。虽然学者普遍认为,刑事合规不仅有利于预防犯罪,而且企业如果按照合规体系开展业务,长远来看会产生经济利益。但考虑到合规计划的制订、执行、评估等需要高昂的成本,刑事合规可能成本往往大于收益。结合我国企业大部分是中小企业的实际情况,融资难、资金周转等生存问题是中小企业面临的首要问题,如果承担合规建设义务,将给企业带来巨大的经济负担。

目前,企业合规仍然是以改革试点的方式开展,负责合规管理的第三方机制管委会由当地人民检察院、国资委、财政部门和工商联组建,并由其进一步建立地区第三方机制专业人员名录库。从第三方机制的设计上看,能够列入专业人员名录库的是极为有限的专业人员,加之合规程序的周期较长,会导致有合规需求的企业难以及时得到整改的机会。另外,合规建设要让企业受益,也需要一个漫长的过程,对于经营周期比较短的企业来说,实施这种与现实利益无关的举措是不现实的。成本高昂的第三方机制合规固然可以成为企业出罪的正当事由,但一些未被现行第三方机制框定的合规举措是否可以作为企业涉罪从宽从轻的情节,对此笔者认为还有待商榷。以笔者曾办理的案件为例,涉案企业的业务涉及新型互联网商业活动,企业为保障运营合法性聘请了一些原就职于司法系统的专家顾问,并不定期向区、市管理部门汇报工作,在此过程中均未发现企业商业模式涉嫌违法。但随后仍然被某地机关立案侦查,并最终移送审判。笔者认为,该案所涉及的向专家顾问咨询、向上级单位汇报工作实质应属于刑事合规的一种,尽管其不满足法定第三方机制的要求,但仍然能够充分表明企业避免涉罪的主观心态,也应当作为从宽的情节作为定罪量刑的依据。如此,企业自行开展的合规工作也能成为第三方机制的有效补充,降低了企业涉罪风险和合规成本。

最后,刑事合规的适用尚需与我国刑事司法政策协调。根据刑事合规的一般理论,促进企业责任与企业个人责任相剥离是其重要功能,这在一定程度上缓解了在代位责任下对企业过度追责的弊端。这也意味着,企业如果事先健全合规机制,就可能免除自身的刑事责任,而转由企业内部的个人承担刑事责任。但我国民营企业与民营企业家存在不可分割的关系,企业家如果受到刑事起诉,企业经营往往也会难以为继。因此,我国合规不起诉的刑事司法政策不仅及于企业,也及于企业管理人员,而企业内部一旦发生违法犯罪行为,企业通常会在协助监管部门调查的基础上开展独立调查,为了获得更加宽宥的处理,企业可能会积极披露监管部门不掌握的违法犯罪情况,从而导致更多员工和高管受到惩戒处分。这样一来,企业内部矛盾就会激化,导致企业实际情况与刑事司法政策保护民营企业稳定运营的初衷背道而驰。

综上所述,刑事合规不起诉制度的宗旨是更有效地惩治和预防企业违法犯罪,保障经济社会的高质量发展。我们积极推行这一政策的同时,也要重视和避免刑事合规制度可能存在的缺陷和弊端,使得刑事合规制度在发展中逐步健全完善。

刑事政策激励之企业合规

郭慧民[*] 陈鹏鹏[**]

一、问题的提出

一般而言,刑事诉讼主要包括立案、侦查、起诉、审判和执行五个阶段,我国目前的刑事诉讼构造处于从"流水线型"向"审判中心主义"努力迈进的阶段,仅能在具备特定条件的情况下实现程序倒流,这也意味着刑事程序一旦启动,便难以回转[①]。对企业而言,"案底"的存在不仅会留下污点,也会对未来的商业交往造成影响。

2014年以来,北京师范大学中国企业家犯罪预防研究中心课题组每年都会就该年度企业家犯罪情况进行调研分析并形成《企业家刑事风险分析报告》[②],该报告从涉案企业家的性质、性别、年龄、学历、职务、罪名及刑罚适用等角度着手进行具体分析。

2020年的统计数据表明,在本统计年度中,企业家犯罪频数为3278次。其中,国有企业家的犯罪频数为234次,民营企业家的犯罪频数为3011次。民营企业及民营企业家所涉及的罪名范围及其频次均大于国有企业及国有企业家相关罪名与频次,民营企业家将面临更大的刑事法律风险。就五年来民企犯罪的高频罪名而言,大致可以分为融资类犯罪、腐败犯罪和与税收征管有关的犯罪。其中,企业家触犯频次最高的前五个罪名分别为:非法吸收公众存款罪、职务侵占罪、拒不支付劳动报酬罪、虚开增值税专用发票罪和合同诈骗罪。

---

[*] 郭慧民,北京盈科(厦门)律师事务所高级合伙人。
[**] 陈鹏鹏,北京盈科(厦门)律师事务所律师。
[①] 涂雨薇:《刑事诉讼审判中心论》,华南理工大学2018年博士学位论文。
[②] 张远煌:《企业家刑事风险分析报告(2020)》,载《河南警察学院学报》2021年第4期。

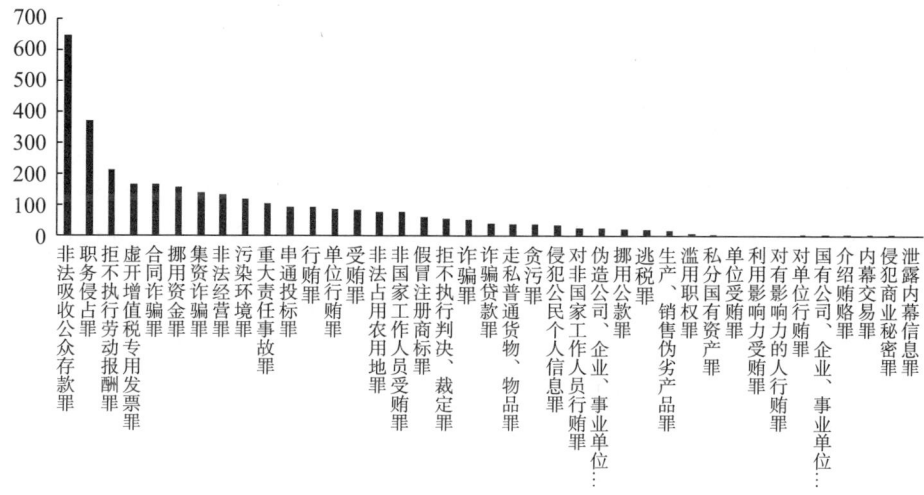

图 1　2020 年企业家犯罪高频罪名分布

近年来,在民营经济高速发展趋势背后,涉民企刑事犯罪案件呈现不断增长势头,特别是公司治理体系存在重大短板、经营层合规意识淡薄、行业经营规则复杂、从业人员急功近利等因素,都将可能导致企业面临的刑事风险进一步加大。这不仅危及民营企业家的"生存",更危及企业的存续和企业职工的生计,影响经济发展和社会稳定的大局。

对于企业而言,刑事风险是最急迫、最严重的合规风险,企业刑事合规也是企业合规的底线内容;对于企业家而言,刑事风险也是其所面临的最大的风险,不仅包括其中可能存在的刑事制裁,还有在此过程中所受到的经济、名誉等损失,即便最后无罪辩护成功,先前已造成的经济、名誉损失也是难以估量的。要做好刑事合规和刑事风险防控,不仅需要具备刑事合规意识,也需要在经营的各个环节落实刑事风险评估和防范,这样才能够真正实现防患于未然。

二、域外刑事合规激励规则

一般而言,各国设置刑事合规的激励规则①:一是以合规换取作出不起诉或暂缓起诉,此为程序激励;二是以合规进行无罪抗辩,此为实体激励;三是将合规作为从轻、减轻、免除刑罚处罚的情节,此同为实体激励。刑事合规以"企业犯罪后不合规的严厉惩罚、合规后的从宽"为原则,促使精明的企业家运用成本、收益的计算模

---

① 陈瑞华:《企业合规制度的三个维度——比较法视野下的分析》,载《比较法研究》2019 年第 3 期。

型快速得出结论:只有合规,企业才能损失最小,才能长久地发展,走向世界。

(一)检察机关以合规计划为根据作出不起诉

美国确立的暂缓起诉协议(Deferred Prosecution Agreement,DPA)与不起诉协议(Non-Prosecution Agreement,NPA)①影响深远,检察官将根据涉嫌犯罪企业的合规计划的实施情况来决定是否达成上述和解协议,并设置考验期。考验期结束后,如果企业制订了有效的合规计划并实际执行实施的,企业就存在不被起诉而结案的可能,不同于传统的刑事诉讼和辩诉交易模式,新兴的这两种协议模式能够使企业完全出罪,在刑事司法领域为企业经营的恢复和发展提供更多保护②。美国《联邦量刑指南》(Federal Sentencing Guidelines)作为框架性质的量刑指南,为刑罚校准提供了具体的量刑因素,检察机关在审查决定是否提起公诉时,企业合规问题是重要的评估因素。

当然,书面的合规计划并不足以成为不起诉的依据,监管机构对企业合规计划的评估着重于有效性,即是否能够达到防止员工的违法违规行为的效果,企业的管理运行是否在支持该合规计划的运行。只有企业合规机制有效运行,检察机关才有可能结合社会公共利益和司法利益作出不起诉的决定。因此企业被置于一个要么事前规划,要么事后处罚的境地,事前规划的有效性影响了事后处罚的程度。这在一定程度上激励企业构建有效的合规计划以减少被处罚的可能性。

(二)企业以合规计划作为无罪抗辩事由

企业以合规计划③作为无罪抗辩事由主要是指,在法定例外情况下,企业被允许以建立合规计划为由,提出无罪抗辩,并将推定性的刑事责任予以推翻。因此,存在一个有效的合规计划成为企业进行无罪抗辩的法定事由。

英国2010年改革通过的《反贿赂法》(The Bribery Act 2010),新增设了"商业组织预防贿赂失职罪"④(failure of commercial organizations to prevent bribery),其主要内容就是商业组织的相关人员为获取或保留该组织的业务以及为了获取或保留该组织的业务优势而向有关人员行贿的,该商业组织即构成该罪,但是有证据能够

---

① 陈瑞华:《美国暂缓起诉协议制度与刑事合规》,载《中国律师》2019年第4期。
② 逢政、徐弘艳:《论暂缓起诉制度在惩处单位犯罪中的运用——以美国暂缓起诉协议为借鉴》,载《中国检察官》2019年第15期。
③ 黎宏:《合规计划与企业刑事责任》,载《法学杂志》2019年第9期。
④ 陈瑞华:《英国〈反贿赂法〉与刑事合规问题》,载《中国律师》2019年第3期。

证明该商业组织已经制定了"充分程序"[①]（adequate procedures）以预防行贿行为发生的除外。由此可见，英国《反贿赂法》中员工实施行贿行为，则商业组织就被认定存在失职犯罪行为，这显然属于一种推定性的刑事犯罪，无须证明主观过错或者犯意，便使企业承担严格责任的后果，为避免对企业的任意追责，法律也赋予了涉案企业以"充分程序"的有效实施作为抗辩理由，即企业建立了有效的合规计划。

此外，英国 2011 年通过的《反贿赂法指南》（The Bribery Act 2010 Guidance）确立了"充分程序"的六项原则：相称程序原则（企业要建立与其所面临的商业贿赂风险相称的反贿赂程序）、高层承诺原则（企业管理人员要作出反贿赂承诺）、风险评估原则（企业要定期对贿赂风险进行评估，以减少贿赂风险）、尽职调查原则（企业应对员工的尽职情况进行专门调查）、有效沟通原则（企业应当采取有效手段，使其反贿赂政策为全体员工知晓）、监控和评估原则（企业应当定期对反贿赂政策进行评估和改进）。上述六项原则涉及企业内部外部，融汇于企业风险管理之中，是构成有效合规计划的基本内容。因此，按照上述六项原则建立并有效实施的合规计划就有可能成为企业推翻失职犯罪指控，寻求无罪判决的法定抗辩事由。

（三）法院以合规计划作为从轻减轻量刑情节

"量刑激励"[②]的刑事政策，是指涉嫌犯罪的企业经法院定罪后，有效的合规计划可以被作为重要的量刑情节，法院可以因此对企业作出较大幅度的减轻、从轻处罚的刑事政策。通过量刑的从轻或减轻来激励企业建立有效的合规计划。美国《联邦量刑指南》第八章中规定了"组织量刑规则"，并明确规定如果企业因其代理人实施的违法行为被定罪、起诉，如果企业建立了有效的合规系统，那么可以减轻企业的刑罚，其减轻处罚的幅度最高可以达到 95%。

美国《联邦量刑指南》中对涉嫌犯罪的企业首先确定罪行等级，然后按照该等级计算公司罚金，最后按照罪责指数计算刑罚。同时如果企业制订了有效的合规计划，则法院则会将罪责指数降低，由此公司的总罚金金额就会降低，因此对于企业来说，企业拥有有效的合规计划的成本费用是远远低于量刑时从合规计划中获得的收益。

[①] 印波、高远：《英国企业预防行贿失职罪的充分程序抗辩——兼谈对我国治理商业贿赂的启示》，载《河北经贸大学学报》2015 年第 6 期。
[②] 尹振国：《刑法激励制度研究》，西南政法大学 2017 年博士学位论文。

三、中国刑事合规的源起与发展

(一) 传统的企业刑事治理模式：事后惩治模式

在刑事立法和司法活动中，作为刑法基本功能的评价功能，即刑法将一定的行为规定为犯罪并给予刑罚处罚，表明该行为是被法律所禁止的，同时通过对具体案件判处刑罚要求人们作出不实施这种犯罪的决定，据此防止犯罪的发生。刑法评价功能发挥作用的关键在于行为被否定评价即被定罪，刑罚被运用于具体的人或者组织体，从而指引其他社会成员依法行事，不实施犯罪。与此同理，预防犯罪作为刑法的目的，是通过对特定的犯罪人适用刑罚，防止犯罪人再犯或者威慑一般人，使其不敢犯罪。从社会治理的角度看，无论是对于国家、社会，还是对于被害人以及犯罪人而言，犯罪的发生、刑法和刑罚的适用，都会造成国家、社会以及个人的损失和伤害。犯罪治理的理想状态是在犯罪发生之前，刑法和刑罚就能显著地发挥作用，能切实地预防犯罪的发生。

我国传统的企业刑事治理模式一般为事后惩治模式①，即在犯罪行为出现后，由司法机关介入对企业进行刑事处罚以达到威慑犯罪、惩罚犯罪的目的。这虽然在一定程度上能达到预防犯罪的效果，但更多体现的是刑法的报应主义。当在面对非法利益的诱惑以及对刑罚的实现可能性存在疑虑时，刑法作为事后惩治法便难以有效实现犯罪预防的目的。从实践中也可以看出，近几年虽然国家不断在加大对各行各业的监管强度和犯罪打击力度，但是企业犯罪的趋势并没有因此有所减缓，反而呈现出上升的趋势。因此，传统的刑事治理模式的有效性也一直饱受争议，在这种情况下，推进传统刑事治理事后惩治模式的改革便成为必然。

企业刑事合规从根本上改变了传统企业刑事治理模式，国家不再是单方面地对企业犯罪行为进行规制，司法机关也不仅是履行惩治犯罪职能，而是进一步延伸至企业治理，通过引导企业合规管理来对企业本身以及员工行为进行规制，并参与企业经营过程中的合规风险防范与管控，从而实现刑事风险预防的目的。

企业通过分析自身业务活动所特有的刑事风险，有针对性地预先制定刑事合规方案和规则并实施，使得企业避免可预见的刑事责任的目的得以实现，并获得长久的竞争优势②。由于企业的刑事合规规则是对刑法和刑事司法所显现的刑法规

---

① 万方：《企业合规刑事化的发展及启示》，载《中国刑事法杂志》2019 年第 2 期。
② 韩轶：《企业刑事合规的风险防控与建构路径》，载《法学杂志》2019 年第 9 期。

范的具体化和情景化,因此企业对合规规则的制订、执行以及企业员工对合规规则的遵守,实际上就是对刑法规范的遵守。这样,企业刑事合规规则的实际运用,就使犯罪治理在某种程度上和某个领域中变成了国家和企业合作的模式,犯罪预防在这种合作治理的模式中,由国家责任变成了国家和企业的共同责任。同样,企业刑事合规活动的成功实施[1],也使得最优的犯罪预防成为可能,节约了司法成本。

(二)中国刑事合规的源起

随着经济全球化的发展,我国企业跨境商贸活动越发频繁,中资银行的海外机构频繁地收到当地监管方的巨额罚单,如何应对合规风险成为中资企业面临的一个重要课题。目前,我国国内对于合规管理体系的建设十分重视,要求各行业都应加强企业合规管理,完善企业合规建设[2]。

在我国,2015年浙江省岱山县人民检察院办理的某公司伪造增值税专用发票、虚构抵押物案,被人们称为"合规不起诉第一案"。该案中,涉案企业以合规整改和出具《自查及整改承诺书》换取人民检察院的不起诉决定。当前,最高人民检察院先后进行两批次合规改革试点,标志着"合规不起诉"进入体系化、制度化发展阶段。

2020年3月,最高人民检察院在上海、江苏、山东、广东等地区开展第一期企业合规试点工作。2021年4月,最高人民检察院又下发了《关于开展企业合规改革试点工作的方案》(以下简称《方案》),正式开启第二期企业合规试点工作,涉及北京、辽宁、上海、江苏、浙江、福建、山东、湖北、湖南、广东等十个省市[3]。

根据上述《方案》,所谓"合规不起诉制度",是指检察机关对于办理的涉企刑事案件,在依法作出不批准逮捕、不起诉决定或者根据认罪认罚从宽制度提出轻缓量刑建议等的同时,针对企业涉嫌具体犯罪,结合办案实际,督促涉案企业作出合规承诺并积极整改落实,促进企业合规守法经营,减少和预防企业犯罪,实现司法办案政治效果、法律效果和社会效果的有机统一。

对于企业合规附条件不起诉的具体制度构建,涉及刑法、刑事诉讼法、律师法、公司法等多个部门法的协调配合,但重点是刑事法律的完善与协调[4]。此外,除了

---

[1] 李玉华:《有效刑事合规的基本标准》,载《中国刑事法杂志》2021年第1期。
[2] 邓峰:《公司合规的源流及中国的制度局限》,载《比较法研究》2020年第1期。
[3] 李本灿:《我国企业合规研究的阶段性梳理与反思》,载《华东政法大学学报》2021年第4期。
[4] 周振杰:《企业合规的刑法立法问题研究》,载《中国刑事法杂志》2021年第5期。

遵循正常的诉讼程序,还需要结合刑事合规的目的、任务和附条件不起诉的程序要求,对调查与沟通、协议的达成、监督与考察、评估与处理等阶段进行相应的程序制度设计。总而言之,是从上层建筑的立法开始,宣示法律的价值取向,引导执法机构、执法群体乃至社会受众自上而下地针对"刑事惩罚与经济发展关系"的态度转变。

(三)企业合规在我国的发展历程

2018年被称为"中国合规元年"。2018年7月1日,企业合规管理国家标准——《合规管理体系指南》正式实施;同年11月2日,国务院国资委印发《中央企业合规管理指引(试行)》,从国企开始进行企业合规改革;同年12月26日,中央七部委联合颁发《企业境外经营合规管理指引》,明确了政府主导企业合规的合力推动态势。

随着上述三大合规指引的颁布,各地也开始进行合规改革试点工作。自2019年开始,北京、江苏、广东等地国资监管部门先后在监管范围内的国有企业开展合规管理试点工作;2020年3月,最高人民检察院启动涉案企业合规改革试点工作;2021年4月,最高人民检察院颁布《关于开展企业合规改革试点工作的方案》,正式启动第二轮企业合规改革试点工作。同年6月3日,最高人民检察院发布了四起企业合规改革试点典型案例,这四起典型案件的主体都是民营企业,表明目前我国企业合规建设的主体不仅包括国企,还包括民营企业。同日,最高人民检察院、司法部等九部门印发了《关于建立涉案企业合规第三方监督评估机制的指导意见(试行)》(以下简称《指导意见》),提出检察院在办理涉企业犯罪案件时,可以引入第三方监督评估机制,完善合规体系建设。最高人民检察院的这一改革,本质上是从刑事法的角度促进企业开展合规建设。

当前,我国的不起诉类型主要有:法定不起诉、酌定不起诉、证据不足不起诉[①]。我国具有相应的立法基础,不起诉制度、认罪认罚制度以及检察机关职能制度为我国企业合规框架下暂缓起诉制度提供制度以及理论支撑。美国企业刑事合规中的两种基本类型"暂缓起诉协议"以及"不起诉协议"业已存在于我国的刑事诉讼法律之中,剩下的工作就是要畅通我国刑事不起诉到刑事合规之间的路径。

---

① 刘兰秋:《刑事不起诉制度研究》,中国政法大学2006年博士学位论文。

四、企业刑事合规的理论基础与司法实践

(一) 企业刑事合规的理论基础

1. 积极一般预防理论

传统刑法规范是通过刑罚威慑而达到预防犯罪的效果,主要分为以下两种:一是特殊预防,即对犯罪者施以刑罚预防其再犯;二是消极的一般预防,即对潜在犯罪者加以威慑,遏制其犯罪。由此可见,早期刑法规范更加侧重于事后追惩的消极预防模式,但这种犯罪预防模式对社会犯罪并没有起到显著的阻遏作用。

发展到后期,积极的一般预防①的理念开始形成,强调刑罚的目的是面向未来的,不是单纯地对犯罪者进行刑罚,更多的是教导公民遵守规范,树立忠于规范的价值信念。也就是说,刑罚预防犯罪的目的不再表现为威慑潜在的犯罪者,而是表现为提升社会大众普遍的明辨是非的规范信念。企业刑事合规是积极一般预防理念下发展的产物,它是面向未来的、避免刑事违法与责任的措施,伴随着全球一系列企业犯罪的愈演愈烈,合规计划的意义更加凸显。

2. 国家企业合作模式

传统企业犯罪的预防、侦查和惩处主要依赖国家的监督和法律的制裁。但是,面对日益增长的企业犯罪案件,在国家司法资源有限的前提下,需要通过国家企业合作模式提高预防和惩治企业犯罪的效率②。

首先,有效地惩治企业犯罪离不开企业的协助。由于企业犯罪的类型大多是经济类犯罪,并且不同类型企业内部管理体制具有差异性,这就对国家调查案件所需要的时间和人力提出了挑战。为了刑法能够得到更加有效地贯彻,国家和企业的合作尤为重要。在刑事合规的内容中,企业发现犯罪行为后应当及时报告司法部门并积极协助司法部门侦查,同时,企业通过合规管理,可以减少难以预估的刑罚威胁。其次,企业犯罪的预防需要企业自治。由于不同类型企业内部管理体制具有差异性,国家难以预先制订最符合各种类型企业具体情况的犯罪预防措施,预防犯罪的效果也无法达到预期,因此,促进企业自我监管不失为一个良策。刑事合规的特点就是将外部规制逐渐转向内部管理,具体来说,就是将国家对犯罪行为的监管责任转移给企业,这实际上形成了在企业犯罪预防方面的国家企业合作模式。

---

① 周光权:《行为无价值论与积极一般预防》,载《南京师大学报(社会科学版)》2015年第1期。
② 李本灿:《企业犯罪预防中的合规计划研究》,南京大学2015年博士学位论文。

3. 企业的替代责任

在英美法系中,企业承担刑事责任的理论基础是"身份认同原则",即企业的思想和行为由企业成员所体现,企业成员为了单位利益实施犯罪活动不是单独的自然人犯罪,是可以归责于企业行为的犯罪。这实际上是一种替代责任①,即法人作为法律拟制的产物应当依法对成员行为负责,承担相应的法律责任。

从替代责任的内容可以看出这是一种针对企业的严格责任,表现在以下两个方面:一是不管企业是否已经为了预防员工犯罪而采取相应的防控措施,只要企业员工是为了单位利益进行犯罪活动,企业就都要为此负责;二是企业一旦进入刑事诉讼程序并定罪判刑,其所承担的刑罚和附随后果就可以毁灭整个企业。一些国家开始对企业刑事责任范围做出了转变,将目标从对法人犯罪的惩罚转变为期望企业进行自治,防控犯罪风险,严格的刑罚也可以进行变通和轻缓。公司承担刑事责任的实质原因并不是员工的犯罪行为,而是没有采取必要措施预防员工实施不当行为,这实际上是替代责任向过错责任的转变,若企业已经实施了必要措施预防员工犯罪,企业的刑事责任可以减轻甚至免除。

(二)企业刑事合规的中国实践

1. 刑事合规独立监管人

刑事合规独立监管人,是指受犯罪嫌疑单位委托,对企业的刑事合规情况进行调查、规划、监督的专业机构。一般而言,合规监管制度主要分为三种模式:检察院自我监管模式、委托行政机关监管模式以及委托独立监管人协助模式。

(1)检察官自我监管模式

检察院自我监管模式,顾名思义就是由检察院自己完成合规计划的监督考察。这种模式往往针对小微企业,直接由检察院自己承担监管职责。作为预防企业犯罪的"监管者",应当督促企业改善治理结构、经营方式,构建合规计划,纠正其违法经营做法,防止发生单位或其工作人员犯罪,积极预防其他单位或个人针对企业实施违法犯罪活动。

(2)委托行政机关监管模式

检察院委托行政机关监管模式,是指检察院主要委托相关行政主管部门负责对涉案企业合规建设情况的考察。对于这一模式,支持者认为,行政监管部门参与合规监督考察,有利于实现刑事执法与行政监管有效衔接,检察机关履行刑事诉讼

---

① [美]菲利普·韦勒,万方:《有效的合规计划与企业刑事诉讼》,载《财经法学》2018 年第 3 期。

的主导责任,帮助企业改善治理结构,督促消除犯罪潜在的风险。但也有人心存疑虑,认为企业合规监督考察机关是由政府行政主管部门或者企业所在辖区街道、乡镇政府部门担任,在缺乏合规计划统一范本前提条件下,要求考察机关审查发现合规计划缺陷,存在专业技术难度。

(3)委托独立监管人协助模式

委托独立监管人协助模式,即检察院委托独立监管人协助监督。目前,独立监管人的名称虽然在各地并不相同,比如合规监督员、独立监控人等,但其内涵并无二致。根据独立监管人产生的途径、费用支付方式以及检察官与独立监管人的关系,又可以细分为两类:一是检察机关携领型,由检察院支付费用以防止监管人受资本驱动进而导致监管不中立;二是监管人独立监督、检察机关听取意见型。

(三)合规不起诉制度

中国特色的"合规不起诉"制度,是指检察机关对于涉嫌犯罪的企业,发现其具有建立合规体系意愿的,可以责令其针对违法犯罪事实,提出专项合规计划,督促其推进企业合规管理体系的建设,然后作出不批捕、不起诉、合规从宽量刑建议、合规从宽处罚建议的制度。该制度事实上包括了"合规不批捕""合规不起诉""合规从宽量刑建议""合规从宽处罚建议"(行政处罚建议)等多方面的内容。

合规不起诉,实际上是对已经构成犯罪的企业,通过合规整改或法益修复的方式,最终使其获得无罪处理,这与我国"罪刑法定""罪责刑相适应"的原则可能龃龉。涉罪企业合规不起诉是指,只有企业在犯罪后履行合规整改和法益修复的义务,恢复被破坏的社会秩序,法律才给予的特殊保护;不是不予处罚,而是为了防止因处罚导致对社会有一定贡献的企业破产、员工损失而给社会带来不稳定因素。从根本上讲,合规不起诉是以加强对实体经济保护及完善社会法治的正义为目的的,是对社会公众利益的全面保护,是法律面前人人平等的具体体现。

合规不起诉并非中国的本土经验,而是欧风美雨的产物。当前,最高人民检察院先后进行两批次合规改革试点。合规不起诉的试点改革,是检察机关在推动认罪认罚从宽制度之后的又一次积极尝试。企业合规不起诉的中国范本正在形成,从刑法的角度激励和保护企业的经营与创造力,使中国的企业更好地走上国际舞台,是我们共同的期许与担当。

五、企业刑事合规操作指引

（一）刑事合规审查

刑事合规审查，是指在刑事风险来临之前，律师帮助企业及其高管进行相关调查，诊断法律风险，依法化解可能的刑事追诉，提出应对刑事调查的具体方案的法律服务。刑事合规审查，具体可以分为以下三个部分。

1. 事前的刑事合规

事前的刑事合规，是指律师为那些尚无明显刑事法律风险的企业或高管提供一般性合规审查咨询，展开合规培训，发现企业章程规范方面的法律漏洞，发现企业的经营或交易行为中的法律风险，在企业设立、投资、经营、交易等各个方面提出避免法律风险的建议，帮助企业重新建章立制，帮助企业创立合规部门并树立合规意识、培育合规文化等。

事前预防的企业刑事合规建设分为两种类型。其一，以排查刑事风险为主要目的的企业所涉业务模式、产品形式等日常刑事合规体检。企业日常刑事合规发生在企业不具有刑事风险或者刑事风险尚不明晰的情况下，作为保障企业运营的底线手段，针对企业运营的高风险领域及高风险岗位进行刑事风险的排查，并通过制度建设加以预防。其二，企业判断自身可能已存在涉案风险，但尚未被正式立案、接受调查时，进行的企业专项刑事风险梳理及配合调查咨询。企业专项刑事合规出现在企业有可能存在涉嫌刑事风险的时候，企业紧急地针对某一具体情况而作出的刑事风险评估、分析，以对自身处境形成一定认识、判断，及时厘清企业及员工可能承担的责任，并在应对可能出现的调查时能够积极、主动予以配合。

事前合规防范体系的建立主要从两个方面着手。其一，是企业监督管理制度的设置。围绕企业经营领域所涉及的一般领域和专属领域的行政法规和刑事法律规范，制订一套企业运营规则和员工守则。一般领域如商业贿赂、税收、知识产权、环境保护等高风险领域；企业核心业务的专属领域，如产品质量、海关、非法经营等领域。其二，是健全的岗位设置。在企业设立之初就应当围绕企业刑事合规对相应的岗位或者职责进行明确的分工和安排。既包括合规宣讲部门，负责对企业职工进行日常的合规宣讲培训和咨询解答，也包括内部合规调查部门，负责对日常的合规事项进行监督和调查，及早发现和解决问题。这些有赖于专业的刑事合规律师对上述机构和职能进行规划以及岗前职业能力培训。

2. 事中的刑事合规

事中的刑事合规,是指在企业或高管、员工已经面临明显的刑事法律风险的情况下,律师为其提供有针对性地防范、避免法律风险的服务。

针对上述情形,律师所能从事的工作主要有三个方面:一是开展合规调查,也就是对单位或者自然人所从事的相关活动是否涉及刑事法律风险进行全面调查,对这些交易和经营活动的细节进行了解和分析;二是诊断刑事法律风险,针对各项交易和经营行为,根据法律规定,明确指出这些交易、经营等行为是否触犯了刑法,究竟构成哪些罪名;三是提出防范刑事法律风险的建议,也就是在法律允许的范围内,提出避开特定罪名的具体补救措施,如减少高档消费、退回相应款项、还清相应债务、补齐相应合同等。

3. 事后的刑事合规

事后的刑事合规,又称为"刑事调查的应对",是指企业或者高管、员工已经被侦查机关立案调查甚至采取强制措施,律师针对侦查机关的调查为企业或者高管、员工提供合规服务。事后合规服务包括:向客户讲解可能涉及的罪名以及相关的量刑规则;帮助客户熟悉刑事诉讼程序的流程;帮助客户了解未决羁押场所的布局以及侦查讯问程序的流程;向客户讲解基本的证据规则,尤其是讯问笔录的效力;协助客户分清无罪证据与有罪证据,并做好对无罪证据的保全工作,从而避免侦查人员立案后将全部证据材料予以扣押,导致可能陷于有理说不清、有证无处取的困境等。

(二)刑事合规"九步走"

第一步,人民检察院提出检察建议,向企业出具《企业刑事合规风险告知书》。由人民检察院根据案件性质、情节等,向符合合规条件且同意合规的涉案企业,就企业存在的风险或漏洞,出具《企业刑事合规风险告知书》。

第二步,合规申请/企业出具《企业合规承诺书》。涉案企业、个人及其辩护人、诉讼代理人或者其他相关单位、人员可以提出适用企业合规试点以及第三方机制申请,企业刑事合规申请书的内容一般应包括:申请人,公安机关立案决定书文号,受理该案的人民检察院的名称及立案时间,涉案企业、个人名称及证件号码,辩护人、诉讼代理人姓名及单位,涉案的犯罪事实,认罪认罚情况说明,企业的经营状况、生产经营条件以及市场行情,对企业内该类犯罪发生原因及治理结构存在缺陷的分析,承诺建立或者完善企业合规制度,企业经营状况不良时是否存在着资金来源支持第三方机制,期满时达成的目标,启动第三方机制的基本条件,自愿适用第三方机制的表达,非涉案企业申请企业刑事合规时须企业法定代表人签字、企业盖章。

第三步,由第三方机制介入开展调查、评估、监督。2021年6月3日,最高人民检察院联合其他部委印发了《指导意见》,明确了第三方机制的职责、如何启动和运行等方面的内容。人民检察院和涉案企业都可以提出适用第三方机制。若由人民检察院提出,应当注意审查是否符合企业合规试点以及第三方机制的适用条件,并及时征询涉案企业、个人意见。涉案企业提出适用企业合规试点以及第三方机制申请的,需经人民检察院依法受理后进行审查。第三方机制负责涉案企业的合规承诺进行调查、评估、监督和考察,并出具合规考察书面报告、涉案企业合规计划、定期书面报告等合规材料。该合规材料作为人民检察院在办理涉企犯罪案件过程中,依法作出批准或者不批准逮捕、起诉或者不起诉以及是否变更强制措施等决定,提出量刑建议或者检察建议、检察意见的重要参考。

第四步,企业出具整改方案或计划。在人民检察院规定的合规考验期内(一般考验期为6个月至2年),企业就自身存在的风险或漏洞进行自查,提出有效的整改方案。风险点的识别需要从三个大的方向开展,即重点领域、重点环节和重点人员。重点领域包括但不限于市场交易领域、安全环保领域、产品质量领域、劳动用工、财务税收、知识产权和商业活动等;重点环节包括但不限于制度制定环节、经营决策环节、生产运营环节;重点人员包括不限于管理人员、重点风险岗位人员、重点关注的人员。值得注意都是,每个企业或案件的风险点不同,但并非选择风险点时越多越好,而要有针对性地选择风险点,这样才能制订有效可行的整改方案。涉案企业的合规方案,主要围绕与企业涉嫌犯罪有密切联系的重点领域、重点环节和重点人员方面存在的问题,制订可行的合规管理规范,构建有效的合规组织体系,健全合规风险防范报告机制,弥补企业制度建设和监督管理漏洞,防止再次发生相同或者类似的违法犯罪。

第五步,企业根据整改方案自行整改。企业依据整改方案,对照常见风险点自行整改,并将整改的情况整理汇总,交由第三方机制核验。在整改期间主动交代历史的违法犯罪情况的,主管部门可以给予从宽处理。

第六步,第三方机制复核、评估、验收。第三方机制应当对涉案企业合规计划的可行性、有效性与全面性进行审查,提出修改完善的意见建议。重点针对涉案企业自身经营管理漏洞、自身内部控制、风险评估监督、财务管理制度、合规文化建设体系等方面进行合规审查。在合规考察期内,第三方机制可以定期或者不定期地对涉案企业合规计划履行情况进行检查和评估,比如就犯罪嫌疑人遵守规定、履行承诺以及整改方案的执行等情况进行评估,制作评估报告。第三方机制还可以要求涉案企业定期书面报告合规计划的执行情况,同时抄送负责案件办理的人民检察院。第三方机制发现涉案企业或其人员尚未被办案机关掌握的犯罪事实或者新实施的犯罪行为时,应当中止第三方监督评估程序,并向负责案件办理的人民检察院报告。

第七步,召开公开听证会。人民检察院对于拟作不批准逮捕、不起诉、变更强制措施等决定的涉企犯罪案件,可以根据《人民检察院审查案件听证工作规定》召开听证会,并邀请第三方机制人员到会发表意见。

第八步,对涉案企业是否起诉作出决定。如果涉案企业合规方案通过验收,听证会一致同意对该企业及相关负责人员作出不起诉处理,检察院经审查认为符合刑事诉讼法相关规定,将通告对该企业及相关负责人员作出不起诉的决定;反之,则起诉至人民法院。

第九步,人民检察院提出检察意见。根据《刑事诉讼法》第177条第2款的规定,人民检察院决定不起诉的案件,应当同时对侦查中查封、扣押、冻结的财物解除查封、扣押、冻结。对被不起诉人需要给予行政处罚、处分或者需要没收其违法所得的,人民检察院应当提出检察意见,移送有关主管机关处理。有关主管机关应当将处理结果及时通知人民检察院。

2021年3月8日,最高人民检察院检察长张军在《最高人民检察院工作报告》中,将企业合规不起诉制度改革作为2021年全国检察机关的工作重点。目前企业刑事合规已在部分省市进行试点,随着企业刑事合规在全国逐步推进,企业合规办理的流程也将通过不断总结和完善,进一步标准化。

结 论

随着中国进入合规新时代,企业面临的风险已经不限于传统的商业风险,合规风险已经成为企业风险管理的重中之重。强化企业合规管理,不仅有助于企业化解合规风险,减轻或者免于处罚,还有利于帮助企业完善其管理体系,带来新的商业机会。一套行之有效的企业合规管理制度不仅可以避免违规带来的经济损失,也为企业的可持续发展提供重要的制度基础。

企业合规改革背景下刑辩律师业务转型路径研究

万柯岩*

近年来,企业刑事合规从学界理论探讨逐步走向试点实践。2020年3月以来,由最高人民检察院主导推进的涉案企业合规改革已经进行了两批试点工作,并且即将在全国检察机关全面推开涉案企业合规改革试点。据统计,2年来全国检察机关共办理涉案企业合规案件989件,适用第三方监督评估机制的案件601件[①],使一大批涉案的企业免于定罪破产,推动企业在合规的框架下继续健康发展。总结试点经验,涉案企业合规改革取得了巨大的成效,在刑事司法领域强化了对民营企业的保护。以犯罪改造为目标,通过加强企业内部控制以预防企业再犯罪,对推进我国企业犯罪治理路径的转型具有积极作用。

与此同时,企业合规改革也不断释放出巨大的司法红利,这一司法红利不仅面向涉案的企业,还面向刑辩律师的业务范围。对涉案企业而言,通过自愿与检察机关达成合规承诺,并积极进行合规计划的建立和内部改造,可以换取不起诉决定以保全企业生存。对刑辩律师而言,涉案企业合规改革促使刑辩律师的业务范围发生拓展,催生刑事非诉业务的蓬勃发展。可以说,企业合规改革既是机遇,也是挑战。刑辩律师如何把握涉案企业合规的整体趋势,顺应企业合规的改革潮流,发掘企业合规改革背后潜在的业务空间,及时调整业务领域和刑事辩护策略?本文拟就上述问题进行探讨,以求教于各位律师同仁。

一、企业刑事合规的全球趋势与我国的实践

众所周知,企业刑事合规是一种舶来品,起源于20世纪的美国,以合规计划为

---

* 万柯岩,山西华炬(长治)律师事务所主任。
① 徐日丹:《如何让好制度释放司法红利——全国检察机关全面推开涉案企业合规改革试点工作部署会解读》,载《检察日报》2022年4月6日。

基点,经历了从行政合规到刑事合规的制度流变。在美国,合规计划起源于 20 世纪 30 年代的金融行业监管创新,早期的合规制度主要集中于反垄断领域和银行业领域,防止金融机构因违反法律而受到惩罚,这一阶段的企业合规计划是以行政合规为重心。[①] 20 世纪 60 年代,美国电气设备业违反反托拉斯法引发规模性的合规风险,大批电气设备公司及主要责任人受到严厉处罚。直到 1991 年,美国《组织量刑指南》将合规计划的有效性与企业犯罪刑事责任大小挂钩,即在涉案企业存在有效合规计划的情况下,可以有效减轻企业的罪责指数,从而大幅度减轻罚金刑数额。[②] 以美国企业刑事合规为制度原点,世界范围内掀起了企业刑事合规讨论和制度构建的热潮,英国、意大利、西班牙、法国等国家依据自身企业犯罪治理实践,确立了不同类型的企业刑事合规制度。可见,全球范围内企业刑事合规已然形成趋势。

(一)企业刑事合规的域外考察

企业刑事合规是企业合规逐步发展到刑事领域的结果,其目的是通过刑事法上的激励或强制,促使企业制订有效合规计划以预防犯罪。综观各个国家的企业刑事合规制度,几乎都是从刑法和刑事诉讼法两个维度对企业合规计划进行激励。在美国,企业建立一个有效的合规计划,不仅是法官对涉案企业进行量刑的参考因素,而且是检察官决定是否对其提起诉讼的重要依据。一方面,美国《组织量刑指南》对企业犯罪规定高额罚金刑;另一方面,通过有效合规计划给予大幅度降低罚金数额留有余地。[③] 在检察机关起诉程序中,涉罪企业可以与检察机关达成暂缓起诉协议(DPA)和不起诉协议(NPA)。检察机关与企业签订协议,对企业设立一定时期的考验期,责令企业缴纳高额罚款并建立或完善合规计划。[④] 在考验期内,检察机关向企业派驻合规监察官或第三方合规监管机构,对企业合规计划的完整的整个过程进行监督,并且企业需要向检察机关定期汇报合规计划的进展情况。对于在考验期内完善了合规计划的涉案企业,检察机关可以撤销对其的指控。美国的企业刑事合规是典型的以减轻量刑和不予起诉进行正向激励,促使企业建立和完善企业合规计划。英国、意大利在正向激励方面采取了和美国相似的策略,即有

[①] [日]川崎友巳:《合规管理制度的产生与发展》,李世阳译,载李本灿等编译:《合规与刑法:全球视野的考察》,中国政法大学出版社 2018 年版,第 9 页。

[②] 李晓明:《合规概念的泛化及新范畴的确立:组织合规》,载《法治研究》2022 年第 2 期。

[③] See Philip A, Wellner, *Effective Compliance Programs And Corporate Criminal Prosecutions*, 498 CARDOZO LAW REVIEW, Vol. 27:1 (2005).

[④] 陈瑞华:《企业合规制度的三个维度——比较法视野下的分析》,载《比较法研究》2019 年第 3 期。

效合规计划可以减轻量刑,甚至可以阻却责任。① 同时,英国《反贿赂法案》第7条中设置"商业组织预防贿赂失职罪"②,当企业涉嫌犯罪且不能举证自己实施了有效合规计划时,即构成商业组织预防贿赂失职罪。在法国,《萨宾第二法案》规定了企业和企业高管的合规义务,即每个大型企业都应当制订和实施反贿赂合规计划,建立合规制度是企业和企业高管的法定义务。如果企业没有制订相应的反贿赂合规计划,即使企业并未实施贿赂行为,法国反腐败局也可据此对企业和高管个人处以行政罚款,并要求企业及其高管在3年内完成反贿赂合规计划的建立。③ 可以看出,虽然各个国家企业刑事合规的具体措施各不相同,但其最终目的是变革企业内部治理机制,以预防犯罪为基本目标,实现国家与企业在企业犯罪治理层面的互动。

(二) 企业刑事合规在我国的实践

企业合规改革是企业刑事合规的程序侧面实践,检察机关是我国企业刑事合规本土实践的主要推动者和实践者。现阶段,我国的企业刑事合规尚处于起步探索阶段,在已经完成的两期合规改革试点工作中,最高人民检察院给予了地方试点检察院较大的自主权,以期从地方经验中逐渐摸索出一种适合全国推广的企业刑事合规本土化推行模式。各地试点检察院以企业合规不起诉为基本探索路径,对符合合规考察条件且具有合规意愿的涉案企业,督促其进行合规计划的构建,经考察听证程序,对制订了有效合规计划的涉案企业作出不起诉的决定。事实上,企业合规不起诉是以《刑事诉讼法》中的"相对不起诉"制度为原点,对犯罪情节轻微且进行合规考察的涉案企业进行不起诉。虽然处理结果都是检察机关作出不起诉决定,但在如何对涉案企业融入合规考察这一问题上,不同试点检察院出现了不同的处理方式。总结而言,主要有两种基本模式:一是"相对不起诉与检察建议并用"模式;二是"合规考察不起诉"模式。④

第一,"相对不起诉与检察建议并用"模式,是对符合合规不起诉条件且具备合规意愿的涉案企业,先作出不起诉决定再以检察建议的形式督促涉案企业进行合规计划构建。检察建议是检察机关在履行法律监督职责过程中,参与社会公共治理,预防和减少违法犯罪最为常见的手段。对涉案企业发出检察建议,既是检察机

---

① 刘霜:《意大利企业合规制度的全面解读及其启示》,载《法制与社会发展》2022年第1期。
② 魏昌东:《企业自我控制机制与中国商业贿赂犯罪治理构建》,载《求索》2011第12期。
③ 陈瑞华:《法国〈萨宾第二法案〉与刑事合规问题》,载《中国律师》2019年第5期。
④ 陈瑞华:《刑事诉讼的合规激励模式》,载《中国法学》2020年第6期。

关在作出不起诉决定后督促企业建立合规计划的方式,也可以有效参与企业管理变革。然而,这种模式存在一个不容忽视的问题,即检察机关对涉案企业一旦作出不起诉的决定,就意味着企业从刑事诉讼中脱离出来,此时发出的检察建议,企业即便不履行,检察机关也难以对其进行有效的惩戒和反制。

第二,"合规考察不起诉"模式,是指检察机关对符合合规不起诉且具有合规考察意愿的涉案企业,设置一定的合规考察期限让企业进行合规计划的构建,期限届满若涉案企业所建立的合规计划达到了要求则作出不起诉决定,反之则提起公诉。这一模式赋予了检察机关反制涉案企业没有建立符合要求的合规计划的空间,能够保障涉案企业实事求是地进行合规计划的构建。总结上述两种模式,后者显然具有更大的制度优势。合规不起诉的基本目的是以不起诉的优惠,促使企业认真建立合规计划以预防再犯。"合规考察不起诉"模式能够让涉案企业在检察机关的全程监控之下切实进行合规计划的构建,否则就要承担提起公诉的不利后果,这一模式逐渐成为合规不起诉改革的基本模式。

二、企业合规改革背景下刑辩律师的业务转型

如上所述,企业刑事合规在全球范围内已经形成规模性趋势,世界上主要国家都进行了企业刑事合规的制度设计。我国企业刑事合规虽尚处于初期,但仍散发出强大的生命力,特别是在全国检察机关全面推开涉案企业合规改革试点的背景下,企业刑事合规的正式构建只是时间问题。企业刑事合规是一个跨学科、跨领域的交叉问题,需要法学、管理学等多学科专业人才共同提供支持。律师作为法律共同体中不可或缺的一员,理所应当地需要参与到这一制度的建设中。企业刑事合规是刑事法上的制度激励,尤其是对从事刑辩业务的刑辩律师而言,需要他们从刑事法的专业视野指导企业进行合规计划的构建。同时,这一新制度带来的司法红利,为刑辩律师在传统诉讼业务之外,开辟了新的非诉业务天地。

企业犯罪领域,刑辩律师逐步从刑事辩护业务拓展到合规业务。一般而言,出庭为被告人辩护是刑辩律师业务的核心。围绕这一核心,刑辩律师在侦查阶段为犯罪嫌疑人提供会见、法律咨询、取保候审等法律帮助,在审查起诉阶段开展和检察机关进行沟通、查阅证据材料、会见和通信等工作。企业合规改革将合规计划引入企业犯罪的刑事程序,促使刑辩律师的业务核心发生转移。当前,合规不起诉作为企业合规改革的基本制度依赖,刑事程序的核心环节转移到审判前的审查起诉环节,而非以往的审判环节。此外,以合规计划为核心的合规不起诉,需要刑辩律

师提供合规计划的制度设定、合规审查等服务。刑辩律师的业务领域由以往的诉讼拓展到非诉,从而极大地拓展了刑辩律师的业务范畴。总结企业合规改革的整体流程,刑辩律师主要以三种角色承担合规业务。

一是涉案企业的辩护人。根据我国《刑事诉讼法》第 34 条的规定,在侦查阶段和审查起诉阶段委托辩护人是犯罪嫌疑人的基本权利。企业一旦涉嫌犯罪,即有权委托刑辩律师作为辩护人,这是刑辩律师最为基本的角色。在企业合规改革的背景下,辩护人的工作重心有所转变,从查询、收集涉案企业无罪、罪轻和从轻量刑情节的证据材料工作,转变为收集涉案企业符合合规考察条件的证据,寻求启动合规考察程序,建设符合合规考察标准的合规计划达成不起诉。同时,辩护人需要对外保持与检察院、第三方组织的沟通,准确把握监管人的心理需求。值得注意的是,我国企业合规改革中的不起诉决定,不仅对涉案企业不起诉,还对涉案企业中的个人不起诉。[①] "双不起诉"无疑对刑辩律师的辩护策略产生巨大影响,用好合规不起诉制度,可以使案件程序终结在审查起诉阶段,避免涉案企业和个人被定罪处刑。

二是合规计划的制订者。最高人民检察院、司法部等八家单位联合发布的《关于建立涉案企业合规第三方监督评估机制的指导意见(试行)》(以下简称《指导意见》)第 11 条规定,第三方组织应当要求涉案企业提交专项或者多项合规计划。对涉案企业而言,向第三方组织提交合规计划是开启合规监督考察的第一步,通过第三方组织的专业性审查,进而确定合规考察期限。合规计划涉及企业内部管理机制的各个方面,其主要重点在于企业内部治理结构、规章制度、人员管理等问题,完善企业合规体系进而实现犯罪预防。在合规计划的制订中,刑辩律师当然地成为合规计划的制订者。一般而言,合规计划包含整体合规计划和专项合规计划,针对不同涉案企业涉及的罪名、行业、规模等因素,需要合规计划的制订者为涉案企业量身打造合规计划方案。虽然个案合规计划涵盖的内容各不相同,但大致可以确定五个合规计划的必要因素,即商业行为准则、合规组织体系、防范体系、监控体系以及应对体系。[②] 以上海 J 公司、朱某某假冒注册商标案[③]为例,J 公司在第三方组织的监控和指导下,制订了递进式的合规计划,主要包括制订合规章程、建立基层

[①] 李玉华:《企业合规本土化中的"双不起诉"》,载《法制与社会发展》2022 年第 1 期。
[②] 参见周振杰、赖祎婧:《合规计划有效性的具体判断:以英国 SG 案为例》,载《法律适用》(司法案例)2018 年第 14 期。
[③] 参见最高人民检察院第二批企业合规典型案例(2021 年)。

党组织、合规组织体系、制定知识产权专项合规政策体系、打造合规程序体系、提升企业合规意识等,并严格按照时间表扎实推进。合规计划的建立过程,需要刑辩律师和其他专业人员进行合作与沟通,包括企业合规师、会计师、民商事律师等。

三是第三方组织的参与者。第三方组织是第三方机制管委会以随机抽取的形式在专业人员名录库中抽选组成的,其职责是监督和指导涉案企业建立合规计划,并在考察期间制作考察书面报告、涉案企业合规计划和定期书面报告等合规材料,以作为期限届满后检察机关是否作出不起诉决定的依据。《指导意见》第17条规定,第三方组织组成人员可以为律师、注册会计师、税务师(注册税务师)等中介组织人员。可见,律师(包括刑辩律师)是专业人员名录库和第三方组织的重要参与者。当前,上海市闵行区、上海市青浦区、济宁市高新区、深圳市等地纷纷建立了涉案企业合规第三方监督评估机制专业人员名录库。2022年4月14日,上海市涉案企业合规第三方监督评估机制管理委员会公布了专业人员名录库名单,第一批名单共计96人,其中律师有32人,占总人数的1/3。可见,律师数量在专业人才名录库中占有较大的比重,监控和审查合规计划的有效性成为刑辩律师的业务领域之一。

三、刑辩律师开展企业刑事合规业务的具体路径

如上所述,企业刑事合规不仅成为刑辩律师为涉案企业进行辩护的重要内容,也成为刑辩律师开展刑事非诉业务的窗口,二者构成企业刑事合规业务的两个侧面。然而,无论是刑事辩护还是刑事非诉,都需要刑辩律师对企业刑事合规相关内容和流程进行系统掌握。相较于传统刑辩业务的单一学科知识体系,企业刑事合规业务需要多学科交叉的专业知识,其业务内容具有复杂性和高度专业化,需要将合规规范和公司管理机制相联系,对企业经营活动中涉及到的各种知识和民商事法律法规进行运用,才能在企业合规计划的制订和审查中进行专业判断。同时,刑辩律师需要转变以往单独作战的诉讼风格,与审计师、会计师、合规师等专业人才组成合规专业团队,各司其职地进行团队合作,以满足不同企业客户的合规需求。具体而言,刑辩律师在开展企业刑事合规业务时要注意以下几个问题。

(一)把握企业合规考察和第三方机制程序适用条件

企业合规考察和第三方机制程序既可以依职权启动,也可以依申请启动。《指导意见》第10条规定,涉案企业、辩护人及相关人员可以提出适用企业合规和第三

方机制的申请,人民检察院审查后对符合条件的涉案企业,可以商请本地区第三方机制管委会并启动第三方机制。但无论是依职权启动还是依申请启动,都需要证明涉案企业具备适用企业合规不起诉和第三方机制的条件。企业合规改革试点期间,各地检察机关出台了不尽相同的试行办法,确立了不同的适用条件,如涉案企业纳税数额、行业及规模以及主管人员为初犯、偶犯等。

综观这些地方试点办法,存在合规不起诉和第三方机制适用条件上的共性,主要涉及五个方面:一是犯罪情节轻微,符合适用合规不起诉的犯罪情节条件;二是涉案企业不属于不适用企业合规试点以及第三方机制的案件,如国家安全犯罪、恐怖主义犯罪等;三是涉案企业能够正常生产经营,如涉案企业的企业经营、纳税、员工情况说明等;四是涉案企业、个人认罪认罚并且涉案企业自愿适用第三方机制,如涉案企业的合规承诺等;五是对涉案企业的行业情况、生产经营状况、刑事处罚后可能造成的社会影响等开展事前调查。① 以张家港市 L 公司、张某甲等人污染环境案②为例,L 公司提交了企业规模与行业影响力证据(企业员工有 90 余名、拥有专利 20 余件、年均纳税 400 余万元等),在科技领域具有较大影响力,同时提交了书面合规承诺以及承担社会责任等证明材料。以上适用条件的证据,需要刑辩律师准确把握企业合规考察和第三方机制的适用条件,对符合条件的涉案企业,积极向检察机关提出申请。值得注意的是,随着涉案企业合规试点的全面推开,合规不起诉的案件适用范围可能随之扩大,突破犯罪情节轻微的犯罪情节条件。质言之,对于犯罪较为严重的案件也可以适用合规不起诉。作为刑辩律师,需要对试点进程和适用范围密切关注,这一适用范围的扩张有助于促使较重案件的涉案企业和涉案企业中的个人获得不起诉决定。

(二)掌握合规调查业务流程

合规调查是涉案企业制订有效合规计划的前提条件,其目的是全面调查涉案企业内部管理机制存在的漏洞,发现企业犯罪的内部原因,为后期制订有效合规计划、弥补制度漏洞做铺垫。一般而言,合规调查主要有合规尽职调查、合规内部调查和反舞弊调查三种形式。③ 合规尽职调查主要针对企业的供货商、经销商、代理商等第三方合作伙伴,防止业务第三方在业务开展过程中发生违法犯罪行为,从源

---

① 董坤:《刑事辩护中的合规非诉业务——从企业合规第三方机制指导意见切入谈起》,载《中国律师》2021 年第 7 期。
② 参见最高人民检察院第二批企业合规典型案例(2021 年)。
③ 陈瑞华:《企业合规的基本问题》,载《中国法律评论》2020 年第 1 期。

头上杜绝刑事风险的发生。合规内部调查是企业在涉案后，监管部门介入之前，主动进行的针对企业内部合规漏洞进行的调查，以自主调查换取较轻的处罚。反舞弊调查，是指企业违规接受调查之后，涉案企业在律师的帮助下对责任人进行调查，并将收集到的材料及时移交司法机关。以上三种业务是国际上常见的合规调查业务。在我国企业合规改革的背景下，当前合规调查业务的开展都是在检察机关的指导下，对涉案企业内部管理机制、风控漏洞等问题进行系统调查。因此，当前我国最为常见的合规调查业务是合规内部调查。

刑辩律师在开展合规内部调查时，主要遵循以下几个流程：一是制订调查方案。调查方案是对涉案企业开展合规调查前，明确合规调查工作的范围和重点目标，合理安排合规调查工作进度。二是材料审查和人员访谈。材料审查是静态层面了解涉案企业的合规漏洞，主要审查涉案企业涉嫌犯罪的相关材料，审查组织机构、权力设置、会计税务、人员管理、知识产权等重点合规领域。人员访谈是在动态上了解涉案企业的合规问题，通过深度访谈掌握企业的深层次问题。三是出具风险识别清单和合规调查报告。风险识别清单是合规调查报告的核心，基于深度合规调查识别企业存在的风险和问题，找出导致涉案企业违法犯罪的内部机制原因，进而为合规计划的建立提供重点和方向。在这一过程中，检察机关和第三方组织也会向涉案企业制发《合规风险告知书》，告知涉案企业存在的合规风险。基于合规内部调查和检察机关的案件调查，能够有针对性地指出涉案企业的犯罪原因和监督管理漏洞。

（三）明确合规计划有效性的基本要素

可行性、有效性与全面性是合规计划建设所追求的三个目标。其中，有效性是合规计划通过合规考察、实现预防再犯的重点。缺乏有效性，合规计划就会沦为"表面合规"，涉案企业在形式上符合合规的标准与规定，但并未产生合乎规定的实质效用，其目的只是获取刑事法上的激励。为了避免形成浮于纸上的"表面合规"，需要明确合规计划有效性的基本要素。2022年1月，全国工商联印发的《〈关于建立涉案企业合规第三方监督评估机制的指导意见（试行）〉实施细则》第29条规定，第三方组织对有效性的审查重点为：合规计划对涉案企业预防治理涉嫌的犯罪行为或者类似违法犯罪行为的实效性。这一规定说明了审查的重点方向，但并未明确合规计划有效性的审查要素。当前，我国合规计划有效性的细节规范尚未出台，不同行业、不同规模的涉案企业的合规计划包含的要素也尚不明确。借鉴国外合规计划有效性认定的标准，可以对合规计划有效性的基本要素进行大致明确。2019

年 4 月,美国司法部刑事部门发布了《公司合规计划评价指南》,其中详细地规定了对有效合规计划识别的具体标准。① 2021 年 4 月,ISO 组织发布《合规管理体系要求及使用指南》,要求企业内部形成一个"PDCA 循环",即计划、执行、检查和处理,四个环节循环往复,持续改进企业内部潜在的问题。

综上所述,合规计划有效性审查的基本要素可以概括为五个体系:商业行为准则体系、合规组织体系、风险防范体系、合规监控体系和违法应对体系。完善的商业行为准则是一个企业开展合规管理的基础,是作为纸面上静态存在的公司内部制度框架。当然,仅有纸面上的合规计划是远远不够的,还需要企业内部按照合规计划的规定认真且严格地执行该计划,那么就需要一套完备的组织体系和合规人员来实施合规计划。企业通过设置合规委员会、专门的合规部门以及首席合规官,使得静态的合规计划能够在企业内部动态运行。对此,企业合规部门的独立与否是合规计划实施成败的关键之一,若要使得合规计划真正发挥作用,合规部门应当与业务管理部门、财务管理部门彻底分离,以独立的视角发挥合规职能。防范体系是整个合规计划的核心,合规计划的目的就是针对企业可能面临的法律风险采取预防性措施。具体而言,防范体系主要由风险评估、尽职调查、合规培训以及管理层和员工之间沟通指引四个方面构成。② 监控体系和应对体系是在搭建起完备的合规计划框架之后,在企业的日常运作中持续地对风险进行监控和防范,并且一旦发现企业员工出现违规行为,就应及时对其进行惩戒并弥补合规漏洞。

值得注意的是,基本要素的明确并不意味着所有涉案企业都要形成相同的合规计划,不同企业应当在有效性标准的指引下,针对自身的业务范围、合规重点、制度漏洞等因素构建个别化合规计划的构建③,以免出现自身合规特点与合规一般标准格格不入的现象。对中小微企业而言,应当围绕着所涉嫌实施的犯罪建立专项合规计划,对合规计划的要素进行适当简化,不能苛求中小微企业像大型企业一样建立健全完整的合规体系,进而实现有差异化的合规管理。

---

① 陈瑞华:《英国〈反贿赂法〉与刑事合规问题》,载《中国律师》2019 年第 3 期。
② 陈瑞华:《企业合规基本理论》(第 2 版),法律出版社 2021 年版,第 11 页。
③ 李本灿:《刑事合规的制度边界》,载《法学论坛》2020 年第 4 期。

律师参与合规不起诉试点的探索及建议[①]

朱 艇* 孙小迪** 蒋 莹***

一、企业合规不起诉的内涵、实践及浙江经验

（一）企业合规不起诉的内涵

所谓"企业合规不起诉制度"，是指检察机关对于那些涉嫌犯罪的企业，发现其具有建立合规体系意愿的，可以责令其针对违法犯罪事实，提出专项合规计划，督促其推进企业合规管理体系的建设，然后作出相对不起诉决定的制度。[②] 相较于欧美国家"放过涉案企业，但严惩责任人"的刑事政策，目前我国检察机关普遍适用的是"既不起诉企业，也不起诉企业家"的原则。2021年6月3日，最高人民检察院等九家单位联合下发的《关于建立涉案企业合规第三方监督评估机制的指导意见（试行）》（以下简称《指导意见》）第3条进一步明确了第三方机制适用于公司、企业等市场主体，也适用于与公司、企业生产经营活动密切相关的个人犯罪。根据上述《指导意见》，"企业合规不起诉制度"可以进一步拓宽适用主体，即检察机关对于那些涉嫌犯罪的企业以及与企业生产经营密切相关的个人，发现企业具有建立合规体系意愿的，可以责令企业针对违法犯罪事实，提出专项合规计划，督促其推进企业合规管理体系的建设，然后作出相对不起诉决定的制度。

---

① 本文是笔者协助某涉污染环境罪企业实施合规附条件不起诉工作有感。期间浙江金道律师事务所提供了大量帮助，金道所王晓辉律师对合规工作进行了指导，对本文的写作也有贡献，在此一并以感谢。

* 朱艇，浙江金道（台州）律师事务所主任，浙江省优秀青年律师、浙江省律师协会刑事专业委员会委员、浙江省律师协会企业法律顾问专业委员会委员、台州市法学会理事、台州市律师协会刑事专业委员会秘书长、台州市政府法律服务智囊团成员、中国轻工企业投资发展协会法律事务部委员。

** 孙小迪，浙江金道（台州）律师事务所实习律师。

*** 蒋莹，浙江金道（台州）律师事务所实习律师。

② 陈瑞华：《企业合规不起诉制度研究》，载《中国刑事法杂志》2021年第1期。

（二）企业合规不起诉当前的试点综述及浙江经验

2020年3月,最高人民检察院正式启动企业合规不起诉改革,在上海浦东、金山、江苏张家港、山东郯城、广东深圳南山、宝安6个地区检察院开展企业合规改革第一期试点工作。2021年4月,最高人民检察院下发了《关于开展企业合规改革试点工作方案》,启动第二期企业合规改革试点工作,将试点范围扩大至北京、辽宁、上海、江苏、浙江、福建、山东、湖北、湖南、广东10个省(市)。截至目前,10个省级检察院共选取确定27个市级检察院和165个基层检察院作为试点开展改革工作,这些检察机关改革热情高涨,试点范围大幅扩展。① 未来,在部分地方检察机关就合规不起诉改革进行初步探索的基础上,最高人民检察院可以总结经验,提请全国人大常委会授权在部分地区的检察机关进行合规不起诉的改革试点。②

对于浙江省而言,2015年岱山县某公司因出现了伪造增值税专用发票、虚构抵押物等违法行为,检察院要求该公司进行合规整改,并出具自查及整改承诺书作为检察院对该公司犯罪行为不起诉的前提。本案是我国对于合规不起诉的第一次实践。③ 随后,岱山县人民检察院在前两年开展刑事合规风险防控机制的基础上,出台《涉企案件刑事合规办理规程(试行)》,在全国范围内首创"事中合规考察制度"。2020年10月,浙江省人民检察院在全国省级检察机关层面率先出台了《关于开展企业经济犯罪刑事合规法律监督试点工作的意见》,部署在宁波市、温州市、温州鹿城区、慈溪市、永康市五地检察院进行试点。目前,浙江省各基层检察院如温岭市人民检察院等均陆续出台了企业犯罪合规实施意见,正在如火如荼地开展企业刑事合规不起诉试点工作。

二、企业合规不起诉的监管模式

企业合规不起诉制度于1974年起源于美国,后被欧美其他国家借鉴并进行本土化改造,对于中国来说属于舶来品。由于我国目前尚未建立起本土化的企业合规不起诉制度,该制度与中国特色社会主义法律体系融合的法理基础尚付阙如。④ 美国对于合规不起诉制度同时采用暂缓起诉协议和不起诉协议的二元制模式,但二元制模式与我国刑事诉讼制度的价值取向相悖,将会产生"水土不服"的不良反

---

① 陈瑞华:《企业合规不起诉改革的八大争议问题》,载《中国法律评论》2021年第4期。
② 陈瑞华:《企业合规不起诉制度研究》,载《中国刑事法杂志》2021年第1期。
③ 李小波:《合规不起诉实践中的法益结构研究》,载《法制与社会》2021年第15期。
④ 刘少军:《企业合规不起诉制度本土化的可能及限度》,载《法学杂志》2021年第1期。

应。以英国为代表的一元制模式,检察机关只能就已经提起公诉的企业达成暂缓起诉协议,由于兼顾实质正义与程序正义且与我国的司法体制兼容性更强,[①]因此,合规整改检察建议不起诉和合规考察附条件不起诉的一元制模式成为了当前检察机关探索企业合规不起诉的主要模式,尤其是合规考察附条件不起诉模式,需要借助有效的合规监管,目前多地检察机关也在做有益的尝试。目前,根据监管主体及刑事合规计划打造主体的不同,合规不起诉监管可以分为以下四种模式。

(一)检察机关主导监管模式

检察机关主导监管模式,是指检察机关与合适的企业签订《刑事合规监管协议》,由检察机关设立刑事合规专员对企业提交的合规计划进行审查,并对企业后续的合规整改进行监督和考察的模式,深圳市南山区人民检察院就是采用了上述模式。但该模式从某种程度上来说违背了人民检察院作为法律监督机关的"本色",且由于需要长期投入大量的人力、财力和其他司法资源,加之合规涉及诸多领域,单靠检察院内部的专业人才实际是不能完全胜任合规监管的工作的,因此该模式在实施过程中存在一定的现实难度。

(二)独立监管人模式

独立监管人模式,是指涉案企业在名录库中选聘独立的第三方组织人员,由第三方组织制订合规计划,协助并监督其合规制度建设,在考察期结束后,出具书面报告作为检察机关不起诉决定参考的模式,深圳宝安区人民检察院、福建省泉州市洛江区人民检察院就是采用了上述模式。但该模式由于监管人既是"规则的制定者",又是"规则的评判者",加之独立监管人的相关报酬由企业承担,缺乏相关制约机制,独立监管人的独立性和中立性会令人产生担忧,因此存在"合规腐败"的风险。

(三)行政机关监管模式

行政机关监管模式,是指检察机关委托有政府行政部门或者有关行政监管机关,由行政机关作为监管主体对涉案企业的合规制度建设进行监督考察的模式,宁波市人民检察院、辽宁省人民检察院等就是采用上述模式。但该模式由于检察机关与行政机关并不存在隶属关系,因此检察机关无法确保行政机关有效开展合规监管,同时还面临行政机关积极性不高的问题。

(四)第三方机制管委会指导、监督下的第三方监管人模式

第三方机制管委会指导、监督下的第三方监管人模式,是指检察机关会同工商

---

① 刘少军:《企业合规不起诉制度本土化的可能及限度》,载《法学杂志》2021年第1期。

联、司法局等其他行政单位共同成立第三方机制管委会,负责第三方合规监管组织的指导监督工作,第三方合规监管组织的报酬由政府经费承担,第三方合规组织对涉案企业出具的刑事合规计划进行审查,并定期或者不定期地对企业合规制度建设情况进行持续监督考察,考察期满后由第三方监管组织出具书面意见,经第三方机制管委会审核后将意见提交给检察机关作为不起诉参考依据的模式,上海市金山区人检察院、温岭市人民检察院等就是采用上述模式。

该模式厘清了检察机关、第三方机制管委会、第三方监管组织与涉案企业的关系,由涉案企业聘请相关专业人员打造刑事合规计划,第三方监管组织负责审查并监督合规计划的实施情况,第三方机制管委会对第三方监管组织的监管工作进行监督指导。如此,既可以防止合规腐败的发生,保证第三方监管组织的独立性、中立性,又可以实质性地推进涉案企业合规体系的建设,保障合规监管的有效实施,让检察机关回归到法律监督的本职。

《指导意见》第1条规定:"涉案企业合规第三方监督评估机制(以下简称第三方机制),是指人民检察院在办理涉企犯罪案件时,对符合企业合规改革试点适用条件的,交由第三方监督评估机制管理委员会(以下简称第三方机制管委会)选任组成的第三方监督评估组织(以下简称第三方组织),对涉案企业的合规承诺进行调查、评估、监督和考察。考察结果作为人民检察院依法处理案件的重要参考。"可见,作为企业合规不起诉改革的最高主管部门——最高人民检察院,已经确认第三方机制管委会指导、监督下的第三方监管人模式作为了今后企业合规不起诉的监管模式。

三、企业合规不起诉的律师参与

在各地检察机关发挥想象力,根据本地情况探索出各具特色的合规不起诉制度模式过程中,也有律师积极的身影,其中深圳、上海等地已有律师办理了附条件企业合规不起诉的成功案例。在检察机关检察建议模式以及检察机关主导监管和行政机关监管的附条件不起诉模式下,律师参与的程度十分有限,往往仅是担任辩护人的角色。而在第三方机制管委会指导、监督下的第三方监管人模式下,律师除了担任辩护人的角色,还可以担任第三方监管人以及企业合规协助人的角色。

(一)第三方机制管委会指导、监督下的第三方监管人模式的主要流程

根据《指导意见》以及浙江省《关于建立涉案企业合规第三方监督评估工作机制的意见(试行)》,第三方机制管委会指导、监督下的第三方监管人模式下企业合规不起诉的主要流程主要可以分为以下九个步骤。(1)企业合规初审。在案件移

送检察机关后,检察机关对涉案企业能否适用刑事合规进行初步审查。(2)企业认罪认罚,修复法益并提交合规意愿申请。企业在签署认罪认罚具结书及修补法益后,主动提交自愿开展合规承诺书,由检察机关进行审查。(3)基层检察院报请启动。基层检察院报请设区的市的人民检察院商请第三方机制管理委员会启动第三方机制。(4)选任并成立第三方监管组织。在第三方合规监管名录库内选任第三方合规监管人,组建第三方合规监管组织和负责人。(5)涉案企业提交合规计划并审查。在企业聘请相关专业人员打造企业合规计划提交后,第三方合规监管组织对企业合规计划的有效性、可行性、全面性进行评估,并提出修改完善建议意见。(6)企业合规计划的实施。在企业合规计划通过后,第三方合规监管组织对企业履行合规计划进行监管和考察,确保企业在承诺期内有效实施合规计划。(7)监管期满后出具书面意见。第三方合规监管组织在企业监管期满后根据企业的合规整改情况出具书面意见,提交检察机关作为参考。(8)合规不起诉公开听证。检察机关召集第三方监管组织、涉案企业并邀请人大代表、政协委员或者人民监督员等社会代表对涉案企业是否可以不起诉处理进行公开听证。(9)宣告不起诉。检察机关根据第三方监管组织的书面意见以及公开听证的代表意见,对涉案企业宣告不起诉。具体流程见图1。

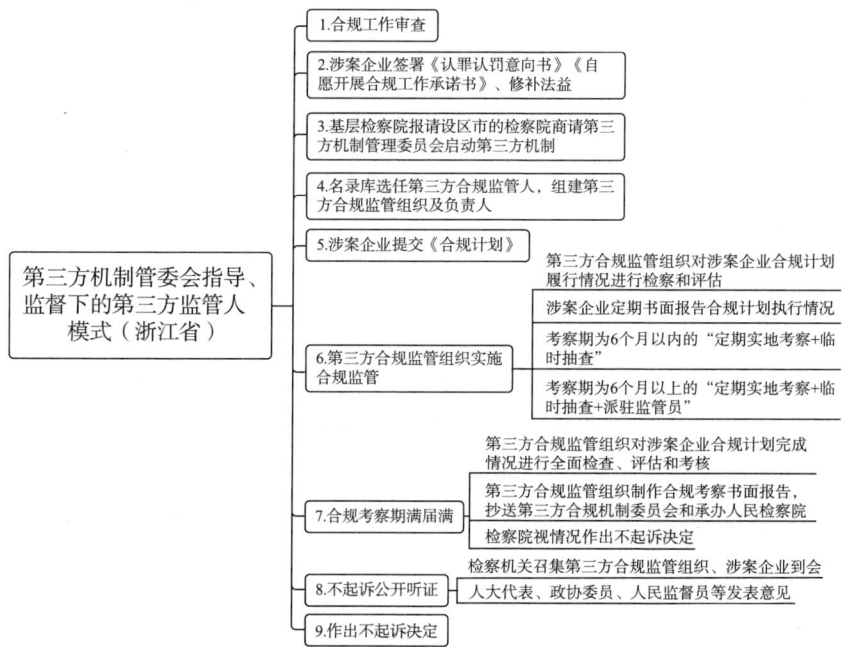

图1 第三方机制管委会指导、监督下的第三方监管人模式的主要流程图

(二)律师担任第三方合规监管人

律师在长期的法律工作中,积累了大量的实务经验,更容易发现企业的症结所在,同时又熟悉检察机关的业务流程,因此,律师担任第三方合规监管人极为适合。2021年8月13日,温州市人民检察院公布了《温州市企业刑事合规独立监管人名录库》,其中北京市金杜律师事务所、浙江金道律师事务所等28家律师事务所入库,此外会计师事务所入库10家,其他机构入库2家。可以说,今后律师在担任第三方合规监管人中将发挥重要的作用,具体参与流程见图2。

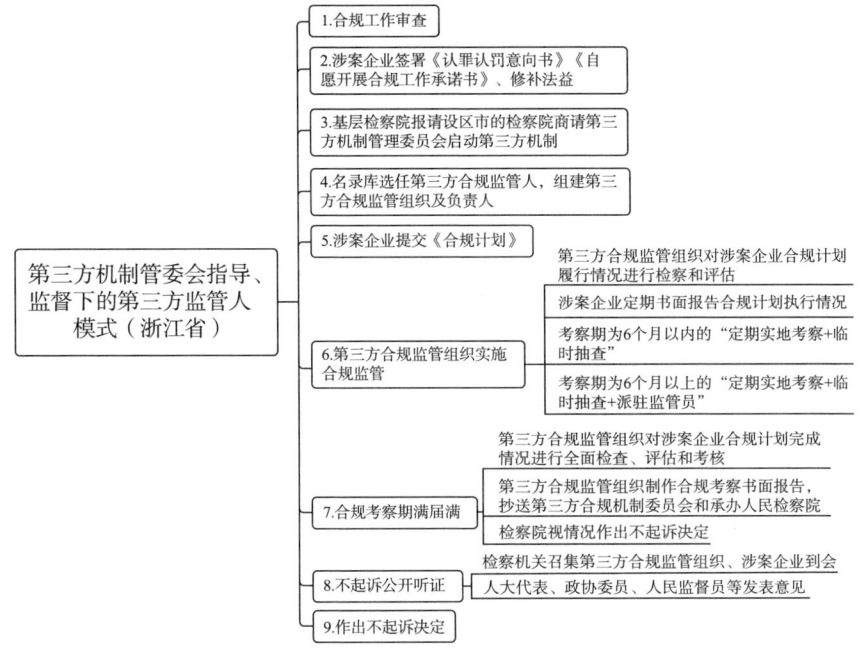

图2　律师担任企业合规监管人主要流程图

但需要关注的是,根据《指导意见》第6条第2款的规定:"第三方机制管委会履行下列职责:……(四)研究制定第三方组织及其人员的工作保障和激励制度……"根据该规定的含义,第三方组织监管人的报酬很有可能会纳入地方财政预算,作为准公务员性质予以发放,这与破产管理人"以最终清偿的财产价值总额为基数,按不同比例超额累进计算"的报酬方式有本质的区别。在当前"合规热"的大背景下,各律师事务所争先恐后地申报监管人名录库,但当热度消退,律师开始考虑效益等现实问题后,律师担任第三方合规监管是否会演变成更具有公益性质并最终影响合规监管的有效实施,将是一个值得担忧的问题。

(三)律师担任企业合规协助人

尽管企业完成合规整改的其中一个主要目的是获得检察机关不起诉处理,但从刑事诉讼的全部流程审视,企业合规整改并未纳入刑事诉讼的具体流程。因此可以说,协助企业完成合规整改并非辩护人所应当承担的职责,而是律师一个全新的刑事非诉讼业务领域,基于律师的主要工作事项是协助企业完成合规整改,此时可以称律师为企业合规协助人。

参考第三方机制管委会指导、监督下的第三方监管人模式下企业合规不起诉的主要流程,律师担任企业合规协助人主要可以在五个方面发挥作用。

1. 协助企业提交合规申请,推进检察机关启动合规程序

合规协助人在详细调查、研究、分析企业或者企业生产经营密切相关个人的涉案情况后,围绕犯罪性质、情节、后果以及保护的必要性、挽救的可能性、社会法益的修复以及社会责任的履行等方面,充分阐述案件可以适用企业合规不起诉的理由,协助企业形成并提交合规申请。

在检察机关受理申请后,企业合规协助人可以进一步与检察机关积极沟通,特别是未列入试点的检察机关,可以进一步援引合规不起诉案例来打消检察机关适用的顾虑。截至 2021 年 8 月,全国各级检察机关一共办理了涉企业合规案件 206件,涉及的罪名主要有:虚开增值税专用发票罪、污染环境罪、非国家工作人员受贿罪、串通投标罪、走私普通货物罪、违法发放贷款罪、生产伪劣产品罪、假冒注册商标罪、职务侵占罪、非法吸收公众存款罪、非法占有农用地罪、侵犯公民个人信息罪、盗窃罪、非法经营罪等。

2. 协助企业打造合规计划

作为整个企业合规不起最核心的内容,合规计划的制订主体在试点过程中也在不断地演变,从最开始的检察机关到独立监管第三人最后回归到涉案企业。《指导意见》第 11 条第 2 款规定:"涉案企业提交的合规计划,主要围绕与企业涉嫌犯罪有密切联系的企业内部治理结构、规章制度、人员管理等方面存在的问题,制定可行的合规管理规范,构建有效的合规组织体系,健全合规风险防范报告机制,弥补企业制度建设和监督管理漏洞,防止再次发生相同或者类似的违法犯罪。"合规计划是否具有可行性、有效性与全面性将直接决定企业能否通过第三方监管组织的审查、能否最终通过合规考察并获得不起诉处理。

3. 协助和指导企业实施合规计划

在合规计划通过第三方组织的审查后,企业就需要积极实施合规计划,并在承诺的考察期内履行完毕。由于合规体系建设对于大多数企业而言,并无太多经验可以借鉴,故需要企业合规协助人全程对企业进行指导和协助,特别是企业合规协助人在参与了前期合规计划打造的情况下,其对于合规计划的各项内容更为熟悉,更能保障企业有效地履行合规计划。

4. 及时响应和调整合规计划

《指导意见》第12条第2款规定,"在合规考察期内,第三方组织可以定期或者不定期对涉案企业合规计划履行情况进行检查和评估"。可以预见,第三方组织人员在对企业履行合规计划进行检查和评估过程中往往会提出相应的专业意见及建议,此时就需要企业合规协助人对专业的意见和建议及时响应,纠正企业履行合规计划的不当行为。另外,由于合规考察期是一个较长的时间,企业的生产经营活动有可能发生变化,此时也需要企业合规协助人及时调整合规计划,并就调整的合理性向第三方组织作出说明,征得第三方组织的同意。

5. 陪同企业参与合规不起诉听证

《指导意见》第15条规定:"人民检察院对于拟作不批准逮捕、不起诉、变更强制措施等决定的涉企犯罪案件,可以根据《人民检察院审查案件听证工作规定》召开听证会,并邀请第三方组织组成人员到会发表意见。"从目前企业合规不起诉公布的试点案例来看,作为合规不起诉宣告前重要的环节,为体现案件的公开性和透明度,检察机关往往会召集涉案企业、第三方组织并邀请人大代表、人民监督员等社会代表进行公开听证。此时,合规协助人需要陪同企业参与合规不起诉听证,就听证现场的各方观点及疑问及时予以回应和解答,争取参与人员能够一致建议对涉案企业作不起诉处理。第三方机制管委会指导、监督下的第三方监管人模式下合规协助人的参与环节及工作内容见图3。

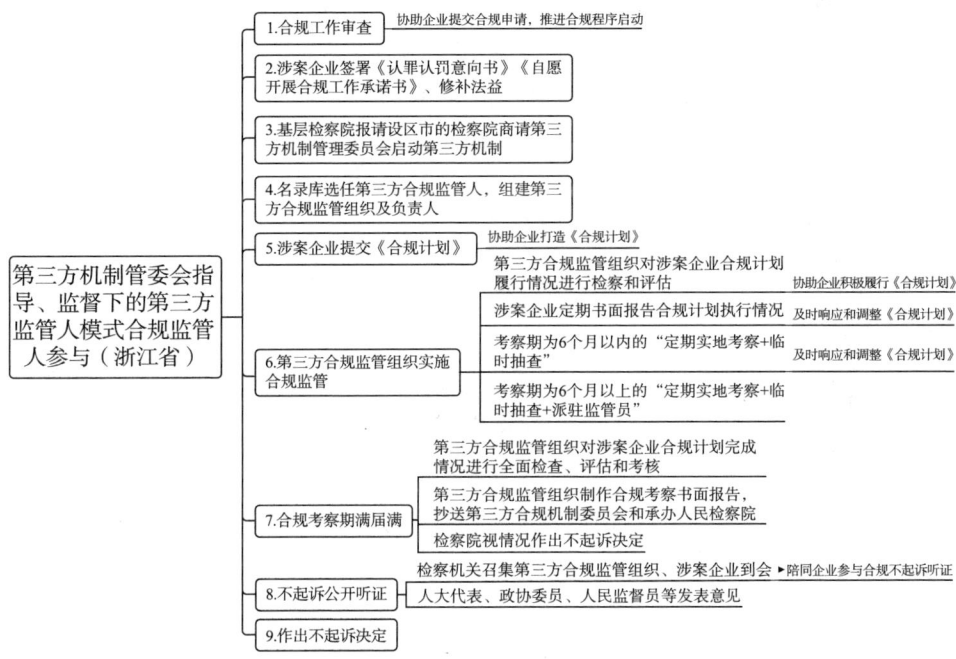

图 3　律师担任企业合规协助人主要流程图

四、企业合规不起诉的实务难题及建议

（一）酌定不起诉常态、附条件不起诉较少，建议加快企业合规附条件不起诉立法

当前检察机关的不起诉类型主要分为以下四种：法定不起诉、酌定不起诉、存疑不起诉以及附条件不起诉。在认罪认罚的背景下，涉及企业不起诉主要的类型是酌定不起诉以及附条件不起诉，其中酌定不起诉主要表现为作不起诉处理的同时附加检察建议的情形。试点的机关办理的合规不起诉案件大多采用检察建议模式，已经出现数十起案例。而附条件不起诉模式，则产生了更为重大的影响。①

由于附条件不起诉目前只适用于未成年犯罪，企业附条件不起诉缺乏相应的法律基础，因此检察机关即使想适用合规附条件不起诉也存在诸多顾虑，相较于责任人被判处 3 年有期徒刑以下刑罚的单位犯罪而言，检察机关对责任人被判处 3 年有期徒刑以上刑罚的单位犯罪适用合规附条件不起诉显然需要更大的勇气。辽宁

---

① 陈瑞华：《企业合规不起诉改革的八大争议问题》，载《中国法律评论》2021 年第 4 期。

省人民检察院"如果直接负责的主管人员和其他直接责任人员依法判处三年以上十年以下有期徒刑的,具有自首情节或者共同犯罪中系从犯,或者具有立功表现的,也可以适用合规考察制度"以及温州市人民检察院的"如果直接负责的主管人员和其他直接责任人员依法判处三年以上十年以下有期徒刑的,具有一个法定减轻情节或者两个法定从轻情节,可以适用合规考察制度"的规定,或许是既要坚持试点又不能突破现行法律框架下的无奈之举。

设置刑事合规附条件不起诉条款,是企业合规制度发展和完善的重要内容,也是现代企业制度的重要组成部分。① 当前,我国单位犯罪附条件不起诉立法时机已经到来,建构主义系统论为其奠定了理论基础,认罪认罚从宽制度为其确立了制度基础,东部发达地区所进行的刑事合规探索为其积累了实践经验。② 故建议加快企业合规附条件不起诉的立法工作,让检察机关适用企业合规附条件不起诉"于法有据",不再"束手束脚",也让付出高昂成本进行合规建设的企业,能够真正获得刑事激励。

(二)第三方组织人员的名称、选任主体、选任原则、禁止情形等未统一,建议尽快出台统一的实施细则

1. 第三方组织人员缺乏统一名称

对于第三方组织人员,深圳市宝安区人民检察院称为"独立监控人"、上海市金山区人民检察院称为"第三方监管人"、浙江省岱山县人民检察院称为"合规监管员"、浙江省温州市人民检察院称为"合规独立监管人",即使是《指导意见》也仅是称为"第三方组织成员"。可见,对于从事合规监管的第三方组织人员的名称,各地检察院予以了不同的提法,而名称的不统一显然无助于企业合规不起诉试点经验的有效整合及推进,故建议参考"破产管理人"的称呼将第三方组织成员统一称为"合规监管人"。

2. 第三方组织成员选任主体不统一

关于第三方组织成员的选任主体,温州市人民检察院是直接以检察院担任选任主体,深圳市宝安区是由宝安区司法局担任选任主体,《指导意见》第8条规定,试点地方的人民检察院和国资委、财政部门、工商联应当结合本地实际,参照《指导意见》第6条、第7条的规定组建本地区的第三方机制管委会并建立联席会议机制。

---

① 赵运峰:《刑事合规附条件不起诉立法思考和内容构建》,载《上海政法学院学报》(法治论丛)2021年第6期。

② 李勇:《企业附条件不起诉的立法建议》,载《中国刑事法杂志》2021年第2期。

因此,随着《指导意见》的逐步实施,建议各地第三方组织成员选任主体由地方第三方机制管委会统一负责。

3.第三方组织成员选任原则不明

对于第三方组织成员选任的原则,温州市人民检察院是面向全国公开选任,而部分检察院存在仅限于本县市区范围内选任的情况,尽管有从工作便利的角度考虑,但实际上有违公开性原则,且当地的专业能力是否可以满足合规监管的需求也存在一定的疑问,故建议第三方组织成员选任原则为面向全国公开选任第三方组织成员。

4.第三方组织成员的禁止情形未进一步细化

《指导意见》第17条第3款规定:"第三方组织组成人员系律师、注册会计师、税务师(注册税务师)等中介组织人员的,在履行第三方监督评估职责期间不得违反规定接受可能有利益关系的业务;在履行第三方监督评估职责结束后一年以内,上述人员及其所在中介组织不得接受涉案企业、个人或者其他有利益关系的单位、人员的业务。"上述条款对律师担任第三方组织人员从而发生"合规腐败"作出了禁止期规定,但对于律师担任第三方组织人员期间,同所其他律师担任企业合规协助人,以及入选合规监管人名录库的律师,在未担任案件第三方组织人员的情况下,能否为企业担任合规协助人等情形均没有进一步细化。为消除第三方组织人员与涉案企业可能产生"业务输送"而丧失中立性的风险,建议出台更加细化的禁止性规定,以保证第三方组织"利益绝缘"的属性,真正对企业合规实施有效监管。

(三)合规标准和专项合规指引评断标准缺乏,建议尽快建立有效的合规考察标准

企业合规不起诉是刑事法制与公司企业制度的结合,推动涉案企业进行公司内部治理,建立有效合规体系,完成去犯罪化改造。但对于长期从事刑事诉讼工作的检察机关而言,如何对企业进行有效管理、怎么评估涉案企业构建的合规体系、如何对合规整改实施有效验收,显然均存在一定的难度。由于缺乏行之有效的合规整改和验收标准,一些地方在督促企业进行合规整改方面,往往只关注合规管理的流程,而不注重实质上的合规体系重建,更谈不上企业经营的"去犯罪化"处理。① 值得欣慰的是,最高人民检察院也已注意到了上述问题,并在《指导意见》第6条第2款第6项中规定第三方机制管委会协调其他单位,研究制定涉企犯罪的合规考察

---

① 陈瑞华:《合规不起诉改革:价值考量与瓶颈突破》,载《民主与法治周刊》2021年第24期。

标准。2021年9月中旬,最高人民检察院、司法部、全国工商联等九部门组成的涉案企业合规第三方监督评估机制管理委员会正式成立,期待涉企犯罪的合规考察标准能够尽快出台。

  我国的合规不起诉制度仍然处于积极探索阶段。企业合规不起诉制度的构建是一项系统工程,非一朝一夕之功所能完成,制度层面的构建、观念的转变、刑事合规制度的刑法支持、企业自我监管的完善等,对于企业合规不起诉制度的构建与有效实施都不可或缺。① 各地检察机关充分发挥检察职能,服务保障"六稳""六保",开展企业合规不起诉试点,积极参与国家治理体系,不断提升现代化治理能力。作为法律共同体的律师也应该全情投入,积极作为,尤其是在当前传统辩护业务面临萎缩的情况下,企业合规不起诉制度恰是为律师开辟了一个新的业务窗口,值得律师共同期许和担当。

---

① 肖沛权:《企业合规不起诉制度的实践流变、价值及其构建》,载《山西大学学报(哲学社会科学版)》2021年第5期。

寻求有效率的合规体系

——社会科学对企业合规的建议

盛嘉骏*

引 言

一个完整的合规计划通常包含五大体系:商业行为准则、合规组织体系、防范体系、监控体系和应对体系。其中防范体系、监控体系还包括合规风险评估、合规培训、合规沟通、第三方合规审查、举报机制、合规报告制度等各种要素。[①] 关于合规,我们有太多可做的,但这些不同的项目,效率大概是不一样的,由此产生的一个问题就是面对有限的资源,我们应把资源优先投入到哪些项目中?

对这一问题的回答,就需要进行实证研究。对合规计划的许多方面,商业行为准则、合规管理制度、合规培训、合规沟通、举报机制、第三方合规审查等,管理学、组织行为学、审计学已有大量的研究。违规的极端就是犯罪,犯罪学对白领犯罪(white-collar crime)的研究始于1949年埃德温·萨瑟兰,至今也有悠久的历史[②]。借此,我们可以知道有限的资源应首先投入哪些项目,从而避开一些低效的项目,并且在评价合规计划有效性时,识破一些表面文章。

对以上涉及的方面,我国并非都有充分的研究。本文将首先援用本土的研究,在本土研究不足时,本文将参考国外的研究成果。我国在企业合规上是一个后发

---

* 盛嘉骏,北京师范大学刑事法律科学研究院刑法学硕士研究生。本文的写作得到了北京师范大学刑事法律科学研究院2021年学术型研究生专项科研基金的支持,曾在北京师范大学刑事法律科学研究院主办的"京师刑科论道"第一期第三单元"企业刑事合规的域外经验与中国路径"上宣读。

[①] 参见陈瑞华:《企业合规基本理论》(第2版),法律出版社2021年版,第39—40页。

[②] 当代的指南,参见 Melissa Rorie ed., The Handbook of White-Collar Crime, John Wiley & Sons, 2020; Shanna R. van Slyke, Michael L. Benson & Francis T. Cullen eds., The Oxford Handbook of White-Collar Crime, Oxford University Press, 2016.

国家,"他山之石,可以攻玉。"国外的研究为我国提供了宝贵的经验和参考。比起自己一路从头摸索,"把能犯的错都犯过,能走错的路都错过",我们也可以在前人的基础上探索。本文第一部分将考察伦理合规项目——商业行为准则、合规管理制度、伦理培训、伦理沟通等的有效性;第二部分将考察举报和投诉机制的有效性;第三部分将考察第三方合规审查的效果;第四部分将讨论如何建设合规文化,最后是本文的建议。

一、伦理合规项目的有效性

对有效合规计划的第一项要素,不同学者有不同的表述。陈瑞华教授表述为商业行为准则,李玉华教授表述为合规管理制度[1],二者是不同的概念。严格意义上,商业行为准则(business code)是独一无二的,一个企业可以在各议题上有很多子行为准则,但只能有一份商业行为准则[2]。与之相对,合规管理制度(compliance management system)是"企业与员工在生产经营活动中需要共同遵守的行为指引、规范和规定的总称"[3],如西门子的合规管理制度就包括《商业行为准则》《西门子内部合规标准》《内部合规调查行为准则》《供应商和第三方中间人行为准则》《商业伙伴合规手册》等。

"徒法不足以自行。"商业行为准则、合规管理制度本身只是一张纸,关键在纸面之外。正如管理学者所言:"行为准则本身什么都不是;行为准则不在文本,而在制定、实施它的过程。"[4]围绕伦理的一系列合规项目,伦理准则、伦理培训、伦理沟通等,被统称为伦理合规项目(ethical compliance programs),以下将首先审视伦理合规项目的有效性。

(一)伦理合规项目有效性的理论分歧

据统计,2014年世界200强企业中有76%的企业都有一份商业行为准则[5]。许多观点强调商业行为准则、合规管理制度的意义,例如可以让员工了解规范的内容、指导他们的行为等,本文对此不再赘述。同时,对"纸面合规"的忧虑时有出现,

---

[1] 参见李玉华:《有效刑事合规的基本标准》,载《中国刑事法杂志》2021年第1期。
[2] See Muel Kaptein, Business Codes, *A Review of the Literature*, Benjamin van Rooij & D. Daniel Sokol eds., *The Cambridge Handbook of Compliance*, Cambridge University Press, 2021, p. 596.
[3] 刘相文等:《中国企业全面合规体系建设实务指南》,中国人民大学出版社2019年版,第81页。
[4] See Muel Kaptein, Business Codes, *A Review of the Literature*, Benjamin van Rooij & D. Daniel Sokol eds., *The Cambridge Handbook of Compliance*, Cambridge University Press, 2021, p. 598.
[5] See KPMG & RSM, Erasmus University, *The Business Codes of the Fortune Global 200:What the Largest Companies in the World Say and Do*, KPMG Advisory N. V., 2014, p. 6.

伦理合规项目的效果也面临着多方面的怀疑。

首先,一种普遍的怀疑是企业是以营利为目的的组织,而合规需要投入大量的成本,伦理、企业的社会责任也不是刚性的约束,企业在相当程度上缺乏推行合规的动机,最终结果就是"纸面合规"。即使考虑到行政法、刑法上的激励,企业也会尽可能地少投入成本,最终结果仍不乐观。

其次,对伦理项目,一个重要的区分来自哈佛大学商学院教授林恩·夏普·佩因(Lynn Sharp Paine)。佩因教授区分了两种伦理项目,一种是基于合规的伦理项目,另一种是基于诚信和价值观念的伦理项目,其认为基于诚信和价值观念的伦理项目比基于合规的伦理项目更有效[1]。合规直接强调的是"符合规范",这内在的对条文规范的关注可能遮蔽更实质的问题,遮蔽对背后道德价值的关注。

再次,人遵守法律,主要有三种原因:可能因为奖惩,也可能出于同侪压力,还可能出自内在动因[2]。基于合规的项目以合同、交易式的"如何得到优惠,如何免于惩罚"改变人的行为,这是奠定在理性计算上的[3],当合规管理制度这样围绕功利的利弊权衡时,可能会减少员工基于道德和职业伦理的内在动机。这在社会科学里被称作挤出效应(crowding-out effect),对合规中发生的挤出效应,学界已有许多研究[4]。挤出效应对长远的企业合规有害。

最后,还有一种观点认为,最能合规经营的企业恰恰是不需要专门的合规管理制度的,因为合规文化已浸透到日常运行中。在关于职业伦理的讨论中,就有学者指出:"我对为此是否需要一份行为准则、它是否有效持强烈保留意见。跟他们强调得最多、最需要一份行为准则的人怎样都不会遵守它,而行业里其他优秀的又不需要行为准则,他们已经知道应该怎么做。"[5]

总之,伦理合规项目的效果不是确信无疑的,而是一个可争的问题。"压倒性"地相信伦理合规项目的效果是危险的。

---

[1] See Lynn Sharp Paine, *Managing for Organizational Integrity*, Harvard Business Review, Vol. 72(2): 106, p. 106 - 107 (1994).

[2] 参见[美]劳伦斯·弗里德曼:《碰撞:法律如何影响人的行为》,邱遥堃译,中国民主法制出版社2021年版,第7—8页。

[3] See Gary R. Weaver, *Encouraging Ethics in Organizations: A Review of Some Key Research Findings*, American Criminal Law Review, Vol. 51(1): 293, p. 298 (2014).

[4] See Christopher P. Reinders Folmer, *Crowding—out Effects of Laws, Policies and Incentives on Compliant Behaviour*, in Benjamin van Rooij & D. Daniel Sokol eds., *The Cambridge Handbook of Compliance*, Cambridge University Press, 2021, p. 330 - 337.

[5] John Ladd, *The Quest for a Code of Professional Ethics: An Intellectual and Moral Confusion*, in Deborah G. Johnson & John W. Snapper eds., Ethical Issues in the Use of Computers, Wadsworth, 1985, p. 11.

(二)伦理合规项目有效性的实证发现

有论者对合规管理制度的效果乐观,但也有观点不这么认为,合规管理制度、伦理合规项目的效果究竟如何,要看实证研究。

玛丽·麦肯德尔(Marie McKendall)等的一项研究调查了 108 家美国大型企业,回归分析显示伦理合规项目对减少企业违法没有作用,伦理合规项目可能更多只是"粉饰门面"①。加里·R. 韦弗(Gary R. Weaver)等研究了美国《财富》杂志评选的美国 1000 强企业,发现"大多数企业都致力于低成本、可能只是象征性的伦理合规(如采用伦理准则和政策等)。但企业为落实这些政策、准则付出的努力非常不同"②。

麦肯德尔等的研究甚至发现伦理合规项目起了反作用:企业伦理合规越多,他们就越有可能故意违法、重复违法③。这可能有两方面的原因。一方面是信息不对称下的道德危险,有合规计划的企业可以得到宽大处理,但行政、司法机关对合规有效性的判断不那么准确,企业"粉饰门面"也有可能蒙混过关,如此逐利的企业就可能试图用低成本的伦理合规项目摆脱自己的责任。如韦弗等发现,大多数企业都致力于低成本,可能只是象征性的伦理合规。

另一方面,可能是员工收到了矛盾的信息。一边是企业多么强调合规和伦理,另一边是日常工作中的各种不合规的行为。这样的反差、认知失调让他们对规范更无所谓,形成了一种犬儒主义的态度。实践中,一些企业不考虑合规计划的可行性,动辄提出过于理想、大而全的合规体系④,这种情况下尤其容易产生员工对规范的不屑、犬儒主义。这种失调还可能让员工对管理层推行合规的信任下降⑤。

"越来越多的证据表明,内部合规结构并不能阻止企业内的犯罪行为,并且它

---

① See Marie McKendall, Beverly DeMarr & Catherine Jones—Rikkers, *Ethical Compliance Programs and Corporate Illegality: Testing the Assumptions of the Corporate Sentencing Guidelines*, Journal of Business Ethics, Vol 37(4): 367, p. 378, 380 (2002).
② Gary R. Weaver, Linda Klebe Treviño & Philip L. Cochran, *Corporate Ethics Practices in the Mid—1990's: An Empirical Study of the Fortune 1000*, Journal of Business Ethics, Vol. 18(3): 283, p. 283 (1999).
③ See Marie McKendall, Beverly DeMarr & Catherine Jones—Rikkers, *Ethical Compliance Programs and Corporate Illegality: Testing the Assumptions of the Corporate Sentencing Guidelines*, Journal of Business Ethics, Vol 37(4): 367, p. 378 (2002).
④ 参见陈瑞华:《什么是无效的合规整改》,载《民主与法制》2022 年第 3 期。
⑤ See Benjamin van Rooij & Adam Fine, *Toxic Corporate Culture: Assessing Organizational Processes of Deviancy*, Administrative Sciences, Vol. 8, No. 3, Corporate Social Responsibility, 2018, https://doi.org/10.3390/admsci8030023.

在很大程度上只是表象化的,旨在为企业提供市场合法性和减轻法律责任。"①研究也支持了佩因的观点,基于价值观的伦理项目比基于合规的伦理项目更有效②。"制度化的伦理不只事关行为准则和培训,还必须有文化变革和最高管理层的道德表率"③,对合规"伤害最大的是……人们认为伦理或合规计划的存在只是为了保护高级管理层"④。由此,合规文化比合规"体系",伦理沟通比伦理准则更重要。就此,其一,需要管理层、员工之间的合规沟通机制,进行切实的交流、信息传递,上下达成共识,构建一种合规文化;其二,研究发现一个有效的方式是为员工"提供更多的参与和发言权",如此可以提升员工的自我决定感,使员工相信合规行为是自己的责任,而不是外部操控的结果⑤。

帕克和尼尔森的一项研究是向企业邮寄自填问卷,然后电话追踪调查企业的竞争与消费者保护合规状况,最终有999家澳大利亚大型企业响应,响应率为43%。他们发现在合规体系的21项组成成分里,只有6项发挥了作用,分别是:(1)书面的合规政策;(2)专门的合规职能;(3)清晰地处理消费者/客户投诉的系统;(4)清晰的合规失败的应对体系;(5)对新员工开展合规培训;(6)第三方合规审查。与此同时,大多数元素,包括发布合规手册、许多培训项目、保护内部举报人的书面政策、处理违规员工的内部纪律等,都没有发挥作用。⑥

帕克和尼尔森的研究也显示对新员工的培训比对老员工的培训更有效。这同样可能是因为前述的认识失调。对于老员工,"这些项目会提升员工对于伦理问题的关注,但是同时,在很多情况下,员工们又认识到该组织并没有在伦理问题方面做出多大的实际行动。'我们接受了一天的伦理培训。然后,我们又恢复到了以前

---

① [美]金柏莉·D. 克拉维克:《表象化的合规与协商治理的失败》,李本灿译,载李本灿等编译:《合规与刑法:全球视野的考察》,中国政法大学出版社2018年版,第95页。

② See Sebastian Goebel & Barbara E. Weißenberger, *The Relationship Between Informal Controls, Ethical Work Climates, and Organizational Performance*, Journal of Business Ethics, Vol. 141(3): 505, p. 509 (2017).

③ Marie McKendall, Beverly DeMarr & Catherine Jones—Rikkers, *Ethical Compliance Programs and Corporate Illegality: Testing the Assumptions of the Corporate Sentencing Guidelines*, Journal of Business Ethics, Vol 37(4): 367, p. 379 (2002).

④ Linda Klebe Treviño et al., *Managing Ethics and Legal Compliance: What Works and What Hurts*, California Management Review, Vol. 41(2): 131, p. 132 (1999).

⑤ See Marcel Hofeditz et al., *"Want to" Versus "Have to": Intrinsic and Extrinsic Motivators as Predictors of Compliance Behavior Intention*, Human Resource Management, Vol. 56(7): 25, p. 40 - 41 (2017).

⑥ See Christine Parker & Vibeke Lehmann Nielsen, *Corporate Compliance Systems: Could They Make Any Difference?* Administration & Society, Vol. 41(1): 3, p. 28, 23 - 24 (2009).

的状态,一切照旧'"。① 新人还没有这样的困扰,老员工则在企业的日常经营中逐渐习以为常,变成"老油条"。

(三) 小结

合规管理制度本身不足以改善企业行为。少数研究者发现了书面合规政策的效应,他们用"可能因为这表明高级管理层迈出了合规的第一步"解释,但他们也总结道只有在正确的价值观、好的管理、充足的资源的基础上,合规才能发挥作用②。实际中,合规管理制度、商业行为准则有可能只是"粉饰门面"。

合规文化比合规体系更重要,伦理合规项目中,伦理沟通比伦理准则、伦理培训更重要。如果没有合规文化,没有管理层和员工对合规的有效共识,合规管理体系只是一张纸,合规培训也可能只是"应付差事""糊弄"。就合规培训而言,对新员工的入职培训比对老员工的培训更有效。

二、举报、投诉机制的有效性

举报机制、投诉机制是监控体系的重要因素。相比于杀伤、抢劫、盗窃等"街头犯罪",企业犯罪、职务犯罪是尤其隐蔽的,侦查机关难以发现,企业的内部员工、客户、消费者则更清楚。在国家治理的最后一道防线前,社会治理、企业的"自我规制""自净"是应对违规的第一道防线,而企业发现问题也依赖于有效的举报和投诉机制。

(一) 举报机制

举报机制能否发挥作用可以拆分为两个问题:一个是员工有多少举报的意愿;另一个是如果举报了,举报能否产生效果。

首先,举报和投诉不同,举报是来自企业内部的,举报人可能被视为"叛徒",遭到打击报复。这在很大程度上阻碍了员工的举报意愿,如何激励举报、保护举报人是世界共同面对的难题。举报对员工的消极后果主要包括两方面:一是人际关系上,可能遭到同事排斥;二是职业发展上,可能影响晋升,甚至被解雇,还可能影响更长远的在就业市场上的机会。

国外对举报的后果已有较多的研究。人际关系方面,被举报对象和与他关系

---

① [美] 琳达·K.屈维诺、凯瑟琳·A.尼尔森:《商业伦理管理》(第 4 版),何训译,电子工业出版社 2010 年版,第 203 页。

② See Christine Parker & Vibeke Lehmann Nielsen, *Corporate Compliance Systems: Could They Make Any Difference?* Administration & Society, Vol. 41(1): 3, p. 25, 28 – 29 (2009).

好的人排斥自不必说,举报人也会被其他同事疏远。人是群体的动物,同事之间、企业内部也可以成为一个(相对于外群体的)亲密群体,举报就意味着对群体的"背叛"。其他同事不会觉得举报人值得敬重;相反,举报人会被认为不是"自己人",给予更低的评价①。这样的后果是非常普遍的,罗斯柴尔德和米特(Terance D. Miethe)的一项研究共调查了美国不同行业的 761 人,其中包含 394 位举报者。结果显示,69% 的举报人经历了同事的疏远,78% 的举报人经历了被其他人不信任,68% 的举报人受到主管更严密的监控,84% 的举报人感到孤独、无力感②。职业发展上,罗斯柴尔德和米特的调查显示,64% 的举报人在工作绩效评价上收到了不好的评价,69% 的举报人被开除或被迫离职③。在一个更细节的案例里,美国能源部的一位核物理学家曾举报他所在的部门滥用计算机模拟,结果"一开始,他们把我的办公室搬到了原来的扫帚间,接下来他们收走了我的电脑,最后他们发配我去发快递去了。有一天我进门,我的桌上堆满了其他人的报告,还有张便笺,要我把它们包裹好发掉。他们甚至把包装纸和记号笔都给我了"④。然而,举报的代价不止在于原单位,还会影响举报人的再就业。罗斯柴尔德和米特的调查显示,64% 的举报人在找工作时发现自己上了行业的黑名单。

我国对举报人的境遇还缺乏研究,但在东亚集体主义的文化环境,在强调员工服从、忠诚的企业氛围下,可以推测企业内部将对举报人更不友好。根据劳动法和工会当下的实践情况,劳动者在用人单位面前更弱势,面对打击报复更脆弱。我国对保护举报人的制度也不健全,甚至"匿名举报"并不匿名的情况也时有耳闻。鉴于这些因素,我国员工的举报意愿大概并不高。

其次,举报起到效果也不是那么容易。举报可分为内部举报和外部举报两种。内部举报是向组织内部人员检举;外部举报是通报给有关机关、媒体、公众等⑤,至少就内部举报而言如此。2008 年金融危机爆发前,雷曼兄弟、花旗银行、通用电气

---

① See Marcia P. Miceli, Janet P. Near & Terry Morehead Dworkin, *Whistle—Blowing in Organizations*, Routledge, 2008, p. 128.

② See Joyce Rothschild & Terance D. Miethe, *Whistle—Blower Disclosures and Management Retaliation: The Battle to Control Information about Organization Corruption*, Work and Occupations, Vol. 26(1): 107, p. 120 - 121 (1999).

③ See Joyce Rothschild & Terance D. Miethe, *Whistle—Blower Disclosures and Management Retaliation: The Battle to Control Information about Organization Corruption*, Work and Occupations, Vol. 26(1): 107, p. 120 (1999).

④ C. Fred Alford, *Whistle—Blower Narratives: The Experience of Choiceless Choice*, Social Research, Vol. 74(1): 223, p. 230 (2007).

⑤ 参见刘汉民、周怡婷、解晓晴:《国外企业内部人举报研究进展》,载《当代经济管理》2018 年第 11 期。

等许多公司的内部人员都曾揭露过企业内系统性的贷款诈骗,但这些举报都没有起到效果。公司对于举报行为,常常是报复举报者,而不是解决诈骗①,"解决不了问题,就解决提出问题的人"。

为什么有些举报起到效果了,而有些举报无效?管理学研究得出的一种有力解释是资源依赖理论(resource dependence theory),这是权力理论的一种。举报有效与否不是只看事项的真伪,而是渗透着权力关系。按照资源依赖理论,举报的有效性受三种因素影响:(1)组织对举报者的依赖;(2)组织对不当行为人的依赖;(3)组织对这种不当行为的依赖②。如果举报者很有权,不当行为人处于弱势,这行为也不是企业的核心商业模式,举报就容易成功;反过来,如果举报者弱势,不当行为人很有权,这行为又是企业的核心商业模式,举报就往往会失败。举报只在非常有限的条件下才能起效果。

总之,由于打击报复的普遍存在以及我国举报人保护的制度不健全,我国员工的举报意愿大概并不高。即使举报了,举报也只在非常有限的条件下才能起到效果,有效、良好的举报机制在现实中并不容易。

(二)投诉机制

前文已述,帕克和尼尔森实证研究发现清晰地处理消费者/客户投诉的系统可以促进合规,保护内部举报人的书面政策则没有统计上的显著性。企业对客户的回应比对员工的回应好得多,真是"顾客就是上帝,你算老几?"

投诉机制的有效背后,可能蕴含一种市场的制裁(market-based sanctions)威慑,犯罪学研究发现惩罚不能威慑公司犯罪,而市场的制裁有威慑效应。一方面,犯罪学研究显示惩罚对公司犯罪没有威慑效应。一项实证研究可能还有偏颇,荟萃分析(meta-analysis)则是荟萃大量实证研究,对大量实证研究进行综合的分析,结论比单项实证研究、普通文献回顾都更可靠。一项对公司犯罪的荟萃分析包含了40项实证研究,发现在法律、惩罚性制裁、监管政策中,只有监管政策对企业犯罪有显著的威慑效应③。另一项对公司犯罪的荟萃分析包含了265项实证研究,"证据未能显示惩罚性制裁在个人、公司、地理和'其他'层次的分析单位上有一致的威慑效

---

① See Richard Moberly, *Sarbanes - Oxley's Whistleblower Provisions: Ten Years Later*, South Carolina Law Review, Vol. 64(1): 1, p. 26 - 27, 35 - 37 (2012).

② See Marcia P. Miceli, Janet P. Near & Terry Morehead Dworkin, *Whistle-Blowing in Organizations*, Routledge, 2008, p. 136 - 150.

③ See Natalie Schell-Busey et al., *What Works? A Systematic Review of Corporate Crime Deterrence*, Criminology & Public Policy, Vol. 15(2): 387, p. 387 (2016).

应。效应大小不仅没有显著性,而且效应量也很小。无论是纵向研究还是横截面研究,这一结果都成立"①。还有一项对白领犯罪的荟萃分析包含 70 项实证研究,发现组织的大小、组织内的压力、个人的消极和积极人格特质都会影响犯罪,而威慑没有统计上的显著性②。另一方面,有研究发现市场的制裁对公司犯罪有威慑效应。一项研究将曾被定罪过的上市公司与没被严重指控过的类似公司(匹配样本)进行对比,发现高管持有一定股份的公司会犯罪的可能性更小,因为公司犯罪不会让高管受益,股价下跌也会对高管造成损害③。与罚金相比违法的利润九牛一毛,惩罚也无法威慑,但诸如股价下跌对公司犯罪有威慑效应,这不是法律制裁,而是市场的制裁。

投诉背后也蕴藏着市场的制裁威慑。如果投诉的问题不解决,客户可能"用脚投票",可能失去客户,还可能影响企业、产品在客户群体中的评价,进而影响之后的利润。这市场的制裁威慑为企业解决问题提供了较多的激励。

(三)对策

有效、良好的内部举报机制在现实中并不容易,企业对客户的回应要比对员工的回应好得多,投诉机制也比内部举报机制更有效。在举报机制和投诉机制之间,企业可以优先建立投诉机制,再完善举报人保护和举报问题的解决。

研究显示正式、完善的举报程序可以增强员工举报的信心,增加员工的心理安全感④,建立举报机制首先是制定正式的举报制度。主管有很大的权力将员工的举报截留、过滤⑤,举报机制的设计应尽量避免垂直管理、层层上报的科层制逻辑。

三、第三方合规审查的有效性

合规审查是审计的一种,企业审计可分为财务审计、绩效审计和合规审计。现代社会被多方位的审计制度包围,包括国家审计、内部审计和第三方审计,第三方合规审查可以说是监控体系的重器。前文已述,第三方合规审查是有效的,实证研

---

① Sally S. Simpson et al., *Corporate Crime Deterrence: A Systematic Review*, Campbell Systematic Reviews, Vol. 10, 2014, https://doi.org/10.4073/csr.2014.4.

② See Natasha Pusch & Kristy Holtfreter, *Individual and Organizational Predictors of White-Collar Crime: A Meta-Analysis*, Journal of White Collar and Corporate Crime, Vol. 2(1): 5, p. 13 (2021).

③ See Cindy R. Alexander & Mark A. Cohen, *Why Do Corporations Become Criminals? Ownership, Hidden Actions, and Crime as an Agency Cost*, Journal of Corporate Finance, Vol. 5(1): 1, p. 1-34 (1999).

④ 参见刘汉民、周怡婷、解晓晴:《国外企业内部人举报研究进展》,载《当代经济管理》2018 年第 11 期。

⑤ See Richard Moberly, *Sarbanes-Oxley's Whistleblower Provisions: Ten Years Later*, South Carolina Law Review, Vol. 64(1): 1, p. 37-38 (2012).

究显示第三方合规审查对促进合规有统计上的显著性；但尽管如此，更多研究也显示第三方合规审查在现实中常常效果打折扣、"放水"，我们可以让它更有效。

审计可分为委托审计和强制审计。我国已初步形成了两种合规管理模式：日常性合规管理模式和合规整改模式①。就第三方合规审查而言，日常性合规管理模式常用委托审计，整改时则可能由有关部门指定审查。审查的第三方是由企业自主选择还是被指定，是一个重要的区别。

（一）委托第三方审查：可能"睁一只眼闭一只眼""今日留一线，他日好相见"

理想的第三方审计是独立而严格的，《注册会计师法》第6条第2款规定，"注册会计师和会计师事务所依法独立、公正执行业务，受法律保护"。但问题就是，现实里第三方审计可能不像人们想象得那样独立。审计质量是多种因素影响的结果，除企业本身的经营状况外，审计任期、审计师是否为对象提供审计之外的非审计服务（non-audit service）、审计市场的集中度等，都可能威胁审计独立性，进而对审计质量产生影响②。

有研究显示，如果合规审查的报酬由审查对象支付、第三方希望企业成为他们其他服务的客户、审计市场竞争激烈、第三方和企业有长期的关系，审查就会更宽松③。在我国，也有研究显示违规企业会提高审计费用以购买审计意见④。不是委托第三方就能产生独立的审计，相反，第三方审查可以成为一种交易，客户越能带来利润，审查的力度越低。正所谓，"睁一只眼闭一只眼""吃人的嘴软，拿人的手短""今日留一线，他日好相见"，同时这也在博弈论里得到了印证。审计师要不要给企业"放水"，企业之后还要不要购买这位审计师的服务，同样可以成为一场博弈。"囚徒困境"博弈里，博弈次数是有限次数还是无限次数是个关键的区分，如果是有限次数博弈，双方明确知道交易会结束，就不用给自己留后路，缺少合作的激励；而在无限次数博弈里，双方会倾向于合作⑤。

但是，也有实证研究得出了矛盾的发现，审计任期、非审计服务对审计质量影

---

① 参见陈瑞华：《有效合规管理的两种模式》，载《法制与社会发展》2022年第1期。
② 参见张葵：《独立审计质量影响因素研究：一个文献综述》，载《财会通讯》2010年第21期；曹志文、牛晓叶、张玲：《我国审计质量的影响因素研究综述及未来展望》，载《财会通讯》2011年第30期。
③ See Jodi L. Short & Michael W. Toffel, *The Integrity of Private Third - Party Compliance Monitoring*, Administrative & Regulative Law News, Vol. 42(1)：22, p. 22 - 23 (2015)．
④ 参见陈骏、徐捍军、林婧华：《企业寻租如何影响审计意见购买？》，载《会计研究》2021年第7期。
⑤ 参见[美]罗伯特·考特、托马斯·尤伦：《法和经济学》(第6版)，史晋川、董雪兵等译，格致出版社、上海三联书店、上海人民出版社2012年版，第31—33页。

响的方向还没有定论①。也有研究发现较长的审计任期和非审计服务可以提升审计质量，这可能是基于学习效应和"知识溢出"。学习效应，是指审计师负责的时间越长，越能深入了解审计对象的特点，从而采取有效的审计程序、搜集恰当的审计证据，使审计更具针对性，提升审计质量。知识溢出，则是指审计师在非审计服务中可以了解到企业更多的信息，这些知识也可以为审计师审计时提供优势，提升审计质量。

出于对前者的忧虑，美国《2002 年萨班斯－奥克斯利法案》(Sarbanes-Oxley Act of 2002)加强了对证券发行人的监管，该法案第 201 条规定了对审计师为审计对象提供非审计服务的限制，第 203 条规定了对审计任期的限制，对发行人的审计业务负主要责任或复核责任的审计师不得连续五年为该发行人负责②。《萨班斯－奥克斯利法案》是一座里程碑，对其后各国的审计制度产生了深远的影响。多数国家采取了定期轮换审计师的模式，此外也有少数国家如意大利、蒙古国、孟加拉国、乌兹别克斯坦等采用了定期轮换会计师事务所的模式③。审计轮换制度意在防止审计主体和企业形成长期的关系，将无限次数博弈打断，强制变为有限次数博弈。

我国相较于欧美国家更是一个人情社会，并且市场经济尚未完全成熟，职业伦理更不健全，需要加警惕审计任期、非审计服务对审计质量的影响。证监会、财政部 2003 年发布的《关于证券期货审计业务签字注册会计师定期轮换的规定》(以下简称《轮换规定》)确立了证券期货相关机构签字审计师的定期轮换制度，但这样的审计轮换制度在第三方合规审查中还没有规定。根据《审计法实施条例》第 2 条的规定，"审计法所称审计，是指审计机关依法独立检查被审计单位的会计凭证、会计账簿、财务会计报告以及其他与财政收支、财务收支有关的资料和资产，监督财政收支、财务收支真实、合法和效益的行为"，我国审计法规制的是财政财务审计和经济效益审计，还不包括合规审计。

审计实践中，一些企业会钻《轮换规定》的漏洞。《轮换规定》第 7 条规定审

---

① 对审计任期的研究，参见 Clive Lennox, Auditor Tenure and Rotation, in David Hay, W. Robert Knechel & Marleen Willekens eds., The Routledge Companion to Auditing, Routledge, 2014, p. 97 – 99；杜英：《审计任期与审计质量——相关研究综述》，载《上海财经大学学报》2008 年第 2 期。对非审计服务的研究，参见 Divesh S. Sharma, Non – audit Services and Auditor Independence, in David Hay, W. Robert Knechel & Marleen Willekens eds., The Routledge Companion to Auditing, Routledge, 2014, p. 69 – 74；杨衡、潘佳音：《非审计服务与审计独立性关系实证研究综述》，载《会计之友》2012 年第 6 期。

② 参见《2002 年萨班斯－奥克斯利法案》(中英对照本)，法律出版社 2004 年版，第 77—79、82—83 页。

③ See Clive Lennox, Auditor Tenure and Rotation, in David Hay, W. Robert Knechel & Marleen Willekens eds., The Routledge Companion to Auditing, Routledge, 2014, p. 90 – 94.

轮换的冷却期为2年,即"两名签字注册会计师为同一相关机构连续提供审计服务的期限在同一年度达到五年的,可以由一名签字注册会计师延期为该相关机构提供审计服务,但延期不得超过一年"。一些企业会在那2年内找短期的过渡审计师,2年过渡期一过就换回原审计师,这可能导致审计质量下降。对此,有研究建议"轮换中接任的审计师的审计年限最好在3年以上,以防止出现过渡期审计师"①。如果第三方合规审查中规定审计轮换制度,可以将冷却期规定为3年以上,而不是《轮换规定》的2年。

既然规定了审计轮换制度,应否限制审计师为审计对象提供非审计服务同样值得考虑。非审计服务对审计质量的影响还没有一致的结论,但这可能是因为不同非审计服务非常不同,不能一概而论。"非审计服务名目繁多……需要考虑具体非审计业务的性质。……如新兴的鉴证业务中的认证服务,其目的在于提高信息质量,对审计独立性没有影响;传统的非审计服务如税务服务、辅助资金运筹等一般认为对独立性的影响较小;管理咨询服务则会由于自我评价产生对独立性的不利影响。"②《萨班斯-奥克斯利法案》第201条限制了九类非审计服务,这可能过于广泛,我国可以首先限制非审计服务中的管理、咨询服务。

(二)指定第三方审查:短期有效,没有长期的效果

合规整改时,有关部门可能指派第三方监察官对企业开展合规审查。在2006年西门子商业贿赂丑闻事件、2018年中兴事件后,西门子、中兴都有接受指定审查。我国最高人民检察院、司法部等《关于建立涉案企业合规第三方监督评估机制的指导意见(试行)》,全国工商联《涉案企业合规第三方监督评估机制专业人员选任管理办法(试行)》,都在推进对涉案企业的指定监督。

指定审查有一定的效果。美国一项最近的研究使用了暂缓起诉和不起诉的企业样本,根据企业和和解协议的特定特征进行匹配,以没有指定审查的企业为控制组,做双重差分回归,结果发现指定审查导致了18%—25%的违规减少;但是,该研究也发现指定审查没有长期的效果,无法改变审查结束后企业的长期行为③。

为什么指定审查没有长期的效果?如果企业转变的话,企业为什么合规?法

---

① 张娟、黄志忠、李明辉:《签字注册会计师强制轮换制度提高了审计质量吗?——基于中国上市公司的实证研究》,载《审计研究》2011年第5期。
② 杨衡、潘佳音:《非审计服务与审计独立性关系实证研究综述》,载《会计之友》2012年第6期。
③ See Lindsey A. Gallo, Kendall Lynch & Rimmy E. Tomy, *Out of Site, Out of Mind? The Role of the Government—Appointed Corporate Monitor*, Chicago Booth Research Paper No. 22-07 (Feb. 4, 2022), https://ssrn.com/abstract=4027017.

社会学对法律服从(legal compliance)已有大量研究,"人为什么遵守法律?"的问题引申到企业合规里,就是企业为什么合规。许多监察官、合规专家都同意"如果改革想产生持久的影响,它需要成为公司内生学习的产物,而不是上面施加的结果"①。这可以区分为两种服从:一种是工具性服从,依赖于外部的"胡萝卜"和"大棒"激励;另一种是规范性服从,出自内在动机②。由此,合规同样可以区分工具性的合规和规范性的合规。指定审查之所以没有长期的效果,可能就是因为那是外部主导的强制性变迁,企业合规的动机基本只是工具性的,一旦审查到期监察官撤出,效果就会消退,而企业内部还没有足够的转变。

和解时,行政机关、检察院、法院掌握着生杀大权,它们可以选择处以严厉的行政处罚、开启刑事追诉、定罪,这会对企业造成巨大的负面影响,行政机关、检察院、法院居于明显的强势地位。甚至有学者评论,"那些协议读起来经常就像肃反审判时的供词,被痛打的公司放弃了过去的罪恶,疯狂屈服于超过任何潜在罪行的惩罚"③。"总的来说,谈判桌上讨价还价的权力相当不平等。公司不只没法提出一个更好的协议方案,可以威胁他们让他们相信公司会离开谈判桌;公司甚至会害怕反对政府的要求,担心被觉得没有真诚悔改、愿意改正问题。"④

由此,指定审查首先意味着一种强制性变迁,这样的强制能有效一时,但难以产生长期的效果。指定审查对企业来说是"人为刀俎,我为鱼肉",没有别的选择,而不是心甘情愿。企业还可能对监察官整改带来的巨大成本不满,对这站在"对立面"的"外人"感到敌意。如果指定审查想产生长期的效果,监察官首先需取得企业一定程度的信任和支持,和企业进行有意义的沟通,进而改进组织结构,培育合规文化。如此,指定审查的效果才能在审查结束后延续,企业长久地合规经营。

结 论

如陈瑞华教授所言,企业合规是一个涉及多个学科的课题。不同合规项目的效率如何、一些项目是否有效,它是一个实证问题,建设有效的合规体系、判断合规计划有效性需奠定在科学研究的基础上。已有的社会科学研究提供了如下提醒

---

① See Cristie Ford & David Hess, *Can Corporate Monitorships Improve Corporate Compliance*? Journal of Corporation Law, Vol. 34(3): 679, p. 720 (2009).
② 参见[美]汤姆·R. 泰勒:《人们为什么遵守法律》,黄永译,中国法制出版社2015年版,第3—6页。
③ Richard A. Epstein, *The Deferred Prosecution Racket*, The Wall Street Journal, Nov. 28, 2006, at A14.
④ See Cristie Ford & David Hess, *Can Corporate Monitorships Improve Corporate Compliance*? Journal of Corporation Law, Vol. 34(3): 679, p. 703 (2009).

和建议。第一,企业的商业行为准则、合规管理制度没那么重要,可能只是"粉饰门面"。商业行为准则、合规管理制度再精细、再完备,也不能说明什么。不要看它怎么说、怎么写,要看它怎么做。看企业对合规行为给予的是口头上的支持,还是真正的制度支持(反过来对违规行为的处理也一样)。第二,过于理想、不合实际的合规管理制度反而可能对合规有害,应鼓励切实际的合规管理制。第三,对新员工的培训比对老员工的培训更有效。第四,举报有效与否不是只看事项的真伪,而渗透着权力关系,有效、良好的举报机制在现实中并不容易。第五,客户投诉系统比内部举报系统更有效,可以优先建立客户投诉系统。第六,限制长期固定的合规审查关系,规定证券期货相关机构第三方合规审查的审计轮换制度。强制轮换期限可参照《轮换规定》的内容,将其规定为5年。第七,将第三方合规审查轮换的冷却期规定为3年以上,而不是《轮换规定》的2年。第八,限制合规审查的第三方为证券期货相关机构提供管理、咨询等可能影响审计独立性的非审计服务。第九,指定审查短期有效,但难以产生长期的效果。监察官需要改进组织结构,培育合规文化。

在这些研究的基础上,我们可以将有限的资源投入到更高效的项目上,建设更有效的合规体系。

侦查阶段开展刑事合规的探析

——合规全流程的新篇章

洪 涛[*]

一、引言

当下,企业合规已是中国学界研究的一大热潮,涉及法律、行政、审计等多个领域,企业合规师也被确定为全新职业,初显独立学科的趋势。当回视这股浪潮,可以发现其是随着优化营商环境的时代主题出现的,主要作为"严管厚爱"政策的制度落脚点,被称为"刑事合规","工具性"价值较为突出。但随着不断深入,合规研究不再局限于刑事场域,而是扩展至行政、管理等其他领域,名称也改为企业合规,其已然成为庞大的独立课题群。所以,一些初学者接触合规时,如果不锚定研究方向,就会被大量文献淹没,困扰和不解油然而生,甚至萌发退却心理。为避免出现尴尬局面,秉持"小题大做"的研究原则,笔者将本文框定在刑事合规之内。

但实际上,刑事合规的体量也不容小觑。第一期试点至今,虽只有短短 2 年时间,研究内容却也经历了数次迭代,取得了相当可观的成果。通过查阅大量文献和案例,笔者认为现有研究集中于以下三个方面。其一,刑事合规的正当性论证。如张远煌教授指出,如果企业合规的自律守法机制被应用于刑事领域,不但企业犯罪问题迎刃而解,而且还可从内部消除犯罪基因,限制犯罪机会,实现犯罪预防的目的。[①] 其二,有效合规的标准明确。如李玉华教授提出:"有效刑事合规的基本标准应当包括预防机制、识别机制和应对机制三个方面十二项要素。"[②]其三,刑事合规的激励路径。学界普遍认为,刑事合规的激励途径有三条:一是以合规换取不起诉

---

[*] 洪涛,辽宁大学法学院诉讼法专业硕士研究生。
[①] 参见张远煌等编著:《企业合规全球考察》,北京大学出版社 2021 年版,第 2 页。
[②] 李玉华:《有效刑事合规的基本标准》,载《中国刑事法杂志》2021 年第 1 期。

或附条件起诉(程序激励);二是以合规进行无罪抗辩(实体激励);三是将合规作为从宽处罚情节(实体激励)。①

从表面上看,刑事合规的现有研究非常全面,既有程序视角的不起诉,又有实体视角的无罪抗辩与量刑从宽,形成了完整的研究篇章。但笔者认为,该篇章中缺少了重要一节,即刑事合规在诉讼中的全流程贯彻,尤其是侦查阶段开展刑事合规的探析。而合规全流程的缺失,导致刑事合规的价值未能充分发挥,甚至形成"检察孤岛"现象。② 对此,一些学者虽然有所感觉,但没有给予足够重视,只是简单地指出要关注侦诉衔接问题。第二轮试点过程中,越来越多的学者认识到侦查阶段开展刑事合规对于延长考察期、解决挂案问题具有奇效,但也止步于此,没有进行体系化研究,遑论具体的制度适配。有鉴于此,笔者拟就侦查阶段开展刑事合规之必要性、正当性与制度适配略陈管见,希冀开启合规全流程的研究新篇章,深化与完善刑事合规研究,助力优化营商环境的时代重任。

二、侦查阶段开展刑事合规的必要性

(一)合规考察期的延长路

涉案企业要想获得刑事激励,必须通过合规修整原有的经营模式、组织结构,处理与犯罪有关的直接责任人员,剔除商业经营中的"犯罪因子",实现"去犯罪化"改造。这背后的理论基础是有效预防理论,即通过合规整改,规范企业的生产经营,有效抑制"犯意",从根源上解决犯罪问题,实现预防犯罪的目的。由此可言,合规整改效果是刑事合规的重中之重,这正是合规考察期存在的意义。由于合规试点的主导机关是检察院,所以合规考察也集中在审查起诉阶段,而我国《刑事诉讼法》对审查起诉的期限是明确规定的,这也划定了合规考察期的最大期限(12个月)。③ 据了解,试点期间的合规考察期大多维持在3—5个月。从实践效果来看,涉案企业所建立的多是"纸面合规",合规计划虽然完整优良,但却无法落地执行,造就了新的"乌托邦"。关于如何实现有效合规,学界提出了两条路径:一是放弃

---

① 参见孙国祥:《企业合规改革实践的观察与思考》,载《中国刑事法杂志》2021年第5期。
② 与检察主导不同,"检察孤岛"是指刑事合规中检察机关没有与侦查机关、审判机关形成合力,只做到了分工负责,而忽略或轻视了互相配合,致使刑事合规处于孤岛之中。
③ 根据《刑事诉讼法》第172条规定,检察机关审查起诉的办案期限最长是1个半月。结合第79条取保候审的规定,理论上审查起诉阶段最长不得超过12个月。

"大而全"的合规计划,采用专项合规,并确立有效性标准;①二是参考美国的暂缓起诉协议,通过立法增设企业附条件不起诉制度。如李勇检察长建议,在现行《刑事诉讼法》第 182 条之后增设企业附条件不起诉,设定 1—3 年的合规考察期。②

在笔者看来,以上路径均非当下最佳选择,没有充分利用现有的制度资源。首先,专项合规与全面合规并非"点与线"的关系,而是"线与网"的关系,要具备一定的组织体系。③ 例如,一家从事外贸的企业,为获取某种便利,对国家工作人员进行了行贿,那么其在整改时就须进行反商业贿赂合规(专项合规)。但对该企业来讲,税收合规、数据合规、诚信合规等其他方面的合规仍然是必要的,而这正是全面合规的意指。而落实一个反商业贿赂合规,也需要起草合规章程、制定合规政策、印发员工手册、聘请合规师,短短几个月根本无法完成任务,最终结果只能是"纸面合规"。其次,附条件不起诉是刑事合规的未来方向。一方面,可以将合规考察期调整到合适的期限,助推专项合规计划做好、做实;另一方面,通过正向激励(不起诉)与反向惩罚(起诉定罪)的鲜明对比,可激发企业合规的积极性、自主性,实现从"要我合规"到"我要合规"的转变。④ 然而,此举措需要修改《刑事诉讼法》,但这已经超出了合规试点的权限,必须获得全国人大的合法授权,而且大概率还要经过几轮试点,因此不是短时间内能够依靠的路径。

实际上,在不突破法律框架的前提下,有更好地延长合规考察期的路径,即侦查阶段开展刑事合规。与审查起诉阶段不同,侦查阶段只要不涉及强制性羁押,理论上可以一直持续,因此有足够的合规考察空间。有学者同样认为:"如果检察机关在侦查阶段就能开展涉案企业合规工作,企业合规考察时间不够的问题将会得到极大的解决。"⑤据笔者所知,黄石市、岱山县、张家港市等多地检察院,都存在侦查阶段开展刑事合规的实践操作,其中黄石市人民检察院还与当地公安建立了企业涉罪案件的联络配合机制。⑥

---

① 参见谢鹏程:《涉案企业合规从宽改革的新规则和新问题》,载华辩网,https://mp.weixin.qq.com/s/b9xitjsHl2xkWgVO_gD0_w,2022 年 3 月 4 日访问。
② 参见李勇:《企业附条件不起诉的立法建议》,载《中国刑事法杂志》2021 年第 2 期。
③ 陈瑞华教授为专项合规计划进行了定义,即企针对特定领域的合规风险,为避免因违反相关法律法规而遭受行政处罚、刑事追究及其他方面的损失,所建立起来的专门性合规体系。由此可见,专项合规仍然要形成体系,是"线"而非"点"。参见陈瑞华:《企业合规基本理论》(第二版),法律出版社 2021 年版,第 152 页。
④ 参见杨帆:《企业合规中附条件不起诉立法研究》,载《中国刑事法杂志》2020 年第 3 期。
⑤ 《合规之道,取则行远(下)——检察机关办理涉案企业合规案件适用阶段延伸的探索与构建》,载微信公众号"上海检察",https://mp.weixin.qq.com/s/0uMdqSGe7w40m4yt8FzkRQ,2022 年 3 月 5 日访问。
⑥ 《黄石:试点企业合规改革,给涉案企业"再活一次"的机会》,载微信公众号"黄石检察",https://mp.weixin.qq.com/s/HzOD31s2-hmS4Uz3epDwJA,2022 年 3 月 7 日访问。

(二)合规有效落实的后勤部

从宏观视角检视现有研究,可以发现重心集中在合规的积极性与有效性,而合规能否有效落实问题却鲜有涉及。实际上,如果制订的合规计划是企业所不能完成的,那么再好的激励、再有效的标准也没有意义,因为缺少了评判的前提。而侦查阶段固有"重打击、轻保护"的趋向,很容易"搞垮"涉案企业,致使审查起诉阶段的刑事合规丧失使用价值。而如果在侦查阶段就启动合规,就能提供人力与物力,帮助企业尽早堵漏洞、去病灶,让合规激励"看得到,也摸得着"。

1. 落实"少捕慎诉"政策提供人力

从试点反馈来看,涉案企业多为中小民营企业,企业与企业家的命运几乎是一体的,企业家一旦被逮捕羁押,涉案企业很大程度也就被宣告"死刑"。因而,最高人民检察院多次强调办理涉企案件要贯彻"少捕慎诉"司法理念,对经营中涉嫌犯罪的企业负责人要慎捕慎诉。① 但"少捕慎诉"是有条件的,并非一律不捕、不诉,这也是司法公正的必然要求。从检察机关办理涉民营企业案件有关法律政策问题解答来看,之所以对涉案企业负责人慎捕慎诉,是为了避免影响企业的正常生产经营,导致"案子办了,企业垮了"。② 因此,"少捕慎诉"的条件就是企业负责人要继续维持经营。如果其没有继续经营的意愿,只想毁灭证据或逃避惩罚,就不应适用"少捕慎诉"政策。除此之外,笔者认为还要考虑逮捕的必要性问题,对企业负责人的少捕审诉,不能妨碍到案件的正常办理,这是维护司法权威的必然要求。

有无继续经营意愿属于主观事项,不能听信企业负责人的一面之词,而要结合客观行为综合判断。但综合判断过于模糊,如不加以引导和规范,很有可能导致"少捕慎诉"走向"全捕全诉"或"不捕不诉"的极端,违背诉讼法原理,无法释放司法善意。笔者认为,刑事合规可担重任,既能为企业负责人愿意继续经营的提供有力证明,又可保障司法办案的顺利进行,有效落实"少捕慎诉"政策。首先,刑事合规需要涉案企业及责任人员披露犯罪事实,积极配合案件的调查,此种情况下的证据收集不再是难题,逮捕的必要性大大下降;其次,刑事合规要求负责人采取补救措施,修复犯罪所损害的法益,而这会使其社会危险性降低,进一步消减逮捕的必要性;最后,负责人要依据合规计划修补制度漏洞、消除犯罪隐患。此时利用经验法则可知,企业负责人之所以尽力整改就是为了继续经营。所以,刑事合规可作为

---

① 张军:《对经营中涉嫌犯罪的民营企业负责人要慎捕慎诉》,载《法治日报》2020年11月2日。
② 王治国、徐日丹:《最高人民检察院明确规范办理涉民营企业案件执法司法标准》,载《检察日报》2018年11月16日。

"少捕慎诉"政策落脚点,达到制度与政策的呼应,进而为企业完成合规任务,实现合规计划提供人力。

2. 规范"查扣冻"措施提供物力

数据显示,我国涉企案件主要是经济犯罪,其中贿赂犯罪、环境资源犯罪和金融犯罪更是三大重灾区。① 而在经济犯罪侦查中,出于固定证据以及保障判决执行的考虑,侦查机关通常会对涉案财产采取查封、扣押或冻结措施(以下简称"查扣冻"措施)。但由于此类案件往往较为复杂,涉及多方法律关系,资金流水记录多达数百万条,在没有涉案企业配合的情况下,侦查机关很难在短时间内厘清涉案财产的权属,因此不可避免地会造成超范围、超标的"查扣冻"现象,从而限制企业生产经营的资本。

然而,刑事合规的验收条件中又要求涉案企业评估分析犯罪事实,采取针对性的制度纠错,并且落实到具体生产经营活动之中,如企业使用不合格的机器生产商品,合规整改就要求更换合格的机器设备,并由第三方对重新生产的商品进行抽样检查。② 可见,合规整改的过程就是生产经营规范化的历程,离不开物力支持。如果侦查阶段不开展刑事合规,超范围、超标的"查扣冻"现象将难以避免,而在资本受限的情况下,涉案企业是无力完成合规整改的,刑事合规也会沦为空谈。反之,如果侦查阶段就启动刑事合规,便可获得涉案企业的配合,厘清涉案财物的权属,进而规范"查扣冻"措施,充分释放企业的资本活力,为完成合规整改提供物力支持。

(三)挂案清理的处方药

侦查阶段没有明确的期限规定,加之涉企案件情况复杂难以查清,实践中出现大量的挂案,即现有证据未达到审查起诉的条件,而长期处于侦查阶段(自立案之日起超2年),没有结论的案件。由于没有明确结论,企业负责人长期处于不安状态,无法或不能展开正常生产经营,已经严重损害到社会主义市场经济。为此,最高人民检察院联合公安部开展了涉民营企业经济犯罪案件专项清理工作,总共清理了9815起案件,有效地释放了企业活力。③ 但事实上,早期挂案清理工作进行得并不顺利,甚至引发了一些争议和冲突。据了解,部分侦查人员认为,涉案企业并

---

① 参见李勇:《企业附条件不起诉的立法建议》,载《中国刑事法杂志》2021年第2期。
② 参见陈瑞华:《有效合规管理的两种模式》,载《法制与社会发展》2022年第1期。
③ 张军:《最高人民检察院工作报告》,载最高人民检察院网,https://www.spp.gov.cn/spp/gzbg/202203/t20220315_549267.shtml,2022年3月17日访问。

非完全"无罪过",只是当前证据尚未达到结案标准,不能否认潜在的构罪可能,直接撤案可能会放纵犯罪,无法起到犯罪的有效预防。例如,在某起生产、销售有毒、有害食品案件中,涉案企业的确使用了"老油"制作火锅底料,但具体的销售金额和数量长期难以查清,便成了"挂案"。①

在笔者看来,以上顾虑并非杞人忧天,如果不加惩治与防范,很有可能导致"投机型""边缘型"犯罪大量涌现,破坏社会安定和谐;但无限期侦查造就"挂案",亦非良策。那么,是否存在兼顾双方利益,既能避免放纵犯罪,又能保障涉案企业正常生产经营的办法呢?答案是肯定的。在专项清理工作中,检察院创造性地将刑事合规与挂案清理相结合,通过积极引导涉案企业开展合规整改,并进行分类施策、多方会商,最大限度降低"挂案"对企业生产经营的影响,以实际行动服务"六稳""六保"大局。从该意义上讲,刑事合规堪称"挂案"清理的处方药,而背后的原因正是刑事合规所具有的两大特质:其一,通过弥补损失修复法益来降低刑事罪过;其二,通过制度纠偏、漏洞填平来建构合规经营机制,有效地预防了犯罪的再次发生。所以,当涉案企业完成合规整改,同时又无法收集到更多证据时,侦查机关便有一定意愿作出撤案处理的决定。

三、侦查阶段开展刑事合规的正当性

(一)侦查阶段开展刑事合规的理论基础

侦查阶段的主要任务是什么?与刑事合规之间是否存在冲突?这是侦查阶段开展刑事合规必须回答的首要理论质疑。

根据《刑事诉讼法》第 108 条可知,侦查阶段的主要任务是收集证据并查清案件事实。而刑事合规则是一种外部激励机制,通过鼓励企业建立或者改进合规计划,给予实体和程序上的相应优待。从表面上看,侦查任务与刑事合规并无关联,甚至可能存在冲突与矛盾。李本灿教授就认为:"合规考察具有一定程度的制裁性。既然是制裁,那么就应当建立在责任确证的基础之上,案件尚在侦查阶段时,是否有罪,罪行轻重等问题都尚待查证,因此不应贸然开展合规考察。"②对此,笔者并不赞同。刑事合规与侦查任务并不矛盾,刑事合规的全新治理逻辑甚至更有利于实现侦查任务,两者之间并非对立排斥关系,而是互为补充的并存关系。

---

① 《"挂案"清理让民企甩掉袱轻装上阵》,载《检察日报》2020 年 8 月 30 日。
② 《合规之道,取则行远(下)——检察机关办理涉案企业合规案件适用阶段延伸的探索与构建》,载微信公众号"上海检察",https://mp.weixin.qq.com/s/0uMdqSGe7w40m4yt8FzkRQ,2022 年 3 月 5 日访问。

具言之，首先，全新治理逻辑使刑事合规具有合作性司法的色彩。合作性司法模式中，控辩双方不再激烈对抗，而选择协商方式在合法范围内，最大程度地实现共同的诉讼利益。刑事合规以认罪认罚为前提条件，而认罪认罚已被公认为合作性司法的象征，所以其也延续了合作性司法的色彩。在侦查阶段，合作性司法具体表现为犯罪单位、嫌疑人如实供述罪行，承认被指控的犯罪事实，并真诚悔罪。侦查机关在查证属实后，给予相应优待，如不采取强制性措施、提出从宽处罚建议。因而，刑事合规的开展是在案件事实查清的基础之上，这一点已经在试点实践中被充分证实，所以李本灿教授的担忧可以被合理解决。

其次，全新治理逻辑使涉案企业在违规检测机制下，成为可信的"证人"，为刑事侦查工作提供了便利，优化了司法资源配置。合规体系由组织体系、防范体系、监控体系与应对体系组成，其中的监控体系以监督企业生产经营为面向，力图及时识别并发现违规行为。美国联邦司法部特别指出："评估合规机制的关键在于它是否能够充分防止或者发现员工的违法违规行为。"①因此，全新治理逻辑下，涉案企业可以及时发现违规者、违规行为等关键事实，在很大程度上完成侦查任务，节省有限的司法资源。从此意义上讲，侦查阶段开展刑事合规不但不会阻碍案件事实的查明，反而会相得益彰，助力侦查任务的完成。

最后，全新治理逻辑切合国家治理体系与治理能力现代化改革。由于工作需要，侦查阶段饱受学界与实务界人士诟病，"重犯罪打击，轻人权保护"甚至成为了该阶段的"明信片"。实际上，这是因为刑事侦查主要基于"国家本位"理念，相比于人权保护，更加重视刑法的惩戒功能，希望通过刑罚维护社会秩序的和谐稳定。但刑事合规的治理逻辑使其具有更强的"社会本位"理念，除关注及时打击犯罪外，会将更多的精力放到案件的社会效果之上，极力避免水波效应。在笔者看来，侦查阶段开展刑事合规有利于贯彻"社会本位"理念，改变侦查机关以往的办案方式，使其参与到社会治理活动之中，实现司法办案的政治效果、社会效果与法律效果的统一。

（二）侦查阶段开展刑事合规的规范依据

从《刑事诉讼法》《关于常见犯罪的量刑指导意见（试行）》的相关规定来看，两者实际上为侦查阶段开展刑事合规提供了规范依据，但路径有些许差异，具体如下。

---

① 参见陈瑞华：《企业合规基本理论》（第2版），法律出版社2021年版，第50页。

《刑事诉讼法》通过公安机关与检察机关的职责配合,为侦查阶段开展刑事合规预留了操作空间。检察机关身为法律监督机关,有权主动介入侦查,监督公安机关的行为。公安机关有时也会邀请检察机关参与案件的侦查,而这都基于分工负责、互相配合、互相制约的诉讼法原则。虽然当下刑事合规主要发生在审查起诉阶段,但并不排除侦查阶段开展刑事合规的可能性。据了解,有观点担忧检察机关借提前合规之名干预案件侦查。但笔者认为,以此为由否定侦查阶段开展刑事合规的做法,无疑是因噎废食。无论公安机关是否启动刑事合规,检察机关都有权提前介入,与刑事合规无涉。此外,多年实践经验告诉我们,在严格的司法责任之下,检察机关是值得信赖的,通常不会干预侦查办案。

虽然在提及刑事合规的程序激励时,默认指不起诉决定,但从《关于常见犯罪的量刑指导意见(试行)》第14条第1款的规定来看,显然还包括了不批准逮捕、变更强制措施。根据《刑事诉讼法》的规定,逮捕的审批无疑处于侦查阶段,尚未进入审查起诉环节。照此理解,《关于常见犯罪的量刑指导意见(试行)》已经暗含了侦查阶段可以启动刑事合规的意思,有学者明确指出,既然《关于常见犯罪的量刑指导意见(试行)》规定合规考察报告可以作为审查逮捕依据,那么侦查阶段开展合规是不言自明的。①

(三)侦查阶段开展刑事合规的制度支撑

2016年,认罪认罚从宽制度开始试点,经过2年的实践探索与理论论证,于2018年纳入《刑事诉讼法》之中,是司法治理现代化的重要一步。最高人民检察院明确指出,企业合规改革试点要与认罪认罚从宽制度结合起来,这为认罪认罚提供制度支撑搭建了桥梁。

首先,认罪认罚从宽制度被规定在《刑事诉讼法》的总则部分,平等地适用于所有的犯罪主体。而从《刑法》的规定来看,犯罪主体包括自然人与单位,而企业犯罪属于单位犯罪的范畴,所以,涉案企业完全可以适用认罪认罚从宽制度的规定。这一点也得到了《关于常见犯罪的量刑指导意见(试行)》的认可。

其次,自然人认罪认罚表现为如实供述罪行,接受被指控的犯罪事实,并真诚悔过。但对缺乏"言语表达能力"的企业而言,认罪认罚的表现显然重新界定。有学者通过引入建构主义系统理论,指出合规计划是一个企业文化的集中体现,有效

---

① 《合规之道,取则行远(下)——检察机关办理涉案企业合规案件适用阶段延伸的探索与构建》,载微信公众号"上海检察",https://mp.weixin.qq.com/s/0uMdqSGe7w40m4yt8FzkRQ,2022年3月5日访问。

的合规计划体现了企业的守法意识,因而,企业的"合规承诺"就是"认罪认罚"。①对此,笔者也深表认同。认罪认罚的关键在于真诚悔过,进而降低再犯可能性,而这恰恰与刑事合规的治理逻辑相契合。所以,涉案企业自愿建立合规制度,履行合规承诺可作为其认罪认罚的充分表现。

最后,根据《关于适用认罪认罚从宽制度的指导意见》(以下简称《认罪认罚指导意见》)第5条的规定,认罪认罚从宽制度贯穿刑事诉讼全过程,适用于侦查、起诉、审判各个阶段。既然认罪认罚可以实现诉讼全流程,那么刑事合规作为单位认罪认罚的表现,理应同样适用于诉讼的各个阶段。上海市人民检察院姜伟检察官也认为,侦查阶段对企业可以适用认罪认罚,自然也可以适用合规监管制度。②

四、侦查阶段开展刑事合规中的制度适配

(一)"检察主导"的侦诉衔接机制

1. 贯彻检察机关主导地位

由谁在侦查阶段主导合规,是侦诉衔接机制首先应当明确的事项。周振杰教授主张将刑事合规的主导机关扩展到侦查机关。③对此,笔者持不同意见。笔者认为,侦查阶段的刑事合规仍应由检察机关主导进行,侦查机关应当积极配合,具体理由有三个。

其一,侦查机关受制于角色定位,更关注犯罪追究而非人权保障,由其主导刑事合规,就会出现"既是参赛者又是裁判员"的现象,违反基本的诉讼法原理,难以收获理想的合规效果。相比之下,检察机关虽然担负公诉职能,但同时也是法律监督机关,能从相对客观中立的角度开展刑事合规。

其二,两轮合规试点让检察机关积累了丰富的主导经验,由其负责侦查阶段的刑事合规工作,可以提高合规成功率,实现阶段前置化的意义。丰富的主导经验主要体现在三个方面:(1)一批合规水平高的检察官,能相对精准地把握合规的启动条件及有效合规的标准;(2)可参照的典型案例库,能更好地统一合规标准,维护司法公正;(3)与其他机关的协调工作经验(或机制),可加快合规工作程序,迅速有效

---

① 参见李勇:《企业附条件不起诉的立法建议》,载《中国刑事法杂志》2021年第2期。
② 《合规之道,取则行远(下)——检察机关办理涉案企业合规案件适用阶段延伸的探索与构建》,载微信公众号"上海检察",https://mp.weixin.qq.com/s/0uMdqSGe7w40m4yt8FzkRQ,2022年3月5日访问。
③ 参见游俊哲等:《刑民交叉视野下企业刑事合规制度建设》,载微信公众号"东南法学",https://mp.weixin.qq.com/s/CxXmYCiX2pfPQRutcD2AcA,2022年3月8日访问。

地建构起合规体系。

其三,合规激励机制决定了检察机关的主导地位。涉案企业在侦查阶段进行合规整改,可能会遇见四种结果:(1)案件属于"挂案",检察机关发出建议,侦查机关撤案处理;(2)涉案企业及负责人自愿启动合规,检察机关不批准逮捕;(3)检察机关通过公开听证,作出不起诉处理决定;(4)检察机关提起公诉,同时向法院提出量刑从宽建议。对于第一种情况,虽然是侦查机关撤案,但并不符合《刑事诉讼法》第16条的规定(侦查机关可自行撤案),而是必须由检察机关发出检察建议才能撤案。对于第二种和第三种情况,明显检察机关起着主导作用。对于第四种情况,虽然由法院作出最终判决,但如同认罪认罚一般,法院一般会采纳量刑建议,检察机关的主导地位没有改变。

2. 三种启动方式并存

上文的典型案例,已经确立了侦查阶段启动刑事合规的一种方式,即侦查机关报请检察机关启动合规。有学者引入"问题解决型司法"模式,主张关注实体问题的解决,而不应过分关注程序化司法过程,进而为报请检察机关启动合规提供了正当性与合理性支撑。① 除此之外,笔者认为理论上还存在两种其他方式。其一,顺应检察权从"被动型"到"能动型"的转变,②不必等到案件移送审查起诉或侦查机关报请时才启动合规,而可以发挥能动性,在必要时主动介入。在启动合规问题上,侦查机关因为角色定位、司法惯性等原因,主动性通常是不足的,存在明显的滞后性与被动性,由检察机关主动介入,有利于实现刑事合规的制度价值。其二,尊重涉案企业及其律师的辩护权,允许其向侦查机关或检察机关申请启动合规。刑事合规对涉案企业的意义显著,一方面可以降低刑事犯罪对生产经营的影响,另一方可以引导涉案企业填补制度漏洞,提升预防和应对刑事风险的能力。因而,赋予涉案企业及其律师合规申请权,是落实辩护权的应有之义。

3. 程序衔接的依托

即便明确了合规中检察机关的主导地位、启动方式,但如果不细化到具体部门、个人,合规可能仍然无法开展,所以必须寻找程序衔接的依托。2021年10月,最高人民检察院、公安部印发《关于健全完善侦查监督与协作配合机制的意见》(以下简称《侦检协作意见》),要求设立侦查监督与协作配合办公室,以推进执法司法

---

① 参见翟艳、文贵元:《企业合规不起诉中的侦诉衔接问题研究》,载《信阳师范学院学报(哲学社会科学版)》2021年第6期。

② 参见苗生明:《新时代检察权的定位、特征与发展趋向》,载《中国法学》2019年第6期。

制约监督体系建设,提高侦查监督与检警协作的配合质效。笔者认为,该办公室可以成为程序衔接的依托,助力侦查阶段的合规工作。根据《侦检协作意见》的规定,侦查监督与协作配合办公室有组织协调、监督协作、督促落实、咨询指导等职责,细化了侦检衔接的工作,可为刑事合规提供运转动力。例如,监督协作就包括协调检察机关与公安机关的会商,而会商正是上文案例所使用的协调机制。此外,笔者建议充分利用大数据技术,建立健全数据信息共享机制,推进多部门协同办案,实现案件的网上办理、流转。

(二)刑事合规与认罪认罚从宽制度双轨并行

1. 双轨并行是未来方向

当前,为了落实合规从宽的制度支撑,刑事合规与认罪认罚从宽制度是同轨相行的,《关于常见犯罪的量刑指导意见(试行)》明确将涉案企业、个人的认罪认罚作为第三方机制的适用前提。一种代表性观点就此认为,刑事合规是认罪认罚从宽制度的具体类型,"认罪认罚从宽"可以等同于"合规从宽"。[①] 试点工作方案也指出,开展企业合规改革试点要与依法适用认罪认罚从宽制度结合起来。不可否认,认罪认罚从宽制度为侦查阶段开展刑事合规提供了诸多帮助,如将合规作为企业认罪认罚的表现,进而落实少捕审诉的政策优待。但这种"借船出海"的做法,是合规从宽规范缺失下的无奈之举,刑事合规与认罪认罚从宽制度存在本质区别,将两者混同或错误嫁接虽能缓解"燃眉之急",但同时也是"饮鸩止渴"。具体到侦查阶段而言,刑事合规与认罪认罚从宽制度的同轨相行,不得不面对以下诘难。

首先,认罪认罚从宽制度以降低司法成本、提高诉讼效率为基本价值目标,而刑事合规更关注犯罪的有效预防,两者的同轨相行将使办案人员面临价值追求的"取舍"。其次,认罪认罚从宽制度以案件本身为重心,表现为"案结事了",是典型的末端治理,而刑事合规不仅关注案件本身,还延伸到治理源头,是末端治理与源头治理的有机结合。两者的同轨相行将引发司法办案工作重心的抉择。再次,虽然上文将合规承诺解释企业认罪认罚的表现,但毕竟与《认罪认罚指导意见》关于"认罪"与"认罚"的明确规定相异,司法人员仍会以后者为标准,如要求企业签署认罪认罚具结书。然而,认罪认罚具结书的内容需结合整改效果决定,由此,涉案企业的"认罚"并陷入了逻辑死循环——"认罚"(签署认罪认罚具结书)才可合规,但

[①] 参见李勇:《检察视角下的中国刑事合规之构建》,载《国家检察官学院学报》2020 年第 4 期。

合规完成后才能"认罚"。① 最后,认罪认罚下的从宽主要是量刑从宽,这一点可在《关于常见犯罪的量刑指导意见(试行)》中得到验证,②而侦查阶段开展刑事合规追求的从宽主要是不起诉决定,因为企业一旦有了案底,就会丧失某些经营资格、交易机会,而这些才是企业的真正关切,所以刑事合规与认罪认罚从宽制度的同轨相行可能抑制激励效果,限制合规制度价值的充分释放。综上所述,笔者认为刑事合规与认罪认罚从宽制度应尽快实现制度分割,刑事诉讼法要有担当,建构起双轨并行的规范平台。

2. 增设刑事合规特别程序

由于认罪认罚从宽制度被规定在《刑事诉讼法》的总则部分,因此刑事合规要想与其实现双轨并行,就必须具有较强的独立地位,特别程序的设想提供了方案。目前,我国《刑事诉讼法》中存在五种适用于特定类型案件的程序,有自身的独特原则和制度设计。例如,未成年人刑事案件以教育为主、惩罚为辅为原则,缺席审判程序则打破传统诉讼的"两造具备"等。因此,如果将刑事合规增设为特别程序,就可配置独有原则,进行相应的制度设计,打造一个专属的诉讼路径,进而实现与认罪认罚从宽制度的双轨并行。杨宇冠教授对此研究颇深,专门设计建议稿,包含了处罚原则、合规对象、管辖等诸多内容。③

结合本文研究主题,笔者仅就合规特别程序中的侦诉衔接问题略陈管见:其一,应明确刑事合规的制度目标是犯罪的有效预防,统一办案人员的价值追求;其二,应突出刑事合规末端治理与源头治理的属性,锚定司法办案的工作重心;其三,以专条专款的形式具体落实上文设计的"检察主导"的侦诉衔接机制。

3. 以"披露事实+合规承诺"替代"认罪认罚"

抛弃认罪认罚作为合规适用前提,是落实刑事合规与认罪认罚从宽制度双轨并行的当务之急。从最高人民检察院发布的典型案例看,大多数案例中都要求企业认罪认罚,如在惠民机电公司虚开增值税专用发票一案中,涉案企业与嫌疑人分别签署具结书,并承诺加强合规管理,而后检察院启动了合规整改,最终作出了不

---

① 如检例第81号案例——无锡F警用器材公司虚开增值税专用发票案,检察机关以合规建设在先,根据合规建设情况,主持涉案企业签署认罪认罚具结书在后。
② 根据《关于常见犯罪的量刑指导意见(试行)》规定,对于被告人认罪认罚的,综合考虑犯罪的性质、罪行的轻重、认罪认罚的阶段、程度、价值、悔罪表现等情况,可以减少基准刑的30%以下。由此可见,认罪认罚只是量刑从宽的情节,没有达到不起诉的程度。从特别不起诉的条件看,犯罪嫌疑人既要自愿如实供述犯罪事实,还要有重大立功或案件涉及国家重大利益,足以表明认罪认罚不是不起诉的情节。
③ 参见杨宇冠:《企业合规与刑事诉讼法修改》,载《中国刑事法杂志》2021年第6期。

起诉决定。① 但上文已经论证这种做法的逻辑错误,部分学者也有所质疑,如对于涉案企业认罪认罚,但检察院作出(相对)不起诉决定的情况能称为认罪吗? 笔者认为,将企业认罪认罚作为适用合规的前提,原意是借助认罪认罚从宽制度,但两者的不同性质决定了此道路的错误性。当前亟须寻找新的条件代替认罪认罚,在体现企业预防必要性降低的同时,推动合规整改的顺利进行,实现刑事合规的制度价值。对此,李奋飞教授主张涉案企业无须认罪认罚,只要自愿承认"主要指控事实",检察机关便可结合具体情况,决定是否对其适用合规考察。② 谢鹏程则认为,只要涉案企业认罪并承诺进行合规整改,原则上都可以适用刑事合规,而且范围也与认罪认罚大体一致。③ 以上观点都有可取之处,但也都有自身局限性。从认罪认罚到只承认"主要指控事实"的跨度过大,背后的正当性与可行性值得商榷。"认罪+合规整改承诺"提供了新的思路,但保留"认罪"的做法留有瑕疵,会引发不必要的争议和麻烦。如企业的负责人犯罪,当企业本身不构罪时,为了避免影响生产经营,仍须进行合规整改,但此种情况下企业显然无须"认罪"。

实际上,域外国家的暂缓协议也不以企业认罪认罚为前提条件,而是选择披露(承认)事实同时积极配合执法的道路。例如,美国的 DPA 要求涉案企业承认其犯罪事实、配合执法机关的持续调查、禁止作出与协议相矛盾的陈述等,并没有要求必须认罪认罚。④ 又如,英国《犯罪和法院法》中的 DPA 规则也只是要求作出所指控罪行有关的事实陈述,而没有所谓的认罪认罚。⑤ 再如,法国的暂缓起诉协议要求涉案企业对不法行为作出报告或承认,同时与政府部门保持合作,表现出充足的改革诚意。⑥ 同为大陆法系的法国也引入了刑事合规,2016 年《萨宾第二法案》明确指出,涉案企业不需要承担认罪的义务,只需承认检察机关提供的"事实陈述"及法律意义,这种承认不等于有罪供述。⑦

在借鉴域外经验及兼顾国内学者观点的基础上,笔者建议以"披露事实+合规

---

① 《当好"老娘舅",让企业走得稳走得远——深圳市宝安区检察院积极推进企业合规试点工作一年间》,载最高人民检察院网,https://www.spp.gov.cn/zdgz/202105/t20210525_519122.shtml,2022 年 3 月 28 日访问。
② 李奋飞:《论企业合规考察的适用条件》,载《法学论坛》2021 年第 6 期。
③ 《谢鹏程回应有关企业合规从宽制度改革的质疑》,载微信公众号"黄石检察",https://mp.weixin.qq.com/s/ZY55nHXWEmmAEsAQotj5LA,2022 年 3 月 6 日访问。
④ 参见陈瑞华:《美国暂缓起诉协议制度与刑事合规》,载《中国律师》2019 年第 4 期。
⑤ See Deferred Prosecution Agreements Code of Practice The Directors' response to the public consultation, https://www.cps.gov.uk/sites/default/files/documents/publications/dpa_cop.pdf.
⑥ 参见陈瑞华:《企业合规基本理论》(第 2 版),法律出版社 2021 年版,第 54 页。
⑦ 参见陈瑞华:《企业合规基本理论》(第 2 版),法律出版社 2021 年版,第 447 页。

承诺"替代"认罪认罚"作为合规适用条件,并坚信此举措可优化刑事合规的推进,包括侦查阶段开展刑事合规。具言之,第一,披露事实较认罪更为中性,不易引发涉案企业的抵触心理,而且披露事实比承认指控事实范围要大,包括陈述尚未查明的事实,更有利于解决涉企案件错综复杂的案情;第二,合规承诺可作为涉案企业及负责人社会危险性降低的表现,从而与"少捕慎诉"政策、"查扣冻"措施形成对接,真正落实前文提到的人力、物力支持,完成合规全流程的逻辑闭环。

结　论

　　行文至此,已近尾声。刑事合规的研究已迈入深水区,多视角、跨领域的研究文献数不胜数,这是值得自豪之处,但也是必须谨慎之处。刑事合规研究篇章中,缺少了合规全流程一节,尤其是侦查阶段开展刑事合规,然而侦查阶段的合规流程已经影响到刑事合规的价值实现。试想,刑事合规对涉案企业而言是难得的重生机会,如果不能尽早启动,只能待到审查起诉环节,那么合规价值怎能充分发挥?为了进一步释放刑事合规的制度价值,本文提出了"检察主导"的侦诉衔接机制以及刑事合规与认罪认罚从宽制度双轨并行,自认为还是做出了些许贡献。当然,一些侦诉衔接上的细节问题,仍然有待解决,例如侦检机关如何在启动刑事合规的标准上保持一致,又如涉案企业及其负责人在侦查阶段申请启动刑事合规未获批准,应当如何救济等。除此之外,合规全流程究竟是继续借助认罪认罚从宽制度,还是以合规特别程序实双轨并行,需要学界进一步的讨论,更需要司法实践的持续反馈。总而言之,如何将刑事合规贯彻于整个诉讼过程,充分释放制度价值,无疑是一个值得投入精力和心血的时代课题。

论企业法律、合规、内控、风险管理协同融合工作开展
——以刑事合规为切入点①

杨云天*

德国社会学家乌尔里希·贝克(Ulrich Beck,1944－2015)认识到由于全球化、工业革命与现代科技的迅猛发展,科技风险日益扩散并逐步改变人类生活秩序,让人类社会分配主题由财富演变为风险,致使现今世界形成与工业社会相对应的"风险社会"②。此种表述是对当前时代的最精准刻画,揭示了无规律、不确定的各类风险会带给人类无数挑战,同时也会给予社会无数机会,甚至因之诞生出以该认知为理论起源的"风险刑法"③。企业作为"风险社会"重要构成,亦不可避免地面临诸多风险,其法律、合规、内控、风险管理工作正是基于防范风险之目的而存在。而刑事合规作为企业法律、合规、内控、风险管理的延伸业务,是"风险刑法"理论在"风险社会"的具象体现,也是企业防范刑事法律风险的重要途径。因此,以共同防范企业刑事法律风险为宗旨,建构企业法律、合规、内控、风险管理协同融合机制,势必有利于全面开展刑事合规工作。

一、问题的提出

合规按照业务领域可分为法律事务合规与财务合规、审计合规等,法律事务合规按照部门法领域又可分为刑事法合规、民事法合规、行政法合规等。而自中国银

---

① 本文系 2021 年度苏惠渔刑法学研究基金项目"论我国刑法中正当防卫的规定和发展过程——一种学说史的梳理"的阶段性成果。
* 杨云天,华东政法大学刑事法学院硕士研究生。
② [德]乌尔里希·贝克、[英]安东尼·吉登斯、[英]斯科特·拉什:《自反性现代化——现代社会秩序中的政治、传统与美学》,赵文书译,商务印书馆 2001 年版,第 119—120 页。
③ 劳东燕:《风险社会与变动中的刑法理论》,载《中外法学》2014 年第 1 期。

行业监督管理委员会于 2006 年颁布《商业银行合规风险管理指引》、中国保险监督管理委员会于 2007 年颁布《保险公司合规管理指引》以来,合规管理逐步成为中国企业生产经营的重要工作。2017 年,中国国家标准化管理委员会颁行《合规管理体系指南》(GB/T 35770 - 2017),中国国际贸易促进委员会等组织于该年发起设立全国企业合规委员会,表明企业合规管理工作逐渐制度化与专业化。2022 年是中央企业"合规管理强化年",国务院国有资产监督管理委员会要求中央企业继续推动企业法律、合规、内控、风险管理协同融合机制建构①,并于 4 月发布了《中央企业合规管理办法(公开征求意见稿)》,该意见稿第 28 条重申协同机制,即"中央企业应当结合实际,积极探索构建法治框架下合规管理与法律、内部控制、风险管理的协同运作机制,加强统筹协调,提高管理效能"②。自此,企业合规管理制度在中国已愈加成熟。

而在刑法依赖主义抬头、行为犯罪化扩大的时代背景下,企业作为遭受刑事制裁的单位犯而被施以罚没巨额财产、追究高管刑事责任、限制或剥夺经营资格等严苛惩罚的情况愈加普遍,且更严重于民法、经济法、行政法等部门法范畴中的税务管理、保险管理、劳动资源管理等传统企业合规业务所涵摄的经营风险,因而刑事合规已成为企业合规工作核心③。同时,刑事合规因带有一定的强制性,并具有从轻处罚甚至出罪功能而被企业所重视。检察机关亦大力推崇,认为刑事合规能够防止"办理一个案件,垮掉一个企业,下岗一批职工"④的现象发生。并且,其国内外相关理论研究日趋成熟,因之已成为相对完善的法律制度与企业管理制度。此外,国家为鼓励民营经济持续健康发展,各级各地有关部门纷纷出台企业刑事合规指导文件,企业为预防内部犯罪、避免刑事法律责任、承担刑事法律义务,并追求其潜在犯罪行为的轻刑罚化与非刑罚化也主动贯彻执行刑事合规工作⑤。因此,滥觞于企业合规的刑事合规制度迅速发展,并在中国特色社会主义法治体系框架中、经济社会发展需求下逐渐完善,由舶来品成长为极具中国特色的"法治本土资源"⑥。

---

① 《国务院国资委召开中央企业"合规管理强化年"工作部署会》,载国务院国有资产监督管理委员会网,http://www.sasac.gov.cn/n2588025/n2643314/c22053695/content.html,2022 年 3 月 23 日访问。
② 《国务院国资委关于〈中央企业合规管理办法〉公开征求意见的通知》,载国务院国有资产监督管理委员会网,http://www.sasac.gov.cn/n2588035/c23970418/content.html,2022 年 4 月 1 日访问。
③ 马明亮:《作为犯罪治理方式的企业合规》,载《政法论坛》2020 年第 3 期。
④ 《2018 年浙江省人民检察院工作报告》,载浙江新闻网,https://zj.zjol.com.cn/news.html?id=1368329,2022 年 3 月 23 日访问。
⑤ 陈瑞华:《论企业合规的中国化问题》,载《法律科学》2020 年第 3 期。
⑥ 孙国祥:《刑事合规的理念、机能和中国的构建》,载《中国刑事法杂志》2019 年第 2 期。

但是,随着学界对刑事合规作为本土化合规不起诉制度之研究愈加深入,检察机关、国有资产监督管理机关等相关部门对涉案企业刑事合规制度之建构愈加督促,以及企业合规工作深化开展的现实需要,当前的中国刑事合规制度应当进一步发展,并更积极地介入企业日常管理,为企业经营活动提供法律圭臬与行为准则[①]。对此,国务院国有资产监督管理委员会于2018年颁行的《中央企业合规管理指引(试行)》、2021年发布的《关于进一步深化法治央企建设的意见》等文件明确指示,中央企业需遵行合规管理协同联动原则,以"动合规管理与法律风险防范、监察、审计、内控、风险管理等工作相统筹、相衔接,确保合规管理体系有效运行"。所以,为保证合规管理体系持续有效,以中央企业为代表的各类企业纷纷在合规工作中践行协同联动原则。

此外,合规实务专家也指出,"企业法务管理的内容和范围中,除法律风险防范外,法律审查、法律监督、违法管理等与合规管理、监察、审计、内控、风险管理也存在交叉和关联。因此,更适宜强调法务管理与合规管理、监察、审计、内控、风险管理之间的协同联动"[②]。上述法务管理业务基于刑事、行政、税务法律规范而展开,且刑事合规势必为法务管理重点,乃至合规管理体系核心。所以,本文力图在中国刑事合规制度逐步建立健全之背景下,探讨法律、合规、内控、风险管理之间的协同联动原则如何切实践行,从而为更普遍适用行政和解等途径处置企业刑事案件提供理论参考,为发展构建作为新一轮司法改革重点的本土化合规不起诉制度提供学理借鉴,最终让中国企业能够更自信、更安全地生产经营。

二、企业法律、合规、内控、风险管理定义厘清及关系梳理

法律、合规、内控、风险管理在理论与实践中是密不可分的,甚至是互相渗透的四种企业管理业务。因此,近年来为优化运营流程、提升经营效率、精简管理机构、实现企业治理体系与治理能力现代化,诸多企业在法律、合规、内控、风险管理分工协作之基础上,共享系统、信息、人员与专业支持等资源,并通过联席会议、项目协同、联合办公等途径将四种管理业务整合为一体化管理平台,即在管理目标、组织体系、制度体系、运行机制、保障机制等各管理要素方面进行高度整合与"混同"。

[①] 李玉华:《我国企业合规的刑事诉讼激励》,载《比较法研究》2020年第1期。
[②] 郭青红:《合规管理法律风险防范、监察、审计、内控、风险管理协同联动机制》,载微信公众号"汇业法律观察",https://www.sohu.com/a/394028905_100138309,2022年3月23日访问。

但是,"人为地模糊,这对企业来说可能意味着隐形的风险"①,因之有必要对四种企业管理业务进行定义厘清及关系梳理。

(一)法律、合规、内控、风险管理概念简析

企业生产经营中,法律、合规、内控、风险管理相互影响融合,共同保障生产经营的合法性、稳定性与长期持续性。其中,法律管理部门是规则的制定者、重申者,重点关注民事法律领域的风险防范,即依据法律与惯例建构企业内部规范,并为合规、内控、风险管理提供工作指引和执行标准,是企业生产经营保障机制之一;合规管理部门是规则的监督者,重点关注实际业务操作层面的风险防范,即依据法律或企业内部规范审查其他部门是否依规行事,是企业生产经营监督机制之一;内控管理部门是规则的协调者,重点关注财务与业务扩张方面的风险防范,即根据法律与企业生产经营现实需求,通过各种途径来保证生产经营持续有效,保障法律、合规管理部门的监督审查与其他部门的业务工作能够相互促进,是企业生产经营监督机制与协调机制之一;风险管理部门既是规则的掌控者,也是企业所有业务开展之前提,工作手段涵盖法律管理、合规管理、内控管理等,即对企业整体的法律、生产、经营等各类风险进行综合掌控,并适时对企业内部规范、生产经营流程等进行修改,是企业生产经营协调机制与控制机制之一②。

综上所述,企业法律、合规、内控、风险管理的业务内涵交织、工作范畴交融,并非截然相反之概念。并且,由于各企业组织架构与管理理念不同,因此四者仅是侧重不同,甚至只是表述不同。而"以'风险'为导向,以'合规'为底线,以'内控'为手段,以'法律'为抓手,以'法治'为根本"③来构建的企业法律、合规、内控、风险管理协同融合机制,能够精简管理机构、加强监管力度、提高生产效率,最终推动企业良性发展。

但是,需要注意到,当前检察机关推进的企业刑事合规,通常是指"已经涉罪的企业,相关案件进入司法程序特别是检察机关审查起诉阶段的刑事合规情况"。而本文所研究的刑事合规,是指"企业在正常经营活动中为预防刑事犯罪,出于内部治理需要而事先设计的合规计划,虽然也可能涉及刑事法律领域,但不是试点实践

---

① 秦国辉:《合规管理能取代法务管理吗》,载《法人杂志》2009年第4期。
② 卞传山:《合规风险管理与法律风险管理能否相融协同》,载微信公众号"中国公司法务研究会",https://www.sohu.com/a/367125153_744278,2022年3月22日访问。
③ 谢潜、卢荣婕:《"法律、合规、风险、内控"一体化管理的必要性及路径》,载《民主与法制时报》2021年11月25日。

中所称的企业刑事合规"①。

（二）法律管理与合规管理：互相介入、侧重不同

制度规划中，《中央企业合规管理办法（公开征求意见稿）》将合规管理定义为，"是指以有效防控合规风险为目的，以提升依法合规经营管理水平为导向，以企业和员工经营管理行为为对象，开展包括制度制定、风险识别处置、合法合规性审查、合规风险应对、合规报告、合规评价、违规责任追究、合规培训等有组织、有计划的管理活动"。国家标准化管理委员会制定的《企业法律风险管理指南》（GB/T 27914－2011）对法律风险的定义为，"是指基于法律规定、监管要求或合同约定，由于企业外部环境及其变化，或企业及其利益相关者的作为或不作为，对企业目标产生的影响"，对法律风险管理的定义为"企业全面风险管理的组成部分，贯穿于企业决策和经营管理的各个环节"；法律风险管理过程包括明确法律风险环境信息、法律风险评估、法律风险应对、监督和检查。两者皆是以防范企业风险与实现企业目标作为工作目的，以法律作为工作圭臬，并贯穿企业决策和经营管理诸环节。但是，相比合规管理对象仅限于企业内部的经营管理行为，法律管理对象既包括企业内部的诉讼管理、合同协议审查等法律风险评估和应对事宜，也包括外部的合作伙伴背景调查等。

理论设计中，合规作为"符合规则、规定、规范"之汉语简称，其规制内涵包括法律法规、依据法律法规制定的监管规定、公司内部管理规范、行业准则、行业习惯，乃至社会道德准则，因之合规管理范畴即限于上述强制性的法律监管制度或非强制性的行业行为规范。法律管理根据其字面含义，则仅限于强制性的法律法规、依据法律法规制定的监管规定。并且，合规管理工作中必定有将法律法规、监管规定等外部规则内部化为公司管理规范之步骤，而法律管理工作则普遍直接根据法律法规、监管规定来判断公司行为的法律后果②。

企业实践中，传统的合规部门作为内控监督部门，普遍具有流程化、标准化的工作模式，其部门人员对于本公司业务的了解以及内部规范的掌握最为重要。合规工作形式也往往是主动地检查其他部门对于相关规范的遵循情况，并评估和减少合规风险发生的可能性，即主要负责根据内部管理规范对企业内部人员行为进行违规风险审核，在法律责任范畴中更多地关注行政责任与刑事责任。传统的法

---

① 卢勤忠：《企业刑事合规实践探索的适用问题研析》，载《中州学刊》2022年第3期。
② 卢勤忠：《民营企业刑事合规的理论基础和实践展开》，载《辽宁师范大学学报（社会科学版）》2021年第5期。

律部门作为服务支持部门,普遍是个案化的工作模式,其部门人员对于法律法规、监管规定的熟悉最为重要。法律工作形式则往往是被动地根据其他部门请求或上级部门要求后才介入,即主要负责根据法律法规、监管规定对企业外部的各类合同、协议进行审核,并对企业债权债务、担保责任等进行把控,在法律责任范畴中更多地关注民事责任。

此外,随着法治国家、法治政府、法治社会一体建设的不断推进,公民法治观念逐渐加强,现代资本市场竞争亦对企业管理提出更高要求,各企业也纷纷依据合规管理协同联动原则来整合优化相关资源,实现企业管理法制化、规范化与现代化。同时,国务院国有资产监督管理委员会发布的《关于进一步深化法治央企建设的意见》等文件也明确指出,"持续完善合规管理工作机制,健全企业主要负责人领导、总法律顾问牵头、法务管理机构归口、相关部门协同联动的合规管理体系""健全法务管理职能,持续完善合同管理、案件管理、普法宣传等职能,积极拓展制度管理、合规管理等业务领域",即要求中央企业的法律管理与合规管理部门协同联动,以更好地发挥法治工作对企业改革发展的支撑保障作用。

因此,随着企业法律管理与合规管理整合优化之潮流,国内外各大企业已经在经营管理实践中逐步践行法律管理与合规管理协同联动原则。例如,中国银行总行下设的"内控与法律合规部"即是将法律管理与合规管理视为同类业务而予之融合,并将其与内控管理业务并列,以增强监管工作合力;又如,全球最大金融机构之一的美国保德信金融集团(Prudential Financial)亦是让法律部门来指导合规部门,首席合规官需向公司首席律师汇报工作,并由法律管理部门处理作为法律责任的合规风险,即是将法律管理与合规管理在一定程度上进行优化整合。

综上所述,传统的法律管理与合规管理工作重心、依据与特点存在差别,但其业务性质极其类似、业务范畴存在众多交集,二者表现的同质性倾向也颇为强烈,因之其整合优化具有较高理论可能性。所以,企业法律管理与合规管理在理论与实践中早已互相深度介入,二者的协同联动势在必行。

(三)内控管理与风险管理:一体两面、倾向相异

制度规划中,我国财政部会同证监会等制定的《企业内部控制基本规范》(财会〔2008〕7号)将内控管理定义为,"由企业董事会、监事会、经理层和全体员工实施的、旨在实现控制目标的过程。内部控制的目标是合理保证企业经营管理合法合规、资产安全、财务报告及相关信息真实完整,提高经营效率和效果,促进企业实现发展战略"。《中央企业全面风险管理指引》(国资发改委〔2006〕108号)对于全面

风险管理的定义为,"企业围绕总体经营目标,通过在企业管理的各个环节和经营过程中执行风险管理的基本流程,培育良好的风险管理文化,建立健全全面风险管理体系,包括风险管理策略、风险理财措施、风险管理的组织职能体系、风险管理信息系统和内部控制系统,从而为实现风险管理的总体目标提供合理保证的过程和方法",二者皆是以控制作为工作手段,以实现企业经营目标作为工作目的,并贯穿企业管理诸环节。但是,内控管理倾向于微观、具体的管理手段,风险管理则倾向于宏观、抽象的治理模式。

理论设计中,风险管理部门负责对由于未来不确定性导致企业经营目标无法或推迟实现之负面影响进行控制,即把控法律风险、财务风险、市场风险、战略风险等,而上述管理活动需要经由控制行为来完成[1]。所以,内控管理与风险管理本身具有内在一致性,内控管理不可能不以管控风险为目标,风险管理也不可能没有控制手段。因此,内控管理与风险管理往往只是业务倾向,甚至是表述的相异,即"如果强调企业管理中对风险的识别、评估和应对,企业管理就是风险管理。如果强调企业管理中应对风险时制定和执行的控制活动,企业管理就是内部控制"[2]。此外,在法学、经济学学术理论上,合规(compliance)并非明确的法律概念,仅在某些行政规章或部门规章中,以"内部控制"之形式体现,因之有学者认为"'合规'的实质就是'内部控制'"[3],即合规是内控的手段之一,合规管理是内控管理业务构成之一。

企业实践中,作为全球最知名公司治理研究机构的美国反欺诈财务报告委员会(The Committee of Sponsoring Organizations of the Treadway Commission,COSO),其发布的企业内控管理、风险管理标准被普遍视作国际惯例。长期以来,COSO也坚持内控管理是风险管理内涵之一。直到2017年,为公司治理更加高效便捷,COSO认为二者在企业管理实践中应当并行,仍未否定其内控管理是风险管理内涵之一的观点。

同时,《企业内部控制基本规范》将内控管理与风险管理视为一体,认为内控管理以风险为导向,以识别风险、评估风险为实施内部控制管理的必要条件。2019年,国务院国有资产监督管理委员会发布的《关于做好2020年中央企业内部控制体系建设与监督工作有关事项的通知》(国资厅发监督〔2019〕44号),亦要求"各中

---

[1] 陶光辉:《论合规、内控、风险一体化管理体系的构建》,载微信公众号"一法网",https://www.sohu.com/a/428938085_571013,2022年3月22日访问。
[2] 白华等:《国有企业内部控制体系一体化建设的思考》,载《财会通讯》2021年第20期。
[3] 李本灿:《企业犯罪预防中的合规计划研究》,南京大学2015年博士学位论文。

央企业要以'强内控、防风险、促合规'为目标,进一步整合优化内控、风险管理和合规管理监督工作,按一体化要求编制2019年度内控体系工作报告,不再分别报送《中央企业内部控制评价报告》和《中央企业年度风险管理报告》",即要求中央企业整合内控管理、风险管理与合规管理相关工作,尤其是深度融合内控管理与风险管理制度,构建相互融合、协同高效的内控监管体系。

综上所述,内控管理与风险管理皆强调控制对于企业管理的作用,仅是前者倾向于具体的手段,后者倾向于抽象的模式,二者在本质上并不存在根本区别,甚至只是表述的差异。并且法律管理、合规管理作为企业目标实现方法之一,都归属于内控管理与风险管理内涵范畴。同时,内控管理、风险管理的交融早已在企业管理中践行,并被频繁的制度实践所推动。所以,企业内控管理与风险管理之整合具有丰厚的理论支持与实践基础,二者的协同联动是大势所趋。

三、企业法律、合规、内控、风险管理协同融合机制中的刑事合规业务

当前,中国刑事合规制度客体主要有三类:第一类是企业内部人员的刑事合规风险,即内部人员利用侵占、受贿、泄露商业秘密等犯罪手段,针对企业及其相关各方来攫取不法利益;第二类是企业作为单位被害人的刑事合规风险,即企业由于不健全的商业伙伴调查、合同协议审查等内部机制,导致其在经营活动中成为合同诈骗等犯罪之客体;第三类是企业作为单位犯罪主体的刑事合规风险,即企业在单位整体意志的支配下,利用不合法的企业决策等内部机制进行逃税、不正当竞争、单位受贿行贿、生产假冒伪劣产品等单位犯罪活动,或者企业由于不完善的生产经营管理等机制,日常运营中存在涉及刑法规制的生产安全风险①。其中,企业缴税、融资、社交与内部运营中的刑事法律风险最为典型与突出。

（一）企业缴税中的刑事法律风险

缴纳税款是企业经营管理的必要环节,也是企业履行社会义务的重要途径。当前,由于我国经济发展处于增长速度换挡期、结构调整阵痛期、前期政策消化期叠加期、新的政策探索期的"四期叠加"之阶段,致使国内资本市场动荡频繁②。同时,中美、中欧贸易战的长期摩擦与新冠肺炎疫情的大流行,导致国内市场经济普遍下行。因此,众多企业利用国家税收管理制度之漏洞,通过避税行为来减少税务

---

① 韩轶:《企业刑事合规的风险防控与建构路径》,载《法学杂志》2019年第9期。
② 《2016年中国经济形势分析与预测指出——中国经济发展面临结构调整阵痛期等"四期叠加"》,载人民网,http://world.people.com.cn/n1/2015/1224/c1002—27970702.html,2022年3月11日访问。

成本支出。但是，处于"灰色地带"的法律不禁止也不鼓励之避税行为，在国家税收政策收紧、监管加强的当下，隐含着巨大的税务犯罪刑事法律风险。此外，现行国家税收管理制度存在的不合理之处，亦为企业经营管理造成威胁。其中，逃税罪、虚开增值税发票罪是企业税务管理中最易触犯之罪名。

企业经营管理实践中，由于主观上的贪婪心态与淡薄法律意识，或者客观上的企业财务制度漏洞与经营不善无款缴税，众多企业皆存在拖欠税款之情况，而此情况极有可能触犯逃税罪。此外，自财政部、国家税务总局全面改革并推行营业税改增值税的新财税体制后，税务机关采用资金流、合同流、实物或劳务流"三流一致"的标准来判定企业是否存在真实交易、是否涉嫌虚开增值税发票罪，此标准却由于刻板僵化、不契合税务实际等遭受非议。但是，该标准至今仍被税务稽查部门采用，使得虚开增值税发票罪案件大规模增多，众多企业不仅遭受税务行政处罚，甚至因触犯虚开增值税发票罪而被刑事追诉。所以，企业法律、合规、内控、风险管理部门应该共同应对缴税过程中的逃税罪、虚开增值税发票罪之刑事法律风险。

对于逃税罪，需认识到拖欠税款包含过失与故意两种主观要件。前者指由于制度漏洞、工作疏忽而无意识地漏缴、少缴或不缴税款；后者指出于牟利的目的而故意不承担或少承担纳税义务。其中，过失拖欠税款行为由于不具有侵犯国家税收管理制度的犯罪故意，仅需补缴应纳税款及其滞纳金，或者再加以行政处罚即可，无须追究刑事责任；故意拖欠税款且情节严重之行为，触犯逃税罪，但需要注意《刑法》第 201 条的规定，行为人首次实施了逃税行为，"经税务机关依法下达追缴通知后，补缴应纳税款，缴纳滞纳金，已受行政处罚的，不予追究刑事责任"；由过失转为故意拖欠税款之行为，即事后意识到过失却未积极弥补，也应整体评价为故意拖欠税款。同时，亦要着重关注避税行为，此种行为利用国家税收管理制度漏洞来少缴或不缴税款，虽具有一定社会危害性，但并不违背现行法律法规，更不具有刑事违法性，因之不能对其进行行政甚至刑事处罚。

对于虚开增值税发票罪，需认识到企业经营管理实践中长久并普遍存在为他人的经营活动代开增值税发票之行为，此种行为却不符合当下的增值税发票专属性要求，违背现行税务法规。但是，该行为只在形式上侵犯国家税收管理制度，实质上却未致使税款流失，也未对国家税收权有负面影响，甚至在一定程度上助力税款收缴，并不具有社会危害性。对此，或许有人秉持侵犯国家税收管理制度的行为就是犯罪之认知，此即牵涉刑法文本的形式解释与实质解释之区别。形式解释视域中的上述案例之行为侵犯国家制度，具有刑事违法性，符合犯罪构成形式要件，应当视作犯罪;实质解释视域中的上述案例之行为并不具有实质意义上的社会危害性,而犯罪行为应当同时具有刑事违法性和社会危害性,且社会危害性是第一性、刑事违法性是第二性,社会危害性存在是刑事违法性成立之必要条件,即不应当视作犯罪。而实质解释之认知符合《刑法》第205条的立法原意,即保障国家流转税制,打击的锋芒是利用增值税专用发票非法抵扣国家税款和骗取出口退税款的行为①,因而主观上不具有牟利目的、客观上未造成税款流失的行为不构成犯罪。

而企业税务管理横跨财务、法律、生产、销售等多个领域,其复杂性与专业性决定着企业法律、合规、内控、风险管理部门务必需要协同联动才能予以支持。例如,避税主要由财务部门依据税法进行,并以尽可能减少税务成本支出为目的,但财务部门普遍缺乏刑事法律知识,在避税中往往因盲目追求牟利而构成犯罪。又如,避税过程涉及合同的"技巧性"签订,而所谓之"技巧"往往会改变合同文义所包含的买卖、租赁、雇佣等民事法律关系,甚至可能招致合同诈骗罪等刑事追诉②。所以,鉴于税务管理的重要性与复杂性,法律、合规管理部门要予之法律支持,内控、风险管理部门要平衡好依法依规治企和减少税收成本支出之间的关系。

因此,企业法律、合规、内控、风险管理协同融合机制应该积极介入税务管理工作,从而既合法削减企业税务成本支出,也有效降低企业法律风险。首先,企业法律、合规、内控管理部门应参与企业税务管理制度建设,细化刑事合规计划书中的税务缴纳相关条款,明确各项业务应缴税种与总额,实行税务成本支出事先筹划,并普及员工的税务知识,严厉惩处虚开发票、欺骗报账等违背企业税务规范或国家税收管理制度之行为,防止由于内部制度不完善或员工税务法律意识不高导致企业涉嫌虚开增值税发票罪等犯罪。其次,企业法律与合规管理部门应与税务管理部门联动,共同研究合法合规、切实有效的企业避税方法,并根据其来制订企业税务规范,提升税务管理人员的避税专业知识与操作技巧,防止企业避税行为触犯逃税罪。最后,企业法律、合规与风险管理部门应当充分运用"少捕、慎诉、慎押"刑事司法政策,利用《刑法》等法律赋予税务犯罪的宽缓待遇,并根据最高人民检察院《关于开展企业合规改革试点工作方案》等各级各地检察机关发布的企业合规相关文件,完成撰写企业合规计划书、建立企业合规管理制度等文件要求,降低税务犯罪刑事法律风险,减轻或免除可能发生的刑事处罚后果。

---

① 卢勤忠:《民营企业的刑事合规及刑事法风险防范探析》,载《法学论坛》2020年第4期。
② 娄秋琴、李鑫悦:《企业税务犯罪风险防控》,载《法人》2020年第8期。

(二) 企业融资中的刑事法律风险

企业融资(Enterprise Finaning),是企业持续经营、高速发展之必要条件。当前,国家大力提倡金融创新,企业也纷纷通过股权众筹等新型融资模式以更多、更快地获取资金。但是,基于维护社会稳定之片面目的,近年来,我国刑事司法实践对于民间融资的频繁干预,以及企业行为犯罪化之趋势不断扩大,甚至是企业融资模式的不断翻新导致刑法无法准确对其进行性质判断与法律适用,造成部分不具备社会危害性的企业融资活动被司法机关判定为犯罪,呈现出市场经济中的行政管控被刑法规制替代之趋势,使得刑法谦抑性原则遭受违背,致使金融创新招致不必要之抑制,造成企业融资法律风险加大①。其中,非法吸收公众存款罪、集资诈骗罪是企业融资及使用资金过程中最易触犯之罪名。

在企业融资实践中,由于市场的不确定性与生产经营的高风险性,基于提高竞争力量、谋求高额利润等目的,将融资资金用途由满足企业自身生产经营需求,改变至房地产投资、股票债券理财等货币资本经营之行为颇普遍。但是,此类行为也最易于被进行犯罪化处理,被司法机关以非法吸收公众存款罪来予以惩处。此外,现实经营活动中,市场衰竭、突发事件与经营不善等导致企业无法返还融资资金的客观原因众多,但司法机关普遍不关注融资资金无法返还之缘由,仅以资金能否有效返还作为集资诈骗罪的构成要件,该种不考虑是否具有非法占有的主观目的即进行定罪的粗暴做法亦致使企业刑事法律风险加大②。所以,企业法律、合规管理部门应该尤为关注融资过程中的非法吸收公众存款罪、集资诈骗罪之刑事法律风险。

对此,须深刻意识到我国《刑法》第 176 条关于非法吸收公众存款罪的条文中,并未将融资资金用途作为犯罪构成要件之一。同时,最高人民法院《关于审理非法集资刑事案件具体应用法律若干问题的解释》第 3 条第 4 款规定,"非法吸收或者变相吸收公众存款,主要用于正常的生产经营活动,能够及时清退所吸收资金,可以免予刑事处罚;情节显著轻微的,不作为犯罪处理",对由违法途径吸收资金的企业融资行为进行规制,但该条文仍存商榷之处,即对"主要"一词的实质解释并不明晰,致使司法机关对此拥有较大的自由裁量权。

而企业法律、合规、内控、风险管理部门的分立,并不能为高度复杂化的融资活

---

① 姚万勤:《民间融资刑法规制的具体面相与趋势前瞻》,载《金陵法律评论》2015 年第 2 期。
② 陈小彪、陈晓旸:《民间融资行为合法性判断的实践困境与理论出路》,载《海峡法学》2021 年第 4 期。

动提供足够制度保障。例如，融资程序复杂，需要专业的财务知识，且涉及企业内部章程、内部规范较多，普遍缺乏财务知识、主要依据法律法规与监管规定的法律管理部门难以提供更全面的审查服务。又如，面对天生具有激进扩张性质的融资，内控管理部门往往会采取保守态度，追求收益与安全相平衡的风险管理部门却更积极。所以，由于各部门自身的倾向性，以及部门与部门之间的理念隔阂、业务壁垒，缺乏制度支持的企业融资活动无法更高效、更安全地开展，甚至会造成极大的刑事法律风险。

因此，企业法律、合规、内控、风险管理协同融合机制需积极发挥管控更全面与更严格之优势，为企业融资提供制度保障。首先，法律与合规管理部门应当审核融资活动是否获得公司章程认可，公有制企业还需审核是否获得国有资产管理部门同意，并依据财务状况查实企业是否具备还款能力，再细化刑事合规计划书中的融资活动相关条款，防止企业触犯非法集资罪。其次，企业法律、合规、内控、风险管理部门应当共同参与撰写投资建议书、融资承诺书、商业计划书与可行性研究报告，保证融资项目真实、合法和有效，不存在欺诈、隐瞒等涉嫌集资诈骗罪之情形。再次，风险管理部门应当把控融资资金的再投资，应当在法律与合规管理部门的指导下，对企业可能触犯的非法吸收公众存款罪进行实质解释层面之理解，即融资资金直接或间接用于企业自身生产经营需求的行为不宜作为犯罪处理，从而对投资部门的融投资业务进行合规审查，既防止投资部门违背融资资金需"主要用于正常的生产经营活动"之法度，也抑制投资部门过于激进的投资策略，使合规目标的达成与融投资收益的获得能够共同实现。最后，法律与风险管理部门应当审查融投资相关合同协议、调查相关合作方，确保各类借款合同、担保合同、租赁合同等不存在过高法律风险，核实合作方是否具有充分履职能力、良好信用记录，保证承诺的股权比例、分红比例等重要事宜能够切实实现，防止被信用不良公司或个人欺骗。

(三) 企业社交中的刑事法律风险

企业本质上是人的集合体，由于社会交往既是人类的情感本能，也是人类的生存必需，因此企业也需通过社会交往来完成市场信息收集、发展路径拓宽、整体形象构建等工作。当前，企业基于牟利、公益等诸多目的，社会交往活动尤为频繁，社会交往对象更为广泛。而在西方消费主义不断渗透、资本市场逐渐发展的时代背景下，中国传统乡土人情社会逐步演变为金钱社会，以金钱馈赠为纽带的社会交往方式愈加盛行，甚至在某些行业领域出现了普遍实施商业贿赂的竞争环境，企业亦难以逃脱此种"金钱社交"之桎梏①。

企业社会交往实践中,馈赠是加强双方关系的最有效方式。例如,针对大规模购买方的工作人员,进行给付回扣、给予优惠等途径来更多或更持久地推销产品。又如,针对有密切业务联系的长期客户、优质客户,需通过不断赠送礼品、红包等途径来维持感情。再如,针对海关、环保、税务等监管或审批机构,为加快审批速度、延长审查期限、获得更细致的整改建议等,亦会通过销售折扣、赞助活动等各种形式来"投资"与上述机构之关系。但是,出于友情、感恩等良好缘由的馈赠,确实是企业社会交往必要途径;出于牟利、利用等邪恶本意的商业贿赂,却是被社会道德规范所排斥的肮脏行径,甚至可能因为后果严重或情节恶劣而构成刑事犯罪。并且,馈赠与贿赂界限极为模糊,二者所表现之外在形式相同,且商业贿赂往往假借友谊馈赠之名义进行,致使众多企业在社交馈赠活动中触犯行贿罪、单位行贿罪、非国家工作人员行贿罪。

对于贿赂犯罪,相比于国家工作人员贿赂犯罪,我国当前《刑法》对于非国家工作人员贿赂犯罪之规制较为松散、惩罚较为轻缓。同时,刑事合规制度的推行也为企业减轻或免除贿赂犯罪刑事责任提供极大助力。此外,司法实践中企业构成行贿罪或对非国家工作人员行贿罪之单位犯罪的量刑较轻,且普遍判决缓刑。所以,企业往往会轻视甚至忽视贿赂犯罪所带来的刑事法律风险,或者认为由员工进行的贿赂行为并不能让企业承担法律责任。但是,如果员工实施贿赂犯罪,企业未禁止、防范与控制员工行为,甚至因之牟利,也可认定员工行为体现单位意志,应被视作单位犯罪②。并且,行贿罪的司法认定中,由于不正当利益的定性、情节严重的认定与主观要件的判断颇为主观,以及"金钱至上主义"盛行导致馈赠款额急剧增大,致使企业贿赂犯罪刑事法律风险仍然存在并逐渐加大③。

而企业社交活动性质多变、关系复杂,对其之规制既应当进行外部的法律调查,也应当进行内部的合规审查、内控稽核,从而形成立体化的社交风险管控体系,全方位、多层次地规范企业社交活动。例如,企业社交款项去向难以查实,而企业员工可能会因之挪用甚至贪污款项。又如,向其他企业工作人员馈赠大额礼品之行为有利于本企业,且不违背企业内部规范,但可能构成对非国家工作人员行贿罪。再如,由于企业对外社交活动过于频繁致使馈赠礼品行为普遍化,造成企业内

---

① 陈瑞华:《企业有效合规整改的基本思路》,载《政法论坛》2022年第1期。
② 陈瑞华:《企业合规基本理论》(第2版),法律出版社2021年版,第235页。
③ 王田田:《中国民营企业的内部腐败治理:从公司治理到国家治理》,载《廉政学研究》2019年第1期。

部上下级之间、同级利益关系部门之间的馈赠行为也大规模仿效出现,甚至演变成企业内部的贿赂犯罪。

因此,企业法律、合规、内控、风险管理协同融合机制应当为企业社交风险管控体系建构提供框架支持与业务支撑,有效防范贿赂犯罪刑事法律风险。首先,企业法律、合规、内控管理部门应当与公关部门协同,细化刑事合规计划书中的公关活动相关条款,制订对外公关行为规范、公关经费使用制度,建立公关活动记录档案。其次,企业法律、合规、内控管理部门应当介入企业所有社交活动,根据社交目的、社交对象、行业习惯、馈赠款额等评判是否具有不正当目的,并对违法违规的社交行为进行惩处,防止触犯行贿罪、单位行贿罪、非国家工作人员行贿罪。最后,企业合规与内控管理部门应当重视企业内部廉洁氛围之建构,加强企业文化建设,严厉处罚企业内部的贿赂行为,谨防企业内部出现贿赂犯罪。

(四)企业内部运营中的刑事法律风险

人是企业存在并发展的必要条件,正如犯罪学泰斗切萨雷·贝卡利亚(Cesare Beccaria,1738 – 1794)所发现的,人类欲望本性致使犯罪现象不可消失,有人的地方就会出现犯罪①。企业正是人类牟利欲望的最鲜明、最具象、最集中之体现,因之企业内部运营中必定会发生盗窃、抢劫、诈骗等各类型犯罪。而相比于企业缴税、融资、社交中的外部刑事法律风险,由于员工滥用职权、牟取私利导致的挪用资金罪、挪用公款罪、职务侵占罪等内部腐败犯罪刑事法律风险更加突出,对企业内部管理制度的侵犯最为刻骨,对企业集体凝聚力的破坏最为剧烈,并会从根本上动摇企业根基②。

在我国《刑法》中,对于企业内部的挪用资金罪与挪用公款罪,二者的主观目的都是挪作他用。前者的主体要件要求为非国有公司、企业或其他单位的工作人员;后者的主体要件要求为国有公司、企事业单位和人民团体中从事公务的人员与受国有单位委派到非国有单位中从事公务的人员。同时,还须认识到国有企业中的挪用类犯罪并非全为挪用公款罪,要结合行为人具体身份进行认定。此外,挪用类犯罪与挪用类违纪行为之区别在于挪用数额、挪用目的,司法实践中需根据具体情况判断。对于企业内部的职务侵占罪,其与侵占罪之区别在于前者利用职务便利,后者利用工作便利;其与盗窃罪之区别在于前者是将他人所有、自己占有的财物变

---

① [意]贝卡里亚:《论犯罪与刑罚》,黄风译,北京大学出版社2008年版,第12页。
② 贾宇:《民营企业内部腐败犯罪治理的体系性建构——以〈刑法修正案(十一)〉的相关修改为契机》,载《法学》2021年第5期。

为自己所有，后者是将他人所有、占有的财物变为自己所有。

而企业内部的员工腐败行为性质复杂，仅凭内控管理部门依据企业内部规范进行查处并不能有效惩治腐败行为，应当构建覆盖员工工作全过程的流程化、一体化管理平台，即内控管理部门于前端制订企业员工行为规范、合规管理部门于中端依规审查员工行为、法律管理部门于末端向司法机关移送构成腐败犯罪的员工、风险管理部门于全端把控企业财务风险与形象风险。例如，员工利用职务侵占企业高价值财物且拒不返还，合规与内控管理部门仅能施以开除等轻缓惩罚，而法律管理部门可以向司法机关报案以求得对员工的更沉重之惩罚，并监督司法机关在企业中的取证行为不侵犯商业秘密、不影响生产秩序，更督促司法机关尽快归还作为证据的涉案财物。又如，部分员工腐败行为之公开严重影响公司形象，并可能导致股价下跌等情况发生，风险管理部门可以综合衡量风险，决定是否通过法律追究员工责任或何时追究员工责任，而非盲目地要求司法机关追诉。

因此，企业法律、合规、内控、风险管理协同融合机制也应助力企业内部的员工腐败治理工作。首先，企业法律、合规、内控、风险管理部门应当制订腐败合规制度，建立举报人保护规则与奖励规则，建构相应的企业形象评估与维持机制，细化刑事合规计划书中的员工腐败相关条款，规定相关部门的反腐败工作方法与职责，明确员工的反腐败义务与腐败后果，培育企业廉洁文化氛围。其次，企业合规管理部门应当与人事部门协同，在招聘中调查员工是否具有腐败前科或不良嗜好，在培训中讲授腐败案例及其惩处后果。最后，企业合规、内控、风险管理部门应当协同财务、生产、经营部门，建立腐败风险评估机制、调查机制，重点审查合同签订、材料进购、仓储管理、产品销售等犯罪高发环节，防止企业内部出现腐败犯罪。

结　语

刑事合规制度是现代化的企业犯罪治理模式，是法治中国建设重要成果，对稳定社会秩序、促进经济进步具有不可或缺之作用。同时，刑事合规亦为企业科学治理提供开展途径，并推动企业生产经营管理模式发展变革。当前，国内对于刑事合规的研究主要在制度理论层面，即刑事合规对传统刑事责任理论的冲击、对既有刑罚观念的颠覆，以及相应的刑事司法实践开展方法。而从企业角度分析企业内部管理中的刑事合规工作，更有利于切实推行刑事合规制度，并最大化地实现刑事合规对企业经济价值的保护。

企业合规不起诉适用对象研究

刘培智[*]

近年来,在最高人民检察院的统筹部署和积极推进下,各地检察院在拥有改革自主权的同时,已经陆续开始对企业合规不起诉制度进行探索,并且在取得阶段性成果后,进一步加大改革力度,完善"企业合规制度"这一作为从西方引入的新制度和新理念,在新时代下适应我国国情并发挥优势作用的中国之路。与此同时,从各地检察院适用合规不起诉的具体情况以及学术界对于该制度的理论研究现状来看,对于此制度的适用对象相关问题,依然存在不明晰和不确定之处。例如,适用该制度的企业规模应是倾向于大型企业还是中小微企业,该制度除轻罪外是否还适用于重罪,西方通行的"放过企业,严惩企业家"是否完全适合我国本土的现实情况,以及企业合规不起诉的实体法依据问题等。本文拟对此类问题进行论述,希望为合规的司法改革实践、学术理论体系的自洽和未来立法修订提供参考。

一、适用合规不起诉的企业规模类型

从域外企业合规实践的经验来看,西方进行合规整改的公司多为大型企业,甚至包括许多在全世界具有影响力的跨国公司。例如,2006年德国西门子公司卷入海外商业贿赂的事件后,历时2年进行详尽的企业内部合规整改,最终以罚款8亿美元的代价,与美国司法部和证交会达成司法和解,保留其在美国的上市资格,挽救了公司声誉,避免了日后更加难以估算的巨大损失,因此西门子公司的合规计划也被美国司法部称为最优秀的合规计划。此外,苹果、微软、沃尔玛等行业巨头均在公司的运营过程中被适用过暂缓起诉协议或不起诉协议,对企业产生了极大的

---

[*] 刘培智,北京理工大学硕士研究生。

激励效果,使其继续保持良好的市场竞争力,造就了与安达信案完全不同的良好结局。① 而在我国,无论是改革试点的地方检察院适用合规整改的企业,还是最高人民检察院于 2021 年 6 月 3 日和 2021 年 12 月 15 日先后发布的两批共 10 个企业合规的典型案例中所涉及的公司,大多为中小民营企业,其规模不大,员工人数也多为百人以下。在张家港 S 公司、睢某某销售假冒注册商标的商品案中,S 公司注册资本仅为 200 万元,在职员工仅 3 人,但依然适用合规整改,最终公安机关作出撤案处理,本案件也作为第二批企业合规典型案例予以发布。② 换言之,我国采取了与西方截然相反的适用模式,检察机关当前的态度更倾向于积极引导涉案中小微企业合规建设。但究竟采取何种方式更适合本土需求,笔者认为应从两点出发。

(一) 应保持积极引导中小微民营企业进行合规建设的策略

我国各地检察机关普遍将适用合规不起诉的企业规模限定为中小微民营企业,除去在改革初期的政策向导以稳妥为主的因素,还有一点重要原因,那就是我国民营企业数量巨大的现实情况。截至 2021 年年底,我国民营企业数量已达到 4457.5 万户,较之 2012 年的 1085.7 万户,在 10 年间增长了 2 倍,占当前企业总体数量的 92.1%。③ 既然中小微企业的数量在民营企业中占比最大,那么在涉嫌单位犯罪的群体中也当然以中小民营企业为主。民营企业如今蓬勃发展,在稳定增长、促进创新、稳定就业、改善民生等方面发挥重要作用,成为推动经济社会发展的重要力量。④ 国家近年来也反复肯定民营经济的重要地位,实施优化民营企业营商环境的战略。实践中大量的涉嫌犯罪的中小民营企业,尽管其规模不大,员工人数较少,也不如大型企业那样对接大量其他商业环节的商业伙伴。但数量如此众多的中小企业倘若稍有不慎违反刑事相关法律的规定,就全部给予刑事处罚,恐负面的社会效果积少成多,引发一系列潜在矛盾与风险。因为对这类中小微企业而言,一旦被打上犯罪的标签,招致的将会是灭顶之灾。与其他大型企业相比,中小民营企业本身在市场经营过程中就处于弱势地位。无论是在侦查阶段,对涉案财物采用扣押、查封等强制性措施,还是在公诉阶段对企业及负责人提起公诉,都有可能使

---

① 参见陈瑞华:《企业合规的基本问题》,载《中国法律评论》2020 年第 1 期。
② 《最高检发布企业合规改革试点典型案例》,载最高人民检察院网,https://www.spp.gov.cn/spp/xwfbh/wsfbh/202106/t20210603_520232.shtml,2022 年 4 月 25 日访问;《企业合规典型案例(第二批)》,载最高人民检察院网,https://www.spp.gov.cn/spp/xwfbh/wsfbt/202112/t20211215_538815.shtml#2,2022 年 4 月 25 日访问。
③ 参见林丽鹏:《民营企业数量 10 年翻两番》,载《人民日报》2022 年 3 月 23 日。
④ 参见习近平:《在民营企业座谈会上的讲话》,载《人民日报》2018 年 11 月 1 日。

得此类企业破产,酿成严重的社会问题,导致"办理一个案件,搞垮一个企业"的社会后果。①

因此,通过合规整改去挽救中小微民营企业,使得符合合规条件的、具有强烈合规意愿的民营企业积极开展合规建设,在适当情况下采取合规不起诉的处理,具有现实的迫切需要。这些企业本身就面临着市场、融资、转型等方面的问题,加之近年来新冠肺炎疫情席卷全球,其实施诸如生产、销售伪劣产品,污染环境,虚开增值税发票等犯罪,在某种程度上是为了生存而迫不得已为之,不能轻易以犯罪认定。对于中小微企业适用合规不起诉,尽管西方并未能向我们提供过多的经验借鉴,但我国近年来在各地试点进行的企业合规改革工作,已经积累了一部分的实践经验,并且从反馈效果来看,绝大多数中小民营企业在进行合规整改并适用合规不起诉后,无论是预防犯罪机制的体系构建,还是商业运行状况,都较之前有了大幅度的提升。

(二)应逐步将大型企业以及跨国企业纳入合规建设范围

企业合规的适用对象在西方多为大型企业,这一点十分值得我们借鉴,并且应当在今后合规不起诉的实践中,将此类企业纳入合规建设的范围,笔者试从两点展开论述。

首先,企业合规不起诉是对企业在涉嫌构成犯罪时,权衡各种处理方法及附随结果的利弊后,作出的最优应对措施。质言之,当企业被提起诉讼并被宣判为有罪后,其所要承受的是高额的罚金和直接责任人被追究刑事责任。除此之外,企业还将遭致随之而来的失去业务执照、失去市场、客户和员工、股票下跌以及持续不断的恶意监管等一系列难以承受的雪崩效应。② 但若能对符合合规建设条件的企业适用合规不起诉,不仅能使企业建立一套完善的预防犯罪的合规体系并且免受刑事处罚,而且能使得大量的员工、供应商、销售商等无辜人员免受波及,继续使企业在市场中从事商业活动。总之,合规不起诉制度符合"各方利益兼得"的基本原理,可以发挥替代刑事处罚的报应和威慑功能。③ 既然企业合规的本质是在寻求各方利益和社会整体利益的最大化,那么对大型企业适用企业合规不起诉便与此目的不谋而合。因为其上下游企业、第三方关联企业多、投资者多、员工多、客户多,违

---

① 参见陈瑞华:《企业合规不起诉制度研究》,载《中国刑事法杂志》2021年第1期。
② 参见陈瑞华:《美国暂缓起诉协议制度与刑事合规》,载《中国律师》2019年第4期。
③ 参见陈瑞华:《企业合规视野下的暂缓起诉协议制度》,载《比较法研究》2020年第1期。

法涉案水波效应明显。① 若能保证大型企业的存续发展,则可以最大限度地降低对企业投资者、员工、客户、第三方合作伙伴等群体的损害,实现良好的社会效果。

其次,对大型企业乃至跨国企业适用合规不起诉,是适应经济全球化发展和落实"走出去"战略的应有之义。中兴事件让国人近距离感知了什么是企业合规、企业合规对国家和企业的意义及中国企业走上世界必须进行合规建设。② 尽管我国基于疫情全球化的大背景,提出了构建以国内大循环为主体,国内国际双循环相互促进的新发展格局。但从长远来看,要想增强我国企业的国际综合竞争力,提升我国在世界商业经济领域内的话语权,就必定要支持一批大型企业的建设并积极走出国门。此外,大型企业大多都具有较为现代的公司治理体系、较为充足的财力支撑,开展企业合规的建设较之中小微企业具有先天的优势,更易建立标准的合规体系。在此宏观思想的指引下,我们应当与国际接轨,充分借鉴西方对大型企业进行合规整改的经验并将其付诸实践,为我国今后更好地应对类似问题打下坚实的理论和实践基础。

二、企业合规不起诉适用于轻罪还是重罪

我国检察机关在现阶段的改革摸索中通常将企业合规不起诉适用于直接负责的主管人员和其他责任人员可能被判处 3 年以下有期徒刑的情况。换言之,当前是将改革的重点放在对轻微单位犯罪适用合规不起诉,大体上属于《刑事诉讼法》中相对不起诉的范畴。对于重大的单位犯罪,司法实践中还鲜有涉足,但如此的做法不无疑问。

第一,从比较法的视野出发,西方适用企业合规不起诉的案件,大多以重大单位犯罪为主,许多经典案例在全世界范围内具有重大的影响力。如 2015 年英国某银行因违反《反贿赂法》而被提起诉讼,而后反欺诈办公室与该银行达成英国首个暂缓起诉协议,该银行共计支付上亿英镑的罚款费用并重建公司的合规计划,最终该银行被认为完全遵守协议,反欺诈办公室撤销了诉讼。在立法上,美国、英国、加拿大和澳大利亚等国也都在立法上确立了企业在涉嫌欺诈、贿赂、洗钱等严重经济犯罪方面,可与检察机关达成暂缓起诉协议或不起诉协议。③ 由此看出,对于重大单位犯罪适用合规不起诉的模式,在西方是已成通行的做法。如上文所述,我国应

---

① 参见李玉华:《企业合规不起诉制度的适用对象》,载《法学论坛》2021 年第 6 期。
② 参见李玉华:《我国企业合规的刑事诉讼激励》,载《比较法研究》2020 年第 1 期。
③ 参见陈瑞华:《企业合规视野下的暂缓起诉协议制度》,载《比较法研究》2020 年第 1 期。

逐步将大型企业纳入合规建设的范围,才更有利于维护社会整体利益。而大型企业由于商业规模大,经营风险较高,自然所涉及的犯罪类型也以重罪为主。因此,对于重大单位犯罪适用合规不起诉也与未来改革方向相衔接。

第二,仅对于轻微刑事案件进行合规不起诉,在学理上会使人产生多此一举的疑惑。相对不起诉本身就是指对于犯罪情节轻微,依照《刑法》的规定不需要判处刑罚或者免除刑罚的,人民检察院可以作出不起诉的决定。各地检察院几乎一致对单位犯轻罪进行相对不起诉的做法,也引发了试点区检察院领导的困惑:"既然企业本身犯罪情节轻微,符合相对不起诉的条件,又何必大费周章、耗时耗力搞合规呢?刑事激励不足,造成了不少企业合规热情不高、合规动力不足的局面。"①具体而言,只有对重大单位犯罪案件,才有必要推行耗时费力的合规考察制度。② 据此,对重罪笼罩下的企业进行合规改革,只有根据合规建设的结果决定是否起诉,才能获得企业合规内核所要求的重大刑事激励效果,使得企业具有进行合规整改的动力,提升进行合规的热情和意愿。具体而言,对于轻微的单位犯罪,若能根据《刑法》规定不需要刑事处罚的,可直接对单位及责任人员适用相对不起诉,若具备合规建设条件的,可以采取提出类似检察建议的方式,使企业完善其合规体系,更好地预防犯罪。我们应将下一步探索的重点放在可能被判处3年以上10年以下有期徒刑的重大单位犯罪适用合规不起诉的实践当中去。

详言之,适用轻罪还是重罪这一问题在企业合规不起诉的理论层面,并没有绝对的结论式的定义,但根据企业合规是谋求各方利益的最大化这一本质要求,只有对于重大单位犯罪进行合规不起诉的适用,方能最大限度地到达整改效果和制度初衷,将一般预防与特殊预防的效果有效统一。若将目前检察机关的通行做法延续下去,即对于中小微企业所犯的轻微单位犯罪才适用合规不起诉,那么企业合规的适用空间将被大大压缩,对企业的激励程度也将被削弱,这样的改革力度明显不足,难以激起浪花,对同行的其他企业也难以具有吸引力,使其积极主动地进行合规建设。因为,与西方不同的是,我国由于缺乏企业合规的先例,绝大多数本土企业并没有完善的合规体系、周密的合规计划以及专业的合规部门。因此,目前企业合规作为出罪事由的情况,大多发生在企业之前从未进行合规建设但涉嫌单位犯罪的场合。若能对重罪适用合规不起诉,其起到的激励效果不仅对于涉案企业

---

① 参见邱春艳:《从讲政治的高度共同推进企业合规工作——最高检调研组赴江苏张家港调研企业合规改革试点》,载《检察日报》2021年5月17日。
② 参见陈瑞华:《企业合规不起诉改革的八大争议问题》,载《中国法律评论》2021年第4期。

是显著的,而且可以引起同行的其他企业纷纷效仿,自觉建立相关合规体系,为日后可能存在的犯罪风险做预防。

在具体操作层面,可将对企业的附条件不起诉和相对不起诉相分离:对于轻罪,适用相对不起诉,无须大费周章地进行合规考察和建设;对于重罪,则可以适用附条件不起诉,并且设置考验期,根据最终的合规整改效果作出起诉与否的决定。并且应当在改革实践经验较为充足后,形成体系化、类型化的标准,适时修改《刑事诉讼法》,将对于企业的附条件不起诉内容列入其中。以免造成附条件不起诉在现行法中的适用对象只能是未成年人,而非其他(尤其是单位)从而导致的对重罪企业进行附条件不起诉于法无据的困境和质疑。①

三、"放过企业,严惩企业家"模式的中国化改造

"放过企业,严惩企业家"的制度设计是西方在企业合规领域内通行的做法,也被认为是企业合规的核心理念和基本要求。美国和欧洲国家将企业与企业内部高级管理人员加以分离,对企业经过合规监管认为已经实施有效合规计划的,可以作出不起诉的决定,而对于企业内部直接责任人员则提起公诉。② 对于我国而言,照搬该模式将存在理论和现实的多重不适之处。因此,应当对此模式和配套的理论体系进行中国化改造,使其适应我国本土情况。

(一)该模式的本土使用困境

在笔者看来,将"放过企业,严惩企业家"的办法完全套用在我国涉嫌犯罪的企业上来,不仅与我国现有单位犯罪理论相矛盾,也与我国大多数企业的管理模式相违背。

首先,该模式在本土适用存在理论困境。西方在处理涉嫌重大单位犯罪的企业时,通常采取将企业和直接责任人相分离的办法,对企业适用合规不起诉,对实施单位犯罪的个人提起公诉;或者提前与企业达成协议,要求企业更换董事会和监事会等管理层人员。但我国目前的单位犯罪理论采取以双罚制为主、单罚制为辅的原则,即对单位判处罚金,并对直接负责的主管人员和其他直接责任人员判处刑罚,或仅对直接责任人员进行处罚而不处罚单位。放过企业转而严惩个人的做法显然与我国的传统理论不符,因为从我国传统理论来看,个人责任实际上是对单位

---

① 参见黎宏:《企业合规不起诉:误解及纠正》,载《中国法律评论》2021年第3期。
② 参见陈瑞华:《企业合规出罪的三种模式》,载《比较法研究》2021年第3期。

责任的依附或转移,二者是捆绑在一起的,对个人进行刑法归责的前提是单位成立相应的单位犯罪。一旦对企业适用合规不起诉,意味着单位犯罪刑事责任的消灭,单位不构成犯罪则无法追究责任人单位犯罪的刑事责任,转而对其以自然人犯罪定罪处罚也不可取,因为单位犯罪中责任人的处罚较之自然人犯罪更轻。此时追究责任人,将是对单位犯罪结构的一种破坏。① 这是理论研究者和改革实践者无法规避的问题,这也是各地合规试点的检察机关迟迟无法将合规不起诉的范围扩大到重大单位犯罪的重要原因之一。具体而言,对于轻微的单位犯罪,无论是企业还是个人均可以适用相对不起诉;但对于重大的单位犯罪,若放过企业,对其适用合规不起诉,那处罚企业家的前提便不存在,"皮之不存,毛将焉附。"此矛盾已经成为对重大单位犯罪进行合规不起诉改革的重要阻碍。

其次,该模式还与我国企业管理模式的现实不符。我国目前检察机关对于涉嫌犯罪的单位和个人,基本上均采取不起诉的方法,即"放过企业,也放过企业家"。除对轻微单位犯罪而言,企业和个人大体上都满足相对不起诉所要求的情节轻微以外,还与我国企业普遍采取的管理经营模式相关。西方公司的现代化程度较高,组织架构科学,管理理念先进,所有权和经营管理权相对分离,存在大量的职业经理人。而在我国,民营企业的数量最多,适用合规不起诉的也多为民营企业,而在民营企业中,所有权和经营权高度集中,具有浓厚的个人或者家族色彩。② 因此个人的意志很大程度上决定了单位的意志,单位的重大决策也几乎是由所有权人作出的,企业和个人是高度统一的,严惩企业家在某种程度上就是严惩企业。因为,在这类家族式企业里,自身经营规模不大,内部权力运转单一,没有建立现代企业制度,企业的正常运转对企业负责人具有高度依赖性。③ 企业家一旦倒下,对企业而言将会造成重大打击,若不起诉的对象只能及于企业而不能及于企业家,则会大大打击企业家进行合规建设的热情。二者是一荣俱荣、一损俱损的关系,无论对谁采取提起公诉的方式,都将对剩下的一方造成难以弥补的伤害。因此,在对企业不提起诉讼后,不能一概把严惩企业家作为处罚重点,即便是对于重大的单位犯罪,也要将企业合规不起诉和现有的认罪认罚制度、少捕慎诉慎押的刑事司法政策相结合,最大限度地为企业家和企业,尤其是中小民营企业的可持续发展提供帮助。

---

① 参见刘艳红:《企业合规不起诉改革的刑法教义学根基》,载《中国刑事法杂志》2022 年第 1 期。
② 参见黎宏:《企业合规不起诉:误解及纠正》,载《中国法律评论》2021 年第 3 期。
③ 参见李小东:《涉案企业合规建设"深圳模式"的探索与实践》,载《人民检察》2021 年第 20 期。

（二）相关理论改造和适时立法修订的现实需求

不能采取相对不起诉的重大单位犯罪进而无法进行企业合规不起诉改革的现状的缘由有二。

首先，我国单位犯罪理论将个人责任与单位责任进行捆绑的归责原则，已经无法为"放过企业，惩罚企业家"这一模式提供理论支撑。因此，应当对单位犯罪理论进行适当的修改，既保证犯重罪的企业在进行合格的合规整改后得以出罪免受起诉，又能使实施严重危害社会行为的企业家受到应有的惩罚。从程序法的角度来看，企业进行合规建设和自我改造的最大动力在于谋求"非罪"的结果，合规不起诉是在程序上的"出罪处理"，即程序处置上的不予追诉，是一种"程序出罪"的办法。[①] 但从实体法角度来看，现有的单位犯罪理论体系至少在对重大单位犯罪进行适用合规不起诉时，存在矛盾之处，不能做到理论的自洽。为此，有学者提出要在理论上对单位犯罪结构进行改造，将单位和责任人彻底分离。具体而言，只有做到单位和责任人的分离入罪、分离出罪和分离追诉，才能使合规不起诉改革中的教义学困境得以化解。[②] 在笔者看来，此种改造涉及我国单位犯罪体系的根基，应当慎重为之，但对于企业合规改革而言，适当的改造却是必要的。换言之，至少应当在单位犯罪的出罪机制上将个人责任与单位责任相分离，才能顺利解决重大单位犯罪无法被纳入企业合规不起诉范畴之内的问题。对于重大单位犯罪，对企业依旧可以适用企业合规不起诉制度，对于直接责任人员可以综合运用认罪认罚从宽制度以减轻其刑事处罚，并降低由于对企业家的处罚而对企业造成重大打击的伤害。如若将单位和责任人分离出罪，则此制度模式可顺利推进。

其次，企业合规不起诉的实体法依据需要加以明确。详言之，对于已经具备《刑法》分则构成要件的单位犯罪行为，在现行法上并无合理的犯罪阻却事由去阻却其违法性和责任性，那么在理论上已经成立的犯罪，为何能通过企业合规不起诉制度从而获得无罪的结局？若轻微的单位犯罪可以通过适用相对不起诉，从而不进入审判阶段，但那些不满足"犯罪情节轻微"的案件，仅通过进行合规整改便可以适用不起诉，则在一定程度上有违反罪刑法定之嫌。因此，想要促进企业合规改革向深度发展，宣传典型案例的示范作用，就应当在积累相对丰富的实践经验和学术成果后，适时地转向立法论层面，对现行法律加以修改。例如，在单位犯罪章节增

---

① 参见陈瑞华：《从实体到程序：刑事合规与企业"非罪化"治理》，载《中国刑事法杂志》2021年第2期。
② 参见刘艳红：《企业合规不起诉改革的刑法教义学根基》，载《中国刑事法杂志》2022年第1期。

加企业合规不起诉的相关内容,作为法定的犯罪阻却事由,以免程序上的不起诉决定没有实体法上的依据,从而破坏罪刑法定的基本原则。

结　语

最高人民检察院于近日作出涉案企业合规改革试点在全国检察机关全面推开的部署,这标志着企业合规不起诉改革已进入新的时期。① 重大改革必须要于法有据,但也不能缩手缩脚。因此,各地检察机关应在现有法律框架内大胆改革创新,推动企业合规建设向中纵向发展。首先,应逐步将大型企业纳入合规不起诉的范围之内。其次,适用企业合规不起诉的案件不应仅限于轻微的单位犯罪,对于3年以上的重大单位犯罪,也应当在满足合规条件时加以适用。再次,应当将合规不起诉与认罪认罚从宽等制度相结合增强对企业家的刑事激励力度。最后,应在总结理论和实践经验的基础上,对现有单位犯罪理论进行改造,并适时对法律进行修订,确保企业合规不起诉制度的实体法依据正当。

---

① 《涉案企业合规改革试点全面推开! 最高检这次部署会释放哪些重要信号?》,载中国长安网,https://baijiahao.baidu.com/s? id = 1729007421613219932&wfr = spider&for = pc,2022 年 4 月 27 日访问。

第三编

刑事法前沿问题研究

律师对待真相的执业伦理分析

黄文伟[*]　庄国钦[**]

"真相"一词并非法律用语,对"真相"的追求的法律用语是"查明事实"。《律师法》并未直接规定律师这一义务,恰恰相反,律师不可避免地成为查明事实的障碍。以刑事诉讼为例,如果是在美国,律师必须告诉犯罪嫌疑人有对警方的沉默权,这相当于告诉犯罪嫌疑人有隐瞒事实的权利。在中国大陆,虽然犯罪嫌疑人没有英美法系的沉默权,但律师也可以告诉犯罪嫌疑人证明其犯罪是控诉方的责任,控诉方不得强迫其证实自己有罪,这在一定程度上也构成查明真相的障碍。很多犯罪嫌疑人长期接受的文化观念是"犯罪嫌疑人应该认罪服法",但律师却告诉其没有自证其罪的义务,还会告诉其非法证据可以排除。

律师需要追求真相吗?公检法只有搞错真相了,才会造成冤假错案,但并不是说真相对律师真的不重要。在律师誓词中,虽然没有真相两个字,但是其中"维护当事人合法权益,维护法律正确实施,维护社会公平正义"等内容都包含着真相的内容。当律师接受委托人的案件之后,他要积极追求委托人的利益,但是,他要维护的是委托人的合法利益,不能不顾委托人利益合法与否。委托人的合法权益必须依据事实和法律提出,由此可见,律师应该追求事实真相,将其所要争取的委托人权益建立在事实真相的基础之上。但是,如此得出"律师应该追求真相"的结论显然是简单化了。以刑事诉讼为例,《律师法》第31条规定:"律师担任辩护人的,应当根据事实和法律,提出犯罪嫌疑人、被告人无罪、罪轻或者减轻、免除其刑事责任的材料和意见,维护犯罪嫌疑人、被告人的诉讼权利和其他合法权益。"律师的辩护根据"事实"展开,就是要将辩护建立在真相基础上。不过,律师追求的真相并非

---

[*] 黄文伟,经济法硕士,仰恩大学法学院副教授,福建刺桐律师事务所律师。
[**] 庄国钦,建刺桐律师事务所律师。

犯罪嫌疑人犯罪构成的完整真相，而是"无罪、罪轻或者减轻、免除其刑事责任"以及有关"犯罪嫌疑人、被告人的诉讼权利和其他合法权益"的真相。同时，律师用证据来证明"事实"，其证明的标准也与公检法不一样。而且，即使是站在公检法的立场上，真相也不是诉讼的唯一目标。"如果仅仅以发现事实真相为唯一的诉讼目标，那么，几乎所有诉讼程序都可能是多余的和不必要的……刑事诉讼法所具有的官方权力限制法和人权法的性质决定了各项诉讼程序只能以维护正当程序、保障程序正义为最终的价值目标，而不可能对侦查公诉和审判机关发现案件事实真相具有积极的保证作用，并进而确保这些国家机构有效地惩治犯罪。"[①]

可见，"律师需要追求真相吗？"，这个问题的答案不应该简单归纳为"律师应该追求真相"，还要讨论"真相"是什么，以及面对真相的种种艰难抉择。

一、真相是什么？

真相是事物的真实面貌和情况。真相只有一个，但是呈现在人们观念中的真相却是多元的。

案件的发生都是在若干时间以前，时间的不可逆性也决定了案件不可能重演，就像人不能两次踏进同一条河流，也不能两次亲历同一客观事件。作为案件亲历者的当事人，只能通过他感知的事实来推断真相，但是这些事实只是揭示了真相的一个或者多个面向。真相比事实更完整，它是事实的全方位展现。

法官不可能是案件的发生、发展和灭亡的见证者；律师也一样，一般来说，他也不是案件的亲历者。他们通过事后收集的证据推断真相。关于客观真相与"证据事实"之间的关系有一个形象的比喻，案件客观真相的发生就像一个花瓶被打碎，而证据就是这个花瓶散落满地的碎片，"证据事实"则是由这些碎片所证明的事实。在法庭上用于裁判的"事实"不可能是你所经历的客观真相的重现，只能是事实碎片（证据）的重构。

当你打破花瓶后，你无法找到所有的碎片，即使找到了绝大多数的碎片，你也无法重新拼接成为与先前一模一样的完好花瓶，凭借证据这样一些事实碎片重构的案件事实与客观真相之间有可能存在一些差别。有的案件凭借证据重构的案件事实与客观真相相符合，有的案件凭借证据重构的案件事实则会与客观真相背离，但是，没有一个全能的上帝帮助我们确定哪些是相符合的、哪些是相背离的。证据

[①] 陈瑞华：《刑事证据法的理论问题》，法律出版社2018年版，第6页。

事实(凭借证据重构的案件事实)与客观真相之间距离的缩小,是法律人根本性的目标追求之一,但无论人们如何努力,总体来看,还是会有一部分案件的证据事实无法达到与客观真相相符合。借用微积分中的一句话表达就是——"无限接近但永远无法到达"。实现所有案件的证据事实与客观真相相符合亦是人类认知试图到达而永远无法到达之彼岸。基于回溯性认识的性质,"无论裁判者的确信程度多高,所认定的事实都不可能必然正确"。①

真相只有一个,我们只能通过感知的事实来推断真相,所以真相只能是一种推断。当事人可以根据他的回忆来推断真相,法官和律师不是案件的亲历者,他们只能通过证据来推断。因为立场和约束条件各不一样,他们各自推断的真相并不一定相同。由此看来,在客观自在的真相之外,人所有感知的真相至少有以下几种。

(一)当事人回忆和表达的真相

当事人不用考虑证据,只需凭自己的回忆事实构建真相。不过,因为人类理性的局限以及直接牵涉其本人的切身利益,当事人回忆建构的真相也不一定是案件客观真相的准确反映。当出现不可调和的纠纷,当事人自己无法对案件作出裁决,他们必须将真相表达出来由第三方进行裁决。同样由于人的局限和对自身利益的考虑,他们表达的真相也不一定等于印在他们脑海的真相。用语言描述的事实有可能出现扭曲。在刑事案件中,无辜的人在被审讯的过程中体验着各种各样的压力,他们可能会为了逃避进一步的审讯、获得侦查人员承诺的好处或者寄希望于以后的翻供等而做出本不存在的有罪供述。在民事案件中,当事人也可能因为表达不着重点、忽略重要事实以及案件审理时间有限,无法将对其有利的真相表达出来。

(二)法官眼中的真相

法官具有法官的身份,同时也是普通人,法官作为普通人推断的真相和他作为法官推断的真相其实是不一样的。例如,《刑事诉讼法》所确立诉讼程序和证据规则在不同程度上限制了对客观真相的发现,法官必须坚守这些程序和规则以维护程序正义,而不是突破限制发现真相。而当法官只是作为一个普通人的时候,他可以突破因维护程序正义设立的可能限制真相发现的制度去推断真相。

这里所说的"法官眼中的真相",是指法官作为法官而推断的真相,这种身份要求法官需要站在公正立场上运用各方当事人提交的证据去推断真相。对法官来

---

① 吴宏耀:《司法裁判中的事实问题》,载《法学研究》2004年第6期。

说,证据必须合法且查证属实。法官对真相的确信必须接受证据规则的约束,要经得起经验法则和逻辑法则的检验,以及满足证明标准的要求。

因为程序和证据规则的限制以及人的局限,法官眼中的真相(即法官对事实认定)仍然只能在一个相对确定的盖然性范围内,其结果只能是一个可能性的事情,而不是完全的确定性。正如有的学者所言,"如果一定要法官认定百分之百的事实,那恐怕只有老天爷才能当法官了"。①

(三)律师眼中的真相

律师站在其委托人的立场上根据他感知的证据并依据其经验和逻辑法则推断真相。证据必须合法且经过查证属实,才能作为认定事实的根据,但是,律师并非事实的认定者,他推断真相并不需要接受限制。律师眼中的真相并不等于法官眼中的真相,而最后决定案件结果的是法官眼中的真相。律师首先需要站在其当事人的立场上不考虑严格的证据规则限制建立起对真相的判断,而接下来的任务再是按照法官眼中的真相标准对本方证据进行规范并以合理推理说服法官。律师脑海中形成真相推断同他表达出来的用说服法官的真相并非完全一致,后者会受到证据规则的限制。

值得注意的是,律师站在其当事人的立场上追求真相有一个明确的界限——绝对不能为其当事人构造假象。律师如果主动制造假象从而胜诉,很可能要承担刑事责任的,例如《刑法》第306条规定的"辩护人、诉讼代理人毁灭证据、伪造证据、妨害作证罪",第307条规定的"妨害作证罪""帮助毁灭、伪造证据罪"和第307条之一规定的"虚假诉讼罪"。如果只是当事人制造假象,例如伪证或者虚假诉讼,那么理论上,律师没有法律责任。但是,如果律师知道,那么他很可能撇不清关系。律师不能不加判断地根据当事人的利益编造真相,而必须在遵守执业道德基础上去推断真相,这是律师保护自己的手段,也是维护当事人合法权益的关键。

(四)媒体眼中的真相

媒体与司法体系的认知标准有所不同,舆论媒体为博取眼球更看重感情的煽动和追随大多数人的意见,又因为侦查手段的缺乏而满足于通过口供、小道信息甚至流言来形成案件事实,而且又不必承担错判、误判的责任,媒体眼中的真相有可能陷于随意和偏激。不过,因为不受法律固有规定的限制,媒体眼中的真相通常会

---

① [美]约翰·W.斯特龙主编,[美]肯尼斯·S.布荣等编著:《麦考密克论证据》,汤维建等译,中国政法大学出版社2004年版,第5页。

包含朴素的正义观和自然法,这让媒体在一些案件也可能会作出比法律专业人士更接近客观真相的判断。

二、律师对真相追求的道德抉择

律师对待真相的困境,不仅在于真相的复杂性,更在于对真相的追求与维护委托人的合法权益可能存在矛盾。"真相重要,还是赢了重要?"一个理想的回答是律师要努力通过发现真相去赢。不过,律师通过发现真相去赢必然面临以下两个问题。

(一)面对不利于委托人的真相,律师怎么办呢?

作为律师,他需要被告知委托人所知道的所有相关事实,也需要努力调查事实真相。那些忽略任何潜在的相关事实的律师很可能使自己无法有效地为其委托人服务,因为"如果律师不知道在庭审中可能会提出些什么,也就无法进行恰当的辩护"①。一旦律师努力挖掘真相,就面临这样一个问题:有的真相对委托人有利,但有的真相对委托人不利。这些不利真相得出的结论,会让当事人的利益受损,律师应该怎么办?

律师不能以主持正义为由而出卖委托人的利益,对在执业活动中知悉的委托人不愿泄露的情况和信息,应当予以保密。如果不是这样的话,委托人就会无法自由充分地倾诉,而律师也将无法完成确定所有相关事实的职责。② 不过,对方当事人会利用这些事实攻击本方委托人,而法官的任务是全面掌握事实真相,他会努力发现对委托人不利的真相。这时,律师应该怎么办呢?他首先必须确认本人并没有参与到案件本身,所有的对当事人不利的"事实"对律师来说只是一种推断,因此,不能擅自做主自认对当事人不利的事实。

从维护委托人合法权益出发,律师应当保密对委托人不利的事实,而且不得擅自自认。但是,律师同时也要法律正确实施以及维护社会公平正义,因此,紧接着的难点是:"律师有必要劝说委托人如实地呈现客观事实吗?"

门罗·弗里德曼在《对抗制下的法律职业伦理》一书记述这样一个案例:欧内斯特·吉恩·冈恩,一个5岁的男孩,由于约翰·J. 沃谢克的过失行车行为而身受

---

① [美]门罗·弗里德曼:《对抗制下的法律职业伦理》,吴洪淇译,中国人民大学出版社 2017 年版,第 34 页。
② [美]门罗·弗里德曼:《对抗制下的法律职业伦理》,吴洪淇译,中国人民大学出版社 2017 年版,第 34 页。

重伤。事故发生后不久,来自沃谢克先生的保险公司的一位理赔员便来这位男孩家里拜访了他的母亲。这位理赔员告诉她没有必要请一位律师,因为只要男孩不接受医生的治疗之后,保险公司将立刻进行结算;如果冈恩女士那时候不满意的话,则可以请一位律师并提起诉讼。这位男孩的伤势如此严重,以至于需要医生治疗长达 23 个月。在那段时间的后期,冈恩女士反复努力去联系那位保险公司的理赔员,但发现再也联系不上了。这个时候她才请了一位律师,该律师很快为其提起了诉讼。不过,冈恩女士的孩子再也没有在法庭上获得申辩的机会,因为保险公司的律师成功地获得了一个 2 年的法定时效法令。针对这个案例,门罗·弗里德曼指出:"如果保险公司的律师对理赔员的行为一无所知,那么,提出法定时效法令的辩护意见并没有违背职业伦理的地方。不过,基于本案的不公正背景,该律师至少应该敦促该公司放弃申请法定禁令,这才是完全合理的——确切地说是职业伦理所要求的。"①

按照门罗·弗里德曼的观点,在这个案例中,对委托人不利的事实,律师没有劝说委托人如实地按照客观事实处理是违背律师职业伦理的。就冈恩女士的案例而言,如果能适当发挥律师与法官的能动性,施加于更高道德和职业技能要求,或许能实现公平正义。例如,要求律师敦促保险公司放弃申请法定禁令,要求法官更加积极主动地调查从而将"理赔员曾拜访冈恩女士要求其不必请律师"的事实揭示出来。但是,这样一些要求属于崇高的道德要求,不适合普遍的人性假设,不可能作为法律的强制性规则。由此可见,面对不利于委托人的真相,律师没有劝说委托人如实地呈现客观事实的法律义务,只是存在道德义务。对法官也是如此,将"理赔员拜访冈恩女士要求其不必请律师"的事实揭示出来只是道德义务不是法律义务。通过这个案例可以看到,一个律师高标准地执行职业伦理与其业务拓展在一些场合中是存在冲突的,律师有时候会为执行职业伦理而舍弃一些业务,甚至让自己陷入穷困之中。

就冈恩女士的案例而言,当冈恩女士的律师提出存在"理赔员曾拜访冈恩女士要求其不必请律师"的事实,律师作为保险公司的代理人不应擅自做主自认这一事实,但是,如果保险公司的代表也出庭并知道这一事实,而法庭又要求这位代表回答这样的事实呢?这时候,律师的技巧对这个案件的结果还是会有影响的。如果

---

① [美]门罗·弗里德曼:《对抗制下的法律职业伦理》,吴洪淇译,中国人民大学出版社 2017 年版,第 136 页。

律师不给保险公司的代表分析"自认"以及"举证责任"等相关规则,那么保险公司的代表可能会自认这样的事实。如果律师告诉这位代表自认的法律后果,那么这位代表可能就会选择说"不知道"。理论上,这是虚假陈述,但是因为无从查证,保险公司仍然会胜诉。

至此,律师要劝说委托人如实地按照客观事实处理的必要性就很清楚,如果没有劝说,那么就违背了"维护社会公平和正义"的职业伦理,也可能导致委托人作虚假陈述。现在的问题是,律师应该在多大程度上劝说呢?这个问题需要结合下面的讨论展开。

(二)委托人陈述及其提供的证据是律师发现真相的来源,如果这些陈述和证据存在假象,律师怎么办?

律师与委托人的信任关系之所以能建立起来,是因为律师倾向于相信委托人的话,而不是像检察官、法官那样抱着怀疑的态度来对待委托人的陈述。正义女神不睁眼,公正是不讲情感的智慧,但是对律师来说,不讲感情、"蒙上眼睛",委托人是无法相信他的。可见,律师对真相的追求,先得帮忙委托人理解什么是合法权益,努力引导当事人通过真相去赢,在此基础上,与委托人建立信任关系,相信当事人的陈述,但同时要注意当事人的陈述不是唯一的真相来源,要多角度查找真相来源,相互印证。

委托人陈述事实时,会本能地、不自觉地只讲对自己有利的事实,隐瞒对自己不利的事实。律师维护委托人合法权益,自然也是要寻找所有对委托人有利的证据,把这些证据组合成对当事人最有利的事实为其争取利益。不过,律师有必要站在比委托人更高的位置,避免只听对委托人有利的细节,而对其不利的细节掩耳盗铃,这样很可能在法庭被对方当事人驳倒。对委托人不利的点,就是对对方有利的点,如果不加以注意,就无法战胜对手。

律师要相信委托人,又不能毫无前提地全信,因为他要维护的是委托人合法权益,而不是所有利益,信任是建立在合法权益基础上的。鉴于当事人的陈述及其提供的证据可能存在假象,这也就凸显了律师执业纪律以及某些执业惯例的重要性。律师需要敬畏这些纪律和惯例。律师通过自己对真相的调查,发现真相与当事人的陈述不一样,则要引导当事人通过真相去赢。如果当事人不愿意接受律师的意见,那么律师应该怎么办?

当律师在"委托人陈述及其提供的证据"提交法庭之前获知"伪造",这时候律师应该劝说委托人不要提供,也可以选择退出辩护。不过,律师拒绝辩护将会带来一系列问题,给委托人增加经济负担。另外,如果庭审即将开始,法官是极不愿意批准退出的,因为这将赋予被告人推迟审判日期的权限,给庭审带来诸多问题。实践中,律师退出辩护的例子也很少,其中的原因将在"律师知道什么"这一部分进一步讨论。

当律师在"委托人陈述及其提供的证据"提交法庭之后获知"伪造",这时候律师应该怎么办？基于保密义务的要求,律师应该保持沉默。但是,如果律师并非在执业活动中获知"委托人陈述及其提供的证据伪造",他还有保密的义务吗？美国以享利·德林克为领导的美国律师协会职业伦理与申诉委员会的一个知名研究小组主张:"如果委托人欺骗法官说他没有前科,律师即便知道事实并非如此也应该保持沉默,不过,该研究小组中的大多数人认为,应该对律师获知委托人的前科记录并非源自委托人这样一种情形加以区别对待。"①也就是说,如果律师不是在执业活动中获知"委托人陈述及其提供的证据伪造",那么律师就没有保密义务。

律师保密只是一个方面,律师如果没有选择退出,那还得承担起辩护职责,这时律师应该怎么办呢？门罗·弗里德曼在《对抗制下的法律职业伦理》中作了详细的论证:"在我看来,在这种情形之下,律师的义务应该是劝诫委托人,告诉他打算出具的证言是非法的,但如果委托人决意出具的话,那么律师应该以通常方式提交证言并向陪审团论证该理由。任何其他步骤都将是对保密保证的违反。"②也就是说,不管是否存在伪造,律师都采取一样的辩护策略,因为律师必须遵守保密义务,而且律师无法绝对确定地知道委托人陈述及其提供的证据存在伪造。

三、律师知道什么？

前面讨论"律师对真相的追求与维护委托人的合法权益存在矛盾"预设了一个前提:律师能判断真相是否有利于委托人,律师能判断委托人陈述及其提供的证据是否存在伪造。但是,律师能知道什么呢？如果律师无法确定知道一件事,他又该如何对待知道、对待真相？

首先,在法院判决之前,律师能否知道真相是否有利于当事人？如果律师可以在法院判决之前确定地知道真相是否有利于当事人,就等于一个案件的结果是确

---

① American Bar Association, Committee ON Professional Ethics and Grievances, Opinion 287(1953). 转引自[美]门罗·弗里德曼:《对抗制下的法律职业伦理》,吴洪淇译,中国人民大学出版社2017年版,第34页。

② [美]门罗·弗里德曼:《对抗制下的法律职业伦理》,吴洪淇译,中国人民大学出版社2017年版,第39页。

定的,那么律师存在的价值就大打折扣了。在考试中,一个假设性的案件的结果可以是确定的,考试是有标准答案的;但是在真实的社会中,案件的结果是难以确定的,正因为如此,律师执业准则要求律师、律师事务所进行业务推广时不得承诺办案结果。打官司是一个动态过程,律师不能承诺办案结果,因为案件本身存在不确定性。不过,如果案件的结果是绝对不确定的,那么当事人请律师做什么呢?甚至诉讼程序也没必要了,直接"石头剪刀布"算了。这说明绝对案件结果怀疑主义不应该是一个律师的立场,律师还是能够大概率地判断"真相是否有利于当事人",他必须根据这个推断展开诉讼策略,这说明讨论"面对不利于当事人的真相,律师怎么办呢"这个问题还是有必要的。

其次,在法院判决之前,律师能否判断委托人陈述及其提供的证据是否存在伪造?这个问题的结论跟前一个问题一样,律师还是能够大概率地判断"委托人陈述及其提供的证据是否存在伪造",但是,当律师根据这个判断展开诉讼策略,就面临艰难的选择了。"伪造"一旦被法庭认定,当事人将可能面临处罚以及更不利的诉讼结果,而律师可能也被推定为参与伪证而被处罚甚至失去人身自由。但是,如果律师自己将"伪造"揭露,那么将违反其保密义务,而且可能会极大地影响职业前景,将被当事人列入"黑名单"。选择如此艰难,以致律师天然有这样一种倾向——律师不想将他所看到的"委托人陈述及其提供的证据"判断为伪造的,即使伪造痕迹明显,律师也不想这么做。

案件事实属于过去式,所有对真相的判断都只能是对过去的推断,这些推断有的与客观事实相符合,有的与客观事实相背离,但是人不是上帝,没有办法绝对确定哪些是相符合的、哪些是相背离的。也就是说,律师对真相只是大概的推断。因为律师有维护当事人利益的必要,所以他会倾向于认为"他所了解到的不利于委托人的真相不存在"以及"委托人陈述及其提供的证据不存在伪造"。但是,这会带来另外两个问题。

第一,如果这样做,律师会失去了他的初心吗?笔者的回答是"会的"。律师如果脱离"经验法则和逻辑法则"认定"他所了解到的不利于委托人的真相都不存在"以及"委托人陈述及其提供的证据不存在伪造",就会背离其初心。

第二,如果这样做,律师存在被推定为伪证和虚假诉讼的风险有多大?明明没有参与伪证和虚假诉讼,为什么被推定呢?客观事实没有办法重来,作为法律适用对象的事实都是推定而来,也就是当律师背离"经验法则和逻辑法则"认为"委托人陈述及其提供的证据不存在伪造",那么,律师本人就有可能被调查。无罪推定只是在法院最后裁决阶段才有的,在前期调查和侦查阶段则是本着"有罪推定"来办案的。一旦被作为调查和侦查对象,那从事律师行业的都知道这要消耗大量时间成本,还有将本不存在伪证罪和虚假诉讼罪办成铁案的可能,办成冤假错案了。而且,你还不能怪公检法机关,因为在法律上一切事实都是推定。

四、永远不要忘了维护社会公平正义

法律的应用不外乎"以事实为根据,以法律为准绳",事实是已经发生的事实,法律是已制定的法律,它们是既定的。所以,在很多人看来,律师的工作越是需要高超的技艺,越是精妙,就越是奇异,律师这个职业群体就越不可信的。一个案件的理想状态是按照既定的事实和法律来确定谁会胜诉,而不是律师的技巧。在全部案件中,如果要裁决出胜负,就有50%的案件一方会胜诉。这些胜诉中,有一部分是本就应该胜诉,但还有一部分是因为技巧让本该败诉变成胜诉。如果理应获胜,却因为对方律师的技巧,导致败诉,这时候你会觉得律师技巧是负面的。但是,如果你理应获胜,却因为对方律师的技巧或者法官检察官的糊涂让你可能面临败诉,而这时候律师的技巧让你胜诉,你会觉得律师的技巧是正面的。

可见,律师的技巧是一个中性词。但是,律师对待真相不应该只是一个技巧问题,必须有一个前提——也就是律师誓词所强调的"维护当事人合法权益,维护法律正确实施,维护社会公平正义"。"律师所属法律职业的核心特点是公共服务,公正和公共福祉则是公共服务的目标,是职业的理想。"①律师应该站在当事人的立场争取胜诉,但律师胜诉的动机不应该只是为了金钱,只是为了本方当事人,而要真的相信理应获胜。

因此,律师如何对待真相的问题,必须回到"什么是理应获胜"。理应获胜,简单地讲,就是根据事实和法律应该获胜。最理想的状况是依据客观事实真相和法律应该获胜的权益获胜(获得保护),而不该获胜的利益就不应获胜。真相只有一个,但我们只能通过感知的事实来推断真相,在法律中,我们据以作出法律判断的事实是由证据搭建起来的法律事实,是由证据推断的事实。假定客观事实对当事人不利,但证据事实未能显示这一点,当事人因此就不被法律追究责任(或者赢得了本不该有的利益)。直眼观之,这不符合依据客观事实真相的社会公平正义。法

---

① 许身健:《论律师职业的属性》,载陈光中主编:《刑事司法论坛》(第2辑),法律出版社2009年版,第56—58页。

律追求依据客观事实真相的公平正义,但是法律却无法让所有的此类公平正义得以实现。因为诉讼过程对事实呈现的局限性,法律不得不选择以举证责任的方式分配败诉风险,这样就有可能让一些当事人基于客观事实的权利由于无法举证而得不到法律保护,而另一些当事人却可能因为对方当事人无法举证得到了基于客观事实无法得到的权利。由于法律追求依据客观事实真相的公平正义存在难以克服的难题,我们必须建构一套法律人对待真相的职业伦理标准,否则法律人无法摆脱实现公平正义的道德困境。对于法官而言,当他令一方当事人因为对方当事人无法举证得到了基于客观事实无法得到的权利,我们不能由此判断法官的裁定背离了公平正义——只要法官的裁定是基于职业伦理规范作出的,即使法官的裁定不符合依据客观事实真相的社会公平正义,我们也不能说法官的裁定背离了公平正义;同样地,对于律师而言,当他的当事人因为对方当事人无法举证得到了基于客观事实无法得到的权利,只要律师没有背离职业伦理,就不能说律师背离了公平正义。

可见,律师如何对待真相本质上是一个"律师如何认定证据以及如何由证据推断事实"的问题,也是一个重要的职业伦理问题。法律上有关证据的规定,都是基于法官立场,如果律师只是按照这样的立场来对待真相,那肯定是无法为当事人接受的,律师也就失去了他的饭碗。律师作为体制外人士,他不应该完全按照法官立场理解"理应获胜",他要创造出新的"理应获胜"而成为法律变革和公平正义的推动者。律师职业群体亟待形成一套属于自己行业的"认定证据以及由证据推断事实"的执业伦理标准。这一套标准,在笔者看来,至少应该包含以下两个方面。

(一)站在维护委托人合法权益的立场上依据法律、经验法则和逻辑法则推断真相

司法是以经验为根据的学问,演绎推理中前提的真实性不能通过逻辑本身提供,需要经验来决定。① 对律师而言,其经验法则必须站在维护委托人合法权益的立场,即只要一项有利于委托人的证据有真实性的概率(不考虑是否满足法律基于法官立场明文确定的证明标准)就应该作为推断真相的基础,只要一项不利于委托人的证据有不真实的概率,就可以认定其不存在。与法官不一样,律师应该站在其委托人合法权益的立场上依据法律、经验法则和逻辑法则推断真相。

首先,一些证据可能不具备合法性,例如未经允许闯入第三者住处获取的捉奸

---

① 陈恩泽、肖启明:《当前法官纠纷化解能力的现状及对策》,载《法学评论》2009 年第 2 期。

证据,法官不会采纳,但是,律师则需要站在其当事人立场上相信其真实性。

其次,只有当事人的陈述而没有其他证据佐证的话,法官有可能不会将当事人的陈述作为推断真相的证据。但是,对律师来说,只要其当事人陈述的事实有存在的概率,他就应该相信当事人的陈述并作为推断真相的基础。

最后,在证据的查证属实方面,法官必须严格考察是否满足证明标准,而律师则是站在其当事人立场上的。对于对方当事人的证据,律师必须要求其满足证明标准;而对于本方的证据,虽然律师要努力让证据满足证明标准以便说服法官,但是如果证据满足不了证明标准,只要有存在的概率,律师仍然可以作为其推断真相的标准。

(二)站在维护公平正义的立场上依据法律、经验法则和逻辑法则推断真相

公平正义包括实体上的公平正义和程序上的公平正义。基于程序上的公平正义,律师必须维护委托人合法权益站在维护委托人合法权益的立场上依据经验法则和逻辑法则推断真相,应当保密对委托人不利的事实,而且不得擅自自认对委托人不利的事实。基于实体的公平正义,律师有必要劝说委托人尽可能如实地呈现客观事实并据此处理问题;有必要站在比委托人更高的位置,避免只听对委托人有利的细节,而对其不利的细节掩耳盗铃,尽可能完整地展开对真相的调查,发现自身推测的真相与当事人的陈述不一样,则要引导当事人通过真相去赢;律师不能背离"经验法则和逻辑法则"认定"他所了解到的不利于委托人的真相都不存在"以及"委托人陈述及其提供的证据不存在伪造"。

论"共生"趋势下黑社会性质组织经济特征的规范理解

陈 冉* 庄建利**

引 言

2021年以来,全国共打击涉黑组织164个、涉恶犯罪集团1018个,抓获犯罪嫌疑人1.4余万人,判处黑恶罪犯5360人,有效地保持了对黑恶犯罪露头就打的高压态势。[①] 但在依法治国的理念指导下,黑社会性质组织犯罪的司法认定对于当前"扫黑除恶"工作的合法开展具有重大意义。虽然各级司法机关都严守"打早打小"的刑事政策,但黑社会性质组织犯罪整体形势依然严峻。尤其是在2021年《反有组织犯罪法》出台后,"扫黑除恶"进入常态化,如何在刑事司法实践中具体落实"打早打小"政策成为亟待解决的问题。此外,黑社会性质犯罪组织逐渐转入幕后,取而代之的则是"合法经营"的外表,为案件侦查增加了难度。但撕下伪装的外衣后,内里依旧是寄生或者共生的黑社会性质组织,虽然褪去了暴力性特征,但却以"经济利益"或"经济实体"等"经济特征"形态光明正大地走向台前。这种合法经营的形态为案件侦办与司法认定带来了困难。本文拟在对黑社会性质组织犯罪"经济特征"的规范分析基础上,结合其在现代社会更为隐蔽的演变形式,从经济特征认定的混淆性角度,对其黑社会性质组织犯罪的本质进行揭露。

一、黑社会性质组织"经济特征"的规范解读

有组织犯罪在世界各国普遍存在且历史悠久,随着新中国对有组织犯罪的高

---

* 陈冉,北京理工大学法学院副教授。
** 庄建利,北京科技大学保卫部(处)研究实习员。
① 黄京平:《扫黑除恶历史转型的实体法标志——〈反有组织犯罪法〉中刑法规范的定位》,载《江西社会科学》2022年第2期。

压政策,其在一段时间内销声匿迹。但自改革开放以来,有组织犯罪在与经济特征相结合的过程中,逐步呈现出企业化的趋势,即在企业合法经营的外衣下继续从事有组织犯罪活动。这种有组织犯罪的新形态仅使得因其所造成的犯罪能量被几何级放大,更因其以经济为纽带的严密组织形式而使得对其进行司法认定的难度增加。①

我国在对黑社会性质组织认定中,对于其经济特征的认识在立法和司法上经历了从无到有、从具体走向抽象的过程。2000年9月举办了联合国第55届大会,并于11月通过了联合国《打击跨国有组织犯罪公约》,该公约对有组织犯罪集团从组织规模和组织化程度、存在的时间性、目的性、活动内容四个方面对有组织犯罪进行了界定。同年12月,我国最高人民法院《关于审理黑社会性质组织犯罪的案件具体应用法律若干问题的解释》(以下简称2000年最高法《司法解释》)首次规定了黑社会性质组织应当具备的经济特征为"通过违法犯罪活动或者其他手段获取经济利益,具有一定的经济实力"。这是我国从法律规范层面首次对黑社会性质组织经济特征肯定,遵循了该类犯罪的客观发展实际。黑社会性质组织犯罪的发展是通过不断增加犯罪组织人员,强化犯罪组织的结构,加大违法犯罪活动规模等方式实现的,但是这一切都必须以相当体量的经济规模为组织的发展提供经济支持。财力是黑社会性质组织的经济基础,财力决定黑社会性质组织的规模和实力。

2002年全国人大常委会通过立法解释,将黑社会性质犯罪组织的经济特征进行了明确,即"有组织地通过违法犯罪活动或者其他手段获取经济利益,具有一定的经济实力,以支持该组织的活动"。这一解释也最终成为《刑法修正案(八)》修订的立法文本内容。这一规定明确了黑社会性质组织在经济特征认定中的三个重要因素:其一,敛财方式的经济性;其二,对经济实力的考察;其三,财产用途的组织发展需要。在立法解释出台后,司法实践中又暴露诸多问题,因此此后又出台了一系列规定对以上三个因素进行解释。而2011年《刑法修正案(八)》仍然将立法解释的条文原文完整纳入法典。这从一个方面说明,虽然在司法实践中我们曾经有过对条文内容不同程度的分歧理解,但从立法层来说,这三个因素仍然是把握经济特征最为核心的三个因素。

2009年"两高一部"在《办理黑社会性质组织犯罪案件座谈会纪要》(以下简称

---

① 蔡军:《我国惩治有组织犯罪的刑事司法问题及其机制调适——基于有组织犯罪企业化发展趋势的思考》,载《河南大学学报(社会科学版)》2021年第6期。

2009年《座谈纪要》)中明确肯定了其敛财方式的多样性,黑社会性质组织不仅会通过实施赌博、敲诈、贩毒等违法犯罪活动获取经济利益,而且还往往会以开办公司、企业等方式对自身组织进行发展,从而更好地为经济活动铺路。因此,从敛财方式上并不要求财产取得方式必须是违法形式,即便是合法形式,只要把其中的一部分或整个部分用于违法犯罪活动或者促进犯罪组织的生存或发展即可认定为涉黑资金。而对于"用于违法犯罪活动或者维系犯罪组织的生存、发展",则规定一般是指购买作案工具、提供作案经费,为受伤、死亡的组织成员提供医疗费、丧葬费,为组织成员及其家属提供工资、奖励、福利、生活费用,为组织寻求非法保护以及其他与实施有组织的违法犯罪活动有关的费用支出等,明确了"经济特征"中的内容,但对于"经济体量"的规模化并未明确,这也造成了司法实践的认识不一。黑社会性质犯罪组织本身就是一个不断发展的过程,在刑事政策上所强调的"打早大小"如果不能具体化,就有可能突破罪刑法定的要求。

2015年《全国部分法院审理黑社会性质组织犯罪案件工作座谈会纪要》(以下简称2015年《座谈纪要》)再一次进行规定,明确将三类资产规定为黑社会性质组织的资产:有组织地通过违法犯罪活动或其他不正当手段聚敛的资产;有组织地通过合法的生产、经营活动获取的资产;组织成员以及其他单位、个人资助黑社会性质组织的资产。① 这是自1997年《刑法》创设组织、领导、参加黑社会性质组织罪以来,司法机关首次,也是唯一一次对"一定的经济实力"明确规定了最低数额标准。在具体考察时,从证据的角度看,对经济体量的考察,不仅包括了组织整体利益即组织在形成、发展过程中获取的、足以支持该组织运行发展以及实施违法犯罪活动的经济利益,还包括了实质上归于集体而归个人掌控的利益,比如获取的经济利益即使是由部分组织成员个人掌控也应当计入黑社会性质组织的"经济实力"。经济特征的判断囊括了黑社会性质组织通过任何手段、任何途径、从任何人处获取的任何资产,包括首次规定的"资助"通道,涵盖了在司法实践过程中常见的敛财方式。对"财产用途"不再是列举性的具体理解,而是着力于本质的认识,是否将所获经济利益整个或其中一部分用于违法活动或者支持组织的生存发展,成为认定黑社会性质组织的经济特征的关键性依据。无论获利后的分配与使用形式如何变化,只要在客观上能够起到发展组织成员、维护组织稳定、壮大组织势力的作用,就满足

---

① 参见各高级人民法院可以根据本地区的实际情况,对黑社会性质组织所应具有的"经济实力"在20万—50万元幅度内自行划定一般掌握的最低数额标准。

了"财产用途"要求,就可认定为用于本组织的壮大与发展。这一规定,较为明确地对经济特征进行了内容和程度上的界定,但这一界定在实践中也遭到了颇多质疑,比如将合法手段获取利益作为犯罪利益是否合适?合法实体本身的经营成本是否作为"财产用途"考察经济性?尤其是在经济体量的认识上,严格的"金额"限定是否有利于对黑社会性质犯罪组织的打"小"需求以及全国司法实践的需要,尚未解决。

2018年"两高两部"《关于办理黑恶势力犯罪案件若干问题的指导意见》(以下简称2018年《指导意见》)便对此进行了部分的回应,考虑由于不同地区的经济发展水平、不同行业的利润空间均存在很大差异,加之黑社会性质组织存在、发展的时间也各有不同,在办案时不能一般性地要求黑社会性质组织所具有的经济实力必须达到特定规模或特定数额。这实际上否定了2015年《座谈纪要》的20万—50万元最低额度标准,重新采用在2009年《座谈纪要》中规定的不确立最低额度的理论。扫黑除恶专项斗争以来,新颁布的司法文件都不再对"经济特征"作具体数额规定。对此,有的司法人员难免会认为眼下黑社会性质组织成立不再有经济实力条件的限制。司法人员不重视或者放弃"经济特征"的认定,将不可避免地导致黑社会性质组织司法认定标准的降低。而且也应指出该2018年《指导意见》用"一定数量的经济利益"去解释"一定的经济实力",其实并没有起到实质性的作用。同时,2018年《指导意见》还首次将"调动一定规模的经济资源用以支持该组织活动的能力"规定为"一定的经济实力"的组成部分,将"能力"看作"经济实力",在实际的司法实践中存在门槛降低、对象泛化的问题。

虽然我们不认同以硬性的数额标准去对经济特征进行"一刀切"的评价,但是完全不考虑数额所带来的经济体量评价需求也并不科学。从客观来看,我国立法不认可黑社会组织的存在,在立法政策上坚持的是一种打"小"的需求,客观上也是承认了黑社会性质组织与黑社会组织的区别,那么这种情况下,对于黑社会性质组织不加定量的区分,就有可能泛化黑社会性质组织的打击,将其与一般的团伙犯罪相混同。

二、黑社会性质组织经济特征的司法还原

对于黑社会性质组织经济特征的理解,必须着眼于其现实治理的需要,因此下文将根据在北大法宝所搜集到的132个黑社会性质组织犯罪裁判,对黑社会性质组织的经济性从其涉及罪名予以还原。

有组织犯罪集团在实际的违法犯罪行为中涉及各行各业。在有组织犯罪发端较早的欧洲，有组织犯罪的犯罪类型主要表现为以下八种形式：不同渠道的贩毒、军火交易和战略物资交易、倒卖汽车和信用卡、买卖人口、从事非法移民、金融诈骗、洗钱、政治领域的行贿。① 在不同的历史阶段中有不同的表现形式，但无一例外地都集中在当下社会背景环境中拥有高回报率的行业。

在我国黑社会性质组织犯罪在经济犯罪行为中涉及罪名颇多，通过对我国不同地区黑社会性质组织犯罪案例的统计可以看出，黑社会性质犯罪组织在进行违法活动时常常集中于高利润行业，比如放高利贷、收取保护费、开设赌场等，这些行业可以使他们在较短时间内获得大量的经济利益。

综观我国黑社会性质组织的经济来源。从司法实践情况分析，黑社会性质组织获取经济利益主要通过以下四种途径。

第一种途径是使用暴力手段进行敛财，对黑社会性质组织来说，这是最为有效也最为原始的积累方式。例如在我国20世纪90年代，大多数的黑社会性质组织都是集中于暴力性犯罪。

第二种途径是通过直接经营非法行业获取暴利。在具体的案件当中，表现的罪名包括开设赌场罪、强迫交易罪、非法采矿罪等。非法行业的高额利润吸引了大量黑社会性质组织对其进行投资，但是由于国家对这些行业的严格监管，从事非法行业也存在较大的危险，并且由于其他竞争者的存在以及市场的饱和，也使其无法进一步扩大规模，进而扩张再生。此类敛财方式在司法实践中数量较为稳定且有下降趋势。

第三种途径是在同行业内以非法手段排挤合法竞争者，集中体现在旅游业较为发达的地区与城市，这种方式的侵害对象一般集中于餐饮行业、娱乐行业、运输行业以及其他服务型的行业。例如在2016年宣判的案件中，湖南省张家界市的赵某为达到扩大势力，称霸一方，非法占有、聚敛更多钱财的目的，霸占部分路段的旅游客源市场，指使黄某带领20余人持刀、持枪连续守候几天，不准其他旅行社的外联人员在该线路接待游客。此后，为彻底控制阳和至武陵源区的散客旅游线路，组织成员将与其竞争的李美健砍致轻伤，最终实现了控制该条线路的目的，并以此获取大量经济利益。②

---

① ［瑞士］尼古拉斯·奎勒兹：《有组织犯罪的国际状况》，周欣译，载《环球法律评论》1997年第4期。
② 陶琛：《张家界永定区法院宣判一起涉黑案》，载《人民法院报》2018年4月19日。

第四种途径是通过开办合法企业谋取非法利益。社会不断发展,黑社会性质组织在经济形态上也随之转型,在开办公司时通常以合法身份和职业作掩护,十分具有隐蔽性。随着黑社会性质组织不断的发展与壮大,内部的管理体系也不断地完善,这种披着合法外衣进行犯罪的行为,单一地从外观来看,与其他市场行为并无二致,但是这些行业背后都被黑社会性质组织所控制进行非法活动。在公开的、合法的外衣掩盖下,黑社会性质组织从事违法行为将更不易被发觉,从而被曝光以及受政府及相关机构的打击的概率变小。

在东南沿海地区,经济发展水平较高,黑社会性质犯罪涉及的主要罪名包括强迫交易罪、开设赌场罪。以广东省为例,通过对"北大法宝"中广东省在2018—2020年间涉黑案件的统计,强迫交易罪占据了总涉黑案件的43%。此外,涉及案件数较多的还有开设赌场罪,有43%的涉黑案件触犯此罪名。可以发现,我国目前黑社会性质组织在敛财方式上仍然是通过强迫交易、发放高利贷、开设赌场为主要表现方式,但也逐步出现了披着合法外衣控制经济行业的趋势。

对此,不仅是在我国,在国际社会的有组织犯罪打击中,都逐步呈现出合法行为与违法行为共生的趋势。以公司、企业为依托和掩护谋取非法利益的犯罪方式逐渐兴起并不断增多,甚至已在一些地区成为黑社会性质组织犯罪的主流方式。在获利方式上,这些组织除了从事传统的"黄赌毒"活动和收取保护费,还以注册的合法公司企业为掩护和依托,通过垄断经营,强揽工程,强占交通、批发、农贸等各类市场,非法放贷等方式不断获取暴利。还有一些黑社会性质组织通过创办的各种"公司"使用非法手段和不正当手段为其客户收取合法或非法债务,从而收取高额佣金。这也在中国社会科学院发布的《法治蓝皮书》中得到了验证,该书提到我国黑社会性质组织犯罪越来越呈现出"白黑红"①的模式。也正是在这种发展情境下,大量黑社会性质组织从事违法行为的活动越来越少,取而代之的是用一种"潜在的威胁"对经济领域进行控制。

有韩国学者所做的针对韩国有组织犯罪所得来源的实证分析,试图探究这种表面上遵守着游戏规则但背后却利用不法或脱法的手段的组织犯罪,是否值得刑法规制。通过其调查分析,犯罪组织违法所得用于内部改造的情况来看,组织规模化逐渐缩小,60%的调查者认为组织成员是逐渐减少的趋势。在判断是否具有经

---

① "白黑红"模式,具体是指以"白色"(合法的公司,正当的行业经营和组织领导者的商业身份)为幌子,以"黑色"(组织领导人身份,暴力,暴力相威胁和腐蚀)为手段,以"红色"(政治身份或背景和保护伞)为护身,进行合法经营、非法经营与违法犯罪相交织的活动。

济特征时,大部分的组织都是以垄断的形式经营行业,从而获得利润。而面对全球打击有组织犯罪的趋势,78%的组织都开始杜绝强取或暴力等不法行为,并积极运用法律或经济知识伪造企业进入合法行业。①

随着我国连续开展的"严打"和"扫黑除恶"专项斗争,黑社会性质组织传统的"暴力性犯罪"色彩不断减弱,比重不断降低,而更多地倾向于强迫劳动、强迫交易、敲诈勒索等"软暴力"形式犯罪。这种变化同时也滋生出一种新的问题,即经验越丰富的犯罪组织成员,越有势力的犯罪组织,越能对社会生活发挥持续影响的黑社会性质组织,反倒较少使用甚至不使用暴力手段,方式趋向于平和。暴力性逐渐转向潜在性,因为实践中仅以此潜在性就能够达成交易的目的,这对于我们如何认识通过"合法财产"认定经济特征具有一定的压力。而且在组织构造上来看,传统的黑社会性质组织在阶层式构造下通过集体训练和严格的组织纪律来管理组织,而新型组织的转变是以经济利益为动力松散的联结起来的网络型组织。在与其他组织的关系上,即便是同样插手经济纠纷进行经济垄断,黑社会性质组织也逐渐从传统的在竞争关系中频繁发生物理性冲突,发展为放弃一定的权益通过协议谋求共生关系,这样的一种行为与经济活动中的合法经济行为越来越相似。

三、黑社会性质组织经济特征的具体理解

黑社会性质组织经济特征的认定几经立法和司法的诸多反复与调整,但从法律条文本身对其经济特征的概括来看,立场是统一的,核心在于"有组织的""违法手段或者其他手段""一定的经济实力"。

(一)"有组织的"经济性的认定

对于"有组织的",这是在判断经济特征时将组织经济特征与普通犯罪集团以及个人区分的关键,将个人财产与组织财产区分的关键。

何谓"组织"?并非存在于同一组织的行为就一定是有组织的。对于组织本身,其简明的含义是"按照一定组织的目的和系统组织起来的团体"②。我国社会学专家给组织下的定义是:"人们为了达到某种共同目标,将其行为彼此协调与联合起来的形成的社会团体。"③美国的戴维·波普诺认为组织有广义和狭义两种,广义

---

① 朴京来:《有组织暴力集团所得源实证研究》,载《社会转型与法学发展》暨纪念马克昌教授逝世一周年研讨会文集》。
② 《新华字典》,商务印书馆 1985 年出版,第 1129 页。
③ 郑杭生主编:《社会学概论新编》,中国人民大学出版社 1987 年版,第 252 页。

的组织概念为:"泛指人们共同活动的群体,包括家庭、家族、村庄等初级群体。"狭义的组织概念为:"相对于初级群体的次级群体形式,也可称之为正式社会组织。"①

从以上概念,我们可以明白,"有组织的"行为必然是基于组织整体的考虑,从这种意义上,普通犯罪集团是犯罪分子为共同实施某种犯罪而组成的相互协调的群体,也具有一定的组织性。德国著名犯罪学家凯泽先生将有组织犯罪的主要特征概括为:多人组成旨在营利的利益共同体,一方面要求对成员有严格的纪律要求,另一方面以宽松的行为方式笼括犯罪分子,犯罪行为有计划性和分工合作。其中主要强调了黑社会性质组织的经济目的与组织性特征,也足以说明在对有组织犯罪经济特征认定中其本身组织性判断重要性。

"组织性"可以对黑社会性质组织犯罪中的主体进行区分,即能够使个人成分与组织成分在经济特征中的认定有据可依。随着我国当下黑社会性质组织的企业化不断增加,越来越多的"黑企业"在司法实践中被我们所知晓。黑社会性质组织犯罪的主体往往具有双重性身份,一方面作为组织的成员受组织约束、完成组织的任务,另一方面作为一个独立的个体参与日常的生活。这便需要我们通过"组织性"的审查对犯罪分子在涉案经济活动中的身份进行认定。

黑社会性质组织则是犯罪分子为了共同实施黑社会性质犯罪活动而组成的相互协调与联合的群体,应当理解为非个人的,具有上下一体性,应当是指有组织地获取经济利益的行为,而区别于组织内部个人的行为,这也就是我们司法解释中所规定的,虽然形式上在个人名下但仍然认定为组织经济实力,也是基于个人是在组织之下的个人所拥有的财产。那么也可以理解为什么2018年的司法文件规定组织成员主动将个人或者家庭资产中的一部分用于支持该组织活动,其个人或者家庭资产可全部计入"一定的经济实力",但数额明显较小或者仅提供动产、不动产使用权的除外。而"动产和不动产"使用权仅是一种生存本身,并不足以对社会性质组织的发展起到实质性支撑作用。且立足于财产的归属权,黑社会性质组织只具有对财产的短暂使用权,而并没有得到其所有权,故不能算对组织的实际资助。2021年《反有组织犯罪法》第46条规定,涉案财产符合下列情形之一的,应当依法予以追缴、没收:为支持或者资助有组织犯罪活动而提供给有组织犯罪组织及其成员的财产;有组织犯罪组织成员的家庭财产中实际用于支持有组织犯罪活动的部分;利用有组织犯罪组织及其成员的违法犯罪活动获得的财产及其孳息、收益。在司法

---

① [美]戴维·波普诺:《社会学》(第10版),李强译,中国人民大学出版社2003年版,第199页。

实践中,我们必须基于"组织性"对黑社会性质组织进行经济特征的认定。

(二)经济特征的"黑色"本质的认定

在司法实践中很难有效地对"黑色"财产进行客观认定。一方面是黑色财产不易冻结且容易转移,另一方面对涉案财产的黑色认定中缺乏有效的制度建设。这一点在判决书的数据统计过程中也有明显体现,我们发现侦查机关很少能把确定的涉黑财产数额进行证据固定,所以通常在判决书中很少对黑社会性质的经济实力进行量化。我们可以作为参考的涉黑财产的刑事没收,也是在判决中刑事没收偶有注明,其完整性及真实性受到一定的怀疑。在我们收集的关于东三省、湖南、广东、福建的150份判决中,在判决中明确标明涉案经济总量的只有13件,占比仅为8.6%,且大部分为2018年下半年作出的判决。

2018年"两高三部"印发《关于办理黑恶势力犯罪案件若干问题的指导意见》的通知,对七种应当予以依法追缴、没收的涉案财产进行了明确认定。2019年4月9日,最高人民法院、最高人民检察院、公安部、司法部发布《关于办理黑恶势力刑事案件中财产处置若干问题的意见》。该意见对司法实践中"黑色财产"的认定又一次进行了重申,但本质仍是对2018年相关规定的承继,具体包括:(1)组织及其成员通过违法犯罪活动或其他不正当手段聚敛的财产及其孳息、收益;(2)组织成员通过个人实施违法犯罪活动聚敛的财产及其孳息、收益;(3)其他单位、组织、个人为支持该组织活动资助或主动提供的财产;(4)通过合法的生产、经营活动获取的财产或者组织成员个人、家庭合法资产中,实际用于支持该组织活动的部分;(5)组织成员非法持有的违禁品以及供犯罪所用的本人财物;(6)其他单位、组织、个人利用黑社会性质组织及其成员的违法犯罪活动获取的财产及其孳息、收益;(7)其他应当追缴、没收的财产。我国黑社会性质组织经济特征中规定的"以支持该组织活动"财产使用特征实际上贯彻了七种予以认定的涉案财产认定过程。对于财产是否为"黑色财产",并不考虑其来源、获取途径或存在方式,只以"是否用于组织发展"作为标准进行划分。对于合法财产,只要用于黑社会性质组织的发展,即便是组织成立前获得,甚至遗产也会被认定为涉黑财产。反之,没有用于黑社会性质组织发展的合法资金,不会被认定为涉黑财产,该理论在实际司法实践中也得到了印证。例如在2018年辽宁袁某案中,2010年11月11日,袁某因涉嫌故意伤害罪被当地警方刑事拘留。2014年1月,辽宁省营口市中级人民法院以组织、领导黑社会性质组织罪、故意伤害罪等六项罪名,判处袁某有期徒刑20年;判决追缴、没收袁某实际控制的22家企业及这些企业账户内的资金和企业车辆30余台。2015年11月,辽宁省高级人民法院对该案进行了二审判决,在维持一审法院对袁某和谢某定罪量刑的同时,对一审法院关于涉案财产的判决进行了调整。辽宁省高级人民法院终审认为,现有证据不能证明袁某的17家企业及其企业账户资金等,用于违法犯罪活动及与黑社会性质组织犯罪具有关联性,将这些企业及企业账户资金、车辆及冻结资金、其他资金部分予以追缴、没收不当,判决由查封、扣押、冻结机关依法返还。除这17家企业外,法院还判决,袁某及其家人名下和非涉案企业名下的各类财产,包括存款、入股银行的股金,袁某在2003年黑社会组织成立前已拥有的2000万元资产等合法财产也要进行返还,此外,对袁某不能证明用于黑社会性质组织的发展的合法财产进行返还共计6.79亿元。①

此外,财产认定中的困境具有普遍性,但每个国家结合自身情况都出台了不同的制度,世界上许多国家,其涉及黑社会性质组织犯罪分子证明其财产的合法来源,否则,就将其认定为组织黑色收入,进而予以追缴和没收。在意大利,特别法令第306条规定,黑手党人一经判刑,若无法说明所获金钱、物品、资金的来源,或其对其支配的财产与其个人合法收入不成比例的,即认定该财产为"黑色"收入,予以没收。联合国大会在2000年11月15日于意大利巴勒莫市签订《联合国打击跨国有组织犯罪公约》(又称《巴勒莫公约》)时也提出了一系列建议,即要求缔约国结合各国实际情况针对有组织犯罪在刑事诉讼法中增加"举证责任倒置"的规定。

我国2021年《反有组织犯罪法》第45条第3款规定:"被告人实施黑社会性质组织犯罪的定罪量刑事实已经查清,有证据证明其在犯罪期间获得的财产高度可能属于黑社会性质组织犯罪的违法所得及其孳息、收益,被告人不能说明财产合法来源的,应当依法予以追缴、没收。"采取了"高度可能"的推定,一定程度上削弱了公诉机关的举证责任。

(三)"一定的"经济实力的认定

在司法实践中如何对黑社会组织的经济实力进行准确认定,一直是一个较为困难的问题。在2001年,湖北武汉的容某等组织、领导、参加黑社会性质组织案中,②被告人容某为聚敛钱财,纠集、网罗20余名刑满释放及社会闲散人员,在武汉市洪山区和平乡一带设立赌场,其成员数量属于"人数较多"。该赌场由被告人容某组织、领导,在赌场的管理方面分工明确,骨干成员固定,从维持赌场秩序、在赌

---

① 《袁诚家为何获6.79亿国赔》,载宝坻长安网,http://www.tjbdcaw.gov.cn/tply/tjbdcaw-ifykusey5479602.shtml,2022年3月20日访问。
② 容某等组织、领导、参加黑社会性质组织案,载《刑事审判参考》2001年第23辑。

场上作弊、发放高利贷、到非法收益的管理、接送参赌人员及放哨等,均有固定的专人负责,并在赌场内部制定了严格的组织纪律,以控制组织成员,维护赌场的有效运转并确保自身的安全;通过多次较大规模的几种赌博,采取从中"抽头"、放高利贷以及垄断"鹤园小区"工程建设的地材供应等手段,被告人容某等非法聚敛了钱财,虽然被告人容某称其开设赌场仅获利三四万元,经济实力相对弱小,但最后法院还是认定该组织符合了组织经济特征,确认其为黑社会性质组织。从此案件中,我们可以看到在判断"一定实力"这样的抽象性规定时,虽然没有明确的量化判断标准,但是仍然要在司法中做到不枉不纵,要考察具体的经济实体的规模,有一个相对确定的标准。

为了解决这一问题,我们曾经在 2015 年《座谈纪要》中第一次对"一定的经济实力"作出解释,即各高级人民法院可以根据本地区的实际情况,对黑社会性质组织所应具有的"经济实力"在 20 万—50 万元幅度内自行划定一般掌握的最低数额标准。

在 2018 年《指导意见》中,再次对"一定的经济实力"作出解释,明确规定不能一般性地要求黑社会性质组织所具有的经济实力必须达到特定规模或特定数额。这并非单纯否定了 2015 年《座谈会纪要》的 20 万—50 万元最低额度标准。这是因为经济实力的判断基于地区差异以及组织发展阶段的不同,客观上的确无法明确量化,但根据立法规定,我们并不是放弃对经济特征"规模的要求"从对于经济实力的认定。

本文认为,只有对黑社会性质组织犯罪的经济实力或者经济体量进行确认才能保证性质判断的客观性。而在实际的司法过程中则需要两步走:第一步要对黑社会性质组织的成立时间进行认定;第二步则是对组织成立后的财产进行有效的"黑白"区分,对结果的产生结合当地实际的经济情况进行进一步考虑。

结 论

虽然在"共生"态势不断加剧的当下,对经济特征的分析在黑社会性质组织认定中越来越重要,但我们还是需要清醒地认识到,单凭黑社会性质组织认定的标准的四个特征中的任何一个或几个特征都不能认定一个组织为黑社会性质组织,对经济特征的认定应该结合其他三类特征进行整体性综合性的评价与认定。

刑事诉讼中的技术性证据审查与质证

——以电子数据及电子数据鉴定意见为例

张 寅[*]

在刑事诉讼中,技术性证据往往发挥着关键性的作用。技术性证据系影响案件性质、质量、衡量标准的证据类型,往往是决定罪与非罪、刑罚轻重的重要甚至是唯一标准,其准确性、客观性对于准确定罪量刑具有十分重要的意义。实践中,许多案件的定罪甚至量刑,几乎完全是建立在技术性证据基础上的,因此,一旦技术性证据被排除,整个犯罪指控的大厦便轰然倒塌。[①]

本文首先概要性介绍了技术性证据的相关知识,之后以电子数据及鉴定意见为例,探讨技术性证据审查的要点。第二、三、四部分为形式审查,主要包括审查形式要件是否完备、主体是否具有法定资质、程序是否符合法定要求等。第五、六、七部分为实质审查,主要包括鉴定依据的材料是否符合法定要求、鉴定方法是否符合相关技术标准或专业规范的要求、结论性意见与鉴定委托是否相符、表述是否客观科学合理等。

一、技术性证据概述

(一)技术性证据的定义

技术性证据,是指办案单位为解决案件中的专门性技术问题,依法委托鉴定人或聘请其他具有专门知识的人,运用科学技术手段和方法,依法收集、提取、固定和鉴别所形成的证据材料,或者由办案单位依法收集,并以科学技术手段和方法为载

---

[*] 张寅,高级工程师,律师,电子数据司法鉴定人,现任中国标准化研究院标新司法鉴定所所长,长期从事标准化、信息化以及在线法律服务领域的研究和服务工作。

[①] 何梦迪:《公诉实践中对技术性证据审查存在的问题及解决对策》,载《法制与社会》2017 年第 30 期。

体的证据材料。

（二）技术性证据的种类

在实践中，技术性证据主要包括鉴定意见、勘验、检查、辨认、侦查实验等笔录，视听资料、电子数据三大法定证据种类。另外，最高人民法院《关于适用〈中华人民共和国刑事诉讼法〉的解释》（以下简称《刑事诉讼法司法解释》）第100条第1款规定，因无鉴定机构，或者根据法律、司法解释的规定，指派、聘请有专门知识的人就案件的专门性问题出具的报告，可以作为证据使用。第101条规定，有关部门对事故进行调查形成的报告，在刑事诉讼中可以作为证据使用；报告中涉及专门性问题的意见，经法庭查证属实，且调查程序符合法律、有关规定的，可以作为定案的根据。

根据北京市高级人民法院的北京法院对外委托专业机构名录，法院建立名册的可以指派、聘请的专业机构，除了实行司法鉴定机构登记制度的法医、物证、声像资料，还包括工程造价、会计审计、房地产土地评估、资产价值评估、机动车鉴定、艺术品评估、测绘等各类专业机构。

实践中最为常见的技术性证据是鉴定意见和专门性问题报告。截至2022年4月30日，中国裁判文书网公开的刑事案件裁判文书共9941644篇，其中以"鉴定"为关键词进行搜索共检索到的文书有6040938篇，鉴定量占比为60.76%，这充分说明了技术性证据在刑事诉讼中的地位和作用。

（三）技术性证据的组合使用

在一个案件中，为了证明事实，通常需要多种技术性证据配合使用。以电子证据为例，在如今信息技术飞速发展的时代，越来越多的信息以电子形式保存，需要电子证据来认定法律事实的案件也逐渐增多。电子数据本身是证据种类之一，但是电子数据因其技术专业性和展现形态需要依赖专业设备，在很多领域都难以对其直观、具象、明确地认可，相比于其他书证或物证，在司法活动中也难以采用有形的方式进行证据展现，并且认定也会受到办案人员的技术知识影响。因此在实践中，通常需要和电子数据取证技术、电子数据现场勘查提取、电子数据司法鉴定结合使用。

（四）审查主体

由于技术性证据是为解决案件中的专门性技术问题形成的证据材料，要求制作主体是鉴定人或其他有专门知识的人，因此审查主体也应当具有专门知识并具备开展专门审查的能力。实践中，技术性证据审查的主要力量是检察机关的检查技术人员，但是技术性证据存在很强的专业性，要求某一角色兼具有多方面专门知识并不现实,技术性证据审查也并没有对实施主体的身份进行限制①,所以具备专门知识的法律人和专业技术人员都可以参与到技术性证据的审查工作当中。

二、技术性证据审查之形式要件完备

《刑事诉讼法司法解释》第 97 条第 4 项规定,对鉴定意见应着重审查以下内容:鉴定意见的形式要件是否完备,是否注明提起鉴定的事由、鉴定委托人、鉴定机构、鉴定要求、鉴定过程、鉴定方法、鉴定日期等相关内容,是否由鉴定机构盖章并由鉴定人签名。《司法鉴定程序通则》第 36—38 条规定,司法鉴定机构和司法鉴定人应当按照统一规定的文本格式制作司法鉴定意见书。司法鉴定意见书应当由司法鉴定人签名。多人参加的鉴定,对鉴定意见有不同意见的,应当注明。另外,司法鉴定意见书应当加盖司法鉴定机构的司法鉴定专用章。《司法部关于印发司法鉴定文书格式的通知》给出了规范的司法鉴定意见书文本,正文内容包括基本情况、基本案情、资料摘要、鉴定过程、分析说明、鉴定意见、附件七个部分。其中,基本情况应当简要说明委托人、委托事项、受理日期、鉴定材料等情况;资料摘要应当摘录与鉴定事项有关的鉴定资料,如法医鉴定的病史摘要等;鉴定过程应当客观、翔实、有条理地描述鉴定活动发生的过程,包括人员、时间、地点、内容、方法,鉴定材料的选取、使用,采用的技术标准、技术规范或者技术方法,检查、检验、检测所使用的仪器设备、方法和主要结果等;分析说明应当详细阐明鉴定人根据有关科学理论知识,通过对鉴定材料,检查、检验、检测结果,鉴定标准,专家意见等进行鉴别、判断、综合分析、逻辑推理,得出鉴定意见的过程。要求有良好的科学性、逻辑性。除此之外,文书格式还规定了纸张大小、字体字号、段落格式、行间距、盖章要求等。

三、技术性证据审查之主体合法

2017 年中央全面深化改革领导小组发布《关于健全统一司法鉴定管理体制的实施意见》,统一准入条件。2018 年司法部《关于严格准入严格监管 提高司法鉴定质量和公信力的意见》《关于严格依法做好司法鉴定人和司法鉴定机构登记工作的通知》,开始清理"四类外"司法鉴定机构。2019—2020 年,司法部陆续发布司法鉴定"四大类"执业分类规定,按照执业范围的层级结构将司法鉴定依次分为三个层级,即鉴定类别(第一层级为大类,包括法医类、物证类、声像资料、环境损害司法

---

① 赵宪伟、刘政:《论电子数据审查的"专门性"》,载《警察技术》2021 年第 3 期。

鉴定等"四大类")、鉴定领域项目(第二层级为中类,如录音鉴定、图像鉴定、电子数据鉴定)、鉴定分领域项目(第三层级为小类,如电子数据存在性鉴定)。细化和完善了司法鉴定机构登记管理。以电子数据领域为例,执业分类规定发布前,审批执业范围最小声像资料鉴定(限于电子数据),执业分类规定发布后,进一步细分为电子数据存在性鉴定、电子数据真实性鉴定、电子数据功能性鉴定、电子数据相似性鉴定,并且对每一小类的执业要求提出了具体规定。2021年司法部发布《法医类 物证类 声像资料司法鉴定机构登记评审细则》,细化司法鉴定机构登记评审要求,对新机构按新评审准则进行审批,同时对现有司法鉴定机构进行全面评查活动,重新审核执业范围,司法鉴定机构和司法鉴定人的执业范围不一定相同,需要同时审查出具鉴定意见的司法鉴定机构和司法鉴定人是否均具有符合鉴定委托要求的执业范围。对于不在司法行政机关登记管理范围的"四类外"鉴定机构和其他专业机构,应审查是否具有行业主管部门颁发的相关资质、是否具备相关的专业技术能力。

四、技术性证据审查之程序合法

《司法鉴定程序通则》及相关法律法规中明确了鉴定机构接受委托、鉴定资料接收、受理审查、鉴定人依法回避、指定实施的鉴定人数量、鉴定期限、复核程序、文书送达等的相关要求。

在司法部发布的2019年度司法鉴定违法违规行为查处典型案例中,黑龙江省森工总医院司法鉴定所及有关鉴定人不符合资质要求、违反鉴定程序案,指定司法鉴定意见复核人未进行实质的"鉴定程序和鉴定意见"复核,也未填写复核意见书存入鉴定档案。鉴定人未在鉴定听证会笔录、司法鉴定意见书底稿上签字、鉴定讨论没有书面记录,违反了多项规定。《司法鉴定程序通则》第35条第1款规定,司法鉴定人完成鉴定后,司法鉴定机构应当指定具有相应资质的人员对鉴定程序和鉴定意见进行复核;对于涉及复杂、疑难、特殊技术问题或者重新鉴定的鉴定事项,可以组织三名以上的专家进行复核。

《司法鉴定程序通则》第27条规定,司法鉴定人应当对鉴定过程进行实时记录并签名。记录可以采取笔记、录音、录像、拍照等方式。记录应当载明主要的鉴定方法和过程,检查、检验、检测结果,以及仪器设备使用情况等。记录的内容应当真实、客观、准确、完整、清晰,记录的文本资料、音像资料等应当存入鉴定档案。第33条规定,鉴定过程中,涉及复杂、疑难、特殊技术问题的,可以向本机构以外的相关专业领域的专家进行咨询,但最终的鉴定意见应当由本机构的司法鉴定人出具。专家提供咨询意见应当签名,并存入鉴定档案。第35条规定,司法鉴定人完成鉴定后,司法鉴定机构应当指定具有相应资质的人员对鉴定程序和鉴定意见进行复核;对于涉及复杂、疑难、特殊技术问题或者重新鉴定的鉴定事项,可以组织3名以上的专家进行复核。复核人员完成复核后,应当提出复核意见并签名,存入鉴定档案。经查询北大法宝,目前宁夏、山东、安徽、北京、江苏、福建、浙江、重庆等地的省级司法行政机关已经制定了司法鉴定业务档案管理办法,可以依法查阅复制司法鉴定业务档案进行审查。

五、技术性证据审查之检材合规性

由于电子数据极易修改、量大低密、精确复制、重建再现的特点[1],很多情况下需要收集提取电子数据后,委托专门机构进行鉴定。《刑事诉讼法司法解释》第97条第3项规定,对鉴定意见应当着重审查以下内容:检材的来源、取得、保管、送检是否符合法律、有关规定,与相关提取笔录、扣押清单等记载的内容是否相符,检材是否可靠。"两高一部"《关于办理刑事案件收集提取和审查判断电子数据若干问题的规定》第8条规定,收集、提取电子数据,能够扣押电子数据原始存储介质的,应当扣押、封存原始存储介质,并制作笔录,记录原始存储介质的封存状态。封存电子数据原始存储介质,应当保证在不解除封存状态的情况下,无法增加、删除、修改电子数据。封存前后应当拍摄被封原始存储介质的照片,清晰反映封口或者张贴封条处的状况。封存手机等具有无线通信功能的存储介质,应当采取信号屏蔽、信号阻断或者切断电源等措施。

在某个案例中,公安机关对于某个手机的提取违反了上述规定。之所以做这样的规定,是因为手机具有无线通信功能,可以被远程操作篡改数据,简单地将手机装入塑料袋达不到对手机的封存作用。而本案例汇总公安机关对手机进行电子数据检查是在第7天和第10天之后(根据电子证据检查工作记录),由于没有对手机进行信号屏蔽,所以手机中电子数据的真实性已经无法保证。另外,该检材手机被查获提取后又被使用过,检材已经被污染,无法保证数据的真实性。上述情况表明本案例的检材已经被污染,失去了证据资格和证据能力。

---

[1] 刘政:《检察办案中的电子数据及其取证实务》,载《中国检察官》2017年第9期。

六、技术性证据审查之鉴定方法

《司法鉴定程序通则》第 23 条规定,司法鉴定人进行鉴定,应当依下列顺序遵守和采用该专业领域的技术标准、技术规范和技术方法:(1)国家标准;(2)行业标准和技术规范;(3)该专业领域多数专家认可的技术方法。

在一起非法控制计算机信息系统罪案件中,公安机关委托鉴定机构对服务器上存储的相关程序功能进行软件功能鉴定,依据的标准为司法部公共法律服务管理局发布的《软件功能鉴定技术规范》(SF/Z JD0403004 – 2018)。该标准第 4.3 条明确规定了软件功能鉴定的操作步骤,其中第 4.3.1—4.3.7 条规定了鉴定前准备工作的要求。第 4.3.8 条规定启动待鉴定软件,按照软件运行的步骤,逐一运行该软件需要鉴定的各项功能;若待鉴定软件无法正常运行,则停止运行并做详细记录。第 4.3.9 条规定不可复现执行方案的操作要求。第 4.3.10 条规定提取软件的输入数据和输出数据的要求。但该案鉴定机构出具的鉴定意见书中,并没有第 4.3.8 条规定的操作,就更谈不上第 4.3.9、4.3.10 条规定的软件功能鉴定的结果记录了。从鉴定意见所描述的操作步骤看,鉴定人完全跳过了第 4.3 条的操作步骤,直接进入了第 4.4 条中的软件源代码分析。因此,无法判断送检的程序是否为可正常运行的软件。从这一点来看,本鉴定不符合《软件功能鉴定技术规范》的要求,鉴定的科学性、真实性无法保障。该标准第 4.4 条规定了目标软件分析应对委托方指定的软件的部分或全部功能进行分析,而鉴定人在对软件进行源代码分析的过程中,根据相应的关键字截取了部分代码行进行分析,分析的源代码仅是全部代码的一部分。因此,可以认为鉴定中进行的源代码分析并不足以反应软件的全部功能,存在断章取义、以偏概全的可能。最终,因该鉴定意见中描述的软件功能未依照相应的技术规范操作步骤得出,软件源代码分析缺乏全面性,认为该鉴定意见不具有科学性,对案件事实证明达不到排除合理怀疑的程度,其结论不作为认定案件事实的依据。

七、技术性证据审查之结论性意见的客观科学合理

结论性意见应与委托书中的委托事项和要求相对应,并且应当客观地描述,不应当做价值评判和法律判断。

还以上文的非法控制计算机信息系统罪案件为例。该案中公安机关鉴定委托书中的鉴定要求是"对'AAA.exe'进行软件功能鉴定",而鉴定意见书汇总检验摘要的内容却写明"对该程序软件中以'xx'为关键字的软件功能进行鉴定"。同时鉴定意见"二、检验过程与分析说明"描述将检材'AAA.exe'进行反编译得到汇编代码后,搜索"xx"关键字并导出相关代码行,然后进行代码分析。此操作过程与"检案摘要"中的描述相符,但与该鉴定的委托鉴定事项严重不符。并且此实际操作只是选择含有"xx"关键字代码行进行分析,所得到的是该代码行实现的效果,并不能反映该检材实现的软件功能,此举实际上大大地缩小了公安机关委托鉴定的内容,出具的鉴定意见和公安机关委托鉴定的事项是不一致的。

另外,部分机构出具的鉴定意见为了满足委托人的需要,在结论性鉴定意见部分没有做到客观描述。例如,"经检验,检材中包含公民个人信息100000条","经检验,在检材中提取淫秽录像文件83个,提取淫秽图片10332张","经检验,该组织的运行模式符合传销组织特征","经检验,犯罪嫌疑人对计算机系统的破坏达到了特别严重的程度"等都是错误的。正确的表述应为"包含姓名、手机号、身份证号信息共100000条","提取到录像文件83个、提取到图片文件10332张","下级会员账号数量大于30个且下级会员账号多于3层的会员账号数量是100个","造成为120000名用户提供服务的计算机信息系统不能正常运行3小时"。

结　语

当下的诉讼案件与专业技术领域的联系越来越密切,传统案件中涉及的专门知识类别多样,如法医、物证、声像资料等,新型犯罪领域更是涉及越来越多的专业领域,如网络犯罪、金融犯罪、知识产权犯罪等。在冤错案件纠正、疑难案件处理等容易引发社会关注的诉讼中,处于争议焦点的事实与证据问题往往带有浓厚的专业技术色彩。① 为了规范和提升技术性证据审查工作,应在充分考虑法律法规需求的基础上,建立一套技术性证据审查标准,作为对法律法规的延伸和补充。以标准化为抓手,促进技术性证据审查工作规范化,提升办案效率和质量。

律师作为辩护人,是刑事诉讼参与人之一,其中质证是律师履行辩护职责的一项重要工作,也是辩护律师的一项基本功。因此,律师也应尽量参与到技术性证据审查的工作中,提升质证能力,促使法院准确认定对被告人有利的案件事实,提升辩护效果。

---

① 廖静舒:《浅析检察机关技术性证据审查面临的困境及发展趋势》,载《法制与经济》2018年第10期。

刑事强制医疗审批的证据问题研究

——以强制医疗申请被驳回案件为视角

向　静* 　刘于禾**

一、刑事强制医疗审批的证据审查研究的必要性

近年来,精神障碍者肇事肇祸案件频发。精神障碍者所致刑事案件诉讼程序中,强制医疗审批工作是重要环节。精准的强制医疗决定,不仅可以实现此类特殊刑事案件的"罪刑法定",还可以最大程度地保障精神障碍者的治疗权,降低精神障碍者的社会危险性。司法实务中,由于行为人精神与行为异常,多单人作案,讯问中配合度有限,取证固证有一定难度,部分案件相关证据不满足强制医疗程序适用条件,被法院或检察院驳回强制医疗申请,致有暴力危险性的精神障碍者重回社区,部分人员已重复作案,增大了治安风险。加强对刑事强制医疗审批的证据审查研究刻不容缓。

（一）理论层面的必要性

刑事强制医疗[①],是《刑事诉讼法》在2012年修订后添加的针对依法不负刑事责任的精神病人犯罪所采取的一种特别程序。本文所述的"强制医疗",是指针对有触犯《刑法》之行为,又依法不负刑事责任的精神病人所实施的特别程序,不涉及《精神卫生法》中的"非自愿住院治疗"。

这一特别程序的审批参照《刑事诉讼法》及有关司法解释,须满足三个要件:一是暴力行为要件,即实施了暴力行为并造成一定危害结果;二是刑事责任要件,即

---

* 向静,神经医学博士,犯罪心理学博士后,西南政法大学刑事侦查学院副教授、硕士研究生导师。
** 刘于禾,任职于西南政法大学特殊人群心理与智能管理服务研究中心。
① 《刑事诉讼法》第284条规定,实施暴力行为,危害公共安全或者严重危害公民人身安全,经法定程序鉴定依法不负刑事责任的精神病人,有继续危害社会可能的,可以予以强制医疗。

经法定程序鉴定为"无刑事责任能力";三是社会危害要件,即曾经实施了危害社会或公民人身安全的行为,并且有再次实施危害行为的可能性。而相较于法律程序层面的强制医疗认定,实体层面的证据审查更为严格谨慎。依据《刑法》第 18 条的规定①,强制医疗实体要件的认定,需满足三个条件:一是经法定程序鉴定为"精神病人",也即精神障碍者;二是该精神障碍者作案当时是不能辨认或不能控制自己行为的,则须有充足的证据证明被申请人有作案行为,并造成了危害后果,且经鉴定"无刑事责任能力";三是"必要的时候"才实施强制医疗,主要是对具有暴力倾向及具有主动攻击意识的精神障碍者适用。②

关于强制医疗的主体,主要可分为启动、执行与监督三大主体。我国《刑事诉讼法》规定,在普通刑事案件的刑事诉讼进程中,公安机关与检察机关共同承担着打击犯罪的职能。刑事强制医疗虽然是特别程序,但是其运行机制却较普通刑事诉讼程序区别不大,因此其启动主体仍为公安机关和检察机关。

对于刑事强制医疗的执行主体,我国 2012 年《刑事诉讼法》虽然出台了这一特别程序,但是其中并未对刑事强制医疗的执行主体作出明确规定。参照我国《刑事诉讼法》《刑法》与最高人民法院相关解释的有关规定,结合司法实践中的具体操作,刑事强制医疗通常由隶属于各地公安机关的强制医疗所、指定的医疗卫生机构或是精神病医院、安康诊所等负责接收与医治。

对于刑事强制医疗的监督主体,我国《宪法》规定法律监督的专门机关为检察机关。根据《刑事诉讼法》第 307 条的规定,检察机关对此类案件的实施过程实行法律方面的监督。因此,检察机关即是刑事强制医疗程序实施过程中的法定监督责任主体。

目前,对强制医疗的学术研究多集中于强制医疗程序本身,包括程序启动、司法鉴定以及具体执行等问题,对强制医疗程序的证明问题研究则是以三大要件的证明为主,另有对强制医疗程序的证明机制,包括具体的证明对象、证明责任以及证明方法等方面的研究,还有针对强制医疗程序适用要件及其证明标准的研究。有学者指出,我国并未建立强制医疗司法审查模式,而是由精神卫生机构行使强制

---

① 《刑法》第 18 条第 1 款规定,精神病人在不能辨认或者不能控制自己行为的时候造成危害结果,经法定程序鉴定确认的,不负刑事责任,但是应当责令他的家属或者监护人严加看管和医疗;在必要的时候,由政府强制医疗。

② 向静:《精神障碍者所致刑事案件的侦查取证——"以审判为中心"为视野》,载《公安大学学报(社会科学版)》2018 年第 1 期。

医疗的决定权,强制医疗决定程序中的证明责任和证明标准问题均被淡化。在刑事强制医疗诉讼中,应根据不同的证明内容设置不同的证明标准。① 另有学者认为,如何根据强制医疗裁决的特殊性确立其证明机制是保证庭审顺畅进行的核心问题。应在承认强制医疗保安处分性质的基础上,依据强制医疗的适用条件确定其证明对象,指明由检察机关承担最终的证明责任。② 还有学者主要就新《刑事诉讼法》实施以来,强制医疗程序中存在的证明问题进行了剖析,认为强制医疗程序还存在一些问题,主要表现在:证明对象范围太过狭窄、证明责任主体不够明晰、证明程序问题存在不足、精神病鉴定机构以及鉴定方式尚不完善等。③ 总之,国内针对刑事强制医疗程序证明问题的相关研究,几乎都是针对制度、程序本身的,即对其证明机制的研究。基于对驳回强制医疗申请判例和相关案件的实证研究鲜见,更缺乏针对强制医疗案件,从证据审查角度对嫌疑人犯罪行为认定及案件是否符合相关法律适用要件等的研究。

对比我国来看,域外的刑事强制医疗制度方面的立法较早。英国早在1983年就颁布《精神卫生法》,并且将刑事强制医疗程序细化为三个重要阶段,即侦查、审查起诉和审理阶段。④ 无论是英美法系国家,还是大陆法系国家,虽然刑事强制医疗程序本身有很大不同,但是笔者对二者的法律制度进行分析和总结,发现以下相同点。第一,法律体系相对完备。域外国家的刑事强制医疗制度出台较早,经历几十年的司法实践后,法律体系不断修正与发展,使得其在适用条件、案件审理与执行措施等方面均有不同程度的立法规制。另外,国外也较早颁布《精神卫生法》对刑事强制医疗程序加以调整。第二,实施过程贯穿比例原则,即在适用强制医疗措施时,充分考虑被申请人的各种因素,如家庭情况、社会危害程度等。近年来,我国在适用强制医疗措施时,也开始考虑被申请人的综合因素。⑤ 第三,保障被申请人的诸多权利不受侵犯。国外在启动刑事强制程序到执行的过程中,有着完备的当事人权利保障体系,如设置庭审或听证程序、赋予强制辩护程序等。⑥ 结合域外国家刑事强制医疗程序的现状,笔者发现国外的研究亦大都集中在程序本身,并且涉及完善法律体系的各个环节,针对刑事强制医疗程序中证据审查研究仍是鲜见。

---

① 陈绍辉:《精神疾病患者强制医疗的证明标准研究》,载《证据科学》2014年第2期。
② 潘侠:《刑事强制医疗证明机制论》,载《河南社会科学》2015年第3期。
③ 蒋力:《刑事强制医疗程序中相关证明问题的细化》,载《湖北警官学院学报》2014年第8期。
④ 李娜玲:《域外刑事强制医疗程序之比较分析》,载《河北法学》2013年第12期。
⑤ John parry, Lizimiral Mental Health and Pisabilitu Law, *Evidence and Testirory*, ABA, 2008. p. 18.
⑥ 饶路林:《精神病人刑事强制医疗程序研究》,湖南师范大学2018年硕士学位论文。

(二)司法实践层面的必要性

域外国家在《精神卫生法》强制住院治疗制度方面的实践开展较早,已形成了较为全面、系统的强制住院治疗制度规范。笔者通过考察英、美、德、日四国的强制住院治疗制度后,发现不同国家因其文化背景的不同形成差异化的实践模式,但各国对于强制住院治疗制度的操作却具有不少共同点,这些共同之处恰好反映出不同国家这一制度所具备的应然价值。

第一,适用对象明确。适用对象必须符合三个必要条件:一是要患有精神疾病;二是要有伤己或伤人的行为或危险;三是具有住院治疗的必要,但其自身或监护人拒绝住院治疗。第二,法定期限明确及审查复核机制成熟。各国对于强制住院治疗的期限均有显性的法定要求,英国与日本更是设有具备司法性质的第三方独立机构,并且每年定期根据患者具体情况进行及时的机构审查评估,参考并接受患者诉求,对于不符合强制住院治疗条件的患者,立即解除对其医疗限制。第三,申请与决定主体严格。各国强制住院治疗的申请主体一般为患者监护人、近亲属以及社区警务人员等,个别国家有其特殊规定与特别程序。另外,就决定主体而言,美国与德国的决定权在法院;英国与日本则是具备鉴定资质许可的精神专科医师。第四,权利救济途径相对完善。对于不服强制住院治疗决定的患者、其监护人和近亲属,可在规定期限内向法院、医院负责人或是独立第三方机构提出诉求并申请法院听证。在住院期间,也可定期申请审查复核。在事后的救济制度中,不同国家具有不同独立公正的司法审查模式。结合域外国家刑事强制医疗制度实践的现状,对强制医疗申请被驳回案件的针对性研究目前尚缺。

我国不少学者从保护人权的角度出发,认为对于犯罪行为的证明,无论是在普通诉讼程序中还是在特别程序中,都应实行最高的证明标准,即排除合理怀疑的标准。即便是对精神病人的犯罪行为的认定,也应与普通程序一样达到排除合理怀疑的标准,不得因其精神状况而降低标准。[①] 在刑事诉讼进程中,这样的要求无可厚非,惩罚犯罪的同时亦要保护人权。

对于精神障碍者所致刑事案件,侦查取证环节有其特殊性,并面临不少困境。强制医疗审批的证据研究,一方面给司法机关在具体取证细节方面提供实务指导,另一方面给法院在刑事强制医疗案件的证据审查方面提供借鉴。

---

① 向静:《精神障碍者所致刑事案件的侦查取证——"以审判为中心"为视野》,载《公安大学学报(社会科学版)》2018年第1期。

基于精神障碍者所致刑事案件与其证据调查的特殊性,本文采用案例研究的方法,考察裁判文书网有关刑事案件强制医疗申请被驳回案件,并调研本地刑侦部门强制医疗申请被驳回案件,探索此类案件存在的相关问题,提出完善强制医疗审批程序的司法实务应对措施。

二、刑事强制医疗申请被驳回案件的现状考察

笔者以"驳回强制医疗"为关键词,查阅中国裁判文书网所有精神障碍者所致刑事案件中申请强制医疗的相关判例,实际排查了 128 例裁判文书,排除了法院实际通过审批的 63 例案件后,筛查出 65 例被法院驳回强制医疗申请的案例。以下从涉案地区、犯罪行为及驳回原因等方面对案件进行分析。

(一)涉案地区

样本案件涉及的地区较广,基本遍布全国,涉及粤、黔、鄂、苏、吉、冀、津、鲁、京、浙、豫、黑、皖、湘、闽、蒙、晋、陕、赣、滇、川、渝等 22 个省、自治区和直辖市。其中,广东、浙江、江苏、湖南以及福建的案例数量较大,位列前五(见图 1)。

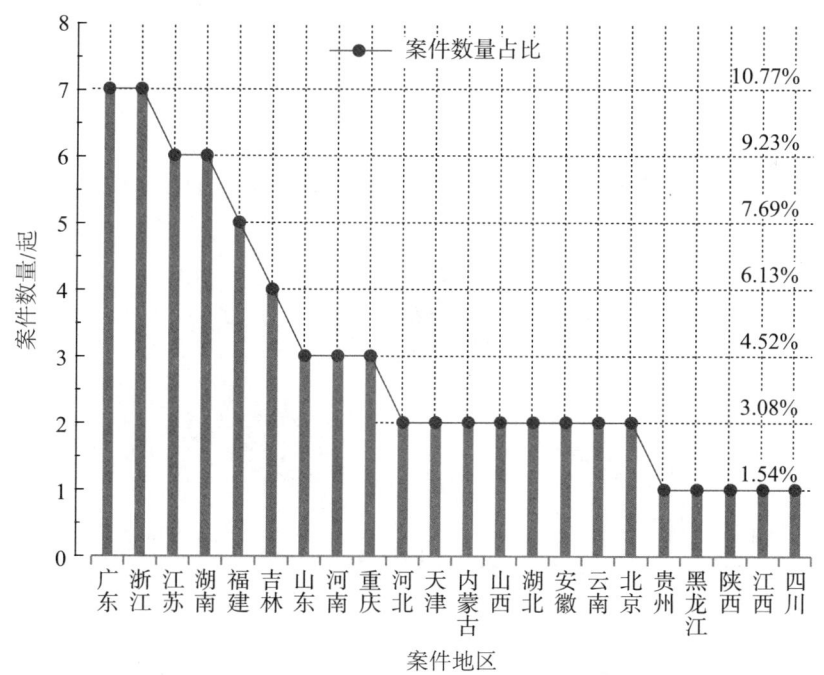

图 1 各省案件分布情况

沿海经济发达地区的案件数量较大,强制医疗驳回率较高,这似乎是个反常现

象。通常来说,经济落后地区的医疗条件差、医疗资源相对短缺,强制医疗程序实施的客观难度较大。但实际上,广东、浙江、江苏、福建等沿海经济发达地区的强制医疗驳回案件数量却较大,细究可能的原因,一是这些地区的法官对于强制医疗程序审批及证据审查十分严格,法律适用问题审查的精细化程度较高;二是由于经济发达地区的医疗条件优越,被申请人自侦查至审判阶段,接受了充分治疗,至法院进行强制医疗申请审批时,被申请人的精神症状已得到较大改善,经鉴定其社会危害性已大幅度降低,法官认为已无须继续强制医疗。

(二)案件所涉犯罪行为(见图2)

被申请人采取故意杀人、故意伤害、投毒、放火、毁坏财物(暴力打砸)等严重暴力行为所致案件强制医疗的驳回率较高,原因在于这类案件符合暴力行为要件,社会危害程度较高,检察机关强制医疗的申请率高,案件基数大,驳回强制医疗申请的情形也相应较多。而故意杀人、故意伤害案件强制医疗被驳回率最高,主要与案件相关证据不足有关,致强制医疗申请不符合实体要件或程序要件,这一点将在下文作重点说明。可以想见,这部分主观恶性程度较大的精神障碍者因强制医疗申请被驳回而重返社区,有较大反复肇事肇祸的风险。

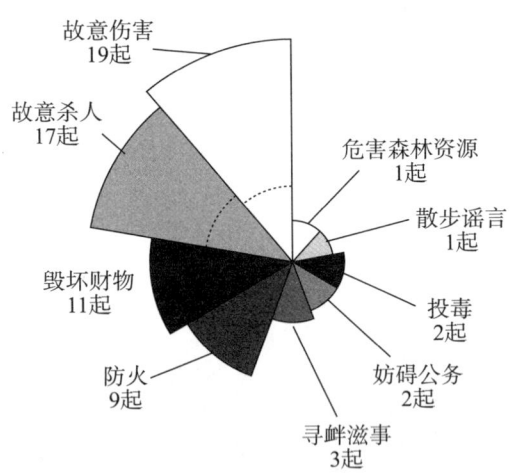

图2 案件所涉犯罪行为分类

(三)案件被驳回原因分类(见表1)

刑事案件中公诉机关提出强制医疗申请后,法院通过对证据的审查和判断,驳回强制医疗申请的原因主要基于以上的程序法要件和实体法要件分为四类:不符合暴力行为要件、不符合刑事责任要件、不符合社会危害要件、难以认定犯罪行为。

其中,因不符合社会危害要件而遭到法院驳回的强制医疗申请所占的比例较大,共48起,占案件总数的73.85%。因不符合刑事责任要件而遭到驳回的强制医疗申请共8起,占案件总数的12.31%。因难以认定犯罪行为而遭到驳回的申请共6起,占案件总数的9.23%。因不符合暴力行为要件而遭到驳回的申请最少,仅3起,占案件总数的4.62%。

表1 案件被驳回原因分类

驳回强制医疗的原因	数量(起)	比例(%)
不符合暴力行为要件	3	4.62
不符合刑事责任要件	8	12.31
不符合社会危害要件	48	73.85
难以认定犯罪行为	6	9.23
总计	65	100

三、法官驳回强制医疗申请的原因分析

(一)案件相关证据不符合暴力行为要件

在上述驳回强制医疗申请的原因统计中,因不符合暴力行为要件而遭到法官驳回的案件有3起,占到了驳回总数的4.62%。被申请人实施了寻衅滋事、散布谣言、危害森林资源等非暴力行为,法官认为这些非暴力行为达不到严重危害公民人身安全的程度。这个比例相对较低,是因为这一要件符合性的判断难度不大,不管是公诉机关还是法院,对于暴力行为要件的把握都比较准确,故这类案件的数量相对较少。但仍有3起因不符合暴力行为要件而被法院驳回强制医疗申请的案件,被申请人实施了寻衅滋事、散布谣言、危害森林资源等非暴力行为,法官认为这些非暴力行为达不到严重危害公民人身安全的程度。这3起为被申请人实施了非暴力行为,造成了一定社会危害的案件。

公诉机关以此为由向法院提起强制医疗申请,却因不符合暴力行为要件而遭到法院驳回。以下是2起典型案例。

【案例1】

被申请人卢某赴北京天安门城楼下挥舞国旗呐喊滋事,严重扰乱首都国际论坛安保秩序。此前卢某不遵循有关上访程序,曾多次赴北京天安门、中南海等地,在人多密集场所闹访滋事,扰乱天安门、中南海等地区周边治安秩序。后经X省精

神疾病司法鉴定中心鉴定,卢某患分裂情感性精神病,无刑事责任能力。

本案中法院认为,本案被申请人卢某多次去北京闹访滋事,实施了妨害社会管理秩序、扰乱公共秩序的行为,而非危害公共安全或者严重危害公民人身安全的行为,且其未实施暴力行为,故不符合强制医疗的法定条件。

【案例2】

涉案精神病人严某用斧头和锄头等工具在×县×国道2976公里处国家自然保护区内毁林开垦。经×林业司法鉴定中心鉴定,严某砍伐的林地权属国有,面积达13.64亩,损失活立木蓄积量共133.07立方米。后经×精神病司法鉴定中心鉴定严某患偏执型精神分裂症,无刑事责任能力。

本案中法院认为被申请人严某实施毁林行为,危害森林资源,且属经法定程序鉴定为依法不负刑事责任的精神病人,但其实施的行为不属于危害公共安全或者严重危害公民人身安全的暴力行为,不符合强制医疗条件。

上述2起案例,被申请人实施了闹访滋事或是砍伐林木的行为,均是非暴力行为。法院就刑事强制医疗程序的法律适用而言,以被申请人行为不符合暴力行为构成要件为由,对强制医疗申请进行驳回的决定并无争议。但公安、检察部门之所以要提请强制医疗申请,是因为他们认为行为人或扰乱了公共秩序,或造成了相对严重的社会危害。而考量社会危害性,法官自由裁量的主观性较强,如上述案件中,大面积砍伐森林、散布国家领导人谣言以及天安门广场聚众闹事等,这些行为的社会危害性是否较大,不同的法官有不同的见解。

我国刑法没有对"暴力行为"进行明确定义,涉及暴力行为的司法界定分散在刑法分则的各类犯罪规定之中,对"暴力行为"概念的界定,从不同角度出发,可得到不同解释,在理论界也是众说纷纭。有学者认为,暴力是由心理强制发展到生理强制的外在武力。刑法中的"暴力"具有对公民的人身权利的直接侵犯性,因此只能针对人身,而不包含对物的暴力。①

日本刑法将"暴力"划分为:最广义的暴力、广义的暴力、狭义的暴力和最狭义的暴力四类。其中,"最广义的暴力",是指所有非法行使有形力的类型,暴力的对象既可以是人,也可以是物。② 按此定义,"砍伐树木"也可纳入"暴力"的范畴。

法官在对"是否有暴力行为"证据的审查与判断时,当事人案发当时的行为学

---

① 张明楷:《故意伤害罪司法现状的刑法学分析》,载《清华法学》2013年第1期。
② [日]西田典之:《日本刑法各论》(第6版),王昭武、刘明祥译,法律出版社2013年版,第41页。

证据是至关重要的。如案例1中,卢某若只是挥舞国旗,大声呐喊,则确无严重危害公民人身安全的暴力行为;但卢某多次赴北京天安门、中南海等地,在人多密集场所闹访滋事,是具有对公民的人身权利直接侵犯的危险性的,在此过程中,有无情绪过激的言语威胁、有无打砸行为、有无手持可供伤人的工具、有无对劝阻人士的反抗攻击行为等,均应为法官在对"是否有暴力行为"证据审查的重点。

(二)案件相关证据不符合刑事责任要件

在上述驳回强制医疗申请的原因统计中,因不符合刑事责任要件的案件有8起,占驳回强制医疗申请案件总数的12.31%。8起案件强制医疗遭到法官驳回的共同原因在于,案件经历了两次司法精神病鉴定,第一次鉴定为无刑事责任能力,即申请了强制医疗,而后被害人申请重新鉴定被司法机关采纳;第二次鉴定结果为限定刑事责任能力。如此一来,被申请人则需要承担相应的刑事责任,应依法在监狱里服刑,从而不再符合申请强制医疗的条件。

法官对"是否符合刑事责任要件"证据的审查与判断,主要参考司法精神病鉴定意见。司法精神病鉴定意见作为证据的一种,是各鉴定类别中最具特殊性和难度最大的一种。司法精神病鉴定中对刑事责任能力的判断,是具有司法精神病鉴定资质的精神科医师,在案后根据案件事实、病情描述、个人史、既往史、家庭背景等,并辅以对被鉴定人的精神检查,对被鉴定人是否有精神障碍,是何种精神障碍,在案发当时是否处于发病期,在作案当时的辨别能力和控制能力是否完好的综合分析、推理和判断,属于专家证言。不少精神现象以及相关行为具有认知难、定性难、检测难、证明难的特点,而司法精神病鉴定活动是一种跨专业、跨学科、多领域的活动,需要公安机关、鉴定机构、当事人、相关证人的密切配合,科学全面取证,在程序公正与实体公正的双层架构下才能实现鉴定公正、鉴定意见准确。目前在司法实践中,往往存在审判职能与鉴定职能错位、越位和缺位的现象,有的法官过于依赖鉴定意见,放弃对证据的审查判断职责,直接采信鉴定人的鉴定意见和事实认定。

2018年修正的《刑事诉讼法》第50条第2款明确规定,证据必须经过查证属实,才能作为定案的根据。《关于司法鉴定管理问题的决定》第11条也明确规定:"在诉讼中,当事人对鉴定意见有异议的,经人民法院依法通知,鉴定人应当出庭作证。"出庭作证是《司法鉴定人登记管理办法》中规定的鉴定人必须履行的法定义务,可以让非专业领域的法官、双方当事人及辩护人等充分理解鉴定意见中专业性较强的文字表述,帮助各方更充分、全面、科学地了解鉴定的过程,也可以最大限度地对鉴定书进行审查,保证鉴定过程和鉴定意见的真实性与合法性,特别是针对重新鉴定的案件。

(三)案件相关证据不符合社会危害要件

因不符合社会危害要件而遭到驳回的案件有48起,占到了调查案件总数的73.85%。要满足社会危害要件,首先需证明行为人实施了危害社会或公民人身安全的行为,并且需证明其有再次实施危害行为的可能性,二者缺一不可。因不符合社会危害要件而遭到驳回的案件较多,其原因易于理解。如司法实务中有大量被申请人实施了放火、毁坏财物等暴力行为,却没有达到危害公共安全或是严重危害人身安全的程度,则会被驳回强制医疗申请。而就算有证据证明了行为人实施了危害社会或公民人身安全的行为,但无证据证明行为人有再次实施危害行为的可能性,法官仍会驳回强制医疗申请。在司法实践中,行为人是否有再次实施危害行为的可能性,也即行为人的社会危害性或是潜在的人身危险性并未在立法上作出明确的规定,也无可操作的裁判标准,不同法官的主观认知和裁判标准不尽相同。

对行为人"是否有再次实施危害行为的可能"进行判断,需要法官结合案件事实、行为人已实施的行为及其精神状态,依据相关证据对将来可能发生的行为作出风险评估,预测行为人是否有再次实施危害行为的风险,以及风险性大小。一般来说,对行为人的人身危险性评估需考察其精神疾病的种类与严重程度、性格状况、诊疗情况、监护情况、暴力史与危险行为状况、社会环境等诸多方面,即使相关的证据齐全,也需要一定的专业临床经验才能对行为人的人身危险性科学预测,难以量化评估。在司法实践中,被申请人的危险性评估可参考有资质的医疗单位或是司法鉴定所出具的"司法精神病鉴定意见书"或"咨询意见书"。然而,从精神医学的目前水平来看,多数严重精神障碍的复发率都较高,目前的医疗手段与方法并不能根治,控制病情的方法也很有限,使患者达到"不具有社会危险性"或"不具有人身危险性"的状态是十分困难的,司法鉴定人通常出具的危险性鉴定意见为"危险性较高""有继续危害社会的可能性"或"危险性较低",不能做出危险性"有"或"无"的绝对判断。

前文提到,不少被申请人自侦查到审判期间,采取了充分的医疗措施,加之被申请人的家属和所在社区一般都会承诺切实履行监管义务,使得法官认为对被申请人实施强制医疗程序的必要性下降。有法官在裁判文书中直接写出驳回强制医疗的客观因素,即医疗资源匮乏,大量通过强制医疗申请会使当地的医疗资源紧张,造成不必要的医疗资源浪费。这种节约与平衡医疗资源的做法,必然导致因不符合社会危害要件而驳回强制医疗申请的案件数量增加。此类判例多见于经济不发达地区的基层法院。

(四)案件相关证据难以认定犯罪行为

除因案件相关证据不符合三大程序要件而被驳回强制医疗申请的情形外,由于证据问题难以认定被申请人实施了犯罪行为的案件有6起,占到了样本案件总数的9.23%。而司法实务中,已申请强制医疗而被检察院直接退回侦查机关重新补充证据的案件也常可见到。

对于侦查机关和检察机关来说,实体层面因证据不足导致难以认定被申请人犯罪行为的情形,最让人感到头疼。在本地刑侦部门调研中发现,侦查机关往往是做了大量工作,但因为证据有瑕疵,被检察机关驳回强制医疗申请,要求补充证据,但新的证据往往取证困难。调研中,检察机关也曾坦言,"我们也知道肯定是该嫌疑人作的案,但目前的证据链不符合命案的证据标准,因此强制医疗也无法申报"。具体实践中,因此而遭到检察院或法院驳回强制医疗申请常常让侦查部门左右为难,特别是涉命案嫌疑人的处理。难以认定犯罪行为的原因涉及侦查取证、固证,证据链形成以及证据的审查、认定等诸多环节,须多向度分析其中缘由。

1.缺乏相关的司法鉴定意见

法官认定案件事实涉及专业性问题,往往需要鉴定意见加以辅助。强制医疗审批过程中,对于被申请人的行为性质及危害程度认定,常需相关司法鉴定意见。精神障碍者实施的危害行为多种多样,例如投毒、纵火或凶杀行为等,不同案件需审查针对性的司法鉴定意见,除最常见的病理检验外,还包括毒物毒化鉴定及伤残等级鉴定等,若缺乏案情相关的法医鉴定意见,将导致强制医疗审批受阻。

精神障碍者所实施的犯罪行为中,以传统的打砸抢烧方式实施的较少,多是以投毒的方式侵犯被害人的人身安全。因此,相关的毒物毒化鉴定才能认定被申请人所投放的物质的性质、种类等,从而进一步认定其是否实施了投毒这一犯罪行为。

【案例3】

张某与前夫肖某离婚后仍生活在一起,经常发生争吵。一天早上张某趁肖某外出之际,将除草剂倒在肖某的饭里。肖某当天中午回家吃饭时,发现所煮米饭不正常未予食用,遂报案。经×医院司法鉴定中心鉴定,张某为精神发育迟滞(中度),实施危害行为时无刑事责任能力,未予强制医疗。一年后张某来到其弟妹梁某家,偷吃了梁某的菜和香瓜遭梁某训斥后怀恨在心,趁其不注意向其茶水中投放农药。梁某饮用茶水后,出现肚子痛、头晕等症状,遂报案。在本案审理期间,张某已被送往 B 县精神病医院治疗。

本案中,法官驳回强制医疗申请,其理由是申请机关未提供张某在他人饮食中所投放物质的鉴定结论以及该物质毒性的鉴定意见,故认定张某以投毒方法故意杀人证据不足,且申请机关并未提供必要的法医鉴定意见或者医院诊断证明、住院病历等证据予以证明张某实施的暴力行为的社会危害达到了犯罪的程度。

【案例 4】

被申请人袁某喝酒后,持杀猪刀窜至其兄袁某海家中与袁某海发生扭打并将袁某海致伤,被群众制止后离开现场。之后,袁某又持刀窜至袁某后家中,用刀捅刺了袁某后,将袁某后衣服刺穿并伤及皮肤。再后来,袁某又持铁管、杀猪刀窜至袁某求家中,用铁管将袁某求的头部打伤。

本案中,法院驳回强制医疗申请的理由是被申请人袁某酒后虽实施了危害公民人身安全的暴力行为,经法定程序鉴定,袁某为酒精所致精神障碍,作案时为无刑事责任能力,存在社会危害,建议监护治疗。但袁某实施暴力行为造成的被害人的人身损害后果,只有被害人的陈述和证人证言证明被害人有身体损伤,而申请机关并未提供必要的法医鉴定意见或者医院诊断证明、住院病历等证据予以证明袁某实施的暴力行为的社会危害达到了犯罪的程度。

投毒案中,缺乏被申请人所投放物质的法医毒物鉴定,因此其行为是否是以投毒方法故意杀人的事实无法认定;故意伤害案中,缺乏被害人的法医伤情鉴定意见,故被申请人的行为是否达到了刑法中故意伤害的犯罪程度(轻伤二级以上)无法认定,这是上述案件强制医疗程序无法启动的原因。

2. 缺乏直接证据

强制医疗的审批,用于案件事实认定的直接证据往往至关重要。如被申请人的供述以及被害人陈述,命案中缺乏被害人陈述,而精神障碍者的供述往往十分混乱、前后矛盾、逻辑不清。该类案件正是由于缺乏直接的言词证据而遭到法院驳回强制医疗申请。

【案例 5】

石某与其继父张某在自己家争吵后失踪,随后张某被邻居发现死在自家门口。经鉴定,张某系被他人用双刃刺器多次捅刺胸部,引起肺、脾破裂致外伤性失血性休克死亡。次日,石某神色慌张地潜回小区,向路人打听其继父情况,被公安机关抓获,发现其颈项上有抓破的痕迹。石某被控制后曾脱口说出自己跑出家门后去了野外扔掉了刀子和手机,但侦查人员并未来得及录音录像,其被押送回审讯室后,一直拒绝供述其故意杀人的事实。经地毯式搜索,未找到其作案刀具及丢弃的手机。经鉴定,石某被诊断为精神分裂症,案发时无刑事责任能力。

法院驳回强制医疗申请的理由是现有证据不足以证实被害人张某的死亡系涉案精神病人石某所致。第一,石某母亲仅凭石某具有精神性疾病及石某与被害人关系不和就推定被害人系被石某所杀,系主观臆断。第二,现有证据不足以排除有第三人经电梯以外的其他途径进入被害人家中并实施杀害行为的可能性。第三,从案发场所周边提取到的监控视频来看,并未发现石某在进出楼中手中持有作案工具,且在补充证据的过程中始终未找到作案工具并明确作案工具的来源。第四,根据尸检报告,被害人身上受伤部位多达十几处,且捅刺力度较大,但在石某身上却未提取到被害人血迹,在石某未换衣物的情况下,该情形不合常理。

精神障碍者有反侦查能力,调研中发现,相当一部分精神障碍者案后会藏匿或丢弃作案工具,且不会供述犯罪事实。① 在此情形下,如果痕迹物证和作案工具无法提取,则无法证明嫌疑人的犯罪事实,相应的强制医疗也无法审批。

3. 特殊行为人供述缺乏证明力

嫌疑人供述与陈述类主观言词证据,是充分反映案件发生经过的基础,与现场所提取的痕迹物证及相关鉴定意见等客观间接证据加以印证,才能严谨地还原案件事实,得出被申请人与本案有无关联的结论。然而在现实中,特殊行为人就算作了供述,法官也可能认为其真实性与证明力较弱,影响强制医疗的审批。

【案例6】

李某带外地的谭某傍晚抵达×市一施工地求职,第二天李某在该工地配电部门口被发现被人用巨石砸中头部死亡,现场遗留谭某的行李和手机。经法医鉴定:被害人李某死亡原因系钝性物打击头部至颅脑损伤死亡,死亡时间为前一晚9时左右。侦查发现,谭某在前来途中多次拨打报警电话,说有人跟踪他、要害他。视频侦查发现案发晚9时许谭某翻墙逃出工地。2个月后,谭某在外省被公安机关抓获,谭某到案后供述案发当晚进工地后,看见老虎、狮子、鳄鱼在吃人,遂搬起石头乱扔,之后便逃命去了,并表示不知自己的朋友李某如何了。经鉴定,谭某被诊断为精神分裂症,案发时无刑事责任能力。

本案中,法院驳回强制医疗申请的理由是,根据现有证据无法确定被害人李某

---

① 向静:《精神障碍者暴力犯罪后否认犯罪事件的问题研究》,载《刑事技术》2018年第2期。

的死亡系涉案精神病人谭某所致。虽然根据证人证言、现场勘查笔录、现场监控以及辨认笔录,可以证实谭某案发当晚到过现场,但根据法医鉴定,尸体头部右侧不规则大石块表面虽有大量死者血迹,但石块上及被害人李某的十指指甲中未提取到谭某的 DNA 信息,且现场及石块上未提取到谭某的指印、鞋印等其他痕迹物证。

本案现有证据无法得出案发现场仅有谭某和李某的结论,且现场无直接和间接的客观证据证实李某系谭某杀害。虽然谭某供述自己在案发现场乱扔石头去攻击虚幻的对象,且他被外省派出所控制时曾自己写下"李某要害我和我家人"等文字,但法官认为,谭某作为一个精神分裂症患者,其供述的真实性、与案件的相关性及证明力有限,其供述不宜作为证据使用。因此,本案存在不能排除的合理怀疑,其作案事实无法认定,强制医疗不能被审批。

精神障碍者的审讯工作难度极大,其跳跃性的思维、荒诞离奇的作案动机,前后言语内容的逻辑混乱、自相矛盾、自言自语、答非所问等,使得侦查讯问工作极易陷入困境。① 即便尽力提取到了有关讯问笔录,但由于该特殊行为人供述的真实性与证明力也有限,因此法官在心证形成过程中,易对单一证据进行排除。

4.间接证据存在无法解释的疑问

精神障碍者所致刑事案件,往往是突发性、动机怪异、单人作案,嫌疑人供述荒谬,若被害人死亡,又无目击证人,则间接证据对案件事实认定较为关键。国内的通说观点认为,所谓"间接证据",是指凡是不能单独、直接证明而需要与其他证据相结合才能证明案件主要事实的证据。② 因此,在具体实践中,法院一般是将痕迹物证、现勘笔录等实物证据看作是间接证据,将犯罪嫌疑人供述及辩解与证人证言等看作是直接证据。

若缺少直接证据,则需通过侦查机关提交的相关间接证据来进行案件事实认定,而间接证据需形成完整的证据锁链,且间接证据间存在一定的互相印证,无矛盾与无法解释的疑问。案例 5 中,法院认为,根据尸检报告,被害人身上受伤部位多达十几处,且捅刺力度较大,但在石某身上却未提取任何被害人血迹,在石某未换衣物的情况下,该情形不合常理。依照常理推断,被申请人石某身上大概率会出现被害人的喷溅血迹,这一现象侦查机关也未作出合理解释。虽侦查机关花费大量时间进行地毯式搜索,但还是未找到作案工具这一关键物证,这使间接证据链出现

---

① 向静:《一起重型精神病人所致命案的反侦查行为分析》,载《刑事技术》2017 年第 4 期。
② 曹妙慧:《直接证据和间接证据》,载《公安大学学报》1985 年第 4 期。

关键性缺失。案例6中,针对疑似作案工具的石块,侦查机关做了多次DNA及其他痕迹物证检验,均未能提取到作案人谭某的DNA,最后甚至将石块搬至公安部物证鉴定中心检验,可谓用心良苦,仍无所获。无间接证据证明案发时段只有被害人和嫌疑人谭某二人在现场,以上间接证据存在无法解释的疑问,与物证技术具有一定的局限性有关。

5. 审判机关的证据证明标准严苛

在裁判文书网搜索到的相关案件中,笔者还发现有1起侦查机关已尽可能全面、细致地收集证据并加以整理,但法院依然予以驳回的案件。因此,笔者不得不从审判机关的角度去审视法院在审理证据方面所存在的问题。

【案件7】

某日晚,隆某乙在家中卧室内,被人砍伤,经送医院抢救无效死亡。经鉴定其死亡原因为头面部砍器作用致严重颅脑损伤合并急性失血休克死亡。当日,死者隆某乙的儿子隆某甲在其家猪圈屋柴堆中被抓获。人身检查发现隆某甲的颈部左侧下方与其所穿长裤右侧各有一处血迹,现场勘验在案发现场发现了几处血迹。鉴定发现上述多种血迹与死者血样具有同一性。

大量证人证言表明:隆某甲20年前出现精神异常,发病时发呆不语,或无故吵闹,多次用木棒、扁担伤及家人,曾多次在精神病院住院治疗。他曾称其父要到他肚里喝他的血,并扬言要砍死其父,曾将农药倒在谷子里,想毒死其父母,被送至精神病院住院治疗3个月,诊断为"精神分裂症",出院后未坚持治疗,间断服药,病情反复发作。案发当日,隆某甲一反常态,沉默不语,家人叫他吃饭吃药均不理,案发后也一直沉默,目光呆滞地看地面,不与人交流。案发过程中,除隆某甲外,无其他外来人员进出过案发现场。审讯中发现隆某甲目光呆滞,有被害妄想症状,情绪不稳定,不承认杀害其父的事实,自知力缺失,受到别人刺激时有暴力倾向。经精神检查,隆某甲接触差,呆坐,不语不动,数问不答,情感淡漠,处于缄默状态。鉴定意见为:精神分裂症;无刑事责任能力。

法官驳回强制医疗申请的理由是,公诉机关提交的证据均为间接证据,未提交任何可以证实被申请人隆某甲有故意杀害其父行为的直接证据。法官认为,现场勘验笔录及照片显示,事发现场蚊帐顶部及四周都有大量点片状血迹黏附,据此可知作案时死者血液喷溅四周。而综合全案证据,被申请人仅是颈部左侧下方和其所穿长裤右侧各有一处血迹,这无法证实事发时被申请人就在作案现场。同时,公安机关未从作案工具菜刀上提取到任何指纹和DNA,无法证实被申请人使用过该菜刀。故本案中,公诉机关提供的证据存在无法排除的矛盾和无法解释的疑问,全案证据未形成完整的证明体系,不能作出隆某甲是杀害隆某乙凶手的唯一排他性结论,故不能认定隆某甲有实施暴力杀害隆某乙的行为。

综观全案,侦查机关的取证工作已算全面细致,《刑事诉讼法》中所规定的八大证据类型的证据几乎全都囊括其中,虽是间接证据居多,但间接证据之间能够有所印证,尤其是嫌疑人有暴力史,曾多次欲加害父母,案后神态反常,身上两处沾染死者血迹,无其他人进入过现场等情况,不存在矛盾与无法解释的疑问,且数量多、种类全、质量高,能形成较为完整的证据链。精神障碍者作案后确有相当一部分问话不答,或否认犯罪事实,不能取得直接言词证据,而作案工具上的痕迹物证由于受遗留条件、环境条件、操作方法等主客观因素的影响,也不是一定能成功提取,如雨水冲刷、手印附着物质、形成手印的机械作用力、手印遗留时间、承受客体结构性能等都可能影响指纹的提取。① 为了追求实现证据完备、形成证据链条,要求侦查人员必须取得某种特定的证据,在精神障碍者所致刑事案件中较不现实。由于缺乏某项证据而使在内心确信上实施了危害行为之精神障碍者无法接受强制医疗,不但剥夺了精神障碍者的治疗权,也增大了社会治安风险,与强制医疗程序设立的初衷相去甚远。

综上所述,难以认定犯罪行为的主要原因是证据存在瑕疵,未形成完整的证据链,从而不能达到"证据确实充分",或无法排除合理怀疑。

四、完善刑事强制医疗审批程序的应对措施

(一)侦查机关进行全面取证

1.增强取证意识,注意完善证明行为人精神异常的证据

精神障碍者所致刑事案件的侦查取证工作有其特殊性,接受司法精神病学方面的培训,强化取证意识,有助于在战略层面强化侦查取证能力。要使强制医疗申请获批,不但需完善证明行为人实施了暴力危害行为的证据,而且需完善可资证明行为人确有精神异常的证据。除案件双方当事人及家属反映的被申请人的材料,邻居、朋友、同事、领导等知情人提供的材料,病历、书信、日记、借条、遗嘱等书证材料外,办案人员在询问和讯问的过程中,应尽可能全面、准确、客观、如实地记录行为人所说的一切,以及反映异常动作、表情、情绪的证据、反映作案前后表现的证

---

① 向静:《精神障碍者暴力犯罪后否认犯罪事件的问题研究》,载《刑事技术》2018年第2期。

据、及时固定早期应当收集的证据,这些证据不但有助于证明案件事实,也有助于保障司法精神病鉴定的真实性、客观性、准确性,是证明行为人精神异常的关键证据。如被讯问时答非所问、自言自语、胡言乱语、支离破碎的言语形式和内容,异常的眼神、表情、动作、姿势等,这些异常的言行,往往是反映出行为人最真实的精神状态的信息,对司法鉴定人作出"无刑事责任能力"的判断至关重要。

2. 明确取证内容,力求直接证据

针对精神障碍者所致刑事案件,尤其是命案,直接证据的获取往往是重中之重。强制医疗被申请人的供述,是直接反映案件事实的主要证据。由于精神障碍者往往单人作案,若不能取得直接供述,又缺乏相应的痕迹物证,则不能证明精神障碍者实施危害行为的事实。实施暴力行为的精神障碍者在审讯中常表现出对暴力事件的否认,严重影响侦讯工作。然而嫌疑人在作案后短时间内,因其思维混乱还没有反应时间,往往会将作案过程坦然相告,这时应及时录音录像固定证据,不一定拘泥于在审讯室才录音录像。对于精神障碍者来说,一些言词证据稍纵即逝,被抓捕当时精神障碍者可能配合询问,而后期又可能沉默不语,答非所问,需密切注意被申请人到案后的表现,及时收集固定其相关的说辞与叙述,对后续的审讯工作,案件事实和有关程序要件的认定都有积极作用。

司法实践中,侦查机关应力求收集反映案件发生经过的有关言词证据,强化取证意识,可使侦查人员在思想上高度重视,不放过任何取证时机,从而使原本困难的取证工作高效进行。可通过即时讯问、多次讯问、交叉讯问并同时采取同步录音录像的方式,对证据加以收集和固定。再通过现场勘验检查所收集到的实物证据和鉴定意见等相关间接证据与其进行印证,进而全面完善精神障碍者所致刑事案件的侦查取证。

3. 构建完整证据链

对于该类特殊案件,"证据链"的构成至少包括三个要素:一是有合法适格的证据;二是证据能够证明精神障碍者实施了危害行为;三是证据之间相互印证,全案证据形成一个不相矛盾且能够证明案件事实的证据链。[1] 精神障碍者所致刑事案件的强制医疗申请,侦查机关不仅要从规范取证行为入手,还应当着眼于整体证据链的形成,且由于特殊行为人言词证据证明力较弱,若仅重视证据收集,忽视证据相互间的印证关系,尤其是间接证据,可能导致证据之间出现矛盾和无法解释的

---

[1] 栗峥:《证据链与结构主义》,载《中国法学》2017年第2期。

疑问。

构建完整证据链需要侦查机关兼顾案件的方方面面,从案件的具体情况出发,全面侦查取证,特别注意行为人的特殊性,收集可资证明行为人人身危险性的证据,注意提供医院诊断证明、法医毒物鉴定、伤情鉴定等可资证明行为人的危害行为性质、危害行为的社会危害程度等证据,必要时,需补充侦查实验。如嫌疑人身上未提取到被害人的喷溅血迹,法官认为这样的情况不符合常理,但若被害人创口并未创及动脉,或行为人并未甩抢凶器而是捅刺,则血液并不会呈喷溅状;或嫌疑人左颈动脉侧面破损,而嫌疑人站位在被害人正面或偏右侧,喷溅血迹就完全可能未命中嫌疑人。侦查机关可据此出具相关法医鉴定意见,并进行补充侦查实验,对这一现象作出解释。

(二)审判机关辩证审查证据材料

1. 合理运用间接证据进行犯罪行为认定

从我国"以审判为中心"的基本要求和诉讼构造出发,应当以法庭审理过程中所要求达到的"排除合理怀疑"作为刑事诉讼程序中的最高证明标准。单单运用间接证据认定案件事实的案例,有着严苛的证据证明标准,即间接证据不仅要符合合法性、合理性和关联性,还需要彼此之间相互印证、环环相扣,形成完整的证据锁链。"排除合理怀疑"之所以重要,是因为该标准适用于定罪程序,审判人员是充分掌握证据材料,并对相关证据进行质证、认证后,形成"排除合理怀疑"的确信之证据材料,形成有罪或无罪的判决。而强制医疗审批程序并不是为了对精神障碍者进行定罪,其根本目的是暂时限制危险性精神障碍者的人身自由,使其享有治疗权的同时,达到降低其社会危害性的目的。因此,如果有证人证言、鉴定意见、医院报告或是其他证据能够证明其一段时间以来一直具有较高的暴力倾向及社会危险性,同时被申请人有极大可能实施了达到犯罪程度的行为,侦查机关所收集的间接证据全面,且不缺乏认定案件事实的关键证据,同时符合"证据三性",与案件事实之间不存在矛盾与无法解释的疑问,则法院应当对其予以强制医疗,并非一定要取得直接证据或某特定证据。

2. 针对案件特殊性,灵活调整证明标准

前文所述,特殊行为人可能否认犯罪事实或缄默不语,致缺乏反映案件主要经过的言词证据。若这类特殊案件有关证据的证明标准还是绝对的"证据确实充分和排除一切合理怀疑",就会使一部分看似铁板钉钉的强制医疗申请,因为无法认定被申请人的犯罪行为而遭到法院驳回。其结果是一些实际上有凶杀行为的精神障碍患者返回社区,成为一颗"定时炸弹"。

笔者认为,就强制医疗申请的审批中,被申请人犯罪行为的认定,可以大胆引入民事诉讼中的"高度盖然性"证明标准,即根据案件事实发生的高概率进行判断的一种认识方法。"高度盖然性"证明标准的引入,能够很好解决精神障碍者所致刑事案件中案件事实认定难的问题。故而,审判机关须从案件的实际情况出发,全面综合审查证据材料,将"证据确实、充分"的证明标准依据案件具体情况和相关证人证言等直接证据,随机应变进行适当地调整,拒绝钻法律条款和司法解释的牛角尖,同时把"排除一切合理怀疑"转变为"排除一定的合理怀疑",做到"特案特办",把"证据确实、充分"与"排除合理怀疑"进行双向补正,对精神障碍者所致刑事案件的强制医疗申请作出尽可能精准的决定,以期更好地从制度层面保障人权和维护正义。

3. 重视对司法精神病鉴定意见的审查

司法精神病鉴定意见是法官参考的重要证据之一,具有一定的主观性、局限性,存在失真的可能。因此法官对于鉴定意见的审查应当予以重视,从失真可能产生的环节对其进行严格审查。审查的形式一般为书面审查与鉴定人出庭作证审查两类。基于法官与诉讼参与人一般不具备司法精神医学的专业知识,现如今司法实践中已参照民事诉讼的经验引入专家辅助人制度,对诉讼中的专业技术问题进行质证。对于启动重新鉴定且鉴定意见不一致的情况,引入具有专业知识的人对鉴定意见辅助质证就显得尤为重要。《刑事诉讼法》于2018年修订时在第50条第2款中明确规定:"证据必须经过查证属实,才能作为定案的根据。"在《关于办理死刑案件审查判断证据若干问题的规定》第23条中,对鉴定意见证据能力的审查内容作了明确规定,具体涉及鉴定机构、鉴定人、鉴定程序、鉴定方法以及鉴定意见本身及其内容与其他事实、证据之间的关联等十个方面。虽然在司法实践中,法官对于鉴定意见往往流于鉴定人或机构是否具备法定资质等形式审查,但是公正审判的角度出发,对证据能力的审查是必须进行的。法官等司法人员应与相关鉴定专业人士或具备专业知识的人建立起长效的沟通协作机制,重视对司法精神病鉴定意见中的实质性内容和方法的审查,从而对鉴定意见作进一步科学的分析与解读,避免盲目相信鉴定意见。要特别注意鉴定意见的依据是否科学、充分,如果仅以被申请人本人及其家属提供的材料作为鉴定依据,应该质疑鉴定结论的客观性。

(三)强制医疗申请被驳回后仍须对危险性精神障碍者采取必要的保护性治疗

对于无法证明精神障碍者实施了刑事犯罪行为的案件,更多的是无法提取到精神障碍者实施了伤害或杀害他人的直接证据,部分案件能证明精神障碍者确有扰乱公共场所秩序,或追逐、拦截他人、其他寻衅滋事等违反治疗管理等行为,部分案件甚至根本无法证明精神障碍者有危害行为,但大多数案件能证明精神障碍者已有危害他人安全的危险。根据《治安管理处罚法》第 13 条的规定,精神病人在不能辨认或者不能控制自己行为的时候违反治安管理的,不予处罚,但是应当责令其监护人严加看管和治疗。因此,在司法实践中,虽然侦查机关认为精神障碍者实施了暴力危害行为,但苦于无法提供完整证据链,强制医疗申请被驳回后,往往只好根据《治安管理处罚法》将精神障碍者放回家中,责令其监护人严加看管和治疗,而监护人多半由于经济受限或危机意识不足,往往任精神障碍者在家中,并未对其规范治疗,直至精神障碍者下一次实施危害行为。

2012 年,《刑事诉讼法》增设了依法不负刑事责任的精神病人的强制医疗程序。2013 年,《精神卫生法》相继出台,对危险性精神障碍患者的"非自愿住院治疗"问题作出了相应规制。① 《精神卫生法》第 30 条第 1 款明确规定"精神障碍的住院治疗实行自愿原则","非自愿"为例外,且《精神卫生法》全文并未出现"强制"一词,但有学者认为,该"非自愿住院治疗"也含有"强制"的意味,甚至也将其称之为"强制医疗",这无疑扩大了《刑事诉讼法》中对"强制医疗"的法律规定。《精神卫生法》中的"非自愿住院治疗"就算有"强制"意味,但这里的"强制"只能是学术用语而非法律用语,其"非自愿住院治疗"类型针对上述情形一称为"医学保护性住院治疗",主要为保护患者自身的安全;针对情形二称为"保安性住院治疗",主要为防止其暴力伤害他人。② 事实上,《精神卫生法》在一定程度上弥补了《刑事诉讼法》在强制医疗程序上的缺陷,这一"非自愿住院治疗"方案,很大程度上降低了精神障碍患者在实施了未触及刑法的危害行为后或是在具有很大潜在社会危险性时的社会危害。③ 因此,司法实践中,对于被驳回刑事强制医疗申请的精神障碍患者,若是仍具有较大社会危险性,有关单位可以依据《精神卫生法》第 30 条的规定,对其进行保安性住院治疗。

---

① 《精神卫生法》第 30 条规定:"精神障碍的住院治疗实行自愿原则。诊断结论、病情评估表明,就诊者为严重精神障碍患者并有下列情形之一的,应当对其实施住院治疗:(一)已经发生伤害自身的行为,或者有伤害自身的危险的;(二)已经发生危害他人安全的行为,或者有危害他人安全的危险的。"
② 陈楠楠、冯玉芝:《论对精神障碍患者的医学保护性住院治疗——评〈精神卫生法〉第三十一条》,载《医学与哲学(A)》第 2015 年第 1 期。
③ 曹江等:《〈精神卫生法〉实施后严重精神障碍患者的管理问题和对策探讨》,载浙江省医学会精神病学分会、浙江省医师协会精神科医师分会:《第二届之江国际精神医学论坛暨 2016 浙江省医学会精神病学分会学术年会暨浙江省医师协会精神科医师分会第九届年会论文汇编》。

此外，根据《严重精神障碍管理治疗工作规范》的相关规定，①笔者认为，按照其中有关法律法规的规定，强制医疗审批驳回后，刑侦部门应当将涉案的"有危害他人安全的"危险性严重精神障碍患者交办派出所，让其通知本辖区的患者关爱帮扶小组，加强协作、安排保护性、保安性治疗，并协同随访患者，以避免可能产生的危害后果。

---

① 本辖区的精神障碍的管理，是精防人员、派出所民警、民政干事、残疾人专职委员、家属、志愿者等关爱帮扶小组联合管理。

认罪认罚从宽制度中的辩护证据问题研究

——以 400 例样本案例分析展开

李江艳*

一、问题的提出

2019 年 10 月,最高人民法院、最高人民检察院会同公安部、国家安全部、司法部印发了《关于适用认罪认罚从宽制度的指导意见》(以下简称《指导意见》),从推动国家治理体系和治理能力现代化的高度,确认了认罪认罚从宽制度的重要实践意义,也为认罪认罚从宽制度的进一步精准适用打下良好基础。可以预见,认罪认罚从宽制度将成为实现刑事诉讼价值追求、完善刑事案件程序分流机制的重要"抓手",所以认罪认罚从宽制度的"一举一动"受到高度关注。此次新发布的《指导意见》包括 13 个方面的内容,共 60 条。在《指导意见》"四、犯罪嫌疑人、被告人辩护权保障"中,明文列出了犯罪嫌疑人、被告人辩护权的保障,单独规定了认罪认罚从宽制度中辩护人的职责;在"五、被害方权益保障"中增加了对被害方权益的保障,这足以看出认罪认罚从宽制度对诉讼各方权利与利益的重视与保护,这一点值得欣喜。然而由于程序内外多种因素的牵扯,值班律师、审查义务、告知权利、听取意见等机制在实践中的功能发挥可能受限,从而难以起到有效防范被追诉人不真实认罪的作用,[①] 被追诉人辩护权的保障也将落空,认罪认罚从宽的制度期待将受到质疑,十分不利于该制度的实践运行与长久发展。正是基于对制度规定的深入剖析与对司法实践的审视,不禁心生疑问,单单几个条文就能实现对被追诉人辩护权的保障吗?实现刑事被追诉人的权利保护依托是什么?被追诉人自愿性表达的底

---

* 李江艳,中国人民公安大学法学博士研究生。
① 郭松:《认罪认罚从宽制度中的认罪答辩撤回:从法理到实证的考察》,载《政法论坛》2020 年第 1 期。

气又是什么？被追诉人反悔的勇气是什么？笔者认为只有被追诉人手里持有对自己有利的证据，才能自愿认罪，才能敢于反悔。那么在认罪认罚从宽制度的适用中有辩护证据的存在吗？辩护证据都有哪些具体表现？辩护人应当怎样运用辩护证据从而最大限度地保障被追诉人的利益？本文就从法院最终作出的认罪认罚从宽裁定书入手，对其中的辩护证据的相关问题进行分析研究，以挖掘认罪认罚制度中辩护证据的类型、载体，实现认罪认罚从宽制度对辩护证据的协调与保护。

二、辩护证据运用的必要性分析

（一）制度基础

关于辩护证据运用的研究与探索，似乎进入困局之中，认罪认罚从宽制度的出现亦有雪上加霜之嫌。其实不然，认罪认罚从宽制度需要辩护证据的支撑才能行久致远。

首先，认罪认罚从宽制度在本质上是符合中国诉讼模式的快速定罪程序，是以控辩双方参与为基础的。曾有美国学者感慨，"如果刑事司法制度要求几乎所有被告人无论如何或何时都要认罪，那么不仅是得到有罪答辩，而且无罪的人在某些情况下也将同意认罪。无罪被告人认罪只是辩诉交易的一种代价"。[1] 认罪认罚从宽制度基本排除了被追诉人获得无罪的可能[2]，但认罪认罚从宽制度不能演变成公检法等国家追诉机关的独角戏[3]。从诉讼结构上看，控辩审三方构成现代刑事诉讼的基本构成，不管在什么程序中，三方的构造不可偏废。在认罪认罚从宽制度中，公检法等国家追诉机关占据主场的地位无可厚非，但是要避免在认罪认罚从宽制度中国家追诉机关"一方独唱"，反而要从认罪认罚的主动性、程序选择的主动性以及证据运用的主动性上显示被追诉人的诉讼主体的地位。这不仅是自愿性、真实性认罪的需要，而且直接影响了被追诉人反悔权与上诉权的行使，为认罪认罚从宽制度的成功使用打下坚实基础。从诉讼本质上看，认罪认罚从宽制度所表现出的基本立场依旧是从实现国家追诉权角度化解社会矛盾，国家机构的天然强势与被追诉人的原本弱势形成鲜明对比，以个人之力驳国家之诉，明显以卵击石，何况这种不对等的利益与风险结构还得到制度规范不同程度的支持。被追诉人既要承担检

---

[1] John H. Blume Rebecca K. Helm：《"认假罪"：那些事实无罪的有罪答辩人》，郭烁、刘欢译，载《中国刑事法杂志》2017年第5期。
[2] 郭松：《认罪认罚从宽制度中的认罪答辩撤回：从法理到实证的考察》，载《政法论坛》2020年第1期。
[3] 认罪认罚从宽制度不能演变为任由其罚的制度。

察机关单方"反悔"的风险,又要承担审判机关不采纳量刑建议的风险,一些地方试点文件更是规定,在认罪认罚具结书达成后,如果发现新的事实与证据,检察机关可以调整量刑建议,案件转为普通程序审理。① 无疑,类似这样的规定等于把被追诉人置于即使认罪认罚但依然"被动决定"状态之下,对被追诉人影响较大。因此,只有增加被追诉人在程序选择与证据运用上的主动性,才能间接改变被动地位,增加其在认罪认罚从宽制度当中的积极性。

其次,认罪认罚从宽制度有利于实现"繁者更繁、简者更简"的案件分流目的,但并不等于证据地位在认罪认罚从宽制度中的降低。受到传统司法观念的影响,很多办案人员认为只要认罪认罚了就攻下了第一关,以后的程序和实体上都会采取松懈的态度,而不利于证据作用的发挥,辩护证据更是显得无足轻重,这是十分不可取的。因为随着我国法治化水平的提高和数据信息时代的到来,证据完成了逐渐从传统社会中受到一定忽视到现代化治理体系中受到重视的蜕变,其影响我们日常生活的重要性逐渐得以显现,智能手机的普及、电子监控和网络的兴起,都使人类行为的痕迹被及时地留存下来。除此之外,更多的科学技术被运用到司法调查当中,许多以往无法呈现的微量痕迹都可以通过法庭科学技术被呈现出来②,证据取得与保存的便捷性与积极使用的必要性能够在一定程度上改变国人"习惯性"忽视证据的态度;证据的重要性在《指导意见》第3条规定中有所体现,这表明认罪认罚从宽制度的证明标准并没有降低,证据依然是认罪认罚从宽制度的支点,在认罪认罚具结达成后,被追诉人的利益实现并不确定,其还承受着检察机关单方"反悔"的风险,这在反面印证了辩护证据是认罪认罚从宽制度中被追诉人权利保障有力武器的论断。

(二) 价值追求

认罪认罚从宽制度固然重视效率这一诉讼价值的追求,但认罪认罚从宽制度对公平正义的诠释也不应吝啬。从价值追求的角度分析,认罪认罚从宽制度有两大基本价值追求,即公正与效率,关于这项制度所具有的重大意义也正体现其价

---

① 例如,天津市高级人民法院、人民检察院等五部门联合印发的《关于开展刑事案件认罪认罚从宽制度试点工作的实施细则(试行)》第27条规定,"人民检察院发现新的事实、证据,足以改变案件定罪量刑的,在第一审人民法院裁判作出之前,可以撤回已经向人民法院移送的被告人认罪认罚具结书、量刑建议等材料,并重新审查证据材料,提出量刑建议。"从案件真实发现与罪刑相适应的角度而言,赋予检察机关在发现能够改变定罪量刑的新事实、证据的情况下撤回量刑建议的权利,具有一定的合理性,但从被追诉人权利保障与认罪认罚具结书效力稳定的角度而言,其合理性仍需检视。理论界也有论者主张,若检察机关发现的新证据、新事实足以改变案件的实质结果,应当允许检察机关撤回承诺。

② 吴洪淇:《证据的基本定位与法治化问题》,载《浙江社会科学》2019年第8期。

值。从法经济学角度分析,任何一项制度的落实都要考虑投入成本,成本低、收益高是我们永恒的追求。认罪认罚从宽制度中被追诉人想要获得从轻量刑,就必须考虑其投入的成本与实际的收益,其中的收益包括被追诉人对公平正义的向往,而成本收益分析中的定序变量的方法可以为被追诉人的分析提供帮助。定序变量方法意味着,只要决策者在某种规范价值理论指导下,能够对不同相关因素进行价值排序,就可按照成本收益分析的基本原理进行通盘权衡。① 在认罪认罚从宽制度中,不仅控方需要进行效率与公正的权衡,被追诉人同样基于自身实际利益考虑,需要进行认与不认、认多认少、时间效率与公正结果的通盘考量,所以认罪认罚从宽制度是效率与公正的相互妥协,而不会出现只求效率而忽略公正的情形。

(三) 规范支撑

我国《宪法》第 130 条规定的"被告人有权获得辩护"意味着,"获得辩护"不仅是司法原则,也是一项基本权利,不仅是被追诉人在刑事诉讼的每一个阶段都享有获得辩护的权利,②而且在任何情况下,"获得辩护"都不应成为形式和摆设,无论被追诉人是否认罪,有效辩护都应成为刑事诉讼程序公正的底线。③ 想要在认罪认罚从宽制度中实现有效辩护,就需要在贯穿于刑事诉讼的全过程中落实积极落实被追诉人包括辩护权在内的各项诉讼权益,而被追诉人权益的根基在于辩护证据。

认罪认罚从宽制度中,根据不同的案情规定了不同程序的适用,这提示我们认罪认罚从宽制度并不意味着"一切从简",而是在不同的条件下简化不同的程序:在简易程序的适用中,对有争议的事实和证据应当进行调查、质证,法庭辩论可以仅围绕有争议的问题进行,裁判文书可以适当简化;在普通程序的适用中,对于控辩双方有异议,或者法庭认为有必要调查核实的证据,应当出示并进行质证。法庭辩论主要围绕有争议的问题进行,裁判文书可以适当简化。所以只要有异议,证据就有存在的需要,而辩护证据是保障被追诉人利益的有力"武器"。

(四) 实践需要

众所周知,辩护证据本身就难以存在,加之认罪认罚从宽是基于被追诉人自愿性做出的程序选择,控辩双方对基本事实和多数证据没有异议,所以在认罪认罚从

---

① 戴昕、张永健:《比例原则还是成本收益分析——法学方法的批判性重构》,载《中外法学》2018 年第 6 期。
② 尹晓红:《获得辩护权是被追诉人的基本权利——对〈宪法〉第 125 条"获得辩护"规定的法解释》,载《法学》2013 年第 5 期。
③ 闵春雷:《认罪认罚案件中的有效辩护》,载《当代法学》2017 年第 4 期。

宽制度之中更没存在必要。其实不然,公检法等国家机关会基于被追诉人的认罪认罚态度、情节等对其做出适当的从轻处理,但是实践中总会出现以下问题。首先,自愿认罪本身存在不稳定性,这是因为被追诉人认罪与否在很大程度上取决于其主观认知与内心意志,甚至性格特征,①况且是否认罪本身就可由被追诉人自由选择,因此很难完全禁绝包括虚假认罪在内的各种形式的非真实认罪,因此无论规范层面的防范机制多么发达,自愿性认罪认罚的稳定性都会受到质疑。其次,部分进入审判程序的认罪认罚案件,会在量刑问题上焦灼难下。量刑的问题绝大多数表现为被追诉人认为公诉机关量刑建议或法院一审判决刑罚畸重,进而引发上诉、申诉等程序,还有部分案件是法院不采纳公诉机关的量刑建议而改判罪名或重新量刑②,引发被追诉人对量刑的不满,进而上诉。最后,即使自愿认罪稳定且量刑没有任何异议,那同样需要辩方在案件整个过程中运用有利于被追诉人的证据使其得到最有利于被追诉人的判决,比如在检察院审查起诉阶段认罪认罚,争取得到免于起诉的结果,案件到达法院之后,希望得到适用缓刑的判决。

综上所述,作为保障被追诉人切身利益的辩护证据是必然存在的,因此在认罪认罚从宽制度中辩护证据的使用举足轻重、不可或缺。

三、辩护证据使用的司法实践样态

为检视认罪认罚从宽制度中辩护证据的有无及使用情况,笔者检视了中国裁判文书网上 2019 年 1 月 1 日至 2020 年 7 月 26 日的刑事案件,以"认罪认罚"为关键词搜索到 536046 份裁判文书③,占同期刑事案件全部 2090545 份文书的 25.64%,占同期刑事案件 1302845 份判决书的 41.14%。可以说认罪认罚刑事裁定书已占据刑事案件处理的"半壁江山",甚至在刑事裁定书中有高达 79.4% 的文书涉及认罪

---

① 比如,对于性格特征,美国有研究显示,惧怕风险的被追诉人更容易接受辩诉交易要约,作出有罪答辩。[美]道格拉斯·D. 盖德拉兹、方金刚、许身健:《我们一定要"封杀"辩诉交易吗?——批评辩诉交易的核心问题》,载《湖南师范大学社会科学学报》2004 年第 3 期。

② 按照《刑事诉讼法》第 201 条的规定,对于认罪认罚案件,人民法院依法作出判决时,除被告人不构成犯罪或者不应当追究刑事责任、被告人违背意愿认罪认罚、被告人否认指控的犯罪事实、起诉指控的罪名与审理认定的罪名不一致等情形外,"一般应当采纳"人民检察院指控的罪名和量刑建议。这里的"一般应当采纳"既不能被理解为"一律采纳",也不能被理解为"可以采纳也可以不采纳",而应被理解为"通常应当采纳",即没有特殊情况就应当予以采纳。

③ 需要说明的是,中国裁判文书网对于最为严重的死刑立即执行案件进行了人为的样本剔除,且只显示前 600 份判决文书,故本文的研究方法对研究结论的准确性有相当程度的影响。此外,由于辩护证据的取得难度高,其他实证研究方法的适用空间极为有限,故分析裁判文书尽管有明显的局限性,但仍属当下相对有效的一种研究方法。

认罚从宽制度,本文选取其中 400 例样本案例,剔除其中的无效样本 39 例①,对其中的 361 例样本案例的辩护意见进行标注、分类,有 132 例样本案例中的辩护意见涉及辩护证据,约占比为 36.6%,其余 229 例样本案例中辩护意见内容大多是辩方的意见和主张,抑或提出线索,辩护证据的表现较为模糊,故本文重点分析 132 例样本案件。在 132 例样本案例中,大多数是发生在二审上诉程序中,多以裁定书的形式出现,且多以被追诉人认为量刑过重请求从轻处罚为目的,这将直接影响到辩护证据的在司法实践中的运用状况。

(一)证据的类型

在 132 例样本案件中,辩护证据由于罪名不同、个案迥异而显得类型复杂多变、陈述各异,其中涉及毒品案件 30 例、走私类案件 24 例、受贿类案例 12 例,还有涉黑类、诈骗类、故意伤害类等。在毒品类案件中,辩护证据大都表现为对于主观明知的否定,对于毒品数量的质疑,对于主从犯认定的质疑,对于是否流入社会以及社会危害性、主观恶性的质疑。在走私类案件中,辩护证据主要表现为公司业务范围、公司的实际管控、走私商品认定、偷逃税数额、报关材料、材料发票、合同、收付款凭证、个人作用的大小、个人获利情况、悔罪表现、家庭原因等证据。

由此可以看出,辩护证据既没有按照法定的八类证据进行列举,也没有固定的证据类型,只是因个案的实际情况进行罗列,导致杂乱难以分辨。

(二)证据的载体

由于认罪认罚从宽制度特殊性,证据载体显得尤为重要。在 132 例样本案例中,辩护证据没有以明显的形式罗列出来,但是研究多本样本案例发现,辩护证据多隐匿于辩护意见之中,上诉理由、申诉理由和被追诉人辩解还可能包含着重要的证据信息。

辩护证据总是潜藏于辩护意见中,且与被追诉人供述和辩解、上诉理由、申诉理由混杂出现②,表现为关于情节的陈述,比如认罪悔罪、如实供述、自首、立功、做案手段等,时常会被用作减轻被追诉人刑罚的理由。余下的 229 例样本案例的辩护意见也揭示出这样一个重要现象,有一部分辩护意见、被追诉人辩解中并没有辩护

---

① 在 400 例样本案例中,涉及死刑复核程序的有 11 例样本案例,涉及申诉程序的有 10 例样本案例,只涉及如实供述而无认罪认罚的有 5 例样本案例,涉及上诉而又不涉及认罪认罚的有 3 例样本案例。另外,乱码的有 3 例样本案例,裁定书内容重复的有 6 例样本案例,发回重审的有 2 例样本案例(辩护意见或有或无,都不涉及辩护证据)。

② 由于样本案例绝大多数是发生在二审程序中,少部分存在于申诉程序中,所以辩护证据大多存在于上诉理由、申诉理由中,在我国的一审程序中,被追诉人的主张部分还存在于自己的供述与辩解中。

证据，只是一种辩护主张。例如，在样本 78-3 中，宣判后，上诉人傅某以量刑过重为由提出上诉，请求本院改判其缓刑或减轻处罚；在样本 76-5 中，上诉人赵某及其辩护人提出原审判决量刑过重，赵某愿意认罪认罚，请求二审法院从轻处罚；在样本 56-4 中，宣判后，原审被告人某服判，未提出上诉；原审被告人尹某不服，以其行为属于民间借贷，不构成非法吸收公众存款罪为由提出上诉，上诉人的辩护人以一审判决认定事实不清、尹某的行为不符合非法吸收公众存款罪的构成要件，请求改判无罪为由为其辩护。如此辩护意见十分笼统，没有进行详细展开，其上诉理由也就不能称作辩护证据。

由此可以看出，辩护证据的载体存在如下问题：一是证据载体形式多变且不固定，无论是辩护意见还是其他理由，内容都丰富多变，对辩护证据陈述不清，还包含了大量的陈述性主张的辩护理由能否成为辩护证据的载体；二是上诉理由、申诉理由等理由类载体由于只是陈述主张而不一定含有辩护证据，因此理由类证据载体是否有必要。

（三）出示与质证过程

反复观察样本案例中的辩护意见发现，辩护意见中包含着对本方有力证据的出示和控方提供证据的质证，证据的出示往往在陈述主张之后、诉说经过之中，而质证主要存在于证据论证之中。辩护证据的质证以情节类证据出现频率最高，几乎每一例样本案例中都包含了情节类证据，退赔类证据出现频率次之，余下三类证据的出现频率根据实际案例而定。质证不仅包括对辩护意见的评析，还包括辩方对控诉证据的质证，在样本案例中，证据的出示反映出来两个问题：一是由于辩护证据的难以取得和数量不多的缘故，辩护意见中辩护证据的出示总是不能明示列出，而是与主张、经过等混杂在一起；二是由于受到审判程序的影响①，辩护证据的质证只能以书面的形式进行，这就大大降低了证据出示与质证的应有效果。

（四）证据的使用效果②

经统计，在所有辩护意见的 361 例有效样本案例中，有 44 例样本案例进行了改判，占比 12.18%，而在重点研究的 132 例样本案例中，仅有 12 例样本最终部分采纳了辩护意见，将被追诉人改判轻刑，占比 9.09%。这说明辩护证据的使用过程中也凸显出了不少问题，主要表现为，一是辩护证据的整体使用效果不理想，例如，情节

---

① 132 例样本案例中绝大多数是二审程序且是不开庭审理案件。
② 本文的使用效果以最终能否影响判决而进行区分计算。

类证据作为辩护证据最常用的形式,在绝大多数认罪认罚上诉案件发挥作用极其有限,其他类型的证据更是如此;二是整体样本与重点样本的占比差说明,即使包含辩护证据的辩护意见比没有任何证据支持的辩护意见在发挥作用上没有明显优势,也即辩护证据并非法院改判的唯一依据,也即辩护证据作用的发挥还有待开发。

五、辩护证据运用的基本路径:态度、行动与技巧的结合

近些年来,美国也已开始重视辩诉交易中的有效辩护问题,自2010年起,联邦最高法院先后通过三个判例,将被告人获得有效辩护这一宪法性权利,扩展到了刑事协商阶段。① 我国也有学者提出认罪认罚从宽制度中的有效辩护与"交涉性辩护"问题②,这都是为认罪认罚从宽制度的不断完善提出的有益思考,但是无论哪种辩护其前提都是有足够的证据支持,才能达到辩护的目的。因此,辩护证据的运用是有效辩护的基本体现,而辩护证据的使用需要遵循强化主体地位、规制证据运用与把握实践技巧相结合。

(一)强化主体地位

1. 观念的升华

随着认罪认罚从宽制度的推开,被追诉人与辩护律师逐渐醒悟,认罪认罚不能成为放松警惕的理由和借口,相反,在选择认罪认罚程序之后,要更加重视被追诉人在任何一个诉讼环节诉讼利益的最大化,如此一来,既有利于认罪认罚从宽制度中辩护权的行使,又可以防止认罪认罚成为刑讯逼供、冤假错案的制度依赖。

首先,认罪认罚从宽制度给被追诉人利益最大化提供了一个前所未有的契机。"从本质来看,认罪认罚从宽是一种认罪协商的过程,是一种协商式刑事司法,亦是一种合作式刑事司法。"③被追诉人与辩护律师有机会与公检法国家机关进行沟通,这是刑事诉讼规定认罪认罚从宽制度的最大进步。

其次,认罪认罚从宽制度并不等于任由处罚,所以辩护人的积极有效参与十分必要。被追诉人认罪认罚之后,辩方应一改前述放松警惕的态度,以更为警惕、更

---

① 吴思远:《协商性司法的价值立场》,载《当代法学》2018年第2期。
② 学者闵春雷在《认罪认罚案件中的有效辩护》一文中提出唯有有效辩护,才能保障被追诉人认罪的自愿性、程序选择的自主性及量刑建议的公正性;学者李奋飞在《论"交涉性辩护"——以认罪认罚作为切入镜像》一文中提出交涉性辩护与对抗性辩护的区分。
③ 樊崇义:《认罪认罚从宽协商程序的独立地位与保障机制》,载《国家检察官学院学报》2018年第1期。

加主动的态度应对诉讼。这是因为认罪认罚从宽制度的确立使得审前辩护成为更为重要的辩护阶段,辩方在侦查、审查起诉阶段都需要辩护人进行证据收集、辩护意见的提出、申请强制措施变更、争取轻缓处置的辩护工作,所以其积极主动参与是成功辩护的关键。

2. 权利的行使

认罪认罚不等同于任由处罚,所以被追诉人及其辩护律师在认罪认罚从宽制度中的主体地位并没有改变,被追诉人及其辩护律师应积极行使辩护权。在审前阶段,被追诉人要积极寻找法律帮助,辩护人要积极进行程序性辩护,例如申请取保候审或变更强制措施,力争提前终结诉讼程序(撤销案件、不起诉)维护被追诉人的诉讼权益①。在审判阶段,辩护律师应当充分利用质证权、辩论权为刑事被告人寻求最有利的裁判结果。

(二) 规制证据使用

由于中国刑事诉讼模式的转型升级尚未完成,尤其是那些为现代法治国家和国际人权公约所普遍确立的诸多被追诉人的权利,以及关乎被追诉人权利保护的刑事诉讼原则,迄今尚未能在中国的刑事诉讼法中得到确立。而且,即使是那些刑事诉讼法已经明确规定的与被追诉人权利保护有关的条款,亦未能得到很好地执行。② 在此种情形下,想要保障认罪认罚从宽制度的落实,就必须对辩护证据本身运用进行详细规制。

1. 明确证据类型

由于保障被追诉人的权益日益受到重视,所以对辩护证据进行精准的分类,为辩护律师发现辩护证据提供基本的指引与参考,有必要对辩护证据进行实证分类。辩护证据按照内辩护对象的不同,划分为实体性辩护证据与程序性辩护证据③,结合刑法分则中罪名的具体规定以及样本案例的归类研究发现,实体性辩护证据主要表现为客观行为类、主观认知类、危害后果类、情节类和退赔类五种类型,程序性辩护证据主要指辩方提出的进行程序性抗辩的证据,例如非法证据排除程序、辨认程序违法、法律适用错误等。

---

① 闵春雷:《认罪认罚案件中的有效辩护》,载《当代法学》2017 年第 4 期。
② 李奋飞:《刑事被害人的权利保障——以复仇愿望的实现为中心》,载《政法论坛》2013 年第 5 期。
③ 此种辩护证据分类模式主要受到我国刑事辩护的理论分类的启发,根据律师辩护所依据的法律渊源的不同,刑事辩护就可以分为两大类型:一是实体性辩护;二是程序性辩护。陈瑞华:《论刑事辩护的理论分类》,载《法学》2016 年第 7 期。

在实体性辩护证据中,客观行为类证据主要包括被追诉人是否实施危害行为以及危害行为的实施程度,例如在毒品案件中,是否参与制毒、运输等行为;主观认知类证据指的是被追诉人主观态度的认定,也包括根据经验做出的司法推定,在132例样本案例中,绝大多数都涉及此类证据,主要表述为被追诉人主观不明知,佐证证据表现为不知快递里是什么、不知运输的是什么、没参与预谋等;危害后果类证据指的是行为人实施一定行为导致的后果,主要表现为社会危害性的大小,在132例样本案例中有都提到社会危害性的问题,尤其是在毒品类案件表现为毒品被稽查未流入社会;情节类证据内容广泛,既包括行为人实施行为时的证据指的是行为人的作用大小、是否携带工具、行为的手段及数额大小,也包括行为人是否投案自首、如实供述、认罪悔罪等内容,在132例样本案例中情节类证据的地位举足轻重,出现频率是最高的,几乎每一个案例都涉及此类证据;退赔类证据指的是对违法所得的处置以及对违法行为造成后果的补偿,也包括预缴罚金等,在132例样本案例中,退赔类证据仅次于情节类证据的出现频率,也是辩护意见中出现较多的证据。

具体到认罪认罚从宽案件中,辩护证据的类型主要表现为情节类、退赔类证据最多,所以在此类案件处理时,在审前程序中,要着重收集被追诉人法定、酌定从轻处理的证据,以达到被追诉人利益的最大化的要求。

2. 证据载体的思考

当前,辩护证据与辩护意见相互交织,并没有做详细的分类,我认为此种做法难以适应辩护精准化、专业化的要求,也在一定程度上影响了辩护证据作用发挥,必须结合法院裁判文书中对于证据列举的司法实践进行改变。由于辩护证据的相对性和转化性,辩护证据与控诉证据难以做出绝对的划分,这在一定程度上也影响了辩护证据的载体研究。也有很多人想当然地认为:《刑事诉讼法》规定了八种证据种类,控诉证据主要是按照这八种证据种类归类列出,呈现辩护证据时也应当按照这八种证据种类分类进行列举。笔者认为此种观点能够很好地适用分析控诉证据的基本需求,但也存在不系统、不全面的问题。基于辩护证据存在收集难、数量少、质量不稳定等现实情况的考虑,辩护证据在证据的载体上不能仅依赖于法律规定的八种证据种类、也不能单单靠上文所述的两大类证据类型,而应当以辩护意见为依托,以两大类证据类型为取证指引,以法律规定的八种证据种类为补充,清晰罗列、规范使用辩护证据。

在认罪认从宽制度中,证据载体应固定为辩护意见。首先,将辩护意见作为辩护证据的载体,是程序公正的需要。在我国的刑事诉讼程序中,从侦查到审判、再到申诉、死刑复核等程序都明确规定了讯问犯罪嫌疑人、被告人和听取辩护律师意见的程序,即使在刑事速裁程序中,也要听取去辩护人的意见,由此可见,无论程序如何简化,听取辩护人意见这一环节都被认为是保障被追诉人合法权益的重要一环而不可忽略,这就为辩护证据的出示奠定了坚实的程序基础。其次,辩护意见能适应各类审理的需要。由于认罪认罚从宽制度的特殊性,很多认罪认罚从宽案件在进入二审之后,会以书面审理的方式进行,而且辩护证据很多情况下以言辞证据的形式出现,所以在认罪认罚从宽制度中,辩护证据的载体应固定为辩护意见。至于上诉理由、申诉理由等形式,只是上诉、申诉需要的形式,而被追诉人辩解也是其权利的一种表现,所以及时有辩护证据包含在里边,其中具体的内容也会被辩护意见所覆盖,所以上诉理由、申诉理由、被追诉人辩解等都不是辩护证据的固定载体。

另外,在裁判文书中看到的辩护意见存在很多问题,例如样本6-4中,上诉人杨占军的上诉理由和请求是,上诉人具有自首情节。由于案发后自己被烧伤,故第一时间去了医院,在警察的询问下及时告知了自己所在地并在警察到来后主动投案,其行为具有自愿、主动性,应当认定为自首,一审法院量刑过重,应当改为有期徒刑;上诉人杨占军的辩护人的辩护意见是,本案系婚姻家庭纠纷引发,上诉人系初犯、没有前科,属于犯罪未遂,有自首、坦白情节,应对上诉人依法从轻或减轻处罚,上诉人的行为只针对个体,未对公共安全造成威胁,虽造成严重后果,但主观恶性不大,建议二审法院对上诉人从轻处罚。我认为辩方提供的辩护意见应避免通篇事实、证据、主张不分的情况,辩护意见也应该摆脱将主张、证据列举、证据论证三者混杂论述,应当将明确区分事实、主张与证据三部分,进而进行有针对性、精细化的论证,既明晰辩护证据的法定载体,以提升辩护证据使用的效果。

具体来说,辩护意见应当按照认为的事实是什么、具体主张是什么以及有什么证据支持这样一个逻辑来提出,在其证据部分再按照辩护证据分类提出证据,接着说明对控方证据的质证,这样一来可以使辩护意见更加清晰,法官在进行取舍的时候也更为便捷。

2. 证据出示与质证

在认罪认罚从宽制度中,证据的出示与质证是确保案件获得公正审判的基础,更是辩护证据作用发挥的重要程序,所以认罪认罚从宽制度中的证据出示与质证十分必要,尤其具备认罪认罚但按照普通程序审理的案件和上诉且开庭审理的案件。首先,法院要重视辩护证据的出示过程,保障被追诉人与辩护律师基本的程序保障,避免出现忽视与简化的情况;其次,被追诉人和辩护律师,尤其是辩护律师在进行举证时要按照辩护证据类型,结合载体种类,分类逐一详细地展示证据,避免一份辩护意见重复宣读,在质证时要及时抓住控方证据存在问题,而避免质证流于形式。

(三)把握实践技巧

随着刑事辩护逐渐走向专业化和精准化,辩护律师的实践技巧也层出不穷、不断翻新,在此本文主要想借用逆向思维的方法,完善辩护证据的提出与运用,增强辩护证据的使用效果。

所谓逆向思维法是指从事物的反面去思考问题的思维方法。① 逆向思维法包括了反转型逆向思维法、转换型逆向思维法和缺点型逆向思维法。反转型逆向思维法是指从已知事物的相反方向进行思考,结合辩护证据的提出,做如下举例:辩护律师想要证明案发时被追诉人不在现场、没有作案时间,正面列举出十分困难,这时可以从反面出发进行思考,只要能找到被追诉人在同一时间段出现在其他地方,就从反面证明了被追诉人不在犯罪现场;转换型逆向思维法是指在研究问题时,由于解决这一问题的手段受阻,而转换成另外一种手段,或者转换思考角度,以使问题顺利解决的思维方法;缺点逆向思维法是利用事物的确定,将缺点变为可利用的东西,化被动为主动,化不利为有利的思维发明方法,这一方法竟在辩护中得以运用,例如在提出辩护意见时,辩护律师经常提到证人证言前后矛盾,证据不足等都是在寻找控方提供的证据的缺陷,以攻其软肋,达到辩护目的。在认罪认罚从宽制度中,虽然控辩双方的对抗性明显减弱,但是公检法三机关对案件处理的不确定性、辩护证据隐蔽性、被追诉人承担风险的脆弱性,都需要辩护律师运用逆向思维智慧,挖掘案件中的辩护证据,运用辩护证据保障被追诉人的合法权益。

---

① 释义来自 MBA 智库百科。

量刑协商中的对抗式协商

吴国章*

一、量刑协商模式综述

2018年《刑事诉讼法》第15条将认罪认罚从宽制度作为刑事诉讼一项原则予以确立;第173、174条和第201条规定了该制度在审查起诉和审判阶段的具体适用程序。从该制度的起源看,是有限借鉴大陆法系"量刑协商"和英美法系"辩诉交易"的结果,因此"控辩协商是认罪认罚从宽诉讼程序的本质内核",[①]"建立标准化的认罪协商制度是落实认罪认罚从宽制度的必然要求"。[②] 然而,为了彰显该项制度的特色,我国的认罪认罚从宽制度既没有被称为"协商",更没有被称为"交易"。[③] 在实践中,出现了"量刑协商""签署认罪协商承诺书"等做法,[④]显然"量刑协商"是认罪认罚从宽制度一个无法绕开或回避的话题。为了落实认罪认罚从宽制度,2019年"两高三部"出台《关于适用认罪认罚从宽制度的指导意见》(以下简称《指导意见》),由此才出现了一个被"打折"的协商——"尽量协商"。正是"协商"在规范上被抑制与实践中被需求之间的冲突,导致"量刑协商"的"异化":被学术界归纳为各种各样的异化协商模式。

(一)"压制型"模式[⑤]

我国刑事诉讼法制具有"压制型法"特征,相应的诉讼模式相当于帕卡所提的

---

* 吴国章,福建壶兰律师事务所主任,福建省律师协会刑事诉讼法专业委员会副主任,全国优秀律师,最高人民检察院民事行政案件咨询专家。

① 樊崇义:《认罪认罚从宽在协商程序的独立地位与保障机制》,载《国家检察官学院学报》2018年第1期。

② 杜雨泽:《认罪认罚从宽制度下认罪协商制度之探究》,载《湖北经济学院学报》2018年第3期。

③ 闫召华:《合作式司法的中国模式》,中国政法大学出版社2022年版,第53页。

④ 熊秋红:《比较法视野下的认罪认罚从宽制度——兼论刑事诉讼"第四范式"》,载《比较法研究》2019年第5期。

⑤ 参见孙长永:《认罪认罚从宽制度实施中的五个矛盾及其化解》,载《政治与法律》2021年第1期。

"犯罪控制模式",其"最重要的机能就是抑制犯罪""扩大侦查机关的权力和信赖警察的能力"。[1] 在这种诉讼模式下,控辩双方没有平等的协商地位,高羁押率、高有罪判决率以及任意性口供规则的缺失,对被追诉人形成一种结构性的压力,[2]所谓的"量刑协商"只能是检察机关主导下的被动性接受。"压制型"协商模式认为,在我国控方利用其诉讼资源优势压制被追诉人,[3]协商性司法被异变,根本就不存在平等意义上的协商,因此所产生的"从宽"至多只是官方的一种"恩惠"。

(二)"听取意见"模式[4]

"听取意见"是规范文本的表达,即在认罪认罚从宽程序中,检察人员应当听取被告人及其辩护人关于被告人无罪、罪轻以及具有从轻、减轻处刑情节的意见。"听取意见"模式是基于职权信赖观念基础上的一种特有诉讼决策模式,其决策结果是官方能够根据客观原则给出公正的"官方定价",不允许进行讨价还价或议价。相对于"压制型"模式,"听取意见"模式更为乐观,认为即使我国不存在平等意义上的协商,但司法机关能够恪守客观义务而做出的"官方定价"近乎"议价"。"听取意见"模式的本质不是协商,而是一种由检察机关主导下的"职权宽恕"模式,[5]并没有超出传统的"宽严相济"和"坦白从宽"的政策范畴。[6]

(三)"沟通型"模式[7]

该观点以《指导意见》为研究对象,认为《刑事诉讼法》中并没有关于量刑协商或认罪协商的规定,只有《指导意见》中多次提到"沟通",因此"沟通"不仅是落实认罪认罚从宽制度的一种工作方式,[8]而且是一种规范要求的工作标准。该观点认为,量刑建议正经历由单方封闭式迈向多方协商式、由意见参考型迈向结果审核型的转型过程,[9]量刑建议已成为凝聚控辩合意的重要载体,[10]因此,"沟通"是认罪认罚案件中形成合意的必然要求。只有控辩双方真正平等相待,展开平等的对话与

---

[1] 宋英辉等:《刑事诉讼原理》,北京大学出版社2014年版,第159页。
[2] 参见孙长永:《认罪认罚从宽制度实施中的五个矛盾及其化解》,载《政治与法律》2021年第1期。
[3] 龙宗智:《完善认罪认罚从宽制度的关键是控辩平等》,载《环球法律评论》2020年第2期。
[4] 参见闫召华:《合作式司法的中国模式》,中国政法大学出版社2022年版,第57—62页。
[5] 参见陈卫东:《认罪认罚从宽制度的理论问题再探讨》,载《环球法律评论》2020年第2期。
[6] 陈瑞华:《论量刑协商的性质和效力》,载《中外法学》2020年第5期。
[7] 参见叶青:《程序正义视角下认罪认罚从宽制度中的检察机关沟通之维》,载《政治与法律》2021年第12期。
[8] 参见王玄玮:《监检衔接中检察职责的尺度——刑事诉讼中"制约"与"监督"辨析》,载《云南师范大学学报(哲学社会科学版)》2021年第1期。
[9] 郭烁:《控辩主导下的"一般应当":量刑建议的效力转型》,载《国家检察官学院学报》2020年第3期。
[10] 陈国庆:《量刑建议的若干问题》,载《中国刑事法杂志》2019年第5期。

沟通，才能达成公正的主体间合意，并最终实现真正的程序正义。该观点是从"沟通"的方法论角度而不是协商的基本属性角度解释"量刑协商"，但相对于"听取意见"模式，"沟通"是一种双向的信息交流，蕴涵有"协商"的部分要素。

（四）"公力合作"模式

"公力合作"模式，又称"协商性司法"，①是指检察官与被告方通过对话和协商，就被告人定罪和量刑问题达成某种程度的妥协，法院根据双方的妥协方案作出刑事裁判的模式。英美法系的辩诉交易制度即为"协商性的公力合作模式"。有学者认为，"自2014年司法制度改革启动开始，直至2018年《刑事诉讼法》修订完成，一种具有中国特色的控辩协商制度在法律上逐步得到建立"。② 该观点是一种最为乐观的理性主义，即将我国的认罪认罚从宽制度理解为协商性司法，认为控辩双方可以在平等的基础上形成"司法契约"。

笔者认为，"压制型"模式是以我国现有的立法框架为研究起点，从"量刑协商"的结构性障碍推演出"量刑协商"的"非自愿性"，其解决的是"协商"的基础制度问题。这不仅是理论的必然推演结果，实践中也是一种现实问题。"听取意见"模式，本身就不是一种协商模式，至多只是检察人员在认罪认罚从宽程序中的一种工作方法。至于"沟通"模式，仅触及协商的部分表象要素，也可以理解为对办案人员的一种工作要求，但不涉及"量刑协商"的自愿性和有效性。关于"合作"模式，是一种脱离立法框架的理想主义构想，在现有法律规制下，并无实际的施展空间。基于此，笔者认为有必要探索一种既契合我国现有法律规制，而又有助于提高协商地位平等性和协商结果有效性的近似于平等意义上的协商模式，这种模式就是"对抗式"协商，即辩护律师在履行抗辩、辩护职能的基础上与控方就认罪认罚从宽展开的协商。

二、对抗式协商的理论基础

"对抗式"协商强化并突出辩护律师的辩护职能，以辩护职能为支撑点，提高协商地位的平等性和协商结果的有效性。从字义上，"对抗"与"协商"似乎互不包容，但其实"对抗式"协商不但是协商理论的固有含义，而且契合了我国现有的各项法律制度。

---

① 参见马明亮：《正义的妥协——协商性司法在中国的兴起》，载《中外法学》2004年第1期。
② 陈瑞华：《刑事诉讼的公力合作模式——量刑协商制度在中国的兴起》，载《法学论坛》2019年第4期。

(一)协商理论的固有含义

协商是一个既有合作又有竞争,既存在共同利益又存在利益冲突的话语互动过程。协商的复杂性就在于双方各自利益的实现必须以达成共识为前提,而各方都希望在达成共识时能够实现利益最大化。这样就存在各自利益最大化与共识之间相互矛盾又相互依存。① 因此,竞争性因素和合作性因素是协商的两大特征,竞争性因素是手段,合作性因素是目的。如有竞争,必有对抗。只有充分展示自己优势,才能形成对抗,引导或压制对方妥协。同样,在量刑协商中,被告人一方必须充分运用辩护职能形成对抗,才会实现诉讼利益最大化。有学者将辩护律师运用辩护职能参与的量刑协商称为"积极的量刑协商模式",将辩护律师的积极辩护事由称为"量刑协商的筹码"。② "量刑协商的筹码"有两种类型:一是可对抗性筹码;二是妥协性筹码。所谓对抗性筹码,是指"辩护方所提出的足以令检察机关的指控陷入不利境地的事实和信息"。所以,只要"量刑协商"含有"协商"元素,就必然存在对抗,只有被告人一方充分、巧妙地运用对抗工具,才能实现诉讼利益最大化。

(二)辩护律师的忠诚义务

不少刑辩律师认为,认罪认罚从宽制度的实施,导致刑辩律师无可作为,刑辩业务萎缩。认罪认罚从宽制度的实施,在客观上确实造成刑辩业务萎缩,因为大部分认罪认罚案件由值班律师承接。但是,在认罪认罚案件中,辩护律师并非无可作为,而是大有作为——将法庭上的辩护工作前移至审查起诉阶段,工作方式从纯粹的对抗性辩护增加为"对抗性+协商性"的辩护模式。如果将审查起诉阶段的"量刑协商"仅理解为对检察机关提出的量刑建议表示"同意"或"不同意",则违背了辩护律师的"忠诚义务"。在辩护律师与当事人关系的维度上,辩护律师是当事人合法权益的维护者,其忠诚义务表现为五种形态的辩护③:无罪辩护、罪轻辩护、程序辩护、证据辩护和量刑辩护。在量刑协商中,前四种辩护形态是为最后一种辩护工作服务的。只有辩护律师全面履行辩护义务,才能让检察人员重新审视案件的法律适用、事实认定和量刑建议,才有可能促使检察机关将量刑建议中的量刑幅度降下来,"压低到诱人的程度"。④ 经实证考察发现,在认罪认罚案件中,通过辩护律师见证的"量刑建议"的效果明显优于值班律师的见证,个中缘由主要是辩护律师

---

① 参见谢群:《话语互动的目的协商论》,载《外语学刊》2014年第3期。
② 参见陈瑞华:《论量刑协商的性质和效力》,载《中外法学》2020年第5期。
③ 参见李奋飞:《论辩护律师忠诚义务的三个限度》,载《华东政法大学学报》2020年第3期。
④ 陈瑞华:《论量刑协商的性质和效力》,载《中外法学》2020年第5期。

进行了阅卷,向检察机关提出了对抗性辩护意见,检察机关的刑期减让幅度相对更大。

所以,很多学者都强调了认罪认罚案件的律师辩护作用。① 孙长永教授认为,在认罪认罚案件中,刑事辩护不仅有必要,而且有其特殊性,就是辩护律师要保障被告人认罪认罚的自愿性、明智性、明知性、真实性和合法性。顾永忠教授认为,在认罪认罚案件中,律师辩护作用体现为三个方面:一是把关作用,即对犯罪嫌疑人、被告人的认罪是不是正确、是不是应该认罪起到把关作用;二是保障作用,保障被告人认罪是自愿的;三是协助作用,当被告人确实自愿认罪时,协助其变更强制措施,协助其与被害人进行和解,取得谅解等。

（三）检察官的公正义务

2019年4月修订的《检察官法》首次规定了检察官履行职责应当"秉持客观公正的立场",这一规定被学者称为"检察官客观公正义务"。② 我国法律特别规定检察官的客观公正义务,是由检察官角色和职能的特殊性所决定的。检察官客观公正义务包括以下内容。一是客观取证义务,即检察官必须客观公正地收集证据,既要收集对被告人不利的证据,也要收集对被告人有利的证据。二是中立审查责任,即检察官审查案件,应当以中立司法官的立场,审查被告人有罪、罪重的因素,也要审查被告人无罪、罪轻的因素,而不是简单地以弹劾方式审查其有罪、罪重的因素。三是公正判决追求,即提起公诉以后,检察官作为国家公诉人参与审判支持公诉的责任,"是寻求正义,而不只是寻求定罪"。四是定罪救赎义务,即检察官一旦发现定罪错误,都应当基于客观公正义务,为了法律利益或被告人利益而提出抗诉或请求再审。五是诉讼关照义务,即检察官在其职责范围内,有义务对被追诉人行使其诉讼权利给予必要的关照,有义务协助被告人充分行使其诉讼权利。六是程序维护义务,即检察官有维护正当法律程序的责任。

在认罪认罚案件中,检察官客观公正义务尤其突出,因为该制度体现了"中国版"的检察官司法。③ 因此,检察官的客观公正义务与辩护律师的对抗性辩护职能是相契合的,检察官应当也必须听取辩护律师的辩护意见,从而实现对案件的全面审查。因此,辩护律师在量刑协商中的对抗性辩护,不但是辩护律师忠诚义务使

---

① 参见王敏远、顾永忠、孙长永:《刑事诉讼法三人谈:认罪认罚从宽制度中的刑事辩护》,载《中国法律评论》2020年第1期。

② 参见龙宗智:《检察官客观公正义务的理据与内容》,载《人民检察》2020年第13期。

③ 参见孙长永:《认罪认罚从宽制度实施中的五个矛盾及其化解》,载《政治与法律》2021年第1期。

然,而且是检察官客观公正义务所需。

(四)正当程序理论

虽然我国认罪认罚从宽制度借鉴了域外两大法系中的"辩诉交易"和"量刑协商"制度的有益元素,但该两大法系的协商性司法均以正当程序为前提,正如孙长永教授在 2019 年 12 月于重庆召开的认罪认罚从宽制度研讨会上所言,域外两大法系中,均"先有正当程序,后有协商司法"。① 对此,龙宗智教授也表示了担忧,认为我国在正当程序建设尚未完成之时,"以审判为中心"还未实现,就建立、实施了认罪认罚从宽制度,因此缺乏控辩平等的协商机制,存在"早产儿"的"先天不足"。② 因为认罪认罚从宽制度本身所具有的"结构性风险",所以量刑协商不仅需要律师帮助,而且应当实现"有效"的律师帮助。所谓"有效"的律师帮助,是指辩护律师在量刑协商中应当充分发挥辩护职能,提出对抗性辩护意见,以弥补"量刑协商"中正当程序缺失的"先天不足"。

三、对抗式协商的具体内容

在正当程序尚未建设完成之际,认罪认罚从宽中的量刑协商,存在"信息不对称""地位不平等""资源不对等"等结构性风险。为了尽可能地摆脱这些风险,在现有法律框架下,唯有改变执业观念和工作模式,践行一种以对抗性辩护为手段、以协商性量刑为目的的协商模式。所谓改变执业观念,是指改变"量刑协商"的"协商"观念,"协商"不是被动地接受或不接受,而是一个对抗性的曲折前进的过程;所谓改变工作模式,是指辩护律师不是简单地发表辩护意见或提交书面辩护词,而是要与检察官进行面对面的多轮的交锋与探讨,直至实现了被告人的诉讼利益最大化。不言而喻,在量刑协商中,辩护律师的工作量远远大于审判阶段的辩护工作。所以,在量刑协商中,辩护律师不仅是将工作重心前移至检察院,而且在辩护等工作内容上也呈现了多样性、非正式性。就协商的对抗性内容而言,能够对检察官形成协商筹码的无非法律错误的辩护、证据不足的辩护、取证违法的辩护和程序违法的辩护等,当检察官面对这些对抗性辩护意见时,基于客观公正义务,检察官一般会考虑辩护意见而大幅度减让刑期。

---

① 参见《西南政法大学刑事检察研究基地揭牌仪式暨新时代刑事检察理论与实践问题研讨会在渝举行》,载西南政法大学法学院网,https://fxy.swupl.edu.cn/xyxw/276704.html,2022 年 5 月 10 日访问。
② 参见龙宗智:《完善认罪认罚从宽制度的关键是控辩平衡》,载《环球法律评论》2020 年第 2 期。

(一) 法律适用的抗辩

法律适用的对抗,是指针对起诉意见中适用法律错误而提出的无罪或罪轻的抗辩意见。法律上的无罪意见,围绕犯罪构成要件展开,审查判断案件事实是否符合犯罪构成,如果不符合则可以提出无罪意见。比如在林某某高利转贷一案中,①公安机关认为林某某在获得银行贷款1500万元后,将其中300万元转贷他人,获取利息差额90多万元,构成高利转贷罪。在审查起诉阶段,检察院主办人员多次要求被告人认罪认罚并允诺给予大幅度的刑期减让。但笔者作为辩护律师认为本案不构成犯罪,因为被告人不是以高利转贷为目的向银行套取贷款的。在经过多次的交涉之后,检察机关也认为银行贷款与转贷之间没有必然联系,不符合高利转贷构成要件,于是作出无罪的不起诉决定。关于罪轻的辩护意见,主要针对控方定性错误,将轻罪定性为重罪。一旦律师提出此类对抗性意见,即使控方没有改变罪名,也会大幅度减让刑期。比如在黄某某销售伪劣产品一案中,②起诉意见书认定黄某某参与销售伪劣卷烟价值为300多万元(未遂),但笔者作为辩护律师认为,指控涉案卷烟为伪劣产品的证据不足,向检察官提出该案应定性为销售假冒注册商标的商品罪的辩护意见。但检察机关鉴于此前类案的定性,故不同意改变定性,但愿意从量刑上予以更大幅度的"奖励",故对被告人量刑建议为有期徒刑2年10个月并适用缓刑。在陈某某销售伪劣产品一案中,③检察官提出量刑建议为有期徒刑11年,被告人自己认为量刑偏重而未签署认罪认罚具结书。在开庭期间,辩护律师认为案件定性错误,应当定性为销售假冒注册商标的商品罪。法院虽未采纳该辩护意见,但刑期减让为有期徒刑9年6个月。

(二) 证据的抗辩

证据辩护是刑事辩护的主要形态之一。证据辩护有两种类型:一是证据不足的无罪辩护;二是证据可采性的辩护。证据不足的无罪辩护属于对证据整体主义的辩护,即综合案件所有证据之后认为案件事实不清、证据不足的,不足以定罪。在我国法律语境下,即使被告人认罪认罚,也并不能降低证明标准,证明标准仍然是排除合理怀疑的严格证明标准。如果案件存在事实不清、证据不足情形的,应依法作出不起诉或宣告无罪。比如在余坤锋交通肇事一案中,④虽然余坤锋"自首认

---

① 参见福建省莆田市荔城区人民检察院荔检二部刑不诉(2020)4号不起诉决定书。
② 参见福建省莆田市秀屿区人民法院(2021)闽0305刑初字第250号刑事判决书。
③ 参见福建省莆田市涵江区人民法院(2021)闽0303刑初第133号刑事判决书。
④ 参见最高人民法院第1334号指导性案例。

罪",但人民法院经过审理认为案件证明标准未达到"证据确实、充分"的标准,宣告被告人余坤锋无罪。所以,即使在被告人认罪认罚的案件中,辩护律师首先要起到"把关"作用,审查被告人是否应当或有必要进行认罪认罚。即使被告人认罪认罚的,也应依法提出证据不足的无罪辩护,争取无罪的处理结果或轻刑处理。

证据可采性的辩护属于对证据进行原子主义的审查与辩护,可以具体细分为三种类型:一是非法证据的辩护;二是瑕疵证据的辩护;三是不得作为定案根据的辩护。如果某些证据属于关键性证据而存在可采性问题的,则可以从整体上动摇有罪认定。比如在王维喜强奸案件中,①因为关键证据即从被害人身上提取的被告人精斑来源不明,导致其中一起强奸案件无法认定。即使部分证据的可采性问题不影响案件事实认定的,但仍可作为协商筹码积极提出,促使检察人员在刑期上作出更多的减让。

(三)程序的抗辩

有些人以为,既然被告人已认罪认罚,那么程序的辩护对案件处理结果尤其对量刑是毫无意义的。其实不然,程序的辩护仍是重要的协商筹码。我们知道,我国认罪认罚从宽制度设计的主流价值是追求效率,②控方鼓励被告人认罪认罚,其主要基于顾虑案件证据的充分性问题和效率问题,而程序性的辩护往往涉及程序的补正,需要耗费大量时间,明显与效率优先的司法实践相冲突。在这种情况下,辩护律师提出程序性辩护,往往会促进检察人员以减让刑期换取辩护律师放弃程序性辩护。在认罪认罚案件中,常见的程序性辩护包括管辖权异议、非法证据排除程序、取证主体合法性问题、搜查扣押程序合法性问题、羁押措施及其程序的合法性问题。这些程序性问题不但可以造成案件可逆性,而且甚至动摇了相关证据的可采性,作为控方是比较重视这些程序性问题的,完全可以成为量刑协商的筹码。

(四)量刑的抗辩

量刑的辩护不但贯穿量刑协商的全过程,而且是量刑协商的终点。量刑辩护包括两种模式:一是量刑本体范围的辩护,即被告人本身所具有的减轻责任刑或预防刑的情节,比如被告人具有自首、立功情节,系从犯、胁从犯,系未成年人,身体或生理有缺陷、障碍等。二是量刑本体以外的因素,比如程序性合法问题、瑕疵问题,证据可采性问题,定性问题,都可以作为量刑的外援力量予以充分考虑。在被告人

---

① 详见最高人民法院第763号指导性案例。
② 参见吴思远:《论协商性司法的价值立场》,载《当代法学》2018年第2期。

杨某某开设赌场案中,杨某某系受他人雇佣,在他人组织的跨境赌博团伙中担任兼职会计,从其作用看明显属于从犯。然而,在审查起诉阶段辩护律师未提出系从犯的辩护意见,导致量刑建议在 3 年以上。在法院审判阶段,笔者作为其辩护律师提出了被告人杨某某系从犯并应予以减轻处刑的辩护意见,法院采纳该辩护意见,通知控方调整量刑建议。

结　论

在刑事诉讼中,没有对抗,就只有压制。认罪认罚从宽制度从制度源头看,系"辩诉交易"和"量刑协商"制度的中国化,其本质上系"协商性司法"。在职权主义诉讼模式下,传统的观念支撑我们信赖司法机关,相信司法机关在没有对抗性辩护的情况下仍能够客观公正地提出量刑建议。但这种信赖是以健全法制和正当程序为前提,当法治尚未健全、正当程序尚未成熟时,这种依职权的"宽恕式"量刑协商只能是一种"压制"的诉讼活动,至多表现为规范的"听取意见"或"沟通"模式。所以,有对抗必有协商,对抗是协商的应有含义,只有充分发挥辩护律师的对抗性辩护职能,才能实现平等意义上的量刑协商。

我国刑法中的"野生动物"

霍文韬[*]

一、引言

从1979年《刑法》到1997年《刑法》，再到之后的多次刑法修正案，我国《刑法》无论是立法技术还是法律解释都日趋臻善。在经济、科技、社会爆炸式发展的当下亦能及时调整，以应对新问题、新挑战，打击新型犯罪，体现了我国法制体系的活力，未落入法律规范滞后、僵化的局限之中。遗憾的是，在积极应对新型法律问题、新型犯罪形式的同时，实践中对刑法固有犯罪类型的打击，距离达到外科手术式的精准切除还有一定距离。

刑法法条中法律概念与具体社会问题中专业概念的脱节，是导致这一问题的原因之一，这一点在行政犯中尤为突出，"野生动物"就是其中的典型，从1979年《刑法》到现行《刑法》及之后的历次修正案均未解决这一关键性的问题。这一问题对于日常生活来说不免有"咬文嚼字"之嫌，但在刑事司法活动中，法律概念的模糊所带来的一定是不同主体源于自身认识而作出的不同理解，这往往会导致类似案件确罪与非罪的天壤之别，进而冲击普通大众朴素的情感认同和社会认知，严重影响我国司法机关及其判决的公信力，不利于社会之长治久安。

随着社会经济的飞速发展，人民物质生活水平获得极大提高，国际贸易不断扩大，我国市场中求奇求异的消费者也有所增加。虽然近几年，在贸易保护主义、新冠肺炎疫情等的影响下国际贸易受限，但是在国际贸易中已经成长起来的宠物市场将在后疫情时代的国内外双循环及国内统一市场中进一步发展、壮大。而之前人工、野生"一刀切"处理的办法，不仅不利于宠物经济的健康发展，还会将原本成

---

[*] 霍文韬，北京长阅律师事务所律师，中国社会科学院研究生院法律硕士。具有多年刑事辩护与代理从业经验，业务领域主要涉及刑事辩护与代理、刑事合规及民商事合同纠纷。

熟的人工繁育宠物消费市场逼向"零元购"野生动物并作为宠物贩卖的黑色产业链,反而会对野生生物资源造成更大的破坏。在此背景下,一方面,最高人民法院、最高人民检察院于2022年共同出台了新的《关于办理破坏野生动物资源刑事案件适用法律若干问题的解释》(以下简称2022年《解释》),力图以"人工繁育"来解决前述野生动物保护面临之问题;另一方面,我国司法机关着力推进的"类案同判"确实为解决这一问题提供了一套行之有效的方法论。但2022年《解释》并未就"人工繁育"进行划界,"类案"的偶发性、滞后性、柔软性以及对法律条文天然的依附性,更加决定了明确"野生动物"这一法律概念的重要意义。

二、野生动物资源保护法之演进

我国的对野生动物资源保护的相关法律大致可以归为行政和刑事两大类。其中行政法部门的《野生动物保护法》自首次通过以来共经过了三次修正、一次修订。该部法律的首次通过和修订均对我国野生动物保护的刑事立法、司法产生了深远的影响。这是以野生动物为犯罪对象的相关行政犯的应有之义。因此,对刑事立法、司法中"野生动物"概念的界定必然离不开有关行政法律、法规。

(一)行政法之演进

1988年11月8日,中华人民共和国第七届全国人民代表大会常务委员会第四次会议通过《野生动物保护法》。《野生动物保护法》并未受1979年《刑法》"珍禽、珍兽"的用语限制,首次使用了"珍贵、濒危野生动物"这一概念,并以保护、拯救濒危野生动物,维护生态平衡的立法思想,确立了开发利用野生动物资源的基本法律依据,规定单位、个人应依法以"驯养繁殖许可证""驯养繁殖"野生动物。为落实1988年《野生动物保护法》第17条的规定,原林业部于1991年发布了《国家重点保护野生动物驯养繁殖许可证管理办法》(以下简称《驯养繁殖办法》),对"驯养繁殖"的内涵进行了界定,并对如何依法"驯养繁殖"野生动物进行了详细的规定。

进入21世纪,2004年、2009年两次修改《野生动物保护法》同样沿用了1988年确定的"珍贵、濒危野生动物""驯养繁殖"等概念,并未对该部法律的内容进行实质性修订。2011年、2015年对《驯养繁殖办法》的修改同样如此。至2016年7月2日第十二届全国人民代表大会常务委员会,《野生动物保护法》迎来自颁布伊始的首次修订。此次修订将维护生物多样性、推进生态文明建设列为立法指导思想,用野生动物的"生态、科学、社会价值"替换了原法条中"经济、科学研究价值"并将生态价值置于首位,体现了我国新时代下对保护自然资源与生态环境的决心和行动力。

紧随其后,引人注目的便是新修订的文本中用"人工繁育""人工繁育许可证"替代了此前一直沿用的"驯养繁殖""驯养繁殖许可证"。

因此,我国行政法律、法规规定的开发、利用野生动物资源的方式从最开始单一的"驯养繁殖"变为现在的"驯养繁殖"与"人工繁育"两种方式,并且也界定了两种方式的不同内涵。为回应行政法律、法规的修订,保持部门法之间的衔接,我国在野生动物保护方面的刑事立法、司法亦随之不断调整,以适应新时代、新挑战。

(二)刑事立法、司法之跟进

我国 1979 年《刑法》第 130 条首次将野生动物资源列为刑法保护的法益,限于当时的社会经济条件,该条内容较为笼统,并未对普通野生动物和"珍禽""珍兽"的犯罪行为加以区别。在 1988 年《野生动物保护法》通过后,1997 年《刑法》第 341 条根据侵害"珍贵、濒危野生动物罪"与危害普通野生动物的不同,确立了两款法条,与相关行政法律法规区分保护两类野生动物的方式相呼应。

为明确"珍贵、濒危野生动物"的范围,指导司法实践,准确打击犯罪,最高人民法院于 2000 年出台《关于审理破坏野生动物资源刑事案件具体应用法律若干问题的解释》(以下简称 2000 年《解释》),并在第 1 条明确列举了"珍贵、濒危野生动物"有三类,分别为:(1)列入国家重点保护野生动物名录的国家一、二级保护野生动物;(2)列入《濒危野生动植物种国际贸易公约》附录一、附录二的野生动物;(3)驯养繁殖的前述物种。①

至 2017 年,十多次刑法修正中均未再对《刑法》第 341 条的内容作出调整。刑事司法也未对 2016 年《野生动物保护法》修订的"人工繁育"等概念做出回应,造成了刑事立法、司法与相关行政法律法规的脱节,这无疑给与"野生动物"相关行政犯罪的认定造成了认识上的混乱。

2019 年新冠肺炎疫情暴发,这场席卷全球的疫情再次警醒世人,人类社会与自然界不加节制地"水乳交融"可能会成为人类自我毁灭的根本原因。在此背景下,为树立、加强人们保护野生动物的正确观念,指引人类摒弃贵野味、盲跟风的行为,2020 年《刑法修正案(十一)》在第 341 条原有两款的基础上,增加了第 3 款非法猎捕、收购、运输、出售陆生野生动物罪。至今,我国刑法中野生动物保护的立法思想完成了从保护生物多样性到保护生态平衡以及人与自然和谐相处的深化发展和深

---

① 最高人民法院《关于审理破坏野生动物资源刑事案件具体应用法律若干问题的解释》第 1 条规定:"刑法第三百四十一条第一款规定的'珍贵、濒危野生动物',包括列入国家重点保护野生动物名录的国家一、二级保护野生动物、列入《濒危野生动植物种国际贸易公约》附录一、附录二的野生动物以及驯养繁殖的上述物种。"

刻转变,与行政法律、法规的立法思想琴瑟和鸣。但两个部门法之间在2016年《野生动物保护法》修订后,因"驯养繁殖"与"人工繁育"形成的隔阂一直没有消弭。直至2022年4月6日最高人民法院、最高人民检察院共同发布2022年《解释》,并在第4条规定国家重点保护的珍贵、濒危野生动物包括两类,即"(一)列入《国家重点保护野生动物名录》的野生动物;(二)经国务院野生动物保护主管部门核准按照国家重点保护的野生动物管理的野生动物"。刑事司法终于对2016年《野生动物保护法》的修订作出回应。

至此,关于野生动物保护的刑事立法与司法无论是在立法思想上还是文本形式上都貌似与相关的行政法律、法规形成了统一。但是司法解释抛弃"驯养繁殖"一词后,似乎又给定义"野生动物"带来了新的问题。

三、"野生动物"之界定

梳理相关法律法规后,不难发现"野生动物"的界定并不在"野生动物"一词本身,而在对其进行修饰的前缀——"驯养繁殖""人工繁育"。因此,新出台的2022年《解释》面临的首要问题便是要定义何为"人工繁育",其为何区别于此前的"驯养繁殖"并能为司法实践面临的困局带来突破。而探求这些问题,首先要明确两个法律概念的内涵。

(一)"驯养繁殖"的内涵及问题

从文义上来看,"驯养繁殖"实为"驯养"和"繁殖"两词的叠加,其中"驯养"意为饲养野生动物使逐渐驯服的过程;"繁殖"则为生物通过有性、无性的方式生产后代的过程。通过两词的基本释义不难得出"驯养繁殖"意为饲养、驯服野生动物并让其在人工环境中生产后代。而"驯养繁殖"一词在2000年《解释》之中使用时其宾语为"上述物种",即列入国家重点保护野生动物名录的国家一、二级保护野生动物以及列入《濒危野生动植物种国际贸易公约》附录一、附录二的野生动物,因此"驯养繁殖"的对象在司法解释中亦指野生动物。这和2015年《驯养繁殖办法》第2条中规定的"本办法所称野生动物,是指国家重点保护的陆生野生动物;所称驯养繁殖,是指在人为控制条件下,为保护、研究、科学实验、展览及其他经济目的而进行的野生动物驯养繁殖活动"相一致。因此,无论从文义解释还是司法解释上来看,2000年《解释》的犯罪对象本来就限于野生动物,且至少包括从野外猎捕回来的初代,及初代在人工条件下生产的第一代个体。

就立法技术而言,2020年《解释》第1条①有限列明了具体、精确的野生动物物种,划出了罪与非罪的清晰界线;并在客观上给基层执法、司法人员造成了困惑,究竟"驯养繁殖"后的第几代不再是野生动物?由此,司法实践中关于何为刑法保护的"珍贵、濒危野生动物"的讨论甚嚣尘上。但历来司法实践中的具体问题是否源于"驯养繁殖"一词使用不当,值得商榷。

(二)"人工繁育"的内涵及问题

2022年《解释》与2000年《解释》相比,2022年《解释》在法条中未再使用"驯养繁殖"一词而使用"人工繁育",意为"妥当明确此类案件的法律政策界限,确保相关案件处理既于法有据又符合人民群众的公平正义观念",这无疑是对近年来宠物市场发展的积极回应,力求改变以往刑事司法实践中"一刀切"的情形,是巨大的进步。

但司法解释并未就"人工繁育"一词给出明确的定义,也未就"人工繁育"的对象作出明确说明。而在最高人民法院研究室、最高人民检察院法律政策研究室负责人就《关于办理破坏野生动物资源刑事案件适用法律若干问题的解释》答记者问时,对2022年《解释》中"人工繁育"个体的性质进行了界定,即人工繁育野生动物也属于野生动物范畴,就野生动物作为人工繁育的对象,对司法解释制定的背景和目的进行了说明。联系答记者问理解2022年《解释》时,不难发现2022年《解释》舍弃使用"驯养繁殖"一词,转而力图通过将"人工繁育"个体尽量排除在野生动物之外,缩小刑罚范围,保证刑法的谦抑性。但前述对"人工繁育"的使用,与《野生动物保护法》对"人工繁育"个体的定义显然是矛盾的。根据《野生动物保护法》第25条②的规定,"人工繁育"需要使用"人工繁育子代种源",而"人工繁育子代"是指在人工控制条件下"繁殖"出生的个体,且要求该个体的"亲本"也是在人工控制条件下出生的。通俗来讲,只有目标个体、目标个体的父本、母本,及前述父本、母本各自的父本、母本,共三代均在人工控制条件下出生,该目标个体才为"人工繁育国家重点保护野生动物",而其父本、母本及各自的父本、母本则不一定为"人工繁育"个体。在此情形下,"人工繁育野生动物"就形成了一个循环论证的悖论,即人工繁育个体要求为三代个体均在人为控制条件下出生的非野生个体,但是这样出生的个

---

① 2020年《解释》援引名录、附录中提及的物种及其细分亚种是否均属于"珍贵、濒危野生动物",属于生物科学范畴不在本文的讨论范畴。

② 《野生动物保护法》第25条第3、4款规定:"人工繁育国家重点保护野生动物应当使用人工繁育子代种源,建立物种系谱、繁育档案和个体数据。因种源保护目的确需采用野外种源的,适用本法第二十一条和第二十三条的规定。本法所称人工繁育子代,是指人工控制条件下繁殖出生的子代个体且其亲本也在人工控制条件下出生。"

体根据司法解释来看又是野生动物,而人工繁育又要求三代内不能是野生动物。最后,在这个圈里根本无法实现"人工繁育"。这是2022年《解释》及相关文件的概念使用不当所直接导致的,随之而来,司法实践中可能会再次面临何为野生动物何为人工繁育个体的具体问题,进而导致在执法、司法过程中出现偏差。

四、问题解决之对策

此时回看"驯养繁殖"一词的界定,其本就意指猎捕、饲养野生动物,因此,2000年《解释》本没有将"人工繁育"个体包括在内。而现行解释及相关文件试图排除、减少对"人工繁育野生动物"(理论上不存在)定罪量刑的方法,似乎并没有改变原有的保护范围。相反,2022年《解释》直接模糊了"驯养繁殖"野生动物和"人工繁育"个体的界限,在具体法律问题时可能会给法律实践者带来更大的困惑。若两次解释的精神是一以贯之的,即两次都没有将人工繁育个体作为犯罪对象,只是2000年《解释》在执法、司法实践中发生执行偏差和极化。那2022年《解释》可能在模糊边界出现类似的困境。而走出这一困境的方法就是明确相关法律条文中法律概念的边界与关系。

首先,要认识到"驯养繁殖""人工繁育"的概念及使用的区别。我国野生动物保护相关法律也就此分别规定了驯养繁殖许可和人工繁育许可两种不同的行政许可。由此可见,这两个概念虽然看似相近,实则有着本质的不同(前文已详细分析,不再赘述)。

其次,在理解二者概念区别的基础上,通过对《野生动物保护法》《驯养繁殖办法》等相关法律的梳理,总结我国现行的对国家重点保护野生动物进行"驯养繁殖""人工繁育"的基本脉络,以寻找不同阶段个体对应的法律概念,才能实现相关法律概念的准确适用。

通过对相关法律的梳理,在我国依法对野生动物进行开发、利用的过程大致可以分为以下三个阶段。相应地,在处罚与野生动物有关的违法犯罪行为时,也可以根据违法犯罪行为实施的不同阶段确定行为对象的属性,给予对应的法律概念,由此实现罪刑相适应的基本原则。

第一阶段中,猎捕种源的对象无疑是野生动物,就这一阶段而言严格适用法律是没有异议的。第二阶段中,在驯养繁殖野生动物时,驯养的初代个体为野生动物,而让该野生动物在人工控制条件下生产第一代、第二代个体则介于野生动物与人工个体之间可称为"驯养繁殖个体"。第二阶段与第一阶段的猎捕行为是高度关联的,用于"驯养繁殖"的初代个体必然来源于野外,因此对于初代个体应当严格适用野生动物保护相关规定。而对"驯养繁殖个体"来说则可根据"驯养繁殖"的行为手段、行为目的、是否配合放归野生环境等综合判断,予以从宽处理或者不作为犯罪处罚。第三阶段中的"人工繁育"个体在人工控制条件下出生、生长,并非野生动物。但对"人工繁育"个体而言,是否就"所涉案件一般不作为犯罪处理;需要追究刑事责任的,应当依法从宽处理"也需要进一步明确。一方面,"人工繁育"个体会进入市场,作为宠物买卖、运输,对于这部分而言一般不作为犯罪处理;另一方面,也会为保证野生种群数量稳定,维护当地生态平衡,将"人工繁育"个体放归自然栖息地。对于后者而言,其虽为"人工繁育"个体,但实际上承载了野生动物的自然功能、价值和意义,应当将其视为"野生动物"进行同等保护,而非以"人工繁育"个体进行考量,否则与相关法律法规及司法解释之精神相背离,也不利于野生动物种群的保护。各阶段步骤如下。

首先,猎捕种源阶段:(1)由具有法定条件的单位或者个人根据被驯养动物的保护等级向有权限的行政主管部门申请驯养繁殖许可证;(2)行政主管部门审批、核发驯养繁殖许可证;(3)取得许可的单位或者个人依法从野外获得"种源"。

其次,驯养繁殖阶段:(1)取得许可的单位或者个人依法在人工条件下驯养繁殖野生动物,获得第一代、第二代人工控制条件下出生的个体;(2)取得许可的单位或者个人经批准出售、利用其驯养繁殖的野生动物及产品。

最后,人工繁育阶段:(1)取得人工繁育许可证的单位或者个人,通过控制人工控制条件下繁殖出生的第二代个体再次进行繁殖,获得"人工繁育"个体;(2)取得人工繁育许可证的单位或者个人,对列入名录的野生动物的"人工繁育"个体及其制品,按照省级行政主管部门核验的年度生产数量直接取得专用标识,凭专用标识出售和利用。

结　语

法律概念的清晰界定是解决具体法律问题的基础,但法律实施也十分依赖其外部条件,其作用总是容易受到社会因素的制约。就野生动物保护而言,准确判断涉案个体的"野生"或者"人工"属性就十分依赖于相关科学技术的理论发展和实际应用。因此,野生动物的有效保护必然需要各界的团结协作,否则就会像克雷洛夫寓言中天鹅、大虾和梭鱼拉的车一样,"究竟谁是谁非,我们管不着,只知道,大车至今仍在原处,未动分毫"。

论不作为犯罪中先行行为的范围界定

王 然[*]

前 言

不作为犯可分为纯正的不作为犯与不纯正的不作为犯两种类型。与纯正的不作为犯相比，不纯正不作为犯在《刑法》中并无明确规定，只能依照作为犯的犯罪构成加以处罚，故此不纯正作为犯的理论自诞生之日起就备受争议。刑法学界普遍认同，不纯正不作为犯的作为义务来源主要包括职责上的行为、合同上的约定以及先行行为三种。而在不纯正不作为犯的诸多作为义务来源种类之中，先行行为所引起的争议毫无疑问是最大的，引起争议的直接原因就在于和作为义务的其他来源种类相比，先行行为没有法律或是合同等固定文书上的支撑，因而无法清晰界定其范围。而刑法作为惩罚制度最为严苛的法律，其对于人们行为的调整所持的应当是一种非为必要即不多加规范的态度，而先行行为的张力性无疑是与刑法谦抑性的特点相矛盾的。为了解决这种矛盾，应该严格限定先行行为的范围。本文旨在明确先行行为的外延界定并制订标准将先行行为限定在一定范围之内，从而能够依此清晰地判定某种前行为是否能够成立不纯正不作为犯。

一、先行行为概述

（一）先行行为的界定

对于如何界定先行行为，中外刑法学者说法不一。德国学者耶塞克与魏特根认为："先前实施的行为必须造成了损害发生的紧迫的（相当的）危险，先前的行为必须在客观上是违法的（即使是无责的），违反义务性还必须存在于对恰恰是为了

---

[*] 王然，北京长阅律师事务所实习律师，具有互联网公司法律顾问从业经验，业务领域主要涉及民商事合同纠纷、物权纠纷、著作权纠纷以及企业合规业务。

保护相关法益的规范的违反之中。"①我国学者林山田教授认为："任何人若因其客观的义务违反行为，而造成对于他人的法益构成危险的，即负有防止发生构成要件该当结果的义务，故为此等违背义务的危险前行为人。"②张明楷教授认为："由于行为人的某种行为而使刑法所保护的合法权益处于危险状态时，行为人负有排除危险或防止危害结果发生的特定积极义务。"③比较上述中外几位学者给出的对先行行为的定义，可以看出他们并未给先行行为直接下定义，而是在讨论由先行行为所引起的行为人的作为义务之时对先行行为进行说明。研究先行行为之所以对我们而言具有现实意义，只不过是因为它能够引发不作为犯的作为义务，如果没有了上述前提条件，可以说先行行为这个理论甚至没有存在的必要性。通过对比可以看出，学者们对于先行行为实质的认识都是一样的。因为刑法所保护的法益的安全受到了行为人的前行为的威胁，此时行为人负有使法益恢复到安全状态的作为义务，但行为人并未履行这种作为义务导致危害后果的发生，因而构成犯罪。

(二)先行行为的历史发展

先行行为产生于公元前286年罗马共和国制定的《阿奎利亚法》。《阿奎利亚法》规定，医师为奴隶做完外科手术后不予护理，致使奴隶死亡的，构成犯罪。④ 使作为义务的来源最先成为理论的是费尔巴哈。在19世纪个人主义思潮盛行的社会背景下，基于保护公民个体自由的理念，费尔巴哈认为在非特定情况下，不应该让行为人承担作为义务。而最早主张先行行为作为义务的是斯鸠贝尔，在19世纪初，他就主张属于骑士的工人在被其主人撞伤之后因穷困潦倒无法及时治疗而死的，骑士应承担未及时实施救助义务的刑事责任。⑤ 一般认为，这一结论是斯鸠贝尔基于"在正义感情上的理所当然"⑥归纳出来的。先行行为作为义务在经过理论上的探讨之后，也出现在了法院的判例之中。1884年10月21日，德国判例首次确认了先行行为作为义务类型。而先行行为义务类型在经过理论上的讨论并且得到判例的支持之后，也被规定在一些国家的成文法典当中，例如德国和日本在第二次世界大战期间都在本国的成文法典之中规定了先行行为不作为犯，我国台湾地区受到

---

① 谢绍华:《先行行为论》，中国人民公安大学出版社2011年版，第195页。
② 谢绍华:《先行行为论》，中国人民公安大学出版社2011年版，第196页。
③ 张明楷:《刑法学》，法律出版社2011年版，第144页。
④ 谢绍华:《先行行为论》，中国人民公安大学出版社2011年版，第1页。
⑤ 许玉秀:《主观与客观之间》，法律出版社2008年版，第306页。
⑥ 许玉秀:《主观与客观之间》，法律出版社2008年版，第307页。

德国的影响也随之作出了相关规定。① 但在第二次世界大战之后,德国删除了成文法典中对先行行为的相关规定,而我国台湾地区却仍然保有对其的相关规定。我国现行的《刑法》并没有对先行行为作出规定,但是在实际生活中不缺乏与之相关的案例,这说明了先行行为能引起的不纯正不作为犯在我国是得到承认的。

(三) 先行行为能否作为不作为义务的来源

先行行为理论从产生至今虽历经了 200 多年发展,但并非所有学者都支持其成为不作为义务的来源。而先行行为理论正是在不断争论的浪潮之中逐步发展起来的,正是这种观点的不断碰撞使先行行为理论更趋近于完善。对于先行行为能否产生作为义务,学者们存在很大的观点分歧。持否定观点的学者认为,对由先行行为引起的不纯正不作为犯进行处罚违反了罪刑法定原则和刑法的明确性原则。而持肯定观点的学者认为对由先行行为不作为犯进行处罚并未违反罪刑法定原则,且对于因自己的行为产生侵害法益安全的风险却不采取补救措施从而导致危害结果的产生的行为人予以处罚,有利于法益的保护,由此可见,先行行为不作为犯的存在填补了刑法的漏洞。

首先,对于封闭的犯罪构成要件,由于立法者已经详尽地描述了犯罪构成要件的各个要素,此时法官要做的工作仅仅是通过消极审查来查明行为人的行为是否构成犯罪。也就是说,当没有违法阻却事由存在的时候即可确定行为人的行为违法。② 从开放的犯罪构成要件上来说,先行行为不作为犯与罪刑法定原则同样是不冲突的。作为犯与先行行为不作为犯两者都导致了侵害法益结果的产生,且危害结果具有等价性,如果仅对作为犯进行处罚明显不利于法益的保护。只不过,相对于封闭的犯罪构成要件,开放的犯罪构成要件需要法官进行补充判断。比如在荒野之中猎人将被害人误认为是熊而将其误伤却不实施救助致使被害人死亡的案件中,猎人因其在先的误伤行为具有救助的作为义务,但猎人不实施救助的此种不作为行为在《刑法》分则中并未明确规定,这就需要法官进行补充判断,由于在荒野之中对其误伤的被害人放任不管之不作为与故意杀害之作为含有相同程度的社会危险性,因此猎人的不救助行为可构成故意杀人罪。由于字面语言的模糊性、立法技术的不足以及社会的不断发展,开放的犯罪构成要件的运用在案件的解决过程中是无法避免的。但并非所有不积极地实施补救行为致使危害结果发生的不作为行

---

① 谢绍华:《先行行为论》,中国人民公安大学出版社 2011 年版,第 32 页。
② 刘艳红:《开放性构成要件理论研究》,中国政法大学出版社 2002 年版,第 9 页。

为都应该受到刑事追究,其以存在作为义务为前提条件。

其次,先行行为不作为犯并不违反刑法的明确性原则。一国的法律是其国民的行为规范,因而一国法律应要满足其普通民众知法的基础,即其普通民众能以自己的社会生活经验以及朴素的价值观判断出这个行为当不当为,仅有这样,民众才能以之作为自己的行动准则。先行行为作为义务是基于"生活的实际感觉"以及"正义感情上的理所当然"归纳出来的,可以说是来自自然法,而自然法被奉为不言而喻的真理,是人类制定一切法律规范的基础,是一个理性人可以感知到的法。由此可知,一般大众是能够感知并认同由先行行为所引起的作为义务的,其与刑法的明确性原则并不相冲突。

最后,持否定观点的学者指出先行行为理论存在的种种不足,想要借此否定先行行为不作为犯的存在的做法并不能成立。持否定观点的学者虽然指出了先行行为不作为犯理论存在的诸多瑕疵,但并不能提出完善的理论替代先行行为不作为犯解决刑法上存在的漏洞,这说明了其依然具有存在的必要性。现在急于否认先行行为理论并无任何现实意义,因为即使我们现在成功地将先行行为排除,刑法的漏洞依然存在。因此我们此时真正应该做的是肯定先行行为,克服其存在的种种不足,并克服先行行为概念的张力性,严格限制其成立范围,这不仅有利于理论研究,更有助于司法实践。

二、先行行为的外延界定

如前所述,由先行行为引起的不纯正不作为犯具有存在的必要性,因此当前所要解决的应是其范围界定的问题,明确先行行为的外延界定,并严格限制其成立范围,克服其张力性与刑法的谦抑性之间的矛盾不仅有利于理论研究,还为司法实践提供了极大的便利。当前,理论界对于先行行为外延界定的研究探讨主要聚焦于下列三个方面。

(一)先行行为是否限于作为行为

行为可分为作为和不作为两种方式。先行行为可以以作为的方式来实施这是得到大家的普遍认同的,那么不作为呢?对此问题,刑法学者们分成截然对立的两种观点。在持赞成观点的学者们看来,先行行为亦可由不作为方式来实施,林山田教授就持这种观点,并且举了两个判例以论证他的观点。第一个例子是关于随身携带手枪的人在他人拿其手枪赏玩之时没有及时阻止而使他人因手枪走火而死的案例。① 第二个例子则是关于满载润滑油的机车因为车祸使油遍满路面,而司机未在第一时间及时处理路面油污也未做出其他措施提醒,从而导致从此处经过的其他人因未察觉滑倒而亡的案例。② 与持肯定观点的学者相反,持否定说的学者则认为先行行为的行为方式仅限于作为,他们认为使行为人负担消除已产生的侵害法益安全风险的条件是此风险是由行为人积极的作为而引起的。③

然而,林山田教授所举的例子并不能说明先行行为可以是不作为。在林教授所举的第一个例子中,仅存在一个不作为,即未阻止他人玩枪的不作为,而带枪的前行为乃是作为。而在林教授所举的第二个例子中亦只存在一个不作为行为,即未立即设置警告标志,而车祸致油洒亦是作为。

与其他行为相比较,先行行为的不同之处在于其必须可以产生侵害法益安全的风险,这样才能赋予行为实施人以作为义务。而一般情况下消极不作为是无法侵害法益的安全的,只有在两种情况下消极不作为才可能侵害法益的安全:(1)违反法律中规定的作为义务;(2)法律中明文规定的由不作为方式实施的犯罪。在这两种情况中,第一种情况下的不作为行为已经直接构成义务违反,具有违法性,成立不纯正不作为犯罪,此种情况的不作为行为无法成立先行行为。而第二种情况下的不作为则可能成立纯正的不作为犯,在这种情况下如果承认先行行为的实施方式可以是不作为的方式,则意味着在两种不作为犯之中一定情况下纯正的可以向不纯正的转化,这相当于承认所有成立纯正不作为犯的情况都同时有可能转变为成立不纯正不作为犯,此时两种不作为犯罪之间的界限将会模糊不清,这无疑会给理论研究和司法实践带来诸多难题,因此,先行行为应仅限于作为行为。

(二)先行行为是否包括合法行为

对于先行行为是否包括合法行为,刑法理论界各方所持的观点主要包括以下几种。第一种观点认为先行行为不应当包括合法行为。此种观点在现今德国的刑法学界为通说观点,如在耶赛克、魏根特所著的《德国刑法教科书》中就有提道:"先前行为思想的限制之一是,先前的行为必须在客观上是违法的。"④我国学者林山田教授也提出:"前行为除必须具备导致结果发生的迫切危险之外尚须具备义务违反

---

① 许玉秀:《主观与客观之间》,法律出版社 2008 年版,第 297 页。
② 许玉秀:《主观与客观之间》,法律出版社 2008 年版,第 297 页。
③ 李学同:《论不作为犯罪的特定义务》,载《法学评论》1999 年第 4 期。
④ [德]汉斯·海因里希·耶赛克、托马斯·魏根特:《德国刑法教科书》,徐久生译,中国法制出版社 2001 年版,第 752 页。

性,始足以构成保证人地位。"①第二种观点则与第一种观点截然相反,认为合法行为可以成为先行行为。例如我国著名刑法学者陈兴良教授认为:"先行行为只要能产生某种危险,就可以成为不作为义务的义务来源,而不必要求先行行为必须具有违法的性质。"②第三种观点认为对于合法行为能否成为先行行为这个问题不能离开案件本身抽象地定论,应结合案件的情况来分析。例如日本学者大塚仁教授认为关于在先的行为在符合法律的规定下能否成为先行行为难以凭空判断,应该根据案件发生时的情况辅以诚实信用原则以及公共秩序、善良风俗来判定。③

首先,对于一个完全合法的行为苛以作为义务是不符合法理的。一个合法的行为是法律所不禁止的,甚至是体现法律的价值的,那么在一个体现法律价值的行为实施之后再对其苛以作为义务,明显是有违法律的精神的。其次,对于一个完全合法的行为苛以作为义务是不符合当今社会的发展趋势的。在当今社会,人们愈发地重视个人的自由,因此更加希望法律的调整范围应该得到合理的限制,而对于一个合法的行为,法律更不应当让其承担损害结果。如果在一个社会中连实施合法行为都会被苛以作为义务,那么人们生活在社会中无疑是充满不安全感的,是不自由的。最后,对合法行为苛以作为义务不符合刑法谦抑性的特点。刑法是维护社会公平正义的最后一道防线,其作为最严厉的法律在规范人们的行为之时,应该严格地限制其调整范围,非在必要之时不应当对人们的行为进行过多干涉。而由于先行行为概念的张力,更应该严格限制其范围,将合法行为排除在先行行为范围之外。通常情况下,一个合法的行为如果产生威胁法益安全的风险,那么肯定存在实施了侵害法益安全的违法行为的另一行为人,此时的损害后果应当由实施违法行为的一方承担,④而如果出现意外事件而导致损害,民法对于行为人的要求也仅仅是补偿,刑法此时要求行为人承担刑事责任,明显有违刑法谦抑性的特点。综上所述,合法行为不能成为先行行为,因为一个完全合法的行为是不应当被苛责的。

(三)先行行为是否包括犯罪行为

由于犯罪行为具有特殊性,如无法认清它与先行行为之间的关系,无疑会造成刑法理论体系与司法实务的混乱,由此可见犯罪行为能否成为先行行为是一个很

---

① 林山田:《刑法通论》(下),北京大学出版社2012年版,第160页。
② 陈兴良:《刑法哲学》(上),中国政法大学出版社2009年版,第292页。
③ 谢绍华:《先行行为论》,中国人民公安大学出版社2011年版,第139页。
④ 徐跃飞:《论不作为犯罪中的先行行为》,载《时代法学》2006年第2期。

值得研究的问题。而在刑法理论界,关于先行行为是否包括犯罪行为的争议很大,观点也很多,否定说将所有的犯罪行为都排除在先行行为范围之外,认为刑法对其的处罚都是重复评价,这严重侵害了犯罪行为人的权利,而肯定说又将所有的犯罪行为都纳入先行行为范围之中。折中说是在肯定说与否定说的基础上进行改进,是两种观点的调和与完善,越来越为我国学者所广泛接受。张明楷教授根据刑法中是否有规定结果加重犯和重罪来判断哪些行为可以成为先行行为,排除了刑法中已规定结果加重犯和重罪的情形。这样的区分方式很直观,也易于操作,但这样的区分方式存在两点不足:其一,这样的区分方式仅从形式上区分哪些犯罪行为可以在先行行为范围之外,而未从两者的本质出发来进行区分,无法真正认识到犯罪行为同先行行为的实质差别,难免存在漏洞;其二,这样的区分方式不全面。我们的社会处于不断发展之中,社会生活瞬息万变而立法普遍滞后,如若将来出现因行为人的前犯罪行为使同一种法益的安全遭受侵害的威胁的情况,但《刑法》条文却没有根据这种情况作出结果加重犯或者是重罪的规定,那么此前的犯罪行为是否会因此引起作为义务呢?

对于犯罪行为可否成为先行行为,首先应关注前行为和后续的不作为行为是否侵害的是同一法益,如若侵害的是同一法益,那么在这种情况下是不能成立不纯正不作为犯的。如果在先前行为和后续不作为行为侵犯同一法益的情况下成立不纯正不作为犯,那么相当于说所有的作为犯罪都有可能同时成立不作为犯罪,这无疑是将刑事法律关系复杂化,不易于操作,而且极有可能出现对一个犯罪行为进行重复评价的状况,不利于犯罪人权利的保障。而如若侵害的是不同的法益,借鉴许玉秀教授的观点,结合行为人的主观心态,对犯罪行为引起作为义务的可能形式进行划分,则有如下四种情况。其一,前故意作为,后故意不作为。在此组合中,由于前后两个行为侵害的是不同法益,且后续不作为行为所侵害的法益并非前行犯罪行为所想要达到的目标,因而后不作为行为所侵害的法益无法被前犯罪行为所评价,要另行评价,因而有可能成立不纯正不作为犯。但如若法律规定了结果加重犯,此种组合亦有可能成立结果加重犯,按结果加重犯进行处罚,不再另行评价。其二,前故意作为,后过失不作为。这种组合有可能成立先行行为不作为犯,因为前后两个行为侵犯的法益是不同的。但此种组合多数情况下刑法已对后不作为行为产生的危害结果涵盖评价,一般不需要另行评价,但如若刑法没有对其规定结果加重犯,依然有可能成立不作为犯。其三,前过失作为,后故意不作为。在此种情形中,由于前犯罪行为和后续不作为行为侵犯的是不同法益,行为人对前过失行为所产生的威胁法益安全的风险负有防止义务,但其却故意不作为,最终造成了危害结果的产生,符合先行行为不作为犯的成立要件。对于这种组合,许玉秀教授亦指出到现在为止无论是学术界还是司法实务界都不赞成其成立结果加重犯,但因为有先行行为不作为犯的存在也不会因此而造成漏罪。① 可见,这种组合应成立不纯正不作为犯。其四,前过失作为,后过失不作为。此组合亦有可能成立不纯正不作为犯。要想成立过失犯罪,必要的条件是危害结果的产生已经产生且不能挽回,因而在这个组合中,前犯罪行为所造成的危害结果已经出现,并且能完全被前过失犯罪所评价,而后续的过失不作为与前过失犯罪所侵犯的法益是不同的,其产生的危害结果如果不是与前犯罪行为产生的危害结果存在固有的、必然的联系,抑或是刑法所规定的加重情节的话,则可单独评价,成立不纯正不作为犯。

三、先行行为的判定标准

(一)先行行为必须是本人行为

探究先行行为的主体,我们所要解决的问题是先行行为是否仅限于本人行为,即由行为人实施的在先行为引起的侵害法益安全的风险可否由第三人承担?对于此问题,持肯定观点的学者认为应将先行行为的主体范围扩展至风险发生时在场的所有人,这样有利于避免见死不救的现象发生,鼓励人们见义勇为。然而,刑法作为最为严厉的法律,是所有法律规范的最后一道防线,应当被谨慎适用。根据刑法的罪责自负原则,每个人应当只对自己的行为负责,而没必要为他人的行为买单,因此只有实施了威胁法益安全风险的人,才有被苛以防止侵害法益安全的结果实现的作为义务。而没有实施任何引起风险产生的行为的人仅具有道德上的义务,他们的不作为行为应当受到道德的遣责,但不具有任何刑法上的意义,刑法不应当对其进行评价。

(二)先行行为至少是违反义务的行为

由于先行行为概念的张力,我们应该严格限制先行行为的成立范围,而在上文中提到,合法行为不可以成为先行行为但是犯罪行为可以,那么此时所要解决的问题是对于先行行为的性质是否需要有个判定的标准呢?刑法所要解决的最终问题都是归责问题,即产生的危害结果最终由谁来承担?关于归责问题,由先行行为所引起的不纯正不作为犯与其他类型的不纯正不作为犯的不同之处在于,其他类型

---

① 许玉秀:《主观与客观之间》,法律出版社 2008 年版,第 325 页。

的不纯正不作为犯的归责原因是不作为行为违反法律、契约或职务所规定的作为义务,不作为行为具有直接违法性,而由先行行为引起的不纯正不作为犯的不作为行为则无法直接确定其违法性,仅能借助于假设的因果关系推出其违法性,即由于行为人的行为使某种法益处于遭受侵害的风险,因此该行为人有避免法益侵害结果发生的义务,由于行为人消极不作为导致损害后果的发生,因此行为人应当遭受法律的否定性评价。由此可见,在由先行行为引起的不纯正不作为犯中,不作为行为的违法性只能在先行行为中找寻,因为行为人的前行为使行为人负有作为义务,而行为人消极不作为违反了作为义务才使其构成犯罪。而前行为要想使行为人负担作为义务,让行为人对后续的危害结果负责,其必须具备两个条件:其一,前行为与危害结果之间必须具有关联性,给危害结果的产生埋下"祸根",即前行为必须创设了威胁法益安全的风险;其二,损害结果的产生必须是因为先行行为所导致,没有其他因素的介入使得造成的风险被替换,否则要承担损害后果的将不是先行行为人,而是新的风险制造人。综上所述,先行行为必须具有可归责性,也就是说先行行为必须具备义务违反性。

(三)先行行为必须创设或提高了风险

结合先行行为的特征来看,并非行为人在先做的任意一种推动法益侵害后果产生的行为都可以成立先行行为,先行行为一定要是创设风险抑或升高风险的行为,且产生的危害结果可归责于行为人的不作为,其实施的在先行为才可能成为先行行为。如果一个在前的行为不具备以上任意一种条件,而仅仅是因为一个偶然的联系对危害结果的发生产生了推动作用,那么这个在先行为就不具有可归责性,实施这个在先行为的行为人就不负有使遭受威胁的法益恢复到安全状态的义务。例如李四十分厌恶邻居张三,欲除之而后快,于是在下雨天希望张三被雷劈死而极力劝张三出门游玩,张三因架不住李四的劝而出门游玩,后果真被雷劈死了。在这个案例中李四的行为并不能成立先行行为,其行为只是因为一个偶然的联系推动了危害结果的产生,客观上并没有升高风险。

(四)先行行为与风险之间必须具有直接的因果联系

如果行为人的在先行为创设了某种威胁到法益安全的风险,但这种风险与先行行为之间仅具有偶然的联系,则产生的风险不可归责于行为人,此时行为人的在先行为无法成立先行行为。如果因为人们一些在社会生活中极其常见不以为然的行为偶然引发了威胁法益安全的风险就苛以其让法益恢复到安全状态的作为义务,那么人们生活在社会之中会充满不安全感,因为人们无法预知自己无意之中的哪个行为会引发侵害法益的风险,这极其不利于社会秩序的稳定。因此,有必要将先行行为与风险之间的联系限定在一定范围内,避免其不合理的扩张。此外,如果在先行为引起的风险是在社会可容忍的范围内,那么亦不可能成为先行行为,这样有利于社会的稳定,也符合普通大众朴素的价值观。例如王五某天在逛刀具店的时候看见孙六也在,遂向不知情的店主买了一把菜刀后立即向孙六砍去,将孙六砍死。如果店主给王五卖菜刀的行为成立先行行为,那么店主则构成故意杀人罪,这明显匪夷所思。开店卖刀具这在普通大众的眼中是一个极其平常的行为,买主会用刀具实施杀人行为是卖家无法预见到的,买卖刀具的风险是社会所能容忍的风险,因此卖刀具的店主不会因为把刀具卖给实施杀人行为的王五而被苛以救助孙六生命的义务。

结 语

先行行为作为不纯正不作为犯的作为义务来源之一所引起的争议是其他作为义务来源所无法比拟的,而其引起争议的最主要原因乃是由于先行行为无固定文本上的依据使人们无法清晰界定先行行为的范围。

从先行行为本身的外延来看,先行行为只能是积极的作为,合法行为无法成为先行行为,而犯罪行为可以成立先行行为,但并非任意一犯罪行为皆可。根据前后两个行为侵犯的是否属于相同的法益并结合行为人的主观心态进行讨论,当前后两个行为侵犯的是相同法益时,犯罪行为不能成为先行行为,而前后两个行为侵犯的是不同法益时,"前故意 + 后过失"这种组合是成立先行行为不作为犯的典型形态,其他组合则要根据刑法是否有规定结果加重犯来进行判断。此外,在对先行行为的外延进行限定的同时,一个行为要想成为先行行为必须满足如下四个条件:第一,必须是本人行为;第二,行为须具备义务违反性;第三,行为提高或产生了威胁法益安全的风险;第四,风险与行为之间具有直接因果关系。

共同犯罪量刑相对失衡的纾解进路研究

李建军*

一、问题的提出

量刑是刑事审判活动的重要任务之一,是实现刑事诉讼实体公正的重要保障。量刑以定罪为基础,受"重定罪、轻量刑"刑事司法传统的影响,量刑活动在刑事司法中未能得到应有的重视。从刑事司法现代化的历程来看,量刑公正是现代刑事司法的必然要求,同时也是刑事司法现代化的重要体现。2010 年推行量刑规范化建设以来,我国的量刑司法改革取得了明显成效。2020 年 11 月,"两高三部"联合发布《关于规范量刑程序若干问题的意见》,这是关于量刑司法活动的最新司法文件,其吸纳了近些年关于量刑程序的最新理论研究成果,同时也结合认罪认罚从宽制度对于量刑司法作出了具体工作指引。2021 年 6 月,最高人民法院、最高人民检察院联合印发《关于常见犯罪的量刑指导意见(试行)》[①]为规范量刑活动提出了更加明确的指引。当前,关于控方提出量刑建议、被害人提出量刑意见、被告人和辩护人提出量刑意见以及法庭的量刑程序都有较为清晰和完备的规范指导,对于量刑辩护也提供了制度供给和空间。从抽样的涉电信网络诈骗犯罪刑事判决书的量刑判决[②]来看,共同犯罪的量刑实现了规范量刑,量刑结果因犯罪成员的分工、地位等主要的量刑情节呈"阶梯式"递减。本文将以共同犯罪的量刑司法实践为研究对象,通过横向比较研究多名被告的共同犯罪刑事案件来考察共同犯罪的量刑辩护

---

* 李建军,华东政法大学刑事法学院诉讼法学博士研究生。

① 为进一步规范量刑活动,落实宽严相济刑事政策和认罪认罚从宽制度,增强量刑公开性,实现量刑公正,根据《刑法》《刑事诉讼法》和有关司法解释的规定,结合司法实践,最高人民法院和最高人民检察院联合制定《关于常见犯罪的量刑指导意见(试行)》,并自 2021 年 7 月 1 日起实施。

② 笔者于 2022 年 4 月 5 日在最高人民法院司法裁判文书网上以"刑事案件""判决书""电信网络诈骗"等关键词对 2022 年基层法院一审判决予以检索,共获取 152 篇裁判文书。

环境和空间。量刑失衡是涉多名被告的共同犯罪量刑司法可能存在的问题,同时也是量刑辩护的重点,对此有必要展开深入研究。

二、共同犯罪的量刑相对失衡

从量刑的角度出发,通过量刑重在实现量刑精准,即罚当其罪。但是,在共同犯罪的场合,除了具体考察被告人的量刑影响因素,还得对全案被告人的量刑进行横向比较。一般地,共同犯罪的犯罪成员呈现出较为明显的"中心化"特点。也就是说,犯罪成员的分工、地位使得他们的罪责各有不同,由此而言,犯罪成员的罪责呈现出"阶梯式"递减的抽象刑罚分配形态。如果共同犯罪案件的被告人最后的刑罚判决与其在犯罪过程中的分工、地位等不相称,那么刑罚判决的合理性就存疑。

量刑中的平衡,意指法院在给犯罪人配刑的时候,必须综合考虑影响量刑诸要素,使之达到一种相对平衡状态。具体地说,就是指法院在对被告人裁量刑罚时,要综合考虑影响量刑的各要素,使每一案件的各方面量刑情节都得以考虑,并且对于情节相同或类似的案件,都适用相同或相近的刑罚,从而使刑罚处于一种稳定并和所犯罪行相适应的状态。① 量刑失衡分为量刑绝对失衡和量刑相对失衡两种。量刑绝对失衡,是指法院的量刑裁判和被告人的罪责与已经查明的量刑证据不符,是典型的量刑不公。量刑相对失衡,是指法院的量刑裁判虽然综合考量了被告人的罪责和相关量刑证据,但是和其他被告人的量刑相比,其中包括同案犯也包括存在犯罪关联但是分别审理的其他被告人,具体量刑和其罪责不符。可以说,量刑相对失衡是共犯量刑的最大问题。量刑绝对失衡是显性的,也容易成为量刑变化的辩点,但是量刑相对失衡是隐形的,往往容易被忽视,被告人及其辩护人以此开展辩护的意识不足,这是值得引起反思的。

(一)共同犯罪量刑相对失衡的案例考察

当前量刑规范化建设成效显著,法院的量刑公正取得了明显进步。但是,在共同犯罪的场合,特别是被告人较多的共同犯罪中,量刑失衡的问题仍有存在。一般来说,涉及被告人越多,量刑失衡的风险就越大,也更应当引起特别关注。网络犯罪是当前非常典型的共同犯罪,呈现出组织化和集团化的特点,涉案人员众多是重要特点之一。随着公安机关侦查能力的不断提升,对于网络犯罪的证明能力也愈发增强。随着大数据、人工智能等技术在刑事司法中的应用和认罪认罚从宽制度

---

① 参见汪明亮:《审判中的智慧:多维视野中的定罪量刑问题》,法律出版社2006年版。

等激励机制的不断深化,网络犯罪的事实查明难题逐步被破解。但是,网络犯罪共同犯罪人的量刑问题成为下一个需要重视的话题。从笔者通过司法裁判文书网检索到的2022年(截至4月)涉电信网络诈骗犯罪的152起刑事案件来看,被告人和辩护人对于法庭所认定的案件事实和罪名无异议,他们多从被告人的犯罪参与程度、认罪认罚态度、有坦白情节和已获得被害人谅解等方面予以量刑辩护,由此提出量刑意见。但是,量刑辩护效果并不尽如人意。

在笔者检索到的152起刑事案件中,有6起刑事案件的被告人不少于5人。因为被告人越多,从横向比较量刑就越明显,所以,本文以这6起刑事案件为样本予以分析共同犯罪的量刑情况。

表1 抽样案件的简要信息①

序号	罪名	审判地	被告人	被告人数	辩护情况	是否存在分案审理	适用刑罚情况
1	诈骗罪	山东省菏泽市牡丹区	张某亮等	5人	均有辩护律师	是	有期徒刑、罚金
2	掩饰、隐瞒犯罪所得罪	湖南省常德市津市	徐某豪等	5人	均有辩护律师	是	有期徒刑、罚金
3	掩饰、隐瞒犯罪所得罪	湖南省湘潭市湘乡市	李某源等	6人	3人有辩护律师,3人没有	是	有期徒刑、罚金
4	帮助信息网络犯罪活动罪	湖南省岳阳市屈原管理区	熊某等	5人	1人有辩护律师,4人没有	是	有期徒刑、罚金

---

① 案例1,详见山东省菏泽市牡丹区人民法院(2021)鲁1702刑初798号刑事判决书;案例2,详见湖南省津市市人民法院(2021)湘0781刑初109号刑事判决书;案例3,详见湖南省湘乡市人民法院(2021)湘0381刑初445号刑事判决书;案例4,详见湖南省屈原管理区人民法院(2022)湘0691刑初11号刑事判决书;案例5,详见陕西省镇巴县人民法院(2021)陕0728刑初82号刑事判决书;案例6,详见安徽省黟县人民法院(2022)皖1023刑初1号刑事判决书。

续表

序号	罪名	审判地	被告人	被告人数	辩护情况	是否存在分案审理	适用刑罚情况
5	帮助信息网络犯罪活动罪	陕西省汉中市镇巴县	欧阳某某等	8人	1人有辩护律师,4人为指定辩护,3人没有	是	有期徒刑、罚金
6	帮助信息网络犯罪活动罪	安徽省黄山市黟县	曾某宽等	8人	均为指定辩护律师	是	6人有期徒刑、2人拘役(缓刑)、8人罚金

通过比较6起案件的案情,不难发现这些案件的被告人人数相对较多,特别是均存在分案审理的情形,所以这些案件的犯罪活动涉及的犯罪行为人人数更多,这也符合涉电信网络诈骗犯罪相关犯罪的经验性认知判断。这些案件的被告人并不是全部有聘请律师予以辩护,6起案件中有4起案件的律师辩护未全覆盖。在律师辩护未全覆盖的案件中,通常主犯会聘请辩护律师,从犯不会聘请。在案例5中,指定辩护的为4名从犯,罪责相对较轻。从刑罚处罚来看,6起案件的被告人均被判处有期徒刑和罚金,特别是主犯,有期徒刑和罚金刑相对较重。6起案件中,只有案例5中有3人(均为从犯)单处罚金、案例6中有2人(均为从犯)被判处拘役(缓刑)。这一数据反映了共同犯罪中罪责较轻的从犯被判处的刑罚呈现出轻缓化的特征,同时涉电信网络诈骗犯罪的被告人被判处缓刑的概率较低。

(二)共同犯罪量刑相对失衡的原因分析

量刑活动是一种定量分析,其建立在定罪这一定性分析活动的基础之上。刑事案件的处理,包括事实认定、定罪、量刑三个层层递进的环节,每一环节都是一个子系统,内部包括了大量的子环节。辩护律师就需要围绕这三个环节,分步骤地确定辩护思路,找准突破口和发力点,并恰当地表达。① 我国当前实行相对独立的量刑程序。"两高三部"联合发布的《关于规范量刑程序若干问题的意见》第8条指出,人民检察院指控被告人犯有数罪的,应当对指控的个罪分别提出量刑建议,并依法提出数罪并罚后决定执行的刑罚的量刑建议。对于共同犯罪案件,人民检察

---

① 参见臧德胜:《有效辩护三步法:法官视角的成功辩护之道》,法律出版社2016年版。

院应当根据各被告人在共同犯罪中的地位、作用以及应当承担的刑事责任分别提出量刑建议。由此不难看出,被告人在共同犯罪中的地位、作用是具体被告人刑罚分配的基础考量因素。这一标准勾勒出共同犯罪被告人刑罚分配的主基调,被告人所承担的刑罚应当在此基础上结合法定量刑情节和酌定量刑情节予以调整,最终得到其应承担的刑罚。应当承认,量刑失衡是由多种因素综合作用所导致的。量刑失衡,①特别是量刑相对失衡,在轻罪和共同犯罪的被告人被判处的刑罚区别度不大的场合较为普遍。

通过横向比较,不难发现,影响共同犯罪量刑的因素很多,包括犯罪分工、地位、自首、立功、认罪认罚、认罪态度、积极退赃、获得被害人谅解、初犯等。但是,受到诉讼角色、立场、职责、指控方法、辩护策略和刑事裁判方法等因素的影响,这些量刑因素在控方的量刑建议、辩方的量刑意见和法院认定的量刑情节中体现各有不同。大体上存在以下规律:第一,控方的量刑建议对共同犯罪被告人的量刑情节区分度不高;第二,辩方的量刑意见就具体被告人的量刑情节辩护深度不够;第三,法院普遍接受和采纳控方提出的量刑情节,包括刑罚的建议。

通过横向比较以上 6 起案件,不难发现,辩方的量刑意见中多处提到量刑情节,即可以量刑从宽的具体表现,但是对于刑罚并未提出针对性的建议。这和当前我国的量刑辩护相对较弱的现状直接相关,传统的司法观念、司法环境和辩护人的认知、水平等使得量刑意见沦落为"形式任务",对其期待不高。司法实践中,除了有关退赃、退赔等酌定量刑情节,其他的酌定量刑情节收集成本较高,法官认定态度不明确,而认罪认罚简易程序的审理期限较短,辩护人无法进行充分庭前准备,如此进一步倒逼律师量刑辩护倾向于选择法定量刑情节特定的酌定量刑情节,也使量刑辩护呈现出普遍的形式化。② 这从侧面也解释了律师开展量刑辩护动力不足的原因。另外,是否聘请辩护律师,对量刑辩护影响比较大。在共同犯罪的场合,就量刑辩护而言,不同的被告人是否有辩护律师差异比较明显。量刑程序辩护律师参与程度低确实成为制约我国量刑程序有效运作的瓶颈。③ 这就是当前共同犯

---

① 这里的量刑失衡是指具体的量刑失衡。汪明亮教授认为,量刑不平衡是由于量刑自由裁量权的不适当使用造成的,而导致量刑自由裁量权不适当使用的原因又包括:一是刑事立法存在缺陷,量刑自由裁量权规定过于宽泛;二是刑事司法不统一,量刑自由裁量权行使没有统一标准;三是法官选任制度不完善,法官素质较低;四是司法不独立,外来干预过多。这里的量刑不平衡主要是指抽象的量刑失衡。参见汪明亮:《审判中的智慧:多维视野中的定罪量刑问题》,法律出版社 2006 年版。

② 刘妍:《认罪认罚简易程序中的量刑辩护》,载《河南理工大学学报(社会科学版)》2019 年第 4 期。

③ 杨大伟:《量刑辩护程序实证研究》,载《河北法学》2013 年第 3 期。

罪量刑辩护的现状,从中不难发现,共同犯罪的量刑辩护空间还很大,共同犯罪的量刑辩护任重而道远。

三、共同犯罪量刑辩护现状

量刑辩护乏力是当前共同犯罪量刑辩护的最大表征。尽管量刑辩护对于维护被告人的合法权益和实现更加全面的公平正义具有重要意义,但是,在我国的刑事司法中量刑辩护的实践却不尽如人意。"重定罪、轻量刑"是一种传统司法观念,被告人在量刑辩护方面缺乏专业技能和方法,律师则受限于"量刑作为法官的法定职权不允许协商"的司法环境以及量刑辩护的收益核算,导致开展量刑辩护的动力不足。量刑辩护严重不足成为刑事司法的实然样态。具体而言,主要有以下几种表现。

第一,量刑辩护缺位。量刑辩护是刑事辩护的内容之一,陈瑞华教授认为,刑事辩护存在五种样态,即无罪辩护、罪轻辩护、量刑辩护、程序辩护和证据辩护。量刑辩护的专业性极强,被告人一方面缺少开展量刑辩护的意识,另一方面更缺乏开展量刑辩护的专门技巧和能力。在有律师参与辩护的场合,律师对量刑辩护的重视程度不够,量刑辩护不是律师开展辩护的第一选择,往往被置后甚至是直接放弃。这就使得量刑辩护缺位,在案件事实认定清楚后,被告人被动地接受刑罚判决。

第二,量刑辩护不充分。在认罪认罚简易程序中,辩护人提出有关量刑方面的辩护意见明显固化和形式化。在我国,虽然辩护固化和形式化并非认罪认罚简易程序所特有,但是鉴于认罪认罚简易程序的效率追求,其量刑辩护的形式化却具有极端的典型性。① 由此来看,量刑辩护不充分是一个共性问题。在律师选择量刑辩护的场合,量刑辩护往往流于形式,从辩护策略上被压在箱底。量刑辩护中,还存在的明显不足就是辩方并未对具体刑罚提出针对性建议,这使得辩方的量刑意见难以和控方的量刑建议形成针对性的抗衡,也难以向法院提出鲜明且坚定的量刑意见,更遑论影响量刑判决了。刑罚意见的缺失是量刑辩护不充分的重要体现。作为量刑辩护词的范本,2010年度最佳辩护词《陈某某涉嫌故意伤害罪辩护词》② 对于被告人的刑罚提出了可供参考的建议,说理充分、论证严密,其亮点之一就是

---

① 刘妍:《认罪认罚简易程序中的量刑辩护》,载《河南理工大学学报(社会科学版)》2019年第4期。
② 焦鹏律师的《陈某某涉嫌故意伤害罪辩护词》荣获2010年度最佳辩护词一等奖,独占鳌头,得到了陈瑞华教授的肯定和推崇,是量刑辩护乃至其他类型辩护的范本,尽管过了多年之久,但是其标杆性尚未减弱和消失。

综合考量各量刑情节的调节率提出可以在有期徒刑 5—10 年中科以刑罚。这是值得量刑辩护研习的重要内容,强化量刑辩护的充分性是提升量刑辩护的重要维度,也是当前我国量刑辩护需要着重突破的瓶颈。

第三,量刑意见被忽略。从当前的刑事辩护实践来看,量刑辩护并非完全缺位,特别是律师辩护的场合,也存在量刑情节的提出。尽管辩方的量刑意见论证力度有限,但是从现有量刑意见的"命运"来看,它们并未得到法院的足够重视,反而是普遍采纳控方的量刑建议。这就使得量刑辩护陷入恶性循环:一方面,自身存在明显的问题,对于法院的量刑无法产生较为明显的影响;另一方面,法院对辩方的量刑意见重视不够,直接打击了辩方开展量刑辩护的积极性,使得辩方对于量刑辩护"望而却步"或者"走过场"。对此,破解这一难题就需要建立有利的外部机制,畅通辩方和法院就量刑沟通交流的机制。

四、共同犯罪量刑相对失衡的纾解进路

共同犯罪量刑相对失衡得以纾解的唯一出路就是强化共同犯罪的量刑辩护。共同犯罪的量刑辩护在刑事辩护中相对薄弱,共同犯罪量刑辩护的具体运行是其核心内容,也是纾解共同犯罪量刑失衡的关键所在。具体而言,共同犯罪的量刑辩护需要从具体的辩护方法、配套机制和量刑激励等方面着手。

(一)辩护方法:推行量刑辩护个别化原则

在共同犯罪的场合,对于共犯精准量刑显得特别重要。当前共同犯罪的量刑尚未体现出阶梯性,量刑仍然存在"一刀切"的痕迹,有的案件主刑都保持一样,有的案件尽管主刑有区分,但是附加刑却"一刀切"。这不得不说,这些刑罚判决存在失当。可以明确的是,共同犯罪中,犯罪行为人的分工和地位各不相同,即使在犯罪参与中犯罪行为人的分工和地位相同,但是在具体的犯罪环节其参与度又存在差异。这种特点在电信网络诈骗犯罪中体现得最为明显和典型。通常情况下,电信网络诈骗犯罪涉案人数多,犯罪集团和组织的结构复杂,对于犯罪行为人在犯罪集团和组织中的分工和地位认定上存在一定困难。又鉴于处于同一地位和犯罪分工的犯罪行为人实质参与犯罪也有差异,其涉案犯罪数额不完全相同,准确认定犯罪行为人的罪责并非易事。这就为量刑辩护提供了充足的空间和可行的辩护点。

笔者认为,在共同犯罪的场合,除了常见的自首、立功、坦白、认罪态度、退赃情况、被害人谅解等情节,律师应当注意从被告人在共同犯罪中的参与度开展辩护。当前的量刑辩护呈现出抽象辩护的形态,律师的量刑辩护更多的是对控方认定的量刑情节予以重申和强调,这是量刑辩护质量不高的具体体现。

量刑的相对性在共同犯罪中主要体现为被告人因其在犯罪集团和组织中的地位和分工不同存在量刑上的参照性,兼顾共同犯罪中被告人之间刑罚的均衡和协调将成为共同犯罪量刑辩护新的辩点。就共同犯罪的量刑辩护而言,辩护律师还可以探索从"求情"这一向度增强其辩护力度。作为一种定量分析,不同于定罪的"刚性",量刑具有一定的"柔性"。换言之,就是量刑时的通融,量刑精准化建立在被告人的个别化评价基础之上,存在"法外"的"情理"考量。

(二)协同机制:刑事诉讼制度的良性发展

量刑辩护的兴起和发展不可自发实现,量刑辩护需要和量刑建议制度和量刑说理制度协同配合,这种现状的改善需要借助外部环境的优化。也就是说,量刑辩护的量刑发展离不开相关配套机制的支撑和助力。

值得肯定的是,我国的量刑程序在2010年后发生了很大的改变,特别是在认罪认罚从宽等制度确立后,量刑问题已经引起广泛关注。当前的量刑实践也较以往有了很大的改观,量刑程序也得以较大程度地优化。在被告人自愿认罪、律师放弃无罪辩护的案件中,量刑问题成为法庭审判的中心问题,辩护律师确实有机会对公诉方的量刑证据进行事先的防御准备。[①] 量刑程序已经呈现出一种趋势,那就是量刑不再是法院的独占权力,控方和辩方都可以从自身的角度通过收集和调查量刑证据来实现量刑情节的举证。法院量刑规范化进程不断推进,量刑精准化逐步提升。这些进步在共同犯罪的审判过程中也有具体体现,这为共同犯罪的量刑辩护提供了良好的外部环境。

从量刑规则来看,《关于常见犯罪的量刑指导意见》和《关于规范量刑程序若干问题的意见》(以下简称《意见》)为量刑规则提供了具体指引,这为量刑辩护奠定了有利的制度基础。辩护律师深入研究量刑指导意见,既能够有效地开展量刑辩护,也能够合理预期案件的量刑结果。[②] 具体的量刑规则为控方、辩方和被害人参与量刑活动提供了规则指引,特别是控方的量刑建议和被害人的量刑意见精准化有助于为被告人及其辩护人拟定量刑意见树立"标靶",控辩双方的量刑对抗也使得量刑程序实质化。

被告人的量刑辩护依赖于律师,所以律师的专业程度和水平直接影响了量刑

---

① 参见陈瑞华:《刑事诉讼的前沿问题》(第5版),中国人民大学出版社2016年版。
② 参见臧德胜:《有效辩护三步法:法官视角的成功辩护之道》,法律出版社2016年版。

辩护的质量。即使是被告人认罪或罪名认定已无争议的案件,辩护人仅就量刑问题展开辩护,往往也由于辩护人量刑辩护经验欠缺,无法正确运用量刑辩护的技巧,只能揪着法律规定的几个量刑情节,无法就其他情节及被告人自身的特殊情况进行充分的调查和论证,难以对抗控方的量刑建议,最终影响法官的量刑裁决。①由此可见,提升律师的量刑辩护技巧和能力是推进量刑辩护的重要举措。

(三) 量刑补偿:通过量刑弥补争取辩护利益

从刑事审判逻辑来看,量刑建立在定罪事实无异议的基础之上。在共同犯罪的场合,对于被告人予以量刑的重要基础在于其在犯罪中的分工和地位,法院的量刑逻辑是基于对于被告人在共同犯罪中的罪责标定基准刑,然后结合具体被告人的诸多量刑情节予以量刑比率调适,最终确定具体被告人的刑罚。

在共同犯罪中,对于一些特殊的犯罪构成要件存在简单化证明的情形,最典型的就是犯罪数额的确定。以电信网络诈骗犯罪为例,当前的电信网络诈骗犯罪涉案人数较多,在共同犯罪中,犯罪行为人的分工和地位差别较大。尽管主犯需要对犯罪集团或者组织的所有犯罪数额承担罪责,但是,一些从犯的犯罪数额的确定并不容易,刑事司法此时就存在"黑箱"证明的可能。最后,在认定犯罪事实的时候,那些从犯实施犯罪的认定不存在争议,关键就在于这些从犯需要承担多种的刑罚,此时,量刑就成为一个极具争议的话题。对此,该如何处理? 笔者认为,在此种场合,可以基于被告人一定的量刑补偿。

在我国的刑事司法中,存在"程序违法,实体从宽"的现象。这一现象在我国并未消失,只是从"台前"走向了"幕后"。这一现象之所以兴起,是因为补偿被告人的现实需要。② 有学者论证了"程序违法,实体从宽"的客观正当性。在功能定位上,实体从宽的本质是一种以补偿为中心的程序违法救济方式。③ 但是,"程序违法,实体从宽"不具有普遍性,其适用范围应当予以限制④,量刑补偿在诸多的补偿方法中

---

① 崔海燕:《论刑事辩护中的量刑运用》,载《学习论坛》2013 年第 7 期。
② 赵常成:《程序违法何以实体从宽》,载《华中科技大学学报(社会科学版)》2021 年第 6 期。
③ 赵常成:《程序违法何以实体从宽》,载《华中科技大学学报(社会科学版)》2021 年第 6 期。
④ 在适用范围上,量刑补偿机制可以通过类型化的思路,在法律制定或司法解释层面,就特定程序违法创设实体从宽的适用空间。结合我国救济程序违法的现实需要,这一类型化探索可以从以下三项程序违法先行展开:一是引诱、欺骗性取证;二是隐性超期羁押;三是阻碍辩护权行使。参见赵常成:《程序违法何以实体从宽》,载《华中科技大学学报(社会科学版)》2021 年第 6 期。

应该是"最后手段"。① 在程序违法的情形下,实体尚且从宽;那么在程序不违法且仅仅是存在简单化证明的场合,实体应该也可从宽。以电信网络诈骗犯罪为例,对于从犯犯罪数额的"黑箱"证明给被告人带来了刑罚从重处罚的风险,对此可以通过量刑予以适当从轻,这是对处于从犯地位的被告人的量刑补偿。当然,这种补偿不是无度的,而是需要遵循一定的规则:第一,量刑补偿的刑罚裁量要遵循适当原则;②第二,保证从犯和主犯量刑的协调;第三,量刑补偿应当是作为"最后一道"量刑衡量程序;第四,重视辩方的量刑意见,法院对于合理意见予以采纳。

结　语

2010 年,我国开始推动量刑规范化建设,由此彰显了对量刑的重视,特别是就量刑程序予以了制度奠基。2010 年以来,最高人民法院在全国开始推行"量刑规范化改革"。这一改革包括两个不可分割的方面:一是实体上的数量化量刑方法;二是程序上的定罪与量罪相对分离制度。③ 随着社会对司法公正的实质性追求和认罪认罚从宽等,量刑规范化不断完善。随着"重定罪、轻量刑"观念的改观,特别是量刑作为开展控辩双方协商的砝码,量刑不再只是惩罚被告人的不利后果,其实体激励的程序价值也日益彰显。量刑问题开始受到关注,特别是在确立认罪认罚从宽制度后的"骑墙式辩护"④等新问题再次引发关于量刑问题的深入研究。本文探讨了共同犯罪的量刑相对失衡、共同犯罪量刑辩护的选择以及共同犯罪量刑辩护的具体涉及等问题,但是还有其他相关问题未能展开。例如,上诉过程中的量刑问题、律师开展量刑辩护实施证据调查权的问题等。本文也期待抛砖引玉,引发关于量刑辩护和其他量刑问题的深入研究。

---

① 完全补偿的实现应当综合运用所有可能的救济方式,既包括广泛确立的证据补偿、程序补偿、金钱补偿,也包括量刑补偿,直至恢复程序违法受害人原有的法律状态。赵常成:《程序违法何以实体从宽》,载《华中科技大学学报(社会科学版)》2021 年第 6 期。
② 程序违法,实体从宽的限度需要予以控制。在从宽幅度上,从宽幅度的抽象比例应当与我国现有量刑情节的比例设置相适应,并且本身不宜过宽,以免逾越规范预防理论下降低预防刑的可能限度,导致量刑失衡与量刑不公。参见赵常成:《程序违法何以实体从宽》,载《华中科技大学学报(社会科学版)》2021 年第 6 期。
③ 参见陈瑞华:《刑事辩护的艺术》,北京大学出版社 2018 年版。
④ 关于"骑墙式辩护",韩旭教授从认罪认罚从宽案件的具体实践出发展开了深入的研究和探讨,在新的刑事诉讼制度背景下,量刑问题和量刑辩护成为热议的研究话题。参见韩旭:《认罪认罚从宽案件中的"骑墙式辩护"》,载《西南民族大学学报(人文社会科学版)》2022 年第 2 期。

审查起诉讯问律师在场制度建构

——以认罪分流为逻辑基点

刘文轩*

一、问题的提出

目前,我国刑事诉讼程序因认罪认罚从宽制度的构建被天然地划分为认罪认罚案件与不认罪案件两种不同诉讼程序格局。审查起诉的"准审判性"以及"确认式庭审范式"[①]作为认罪认罚案件诉讼程序的典型样态,驱使着律师的辩护重心(不得不)由"审中"向"审前"尤其是审查起诉阶段偏移。[②] 为强化认罪认罚从宽制度的逻辑正当性,顶层设计者嵌入值班律师制度与具结律师在场制度[③]作为配套。然而基于教义与实践双向考察,现行律师在场权恐存双重缺憾。

一是在立法层面定位粗陋。依据我国《刑事诉讼法》第174条第1款的规定,辩护人或者值班律师应当于认罪认罚具结程序中在场。然该款中的"在场权"的性质到底属于"见证"(监督)还是"辩护",确实语焉不详。同时,2020年颁行的《法律援助值班律师工作办法》(以下简称《值班律师工作办法》)更是规定,值班律师对量刑建议、程序适用有异议的,在确认被追诉人系自愿认罪认罚后,应当在具结书上签字。[④] 这看似出于保障被追诉人的独立认罪认罚权,实则否认了值班律师的独立辩护价值。

---

* 刘文轩,南京大学法学博士研究生,从事刑事诉讼法学与监察法学的研究。
① 李奋飞:《论"确认式庭审"——以认罪认罚从宽制度的入法为契机》,载《国家检察官学院学报》2020年第3期。
② 无论是应然考量还是实然印证,目前审查起诉环节业已成为认罪认罚案件律师辩护的主战场。
③ 笔者以"律师在场权""律师在场制度"为主题在CNKI上进行检索,发现2014年(顶层设计者首次提及"完善认罪认罚从宽制度"之年)后有关该议题的学术论文,特别是发表在法学核心刊物上的论文寥寥无几。
④ 《值班律师工作办法》第10条第2款。

二是在实践层面异化严重。目前,学界大多学者认为协商是认罪认罚从宽制度的本质内核。① 但笔者调查发现,在参与过认罪认罚案件的辩护律师之中,约有86.1%的律师认为具结程序根本没有所谓的协商或者协商(范围)力度很小;约有72%的律师表示具结全过程一般短于20分钟,约有87.4%的律师表示具结程序一般短于30分钟。② 这也从侧面印证了本土化的认罪诉讼制度离不开权力主导原则的影响,离不开职权主义诉讼模式的形塑。正如有学者认为,无论是基于教义解读③,还是基于实践观察,听取意见的模式定位才更契合我国的司法传统和诉讼构造。④ 质言之,具结应是听取意见的结果⑤。然实践中作为认罪认罚案件辩护主力的值班律师站台效应明显、无效帮助严重,甚至沦为了检察机关的"见证者"与"背书人"。⑥ 原因有二:一是由于"义务导向"多、"收益导向"少,"精神指引"多、"物质激励"少,"正面督促"多、"负面评价"少等⑦,值班律师本身缺乏深度参与之动力;二是大多数检察官对值班律师深度介入心存芥蒂,⑧仅待控辩达成"合意"后,才通知其出场见证认罪认罚具结。在自愿性审查环节,法官也往往"避重就轻",将形式上的"具结签字确认"等同于实质上的"有效法律帮助或辩护"。⑨ 试想若无律师

---

① 陈瑞华:《论协商性的程序正义》,载《比较法研究》2021年第1期;施鹏鹏:《认罪认罚从宽的类型化与制度体系的再梳理》,载《比较法研究》2021年第5期;刘泊宁:《我国控辩协商程序的规范进路:以认罪认罚案件为视角》,载《法学》2022年第2期;吴思远:《论协商性司法的价值立场》,载《当代法学》2018年第2期;向燕:《我国认罪认罚从宽制度的两难困境及其破解》,载《法制与社会发展》2018年第4期。
② 笔者以书面和电子问卷两种方式对参与过认罪认罚案件的律师进行调查,收到来自北京、天津、上海、新疆、宁夏、宁波等60余个城市共956份问卷,其中有效问卷903份。当然,限于主客观因素的影响,数据难免出现偏差,有必要在此说明。
③ 《刑事诉讼法》第161、173、187、195条之规定,但不限于如上条款。
④ 闫召华:《听取意见式司法的理性建构——以认罪认罚从宽制度为中心》,载《法制与社会发展》2019年第4期。
⑤ 律师所谓的"协商权"也无外乎就是"听取意见权",其实质并未脱离"辩护权"的范畴。
⑥ 闵春雷:《认罪认罚案件中的有效辩护》,载《当代法学》2017年第4期。
⑦ 汪海燕:《三重悖离:认罪认罚从宽程序中值班律师制度的困境》,载《法学杂志》2019年第12期。
⑧ 胡铭:《律师在认罪认罚从宽制度中的定位及其完善——以Z省H市为例的实证分析》,载《中国刑事法杂志》2018年第5期。
⑨ 2019年12月至2020年12月,笔者通过电话或拜访的形式访谈了来自北京、天津、湖北武汉、内蒙古鄂尔多斯、云南昆明、江苏镇江等10个省市的20名参与过认罪认罚案件的法院法官,并通过随机观看由中国庭审公开网播放的100起认罪认罚案件的庭审现场了解到:在实践中,法官对认罪认罚自愿性的审查多是以庭前阅卷和庭上讯问相结合的方式进行。在阅卷环节,法官一方面通过审查具结书的制定是否违反"该告知未告知""辩护人或值班律师该签字未签字"等程序性规定,另一方面通过审查讯问笔录排除非法取证的可能。在庭上讯问环节,法官一般以以下几个问题展开:"是否自愿认罪""具结书是不是自愿签署""是否同意犯罪指控的罪行(对犯罪指控有无异议)""对认罪后果和认罪认罚的法律规定是否清楚""签署具结书时精神(神志)是否正常",若被追诉人做出"是""无异议""同意"等回答时就认定其认罪认罚是自愿的,不再对案件的证明标准、指控的罪名和所建议的量刑方案进行实质审查。尤其是速裁程序中,往往不足10分钟的"庭审"就完成了认罪认罚自愿性、真实性以及量刑建议的合理性等方面的审查和确认,形式化程度可见一斑。

(在场)参与听取意见程序,合意何以取得？认罪认罚的自愿性与合法性何以保障？

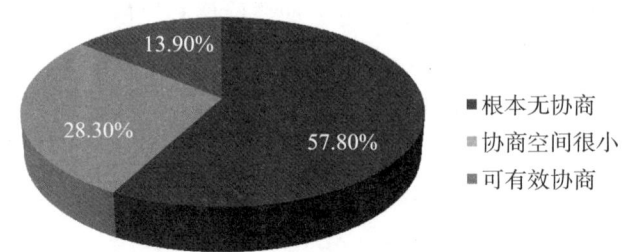

图1 律师对于具结程序中协商的态度

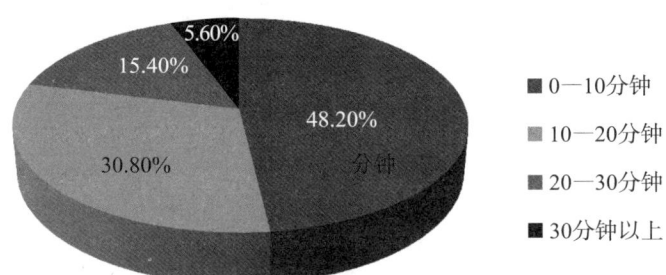

图2 律师参与具结程序时长的分布

公正是司法的灵魂,是我国司法制度改革不能偏失的永恒主题,效率只是公正实现的一种方式。认罪认罚从宽制度的应然价值取向在于保障公正的前提下提升效率。然实践中轻过程(实质)、重结果(形式)的认罪逻辑恐致公正偏失、效率不彰。为此,笔者建议在审查起诉阶段增设认罪分流程序,赋予认罪案件律师讯问在场权,以增强其实质参与,继而保障认罪认罚的自愿性、真实性与合法性。本文将从认罪案件审查讯问律师在场制度的价值功能、实现依据、程序设计三个方面略陈管见,希冀助力认罪认罚从宽制度的稳健发展与"以审判为中心"司法改革的长效推进。

二、认罪案件审查起诉讯问律师在场权的价值功能

(一)推进分流程序多元化,贯彻正当程序

2014年以来,我国以"以审判为中心"为代表的普通程序正当化改革与以认罪认罚从宽制度为代表的分流程序多元化改革正有序推进。然而遗憾的是,由于认罪分流程序的缺失①,因此认罪(包含认罪认罚)案件"庭审程序简化有余,审前权利保障不足"。实际上,"认罪认罚从宽"与"以审判为中心"相互依托、彼此成就:认罪认罚从宽制度能否实现既定目标,很大程度上取决于"以审判为中心"改革的深入(完善)程度。② 只有被追诉人的诉讼权利得到充分保障,不认罪案件得以适用普通程序正当化审理,才能减轻被追诉人选择无罪答辩的疑虑(风险),减少屈从型认罪认罚的发生。同理,只有认罪认罚从宽制度得以健康运行,才能节约出更多的司法资源作用于不认罪案件之中,以切实保障不认罪案件通过普通程序正当化审理。为此,增设认罪分流程序的必要性和紧迫性日渐凸显。那么,接下来应解决的是在哪个阶段分流的问题。肯定会有学者认为在侦查阶段效果最佳。但其忽视了如下两层因素。

首先是我国侦查(调查)活动的特殊性。其一,由于侦查阶段获取口供的急迫性、讯问的机动性,律师在侦查阶段的"第一次"以及"每一次"讯问都在场落实难度颇大。③ 其二,我国已经进入了轻罪治理时代。正如官方数据显示,我国刑事案件中被追诉人判处 3 年以下刑罚的案件占比均高于 80%。④ 对于轻罪、微罪案件,要求律师审前讯问全程在场,似乎并无必要,且易造成不必要的资源浪费。其三,对于危害国家安全犯罪、恐怖活动犯罪、重大贪污贿赂犯罪,我国《刑事诉讼法》和《监察法》对律师的会见权也作出了一定的限制。为此,通过全面推行录音录像制度作为侦讯律师在场权的"补充"更为可行。

其次是中国式认罪制度的独特性。在应然层面,认罪认罚应包含悔罪型认罪认罚和交易型认罪认罚,然悔罪型认罪认罚在我国受到了最大程度的推崇,交易型认罪认罚却无实质存在之空间。⑤ 这与域外辩诉交易制度认罪协商程序通过交易"罪数""罪名""刑罚"来换取被追诉人有罪答辩有本质的区别。质言之,律师展开实体辩护的核心场域并非认罪程序,而是认罚程序。虽然认罚贯穿于刑事诉讼的各个阶段,但审查起诉阶段的"认罚"对案件定性更具决定意义。原因在于侦查阶段的认罚,对于被追诉人的直接利益在于可能因较早认罪认罚获得较大的从宽比例,然侦查机关并无权提出明确的从宽优惠。只有在审查起诉阶段,量刑建议生成和提出程序才对被追诉人的利益权衡显得尤其重要。

---

① 广义程序分流涵盖了审前阶段的程序分流和审判阶段的程序分流。本文主要介绍以认罪答辩为前提的审前程序分流。
② 魏晓娜:《以审判为中心的诉讼制度改革:实效、瓶颈与出路》,载《政法论坛》2020 年第 2 期。
③ 苏琪:《侦查讯问律师在场权研究》,中国人民公安大学 2019 年硕士学位论文。
④ 卢建平:《轻罪时代的犯罪治理方略》,载《政治与法律》2022 年第 1 期。
⑤ 根据《认罪认罚指导意见》第 7 条的规定,认罚应以悔罪为前提。

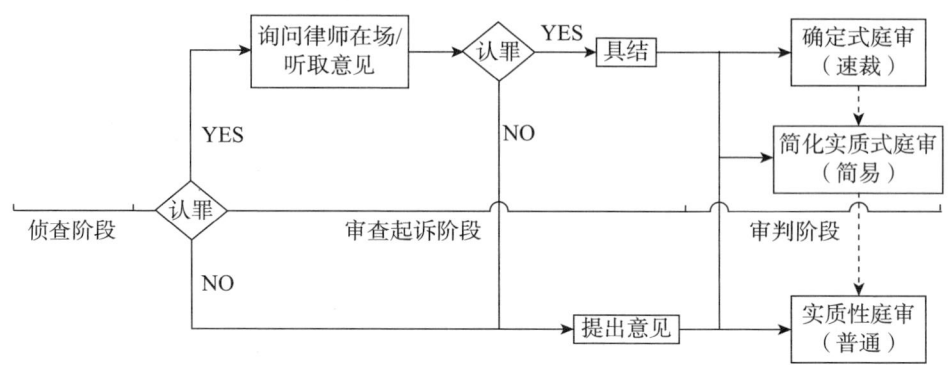

图 3 认罪分流视域下审查起诉讯问律师在场制度运行程序

为此,在审查起诉阶段增设认罪分流程序应是理性之选。笔者建议,对于认罪案件,赋予律师审查起诉讯问在场权,以确保律师有充分的时间、空间核实被追诉人认罪的自愿性与真实性。若律师或检察机关发现被追诉人属于非自愿性认罪或者有罪证据存疑(不足)时,应尽快启动程序回转或者引导被追诉人重新认罪认罚。若被追诉人认罪的自愿性和真实性无疑,律师进而就量刑、适用程序与检察机关交换意见。若控辩双方达成合意,则可依被追诉人意愿启动确认性庭审或简化实质性庭审;若控辩没有达成合意(认罪不认罚),则可依被追诉人意愿启动简化实质性庭审或实质性庭审。如此,既利于提升认罪服判率,也益于提升诉讼效率。对于不认罪案件,也应至少保障律师的提出意见权。但重点在于贯彻庭审直接言词原则,保证"举证在法庭、质证在法庭、辩论在法庭",以推进庭审的实质化运行。

(二)促进听取意见实质化,实现有效辩护

有效辩护是认罪认罚从宽制度正当性的逻辑根基[①]。律师在场权不仅是辩护权的应有内容,还是被国际公约认定的被追诉人获得辩护权的最低标准。[②] 诚如意大利学者克拉玛德雷所言,律师在场是刑事诉讼中尊重被追诉人的最重要体现。否则,他们的权利将受到很大的冲击。[③] 即使在美国的辩诉交易中,被追诉人虽然

---

① 闵春雷:《认罪认罚案件中的有效辩护》,载《当代法学》2017 年第 4 期。
② 1990 年 8 月联合国发布的《关于律师作用的基本原则》第 8 条规定,"遭逮捕、拘留或监禁的所有的人应有充分机会、时间和便利条件,毫无迟延地、在不被窃听、不经检查和完全保密情况下接受律师来访并与律师联系协商。这种协商可在执法人员能看得见但听不见的范围内进行",这被国际认为是被追诉人获得律师帮助权利的最低标准。
③ [意]皮罗·克拉玛德雷:《程序与民主》,翟小波、刘刚译,高等教育出版社 2005 年版,第 70 页。

名义上享有认罪或不认罪的绝对权利,但在没有辩护人的情况下他们根本不享有任何保护。① 听取意见的前提是"听",无论是对抗式辩护还是交涉式辩护,若不给律师提供参与的时间和空间,再好的辩护策略也无地可施(无济于事)。实践中,受到回避原则的限制,律师想私下约见检察官就案件交换意见往往"难于登天"。即使律师试图通过电话的方式进行沟通,检察官一般也会拒绝,并告知律师最好形成书面意见提交。讯问作为审查起诉阶段的必经程序,符合"两造齐备"的诉讼结构,无疑是听取意见的最佳场域与最佳时机。此外,讯问较之于具结程序所特有的多发性和持续性特征,一方面可保证检律双方充分就定罪、量刑、适用程序等问题发表意见、交换意见,另一方面也可保证控方有充分的时间通过意见处理、释法说理强化量刑建议生成和提出的科学性与规范性,进而增强辩方(乃至法官)对量刑建议的信任度和可接受度。与此同时,最高人民检察院于2021年2月印发的《人民检察院办理认罪认罚案件听取意见同步录音录像规定》(以下简称《同录规定》)指出办理认罪认罚案件,对于听取意见和具结程序应当同步录音录像。这也在一定程度上倒逼审查起诉阶段讯问律师在场权的实现。

(三)把关认罪认罚真实性,保障实体公正

认罪认罚从宽制度与域外辩诉交易、认罪协商制度最大的区别在于其不是以牺牲公正来换取效率。② 其虽鼓励认罪,但鼓励的是自愿且真实的认罪,而绝非虚假的认罪。③ 自愿的供述与非自愿的供述相比,前者的可靠性(真实性)更高,但并非自愿的供述就一定真实。故认罪认罚从宽制度亦不能脱离"口供补强规则"的限制,否则易滋生虚假认罪、权权交易、权钱交易等司法隐患。事实上,律师在审查起诉阶段的介入越深,越益于对侦查阶段证据的合法性和全面性给予客观评价,越益于促生裁判的公正性和权威性。④ 律师于讯问过程中在场,可全方位地了解案情,收集被追诉人无罪或罪轻的证据。若发现有罪证据不足的情形,可及时告知检察机关,方便及时止损。讯问结束后,律师有权核实讯问笔录并提出异议,以对讯问笔录的真实性严格把关。在具结程序中,律师也可核实具结书内容的真实性,这对

---

① [美]乔治·费希尔:《辩诉交易的胜利——美国辩诉交易史》,郭志媛译,中国政法大学出版社2012年版,第6页。
② 辩诉交易可分为"指控交易"和"判刑交易"两种基本类型。前者是指检察官以减少指控数量或者降低指控等级来换取被追诉人的有罪答辩;后者是指检察官以向法官建议从轻判刑或者不反对辩护一方提出的判刑请求为条件换取被追诉人的有罪答辩。但有机构调查显示,辩诉交易案件中错误认罪率高达15%。王迎龙:《认罪认罚从宽制度下轻罪冤假错案的防范》,载《人民法院报》2019年2月14日。
③ 顾永忠:《关于"完善认罪认罚从宽制度"的几个理论问题》,载《当代法学》2016年第6期。
④ 陈在上:《比较法视域下的律师在场权悖论释义与制度建构》,载《河北法学》2017年第3期。

于具结书作为认罪认罚案件核心证据极为重要。如此,既保障了证据链的完整性和真实性,也有效地预防了虚假认罪的可能,还利于实现实体公正最大化。

伴随我国社会主要矛盾的转化,一元的报应性正义已经无法满足人民群众的多元化正义需求,复合性的正义需求日渐凸显。认罪认罚从宽制度将恢复性司法模式与报应性司法模式的完美糅合,不仅要求及时治理犯罪,还致力于修复社会关系、帮助犯罪人复归社会。诚如"认罚"不仅要求被追诉人认同刑责,还要求其客观上的悔罪表现。然实践中,也多出现被追诉人虽表面(愿意)认罚,却暗中串供、干扰证人作证、毁灭、伪造证据或者隐匿、转移财产,有赔偿能力而不赔偿损失的情况。律师于讯问在场,方便及时了解被追诉人的内心动向,有助于说服教育被追诉人及时认罪悔过,督促被追诉人及时退赃退赔、赔偿被害方损失,促成刑事和解,以最大限度实现恢复性司法正义。

(四)增强认罪认罚稳定性,提升诉讼效率

惩罚犯罪越是迅速和及时,就越是公正和有益。① 刑事诉讼效率日渐成为衡量一个国家法治文明和科学化的程度重要标尺。② 认罪认罚从宽制度通过激励被追诉人认罪悔过、减缓司法对抗,以达到及时治理犯罪、提升诉讼效率的目的。然无论是被追诉人的主动反悔还是司法机关的主动纠错(发现认罪认罚自愿性或真实性存疑)都会大概率导致程序回转,造成司法资源的浪费,不利于效率的实现。质言之,为最大限度地实现效率价值,保证认罪认罚的稳定性尤为重要。而认罪认罚稳定性很大程度上是以认罪认罚自愿性、认罪认罚真实性以及程序选择的理智性为前提的。律师在场不仅可保障认罪认罚的自愿性、把关认罪认罚真实性,还可对被追诉人的程序选择提出专业意见、监督见证具结程序的合法性。这无疑是保障公正前提下提升效率的最有效途径。

三、认罪案件审查起诉讯问律师在场权的构建契机

任何一项制度改革都必须解决"理想与现实""想到与做到"之间的差距。客观地论证构建律师在场权的条件成熟与否是开展此项研究无法逾越的一道"关口"。实际上,早在"佘祥林案"出现后,出于防范刑讯逼供之考虑,学界就尝试探讨构建本土化律师在场制度,但其终因传统诉讼理念桎梏、配套体制机制孱弱以及"可能

---

① [意]切萨雷·贝卡里亚:《论犯罪与刑罚》,黄风译,中国大百科全书出版社1993年版,第1页。
② 李文健:《刑事诉讼效率论——基于效益价值的法经济学分析(上)》,载《政法论坛》1997年第5期。

影响办案效率"①等诸多原因被束之高阁。时至今日,认罪案件审查起诉讯问律师在场权制度有无实现可能?

(一)资源支撑:刑辩律师体系的日臻完善

1. 我国律师规模持续扩张

先前,律师资源稀缺是严重阻滞律师在场制度推行的现实因素之一。以2002—2003年我国首次试验律师在场制度时期的数据为例。那时我国律师从业人数约为11.4万人,每万人的律师比例为0.8∶10000。然而截至2022年2月,我国律师人数已达57.6万人,律师事务所超过3.6万家②,每万人的律师比例为3.92∶10000③,这一数据约为2002—2003年的4.9倍。虽与发达国家诸如美国、德国、英国、日本等还存在一定差距,但从纵向比较来看进步不可谓不大。此外,根据司法部制定的《全面深化司法行政改革纲要(2018—2022年)》,到2025年,全国律师总数预计达到75万人,每万人律师比例为5.3∶10000。④ 一言以蔽之,律师资源阻力在日渐缩小,并会随着我国律师数量的持续增加逐步消解。

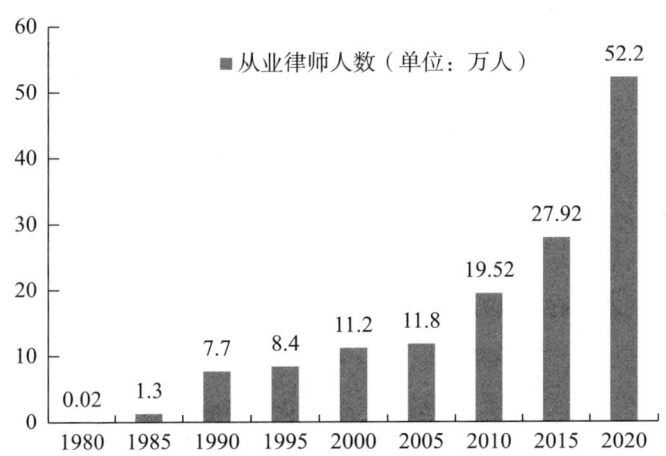

图4 我国1980—2020年每五年律师从业人数变化⑤

---

① "律师在场权"曾遭到来自侦查机关的巨大阻力。他们认为,我国侦查工作特性就是对口供的依赖性极大,若侦讯律师在场,被追诉人可能更加有恃无恐,拒不提供案件情况。导致许多案件的侦查工作将难以进行。屈新、吕云川:《从有效到正义:律师在场权在我国的适用空间》,载《人民法治》2017年第6期。
② 数据来源于2022年2月7日司法部官网公布的《司法部有关部门负责人就全国律师诚信信息公示平台建设相关情况答记者问》。
③ 数据来源于2020年我国第七次人口普查显示的14.2亿人口与当年的律师数对比求得。
④ 参见《全国公共法律服务体系建设规划(2021—2025年)》。
⑤ 数据来源于1980—2020年《中国法律统计年鉴》《中国人权事业的进展》;笔者查找这些数据时,发现有些是年初的数据,还有些是年末的数据,因此可能会出现稍小的误差。

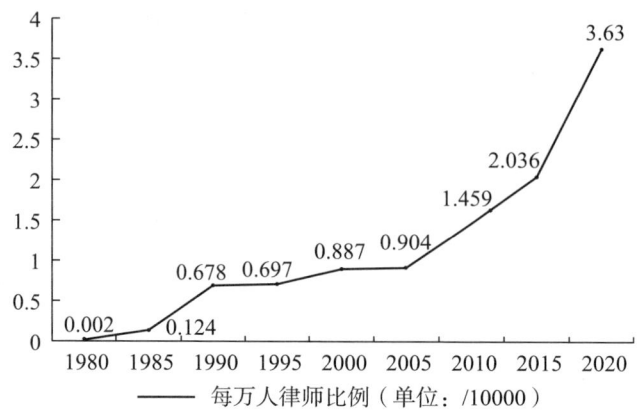

图 5 我国 1980—2020 年每五年每万人律师比例变化

当然,为了保障律师资源的可持续供给,一是应坚持"质量优先,兼顾数量"的发展理念。据统计,2020 年美国律师占有比[国家(地区)人口数/执业律师人数]约为 43.2∶10000①,约为中国这一数值的 12 倍。律师资源本来的缺乏加之律师在场制度的推行对律师资源的扩充提出了更加严峻的挑战,加速扩大我国从业律师规模是当务之急,但不能盲目重视数量,而置质量于不顾。二是应兼顾地区均衡发展。目前我国执业律师大多分布在华北、东南沿海等经济较发达省市,中部及西北部欠发达地区律师资源十分薄弱。为此,建议借助政策激励、技术支持、定向支援等方式助力我国中部及西北部地区的律师行业发展。

2.法律援助制度趋向成熟

刑事法律援助作为我国刑事辩护体系的重要组成力量,其重要性不容忽视。刑事诉讼较之于民事诉讼与行政诉讼的特殊之处在于其结果轻则剥夺当事人财产,重则限制(剥夺)当事人自由,甚至剥夺当事人生命。从这个意义上来说,刑事法律援助制度(自然)是法律援助制度的筑基之本与重中之重。② 2021 年 8 月《法律援助法》的颁布开启了我国法律援助的"国家法时代"。在此,笔者以《法律援助法》的相关条文为研究对象,品析我国刑事法律援助制度的全新图景。

一是援助范围从尝试"多点开花"到力争"全面覆盖"。除了被追诉人是未成年人,盲、聋、哑人,尚未完全丧失辨认或者不能控制自己行为能力的精神病人的案件,缺席审判案件以及可能判处无期徒刑、死刑的案件,《法律援助法》又将死刑复

---

① 数据来源于 2020 年美国执业律师人数/2020 年美国人口总数×10000 计算而得。
② 潘金贵:《刑事法律援助制度的发展与完善——兼评〈法律援助法〉相关条文》,载《法学杂志》2022 年第 2 期。

核案件、(因刑事案件)申请国家赔偿案件、适用普通程序审理无辩护人的案件以及法律法规规定案件纳入法律援助的范围。① 使刑事法律援助全覆盖成为可能,进而加快了刑事辩护全覆盖目标的迫近。

二是援助质效从解决"无人援助"到根治"无效援助"。法律援助的质量问题一直是刑事法律援助制度乃至刑事辩护制度的一大难点和痛点。②《法律援助法》第26条指出对可能被判处无期徒刑、死刑的人以及死刑复核案件的被追诉人,应当指派具有3年以上相关执业经历的律师担任辩护人。虽不敢说能完全保证重大疑难复杂案件被追诉人获得有效的法律援助,但援助律师"门槛"的提升能在一定程度上提升法律援助质量。

三是配套机制从疲于"查漏补缺"到注重"体系建构"。一直以来,法律援助经费投入不足、法律援助薪资补贴微薄、法律援助质量监督考核机制缺位等问题长期阻碍法律援助制度的长效发展。《法律援助法》致力于根治法律援助体制机制的羸弱"症结"。其一,确立了经费与薪资保障机制。《法律援助法》规定了:(1)法律援助经费列入财政预算,法律援助补贴的标准根据当地经济发展水平和法律援助的服务类型、承办成本、基本劳务费用等确定,实行动态调整;(2)法律援助服务人员获取薪资补贴的权利及途径;(3)免除法律援助补贴增值税和个人所得税。其二,确立了培训考核监督机制。《法律援助法》规定了:(1)司法行政部门对法律援助人员的培训义务;(2)建立法律援助工作投诉查处制度、法律援助服务质量考核监督制度、法律援助信息公开制度;(3)建立可提高法律援助服务质量的诸如庭审旁听、案卷检查、征询司法机关意见和回访受援人一系列措施。其三,确立了奖罚机制。《法律援助法》坚持"奖罚分明":一方面,规定国家应对在法律援助工作中做出突出贡献的组织和个人给予表彰、奖励的原则性规定;另一方面,规定对于无故拒绝法律援助、怠于行使法律援助等行为的法律援助服务提供者及其单位,给予相应的惩戒、处罚甚至是追究刑事责任。

虽然《法律援助法》在经费保障、薪资均衡、监督考核机制等方面都作出了较为

---

① 《法律援助法》第24—25条。
② 在司法实践中,由于代理费用过低,大多数律师尤其是知名律师以及相对有经验的律师参加法律援助案件的积极性普遍偏低,而愿意接手法律援助案件的律师一般是刚刚从业、经验不太丰富的年轻律师。在庭审之上,这些辩护经验本来不太丰富年轻律师往往表现为态度极不认真、思想相对懈怠。更有甚者,根本不研读卷宗,而在庭审辩护时照搬官话、套话,敷衍过关,置被追诉人权益于不顾。而在此前,刑事法律援助的对象往往是经济条件较差、生理或心理处于相对弱势或者是可能面临较重刑罚之人。

详尽的规定,然法的真谛不在于"法律如何修改",而在于"法律如何实施"①。诚如虽然目前《指导意见》已经赋予了值班律师完整的会见权和阅卷权,但没有充分的薪资激励,权利反而异化成了"义务"甚至是"负担"。为此,各地方应积极贯彻中央立法精神与各项要求,结合当地的实际情况,因地制宜地找到各项配套机制之间的平衡点,力争早日实现立法期许。

3. 值班律师提供人力补充

时至今日,我国已经形成"委任律师优位,法律援助律师补充,值班律师兜底"的律师辩护体系。从 2018 年值班律师制度写入我国《刑事诉讼法》到 2020 年 8 月《法律援助值班律师工作办法》(以下简称《值班律师办法》)的出台,再到《法律援助法》的施行,值班律师的职责范围逐步明确、权利配置逐步丰富,充分体现了顶层设计者对该制度的重视。目前,值班律师制度也几乎实现了看守所、检察院、法院的全面覆盖。若被追诉人辩护律师因特殊情况不能及时到场,值班律师也可以替补参与讯问。质言之,值班律师可被视为保障律师在场权的最后一道防线。反观域外,推行值班律师制度的最重要目的就是保障律师在场权的实现。②

为了充分发挥值班律师在律师在场制度中关键作用,建议对值班律师的工作机制做出必要调整。一是尽量统一不同诉讼阶段值班律师的选用。实践中,不同诉讼阶段的值班律师分别指派,同一被追诉人在不同诉讼阶段可能有不同的值班律师提供法律帮助。这使值班律师无法深入了解案情,不能够充分发挥"法律帮助者"之作用。为此,有必要改变现有"分别指派"模式,同一认罪认罚案件由同一值班律师全程办理更适宜。二是增设值班律师转任程序,即为激发服务热情、提升辩护质效,节约司法成本、推进诉讼进程,在不改变目前我国值班律师"法律帮助者"定位这一前提下,在条件合适、程序合法的基础上,将值班律师转任为受援人的法律援助律师或者是委任律师。③ 三是扩大"坐班制"值班律师规模。目前,我国值班律师工作方式分为"坐班制"和"待命制"两种。为了保障律师在场制度落地,坐班制的值班律师数量应该视情况逐步增加。同时,建议采用"三班倒"的值班方式,这样既符合我国法定工作时长规定,也可以应对必要的夜间审讯,同时保障律师的充足休息。

---

① 蔡元培:《法律帮助实质化视野下值班律师诉讼权利研究》,载《环球法律评论》2021 年第 2 期。
② 熊秋红:《比较法视野下的认罪认罚从宽制度——兼论刑事诉讼"第四范式"》,载《比较法研究》2019 年第 5 期。
③ 刘文轩:《辩护人化抑或转任辩护人:值班律师的身份前瞻》,载《中国刑警学院学报》2021 年第 4 期。

(二)经验支撑:域外境内实践的现实助力

1.国际经验提供本土借镜样本

截至目前,律师参与认罪案件的必要性与重要性已成国际共识。《国际刑事法院罗马规约》(以下简称《罗马规约》)第65条第1款明确将律师参与作为认罪案件的必备条件。① 反观域外的认罪制度中律师均享受"不受限制"的在场权。譬如,在美国的辩诉交易制度中,为保障被追诉人认罪答辩的自愿性与真实性,赋予了被追诉人讯问时沉默权、律师在场权等一系列诉讼权利,保障控辩协商是在律师的有效帮助进行。在法国的认罪协商制度中,检察官与被追诉人的量刑协商全程有律师在场,律师可以与被追诉人进行沟通,也可以随时对案件提出法律意见。② 意大利的辩诉交易程序则规定,在正式审判程序开始之前,检察官和辩护律师可以对就量刑范围展开协商,但不能就指控的性质讨价还价。③ 我国台湾地区"刑事诉讼法"也规定,在认罪协商过程中,对于被追诉人可能被判处6个月以上有期徒刑(实刑)的,有权获取辩护人的协助。若无辩护人,政府应当指定辩护人。法治的精髓对于各个国家的国家与社会治理都具有普遍意义,律师在场制度作为有利于增强国家法治文明程度、优化诉讼结构、符合人权保障理念的优良制度,确有借鉴必要。但必须坚持以我为主、为我所用,认真鉴别、合理吸收的原则,④力求实现本土自治。

2.本土试验消除全面推行疑虑

2010年,北京市人民检察院第二分院推出《关于辩护律师旁听讯问办法(试行)》(以下简称《办法》),对审查起诉阶段的律师在场权进行探索。《办法》规定,检察机关在通知未被羁押的被追诉人来院接受讯问时,应告知其有权请求辩护律师旁听讯问。当然,被追诉人也有权拒绝律师旁听。旁听讯问时,辩护律师可以记录,可向被追诉人提供法律咨询服务,有权对讯问人员提出的与案件无关的问题提出异议,发现违反法律规定及侵犯被追诉人合法权益的情况,可提出意见或代为提出控告。讯问完毕后,经讯问人员允许,辩护律师可补充发问,核对讯问笔录,针对遗漏或差错提出补充或改正建议并签字。同时《办法》还规定,辩护律师不得干扰

---

① 《罗马规约》指出认罪的要件有三:一是被追诉人明白认罪的性质和后果;二是被追诉人是在充分咨询辩护律师后自愿认罪的;三是所认的犯罪为案件事实所证实。

② Ancelot, Lydie, et Myriam Doriat-Duban. La procédure de comparution sur reconnaissance préalable de culpabilité: l'éclairage de l'économie du droit sur l'équité du plaider coupable. Archives de politique criminelle, 2010,32(01):269-287.

③ 《意大利刑事诉讼法》第444—448条。

④ 袁曙宏:《党的领导是中国特色社会主义法治最根本保证》,载《国家行政学院学报》2014年第6期。

讯问正常进行、不得故意曲解法律、不得引诱被追诉人作虚假供述、对讯问过程中了解的情况严格保密。如有违反,讯问人员可当场责令改正,必要时可令其离开讯问场所。情节严重的,向其所在单位和主管机关提出检察建议。触犯法律的,依法予以追究。① 2011 年 7 月至 2012 年 7 月,广西壮族自治区人民检察院大力试点审查起诉阶段讯问律师在场制度,并制定了《适用在场权的辩护律师权利及义务告知书》《辩护律师在场意见书》等法律文书供各试点单位参照执行,这体现了本次试点的规范性和相关单位推行此项制度的决心。

对于我国这两次自上而下的主动试验,有关同志表示有利于调动辩护律师的积极性,避免刑讯逼供和冤假错案的发生,同时有利于教育感化被追诉人,提高认罪率,减少上诉,推进社会和谐。② 虽然受当时实践条件的诸多限制,但从实践效果来看,为我国全面推行律师在场制度扫清了疑虑。

(三)技术支撑:远程讯问机制的逐步铺开

实际上,远程视频提讯机制在我国已经试验了超过 20 年的时间。前些年,因信息网络技术发展不完善等问题影响远程讯问的质量和效果。但随着网络技术建设的发展,同步传输速度与传输效果全面提升。据了解,一些基层院在审查逮捕、审查起诉案件时远程视频讯问的使用率为 90% 以上。③ 对比传统的"面对面"讯问方式,远程讯问不仅增强了讯问的及时性,也使得讯问更加简单便捷,节约了更多的司法成本。与此同时,由于远程讯问机制具有较强的可重复操作性,有利于增强办案机关对案件证据掌握程度,进而提升办案质量。律师代理业务往往具有跨区域性的特征,为了减少旅途的时间与金钱成本,保障诉讼进程有序推进,远程讯问技术应做到最大程度地推行。2021 年 11 月通过的《人民检察院办理认罪认罚案件开展量刑建议工作的指导意见》(以下简称《量刑建议指导意见》)第 24 条第 2 款也肯定了人民检察院听取意见可采用远程讯问方式。

初步设想是律师在一个相对隔离的密闭空间内,例如会议室、办公室,甚至地方律协有专门构建的律师远程会见中心。在讯问期间,除了律师及其 1 名助理可在此空间内参与讯问过程,其他人员不得进入。在讯问开始前,应配合讯问人员向其展示自己所在区域的空间环境,并展示自己的身份证件以备讯问人员核查。同理,律师也可以请求讯问人员出示身份以及向被指控人了解在视频讯问通话之前办案

---

① 北京市检察院二分院 2010 年发布的《关于辩护律师旁听讯问办法(试行)》。
② 潘攀:《期待律师旁听讯问的"蝴蝶效应"》,载《中国律师》2011 年第 2 期。
③ 古卫爽、张艺立:《远程视频讯问的司法性质及证据效力》,载《检察日报》2020 年 4 月 2 日。

人员是否对其开展过讯问等情况。讯问室采用 360 度高清无死角视频传输系统,既可以拍摄到讯问室的空间环境,也可以拍摄到讯问人员以及被指控人的具体神情。同时,参照《同录规定》第 6 条第 2 款的规定,采取远程视频等方式听取意见的,应当保存讯问视频作为同步录音录像资料。此外,基于数据的安全性考虑,视频讯问建议采用内网系统,并组织技术人员开发一种安全性较好的专门软件。诚然,在疫情常态化的今天,人们的生活方式和工作方式也逐渐向网络化、数据化转变。为了及时地解决纠纷,及时地处理涉疫案件,我国开始尝试采用线上法庭、云审讯的方式推进诉讼进程。[①] 例如,有些地方已经在使用一种叫作"云庭审"的 APP 以开展远程庭审。当然,为了真正助力律师在场权的落实,远程讯问技术作为一种备选讯问机制应在全国范围内尽快铺开。

四、认罪案件审查起诉讯问律师在场权的理性设计

律师在场权作为辩护权的应有内容,既是被追诉人的诉讼权利,也是律师的执业权利。这里的"律师"应当包含委任律师、法律援助律师、值班律师三种类型。除律师团体外,我国《刑事诉讼法》规定辩护人还可以是人民团体或者被追诉人所在单位推荐的人以及被追诉人的监护人、亲友。那么,当被追诉人的辩护人属于上述群体时,应不应该被赋予讯问在场权呢?由于笔者讨论的是律师群体的讯问在场权,上述辩护人群体不属于严格意义上的"律师",故不在本文讨论之列。但由于上述辩护人也是出于维护被追诉人的核心利益出发,因此也可以介入审查起诉阶段,未来似乎也有适用讯问在场权的可能。

(一)权利内容

范式决定内容,选择何种权利范式决定了权利设计的基本走向。对于律师在场制度本土化建构,学界大多学者主张采用消极监督模式。例如,陈光中教授认为律师在场可以用"看得见,但听不见"的方式进行;[②]陈卫东教授建议增设侦讯

[①] 2020 年 1 月,最高人民检察院出台的《关于在防控新型冠状病毒肺炎期间刑事案件办理有关问题的指导意见》指出,在疫情防控期间应以案卷书面审查为主要方式,尽量不采取当面方式讯问犯罪嫌疑人、询问证人等诉讼参与人以及听取辩护律师意见等,可以采取电话或者视频等方式进行,以减少人员流动、聚集、见面交谈。2020 年 2 月,最高人民法院印发《关于新冠肺炎疫情防控期间加强和规范在线诉讼工作的通知》,规定对适用简易程序、速裁程序的简单刑事案件、认罪认罚从宽案件,以及妨害疫情防控的刑事案件,可以探索采取远程视频方式开庭。

[②] 陈光中、汪海燕:《侦查阶段律师辩护问题研究——兼论修订后的〈律师法〉实施问题》,载《中国法学》2010 年第 1 期。

律师在场权,认为律师可在全程在场监督讯问活动,不得干扰、打断讯问活动。① 当然,也有少数学者意见相左。例如,余尘律师认为律师在场权不仅应在侦查阶段适用,也应适用于审查起诉阶段,且其子权利应当包含异议权。② 但遗憾的是余律师并未就论点展开实质性的论证。笔者建议采用积极抗辩式的律师在场范式,原因有二。

一是只有积极抗辩的律师在场范式才能最大限度地实现听取意见的实质性。首先,语言是抗争的利剑,也是防御的盔甲——"无声的见证"无法实现控辩的平等武装(较量),实则捣碎了听取意见制度的基石。其次,在职权式诉讼模式下长期禁锢下,三机关"合作有余,监督不足"的弊病依然存在,③庭审形式化问题还未得到实质改善,无罪判决率偏低困境依然严峻④,若律师在审查起诉阶段"闻而不语",想在审判阶段"扭转乾坤"将会难于登天。最后,试问若律师仅作为一位"失声"的监督者与消极的见证者,何以及时性地提出辩护意见?

二是只有积极抗辩的律师在场范式才能最大程度地提升公正与效率。一方面,积极的律师在场范式既可以通过实体性辩护与司法机关协力找寻真相,还可以通过程序性辩护减少证据存疑案件进入审判阶段的可能性,更有利于法律真实逼近实体真实。另一方面,从表面上看,较之于消极监督型律师在场范式,积极抗辩模式更易导致控辩形成"拉锯战"。但只有积极抗辩式的律师在场范式才能最大程度上保障被追诉人认罪认罚的自愿性与真实性。既有效降低了因非自愿认罪、虚假认罪导致程序回转进而浪费更多司法成本的概率,也真正节省了法官对自愿性与真实性的审查成本,对整体诉讼效率的提升自不待言。

当然,可能会有学者产生检察机关对积极抗辩式的律师在场范式能否接受的疑虑。首先,从事物发展的规律来看,人类社会总是处于不断变迁之中,其发展表现为新旧事物的更替,以促进社会协调。对于积极抗辩式的律师在场权而言,该制度设置契合世界刑事司法发展规律,符合人权保障理念,顺应我国司法改革方向,具有充分的时代合法性以及进一步发展的物质性和思想基础。为此,无论是被立

---

① 陈卫东、孟婕:《重新审视律师在场权:一种消极主义面向的可能性——以侦查讯问期间为研究节点》,载《法学论坛》2020 年第 3 期。
② 余尘:《论我国律师在场权制度的构建》,载《中国检察官》2015 年第 3 期。
③ 左卫民:《健全分工负责、互相配合、互相制约原则的思考》,载《法制与社会发展》2016 年第 2 期。
④ 2018 年,我国无罪判决率仅为 0.06%,其中公诉案件无罪判决率仅为 0.03%。2019 年,我国无罪判决率约为 0.08%;其中公诉案件无罪判决率为 0.04%。而日本近 10 年的无罪判决率一般为 0.2% 以上;美国的无罪判决率约为 25%;我国香港特区的无罪判决率高达 45%。种种迹象表明,在我国,欲求一个无罪判决的结果"犹如中彩""难于登天"。

法者接受,还是被实践者接受,都并非难事,只是接受时间长短的问题,就像任何新事物的发展都必然遭遇相应的抗拒。其次,从域外实践来看,采用积极抗辩式的律师在场范式的英国,在制度构建初期,实务部门反对之声异常激烈,认为这无疑会诱发被追诉人滥用沉默权最终导致侦查效率低下。但经过若干年的实践证明,被并未因律师在场权的赋予导致被追诉人认罪供述比例呈现明显的降低,反而在律师的临场帮助下更愿意与指控方协商、交流。截至目前,英国上下都普遍接受了这样的程序设计。最后,从本土实践来看,2010年北京二分检自上而下的试点,采用的就是积极抗辩式的律师在场范式。实务部门都如此积极主动、大刀阔斧,理论界忧虑何来呢?怕是无端把困难放大。

综观采用积极抗辩式的律师在场范式的国家,都赋予了律师包括知情权、监督权、提供法律咨询权、签字确认权、异议权、调查证据权、现场提出意见权、申诉控告权、获得便利权等在内的诸多诉讼权利。鉴于其他权利相对容易理解,笔者重点介绍异议权、现场提出意见权、签字确认权、获得便利权、申诉权、言论免证权这六项权利。

所谓"异议权",是指律师对于讯问人员不正当提问或违法取证行为表达抗议的权利。律师的提出异议权形成对检察机关权力的即时对抗,是监督权的延伸。具体表现对于身体强制型讯问行为有权及时制止;对于心理强制型讯问,有权打断,并告知被追诉人有权拒绝回答。为了防止异议权滥用影响审前机关的办案效率,律师行使该项权利必须基于确实存在"讯问人员不正当提问或违法取证行为"这一客观理由。但对于律师基于合理事由现场提出异议,检察机关对此不予理会或拒绝纠正的,律师有权拒绝在讯问笔录上签字,并于讯问结束后向上级检察机关提出申诉。①

所谓"现场提出意见权",是指律师在讯问过程中(当场)就案件的事实认定、证据材料、定罪量刑等问题发表意见的权利。这既是由刑事诉讼中提出意见——听取意见——处理意见的应然逻辑决定的,也是为被追诉人争取最大诉讼利益的诉讼使命决定的。

所谓"签字确认权",是指律师在审查讯问笔录无误后有签字确认的权利;当发

---

① 田荔枝:《论我国侦查讯问阶段律师在场制度的构建》,载《法学论坛》2009年第3期。

现笔录存在严重出入时,有拒绝签字的权利。① 本文认为,律师在讯问结束后有权核实讯问笔录,经核实无误后,应当在讯问笔录上签字确认。当发现讯问笔录存在严重出入时,有权要求检察机关更正。检察机关不予更正的,应当将异议记入笔录。对于没有律师签字的笔录,法官有权要求检察机关作出说明,无法说明原因的不得作为证据采用。认罪认罚程序中在场律师的签字确认权,当然也内在地包括当律师对于认罪认罚的自愿性、量刑建议与适用程序的合理性存疑时可以拒绝在认罪认罚具结书上签字。此外,为真正发挥值班律师在场的功能,打破值班律师"见证人化"的梦魇,笔者建议立法者删除《值班律师工作办法》第 10 条第 2 款"值班律师对人民检察院量刑建议、程序适用有异议的,在确认犯罪嫌疑人系自愿认罪认罚后,应当在具结书上签字,同时可以向人民检察院提出法律意见"的规定。

所谓"获得便利权",是指讯问机关有义务为律师到场及顺利参与讯问过程提供必要便利。大体包含以下内容。其一,提供必要的准备时间。检察机关应当尽量避免夜间讯问和突击讯问。若非非常紧急之情况,检察机关应当至少提前 3 个工作日通知律师讯问具体的时间、地点。其二,提供必要的休息时间。为了方便律师讯问全程在场,应当为律师提供必要的休憩和用餐时间。在该时间段内,讯问应当中止。当然这包括但不限于检察机关为律师提供人性化的休息、就餐、阅览等区域。其三,提供必要的技术支持。条件尚可的单位应尽快推行远程讯问律师在场机制,在疫情常态化的背景下,也可采用视频连线的方式让律师参与到讯问中来。

所谓"言论免责权",是指对于律师在参与讯问期间的言论免于法律追究。在刑事诉讼中,若不对律师赋予与公权力机关同等的权利,公权力就难以受到相应的制衡。然而,我国目前无论是立法还是司法,都明显体现出对律师地位的歧视,此乃律师权利无法顺利行使或保障的症结。② 目前,我国《刑事诉讼法》仅赋予了律师庭审之上的言论豁免权,并且为了规制律师行为、保障刑事诉讼程序顺利进行,我国《刑法》还确认了律师妨害作证罪一系列规定。但在客观上不仅增大了辩护律师的执业风险,甚至成为公权力机关用职权,压制迫害辩护律师的"合法"根据。③ 为

---

① 虽然我国《刑事诉讼法》规定了讯问笔录必须经被追诉人签字确认。但实际上,以此方法确保讯问笔录的真实性往往无济于事。究其原因,一是被追诉人往往对讯问笔录的重要性认识不够,没有认真核对就草草签字;二是被指控人经长时间审讯,身心疲惫难以一一核对。当然,实践中讯问笔录与实情不符的情形也是司空见惯;有些讯问笔录仅显示一种供述;有的讯问笔录则出现大面积自白式的表述;有些讯问笔录甚至表现为上下文矛盾的情况等。
② 邱兴隆、邢馨宇:《审前程序中的律师权利及其保障与实现(下)》,载《法学杂志》2017 年第 8 期。
③ 陈光中:《〈公民权利和政治权利国家公约〉与我国刑事诉讼》,商务印书馆 2005 年版,第 173 页。

减少风险忧患、激发服务热情、提高服务质量,有必要赋予律师讯问期间适度的言论豁免权。

所谓"申诉权",是指对于检察机关无故拒绝律师在场或者在律师到场前启动讯问的以及检察机关的违法取供行为,律师有权向上级检察机关申诉。

(二)权利运行

1. 权利启动

律师讯问在场权的启动模式大体有三:申请启动型、强制启动型、申请与强制启动混合型。① 笔者建议选用申请启动型,主要基于以下几点考虑:一是从律师在场权作为律师的一项执业性权利的角度出发,无论是全面性的强制启动还是选择性的强制启动,都似乎会将这样一种权利异化为律师的一项任务。与律师在场本身的权利属性相背离。二是并非所有的案件都需要讯问律师全程在场,"一刀切"容易造成矫枉过正,还容易加重司法资源的压力。三是并非每次讯问律师都有必要到场。理论上只有被追诉人需要做出决策的重要阶段,律师才有讯问在场的必要。这样一方面可节省被追诉人购买多余服务的花费,另一方面也节约国家对于法律援助律师、值班律师提供此服务所需要支付的成本。此外,申请启动模式又包括"律师—被追诉人"双向申请启动模式②与被追诉人单向申请启动模式。但基于尊重被追诉人人格和隐私以及公益律师的自身能动性考量,后者为宜。

2. 权利告知

告知被追诉人有权要求律师于讯问时在场是他们享有这项权利的先决条件。在越南,实践中侦查人员不告知或不及时告知辩护讯问的时间、地点等具体信息,直接导致辩护人无法到场,或者延迟到场的现象屡见不鲜③。故明确告知时间和告知方式就显得极为必要。法国《刑事诉讼法》规定被指控人到案接受第一次讯问后所进行的任何一次讯问,均应当严格保障律师在场权的适用,未与律师接触前均不能被讯问。对被追诉人依法讯问的前提是保证其律师在场或者至少依法对律师进行了传唤。④ 笔者认为,法国模式极具借鉴意义。我国刑事诉讼法有必要作出如下

---

① 所谓"强制启动型",是指审前机关具有强制启动讯问律师在场的义务,不需要权利主体的申请。所谓"申请启动型",是指律师在场权的行使要以当事人申请此项权利为前提。申请启动型又包括被追诉人单向申请启动型与"律师—被追诉人"双向启动型。所谓申请与强制启动混合型就是两者交织的启动范式。

② 例如,俄罗斯新《联邦刑事诉讼法典》就规定律师在介入诉讼程序后享有讯问时在场和依被追诉人申请或自行申请在场的权利。

③ 伍光红:《越南律师在场权制度对中国的启示》,载《云南民族大学学报(哲学社会科学版)》2013年第2期。

④ [法]斯特法尼:《法国刑事诉讼法精义》,罗结珍译,中国政法大学出版社1999年版,第576页。

规定:审查起诉阶段,若被追诉人认罪后,应告知在接下来的讯问过程中其有申请律师于讯问在场的权利。在律师到场之前,讯问禁止启动(进行)。否则,被追诉人有权拒绝回答讯问人员提出的各类问题。若被追诉人事先承诺放弃律师在场权,但在讯问过程中,若被追诉人要求辩护律师或值班律师到场的,则检察人员应当立即中止讯问,并通知辩护律师或值班律师到场。在辩护律师或值班律师到场之前,讯问活动不得恢复或继续进行。

3. 权利放弃

从被追诉人权利优位的角度考量,讯问律师在场不仅是律师的权利,而且是律师为实现被追诉人利益最大化以及贯彻刑事诉讼正当程序的义务。为此,"权利放弃"仅是针对被追诉人而言。近年来,美国米兰达特权(包含沉默权、律师在场权等)[1]的弃权率已经高达84%[2],但必须是被追诉人基于"适格且明智"(competently and intelligently)前提下抛弃权利,即"故意抛弃其已知权利"。当被追诉人表示抛弃权利,法官有义务审查事实是否与要件相符。[3] 被追诉人言知悉权利,也自愿抛弃权利,不自动解除法官的调查责任。[4] 法国《刑事诉讼法》也作出类似规定,即适用律师在场权的唯一例外是被追诉人基于真实意思表示自愿明确放弃的情形。笔者认为,在我国,被追诉人应当以书面形式向检察机关明确放弃该项权利,但前提是要保证检察机关工作人员已经履行了告知义务以及被追诉人自愿放弃该权利。此外,法官有义务审查被追诉人放弃(申请)律师在场权的明知性和自愿性。若经审查律师在场权的放弃并非同时满足"自愿"和"明知"这两个要件,应启动权利救济程序。

(三)必要义务

"权利若不加限制,必然滋生滥用"这是一条铁律。此外,基于平衡程序正义与诉讼经济之考量,律师于讯问时在场必要遵守以下义务。

1. 保密义务

讯问进程中,讯问人员可能会透露出与案件有关不宜公开的工作进展等情况,律师也可能会得知涉及个人隐私、商业秘密、国家秘密的信息。依照我国《刑

---

[1] Miranda v. Arizona,384 U. S. 436 (1966).
[2] Cassell P G,Hayman B S. Police Interrogation in the 1990s:An Empirical Study of the Effects of Miranda. Social Science Electronic Publishing,1996,43(3):839 – 931.
[3] Johnson v. Zerbst,304 U. S. 458 (1983).
[4] VonMoltken. Gllies,332 U. S. 708 (1948).

事诉讼法》《律师法》《法律援助法》①等相关规定,律师对上述信息负有保密义务。

2. 守时义务

律师参加讯问及时到场,既是律师执业素养的内在要求,也是办案机关在期限压力下提升办案效率的关键步骤。律师对于因不可抗力因素不能及时到场的,可以与检察机关沟通是否可以调整讯问时间或者在征得被追诉人以及讯问机关同意的基础上采用远程视频讯问在场的方式(在检察机关拥有相关系统及设备的前提下)。若实在无法到场或者因条件限制无法采用视频讯问在场方式的,应作出书面说明,检察机关可以通知值班律师到场(替补)参加讯问。对于辩护律师无故缺席的,第一次允许值班律师代为到场,第二次起检察机关可以建议被追诉人更换律师,并将相关情况反应给该名律师所在律所或律师协会进行处理。法律援助律师(包含值班律师)无故拒不到场的,检察机关应当通知其所在律所、法律援助中心或律师协会,并建议该律师协会对该名律师及所在律所予以惩戒。② 还有权建议法律援助机构为申请人及时更换法律援助律师。

3. 禁止无故阻碍讯问义务

律师打断讯问必须基于正当且充分的事由,即讯问行为可能侵犯被追诉人的诉讼权利或自愿性。若律师无故阻碍讯问进程,讯问人员有权要求该律师退出讯问现场,以一种"听得见、看得见、但无法沟通"的方式监督讯问过程或者通知值班律师递补在场。在值班律师未到场前,讯问不得开始。当然,若被追诉人重新委任了律师,在下一次讯问前检察机关有义务通知该名律师到场。此外,在场律师对检察机关的驱逐行为存在异议的,有权向上级检察机关申诉,上级检察机关应在3个工作日内做出答复。

(四)权利救济

德国学者罗科信教授曾将律师在场权视为有效辩护的"前提条件"。③ 为了实现权利救济,笔者建议引进无效辩护制度,并将侵犯律师在场权作为"无效辩护"的

---

① 《法律援助法》第21条。
② 《法律援助法》第46、60条规定。
③ [德]克劳思·罗科信:《刑事诉讼法》,吴丽琪译,法律出版社2003年版,第169—170页。

缺陷标准之一。① 当存在如下情形,可视为侵犯律师在场权:其一,检察机关无正当理由拒绝被追诉人申请讯问律师在场;其二,律师不履行或怠于律师在场权,导致被追诉人自愿性或诉讼权利遭受严重侵犯的;其三,法官经审查发现被追诉人放弃律师在场权并非基于"自愿和明知"。当然,有必要结合本土实际情况,廓清因侵犯律师在场权招致无效辩护所产生的法律后果。

1. 程序回流

若被追诉人因律师在场权被侵犯而遭受无效辩护,案件可以恢复到在遭受无效辩护前的状态。被追诉人可以此为由申请撤回认罪认罚协议,法官也可以主张认罪认罚协议无效,案件将采用普通程序重新审理。当然,被追诉人可以在律师在场的情况下重新启动(适用)认罪认罚程序。

2. 证据排除

美国《刑事诉讼法》规定,非律师在场而获取的被指控人供述应当排除。意大利《刑事诉讼法典》第350条规定,讯问非律师在场,供述不得作为证据使用。俄罗斯新《联邦刑事诉讼法典》也作出类似规定,即若被追诉人在审前诉讼过程中做出陈述时,没有律师在场(包括他拒绝律师在场的情形),及未经被追诉人在法庭上予以证实,该陈述不允许被采信。故本文认为,当存在侵犯律师在场权三种情形时,法官对于被追诉人做出的不利于自身的供述应当排除,当然也包括认罪认罚协议(具结书)。对于无律师签字确认的笔录或者认罪认罚具结书,检察机关负有举证义务,倘若无法补证应当认定为无效证据。

3. 责任追究

有义务就意味着有责任。如果只规定义务,不规定违反义务后的法律后果,这种"义务"久而久之将变成一种无力的"奢望"。诚如"聂树斌案""张玉环案"等,当事人或家属都声称在此之前遭受了刑讯逼供,但由于我国冤假错案责任追究(倒查)机制并未健全、时过境迁当事人举证较难等问题,至今没有下文。故此,对于阻碍行使律师在场权的讯问人员可视情况给以相应的行政处分,小到警告、记过,大到留职察看、开除公职等。若其涉嫌职务犯罪的,应当追究刑事责任。在美国,无

---

① 1984年,为了保障公民的有效辩护权,美国联邦最高法院在 Strickland v. Washington 案中确立了无效辩护制度。在本案中确立了"无效辩护"的双重标准,即缺陷标准(律师表现存在缺陷)与偏见标准(该缺陷表现使被追诉人遭受了偏见以至于侵犯其公平审判权)。同时规定被追诉人负有举证义务。一是要证明存在缺陷表现,即其必须推翻"一个强有力的推定,即律师行为在合理的辩护范围内",并表明它客观上是不合理的。二是要证明偏见标准,即若不是律师的非专业性错误,则有可能产生截然不同的诉讼结果。参见祁建建:《美国辩诉交易中的有效辩护权》,载《比较法研究》2015年第6期。

效辩护的消极法律后果包括审判程序重置,也包括对律师的惩戒,①我国也可以予以借鉴。对于不履行或怠于履行律师在场职责的律师,检察机关有权通知其所在单位、律师协会或法律援助机构,建议相关负责人对该名律师进行通报批评,并将其行为纳入绩效考核。同时,律师协会可以对该名律师作出罚款的处罚,法律援助机构亦可以扣减该名法律援助律师的经济补贴。情节严重的,应规定在一定年限内限制执业甚至吊销律师执照。这不仅可以对被追诉人做到一定程度的补偿(主要是心理慰藉),也可对律师群体起到警示作用。只有如此,才能形成相互监督的有效合力,保障律师在场权落到实处。

结 论

任何一项制度都不是孤立存在的,因此必须把握各个系统、各项制度、各个程序的内在勾连,研究认罪认罚从宽制度具体问题时亦是如此。不能"头痛医头、脚痛医脚"。不解问题之根本,终囿于"标不治""本不固"之困境。对于审查起诉阶段,笔者建议完善证据开示制度,以保障律师在充分了解案情的前提下针对性发表辩护意见。此外,为了激发法律援助律师(包含值班律师)参与热情、提升法律援助质效,建议国家参考律师在场次数、在场时长、提出意见有效性等因素支付此项服务的合理对价。对于侦查阶段(调查阶段),理性之策是先将讯问录音录像制度作为讯问律师在场制度的补充。待内因、外因等各项条件成熟之时,再考虑将律师在场制度的扩展到侦查阶段甚至调查阶段。

---

① [美]韦恩·R.拉菲弗等:《刑事诉讼法》(上册),卞建林等译,中国政法大学出版社2001年版,第661页。

锚定叙事理论下刑事冤假错案的成因及预防

刘 璐*

"不论人类怎么努力设计程序规则和证据规则以防止错误裁判,都不可能彻底防止错案的发生。"①刑事诉讼制度系人为设计发现真实的工具,而发现真实是实现正义的前提。要实现司法公正,对冤假错案的预防和纠正必不可少。党的十八大以来,公检法司陆续出台防范冤假错案机制的文件,公安部发布《关于进一步加强和改进刑事执法办案工作,切实防止发生冤假错案的通知》,进一步规范公安机关的侦查活动;最高人民检察院发布《关于切实履行检察职能,防止和纠正冤假错案的若干意见》,强调检察院的客观中立和监督义务;最高人民法院发布《关于建立健全防范刑事冤假错案工作机制的意见》,进一步强化了证据审查机制和审理机制;司法部则制定《关于进一步发挥司法鉴定制度作用防止冤假错案的意见》,规范司法鉴定活动②。同时,我国法院基于"真凶再现""疑罪从无""亡者归来"等原因,依法纠正了数起冤假错案。但针对我国刑事司法冤假错案成因与预防机制的研究往往聚焦于被告人权利保障领域,强调"无罪推定""疑罪从无"的理念和"排除合理怀疑"的证明标准,鲜有学者从司法证明进路的角度检视我国的刑事司法制度。笔者从司法官认定犯罪事实的锚定心理出发,梳理一起刑事错案从前审判阶段到审判阶段的发生原因,并尝试提出相应的修正策略。

一、引言

刑事错案是指判决与事实真相不相符的案件。在我国,它被分为冤案、假案、

---

* 刘璐,四川大学法学院诉讼法学研究生。
① [美]拉里·劳丹:《错案的哲学:刑事诉讼认识论》,李昌盛译,北京大学出版社2015年版,第261页。
② 《十八大以来的司法体制改革:一场影响深远的"司法革命"》,载界面新闻网,https://www.jiemian.com/article/1660621.html,2022年4月30日访问。

错案三种类型。冤案是指行为人本来无罪却被定为有罪的案件;错案是指事实和定性上出现错误的案件,一般指将有罪的犯罪嫌疑人认定为无罪或错误认定犯罪嫌疑人犯罪事实或适用法律错误的案件;假案是指犯罪事实不存在的案件,一般是人为制造的案件①。多数学者不对这三种案子的概念进行区分,实际上只针对了"冤案"进行论述。错误的有罪判决会带来双重的负面影响——既使得罪犯逍遥法外,又使无辜之人身陷囹圄。但刑事诉讼发现真实的目的和"不纵不枉"的传统刑事政策又要求我们不能只着眼于冤案,应当将三种类型的错案一并治理。

冤假错案的治理与事实认定紧密相关。基于法律认识论的宏观视角认为,囿于认识水平、立法技术、法官能力等因素,任何地区都无法避免刑事错案的产生。因此,一个良好的刑事司法体制应当具备三个要素:在认定事实阶段,尽量减少认定错误;在事实认定错误的发生不可避免时,应当根据刑事政策和价值导向合理分配错误;当事实认定已经结束时,应当具备合理的错误纠正机制。

基于法律心理学的微观视角则强调司法官认定事实时的锚定心理。心理学上的锚定,是指人在决策时,总是先入为主,偏重受第一次信息左右。首次印象、最初信息,初始数据常会为随后的思考和判断设置某种框架,形成导向②。与"证据—事实"的理论证明进路不同,实务中的法官断案往往遵循的是"事实—证据"的锚定心理。办案熟练的司法官翻阅卷宗时,通常从被告人陈述出发,用其他证据印证口供中犯罪事实的真实性。这种锚定叙事的证明进路与"无罪推定"理念在某种程度上产生了冲突,却与科学上的"假设检验"理论不谋而合。为提高办案效率、对犯罪证据有序排列组合,实务中的司法官普遍采取这种"先事实、后证据"的证明进路。

因此,笔者将从司法官的锚定心理出发,基于错误减少、错误分配、错误纠正三个层面分析我国发生刑事冤假错案的原因。

二、前审判阶段的侦讯思路

(一)侦查阶段

冤假错案的发生,往往源自侦查阶段。尽管各国的刑事诉讼制度为审判环节

---

① 王煜、马金生、赵刚:《以审判为中心与控辩关系——刑事冤假错案中的控辩关系分析》,载胡卫列、韩大元主编《以审判为中心的诉讼制度改革与检察工作发展第十一届国家高级检察官论坛论文集》,中国检察出版社 2015 年版,第 377—381 页。

② 《锚定效应》,载 MBA 智库百科,https://wiki.mbalib.com/wiki/%E9%94%9A%E5%AE%9A%E6%95%88%E5%BA%94,2022 年 4 月 30 日访问。

设计了复杂精巧的证据规则和程序规范,但是绝大部分案件的最终走向都由侦查阶段决定。警方侦讯思路与侦查手段的运用决定了案件证据的最终呈现,同时也决定了事实认定的错误程度。

锚定心理从侦查阶段就开始影响事实认定。"隧道视觉"与"确认偏误"是锚定心理在侦查阶段的具体表现。它贯穿警方的侦查过程乃至刑事诉讼全过程,对警方审讯犯罪嫌疑人、辨认、鉴定、询问证人等环节产生重要影响。"隧道视觉"是一种导致个体将注意力完全集中在某种可能性或结果,而忽视其他情况的心理过程。在刑事司法中,就是"将注意力集中到某个犯罪嫌疑人身上,选择和过滤能够对被告定罪的证据,而完全忽视或者隐瞒那些指向犯罪嫌疑人无罪证据的心理偏向"。确认偏误,是指以支持既有观点、看法与预期为目的来寻找和解释证据,而避开或者排斥那些相反证据的心理倾向。隧道视觉导致侦查人员自信地认为犯罪嫌疑人就是有罪之人,而确认偏误又进一步导致侦查人员去寻找能够确认其信念的信息和证据,无视那些相反的信息①。

1. 审讯

"美国的警察审讯代表了对抗制的终结。"②作为证据之王的口供,证明力无与伦比。更重要的是,侦查人员对供述证据生成条件的控制能力显然要强于其他类型的证据③。而审判人员往往基于对应性偏见认为"一个无辜的人不可能主动承认自己有罪",这使得审讯环节这样一个强制性的秘密程序实质上成为了积极构建、操纵与组织犯罪嫌疑人有罪叙事的温床。一个本该遵循"证据—确信"思路的侦查活动,异化成了"确信—证据"模式。这意味着一旦审讯人员获得了认罪口供,就会将其作为犯罪嫌疑人有罪的证据,而非一种待证假设。这鼓励侦查人员在制度性压力的驱使下采取欺骗、诱导、暗示甚至引供、喂供的手段,制造一段有罪供述。

审讯的秘密性为我国公安机关获取认罪口供提供了天然的助力。公安机关预审科的废除使得口供的证据质量下滑,口供的电子记录给予警察灵活改动笔录的空间,而侦查人员记录的粗糙性导致口供的可视化程度进一步下降。20世纪70年代起,世界范围内掀起的审讯录像运动或许能改善这个问题。但遗憾的是,我国的

---

① [美]理查德·A.里奥:《警察审讯与美国刑事司法》,刘方权、朱奎彬译,中国政法大学出版社2012年版,第231—232页。
② [美]理查德·A.里奥:《警察审讯与美国刑事司法》,刘方权、朱奎彬译,中国政法大学出版社2012年版,第26页。
③ [美]理查德·A.里奥:《警察审讯与美国刑事司法》,刘方权、朱奎彬译,中国政法大学出版社2012年版,第29页。

审讯录像具有相当的虚伪性。实务中移送的录像往往只呈现被告人认罪的片段,不能呈现被告人认罪的全过程。此外,未随案移送讯问录音录像并不当然成为排除证据的根据,只有在不能排除非法收集证据情形的情况下才能排除证据,而我国对瑕疵证据的补正和解释又比较宽松,实务中往往还存在其他的补正方式。"认罪只是一种声明,而供述则是一个故事。"① 呈现被告人认罪的全过程能够帮助法官判断口供的真实性和自愿性。这不仅能防止冤案的产生,还能在一定程度上纠正起诉书中认定的错误事实。

2. 辨认

缺失辨认程序、辨认程序不规范、过度信赖辨认结果都会导致刑事错案。身份辨认是辨认程序问题的高发区。身份辨认是嫌疑人驱动搜查② 的产物,其目的是验明正身,证明被告人同一性。在我国司法实务中,公安机关锁定犯罪嫌疑人主要依靠经验,不具有证据上的理由,因此对犯罪嫌疑人的身份辨认至关重要。

在聂树斌案的再审判决书中,最高人民法院认定事实不清、证据不足的裁判说理部分首先就是,"聂树斌被抓获之时无任何证据或线索指向其与康某 1 被害案存在关联",实际上就是由于没有身份辨认无法认定被告人同一性。辨认程序不规范可能会导致错误辨认。警方故意凸显犯罪嫌疑人特征或暗示辨认人都会使辨认人倾向于辨认出警方想要的结果。辨认结果的可靠性往往依赖于目击证人的记忆。而人类记忆的脆弱性和网格化特点③ 并不能保证辨认结果的完全正确。当警方受到隧道视觉和确认偏误的影响组织辨认程序时,辨认结果就不再可信,进而诱发刑事错案。

3. 诱惑侦查

诱惑侦查一般被用于毒品类案件。实践中这种手段的不规范使用容易诱发假案。一般认为,"机会引诱"是合法侦查取证行为,而"犯意引诱"则是一种违法侦查行为。但实践中,公安机关为达到打击毒品犯罪的业绩考核和政策目标,采取犯意引诱手段的不在少数。这种手段的使用造成毒品案件中假案、错案频发。允许对毒品案件采取诱惑侦查手段实际上是基于毒品案件"宁枉勿纵"的刑事政策考量的

---

① [美]理查德·A.里奥:《警察审讯与美国刑事司法》,刘方权、朱奎彬译,中国政法大学出版社 2012 年版,第 145 页。
② 在嫌疑人驱动搜查中,一个人会在缺少明确理由,或者至少是缺少能被已知犯罪事实解释的理由的情况下成为嫌疑人。只有在寻找特定嫌疑人与犯罪相关的证据时,警方才会试图将二者关联起来。
③ [日]高木光太郎:《证言的心理学》,片成男译,中国政法大学出版社 2013 年版,第 1—3 页。

错误分配方式。但在侦查阶段进行错误分配而不是着力减少事实错误,会引发各类错案。

(二)审查起诉阶段

在我国《刑事诉讼法》的定位中,检察机关承担错误纠正的职能。从审查逮捕和审查起诉阶段到二审和再审阶段,检察机关负有发现冤假错案并纠正的职责。然而检察官同样受到隧道视觉和确认偏误的影响,当他们看到一份犯罪嫌疑人的有罪供述后,形式化的无罪推定会转化成为实质性的有罪推定。当检察官在心中形成偏见后,此前对无罪证据的分析就会无效。毕竟,检察官接收的是来自公安机关单方面的不完整证据,以及只对符合其对被告人罪责情况评价相一致的证据进行反馈[1]。

谨慎细心、经验老道的检察官在审查起诉阶段能够通过对案发情况的把握和经验常识识别出一些假案,如警察枪击无辜菜农案。警察因与菜农发生口角将菜农击毙,后伪造抢劫现场并谎称自己在抓捕罪犯时将抢劫犯菜农枪杀。承办检察官在审查起诉时发现菜农额角有灼烧痕迹,认定警察是近距离开枪,最终发现真凶。审查起诉时,检察机关案件审结书上"本案案发自然"的记载是承办检察官排除假案的依据。但由于接收证据的单方性和锚定心理作用,检察官在识别冤案和错案上尚显不足。此外,这种假案的纠正比较依赖承办检察官的个人能力。实务中更常见的是检察官信任公安机关的证据收集与事实认定,无法起到阻断错案的作用。

三、审判阶段的锚定叙事

从虚假供述、错误辨认、不规范鉴定等侦查手段到错误定罪的过程要更加复杂,在刑事司法中制造一个错误判决,需要众多刑事司法人员的错误判断共同作用[2]。即便如此,错案仍然频出。一件错案进入到审判程序,就意味着侦查机关错误认定案件事实和检察机关错误审查移送。审判阶段的错误判决是错案产生的直接原因,而审判人员的锚定心理在其中发挥了重要作用。

---

[1] [美]理查德·A.里奥:《警察审讯与美国刑事司法》,刘方权、朱奎彬译,中国政法大学出版社2012年版,第233页。

[2] [美]理查德·A.里奥:《警察审讯与美国刑事司法》,刘方权、朱奎彬译,中国政法大学出版社2012年版,第223页。

（一）错误产生

1. 证据的选择

"法院会根据自己相信的故事来选择和排除证据。"锚定叙事理论指出，法官在证明案件事实过程中不可避免地接受某些证据而忽略其他证据。而这一证明进路是循环的——首先选择符合法官脑海中构建的事实的证据，随后由于证据支持了构建事实而认为这就是案件事实真相[1]。"事实—证据"的过程虽然具有暗示性和不可靠性，并为司法证明这一逆向推理过程带来"充分"和"必要"的不合逻辑性，但迫于实务中法官办案的需求，这种选择是无法避免的。熟练的审判人员常以被告人陈述作为出发点，构建整体的犯罪叙事，并用其他证据检验和印证该犯罪事实。

法官基于审判阶段的锚定心理同样容易产生隧道视觉和确认偏误。以呼格吉勒图案为例，参与复查的萨仁曾接受记者采访，提及案件的疑点，如作案时间不合理、有罪供述细节不一致、物证未保存等[2]。这些问题原审法官在阅卷时必然能够察觉到，但其基于锚定叙事的证明进路，选择对定罪有利的证据而轻视不利于定罪的证据，最终作出了有罪的判决。

尽管法官"事实—证据"的证明进路以叙事为出发点，但这并不是错案产生的真正原因。造成错案的真正原因是法官在采取锚定叙事的方法时，只重视证实，而不重视证伪。此外，证据的选择过程不被记录，也不被解释，已经被排除的证据是否影响到法官结论的得出也不得而知[3]。

2. 言词证据的不可靠性

法官往往从言词证据尤其是被告人陈述出发，构建一个犯罪叙事。换言之，法官锚定的基点是被告人陈述、被害人陈述或其他目击证人证言。但言词证据具有天然的不可靠性，在基点不稳定的情况下，法官的事实认定就容易出错。被告人在审讯的磁场中，容易产生替身型自白、自我同化型自白和迎合型自白三种虚假自白[4]。而被害人基于利害关系，说谎的可能性较大。目击证人不仅受到记忆冲突、衰退、重组、前置信息、事件后信息和重复提问的影响，还会自我填补记忆中的因果

---

[1] 参见[荷]威廉·A.瓦格纳、彼得·J.范科本、汉斯·F.M.克罗伯格：《锚定叙事理论——刑事证据心理学》，卢俐利译，中国政法大学出版社2019年版，第265页。

[2] 曹万里、何雨亭、唐丽珺：《刑事冤假错案的法官心理学成因与防范初探》，载贺荣主编：《尊重司法规律与刑事法律适用研究（下）——全国法院第27届学术讨论会获奖论文集》，人民法院出版社2016年版，第759—765页。

[3] 参见[荷]威廉·A.瓦格纳、彼得·J.范科本、汉斯·F.M.克罗伯格：《锚定叙事理论——刑事证据心理学》，卢俐利译，中国政法大学出版社2019年版，第265页。

[4] [日]滨田寿美男：《自白的心理学》，片成男译，中国轻工业出版社2006年版，第69页。

关系,受到前摄图示效应①的影响。

当然,将一种证据证明至排除合理怀疑的程度才能使用并不合理,因为这混淆了证据的证明力和证据能力。但这并不意味着法官在寻找锚定基点时可以忽视证据的可靠性,将言词证据直接作为被告人有罪的信念支撑。言词证据所披露的事实只是一种待证假设,需要法官证实和证伪。

3. 隐蔽性证据规则的滥用

最高人民法院《关于适用〈中华人民共和国刑事诉讼法〉的解释》第141条规定,"根据被告人的供述、指认提取到了隐蔽性很强的物证、书证,且被告人的供述与其他证明犯罪事实发生的证据相互印证,并排除串供、逼供、诱供等可能性的,可以认定被告人有罪"。该条规定被称为隐蔽性证据规则,是口供补强性规则。由于强大的证明作用,该规定在实践中运用极其广泛。然而隐蔽性证据规则在实践中的滥用也会引发冤假错案,造成错误的事实认定。

隐蔽性证据规则的滥用主要体现在两个方面。一是使虚假供述看起来真实的"误导性细节信息"。当侦查机关将一些特定的、未经公开的犯罪事实——不大可能可以随便猜测到的信息——透露给犯罪嫌疑人之后就会出现误导性细节信息的运用问题②。这些细节信息被认为是只有亲历犯罪的嫌疑人才有可能知晓。当这些细节进入犯罪嫌疑人的供述后,审判人员往往倾向于认为犯罪嫌疑人掌握了只有真凶才有可能知道的信息,从而相信供述的真实性,认定被告人有罪。二是在替身型犯罪中对查明真相起到迷惑效果。由于冒名顶替的被告人熟知犯罪中的细节,鲜有审判人员怀疑其供述的真实性。冒名顶替现象常常出现在交通类犯罪和职务类犯罪中,干扰司法人员查明真相。

审判人员的锚定叙事无法抵御隐蔽性证据规则滥用的负面作用。由于隐蔽性证据规则能够加强锚定基点的可靠性,该规则的使用还会进一步加深审判人员的内心确信,让审判人员对被告人有罪深信不疑。

(二)错误分配

如果法官事实认定的错误无法避免,那么提高证明标准可以增加有利于被告人的错误,减少不利于被告人的错误。在实务中的做法就是增加定罪证据锁链。

---

① 前摄图示效应,是指大脑会通过应用各种记忆图示来填补知觉遗漏的空隙,譬如大脑会自动认为相邻事件的发生具有因果关系。如果B在A之后发生,我们倾向于认为A是导致B发生的原因。

② [美]理查德·A.里奥:《警察审讯与美国刑事司法》,刘方权、朱奎彬译,中国政法大学出版社2012年版,第223—224页。

尤其是在重罪案件中,定罪证据锁链不应当只有一条,而应当具备三四条。在证据链牵强、证明力薄弱、证据锁链单一的情况下,强行作出有罪判决,就有可能导致冤案的发生。除此以外,我国法院在司法证明过程中重视证实而不重视证伪,这在一定程度上加深了法官锚定叙事的风险,增加了不利于被告人的错误分配。

(三)错误纠正

1. 为什么错案无法纠正

即使侦查阶段出现了错误的事实认定,人们仍会寄希望于司法官在审查起诉阶段和审判阶段能够纠正错误。令人遗憾的是,错案往往是"一错到底",检察官和法官无法挡住司法错误的水流。综观21世纪我国发生的数十起重大冤假错案,笔者认为检察官和法官无法纠正错案有以下原因。

"有时候一份虚构、但是精心设计的认罪后供述看起来比那些真实的、但未经加工的供述还更像事实。"① 与轻罪案件警方保持案件原貌呈现犯罪证据不同,侦查机关在办理重大刑事案件时,往往更加重视证据的印证(哪怕是人为制造的印证)和陈列。在公安移送的重罪案件卷宗中,口供不仅满足隐蔽性证据规则,还与案件其他证据相互印证。从书面卷宗上看,证据链完整清晰,如果证人不出庭对质或被告人无法排除非法证据,那么法官的有罪判决在现有书面材料的基础上是难以指摘的。

受锚定效应的影响,检察官和法官对证据的下意识选择和忽略加大了错误纠正的难度,"无辜的人不会主动承认自己有罪"的归因性错误又进一步加强了司法官的有罪信念。此外,错误纠正并非易事,它对检察官和法官的办案能力提出了较高的要求。当侦查机关对被告人产生有罪的偏见时,这种偏见会波及其他证据的证明力和之后的诉讼程序。这时便是"一个不被官方信任的囚徒与整个刑事司法体制的对抗②"。

2. 审级制度对错案纠正的作用

我国《刑事诉讼法》第227条第1款规定,被告人、自诉人和他们的法定代理人,不服地方各级人民法院第一审的判决、裁定,有权用书状或者口头向上一级人民法院上诉。被告人的辩护人和近亲属,经被告人同意,可以提出上诉。第228条

---

① [美]理查德·A.里奥:《警察审讯与美国刑事司法》,刘方权、朱奎彬译,中国政法大学出版社2012年版,第168页。
② [美]理查德·A.里奥:《警察审讯与美国刑事司法》,刘方权、朱奎彬译,中国政法大学出版社2012年版,第221页。

规定,地方各级人民检察院认为本级人民法院一审的判决、裁定确有错误的时候,应当向上一级人民法院提出抗诉。但笔者认为,二审和再审至多在法律适用上起到纠正作用,在案件事实的认定上并无明显优势。换言之,上一级人民法院无法真正起到错误纠正的作用。我国二审与一审都是全面审,既审事实,又审法律,但审级越高,离证据就越远,离案件真相也就越远。二审对案件频繁发回重审而不是直接改判就说明了这一点——上一级人民法院无力对案件事实作出准确认定。这说明我国的错案很难借助上一级人民法院进行纠正。

四、锚定叙事视角下刑事冤假错案的防范与纠正

严格遵守刑事诉讼规则不一定带来实体上的正确,它只是让判决有一个可接受的理由。"一起审判,即使严格遵守现有的证据可采性规则以及其他程序性规则,并因此得以避免被上诉法院以违反规则为由而撤销判决,也不能保证得到一个准确的结果。"①因此,尽管我国防控冤假错案的工作机制和诉讼制度在立法上比较健全,但基于制度环境和认知心理等因素我们仍无法避免冤假错案的发生。但是,笔者认为可以在以下方面做出努力。

(一)规范侦查行为与证据呈现

规范侦查机关的审讯、辨认、鉴定等行为,谨慎使用诱惑侦查等特殊侦查手段。规范、细致地制作口供笔录,严格随案移送讯问全程录音录像,真实还原审讯情景。规范辨认程序尤其是身份辨认程序,避免侦查机关的先入为主导致结果偏差。规范鉴定行为,避免检材样本的污染、调换,保证物证的同一性,正确理解鉴定结果。适当设置警察的制度性压力和政策性目标,避免侦查机关特殊侦查手段的滥用。侦查机关应当注意保存证据,尽可能为检察官和法官全面呈现案件证据。

(二)正确运用证据规则、进行严谨的司法证明

法院应当全面审查证据,注重证据自身的可靠性,不仅要求审判人员采信证据时给出理由,也要求排除证据时给出理由。谨慎运用隐蔽性证据规则,着重审查被告人是否提供了警方未掌握的证据信息。要求审判人员基于锚定心理认定犯罪事实时不仅要证实,而且要证伪,严格司法证明过程。这同时也启示刑事律师可以更多地从攻击法官锚点的可靠性和提出另一种故事版本的证伪角度进行辩护。

---

① [美]拉里·劳丹:《错案的哲学:刑事诉讼认识论》,李昌盛译,北京大学出版社2015年版,第11页。

（三）加强对冤假错案的纠正能力

在审查起诉阶段，检察官应当注重对案件真实性和替身犯罪的审查。注重事后调查，仔细审查犯罪嫌疑人的犯罪可能性。在审判阶段，法官应当审慎对待"漂亮的破案记录"和完全印证的侦查卷宗，确立无罪之人和有罪之人都有可能进行虚假供述的意识。改革审级制度，增强上诉审的错案纠正能力。

刑事冤假错案并非我国独有的问题，而是全世界刑事司法制度共同面对的问题。冤假错案从侧面推动着我国侦查体制的规范、证据规则的完善和刑事法治体系的健全。新的技术手段如天眼监控系统、DNA 检测系统助推着犯罪真相的查明。随着我国刑事诉讼制度的改革，认罪认罚程序又给防范冤假错案带来了新的挑战。人类就这样一步步在防范冤假错案、暴露制度缺陷的路上，不断增强司法制度的真相发现能力。

论我国刑事法律援助辩护准入制度

——以《中华人民共和国法律援助法》的实施为背景

贾紫涵[*]

一、引言

从1996年《刑事诉讼法》首次以立法形式搭建起刑事法律援助制度框架,[①]到2003年《法律援助条例》以行政法规形式完成了对我国刑事法律援助制度的系统性建构,[②]再到2021年《法律援助法》正式出台,赋予刑事法律援助制度以时代精神,推动我国刑事法律援助立法迈上新台阶,我国刑事法律援助制度在不断探索与发展中渐臻完善。

"质量是法律援助制度可持续发展的生命线。"[③]为了保障法律援助高质量水平发展,《法律援助法》第26条首次以立法形式规定刑事法律援助辩护准入制度,明确"对可能被判处无期徒刑、死刑的人,以及死刑复核案件的被告人,法律援助机构收到人民法院、人民检察院、公安机关通知后,应当指派具有三年以上相关执业经历的律师担任辩护人"。刑事法律援助辩护准入制度"入法"不仅体现了《法律援助法》坚持以人民为中心的立场,更彰显了我国刑事法律援助做优、做强的决心与信心,释放了刑事法律援助工作重点从"应援尽援"到"应援优援"的实践转向信号。

尽管刑事法律援助辩护准入制度得到了《法律援助法》的认可,但此项制度总

---

[*] 贾紫涵,中国政法大学刑事司法学院研究生。
[①] 1996年《刑事诉讼法》第34条规定,公诉人出庭公诉的案件,被告人因经济困难或者其他原因没有委托辩护人的,人民法院可以指定承担法律援助义务的律师为其提供辩护。被告人是盲、聋、哑或者未成年人而没有委托辩护人的,人民法院应当指定承担法律援助义务的律师为其提供辩护。被告人可能被判处死刑而没有委托辩护人的,人民法院应当指定承担法律援助义务的律师为其提供辩护。
[②] 潘金贵:《刑事法律援助制度的发展与完善——兼评〈法律援助法〉相关条文》,载《法学杂志》2022年第2期。
[③] 吴宏耀等:《法律援助法注释书》,中国政法大学出版社2022年版,第31页。

体来说仍然是较为粗糙的,且欠缺体系性;同时,《法律援助法》第 26 条在表述上也较为含混,需要精细化地梳理与解释分析。基于此,本文将以《法律援助法》的实施为背景,从以下三方面具体展开:首先,本文将探寻刑事法律援助辩护准入发展的内在性动因,分析我们为什么需要建构刑事法律援助辩护准入制度;其次,对刑事法律援助辩护准入制度的历史演进进行梳理,把握刑事法律援助辩护准入制度的发展脉络,分析其在发展过程中面临的问题与挑战;再次,以《法律援助法》第 26 条为中心,对我国刑事法律援助辩护准入制度予以规范性分析,尽最大可能地释放立法的善意,促进刑事法律援助辩护准入制度的顺利施行;最后,根据既有实践,提出加强刑事法律援助辩护准入制度系统化建构之提议,以期为刑事法律援助辩护准入制度的长足发展打下坚实的基础。

二、刑事法律援助辩护准入发展的内在性动因

刑事法律援助辩护准入制度,脱胎于刑事辩护准入制度,①是指在特定刑事法律援助案件中,为保障犯罪嫌疑人和被告人辩护权的有效实现,依法对提供法律援助服务的主体进行资格上的要求与限制,并对其进行监督管理的各项规则的总称。② 同刑事辩护准入制度一样,刑事法律援助辩护准入制度强调辩护的专业性,希冀通过设置辩护准入门槛提高辩护服务提供者的专业水平,从而保障辩护效果,实现有效辩护。不同于刑事辩护准入制度,刑事法律援助辩护准入制度将目光聚集在法律援助领域,通过控制法律援助机构指派行为,实现对法律援助提供者的具体筛选。③ 可以说,提高法律援助辩护质量是建构刑事法律援助辩护准入制度的逻辑起点,也是推动刑事法律援助辩护准入制度发展的内在动因。

事实上,回顾我国刑事法律援助制度二十余年发展历程,主要面临两大问题:一是法律援助覆盖范围狭窄,供给不足;二是法律援助质量低下,无法切实维护被追诉人合法权益。前者随着"刑事案件律师辩护全覆盖"试点工作的全面深入推进得到初步解决;而后者却长期存在,难以根治。在司法实践中,法律援助律师对案

---

① 刑事辩护准入制度是从比较法中抽象出来的名称,其是指政府或者受委托的行业组织,为保障犯罪嫌疑人和被告人辩护权的有效实现,依法对刑事诉讼活动中,提供刑事辩护法律服务的主体的资格进行限制和确认,并对其进行监管的各项规则的总称。详见冀祥德:《刑事辩护准入制度与有效辩护及普遍辩护》,载《清华法学》2012 年第 4 期。

② 说明:本文探讨的主体主要是刑事法律援助律师。

③ 事实上,对于刑事辩护准入制度,学者亦提出从死刑案件指定辩护领域开始分步骤、分层次推进。详见冀祥德:《刑事辩护准入制度与有效辩护及普遍辩护》,载《清华法学》2012 年第 4 期。

件敷衍了事,辩护流于形式的情形层出不穷。这不仅直接损害了受援人的合法权益,更削弱了国家法律援助服务的公信力。人们无法信任刑事法律援助辩护律师,甚至默认法律援助辩护质量低于委托辩护质量。可以说,法律援助质量问题已成为当前掣肘我国刑事法律援助制度发展的重要原因。

如何提高法律援助质量,实现从"有"法律援助到"有效"法律援助的转型成为制度完善的重点,也成为学界、实务界关注的焦点。学者们普遍认为,法律援助质量低下的原因大致有三:一是"人"的问题,法律援助律师自身能力有限、缺乏责任心;二是"钱"的问题,法律援助办案补贴偏低导致激励机制不足;三是"监督"的问题,即法律援助机构对律师办案监督缺位、案件质量评估虚置等。在此基础上,学者们提出了建立专业化律师队伍、提高办案补贴、加强对案件的全流程监督、加强第三方质量评估等方案。① 事实上,归根结底,无论是解决"钱"的方案,还是"监督"的方案,其最终落脚点均是为了"人"的问题,即如何促使法律援助辩护律师勤勉尽责、积极行使辩护职责,实现有效辩护效果。

不同于民事或行政法律援助,刑事法律援助案件中的被追诉人对法律援助律师具有更大的依赖性。一方面,法律援助律师辩护效果的优劣直接影响甚至决定刑事诉讼的结果和被追诉人的命运②;另一方面,刑事诉讼程序、刑事证据等具有很强的专业性与复杂性,一般人很难掌握,稍有不慎,就会危及被追诉人的合法权益。因此,为了保障刑事法律援助的质量,有必要对刑事法律援助案件中的"人",即刑事法律援助辩护律师的准入设置门槛,刑事法律援助辩护准入制度应运而生。该制度旨在通过控制刑事法律援助辩护律师的准入,实现对法律援助质量的有效保障,如通过提高律师准入门槛、对其资质标准设置一定的条件等方式,为受援人挑选出合格且合适的法律援助辩护律师。其中,"合格"是指法律援助律师有为该案受援人提供辩护的能力与资质,包括具备充足的专业知识与实践经验;"合适"是指法律援助律师的能力与所辩护案件需要的能力具有相称性与适配性。"合格"的法律援助律师是保障法律援助质量的基本条件,而"合适"的法律援助律师有利于实现法律援助指派的最优性,避免法律援助资源的浪费。

---

① 李锟:《刑事辩护全覆盖视域下援助案件质量的检视与展望》,载《社会科学动态》2021年第3期。
② 尹晓红:《获得律师的有效辩护是获得辩护权的核心——对宪法第125条获得辩护条款的法解释》,载《河北法学》2013年第5期。

三、刑事法律援助辩护准入制度的历史性回溯

回顾我国刑事法律援助辩护准入制度的发展历史,该制度确立于2006年,最早是作为人民法院死刑核准改革的配套性措施推出的。随着2012年《刑事诉讼法》的修改,在"尊重和保障人权"理念的指导下,以提高刑事法律援助辩护质量,维护被告人合法权益为宗旨的刑事法律援助辩护准入制度进入发展快车道;2021年《法律援助法》首次从立法层面确立了刑事法律援助辩护准入制度,并对制度进行了更加详细、清晰的建构,推动我国刑事法律援助辩护准入制度发展迈向新阶段。

(一)早期发展阶段

我国刑事法律援助辩护准入制度诞生于2006年,是配合人民法院推动死刑核准改革的一项保障性制度,旨在体现我国对死刑案件的慎重态度,以及更好地保障死刑案件办理质量。因此,在制度早期阶段,我国刑事法律援助辩护准入制度主要体现为对死刑案件中指定辩护律师的资质的限制。具体而言,司法部于2016年10月发布《关于认真做好死刑案件的律师辩护和法律援助工作的通知》,明确规定"对人民法院依法指定辩护的二审死刑案件,要在规定的时限内,指派具有一定刑事辩护经验的律师提供辩护"。最高人民法院、最高人民检察院、公安部、司法部于2007年3月发布《关于进一步严格依法办案确保办理死刑案件质量的意见》。该意见第29条规定,"被告人可能被判处死刑而没有委托辩护人的,人民法院应当通过法律援助机构指定承担法律援助义务的律师为其提供辩护。法律援助机构应当在收到指定辩护通知书三日以内,指派有刑事辩护经验的律师提供辩护"。最高人民法院、司法部于2008年5月发布《关于充分保障律师依法履行辩护职责确保死刑案件办理质量的若干规定》,进一步要求"指派具有刑事案件出庭辩护经验的律师担任死刑案件的辩护人"。尽管法律规范、司法解释对法律援助机构指派律师的资质予以明确规定,但遗憾的是,刑事法律援助辩护准入制度却并未在司法实践中得到很好的遵循,甚至被长期忽视。例如在赵作海案中,被指派的法律援助律师其实只是某律师事务所的实习生,既无律师资格,也没有独立办案的经验,[①]这在一定程度上导致了错案的酿成。

(二)快速发展阶段

随着2012年《刑事诉讼法》的修改,尊重和保障人权理念被贯穿到刑事诉讼的

---

① 《赵作海案当年辩护律师是实习生无罪辩护无人理》,载搜狐网,https://news.sohu.com/20100515/n272133195.shtml,2022年4月30日访问。

全过程。作为保障法律援助质量的重要制度,刑事法律援助辩护准入制度也得到快速发展。探索法律援助队伍专业化、职业化发展模式成为此阶段完善法律援助制度的重要抓手。2013年2月,最高人民法院、最高人民检察院、公安部与司法部共同发布《关于刑事诉讼法律援助工作的规定》,其中第13条明确指出,"对于可能被判处无期徒刑、死刑的案件,法律援助机构应当指派具有一定年限刑事辩护执业经历的律师担任辩护人。对于未成年人案件,应当指派熟悉未成年人身心特点的律师担任辩护人"。2019年2月,司法部发布《全国刑事法律援助服务规范》,在"指派要求"中对特定案件刑事法律援助律师的准入门槛、资质标准进行更周全的说明与解读,即"刑事法律援助承办机构应根据本机构的律师数量、资质、专业特长、承办法律援助案件情况、受援人意愿等因素确定承办律师。对于可能判处死刑、无期徒刑的案件,应安排具有一定年限刑事辩护执业经历的律师担任辩护人;对于未成年人刑事案件,应安排熟悉未成年人身心特点的律师办理;对于盲、聋、哑人或外国人(无国籍人)及不通晓当地语言的受援人,应为承办律师安排必要翻译人员"。

可见,刑事法律援助辩护准入制度在适用范围、准入门槛设置上都得到进一步扩大与明确。具体而言,刑事法律援助辩护准入制度从早期仅适用于死刑案件,至此阶段延伸至无期徒刑、死刑案件与未成年人刑事案件;对特定案件中刑事法律援助律师的准入门槛,已最早从"具有执业经验"这一单项标准,发展至当下对刑事法律援助辩护律师的专业能力、辩护特长等进行综合考量的多项标准。

需要指出的是,尽管相较于早期,此阶段刑事法律援助辩护准入制度具有进步性。但囿于立法语言的模糊,该制度在实施过程中标准迥异。以"一定年限"为例,对于死刑案件法律援助律师的指派,福建、山西、辽宁、安徽、广东等省市将标准设定为5年;上海市则将标准提高至10年。当然,提高死刑案件法律援助辩护律师的执业年限要求肯定有利于保障法律援助辩护质量,但如果缺乏基本标准作为参照,则会使得地方在设立规定时陷入从重或无意义的比较。此外,保障性制度的欠缺也是此阶段刑事法律援助辩护准入制度的突出问题。这导致司法实践中制度流于形式、名存实亡。大量不具备律师执业资格的律师助理或不符合条件的年轻律师参与无期徒刑、死刑案件法律援助,极大程度拉低了法律援助辩护质量。

(三)"立法化"发展阶段

随着刑事法律援助辩护准入制度愈发完善,将其从法律层面予以承认的社会呼声也愈发浩大。2021年5月,全国人大宪法和法律委员会召开会议,对《法律援助法(草案)》进行审议,并提出了八个方面的修改建议,其中包括新增刑事法律援助辩护准入制度。2021年8月,《法律援助法》出台,从立法层面正式确立了刑事法律援助辩护准入制度。根据《法律援助法》第26条的规定:"对可能被判处无期徒刑、死刑的人,以及死刑复核案件的被告人,法律援助机构收到人民法院、人民检察院、公安机关通知后,应当指派具有三年以上相关执业经历的律师担任辩护人。"该规定不仅在一定程度上解决了上述关于"一定年限"缺乏标准的困窘,而且将死刑复核案件纳入适用范围,极大地推动了刑事法律援助辩护准入制度的发展。此外,为了保障刑事法律援助辩护准入制度的施行,根据《法律援助法》第61条的规定,若法律援助机构及其工作人员将不符合法律要求的律师指派给受援人,需要承担相应的法律责任。最后,为了推动死刑复核案件中法律援助制度的实施,司法部、最高人民法院还在2021年12月印发的《关于为死刑复核案件被告人依法提供法律援助的规定(试行)》中对死刑复核案件法律援助律师的资质问题予以强调。至此,我国刑事法律援助辩护准入制度迈向新的发展征程。

四、刑事法律援助辩护准入制度的规范性分析:以《法律援助法》第26条为中心

刑事法律援助辩护准入门槛与资质标准的设置是刑事法律援助辩护准入制度的重心与中心,也是理解整个制度的核心。尽管《法律援助法》第26条对刑事案件中法律援助准入的适用范围、适用条件作出具体规定,但由于其立法表述的模糊,给相关实务工作者带来困扰。鉴于《法律援助法》在短期内不会进行修改,故有必要运用法解释学方法,对相关问题予以规范性分析,以期为司法实践中可能产生的争议提供较为妥当的解决方案。

(一)刑事法律援助辩护准入制度的适用范围

关于刑事法律援助辩护准入的适用范围,《法律援助法》第26条从实体与程序两层面进行限定。实体层面,刑事法律援助辩护准入制度适用于无期徒刑、死刑以及死刑复核案件三类案件;程序层面,法律援助机构收到人民法院、人民检察院、公安机关的通知后,应当为被追诉人提供符合资质的法律援助律师。那么,对于不属于第26条规定的案件,能否提高刑事法律援助辩护准入门槛呢?此外,如果无期徒刑、死刑、死刑复核案件被追诉人近亲属向法律援助机构申请法律援助,法律援助机构是否应当向该被告人指派具有3年以上相关执业经历的律师担任辩护人呢?

对于第一个问题,在司法实践中,确有地方性规范将刑事法律援助辩护准入制度的适用案件范围予以扩大,例如对办理具有重大社会影响、重大疑难等刑事案件的法律援助律师设置了与办理无期徒刑、死刑案件法律援助律师相同的准入门槛。

这些地方性规范是否与《法律援助法》相冲突？《法律援助法》又是否应当容许地方立法对刑事法律援助辩护准入制度的适用范围予以突破呢？有观点认为，《法律援助法》第 26 条主要规定的是重罪案件法律援助资质问题[①]，因此可以适用于其他重罪案件。笔者认为，这种理解有欠妥当。首先，从法条上看，封闭结构的法律条文并未给其他案件适用刑事辩护准入制度留下空间。虽然无期徒刑、死刑、死刑复核案件属于重罪案件，但并不能全部覆盖重罪案件范畴。事实上，关于何为重罪、何为轻罪，学理依然存在争论。基于此，不得以刑事法律援助辩护准入制度适用于重罪案件为由论证地方性规范的合法性。其次，必须承认，这些地方性规范确实突破了《法律援助法》对刑事法律援助辩护准入制度的规定，但二者并不"抵触"，不应当以此为由否定地方性规范的效力。具体而言，立法规定的是刑事法律援助辩护准入的最低标准，是一种合法性要求，即如果法律援助机构向无期徒刑、死刑、死刑复核案件被告人指派不符合《法律援助法》第 26 条规定的法律援助律师，则构成违法；但是如果法律援助机构基于当地实践情况，向更多刑事法律援助案件中的被告人指派较高资质的法律援助律师，实际上是实现了从合法标准向更高标准的跳跃，符合法律援助高质量发展的时代趋势，不构成对《法律援助法》的背离。因此，笔者认为，如果某地有足够的律师资源为刑事法律援助案件中的受援人指派更优秀的律师，不能以本条为依据排斥更广范围内刑事法律援助辩护准入制度的应用。

对于第二个问题，笔者认为，对于无期徒刑、死刑、死刑复核案件的被追诉人，无论其获得法律援助的形式如何——是主动向公安机关、检察机关、人民法院申请，并特别通知法律援助机构指派，还是属于指定辩护情形，由公安机关、检察机关、人民法院通知法律援助机构为其辩护，抑或由被追诉人近亲属直接向法律援助机构申请——法律援助机构均应当为其指派符合本条规定的法律援助律师。具体而言，《法律援助法》第 26 条规定的重心在于为此三类案件中被追诉人指派高资质的法律援助律师，以保证法律援助的质量。换言之，之所以规定此三类案件被追诉人由较高资质法律援助律师提供法律援助辩护，是因为此三类案件均属于极其严重的刑事案件，直接关系到被追诉人的个人生命或者长期失去人身自由的重大司法利益，必须慎重对待。因此，法律援助机构不得以未接到公安机关、检察机关、人民法院通知为由拒绝向被追诉人提供符合本条规定标准的法律援助服务。

[①] 吴宏耀等：《法律援助法注释书》，中国政法大学出版社 2022 年版，第 223 页。

(二)刑事法律援助辩护律师的资质标准

根据《法律援助法》第26条的规定,对于可能被判处无期徒刑、死刑的人,以及死刑复核案件的被告人,法律援助机构应当指派具有3年以上相关执业经历的律师担任辩护人。也就是说,在此三类案件中,法律援助机构指派人员应当符合以下三项资质标准:第一,身份应当是执业律师,不能是基层法律服务工作者,也不能是法律援助志愿者;第二,必须具有3年以上的执业经历;第三,必须具有"相关"执业经历。此三项资质标准缺一不可。对于第一项标准,实践暂无争议,司法实践之困惑主要集中在第二、三项标准,例如3年的执业是应该连续,还是可以停顿以后加起来总共3年?执业经历的相关性应当如何理解等。①

1.3年以上执业经历的认定标准

关于3年以上执业经历的认定标准,核心在于对执业经历概念的理解以及对"以上"的鼓励。虽然我国立法没有对"执业经历"这一概念作出具体阐释,但司法部曾于2012年《关于如何界定律师执业经历问题的批复》中称,"律师执业经历是指依法获得律师执业许可,连续或累计从事律师执业的年限"。此外,根据我国《律师法》第13条的规定:"没有取得律师执业证书的人员,不得以律师名义从事法律服务业务;除法律另有规定外,不得从事诉讼代理或者辩护业务。"综上可知,"律师执业经历"是对律师执业年限的计算,始于获得律师执业许可,止于截止计算(或中止执业)之日;"律师执业经历"既可以采取连续计算法,即要求执业不可中断或停止,只要中断或停止,就必须停止计算、重新开始,也可以采取累计法,即允许执业存在中断或停止,只要不中止,即可进行累加。

一般认为,律师的执业年限越长意味着其辩护经验越丰富,辩护的专业水平越高,从而能够更为有效地保障犯罪嫌疑人、被告人辩护权的实现。② 从我国司法实践出发,《法律援助法》将无期徒刑、死刑、死刑复核案件刑事法律援助辩护律师的执业经历界定为3年,基本能够保障法律援助质量,实现辩护效果。但需要注意的是,3年是法律援助机构为受援人指派律师执业年限的法定标准,也即最低标准;法律援助机构中可以根据地方情况提高执业年限标准,抬高刑事法律援助辩护准入门槛。事实上,法律援助律师的经验越高对案件的正确处理、当事人权利的保障越

---

① 冀祥德:《必须尽快建构死刑复核程序中的控辩平等》,载微信公众号"尚权刑辩",https://mp.weixin.qq.com/s/lb9O-FbREMuY – 28AdjQqmQ,2022年4月30日访问。
② 刘方权:《〈法律援助法〉视角下的刑事法律援助质量保障机制研究》,载《中国司法》2021年第10期。

有利。因此,越是重大复杂的案件,越应当指派更具有刑事辩护经验的律师提供援助。①

2. 执业经历的"相关性"认定

根据《辞海》的解释,"相关"是指"具有相关关系的不同现象之间的关系程度"。"相关执业经历"即要求刑事法律援助律师既往执业经历与此次受指派从事法律援助案件具有相关性,或者说具有一定的关联程度。相关性认定的难点,在于对关联程度的判断,即何种程度达至相关。一般认为,"相关"有三种样态,分别是弱相关、中等相关与强相关。结合司法实践,可具体理解为如下三种情形。(1)弱相关,即仅要求刑事法律援助律师曾经有过刑事辩护经验。回顾我国刑事法律援助辩护准入制度发展,无论是在早期阶段,相关规定将对死刑案件法律援助律师资质要求表述为"具有一定刑事辩护经验""具有刑事案件出庭辩护经验",还是在快速发展阶段,相关规定将对无期徒刑、死刑案件法律援助律师资质要求表述为"具有一定年限刑事辩护执业经历",均体现为一种"弱相关"。(2)中等相关,即在具备刑事辩护经验的基础上提出了更严苛的条件,如要求刑事法律援助律师承办过无期徒刑、死刑与死刑复核的案件。这一定程度上又排除了仅承担过较轻案件、辩护经验不足的执业律师。不言而喻,相较于"弱相关","中等相关"显然更有利于保障法律援助的质量。(3)强相关,即在"中等相关"的基础上提出了更有针对性的要求与更高的标准,具体表现为要求刑事法律援助律师至少承担过相同性质的案件。例如,对于死刑复核案件法律援助律师,要求其必须办理过死刑复核案件。

从理论上来说,相关性越强,自然刑事法律援助的辩护质量越好。但从现实着眼,办理过无期徒刑、死刑案件的法律援助律师毕竟是少数,而办理过死刑复核案件的法律援助律师更是少之又少。此外,我国刑事法律援助律师资源本来就存在区域性分布不均的问题。对于法律援助资源相对匮乏的西部地区,如果过于抬高刑事法律援助辩护的准入门槛,就可能致使无法律援助律师可指派的尴尬情境。因此,立法对"相关性"要求不能过高。

综上所述,一方面,考虑到无期徒刑、死刑、死刑复核案件具有专业性、复杂性、重大性,一般的刑事辩护经验不足以保障法律援助的质量;另一方面,考虑到法律援助律师资源有限且存在地域部分不均的现实因素,将"相关性"理解为"中等相

---

① 陈光中、褚晓图:《刑事辩护法律援助制度再探讨——以〈中华人民共和国法律援助法(草案)〉为背景》,载《中国政法大学学报》2021年第4期。

关"更为妥帖。

此外,有学者为了能够使"相关性"具象化,还提出可以通过规定律师办理案件数量、频次来将制度细化。例如要求律师"过去3年来一直在办理刑事案件""以法院判决书为准,过去3年每年都办理过一定数量的无期徒刑以上的重罪案件"等。①笔者认为,通过案件数目将"相关性"量化具有一定的科学性,但数值的设立必须经过反复谨慎论证,且综合考量各地律师资源、无期徒刑、死刑等案件数量等多重因素,以保证制度施行的可行性。

五、结 论:推动我国刑事法律援助辩护准入制度的系统化建构

回顾我国刑事法律援助辩护准入的发展,从最初仅适用于死刑案件到如今拓展至无期徒刑、死刑、死刑复核案件,从最初规定粗糙、流于形式到如今逐渐精细、在司法实践中稳步推进,刑事法律援助辩护准入制度的发展令人振奋。但同时,我们也必须看到,我国刑事法律援助辩护准入制度存在发展速度慢、适用范围狭窄、准入门槛单一等问题。刑事法律援助辩护准入制度作为一项系统化制度,内涵丰富,在适用范围上既应当包括对无期徒刑、死刑、死刑复核等"极刑案件"法律援助律师的准入规范,也应当包括对其他重罪案件的准入规范;既应当重视对有充足刑事辩护经验的执业律师的集聚,也不应当忽视对年轻律师的培养与训练;同时,还应当加强对刑事辩护准入制度的保障与监督,避免制度流于形式。严肃地说,目前的刑事法律援助辩护准入制度好似"跛足"之人,虽尚能行走,但速度缓慢、步履艰难。因此,有必要加强我国刑事法律援助辩护准入制度的系统化建构,让刑事辩护准入制度能够真正起保障法律援助质量的"排头兵",推动我国法律援助向高质量、可持续目标深入发展。

---

① 吴宏耀等:《法律援助法注释书》,中国政法大学出版社2022年版,第242页。

第四编

刑事辩护案例评析

二十八年法与情
——我代理王某某案的日日夜夜*

许小平**

2008年3月22日下午,天气晴朗,我带着高级助理律师罗震东和王某某一起如约来到西安市中级人民法院领取判决书。西安市中级人民法院(2018)陕01刑初149号刑事判决书宣告:被告人王某某无罪。王某某当场表示服判、不再上诉。至此,一桩悬了28年的冤案得以昭雪。

一、美好人生突遭不测

1990年,时年30岁的王某某是西安铁路分局机务段的实习司机,这是令多少人羡慕的工作。可是天有不测风云,1990年5月5日,西安市劳动路电力电器容厂单身宿舍发生了一起命案,一位女职工被杀害。公安人员经过排查和摸底,怀疑是王某某所为,遂将其收押审讯。

据王某某本人口述:在没有任何证据的情况下,其被逼自供。此案移送至西安市中级人民法院。案件在西在案件审理期间,我作为王某某的辩护律师,当庭提出本案事实不清、证据不足,王某某不构成犯罪,请求宣判王某某无罪。法院没有采纳我的辩护意见,一审判决王某某犯故意杀人罪,判处死刑,缓期2年执行,剥夺政治权利终身。

一审宣判后,王某某不服,向陕西省高级人民法院提起上诉。在一审判决对王某某极为不利的情况下,我接受其委托担任了王某某的二审辩护人。在陕西省高

---

* 二十八年前:许小平的无罪辩护遭到驳回;二十八年后:王某某故意杀人案宣告无罪。(本文写作于2018年)

** 许小平,原为中华律师协会刑事业务委员会委员,美国刑事辩护律师协会会员、西安仲裁委员会仲裁员。

级人民法院开庭审理时,我观点鲜明地发表了辩护意见,并指出该案存在以下几点问题:(1)刑事诉讼的证明责任是司法机关,而不是被告人,司法机关无权要求被告人"自证其罪";(2)怀疑被告人涉嫌犯罪的疑点,没有证据予以证明,不能直接作为定案的证据;(3)被告人在案发时没有进入现场;(4)被告人口供的获取不符合法定程序,应当作为非法证据予以排除;(5)本案证据与案件事实之间的矛盾未得到合理的排除;(6)公安部鉴定书意见为:鉴定玻璃杯的指纹不是王某某的;(7)市公安局刑事技术鉴定书结论:死者没有被性侵。最后我再次郑重请求法院宣告王某某无罪,但是省高级人民法院没有采纳我的辩护意见,裁定驳回上诉,维持原判。

二、出狱后开始漫漫申诉路

自1994年11月7日宣判后,王某某被送往监狱服刑。高墙内的生涯度日如年,他一坐就是20年又22天。终于在2010年6月5日,王某某出狱了。

在监狱大门外,王某某的妹妹来接他,他分不清东南西北。在妹妹的指引下,他到长途汽车站乘车回到西安。他要做的第一件事是赶快回家,拜见父母亲,感恩他们20年来不辞劳苦地探望他,始终没有抛弃他。"爸、妈,我回来了!"一进家门,已年过50的王某某扑通一声跪在二老面前,泪流满面。老两口痛哭着将儿子慢慢扶起——我在后来去王某某家里走访时,他父母抹着眼泪向我叙述当时的情景。

"许律师您知道吗,我出狱后要做的第二件事就是赶快找到您。"这是王某某见到我后说的第一句话。经过20年,一切都在变迁,导致他没有找到。后来通过别人帮忙在网上搜索,他按照网上的地址在北大街西华门凯爱大厦找到了我所在的律师事务所。见到了我,他哽咽得说不出话来:"20年前您是我的辩护律师……我出狱了……我请求您帮我申诉,我冤枉啊……"他的哭诉使我倍感痛心。

隔了漫长的20年,旧案重提,可以扭转乾坤吗?陕西省高级人民法院是此案的终审法院,我首先向省高级人民法院提出申诉要求。在2010年12月6日,陕西省高级人民法院作出了(2010)陕刑监字第79号驳回申诉通知书,不予立案再审。面对这样的司法文书,我并没有灰心丧气,而是向上级机关提出申诉,还多次写信给省高级人民法院请求对王某某案立案再审。

省高级人民法院信访办通知我,省高级人民法院已作出了(2010)陕刑监字第79号驳回申诉通知书,故不再立案审理,可以去最高人民法院申诉立案、请求再审。

三、进京申诉屡屡受挫

自此,王某某年年申诉,但都是无功而返。我让罗震东律师多次陪他进京,得到的都是"正在立案,准备调卷"的答复,并要求王某某只能在西安市中级人民法院视频接访。

2016年12月2日,寒风凛冽,我在北京国家法官学院学习四天,我特意请了一上午的假去最高人民法院。这天,晨曦初露我便起床,连早饭也没顾得上吃,在北京国家法官学院大门口凛冽的寒风中等了半个多小时,才搭上一辆网约车赶到最高人民法院。

天道酬勤。我抽到的是"L1号"票,第一个到大厅接待室,经过了一番周折,终于在二楼16号接待室见到了值班法官。我向法官说明来意,得到的还是"正在立案,准备调卷"的回复,让耐心等待。不管是什么结果,总算是获得了安慰。

2017年2月23日,我让罗震东律师再次与王某某进京,第三次来到最高人民法院接待室,询问案件进展情况。好心的接待法官劝道,第六巡回法庭已经挂牌办公,让我们快点回西安在六巡立案。

2017年3月15日,天空下起蒙蒙细雨,我冒雨带着罗震东律师和王某某,来到位于西安市南郊的最高人民法院第六巡回法庭立案大厅。功夫不负有心人,这次终于顺利立案。

四、意外的消息振奋人心

2017年5月25日,我意外地接到最高人民法院第六巡回法庭王法官的电话,要求我于5月26日14时到第六巡回法庭,有事通知。第二天,我按时见到了最高级人民法院第六巡回法庭的王法官。据王法官告知,他们已去市中级人民法院和省高级人民法院调卷,省高级人民法院告知王法官,王某某案卷正在省高级人民法院立案审查,不久就会有结果,所以才请我们来办理撤诉手续,等省高级人民法院出结果后,如果满意,就不必来了;如果对结果不满意,仍然可以再来第六巡回法庭立案申诉。要求撤诉是意外的,但知道了省高级人民法院已开始审查王某某案仍是振奋人心的。2017年7月3日9时,省高级人民法院法官询问王某某的案情,包括王某某当日的活动路线、在案发时的行踪、口供提取过程等。王某某如实做了回答。

当天,省高级人民法院允许罗震东律师亲自调阅王某某涉案卷宗。事后,罗律师向我汇报道:"翻开卷宗,仿佛看到了20年前的场景,一宗疑案迷雾重重。"首先,访问笔录中有人提到案发时在楼道遇到一位陌生人,是穿西装皮鞋的年轻小伙,是案件嫌疑人还是巧合?其次,死者宿舍桌上有两杯倒满的水,开水瓶倒完水后尚未盖上，玻璃杯上的指纹到底是谁所留？最后，死者身旁留下一片茶色眼镜片、一个工作证和一串钥匙，是何人所有？

从案卷中可看到，本案有他人作案的重大嫌疑。综合王某某的供述，当时捡起地上半块砖击打死者头部，但现场勘验显示，一块砖断成两截，且上面皆有血迹，所以应该是整块砖在击打死者的过程中断成两截的。二者岂不矛盾？根据西安市公安局刑事科学技术鉴定书结果第4项，送检的王某某的白底蓝道上衣、蓝色裤子、黑色板鞋上未检测到人血。根据公安部刑事科学技术鉴定书的检验意见，现场提取的绿色枕套和白色毛巾手帕上无精斑反应，但王某某的供述中提到有性侵行为；嫌疑人王某某的蓝色裤子和黑色皮鞋上均未检见有血的反应。

鉴定部门的鉴定意见一清二楚，也都明确记载王某某上衣、下裤、鞋面上没有血迹，这充分说明王某某根本就没有到过案发现场。一个连案发现场都没有进过的人何以成为杀人凶手呢？

五、律师去信谈"后事"

王某某案从1990年至今已经28年了，我也跟着案子走过了28个春秋，青丝变成白发，希望在有生之年见到结果。

经过我们向法官递交书面的申诉意见书陈述意见，并多次与法官电话沟通后，陕西省高级人民法院采纳了律师意见，于2017年10月24日作出了（2017）陕刑申1号再审决定书，"认为本案认定王某某故意杀人犯罪的证据不确实、不充分，证明案件事实的主要证据之间存在矛盾，决定另行组成合议庭进行再审"。

接下来的时间里，我又进入再审程序的繁忙工作和焦急等待中……看着时间一天天过去，我提笔给省高级人民法院写信表达期盼。信中写道："此案确实是一件冤案，虽然申诉曾被陕西高级人民法院驳回，但是我还是恳请贵院秉着疑罪从无的原则和无罪推定的精神对此案进行调卷复查，请贵院依据《刑事诉讼法》第243条规定对本案提起再审，为王某某昭雪。如果我走了，我将委托我的助手、青年刑辩律师罗震东继续关注此案，直到有了结果，我才能闭目长眠。"

六、病中持续关注案情

2017年年底，由于长年的劳累，我生病住院治疗。治疗期间，我没有忘记关注案情，曾两次与陕西省高级人民法院主办王某某案的王庭长电话联系，询问案件进展，并嘱咐助理罗震东律师注意案情进展，完善再审阶段的律师辩护工作。2018年

4月17日,我再次住院接受手术治疗,住院期间还不忘催促罗震东与高级人民法院进行联系。

2018年5月5日,主办法官通知我们,王某某案将按照二审程序审理,不再开庭,辩护律师可提交书面的辩护意见。我当即拿出早已准备的辩护意见,再度仔细核查校对后,确定了辩护意见。

2018年5月6日9时,我让罗震东律师如约到陕西省高级人民法院诉讼服务大厅递交辩护意见。当得知辩护意见已经呈送法官后,我松了一口气,说咱们耐心等待吧,一定要做好再审的辩护工作。

2018年6月21日,陕西省高级人民法院通知律师领法律文书,是发回西安市中级人民法院重审的裁定。2018年12月17日,西安市中级人民法院的常法官最后一次通知我们,在市中级人民法院4号法庭开庭审理王某某申诉案,并要求通知王某某出庭。当天经过2小时的审理,由于案情重大,要上报审判委员会讨论后决定,因此法官宣布择日宣判。

七、尘埃落定王某某无罪

2019年3月22日下午,天气晴朗,我们一行人如约到西安市中级人民法院领取判决书。西安市中级人民法院(2018)陕01刑初149号刑事判决书宣告:被告人王某某无罪。王某某当场表示服判、不再上诉。

面对着他28年前就判定并期待的结果,我内心没有喜悦,反而对这迟迟盼来的正义充满思索。看着判决文书,我长舒了一口气,对周围人说道:"今天终于尘埃落定,为王某某昭雪了,希望能够告慰他已故父亲的在天之灵。""我自始至终认为,老百姓的事情比天大,房子、车子、票子对我来说并不重要,对我最重要的是从事一辈子的律师职业。律师工作没有止境,只有把老百姓的事情当成自己的事来做,这才是律师的良心,也是一个人的良心。"

我帮助过许许多多生活贫苦、遭受不幸的底层人士,"诚信好礼、仗义执言"是我创办的律所的执业宗旨。业内、业外称颂的"百姓律师",是对我本人的鼓励与全面,我既引以为傲又时刻用此鞭策自己。

一桩悬了28年的冤案,在我始终忠实于当事人重托、追求真相、不屈不挠地反复申诉下得以昭雪,我希望把正义的法律阳光播洒进百姓心田。案件终有结束的时候,但是,追求法律公平正义的道路永无止境……

"社会型"刑事案件辩护策略浅议

——以A市"6·24"案件的成功辩护为例

宋振江*

本文所谓的"社会型"案件,是指案件以外的社会因素对案件的处理有着极大的影响,导致其不是相对闭合的独立矛盾体,对其处理的社会效果明显重于其法律效果。任何事物都不是孤立存在的,每一个案件不仅是内部矛盾(内因)的统一体,还与外部矛盾(外因)相互依存。可见,其不是相对单纯的刑事案件,而是具有一定政治意义的社会性事件。因此,律师在依法对其进行刑事辩护时,也要兼顾社会效果,不能把目光仅仅停留在案卷和法律专业知识本身,在策划案件辩护方案时,要充分注意案卷之外的关联性因素,制订切实可行的辩护策略。原则上宜在法律专业层面上立异,在政治格局层面上求同。

2016年6月24日晚,个体商户周某因在城管执法过程中与之发生冲突,造成1死8伤,获刑11年。显然这是个成功的辩护案例。此类案件因社会舆情高度关注,关系社会稳定,可谓典型的"社会型"案件。

本文以此案为视角,以写实手法将辩护观点的形成和辩护谋略的运筹以及对相关前沿问题的探索和思考全面呈现,谈谈笔者的实践心得。

基本案情:2016年6月24日晚上9时30分左右,A市某区城管局某中队17名城管队员及协管员,分乘四辆执法车突然来到被告人周某经营的"老周家大灶台特色烧烤"店门口,在未出具任何法律手续的情况下,把烤炉直接抬上执法车予以扣押。周某向城管队员索要执法手续时,城管队员拒不出具法定的扣押手续及执法

---

* 宋振江,哲学学士,一级律师,全国优秀律师,首届全国律师电视辩论大赛优秀辩手,河北浩博律师事务所主任。

依据,并将周某按在城管卡车车厢上殴打。周某被打到车下后,多名城管队员拿着带有铁钩的制式钢管一拥而上,继续追打。周某躲进自己的轿车后,多名城管队员持钢管打砸其汽车。周某发动汽车前行8—10米,欲摆脱城管队员的包围,在将人撞倒后停车。下车后,众多城管队员继续用钢管殴打周某。周某跑到饭店拿了一把厨刀后冲出饭店,并将刀举过头顶,驱赶行凶的城管人员。此时一名城管人员仍持钢管紧追并殴打周某,周某持刀还击,该城管人员在被刺中后经抢救无效死亡。当晚城管人员携带至少3部执法记录仪,但城管局方面称执法记录仪全部丢失。

此案在全国产生了一定的影响。某省电视新闻播放相关视频,A市政府为此专门召开新闻发布会,将该案定调为暴力抗法,涉嫌故意伤害罪、以危险方法危害公共安全罪、故意毁坏财物罪三个罪名。

一、立场、观点和方法

立场不同,角度不同;事实不同,评价不同。评价是由价值取向决定的,价值取向是由立场决定的。控方强调公共政策、社会治理的实体效果,辩方侧重于个人权利和程序正义。各司其职,法庭逐鹿,如何平衡?关键点在于对案件基本事实的认定以及城管执法过程中程序违法过错责任的评价!法院对于影响案件性质的基本事实是非常关注的。此案得益于现场视频证据和媒体的早期介入,这使得案件事实的"还原度"很高,"山寨版"事实得以校正。控方也不能过度回避、掩饰。法官则可依据视频予以纠正,充分显示了客观证据的威力!

(一)立场决定观点:四个"事实"

辩护观点形成的实质就是律师对案件的认识过程。所有的认识都是在实践中形成的。实践是主客观统一的过程。辩护观点就是在司法实践中形成的,控、辩、审三方不同的立场和角度会形成不同的认识和观点。司法实践是三方的认识矛盾对立统一的过程。

鉴于公安机关起诉意见书与检察机关起诉书中对于认定事实的表述基本相同,为避免重复,笔者在此仅引用检察机关起诉书中认定的事实。

检察机关起诉书认定的事实:2016年6月24日21时许,本市某区某街道办事处联合本市某区城管局某执法中队在检查时,发现"老周家大灶台特色烧烤"门前违规使用炭火炉,遂依法对该店烤炉进行暂扣、查处处理。被告人周某在其家中接到该店员工电话告知情况后,遂驾驶其别克车赶到执法现场,并登上城管执法车辆要将其被暂扣的炭火炉要回,为此与城管执法人员张某发生撕扯,又与多名城管执法人员厮打。当被其他城管执法人员拉下车后周某从人群中冲出,驾驶其车加大油门向城管执法人群撞去,将城管执法人员王某等及围观群众撞倒,后被其他城管执法人员持械将车逼停。被告人周某下车后又跑进自家烧烤店里拿起一把刀,冲向城管执法人员,持刀划伤城管执法人员冯某的面部,刺伤被害人李某的背部。后被告人周某又指使并伙同其他 4 名被告人砸、毁城管执法车辆 4 台(损失价值约为27910 元)。李某被送往医院经抢救无效死亡。经法医鉴定:李某系被他人用锐器刺伤左背部,引起急性失血性休克而死亡。

辩护人主张的事实(依据监控视频):2016 年 6 月 24 日约 21 时 09 分,某中队队长带领 17 名执法人员,按照 A 市某区城市管理局出具的《A 市夜市摊点暗访检查实施方案》到周某经营的"老周家大灶台特色烧烤"饭店(以下简称周店)进行暗访检查。店员见状,遂熄灭烤肉炉火,将炭炉等物品搬往店内。执法队员在未出示执法证件和扣押手续的情况下,直接强行将火炉搬上执法车,实施扣押。21 时 15 分,店主周某闻讯驾驶橘红色别克车赶到现场。在周某向执法队员索要扣押手续时,双方发生撕扯。21 时 19 分,多名执法队员在车厢内殴打周某,其他执法队员围拢该车。周某挣脱后,多名执法队员手持钢管(长约 1.2 米,一端有弯钩)继续追打。

周某躲进自己车内,多名执法队员又手持钢管打砸汽车。周某驾车前行 8—10 米,被执法队员挡住去路。一名执法队员持钢管将周某的汽车前挡风玻璃砸碎,另一名执法队员持钢管打砸后挡风玻璃及车体。在执法队员打砸过程中,周某弃车逃向店内。21 时 43 分 13 秒,周某回饭店后,2 名执法队员分别在周某店门前(周店并未因执法队员滋事而停业关门)持钢管打砸烧烤摊和殴打店员李某。21 时 43 分 35 秒,周某高举一把匕首(长约 30 厘米)冲出饭店。2 名执法队员仍持钢管袭击周某。周某挥刀防卫,伤及冯某头部(后经鉴定为轻微伤)。另一名执法队员(李某)从周某身后击打其脖子,周某向后防卫时刺中该队员左背部(数小时后因急性失血性休克死亡)。

一审法院判决书认定的事实:本案系周某阻止城管部门收缴其烤肉炉引发,周某对本案的发生负有一定的责任;在其与城管人员张某发生撕扯倒地后,作为执法的一方,本应采取正当合理的手段进行劝解,然而城管方多人上前殴打周某,对本案发生也负有责任。之后周某驾车冲撞城管和群众再次引发矛盾,城管多人在周某逃回店内后,打砸其店外设施,并殴打店员,对激化矛盾负有重大责任。出于报复,周某寻找凶器冲出店外追赶城管人员,持刀划伤冯某的面部,又持刀捅刺李某的背部致其死亡。结合本案全部案情,双方对本案的发生均有责任,且属于互殴,本案不具备正当防卫的前提条件,但城管人员对本案的发生却有不可推卸的责任,具有严重过错。

可见,从城管执法到公安侦查,再到审查起诉,公权力机关对案件基本事实的认定没有实质性变化,呈现出"流水线"式的事实认定。当辩护律师介入后,依据视频资料等客观性证据,从辩护立场和角度重新审视案件,以客观的视角来还原真相,与侦查、检察机关认定的事实在因果关系的认定方面大相径庭。监控视频对还原本案的真相起到了"事实胜于雄辩"的作用。辩方的立场和观点与控方不一致。由于控方主张与真相相悖,辩方则要付出更大的努力以还原客观真相。除充分利用监控视频资料外,笔者和段万金律师依法最大限度地运用司法程序赋予的救济手段,如庭前会议提出管辖权异议,证人、鉴定人员、现场勘验检查人员出庭作证,复制视听资料、讯问同步录像、非法证据排除等申请,对供词失实之处一一甄别,并依法提起行政诉讼等。经过充满"火药味"的庭前会议和庭审的多番较量,辩方的观点得到了一审法院的基本认同和支持,最终形成了基本满意的一审判决,为后续的二审工作打下良好的基础。

从起诉书(正)、辩护词(反)到判决书(合)的对比分析中看出:事实的还原正是在认识的矛盾运动中进行的,而且是朝着有利于被告人的方向进行的,反证了侦查、起诉机关对被告人之偏见,实现了辩护人的存在价值。

(二)方法与"事实"

1. 11份申请书

方法源于诉讼权利,诉讼程序为方法的合法性基础。根据《刑事诉讼法》的规定,庭前会议上,我们向A市中级人民法院共提交了《管辖权异议申请书》《证人出庭作证申请书》《见证人员出庭作证申请书》《现场勘验检查人员出庭作证申请书》《鉴定人出庭作证申请书》《关于对周某涉嫌故意伤害罪、危害公共安全罪、故意毁坏公私财物罪庭审直播的申请》《要求复制视听资料、讯问同步录像申请书》《证据调取申请书》《非法证据排除申请书》《悬赏证据申请书》《移送管辖申请书》11份书面申请书。这一系列的合法申请,有效地动摇了控方的指控信心,打破了公检法对此案形成的内部认知平衡。

2. 比对视频,还原真实口供

通过对视听资料和侦查笔录的认真比对,可以看出审讯视频中所有对周某有利的关键供词,被人为歪曲和篡改,反映了公安机关在调取证据过程中采用了"一边倒"的方式,严重歪曲事实,偏袒城管一方。审讯视频还原的客观事实和公诉人主张的事实存在严重不一致,直接影响了本案的定罪量刑。辩方在审讯视频的佐证下,尽可能还原案件真相,避免一审法院认定的事实出现严重偏差。

具体做法是:在庭前会议上,与公诉机关达成共识,依法排除了几份没有同步视频的被告人供词。唯一一份有同步视频的被告人口供,因关键情节严重背离了被告人真实口供的本意,遂制作并在庭审质证阶段出示了"比对稿"。"比对稿"当庭出示后,彻底动摇了控方构建的"事实"基础,然而,公诉人在质证时竟然宣读庭前会议上已经排除的没有同步视频的被告"供词",显然是意气用事。特别需要指出的是,法庭制作的《庭前会议报告》中已经明确否定了其宣读的"供词"。辩护人以该报告为依据,提请合议庭注意:该"供词"不具备合法性,拒绝质证。一审判决中当然地未将该"供词"作为定案依据。

二、策略与格局

在"社会型"案件的审理中,辩方作为私权的代表,要重策略、抓重点、讲政治,运用其专业的法律知识、精湛的实践技能以及敏锐的逻辑思维能力,在与公诉方实力悬殊的现实条件下,尽最大可能地在控与辩的较量中实现对案件事实的新的认识。

策划是辩护艺术的综合运用和集中体现,是案件代理的前提和基础,是成熟律师的基本工作模式,是对案件代理价值的评估,是案件辩护的蓝图。策划是相对独立的代理阶段,是从感性认识到理性认识的一次飞跃。策划是动态的,及时修正是策划的题中应有之义。"凡事预则立,不预则废",对于较为重大、复杂、疑难案件尤其如此。许多案件的败笔往往是在案件辩护的起步阶段没有缜密的策划,导致出招失误,全盘皆输。

策划的首要问题就是确定案件性质类型,研判其特殊性。注意正确区分不同性质的矛盾,针对不同类型的案件制定不同的辩护策略。和其他事物一样,每一个个案就是一个矛盾统一体,有自身矛盾的特殊性。这是事物的个性。对不同个性的案件要有不同的策略对应,以求共性与个性的有机统一。所以,每面临一个案件,首先要分析研判其矛盾性质的类型,然后因案制宜地制定整体辩护策略。

(一)上兵伐谋,先声夺人

"上兵伐谋",即对此类案件要讲谋略。律师相对公诉一方是弱势的一方,所以,谋略是律师的预案"锦囊"和行动指南,"悬赏执法记录仪"是本案的重要谋略之一。十几台执法记录仪全部丢失,其中人为操控痕迹太重了,显然是城管部门欲盖弥彰。在庭前会议上,根据《A市城市管理综合行政执法局执法记录仪使用管理规定》,提出行政执法是必须有执法记录仪的。遂请求法院在案发现场悬赏寻找执法记录仪,赏金由被告人负担。法院同意辩护律师自行悬赏,于是辩护人在案发现场附近的电线杆上张贴寻找执法记录仪的悬赏告示,并在自媒体上发布消息,立即引发了社会舆论的高度关注。司法机关敏感地意识到虽然时隔2年,但社会对此案的关注度没有降低,可谓"涛声依旧"。同时,也是提醒法院执法记录仪全部丢失是极不正常的。这个巧妙的取证,是低调的"强调"、适时的"敲打"。

此前,对于本案的认知已处于平衡状态。司法机关显然不想在社会舆情的风口浪尖上办案。用悬赏"执法记录仪"以石击水,旨在打破公权一方既有的认知平衡。律师是司法理性认识的反方存在,如果不逆向过滤公、检、法同向认识的"流水线",就难以形成对私权有利的、公正的裁判趋势。

执法记录仪作为客观证据,本来是可以帮助我们尽最大可能还原客观真相,作出一个精准的判断,但城管方均不提供。全部丢失不合情理,这是理亏的表现。悬赏执法记录仪的告示在案发地一经张贴,就立刻引起社会舆论。庭前会议不仅拉开了庭审的序幕,也让辩方可以居高临下,先声夺人!

悬赏执法记录仪的举动迅速引起了社会的关注,打破了平衡。此举的高明之处在于是以合法的形式和途径进行的。在公权和私权明显对立的社会型案件中,如果没有私权方面的声音和社会支持,不利于案件的公正处理。仅凭辩护人的力量很难抗衡,需要社会力量的支持。这次"悬赏"动作,表明社会关注度的主动权掌握在辩方手中,这为本案的公正审理营造了有利的外部条件。辩方有了主动权,控辩双方就在庭内庭外形成了一种公权与私权的初步平衡。

(二)政治互信,求同存异

矛盾的斗争性不能大于同一性,否则,矛盾统一体就破裂了。这是兼容性思维。控辩对立越尖锐的案件,越会存在更大的同一性。找到这个同一性的层级和边界,适度掌控其临界点并运筹帷幄,是辩护策略和艺术。政治格局和法律精神,应是辩护律师与司法机关的最大的同一性!社会稳定是本案最大的同一性,最大的公约数就是社会适度关注。所以,讲政治,甚至突出政治格局,是最大的求同,也是本案共识的制高点!

辩护人始终高举中共中央相关司法改革精神的旗帜。庭前会议上,几乎全部在引用中央关于严格行政执法程序的具体要求,并且邀请我国行政法学界著名专家学者出具论证意见,对本案进行深入地分析论证,以其深厚的专业素养,独特精辟的见解,就案件事实和法律适用提出客观公正的意见,以供法官参考。

代理敏感案件时,要从党和人民利益的一致性出发,站在社会正义、人民利益的高度,从党的文件精神中找出同一性依据。中共中央文件的说服力和穿透力是胜于雄辩的法宝。所以,找到最大的共同点,与司法机关产生强烈的政治共鸣,唤起法官内心的良知,以取得法官的认可和支持,是"社会型"案件刑事辩护的基本手段和目的。

二审阶段,我们和法官进行了一次深度的交谈。当讲到"你希望我不要接受采访,我也希望不通过炒作,只依靠司法理性的独立判断,就能得到公正解决,我们共同努力,让这个案件成为一个典范"时,二审法官对此表示极大的认同,他也表示城管的暴力执法行为危害极大,此风不可助长。可以说,律师和法官达到心照不宣的默契,谋求最大的公权与私权的平衡点,当是辩护的最佳状态。二审虽然没有改变本案的事实和定性,但对周某减去了一年刑期。

此案的辩护充分体现了辩证思想,辩护技艺达到了精微之境。律师的决胜岂止在法庭,更要有庭外的运筹帷幄。

三、焦点与探索

(一)焦点与"亮剑"

本案的辩护焦点在于被告人是否构成正当防卫。正当防卫的前提条件是防卫行为需要针对不法行为实施,即在本案中城管执法没有按照行政执法的程序进行。显然,确认城管执法行为的非法性,是主张正当防卫的前提条件。为此,周某委托辩护人向 A 市铁路运输法院提起行政诉讼,要求确认城管执法行为违法,并要求行政赔偿。(虽然因超过诉讼时效,最终没有得到支持,但重要的是行政诉讼立案了)此举表明辩方勇于"亮剑"、善于运筹,让城管行政行为的违法性昭然若揭,彰显辩方理直气壮。这是向 A 市中级人民法院刑庭和社会释放一个强烈的信号:行政机关违法在先,周某防卫有据。

城管超越职权、滥用职权、暴力执法是导致周某奋起防卫的直接原因,是本案直接导火索。若城管按照程序执法,就不会导致周某感情冲动。如果周某前去质问时,城管不使用暴力,危及周某生命安全,周某也不敢持刀反抗。试想一个手无寸铁的百姓怎么会主动向数量多于己方 10 倍的城管人员动手呢?可见,本案中主要矛盾不是执法与抗法的矛盾,而是滥用职权的犯罪行为与公民依法正当防卫的矛盾。本案中,城管的暴力行为超越了执法权力,演变为严重侵犯公民人身权利的犯罪行为,直接引发了公民周某的正当防卫行为。所以该事件应定性为城管暴力侵权,滥用职权。而周某的行为是针对城管不法侵害的正当防卫。

周某虽使用暴力,但他"抗"的是不法行为。如果说周某经营露天烧烤的行为违反了环境治理的相关规定,则其是存在过错的。城管的行为,无论程序是否合法,都是在执法。可是当周某上车理论时,执法人员对其殴打,就是侵犯公民人身权利的暴行了。对此事实,视频为证,毫无争议。所以城管应该对事态的扩大、矛盾的激化和事件性质的转化承担全部责任。因此我们提出了正当防卫的辩护观点:周某不是对执法行为的"防卫",而是对城管威胁其生命的严重暴力侵权行为的防卫。从殴打开始,事件的性质就发生了变化,矛盾性质转化了。城管由执法人员的主体身份已经转化为暴徒。

城管和周某个体户是矛盾统一体。在统一体中决定事物发展趋势的是城管,城管是矛盾的主要方面,决定了矛盾的性质和趋势,应承担主要责任。因此,周某的行为具有正当性,是依法保卫自己的生命和财产安全。矛盾的性质是不断变化的。城管先前的执法活动是违反程序的执法,但施暴之后的行为已经是一种不法行为,周某的反抗和防卫是发生在城管实施暴力行为之后,而不是在执法活动中。

以上观点得到了合议庭的重视。一审法院判决认定城管方对矛盾的激化负有"严重过错责任",周某因触犯危害公共安全罪、故意毁坏财物罪、故意伤害致死三个罪名被判处12年有期徒刑。

此案判决虽然没有认定周某的行为属于正当防卫,其实也充分考虑了防卫因素。但是从法理上看还是值得商榷的。难道公民在面对执行公务时危及自己人身安全甚至生命的暴力执法不能行使防卫权利?生命不可复制,岂可事后救济?所以,主张正当防卫不仅是辩护策略,还是"为开窗喊掀房",也是在对本案认真分析研判之后作出的慎重结论。相信随着人们对正当防卫的正本清源,回头再看本案的定性,或许会为此而达成共识。

(二)探索与思考

周案起诉书中的城管"依法",系认定事实错误。执法人员未依法扣押,属违法行政、暴力执法。强调这个问题,一般人认为是在强调受害人过错。然而,这不仅是受害人过错的问题,还直接影响被告人的行为是否构成正当防卫。因为对执法活动是不能防卫的,但是对没有任何执法依据的所谓"执法行为",而且在执法过程中采用暴力手段,更有甚者这种暴力侵权足以危及生命时,是可以正当防卫的。

本案所涉的行政行为的公定力是相对的，其行为的合法性并未得到最终的确认。行政行为的公定力，是由行政诉讼确定的，不能在刑事诉讼中判定。换言之，对行政行为的合法性能否由刑事法庭认定？法律并没有赋予检察院对行政行为的合法性进行判定的权力，起诉书中说的"依法"是相对的，应由行政庭或行政法院作出裁定，不能在刑事诉讼中涵盖对行政行为的裁判。因为不存在刑事附带行政诉讼程序，只有刑事附带民事诉讼程序。行政行为不是好坏是非的问题，而是合法不合法的问题。民事和行政行为的过错升级，就会构成刑事案件。本案合议庭在审理中认真听取上述辩护意见后，很期待铁路法院对其行政行为的合法性作出司法判断。遗憾的是，由于该案进入已刑事诉讼，行政庭以超过诉讼时效为由，作出不予受理的裁定。

由此引发了两方面思考。一方面，行政行为的合法性能否由刑事法庭在刑事诉讼中进行审查、是否有权审查。换言之，它们作出的审查和判定是否有效？另一方面，从行政诉讼角度说，能否因为该案件进入了刑事诉讼程序，行政庭就对行政行为的合法性不作判定，对由行政行为过错或违法造成的财产损失就不予受理或不予救济。

处理行政诉讼和刑事诉讼交叉问题在《刑事诉讼法》和《行政诉讼法》中存在空白，而现实中交叉情形大量存在。周某案涉及正当防卫定性问题，直接影响定性和量刑，对公民人身权利有严重影响，这一问题应引起立法机关的高度重视。在立法机关对此问题未作出明确规定之前，司法机关应考虑如何解决现实中存在的程序缺失，保障相关法律的正确实施，以维护公民的合法权益。

A市"6·24"案件是充分体现哲学素养的一次辩护的实践，极具标本价值。所谓"法律的生命不在于逻辑，而在于经验"，在笔者看来，此处的"经验"是指实践经验，法律也并非"不在于逻辑"，而是在于实践中的客观逻辑。实践的过程是共性与个性统一的过程。只有在实践中不断提出和解决新的问题，才能激活法律的生命力。

非法经营罪冤案回顾、司法现状与错案遏制

李 耀[*]

前 言

2017年2月17日,由张雪峰律师与王殿学律师共同代理的王某某非法经营案由巴彦淖尔市中级人民法院再审宣判无罪。该案被列入2017年最高人民法院工作报告,作为"认真贯彻新发展理念,服务保障经济社会持续健康发展"的典型案例,由周强院长向全国人民代表大会汇报。2018年12月19日,最高人民法院发布第19批指导性案例,将王某某非法经营再审改判无罪案作为第97号指导案例下发各级法院,用以指导刑事审判工作,成为审判领域罕见的刑事指导性案例。

自王某某被第一次采取刑事强制措施之日起,至今已将超过7年,本案的原审乃至再审,都还尚存未竟的遗憾:法庭未全然采纳辩护律师意见,未确认王某某收购玉米行为的合法性,同时并未就非法经营罪的高度不确定的罪状作限缩理解。对王某某冤案展开回顾,可以发现即使该案被列为指导性案例,但非法经营罪的冤假错案控制机制仍然未有效建立,司法者心中无处安放的"刑罚冲动"仍然未受到抑制,司法实践仍然将大量的不属于非法经营罪涵盖范围的行为纳入这一"口袋罪"之中。对非法经营罪的司法现状进行实证调查,可以发现当下的非法经营罪司法面貌是旧兜底条款继续兜底、新兜底条款运作发力、逃逸式法律援引多重司法乱象的交织,可以说非法经营罪已濒临崩溃。为落实刑法的谦抑性品格,实现冤假错案的遏制效果,在实体上就必须就非法经营罪中的"其他限制买卖的物品"以及"其他严重扰乱市场秩序的行为"作严格的限制解释,另外还要在司法理念上,要重视法秩序统一的价值指引,用行政法规范目的进行无罪审查,以此实现非法经营罪的

---

[*] 李耀,北京大学刑法学硕士,北京京师律师事务所律师。

良法善治。

一、对王某某非法经营案的回顾

(一)案件经过

2014年下半年,王某某花4万多元买了一辆二手农用车,又花1.8万元买了脱玉米机。在同年11月农闲时,王某某开始收购玉米。在3个月后的某日,王某某前往白脑包镇永清村农户家中收购玉米,因称重问题农户将王某某举报到丹达工商所,后工商局以王某某无证收购玉米将其查获并采取行政强制措施。

2015年2月13日,临河工商局将王某某非法经营案移送至临河公安局经侦大队。临河公安局于同年3月26日对王某某以非法经营案刑事立案。

2015年3月27日,王某某在亲戚的带领下,向公安机关自首,并退缴了非法所得6000元。同日被公安机关刑事拘留。

2015年8月17日,临河区公安局将王某某移送临河区检察院审查起诉。临河区人民检察院于2016年2月2日向临河区人民法院提起公诉。

2016年4月15日,临河区人民法院作出(2016)内0802刑初54号刑事判决书,以非法经营罪判处王某某有期徒刑1年,缓刑2年,并处罚金2万元;王某某退缴的非法获利人民币6000元,由侦查机关上缴国库。一审宣判后,王某某没有上诉,检察院亦未抗诉。一审判决过了上诉期10日之后生效。

2016年12月16日,最高人民法院作出(2016)最高法刑监6号再审决定书,以原生效判决在法律适用上确有错误为由,指令内蒙古自治区巴彦淖尔市中级人民法院对临河区人民法院一审判决生效的被告人王某某非法经营一案进行再审。

2017年2月13日,巴彦淖尔市中级人民法院对王某某非法经营一案进行再审,庭审中控辩双方一致认为王某某无证收购玉米不具有社会危害性和应受刑罚处罚性,王某某应被宣告无罪。

2017年2月17日,巴彦淖尔市中级人民法院对王某某非法经营一案进行公开宣判,认为王某某无证买卖玉米的行为不具备非法经营罪相当的社会危害性和刑事处罚的必要性,判决王某某无罪。

(二)对本案原审的反思

1. 刑法抢先介入,缺乏谦抑性

王某某收购玉米,其本人反复提及不知道相关行为属于违法犯罪行为,主观上不具备违法性认识,而这也正是一审判决对其判一缓二、从宽处理的原因。对于这一行为,在行政法上予以处理即可实现规制目的,本案之所以能进入刑事诉讼程序,主要存在两个方面原因。一方面,从立法上来看,规范存在不当指引。《无照经营查处取缔办法》(已废止)第14条规定了一个"先刑后行"的无照经营处罚策略。在强调对无照经营行为由工商管理部门取缔没收后,该办法要求对无照经营行为依据非法经营罪、重大责任事故罪、重大劳动安全事故罪、危险物品肇事罪或者其他罪,依法追究刑事责任,只是在行为不构成上述犯罪的情况下才予以行政处罚,予以特定浮动金额罚款。这一文件就存在两个重要的价值指引:第一,先考虑刑事犯罪问题,再考虑行政处罚问题;第二,对于刑事犯罪问题,参照非法经营罪等犯罪处理,有兜底条款者,直接解释进入其中。替代这一文件的《无证无照经营查处办法》就改变了相关规定,取消"先刑后行"的规定,对于犯罪问题只提及"违反本办法规定,构成犯罪的,依法追究刑事责任"。因此,该案被抬高成刑事案件,可以说是相关规范不当价值指引的结果。另一方面,从司法上来看,没有保持刑法谦抑。对于违法行为不能以犯罪一判了之,王某某非法收购玉米存在一定的社会经济背景,这才使其产生了行为正当性的认识错误。从司法理念上来看,对其仅以行政处罚就可实现法律的规训效果,无须动用刑罚措施。刑法作为法律进行社会控制的最后一道防线,不能越位。

2. 未正确理解《刑法》第225条第4项的含义

本案原审判决认为被告人王某某违反国家法律、行政法规规定,未经粮食主管部门许可及工商行政管理机关核准登记办理营业执照,非法收购玉米,非法经营数额为218288.6元,属于数额较大情形,其行为构成非法经营罪,只字未提该行为是否严重扰乱市场秩序。对于原审法院而言,违反国家规定的经营行为就等同于严重扰乱市场秩序的经营行为,非法经营罪在《刑法》第225条第4项中第4项只有一个成立要件,而非"违反国家规定+严重扰乱市场秩序"的双要件,这就违反了第4项的解释规则。对此再审判决予以了充分纠正。

3. 未能正确解释《粮食流通管理条例》

工商、公、检认为王某某收购玉米行为具备行政违法性的依据在于其行为违反《粮食流通管理条例》(2013年)第9条的规定。《粮食流通管理条例》第9条第1款规定:"取得粮食收购资格,并依照《中华人民共和国公司登记管理条例》等规定办理登记的经营者,方可从事粮食收购活动。"这一规定容易让人忽略中间段落的法人经营者这一条件,直接理解为"取得粮食收购资格,方可从事粮食收购活动"。实际上这一规定只是在限制公司从事粮食收购,而不是限制个体经营者。《粮食流通管理条例》第7条规定粮食经营者包括法人、其他经济组织和个体工商户,第8条又规定:"从事粮食收购活动的经营者,应当具备下列条件:(一)具备经营资金筹措能力;(二)拥有或者通过租借具有必要的粮食仓储设施;(三)具备相应的粮食质量检验和保管能力。前款规定的具体条件,由省、自治区、直辖市人民政府规定、公布。"这意味着个体只要具备上述条件,就能合法开展粮食购销活动。

对于第9条只限制法人经营者参与粮食收购观点,《粮食流通管理条例》在2016年2月6日通过调整语句顺序的方式予以展现,将第9条第1款改变为"依照《中华人民共和国公司登记管理条例》等规定办理登记的经营者,取得粮食收购资格后,方可从事粮食收购活动",其意图就在于提醒执法者该规定只限制法人经营者。可惜的是,在2个月后的一审乃至再审中,法院仍然坚持将法人的从业条件强加在个体之上,认为王某某无证收购玉米的行为具备非法性。

值得一提的是,2021年2月15日《粮食流通管理条例》被再次修订,关于粮食经营从业者的条件已经调整为"从事粮食收购的经营者(以下简称粮食收购者),应当具备与其收购粮食品种、数量相适应的能力",就连法人的从业限制条件也被取消。

4. 违反的是非法经营罪哪一项?

对于本案,值得另外思考的是,临河区工商分局以王某某涉嫌非法经营罪为由将案件移送至临河公安局,但其移送的具体事由并非非法经营罪第4项的"其他严重扰乱市场秩序的非法经营行为",而是第1项"未经许可经营法律、行政法规规定的专营、专卖物品或者其他限制买卖的物品"。在临河区工商分局眼中,似乎玉米购销是专营专卖或者限制买卖的行业,其更倾向于适用第1项而非第4项。但是,在本案后续的起诉、一审、再审活动中,针对王某某是否成立非法经营罪的讨论,均在第4项的范围内展开。虽然本案最终以王某某不符合非法经营罪第4项为由判决无罪,但第1项的兜底问题并未在本案中得以呈现,其兜底性问题也并未得以解决。一个隐性的兜底条款正在非法经营罪背后蛰伏,伺机而动。

二、非法经营罪现状如何?

对2017—2020年各地法院判决的22219份非法经营罪一审判决进行实证分析,可以发现在王某某非法经营案改判无罪后,非法经营罪仍在持续扩张,并未实现预期的裁判引领作用。就非法经营罪扩张之现状来看,早已不是第4项兜底条款的"一枝独秀",而是第4项、第1项与第225条的"百花齐放",旧兜底条款继续兜底,新兜底条款运作发力,同时还出现逃逸式法律援引的司法现象。司法现状不容乐观。

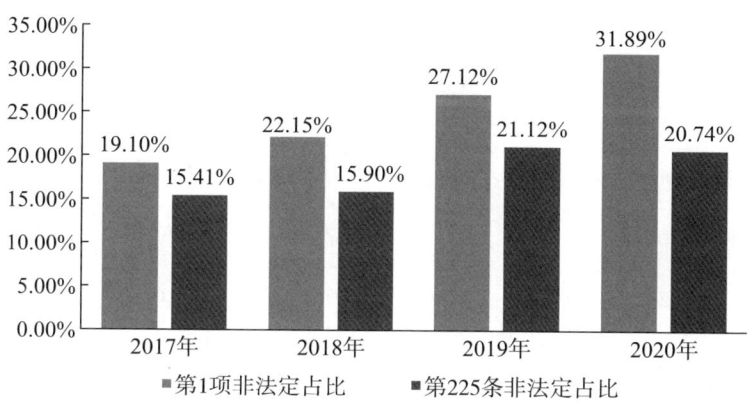

图1 2017—2020年第225条及其第1项非法定适用同类占比柱状图

(一)旧兜底条款继续兜底

表1数据显示,直接援引非法经营罪第4项的判决书,占比从2017年的17.65%下降到2020年12.31%,第4项的适用确实得到了一定程度的控制,但是所占比例仍然较高,情况仍然不太乐观。

表1 2017—2020年非法经营罪条项援引情况

援引条项	2017年		2018年		2019年		2020年	
	数量(份)	同年占比(%)	数量(份)	同年占比(%)	数量(份)	同年占比(数值不对)(%)	数量(份)	同年占比(%)
第1项	2106	45.94	2298	47.27	3182	46.49	2618	44.15
第2项	5	0.11	1	0.02	5	0.07	12	0.21
第3项	217	4.73	190	3.91	289	4.22	295	4.97
第4项	809	17.65	718	14.77	878	12.83	730	12.31
第225条	1447	31.57	1654	34.03	2490	36.38	2275	38.36
总计判决	4584	100	4861	100	6844	100	6241	100

表2数据显示,在2017—2020年间,在法官明确引用第225条第4项作为裁判依据的判决中,存在司法解释(即法定)依据的占比88%,与此相应,没有司法解释(即非法定)却适用第4项以非法经营罪定罪处罚的比例占到了第4项总体判决的

12%,即使这一比例是从 2017 年的 16% 开始减少。

表 2　2017—2020 年非法经营罪与法律规范依附情况

援引法条	2017 年		2018 年		2019 年		2020 年	
	数量（件）	同年占比（%）	数量（件）	同年占比（%）	数量（件）	同年占比（%）	数量（件）	同年占比（%）
第 1 项法定	1702	37.13	1789	36.80	2319	33.88	1783	30.07
第 1 项兜底	404	8.81	509	10.47	863	10.47	835	14.08
第 4 项法定	734	16.01	644	13.25	743	10.86	632	10.66
第 4 项兜底	75	1.64	74	1.52	135	1.97	98	1.65
第 225 条法定	1224	26.70	1391	28.62	1964	28.70	1803	30.40
第 225 条兜底	223	4.86	263	5.41	526	7.69	472	7.96

以上均表明,非法经营罪第 4 项仍然在以兜底条款的形式存在。

(二)新兜底条款运作发力

非法经营罪第 1 项的经营对象是专营、专卖及其他限制买卖的物品,其中专营、专卖物有特定的内涵。根据《烟草专卖法》《食盐专营办法》《甘草麻黄草专营和许可证管理办法》的规定,我国现存具有专营、专卖制度的只有烟草、食盐、甘草麻黄草三类。要将其他物品解释进入第 1 项,只能通过"其他限制买卖的物品"实现。而同时由于我国目前并没有针对第 1 项"其他限制买卖的物品"的解释,"其他限制买卖的物品"实际上就是一个"兜底条款"。

表 1 数据显示,直接援引非法经营罪第 1 项的判决书,占比从 2017 年的 45.94% 起伏回落到 2020 年的 44.15%,是非法经营罪中引用率最高的一项,远超第 4 项。

表 2 数据显示,在援引第 1 项作为法律依据的判决中,其他限制买卖的物品占比从 2017 年的 19.1% 上升到 2020 年的 31.89%。这说明第 1 项的非法定情况占比（没有司法解释提供具体指引）,比第 4 项的非法定情况占比还要高,而且由于援引第 1 项的频率远远比第 4 项要高,第 1 项这一新兜底条款的危害性将更为严重。这说明,非法经营罪第 1 项正作为新兜底条款接力运作。第 1 项甚至成为第 4 项的兜底条款。如在郑宗勋非法经营玉米种子案[(2020)新 2301 刑初 97 号]中,由于王某某非法经营案树立的裁判要旨要求对行为的危害性进行具体判断,为规

避焦点，检察院与法院将该案法律依据指向第 1 项，将第 1 项理解为更为兜底的法律条款。

（三）出现逃逸式法律援引

根据表 1 的数据，第 225 条的整条援引率已经从 2017 年的 31.57% 上升到 2020 年的 38.364，数据增长速度迅猛，基本上承接了第 4 项适用率减少的数值。所谓的整条援引，是指法官在判决书中并未指明认定被告人有罪的结论来自第 225 条的第几项，而是略过款项问题直接以第 225 条定罪处罚。这种整条援引情况的出现来自法官对两个因素的考虑：一是许多司法解释在将特定行为解释为非法经营行为时并未同时说明所指向的是非法经营罪第几项，这导致法官在适用时不得不保守采取整条援引的策略；二是根据最高人民法院《关于准确理解和适用刑法中"国家规定"的有关问题的通知》（以下简称 155 号文），如果要适用非法经营罪第 4 项，以"其他严重扰乱市场秩序的非法经营行为"评价被告人的行为，在司法解释未明确规定的情况下，"应当作为法律适用问题，逐级向最高人民法院请示"。请示程序的冗长带来的诉讼不经济，会使得法官在法条援引上有意规避第 4 项，而万一不得不引用第 4 项，则可以通过向第 225 条逃逸获得迅速裁判的结果。

另外，从表 2 可以看出整条援引第 225 条的判决中，具备兜底性质的判决占比虽然在逐年略微下调，但在 2020 年仍处于 44.79% 的高位。而就援引第 225 条的判决的规范依附情况来说，失范性已经从 2017 年的 15.41% 上升到 20.75%，虽然难以同第 1 项的规范脱离程度相比肩，但这一变化仍然表明第 225 条适用的扩张性。

因此在援引频率与规范依附程度上，第 225 条的广泛适用可以说是一种带有"逃逸"性质的法律援引。

三、对非法经营罪冤假错案遏制的几点看法

（一）对"其他限制买卖的物品"的理解

对"其他限制买卖的物品"的通行的解释是，"国家根据经济发展和维护国家、社会和人民群众利益的需要，规定在一定时期实行限制性经营的物品，如化肥、农药"，带有较强的计划经济色彩，因为根据国务院《关于化肥、农药、农膜实行专营的决定》（已失效）的介绍，这些物品的管制初衷在于"制止多头插手倒买倒卖，解决市场、价格混乱的状况，维护农民利益，促进农村商品经济的发展"，而这种所谓的"混乱状况"其实本就是市场规律作用下的正常市场行为。因此再将这一解释适用于当下并不可行。本文认为对于"限制买卖的物品"还必须从"买"和"卖"两方面进

行理解。"限制买卖",必须既限制"买"也限制"卖",任何只限制交易一方的物品都不属于本项所述内容。只有"买""卖"同时受到限制,这种经营活动的违法性才能够得到体现。就限制而言,不能简单地将行政许可上的限制等同于本项中的"限制买卖"。"限制买卖"在"卖"方面表现在对经营资格、经营内容、经营数额、销售登记等方面的限制;在"买"方面则表现于购买资格、购买对象、购买登记、购买数量等方面的限制。归根结底,是法律、行政法规基于国家安全、社会安全对物品流通设置的双向阻碍。

在这种理解之下,实践中常见的药品、农药、烟花爆竹以及汽油、柴油等危险化学品是否属于"限制买卖的物品"必须进行规范审查。一般的农药与药品,即便在行政法上存在行政许可,但只有《农药管理条例》禁止销售和使用的假农药、劣质农药以及《药品流通监督管理办法》限制购买的处方药才存在对买方的限制。而"烟花爆竹",由于《烟花爆竹安全管理条例》只针对生产烟花爆竹的企业设置了购买、领用、销售登记制度,各地在购买时要求的"实名登记"均为地方政策,不具备法律、行政法规等国家规定的效力,因而也不属于"限制买卖的物品"。而对于汽油、柴油等"危险化学品",《危险化学品安全管理条例》规定"个人不得购买剧毒化学品(属于剧毒化学品的农药除外)和易制爆危险化学品。"。故而,公民个人购买非农药的剧毒化学品和易制爆危险化学品以外的危险化学品并不具备法律、行政法规层面的限制。因此无论是汽油还是柴油,由于买方没有受到限制,不属于"限制买卖的物品",因此不能以非法经营罪第1项入罪,同时又没有司法解释确定成品油销售属于"其他严重扰乱市场秩序的非法经营行为",因此不成立非法经营罪,应当视情况以生产、销售伪劣商品罪或侵犯知识产权罪惩处。

(二)对"其他严重扰乱市场秩序的非法经营行为"的理解

至于第4项中的"其他严重扰乱市场秩序的非法经营行为",应当按照同类解释的规则对本项进行限缩解释。本项仅仅是对非法经营罪前三项的堵截。因而,本项的内涵必须符合前三项之"事物本质"。根据前三项的描述,本项的法益应当是市场准入秩序,行为应当是严重扰乱市场秩序的经营行为。具体而言,必须是以"破坏特别许可制度"的形式严重扰乱市场秩序。而这一切扰乱市场秩序的行为,又都必须以155号文的规定为前置条件。

在司法实践存在一种观点以"是否违反国家规定"作为第4项入罪的判断标准,这就架空了第4项的实质内容。按照这种观点,由于法律与行政法规存在大量的重复授权,因而几乎所有破坏市场秩序的行为都违反了"国家规定",因而也就契合了第 4 项的规定。比如,在张伦非法经营案[(2019)宁 0106 刑初 567 号]中,虽然辩方援引 155 号文提出没有司法解释禁止"擅自建设并销售房屋"因而不构成第 4 项"其他严重扰乱市场秩序的非法经营行为",但法官认为只要经营行为不符合国家规定,就属于非法经营行为。这种理解用前置性要件"国家规定"证成非法经营的社会危害性,虽从表面上形成了对规范的依附状态,充分体现了"前置法定性,刑事法定量",但实际上严重混淆了行政违法与刑事违法的界限,让刑法成为行政法的附庸。"其他严重扰乱市场秩序的非法经营行为"并不属于对"国家规定"的重述,而是独立于"国家规定"的构成要件要素,即使此司法解释是以"准确理解和适用刑法中'国家规定'的有关问题"为名。另外,也不能将"国家规定"的前置性要件融于"其他严重扰乱市场秩序的非法经营行为"之中,反之亦然。那种认为"违反国家规定"在第 4 项中无实质意义,进而主张在第 4 项中具体结合"非法"进行解释的观点,无疑是在给 155 号文空转作"助攻"。违反前置法,仅仅是非法经营罪成立的必要条件。

(三)重视法秩序的统一,利用行政法规范目的作出罪论证

王某某案最终被宣告无罪,除与辩护律师的辩护工作有关外,还与粮食流通管理审批制度的变化有关。如前所述,王某某案案发时间正处于我国粮食流通制度"放管服"的关键节点,《粮食流通管理条例》修改了个体户收购粮食的限制性条件,如此展现了粮食流通行政管理上逐渐放权的法律意志变化。虽然这是处于行政法领域的异动,并未直接影响《刑法》第 225 条的相关规定,但由于非法经营罪是法定犯,"违反国家规定"是构成要件,其立法目的就在于维护相关法律秩序,行政法领域的相关变化是本罪法律适用不可不察的重要内容。

对法秩序的统一把握可从以下两点作切入。第一,非法经营罪只规制违反特许的行为。我国行政许可分为普通许可、特许、认可、核准与登记,有限自然资源开发、公共资源配置以及直接关系公共利益的特定行业的市场准入等,需要赋予特定权利的事项,应当设定的是特殊许可。只有违反特殊许可制度的非法经营行为才具备刑罚处罚必要性,违反一般许可的只是行政违法行为。第二,相关行政法规变化体现了行政意志。行政法相关规范性文件变动频繁,部分文件对语句的增删与调整能在一定程度上说明监管态度的变化,包括涉许可事项的监管的必要性、"放管服"的地位、市场自由的程度等,以此充分论证行为对法秩序的低度危害性。

结　语

王某某冤案得以昭雪虽然减缓了非法经营罪司法扩张的步伐,但相关司法问题仍然不容乐观,亟须在非法经营罪搭建冤假错案的遏制机制。而辩护律师作为刑事诉讼的一大变数,应积极调动多方面因素,从实体到政策,为相关行为的无罪性作透彻说理,推动非法经营罪的良法善治。